高职高专汽车专业教材

轿车自动变速器构造与维修

Automobile Automatic Transmission Construction and Repair

王秀贞 [主编]
尹万建 [主审]

人民交通出版社
China Communications Press

内 容 提 要

本书介绍了自动变速器的类型和组成，系统阐述了液力变矩器、行星齿轮变速机构、液压控制系统和电子控制系统的构造、原理与检修，并分析了几种典型车型的自动变速器（如丰田 A341E/A342E、A140E、别克 4T65E、帕萨特 01V、飞度无级变速器）的构造特点及检修方法。

本书贴合实际，深入浅出，且内容系统、丰富，可作为高等院校尤其是高职高专院校汽车维修及运用专业的教材，也可作为汽车维修从业人员的专业书籍和培训教材。

图书在版编目（CIP）数据

轿车自动变速器构造与维修/王秀贞主编. --北京：人民交通出版社，2007.9

ISBN 978-7-114-06821-8

Ⅰ. 轿… Ⅱ. 王… Ⅲ. ①轿车—自动变速装置—构造 ②轿车—自动变速装置—车辆修理 Ⅳ. U469.11

中国版本图书馆 CIP 数据核字（2007）第 142093 号

书　　名：**轿车自动变速器构造与维修**
著 作 者：王秀贞
责任编辑：翁志新
出版发行：人民交通出版社
地　　址：（100011）北京市朝阳区安定门外外馆斜街 3 号
网　　址：http://www.ccpress.com.cn
销售电话：（010）59757973
总 经 销：人民交通出版社发行部
经　　销：各地新华书店
印　　刷：北京市密东印刷有限公司
开　　本：787×1092　1/16
印　　张：19.5
字　　数：460 千
插　　页：10
版　　次：2008 年 1 月第 1 版
印　　次：2013 年 2 月第 4 次印刷
书　　号：ISBN 978-7-114-06821-8
印　　数：7001-9000 册
定　　价：38.00 元

前　言

随着汽车工业的迅猛发展,汽车自动变速技术也得以飞速发展和提高,自动变速器已进入了智能化发展阶段,其装车率越来越高,控制功能日趋完善,以满足人们对驾驶操作及乘坐舒适等性能的要求。

自动变速器集液力传动、机械传动、液压控制和电子控制于一体,结构复杂,种类繁多,其故障诊断和检修的难度位居汽车各总成之首。为此,特编写此教材,通过系统、全面的介绍自动变速器各系统的结构特点、工作原理及检修方法,以满足行业发展对人才专业知识和能力培养的需求。

本书共分10章,详尽介绍了自动变速器的类型,液力变矩器、行星齿轮变速机构、液压控制系统、电子控制系统的构造与检修和故障诊断方法等,并以丰田A341E/A342E、A140E、别克4T65E、帕萨特01V、飞度无级变速器等典型车型的自动变速器为例,分析不同类型自动变速器的结构特点及检修方法,同时列举了许多实例,以增强与实际的联系。本书内容丰富,深入浅出,图文并茂,并注重了实践运用能力的培养。

本书由邢台职业技术学院王秀贞教授主编,陈金勇、王大鹏、霍志毅任副主编,李景蒲、罗新闻、王文龙参编。其中王秀贞编写第五~八章,陈金勇编写第二~四章,王大鹏编写第九、十章,霍志毅编写第一章第一、二节,李景蒲编写第一章第四节、王文龙编写第一章第三节,附图由罗新闻绘制。邢台职业技术学院尹万建教授担任本书的主审并提出了许多宝贵意见。邢台钢铁有限责任公司高级工程师陈金勇除参与编写工作外,还承担了本书大部分图形的绘制和处理工作。

在本书的编写过程中,得到了许多维修企业技术人员的指导和帮助,并参阅了有关资料与书籍,同时也得到了邢台职业技术学院汽车工程系部分教师和学生的大力协助,在此谨表谢意。

由于本书涉及内容较深,范围较广,编者水平所限,疏漏之处在所难免,恳请读者不吝指正。

编者

本书编写组成员

主　编:王秀贞

副主编:陈金勇　王大鹏　霍志毅

参　编:李景蒲　罗新闻　王文龙

主　审:尹万建

目　录

第一章 概 述

汽车工业从无到有,以惊人的速度向前发展,对人类的生活方式产生了极大的影响,而人类的生活需求又对汽车的发展产生了巨大的推动作用。随着人民生活水平的提高,对汽车性能的要求也越来越高,希望汽车更加快捷、舒适、安全、可靠。自动变速器的生产和应用满足了人们的许多愿望,而且它正朝向智能化方向飞速发展。

第一节 自动变速器的发展

一、自动变速器的发展历程

自汽车诞生以来,汽车行驶速度的改变一直采用机械式变速器,也就是用手操纵变速杆换挡变速,液力耦合器的出现为自动操纵的实现提供了可能。

1926 年别克汽车第一次将液力耦合器和手动变速器装在一起,产生了第一代液力变速器,但是换挡时还需踩离合器来中断动力传递。1938 ~ 1941 年美国通用和克莱斯勒公司采用液力耦合器代替离合器,省去了驾驶时的离合器踏板操作。液力自动变速器 1938 年用于通用奥兹莫比尔轿车上,它将行星齿轮式变速器与液力耦合器组合,用液压力进行自动变速。1940 年美国奥兹莫比尔汽车装上了第一台具有现代意义的串联式行星齿轮液控自动变速器,1942 年美国又成功地研制出一种两挡的液力机械自动变速器。1947 年通用公司最先将液力传动用于批量生产的小客车上,1948 ~ 1950 年期间,汽车液力传动进入一个新阶段,出现了可根据车速和加速踏板位置进行自动换挡的自动变速器,此时液力自动变速器已基本定型。美国三大汽车公司于 20 世纪 50 年代开始批量生产。

1969 年法国的雷诺 R16TA 轿车首先使用了电子控制自动变速器,与全液压的区别在于自动换挡的控制系统是由电子控制单元来实现的,但当时由于电子技术不成熟,应用范围较窄。1982 年丰田公司生产出第一台由微机控制的电控自动变速器。到 20 世纪 80 年代末,电子控制逐步实用化,越来越多的自动变速器采用了电子控制。

20 世纪八九十年代,汽车界对 CVT 无级变速技术的研究开发日益重视。1987 年日本富士公司把装备 CVT 变速器的汽车投放市场,获得成功;福特公司和菲亚特公司也将 VDT-CVT 装备于排量为 1.1 ~ 1.6L 的轿车上,而且新的电子技术与自动控制技术不断被应用到 CVT 中。

随着汽车技术和自动变速技术的发展,自动变速器进入了智能化发展阶段。从 1992 年开始,德国宝马公司陆续推出用于 4 速和 5 速自动变速器的自适应控制系统,能够自动识别驾驶员的类型、环境条件和行驶状况,并对换挡规律作出适当调整。1997 年标致 206 与雷诺 Clio

率先采用了最先进的计算机控制技术即被称为“fuzzylogie”(模糊逻辑)的原理,实现智能化控制。日产公司的E4N71B自动变速器采用模糊推理对高速公路坡道进行识别,采取禁止升挡的措施消除循环换挡。三菱公司新型4速自动变速器,将各种输入信息和驾驶员的换挡通过神经网络建立联系,利用神经网络的学习功能,使得车辆能够按照驾驶员意图自动换挡。

汽车自动变速器的发展经历了液力自动变速、电子控制自动变速和智能控制变速几个阶段,其控制功能日益完善,由手动、半自动控制发展为全自动电子操纵控制,并向智能化方向发展;自动变速器的挡位数从2速、3速发展到现在常用4速、5速,且6速、7速自动变速器也已生产运用,8速自动变速器即将问世,无级变速电子控制技术的研究、开发和应用,将自动变速器的发展推向全新的高度。随着自动变速技术的发展,自动变速器的装车率越来越高,现在中高级轿车自动变速器的装车率已近100%。

二、自动变速器的未来趋势

随着控制技术的发展,人们对车辆性能要求的不断提高,自动变速系统的发展将朝着控制系统智能化和车辆电子一体化的方向发展。这种发展主要体现在:

1. 控制系统智能化

现代控制系统越来越重视对车辆的主观评价,车辆对人的适应也是“智能车辆”的重要标志。所以自动变速器控制系统对驾驶员特征的识别、对其意图的适应是体现“人机工程”指标和人机协调优化的重要组成部分。

为解决自动变速器使用中出现的各种问题,人们正在采用许多新的检测和控制技术,以改善自动变速车辆的性能。在控制方法和策略中,越来越多地应用了模糊控制技术和神经网络技术,使得换挡控制系统对车辆负载状态、车辆使用参数和使用环境变化的适应更具智能化特征。

2. 车辆电子一体化

车辆电子一体化就是将各个相对独立的车辆电子控制单元合为一体,这是车辆控制技术发展的趋势,如图1-1所示。

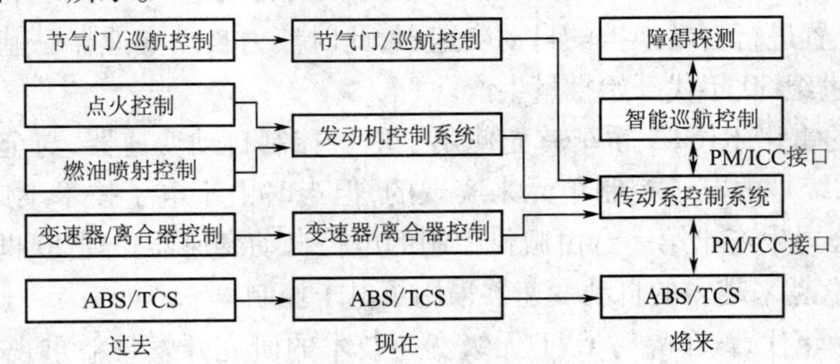

图1-1 车辆动力传动系电子一体化发展趋向

(1)可以充分利用各部件对车辆的观测参数,使用尽量少的传感器。

(2)采用CAN总线技术,实现汽车内部控制系统与各检测、执行机构间的数据通信,为车辆的轻量化提供可能。

(3)传动系联合控制可以使系统获得更多的改善换挡品质的控制手段,并可以实现变油门的换挡规律,比自动变速器独立控制具有更优越的性能。

三、自动变速器的优点

随着汽车控制技术的迅猛发展，自动变速器的工作性能在不断改进和提高，已经能够按照汽车的最佳油耗规律进行自动换挡。尽管自动变速器存在结构复杂、工艺要求高、造价昂贵、传动效率低等缺点，但与手动变速器相比，其仍具有下列明显优势：

1. 驾驶操作轻便

自动变速器中的液力变矩器取代了离合器，取消了频繁换挡时对离合器踏板的操作，使驾驶操作简便省力，降低了驾驶员的工作强度，提高了行车安全性。

2. 乘坐舒适、寿命提高

因采用液力传动，发动机和传动系是弹性连接，能缓和冲击，可避免因外界负荷突变而造成过载和发动机熄火现象，且汽车起步加速更加平稳，能吸收和衰减换挡过程中的振动和冲击，提高了乘车的舒适性，并延长了发动机和传动系的使用寿命。

3. 动力性和经济性好

自动变速器能自动适应行驶阻力的变化，选择最佳的换挡时刻，在一定范围内实现自动换挡，提高了汽车的动力性和经济性。

4. 降低排放

自动变速器可使发动机经常处于经济转速区域，即在较小排放污染的转速范围内工作，从而降低了排气污染。

第二节 自动变速器的类型

不同汽车公司生产的自动变速器，其型号、结构往往存在较大的差异。

一、自动变速器的类型

1. 按汽车驱动方式分类

自动变速器按照汽车驱动方式的不同，可分为后驱、前驱和四驱型自动变速器。这三种自动变速器在结构、外观及布置上有很大区别。

后驱型自动变速器的液力变矩器和齿轮变速器的输入轴及输出轴在同一直线上，因此轴向尺寸较大，阀板总成则布置在齿轮变速器下方的油底壳内。如丰田 A340E、A341、A342E，三菱 V4AW2、V4AW3，日产 RE4R01A、RE4R03A、RL4R01A，奔驰 722.6，通用雪佛兰 4L60E 等为后驱型自动变速器。

前驱型自动变速器常常与差速器组装在一起。前轮驱动汽车的发动机有纵置和横置两种布置方式，纵置发动机的前驱动自动变速器的结构和布置与后驱动自动变速器基本相同，只是在后端增加了一个差速器；横置发动机的前驱动自动变速器由于汽车横向尺寸的限制，要求有较小的轴向尺寸，因此通常将输入轴和输出轴设计成两个轴线的方式，变矩器和齿轮变速器输入轴布置在上方，输出轴则布置在下方，使变速器总体的轴向尺寸减少，但高度增加，因而常将阀板总成布置在变速器的侧面和上方，以保证汽车有足够的最小离地间隙。如丰田 A540E，日产 RE4F04A、RE4F04V，马自达 LJ4A-EL、GF4A-EL，神龙富康 AL4，天津丰田威驰 U540E，宝来

01M,本田 AOYO、MPIA、MPOA、MPXA 等为横置前驱型自动变速器;而一汽大众奥迪 A6 和上海大众帕萨特 B5 车上的 01N 和 01M 为纵置前驱型自动变速器。

四驱型分为全时四驱型和自动变速器加分动器四驱型,如大众奥迪 A8 01V 自动变速器为全时四驱型,丰田吉普 A442F 为自动变速器加分动器四驱型。

2. 按自动变速器前进挡的挡位数分类

自动变速器按前进挡的挡位数不同,可分为 2 速、3 速、4 速、5 速、6 速、7 速、无级变速器等。早期的自动变速器通常为 2 速和 3 速,这两种自动变速器都没有超速挡,其最高速挡为直接挡;现代轿车普遍应用的是 4 速或 5 速的自动变速器,都设有超速挡;无级变速、6 速、7 速自动变速器也有了一定程度的应用。

3. 按齿轮变速器的类型分类

自动变速器按其齿轮变速器的类型不同,可分为定轴齿轮式和行星齿轮式两种,而行星齿轮式又可分为辛普森式和拉维萘尔赫式。定轴齿轮式自动变速器体积较大,最大传动比较小,只在少数几种车型上使用(如本田轿车);行星齿轮式自动变速器结构紧凑,能获得较大的传动比,为绝大多数轿车采用。

4. 按控制方式分类

自动变速器按控制方式不同,可分为全液压控制自动变速器和电子液压控制自动变速器,现代轿车均采用电子液压控制自动变速器。

全液压控制自动变速器是通过机械的手段,将汽车行驶时的车速及节气门开度两个参数转变为液压控制信号,阀板中的各个控制阀根据液压控制信号的大小,按照设定的换挡规律,通过控制换挡执行元件的动作,实现自动换挡,如图 1-2 所示。电子控制自动变速器利用各种

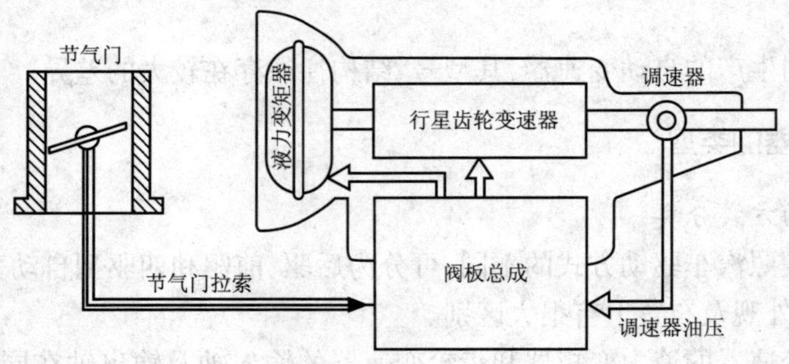

图 1-2　全液压式自动变速器控制过程示意图

传感器,将发动机转速、节气门开度、车速、发动机冷却液温度、自动变速器油温等参数转变为电信号,并输入到控制单元,控制单元按照设定的换挡规律,向换挡电磁阀、油压电磁阀、锁止电磁阀等执行元件发出控制信号,电磁阀改变阀板中各个控制阀的油路和油压,进而控制换挡执行元件的动作,实现自动换挡,如图 1-3 所示。

二、自动变速器型号识别

同一种型号的汽车,由于其使用的地区或用途不同可能装备不同型号的自动变速器,而同一种自动变速器可能被用在多个公司不同年款的汽车上。因此,必须了解各种自动变速器的型号,以便使用和维修。

1. 自动变速器型号含义

(1)变速器的性质。主要是指自动变速器还是手动变速器。一般用字母“A”表示自动变速器,用字母“M”表示手动变速器。

(2)自动变速器的生产公司。例如,德国 ZF 公司生产的自动变速器,其型号前面大多为“ZF”字样。

(3)驱动方式。主要标明是前驱动还是后驱动。一般用字母“F”表示前驱动,字母“R”表示后驱动,但也有特殊情况,如丰田公司则用数字表示驱动方式,一部分四轮驱动车辆在型号后面附字母“H”或“F”表示。

(4)前进变速挡位数。主要是表示自动变速器前进挡的变速比的个数,用数字表示。

(5)控制类型。主要说明变速器是电控、液控,还是电液控制,电控一般用字母“E”表示,液控一般用“L”表示,电液控制用“EH”表示。

(6)改进序号。表示自动变速器是否在原变速器的基础上做过改进。

(7)额定驱动转矩。在通用与宝马等公司自动变速器型号中有此参数。

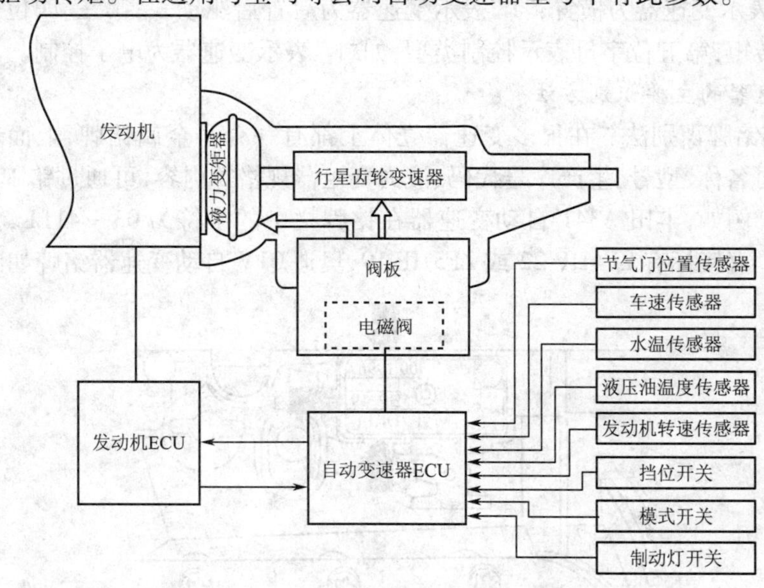

图 1-3 电子液压式自动变速器控制过程示意图

2. 自动变速器型号示例

(1)丰田自动变速器型号。丰田自动变速器的型号可分为两大类:一类为型号中除字母外有两位阿拉伯数字,另一类为型号中除字母外有 3 位阿拉伯数字。

①型号中有两位阿拉伯数字,如 A40、A41、A55、A55F、A40D、A42DL、A43DL、A44DL、A45DL、A45DF、A43D 等。字母“A”代表自动变速器。如左起第一位阿拉伯数字分别为“1”、“2”、“5”,则表示该自动变速器为前驱动车辆用,即自动变速器内含主减速器与差速器,称为自动驱动桥。如左起第一位阿拉伯数字分别为“3”、“4”,则表示该自动变速器为后驱动车辆用。左起第二位阿拉伯数字代表生产序号。

后附字母的含义如下:“H”或“F”表示该自动变速器用于四轮驱动车辆,“D”表示有超速挡,“L”表示有锁止离合器,“E”表示电控式,同时带有锁止离合器,若无“E”,则表示为全液压控制。

②型号中有 3 位阿拉伯数字,如 A130L、A13l(L)、A132(L)、A140L、240L、A241L、A243L、A440L、A440F、A340E、A340H、A340F、A341F、140E、A141E、A240E、A241E、A540E、A540H 等。

字母“A”表示自动变速器,左起第一位阿拉伯数字及后附字母的解释同上,左起第二位阿拉伯数字代表前进挡的个数,左起第三位阿拉伯数字代表生产序号。

③特别说明。上述各型自动变速器中,A340H、A340F、A540H 型自动变速器,其后面均省略了“E”,均为电控自动变速器,带锁止离合器。A241H、A440F 型自动变速器,其后均省略了“L”,但均带有锁止离合器。

若改进后的自动变速器,只增加了锁止离合器或增加了驱动轮的个数,其余未做改动,则只在原型号后加注“L”或“F”、“H”,原型号不变。

(2)宝马系列自动变速器型号。以宝马 ZF4HP22-EH 为例,系列号码分别表示:ZF 公司生产,挡位数 4,控制类型“H”(液压),齿轮类型“P”(行星类)和额定转矩 22N·m,系列号码的末尾“E”或“EH”分别表示电控或电液控制类型的变速器。

(3)通用自动变速器型号。自动变速器的型号主要有 4T60E、4L60E、4T65E 等,第一位阿拉伯数字表示前进挡传动比的个数,如 4 表示 4 速,即有 4 个前进传动比;第二位字母表示驱动方式,如“T”表示变速器为横置,“L”表示变速器为后置后驱动式;第三、四位数字表示变速器的额定驱动转矩;第五位字母表示控制类型,如“E”表示变速器为电子控制。

3. 自动变速器的主要识别方法

(1)变速器铭牌识别法。在很多变速器壳体上都有一个小金属铭牌,上面一般标有自动变速器生产公司名称、型号、生产序号代码、液力变矩器规格等内容,可通过铭牌对自动变速器型号进行识别。例如,丰田 A341 自动变速器在铭牌栏中的字符为 03—41LE,宝马轿车自动变速器的铭牌上直接标有 ZF4HP-22 或 ZF5HP-19,奥迪 01V 自动变速器铭牌如图 1-4a)所示。

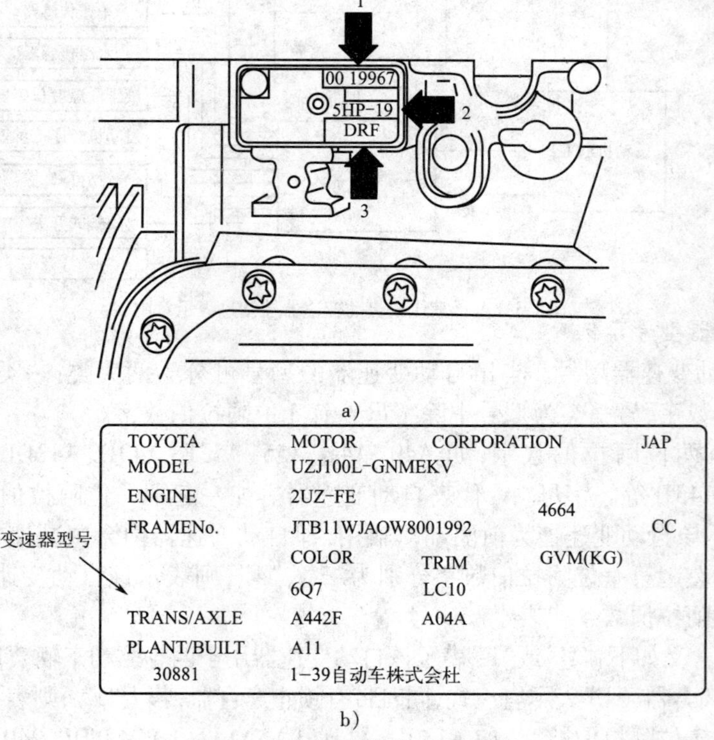

图 1-4　自动变速器铭牌和汽车铭牌

a)变速器铭牌;b)丰田汽车铭牌

(2)汽车铭牌识别法。一部分汽车在发动机舱内、驾驶室内、门柱等位置有汽车铭牌,这些铭牌上一般有生产厂商名称、汽车型号、车身型号、底盘型号、发动机型号、变速器型号、出厂编号等内容。通过汽车铭牌上的内容可对自动变速器的型号进行识别。图1-4b)所示为丰田汽车铭牌。

(3)壳体标号识别法。一部分变速器将其型号刻印在壳体和油底壳等部位,可以很直观地识别出自动变速器的型号。例如,福特公司的AXOD自动变速器,在其端部的阀体油底壳上冲压有很大的“AXOD”字符。

(4)零部件特征识别法。不同的自动变速器装备有不同形状和特征的零部件,常用其具有特殊形状及特征的集滤器、油底壳、油底壳密封垫、电磁阀个数及导线端子数等进行区分与识别。如通用4T60E与4T65E自动变速器油底壳衬垫的形状有明显不同,可通过辨别油底壳垫的形状来区分自动变速器的型号。

(5)变速器结构特征识别法。可根据自动变速器独特的结构特征来进行识别。如日产千里马RE4F04A自动变速器油底壳在上方,宝马或欧宝4L30E自动变速器有一大一小两个油底壳,奔驰S320轿车的722.502 5速自动变速器有加长的壳体,克莱斯勒41TE(A604)自动变速器外部有电磁阀,马自达626轿车GF4A-EL自动变速器油底壳在前侧。

(6)车型型号对照表。利用车型与变速器型号对照表进行查找。

第三节 自动变速器的组成和工作原理

一、自动变速器的组成

自动变速器主要由液力变矩器、齿轮变速器、液压控制系统和电子控制系统等几部分组成,如图1-5所示。

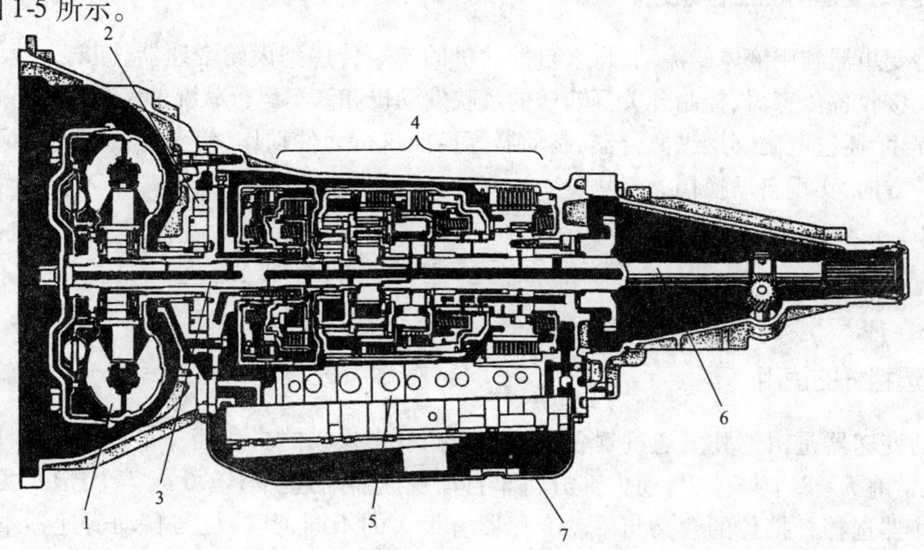

图1-5 自动变速器的组成

1-变矩器;2-油泵;3-输入轴;4-齿轮变速器;5-液压控制系统;6-输出轴;7-油底壳

1. 液力变矩器

液力变矩器位于自动变速器的最前端,与发动机相连,利用液力传动原理,将发动机的动力传给自动变速器的输入轴。其连接作用与手动变速汽车中的离合器相似，由于采用液体作为介质来传递动力，因此属于一种软连接，能够缓和冲击和振动，还可以起减速增矩及耦合作用。

2. 齿轮变速器

齿轮变速器是自动变速器的主要组成部分，它包括齿轮变速机构和换挡执行机构。齿轮变速机构可以使变速器实现不同的传动比，使之处于不同的挡位。汽车的齿轮变速机构常常设有4个或5个前进挡和1个倒挡，这些挡位与液力变矩器配合，就可获得由起步至最高车速范围内的自动变速。换挡执行机构通过某个换挡执行元件的接合或分离，连接、固定或放松行星齿轮系统的齿圈、行星架或太阳轮，实现各挡传动。

3. 液压控制系统

液压控制系统包括油泵、由许多控制阀组成的阀板总成、液压管路及冷却系统。油泵通常安装在液力变矩器之后，由飞轮通过液力变矩器壳直接驱动，为液力变矩器、液压控制系统、换挡执行元件的工作提供一定压力的液压油。阀板总成通常安装在齿轮变速器下方的油底壳内，是各液压控制阀和控制油路的液压集成板。在自动变速器的外部还设有一个液压油散热器，有的装在发动机散热器处，有的装在自动变速器上，通过管路与阀板连接，对自动变速器油进行冷却。

4. 电子控制系统

电子控制系统包括电子控制单元、传感器、执行器、控制开关及控制电路等。传感器将发动机和汽车的行驶参数转变为电信号，输送给自动变速器的电子控制单元，控制单元接收到这些信号后根据设定的换挡规律向换挡电磁阀和油压电磁阀发出动作指令，进而使阀板中的各种控制阀动作，使换挡执行元件接合或分离，实现自动换挡。

二、自动变速器的工作原理

液力变矩器利用液体的流动，将来自发动机的转矩传递到齿轮变速器，同时，自动变速器控制单元接收各传感器、控制开关等输送的反映发动机和汽车运行状况的参数信号，并按预先设定的程序，通过电磁阀操纵离合器、制动器等换挡执行元件动作，使变速器获得相应的传动比和旋转方向，实现自动换挡。

第四节　自动变速器的正确使用

一、选挡杆的使用

自动变速器是由驾驶员通过驾驶室内的选挡杆来操纵的。选挡杆布置在转向柱上或地板上，通常有5~8个挡位，目前大部分轿车自动变速器的选挡杆有6或7个挡位，见图1-6。自动变速器选挡杆挡位的含义与手动变速器有很大的不同，其挡位与自动变速器本身所处的挡位（传动比）是两个完全不同的概念，实际上，选挡杆只改变自动变速器阀板总成中手控阀的位置，而自动变速器本身的挡位则是由换挡执行元件的动作决定的，它除了取决于手控阀的位置外，还取决于汽车的车速、节气门开度等多项因素。要正确使用自动变速器，首先应当了解自动变速器选挡杆各个挡位的含义。

1. 停车挡(P 位)

停车挡通常位于选挡杆的最前方,当选挡杆位于"P"位置时,自动变速器的停车锁止机构将变速器输出轴锁止,使驱动轮不能转动,防止汽车移动。同时换挡执行机构使自动变速器处于空挡状态。当选挡杆移开"P"挡位置时,停车锁止机构即被释放。

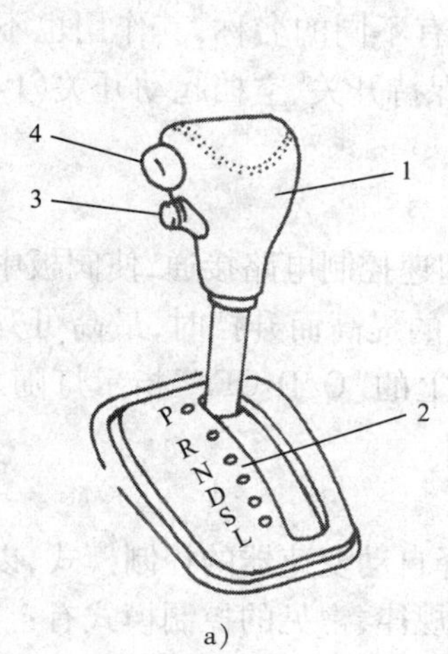

a)

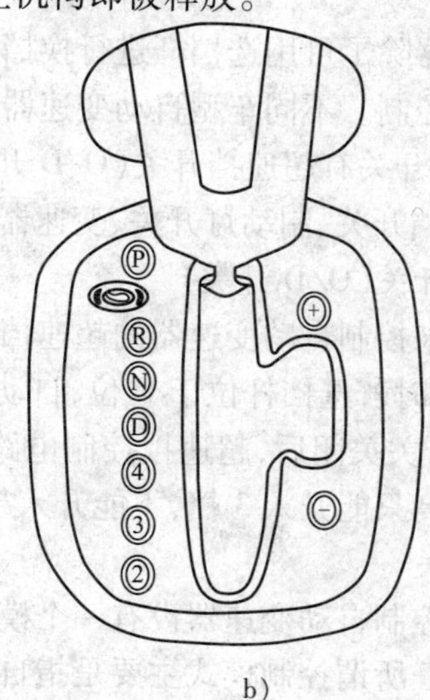

b)

图 1-6 自动变速器的选挡杆

1-选挡杆;2-挡位;3-超速挡开关或保持开关;4-锁止按钮

2. 倒挡(R 位)

倒挡位于停车挡之后,当选挡杆位于倒挡位置时,换挡执行机构使汽车实现倒行。

3. 空挡(N 位)

空挡通常位于选挡杆的中间位置,在倒挡和前进挡之间。当选挡杆位于空挡位置时,换挡执行机构和停车挡相同,也是使自动变速器处于空挡状态。此时发动机的动力虽经输入轴传入自动变速器,但只能使齿轮空转,输出轴无动力输出。

4. 前进挡(D 位)

前进挡位于空挡之后,大部分轿车自动变速器在选挡杆位于前进挡位置时可以实现 4 个或 5 个不同传动比的挡位,即 1 挡、2 挡、3 挡、4 挡和 5 挡,其中 1 挡传动比最大,超速挡的传动比小于 1(4 速变速器的 4 挡为超速挡,5 速变速器的 5 挡为超速挡),其余挡位的传动比介于二者之间。在汽车的行驶过程中,如果选挡杆位于前进挡位置,电子控制系统能根据车速、节气门开度等因素的变化,按照设定的换挡规律,自动变换挡位。

5. 前进低速挡(S 和 L 位或 3、2、1 位)

前进低速挡通常有 2 个或 3 个位置,即图 1-6a)中的 S 位和 L 位,当选挡杆位于这两个位置时,自动变速器的控制系统将限制前进挡的变化范围。当选挡杆位于 S 位时,自动变速器只能在 1 挡、2 挡、3 挡之间自动变换挡位。当选挡杆位于 L 位时,自动变速器只能固定在 1 挡。有的车型将 S 位标为 2 位,L 位标为 1 位,其含义大致相同。通常在选挡杆置于前进低速挡时,变速器具有发动机制动作用。

6. 手/自动一体的选挡杆挡位

图 1-6b)为手/自动一体的选挡杆挡位,当选挡杆置于"左"位时,选挡杆可换入"P、R、N、

D、4、3、2”各挡,自动变速器按自动换挡程序工作;选挡杆置于“右”位时,自动变速器按手动换挡程序工作,向前(+)轻推选挡杆,变速器升挡,向后(-)轻推选挡杆,变速器降挡。

二、控制开关的使用

自动变速器除了可用选挡杆进行换挡控制外,还可以通过选挡杆或汽车仪表板上的一些控制开关进行控制。不同车型自动变速器的控制开关往往有不同的名称,其作用也不完全相同,常见的控制开关有超速挡开关(O/D 开关)、模式开关、保持开关、空挡起动开关(P/N 挡位开关)、强制降挡开关、制动灯开关、变速器油温开关等。

1. 超速挡开关(O/D 开关)

此开关用来控制自动变速器的超速挡。开关打开后,超速控制电路接通,使阀板中的超速电磁阀工作,此时若选挡杆位于 D 位,自动变速器随着车速的提高而升挡时,最高可升入 4 挡(即超速挡);开关关闭后,超速挡控制电路被断开,仪表板上的“O/D OFF”指示灯随之点亮,自动变速器最高只能升入 3 挡,不能升入超速挡。

2. 模式开关

部分电子控制自动变速器设有一个模式开关,用来选择自动变速器的控制模式,以满足不同的使用要求。所谓控制模式主要是指自动变速器的换挡规律,常见的控制模式有:

(1)经济模式(ECONOMY):这种控制模式是以汽车获得最佳的燃油经济性为目的来设计换挡规律的。当自动变速器在经济模式状态下工作时,其换挡规律应能使发动机在汽车行驶过程中经常处在经济转速范围内运转,提高了燃油经济性。

(2)动力模式(POWER):这种控制模式是以汽车获得最大的动力性为目的来设计换挡规律的。当自动变速器在动力模式状态下工作时,其换挡规律使发动机经常处在大功率范围内运转,使汽车获得较好的加速性能和爬坡能力。在相同条件下,动力模式比经济模式的换挡车速高。

(3)标准模式(NORMAL):标准模式的换挡规律介于经济模式和动力模式之间,兼顾了动力性和经济性,使汽车既保证一定的动力性,又有较佳的燃油经济性。

(4)雪地模式(SNOW):雪地模式适用于汽车在雪地上行驶。如果初始位置在 2 挡,当车速降至 1 挡后,不再升挡;当选挡杆位于“D”位时,自动变速器只有 3 个挡位,以防车轮打滑。

注意:通常自动变速器只具备上述 2 种或 3 种控制模式。

3. 空挡起动开关(P/N 挡位开关)

空挡起动开关位于自动变速器手控阀摇臂轴上或选挡杆下方,用于检测选挡杆的位置。同时具有安全开关的作用,只有当选挡杆位于“P”或“N”位时,发动机才能起动。

4. 强制降挡开关

强制降挡开关由加速踏板控制,其作用是检测加速踏板是否达到了节气门全开位置(通常指节气门开度大于 85%)。当加速踏板达到节气门全开位置时,强制降挡开关接通,并向变速器控制单元输送信号,控制单元则按预先设置的程序,使变速器自动降低一个或二个挡位,从而提高汽车的加速性能。如果强制降挡开关短路,控制单元将忽略其信号,按选挡杆位置控制换挡。

5. 保持开关

有些电子控制自动变速器设有保持开关(如日本 JATCO 公司生产的 R4A-EL 自动变速器)。这种开关通常位于选挡杆上,如图 1-6a)所示。按下这个开关后,自动变速器便不能自动换挡,其

挡位完全取决于选挡杆的位置：当选挡杆位于D位、S位、L位时，自动变速器分别保持在3挡、2挡、1挡。汽车在雪地上行驶时，可按下这个开关，用选挡杆选择挡位，以防止驱动轮打滑。

6. 制动灯开关

制动灯开关位于制动踏板下方，用于判断是否实施制动。如果踩下制动踏板，制动开关则将制动信号输送给控制单元，以解除锁止离合器的接合，防止紧急制动时发动机熄火。

三、自动变速器的正确操作和注意事项

1. 选挡杆的正确操作

(1)如无特殊需要，不要将选挡杆在"D"、"S"、"L"位之间频繁地来回拨动，否则将导致各换挡执行元件频繁的接合或分离，加剧其磨损。

(2)当汽车未完全停稳时，不允许从"D"位换至"R"位，也不允许从"R"位换至"D"位，否则会损坏自动变速器中的摩擦片和制动带(为防止误操作，选挡杆操纵手柄上设置有锁止按钮)。

(3)锁止按钮的使用。自动变速器选挡杆上设有一个锁止按钮(图1-6)，在进行下列换挡操作时，必须按下锁止按钮，否则选挡杆将被锁止而不能移动：

①由P位换至其他任何挡位或由其他任何挡位换至P位。

②由任何挡位换至R位。

2. 发动机的起动

起动发动机时，必须将自动变速器选挡杆置于"P"位或"N"位，同时拉紧驻车制动或踩下制动踏板，以防车辆发生移动。装用自动变速器的汽车，只有当选挡杆置于"P"位或"N"位时发动机才能起动，除此之外的任何挡位发动机均不能起动。

注意：与手动变速汽车不同，自动变速汽车不能采用推车或拖车的办法起动发动机。因为自动变速器油泵是由发动机通过变矩器壳体直接驱动的，发动机不运转，油泵不能建立油压，自动变速器的液压控制系统及液压执行元件(离合器、制动器)就不能工作，即自动变速器不能传递动力(无挡)。因此，即便选挡杆置于前进挡位，也不能实现驱动轮与发动机间的动力传递。

3. 汽车起步

汽车起步前应先踩下制动踏板，然后再选择挡位，并查看所挂挡位是否正确。挂挡后，先松开驻车制动，然后平稳地抬起制动踏板，待汽车缓慢起步后再逐渐踩下加速踏板。

进行汽车起步操作时应注意：

(1)发动机起动后、汽车起步前，不要踩加速踏板；挂挡时不要松开制动踏板；起步后，加速踏板不要踩得过急、过猛，应缓慢踩下；切忌边踩加速踏板边挂挡或先踩加速踏板后挂挡。

(2)在冬季，发动机起动后不要立即起步，应等发动机达到正常工作温度后(此时暖机过程结束，发动机转速降至正常怠速)再起步。

(3)挂入前进挡(松开制动)，不踩加速踏板，汽车有前行的趋势或有"爬行"现象(即自动变速器汽车的怠速"蠕动"现象)是正常的。

4. 行车

1)汽车在平坦路面上行驶

汽车在平坦路面或一般道路上行驶时，可将选挡手柄置于"D"位，有超速挡开关时，应打开超速挡开关。这样自动变速器就会根据车速、节气门开度及发动机工作温度、自动变速器油

温度、行驶阻力等因素自动升挡或降挡。

为了提高燃油经济性，可将模式开关设置在经济模式或标准模式上，加速时应缓慢踩下加速踏板，并尽量让节气门开度保持在小于1/2开度的范围内。通常采用“收油门提前升挡”的操作方法来达到节油的目的，即汽车起步后缓踩加速踏板，车速达到一定值（如车速升到20～30km/h）时，快速松抬加速踏板2～3s，这时自动变速器立即从1挡升至2挡；其他挡位需提前升挡均可按此方法操作。

为了提高汽车的动力性，可将模式开关设置在动力模式上，也可相应采用“踩加速踏板提前降挡”的方法来获得较大的驱动力。

汽车行驶时应注意下列几种情况：

（1）汽车是根据节气门开度的大小和车速高低来自动变换挡位的，并非只要D位起步一直踩加速踏板就可以升入高速挡。

（2）装备自动变速器的汽车不能高速、长时间、长距离的拖车（拖车时驱动轮必须悬空）。因为变速器机械零件的润滑油是由油泵提供的，拖车时，发动机不工作，油泵不能提供润滑油，而汽车带动变速器齿轮及轴高速旋转，长时间的润滑不良导致变速器过热烧损，甚至报废。

（3）不允许采取“加速—空挡—滑行”的操作方法来节油，因为这样会使自动变速器频繁升挡、降挡，加剧了自动变速器执行元件的磨损。

2）汽车在坡道上行驶

汽车在坡道上行驶时，如果是一般的坡道，可在“D”位下用加速踏板和制动踏板来控制汽车的上下坡车速。若坡道较长，应将选挡杆从“D”位移至“S、L”位或“3、2、1”位（视车型或坡度而定），以免造成自动变速器“循环跳挡”。下长坡时，可完全松开加速踏板，将选挡杆置于低速挡位如“S或L”位，此时驱动轮经传动轴、变速器、变矩器反拖发动机运转（低速挡位具有发动机制动作用），这样既能限制汽车的最高速挡位，防止汽车下长坡超速，又可以利用发动机的制动作用使汽车减速。

注意：下长坡时禁止熄火滑行，也不允许空挡滑行。因为滑行时变速器齿轮等零件在汽车带动下高速旋转，即便发动机怠速运转，由于转速较低，油泵供油量较少将导致润滑不良，进而造成变速器烧损。

3）汽车在雪地或泥泞路面上行驶

汽车在雪地或泥泞路面上行驶时，应将选挡杆从“D”位移至“S或L”位，并按道路情况变换驾驶模式。若自动变速器设有保持开关，也可打开保持开关，然后采用和手动变速器相同的方法，用操纵手柄来选择适当的挡位行驶。

4）超车

当汽车需要超车或急加速时，可采用“强制降挡”的操作方法，即将加速踏板迅速踩到底，则自动变速器会自动降低一或二个挡位，随后应立即稍松开加速踏板，此时自动变速器又会在高速运行的条件下自动升挡，获得强烈的加速效果。

注意：“强制降挡”旨在高速超车，在此工况下，自动变速器执行元件（尤其是高速挡离合器、制动器）中的摩擦片严重磨损、发热，极易造成烧蚀、碎裂或黏结（俗称“烧片”），若非特殊需要，不易经常使用。

5. 汽车换挡

行驶过程中操纵选挡杆换挡时,不要踩加速踏板;换挡后也不要立即猛踩加速踏板,否则将加剧摩擦片的磨损。行驶时若需按“L→S→D”的挡位顺序换挡(即由低速挡位换至高速挡位),可以不受任何车速条件的限制;若按“D→S→L”的挡位顺序换挡(即由高速挡位换至低速挡位),应视车速状况而定。因为若由高速挡位换至抵挡位时的车速过高,则相当于人为的手动强制低速挡,这样不仅汽车会受到发动机强烈的制动作用,而且对应的低速挡换挡执行元件将受到较剧烈的摩擦而损坏。因此自动变速器设有锁止按钮,在由高速挡位换至低速挡位时,应在车速下降以后按下锁止按钮再移动选挡杆。

6. 倒车

需要倒车时,必须在汽车完全停稳后再将选挡杆拨至“R”挡位。如果在平路上倒车,可完全放松加速踏板,待松开驻车制动和制动踏板后,利用发动机怠速缓慢倒车,无须踩加速踏板。如果倒车中要越过台阶或其他障碍物,应缓慢踩下加速踏板,并在越过障碍物后及时制动。

注意:倒车必须在汽车完全停稳后进行,以防执行元件摩擦片的过度磨损及变速器齿轮的啮合撞击。

7. 停车

1)临时停车

汽车在交通路口等通行信号或因堵车等原因需要临时停车时,若停车时间较短,可让选挡杆保持在“D”位,只采用行车制动,这样松开制动踏板即可立即起步,但要注意在停车过程中制动踏板不能松动,否则由于“蠕动”现象的存在,将造成汽车向前闯动而发生意外事故。若停车时间稍长,可同时利用行车制动和驻车制动。若停车时间较长,最好将选挡杆置于“N”位,并拉紧驻车制动熄火停车,以免造成自动变速器油温过高。

2)停放

汽车停放好以后,应踩住制动踏板,将选挡杆置于“P”位,并拉紧驻车制动,然后关闭点火开关,使发动机熄火,并将钥匙转到锁止位置。拔出钥匙,妥善保管。

注意:一定要在汽车完全停稳后才能将选挡杆拨入停车挡“P”位,否则会损坏自动变速器的停车锁止机构,同时自动变速器会发出刺耳的金属撞击声。

复习思考题

1. 自动变速器有哪些优点?
2. 自动变速器是如何进行分类的?有几种类型?
3. 简述自动变速器的基本组成和工作原理。
4. 如何识别自动变速器的类型?
5. 自动变速器选挡杆各个挡位的含义是什么?
6. 操纵选挡杆时应注意哪些事项?
7. 自动变速器各控制开关的作用是什么?
8. 如何进行自动变速车的起动、起步、行车和停车?
9. 为什么自动变速车不能长时间拖车?
10. 试解释自动变速车的“怠速爬行”现象。
11. 怎样提高自动变速车在高速挡高速时的加速能力?

第二章　液力变矩器的构造与检修

利用液体作为工作介质来传递能量，一般可分为液压传动和液力传动。液压传动主要是依靠工作液压力能的变化来传递动力，如液压泵、液压马达；而液力传动主要是依靠工作液动能的变化来传递动力，如液力耦合器和液力变矩器。

第一节　液力耦合器

一、液力耦合器的构造

液力耦合器由泵轮 B 和涡轮 W 两个工作轮组成，其构造如图 2-1 所示，泵轮 3 和涡轮 4 具有相同的内、外径，在工作轮的环状壳体中，安装有许多径向排列的叶片，泵轮和涡轮相对安装，两者端面间留有约 3～4mm 间隙。泵轮与涡轮装合后成为一个整体，其轴线断面一般为圆形，称为循环圆，内腔充满工作液。

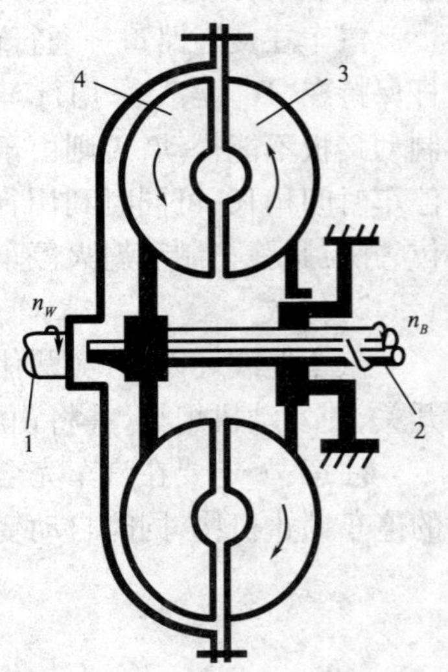

图 2-1　液力耦合器示意图
1-输入轴；2-输出轴；3-泵轮；4-涡轮

二、液力耦合器的工作原理

当发动机带动泵轮旋转时，动力经输入轴 1 传给泵轮 3，驱动泵轮以转速 n_B 转动。由于泵轮叶片的作用，工作液也随叶片一起绕轴线旋转，在离心力的作用下，迫使工作液沿叶片间通道从半径较小的内缘处向半径较大的外缘处流动，此时，叶片外缘处工作液的动能和压力能都大于叶片内缘处工作液的动能和压力能，其动能的差值取决于泵轮的内外缘半径差和泵轮的转速。工作液在到达叶片外缘时，已成为具有一定压力和速度的高速液流，并将发动机的机械能转换为工作液的动能。在一般情况下，涡轮的转速总是低于泵轮的转速，因此，泵轮外缘处工作液的能量大于涡轮外缘处工作液能量。在此能量差作用下，离开泵轮后的高速液流紧接着流入涡轮，并作用于涡轮叶片；当能够克服涡轮转动所产生的阻力和负载时，推动涡轮以转速 n_W 转动，其转动方向与泵轮相同，使涡轮获得一定的机械能，经输出轴 2 输出，将液体的动能转换为涡轮输出轴上的机械能。

由于泵轮和涡轮封闭在一个整体内，泵轮转动时，工作液在离心力的作用下甩向泵轮外缘，冲击涡轮边缘，随后沿着涡轮叶片向涡轮内缘流动，随即又返回到泵轮的内缘，然后再次被泵轮甩向外缘。这样，工作液从泵轮流向涡轮，又从涡轮返回泵轮，反复循环，形成沿轴线断面循环的环流。

通过以上分析可知，工作液在液力耦合器中同时具有两种旋转运动，一种是随同工作轮一起作绕工作轮轴线的圆周运动（牵连运动）；另一种是沿工作腔循环圆的环流运动——轴面循环圆运动（相对运动），如图 2-2a）所示，故工作液的绝对运动是两种旋转运动的合成，运动方向是斜对着涡轮冲击涡轮叶片，这样油液质点的流线是一条首尾相接的环形螺旋线，如图 2-2b）所示。

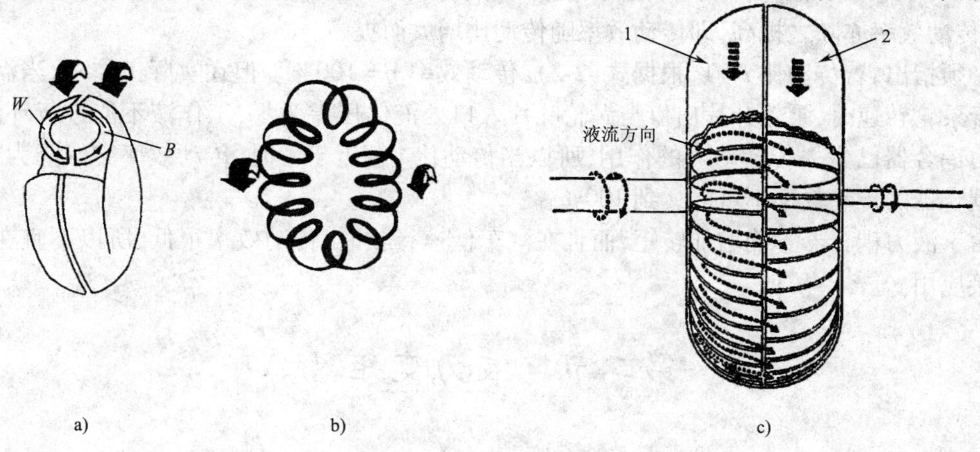

图 2-2　液力耦合器的工作原理

a）两种旋转运动；b）两种旋转运动合成；c）耦合器工作原理图

1-泵轮；2-涡轮

为了能形成循环圆的环流运动，泵轮和涡轮之间必须存在转速差，即泵轮转速 n_B 必须大于涡轮转速 n_W，转速差越大，泵轮外缘处与涡轮外缘处能量差越大，工作液传递的动能也越大。若泵轮与涡轮转速相等，泵轮与涡轮外缘处能量差消失，循环圆内工作液的循环流动停止，液力耦合器就不再传递动力。

三、液力耦合器的特性

在液力耦合器中只有泵轮和涡轮两个工作轮，液体在循环流动的过程中，除了与泵轮和涡轮之间的作用之外，没有受到其他任何附加的外力，根据作用力与反作用力相等的原理，工作液作用在涡轮上的转矩应等于泵轮作用在工作液上的转矩，即发动机传给泵轮的转矩与涡轮输出的转矩相等，因此，液力耦合器仅能传递转矩而不能改变转矩的大小。

液力耦合器在传递能量过程中，必然有能量损失，其传动效率可由以下公式确定：

$$\text{传动效率} = \frac{\text{涡轮转矩} \times \text{涡轮转速}}{\text{泵轮转矩} \times \text{泵轮转速}}$$

即

$$\eta = \frac{M_W \cdot n_W}{M_B \cdot n_B} \tag{2-1}$$

因为液力耦合器仅起传递转矩作用，$M_W = M_B$，则：

$$\eta = n_W / n_B = i \tag{2-2}$$

式中：M_B——泵轮轴输入转矩；

M_W——涡轮轴输出转矩；

n_B——泵轮转速；

n_W——涡轮转速；

i——液力耦合器传动比，即输出轴转速与输入轴转速之比。

由式(2-2)可见,液力耦合器的传动效率是涡轮转速与泵轮转速之比。因为液力耦合器在正常工作时,泵轮转速大于涡轮转速,故其传动效率随涡轮与泵轮的转速差而变,二者转速差越大,传动效率越低;反之,两者转速比较接近时,传动效率较高。因此,在汽车起步之前,涡轮转速 $n_W=0$,此时传动效率 $\eta=0$;在汽车起步之后,涡轮转速 n_W 逐渐增加,二者转速差逐渐缩小,其传动效率亦随之提高,即传动效率随传动比增大而提高。

必须指出,若传动比 $i=1$,根据式(2-2),传动效率 $\eta=100\%$。但在实际工作中,当涡轮转速等于泵轮转速时,泵轮叶片出口与涡轮叶片入口处液体压差为零,工作液不能进行环流,因而液力耦合器已失去传递动力的作用,所以当传动比 i 接近于 1 时,传动效率突然降为零,即液力耦合器的传动效率不可能达到 100%。

由于液力耦合器不能增加转矩,而且在汽车低速行驶时,传动效率很低,所以不宜在汽车上直接应用。

第二节　液力变矩器

一、液力变矩器的构造

液力变矩器的构造与液力耦合器基本相似,但在泵轮和涡轮之间加入了一个固定不动的工作轮——导轮。如图 2-3 所示,液力变矩器主要由可旋转的泵轮 5、涡轮 6 及固定不动的导轮 7 三个元件组成,各工作轮用铝合金精密铸造,或用钢板冲压焊接而成。泵轮与变矩器壳连成一体,用螺栓固定在发动机曲轴后端的凸缘或飞轮上,壳体做成两半,装配后焊成一体或用螺栓连接,涡轮通过从动轴与变速器的其他部件相连,导轮则通过导轮轴与变速器的固定壳体相连。泵轮、涡轮和导轮是液力变矩器转换能量、传递动力和改变转矩必不可少的基本工作元件,所有工

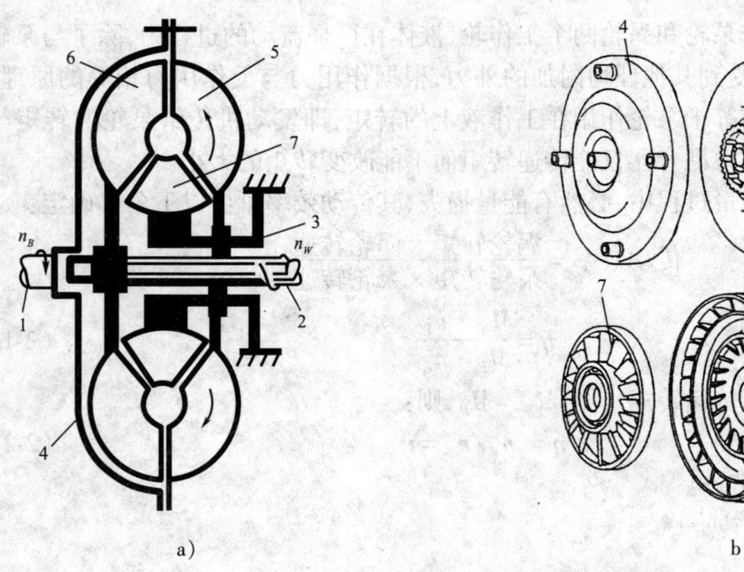

图 2-3　三元件液力变矩器

a)结构示意图;b)零件分解图

1-输入轴;2-输出轴;3-导轮轴;4-变矩器壳;5-泵轮;6-涡轮;7-导轮

作轮在装配后,形成断面为循环圆的环状体。

二、液力变矩器的工作原理

液力变矩器转换能量、传递动力的原理与液力耦合器基本相同,其根本区别就在于液力变矩器增加了一个工作轮——导轮。发动机运转时,带动变矩器壳体和泵轮一起旋转,泵轮内的工作液在离心力的作用下,由泵轮叶片外缘冲向涡轮,并沿涡轮叶片流向导轮,再经导轮叶片流回泵轮叶片内缘,形成循环的液流。由于多了一个固定不动的导轮,在液体循环流动的过程中,固定不动的导轮给涡轮一个反作用力矩,从而使涡轮输出转矩不同于泵轮输入转矩,具有"变矩"功能。

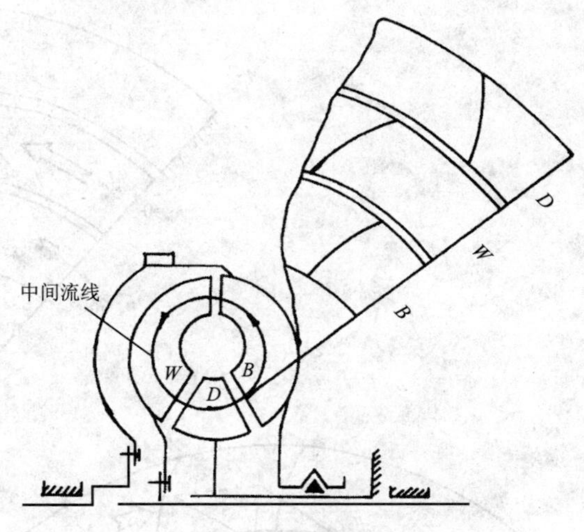

图 2-4　液力变矩器工作轮展开图

液力变矩器的变矩原理可以用各工作轮的展开图来说明。沿循环圆的中间流线展开成一条直线,于是泵轮 B,涡轮 W 和导轮 D 便成为 3 个沿展开直线顺次排列的环形平面,如图 2-4 所示,从而使各工作轮叶片清楚地展现出来。

为了便于说明,现假设在液力变矩器的工作中,发动机的转速和负荷不变,即液力变矩器的泵轮转速 n_B 和转矩 M_B 为常数。

1. 汽车起步前

在汽车起步之前,涡轮转速 $n_W=0$,发动机带动泵轮旋转,并对工作液产生一个大小为 M_B 的转矩,该转矩即为液力变矩器的输入转矩。液力变矩器内的工作液在泵轮叶片带动下,以一定的绝对速度 v_B 冲向涡轮叶片,如图 2-5a)所示,绝对速度 v_B 是泵轮的圆周速度 v_{B1} 和沿泵轮叶片的相对速度 v_{B2} 的合成速度;由于此时涡轮静止不动,液流沿涡轮叶片流出冲向导轮叶片,如图中箭头 v_W 所示,这既是液流质点在涡轮叶片的相对速度,也是液流质点的绝对速度,然后液流再沿固定不动的导轮叶片沿箭头 v_D 方向回到泵轮中。液流流经导轮叶片时,因受叶片作用,使液流的方向发生变化。设泵轮,涡轮和导轮对液体的作用力矩分别为 M_B、M_W 和 M_D,根据液流的力矩平衡条件,可得 $M_W=M_B+M_D$,由于涡轮对液流的作用力矩 M_W 与液流对涡轮冲击力矩 M'_W 方向相反,大小相等,即 $M'_W=-M_W$。因此,液流对涡轮的冲击力矩 M'_W(即输出力矩)大于泵轮的输入力矩 M_B。

由此可见,涡轮转矩由两部分组成,一是泵轮液流的冲击所产生的转矩,二是液流因导轮改变流向形成的反作用力矩,且导轮反作用力矩的大小及方向随涡轮转速的变化而变化,故涡轮转矩值(变矩值)也随之变化。

2. 汽车起步之后

当涡轮输出的力矩传到驱动轮上所产生的驱动力足以克服汽车起步阻力矩时，汽车即起步并开始加速，因而与之相连的涡轮转速 n_W 也从零逐渐增加。在涡轮转动之后，液流在涡轮出口处不仅具有沿叶片方向的相对速度 v_{W2}，而且具有沿圆周切线方向的牵连速度 v_{W1}，所以，此时冲向导轮叶片的液流速度 v_W 是上述两者的合成速度，如图 2-5b）所示。

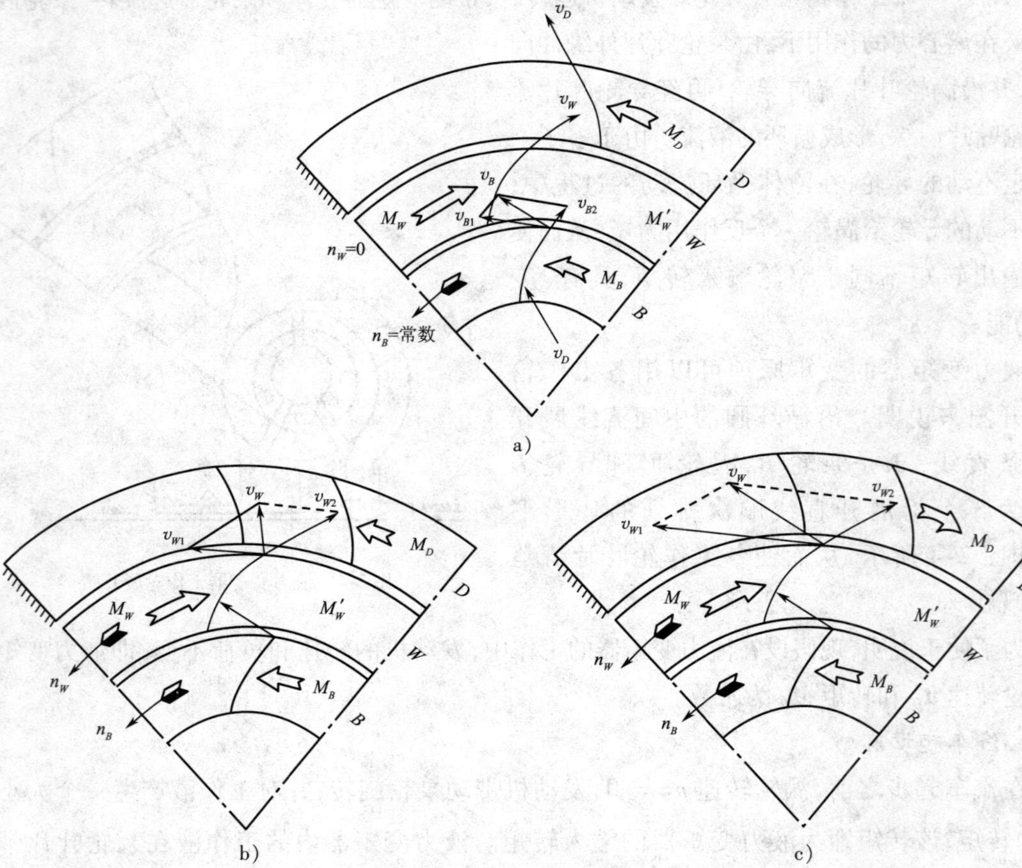

a）

b）

c）

图 2-5　液力变矩器工作原理图

a）$n_W=0$ 时；b）n_W 逐渐增加时；c）n_W 足够大时

在汽车起步之后，涡轮转速的变化引起牵连速度 v_{W1} 的变化，冲向导轮叶片液流的绝对速度 v_W 的方向将随涡轮转速 n_W 的增加而逐渐向左倾斜，使导轮所受的冲击力逐渐变小，导轮对液流的反作用力矩也愈逐渐减小，液力变矩器增矩值随之减少，即液力变矩器的输出转矩随涡轮转速的提高而减小。

当涡轮转速增大至某一数值时，涡轮出口处的液流绝对速度 v_W 方向与导轮叶片平行，即正好沿导轮叶片出口的方向，由于从涡轮流出的液流流经导轮后其流向不变，导轮对液流的反作用力矩为零，即 $M_D=0$，则 $M'_W=M_B$，涡轮的输出力矩等于泵轮的输入力矩，液力变矩器由变矩工况转化为耦合工况。

3. 涡轮转速进一步增大

如果涡轮转速进一步增大，涡轮出口处液流绝对速度 v_W 方向将进一步向左倾斜，如图 2-5c），液流便冲击到导轮叶片的背面，此时导轮对液流反作用力矩与泵轮对液流的作用力矩

的方向相反，即 $M'_W = M_B - M_D$，故涡轮的输出力矩反而小于泵轮的输入力矩。

4. 涡轮转速与泵轮转速相等时

当涡轮转速增大至与泵轮转速相等时，油液在循环圆中的循环流动即停止，液力变矩器便失去传递动力的能力。

三、液力变矩器的特性

液力变矩器的特性，可用几个与外界负荷有关的特性参数或特性曲线来评价。特性参数主要有传动比、变矩系数、效率和穿透系数等；特性曲线主要有外特性曲线、原始特性曲线和输入特性曲线。

1. 液力变矩器的特性参数

1）传动比 i_{WB}

液力变矩器传动比 i_{WB} 是涡轮转速 n_W（输出转速）与泵轮转速 n_B（输入转速）之比，即 $i_{WB} = n_W/n_B$。传动比用来描述液力变矩器的工况。

2）变矩系数 K

液力变矩器变矩系数 K 是涡轮转矩 M_W 和泵轮转矩 M_B 之比，即 $K = M_W/M_B$。变矩系数用来描述液力变矩器改变输入转矩的能力。

由上述分析可知，变矩系数 K 随涡轮转速 n_W，或传动比 i_{WB} 变化而变化。$K>1$ 时，称为变矩工况，当 $K=1$ 时，称为耦合工况。当涡轮转速 $n_W=0$，即传动比 $i_{WB}=0$ 时，称为失速工况（也称为起动工况，或制动工况），在此工况下变矩系数最大（K 值一般为 1.9 ~5）。目前，汽车常用液力变矩器的变矩系数为 2 ~2.3。

3）效率 η

液力变矩器效率 η 是涡轮轴输出功率 N_W 与泵轮输入功率 N_B 之比，即 $\eta = N_W/N_B$

因为功率等于转速与转矩的乘积，上式可改写为：

$$\begin{aligned}\eta &= N_W/N_B \\ &= M_W n_W / M_B n_B \\ &= K i_{WB}\end{aligned}$$

可见，液力变矩器的效率等于变矩系数与传动比的乘积。

4）液力变矩器的穿透性

液力变矩器的穿透性是指变矩器和发动机共同工作时，在节气门开度不变的情况下，变矩器涡轮轴上的载荷变化对泵轮转矩和转速（即发动机工况）影响的性能。具体地说，在上述情况下，若涡轮轴上转矩和转速出现变化而发动机工况不变时，这种变矩器称为是不可透的，反之则称为是可透的。汽车自动变速器上采用的液力变矩器是可透的，当涡轮因负荷增大而转速下降时，传动比随之下降，从而使发动机的负荷也增大。

2. 液力变矩器特性曲线

1）外特性及外特性曲线

外特性是指泵轮转速和转矩不变时，液力元件外特性参数与涡轮转速的关系。一般称泵轮转矩不变时，涡轮转矩与涡轮传动比的关系曲线为外特性曲线。图 2-6 表示泵轮转矩 M_B 和泵轮转速 n_B 为定值，涡轮转矩 M_W 与涡轮转速 n_W 的关系。

由图2-6 可知，液力变矩器涡轮输出转矩 M_W 随涡轮转速 n_W 的变化而变化。实际上，涡轮的转速是随汽车的行驶阻力大小而变化的，行驶阻力增大，则涡轮转速 n_W 减小，涡轮输出转矩 M_W 增大；行驶阻力减小，则 n_W 增大，而 M_W 减小。液力变矩器这种外特性特别适合汽车的运行工况：汽车起步时，涡轮转速 $n_W=0$，M_W 达到最大值，使汽车驱动轮获得最大驱动力矩，保证汽车克服较大的起步阻力而顺利起步；当汽车上坡或遇到较大行驶阻力时，车速降低，涡轮转速也随之降低，涡轮输出转矩 M_W 增大，保证汽车能克服较大行驶阻力。因此，液力变矩器能够自动地适应汽车行驶状况的需要，是一种在一定范围内能够随汽车工况变化而自动改变转矩比的无级变速器。

如果合理地选择变矩系数，在行驶阻力变化时，可保证发动机基本稳定在选定的工况附近工作，甚至遇到很大阻力而使汽车停止前进时发动机也可以不熄火，从而提高了汽车的适应性和动力性。

2）原始特性曲线

原始特性曲线是泵轮转速不变时，变矩系数 K 和效率 η 随传动比 i_{WB} 变化的规律曲线。如图 2-7 所示，变矩系数 K 随传动比 i_{WB} 变化的规律曲线，即 $K=f(i_{WB})$ 称为变矩特性曲线，效率 η 随传动比 i_{WB} 变化的规律曲线，即 $\eta=f(i_{WB})$ 称为效率特性曲线。

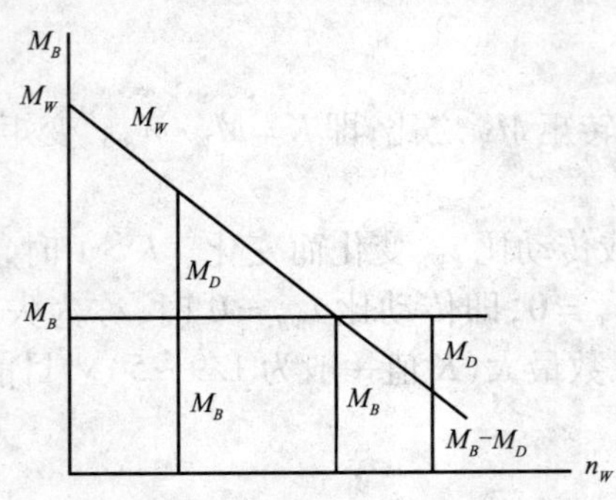

图 2-6　变矩器外特性图

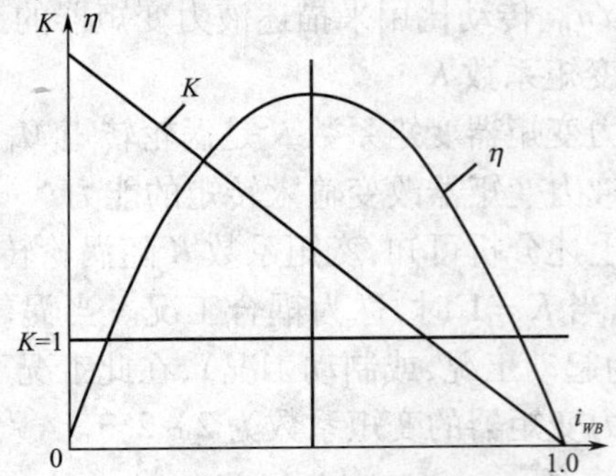

图 2-7　变矩、效率特性曲线

液力变矩器的效率 η 等于变矩系数 K 与传动比 i_{WB} 的乘积，所以液力变矩器的效率是随传动比 i_{WB} 而变化的抛物线。当 $i_{WB}=0$（即 $n_W=0$）时，变矩系数 K 达到最大值，因涡轮转速 $n_W=0$，输出功率 $N_W=0$，故传动效率 $\eta=0$。当 $i_{WB}=1$ 时，涡轮转速与泵轮转速相同，已失去传递动力的功能，故其 K、η 皆等于零。由效率特性曲线可以看出，液力变矩器的效率在某一工况下达到最大值，偏离该工况时，效率下降，所以液力变矩器仅在一定传动比范围内具有较高的效率，一般在 i_{WB} 为 0.6～0.8 时效率为 80%～86%。

3）液力变矩器的能量损失

变矩器工作时，由于泵轮和涡轮的旋转及循环圆内的液体的流动，不可避免地会造成能量损失。变矩器中的能量损失包括：

（1）机械损失：包括轴承，密封件的摩擦损失及工作轮旋转表面与液体的摩擦损失。

（2）泄漏损失：循环圆内液体的损失。

（3）液力损失：液体在循环圆内运动的损失，包括两部分，一是液体在工作轮内流动所引起的摩擦损失；二是由于液体在进入各工作轮时，其相对速度和叶片入口角不一致而引起的冲击损失。

在以上各种损失中，尤以冲击损失对变矩器工作的影响最大。

四、三元件综合式液力变矩器

前面所介绍的液力变矩器，只在中等传动比范围内具有较高效率，但汽车经常在高传动比

情况下行驶,此时液力变矩器的效率反而下降,为避免这一缺陷,目前在自动变速汽车上使用的变矩器都是综合式液力变矩器。

综合式液力变矩器的结构形式很多,可以用变矩器的元件数、级数和相数来表示。

元件数:与液流发生作用的工作轮的个数称为元件数,如只有一个涡轮、一个泵轮和一个导轮的变矩器称为三元件液力变矩器,如果有两个导轮则称为四元件液力变矩器。

级数:液力变矩器的级数是指涡轮的列数,只有一列涡轮的称为单级变矩器,有两列以上涡轮称为多级变矩器。

相数:借助于某些机构,使一些元件在一定工况下改变作用,从而改变变矩器的工作特性,这种不同工作特性的个数就称为相数。例如,综合式液力变矩器由于单向离合器的锁止和滑转而使变矩器的工作特性发生变化,以耦合点为界分别具有液力变矩器和液力耦合器两种工作特性,因此可称为二相变矩器。变矩器还可以通过增加带有单向离合器的导轮或泵轮的个数以及采用锁止离合器等方式,而成为三相、四相变矩器。

1. 三元件综合式液力变矩器的构造

三元件综合式液力变矩器的构造如图 2-8 所示,它和前述液力变矩器的构造基本相同,仍由泵轮、涡轮和导轮组成,不同之处在于其导轮不是完全固定不动的,而是通过单向离合器支承在导轮固定套上,带单向离合器的导轮可以朝顺时针方向旋转(从发动机前面看),但不能逆时针方向旋转。图 2-9 是滚柱式单向离合器的结构,外座圈 2 与导轮连为一体,内座圈 4 与导轮轴刚性连接,若液流冲击导轮叶片正面,使外座圈 2 按逆时针方向转动,滚柱将锁死在内、外圈之间的楔形槽内,形成楔紧状态,使内、外圈接合;由于导轮轴是固定不动的,故导轮锁止。若液流冲击导轮叶片背面,使外座圈 2 按顺时针方向转动,滚柱便有向楔形槽宽阔部分移动的趋势,它与内、外圈表面接触压力很小,不能楔紧而处于分离状态,于是外圈可以自由转动。由此可见,单向离合器对导轮具有单向锁止作用。

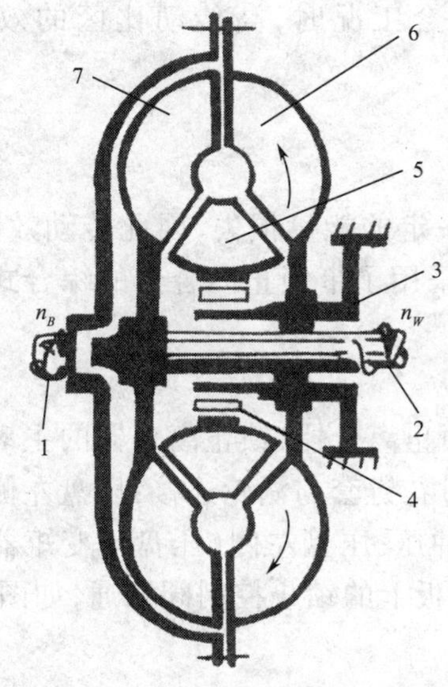

图 2-8　三元件综合式液力变矩器

1-输入轴;2-输出轴;3-导轮轴;4-单向离合器;5-导轮;6-泵轮;7-涡轮

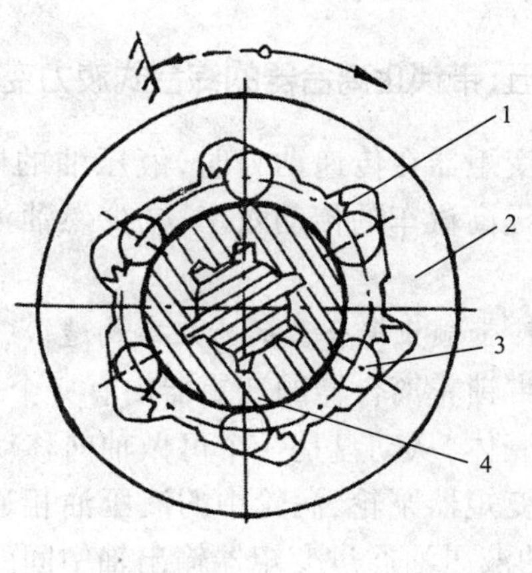

图 2-9　滚柱式单向离合器

1-叠片弹簧;2-外座圈;3-滚柱;4-内座圈

2. 三元件综合式液力变矩器的工作原理

当涡轮转速较低时，从涡轮流出的液压油从正面冲击导轮叶片，对导轮施加一个朝逆时针方向旋转的力矩，但由于单向离合器在逆时针方向具有锁止作用，将导轮锁止在导轮固定套管上固定不动，此时该变矩器具有一定的增矩作用，变矩系数 $K>1$。当涡轮转速增大到某一数值时，液压油对导轮的冲击力与导轮叶片之间的夹角为0°，此时变矩系数 $K=1$。若涡轮转速继续增大，液压油将从反面冲击导轮，对导轮产生一个顺时针方向的力矩；由于单向离合器在顺时针方向没有锁止作用，所以导轮在液压油的冲击作用下开始朝顺时针方向旋转，由于自由转动的导轮对液压油没有反作用力矩，液压油只受泵轮和涡轮的反作用力矩，因此变矩器不能起增矩作用，其工作特性和液力耦合器相同。

因此，综合式液力变矩器具有"变矩"和"耦合"两种工况，其综合的含义也在于此。

3. 三元件综合式液力变矩器的特性

综合式液力变矩器具有"变矩"和"耦合"两种工作状态，导轮开始空转的工作点称为耦合点。由上述分析可知，综合式液力变矩器在涡轮转速由0至耦合点的工作范围内按变矩器的特性工作，在涡轮转速超过耦合点之后按液力耦合器的特性工作。因此，这种综合式液力变矩器是利用了液力变矩器在涡轮转速较低时所具有的增矩特性，又利用了液力耦合器在涡轮转速较高时所具有的高效率特性。

图2-10为三元件综合式液力变矩器的特性曲线图，由图可知，液力变矩器效率特性曲线（η）与液力耦合器效率特性曲线（η_0）相交于 A 点，此时传动比 $i_{WB}=i_{TBO}$，在此工况下，变矩器效率与耦合器效率相等，即 $\eta=\eta_0$，$K=1$。当传动比 $i_{WB}<i_{TBO}$ 时，变矩器效率高于耦合器效率，即 $\eta>\eta_0$，$K>1$。当传动比 $i_{WB}>i_{TBO}$ 时，变矩器效率低于耦合器效率，即 $\eta<\eta_0$，$K<1$。综合式液力变矩器的效率特性曲线为 OAB 曲线，在 $i_{WB}>i_{TBO}$ 区间变矩器的效率提高了很多，扩大了高效工作的范围。所以，综合式液力变矩器综合了"变矩"和"耦合"两种工况的优点，最高效率达92%，在转为耦合工况时，高传动比区的效率可达96%。

五、带锁止离合器的综合式液力变矩器

变矩器在传递动力时，液压油的内部摩擦造成一定的能量损失，因此传动效率较低。为了提高汽车的传动效率，减少燃油消耗，轿车普遍采用了带锁止离合器的综合式液力变矩器。

1. 带锁止离合器的变矩器构造

带锁止离合器的变矩器内有一个由液压操纵的锁止离合器，锁止离合器的主动盘为变矩器壳体，从动盘是一个可做轴向移动的压盘，它通过花键套与涡轮连接；压盘左侧的液压油与变矩器泵轮、涡轮中的液压油相通，保持一定的油压；压盘左侧（压盘与变矩器壳体之间）的液压油通过变矩器输出轴中间的控制油道与阀板上的锁止控制阀相通，如图2-11所示。图2-12为零件分解图。

2. 带锁止离合器的变矩器的工作原理

自动变速器根据汽车的运行状况来操纵锁止控制阀，以改变锁止离合器压盘两侧的油压，

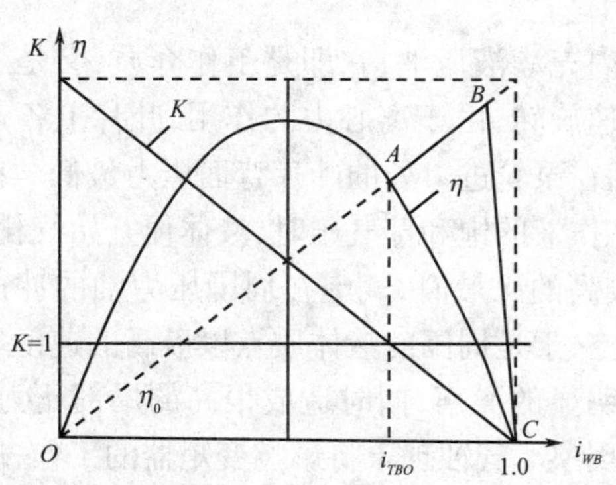

图 2-10　综合式液力变矩器特性

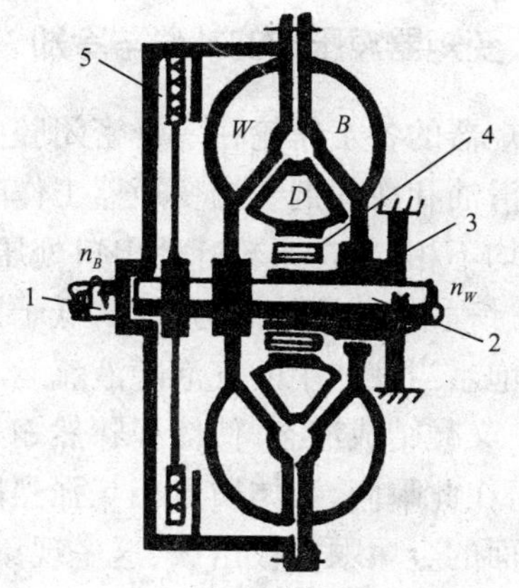

图 2-11　带锁止离合器的综合式液力变矩器

1-输入轴；2-输出轴；3-导轮轴；4-单向离合器；5-锁止离合器

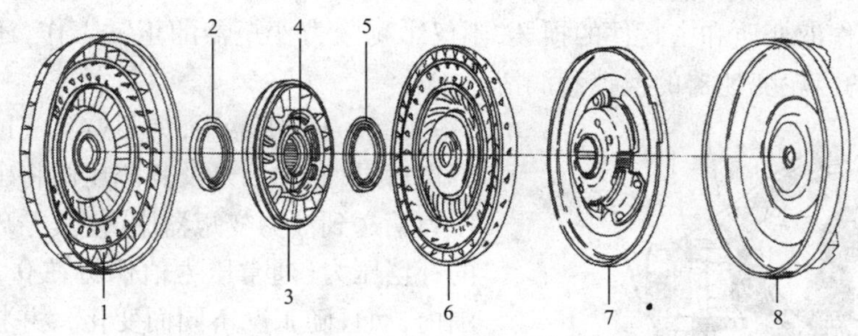

图 2-12　别克 4T65E 液力变矩器分解图

1-泵轮；2、5-推力轴承；3-导轮；4-单向离合器；6-涡轮；7-锁止离合器；8-壳体

从而控制锁止离合器的工作。当车速较低时，锁止离合器压盘两侧保持相同的油压，锁止离合器分离，动力完全通过液压油传至涡轮。当汽车在良好的道路上行驶，且符合锁止要求时，锁止控制阀泄除锁止离合器压盘左侧的油压；由于压盘右侧的液压油压力仍为变矩器压力，从而使压盘在前后两面压力差的作用下压紧在主动盘（变矩器壳体）上，锁止离合器接合，这时输入到变矩器的动力通过锁止离合器的机械连接，由压盘直接传至涡轮输出，其传动效率为 100%。同时，锁止离合器在接合时还能减少变矩器中的液压油因液体摩擦而产生的热量，有利于降低液压油的温度。有些车型的液力变矩器的锁止离合器压盘上还装有减振弹簧，以减小锁止离合器在接合瞬间产生的冲击力。

3. 带锁止离合器的变矩器特性

带锁止离合器的变矩器特性曲线如图 2-13 所示，在 $i<i_1$ 区域，$K>1$，为变矩器工况；在 $i_1 \leqslant i \leqslant i_2$ 区域，$K=1$，为耦合器工况；当涡轮转速升高到 i_2（约为 0.8）时，锁止离合器接合，动力由锁止离合器直接传递，此时 $K=1$，效率 η 上升约为 100%。锁止离合器的效率特性曲线为 $OABCDE$，其动力性及经济性都比较理想，并且结构简单，性能可靠，在自动变速器中得到广泛应用。

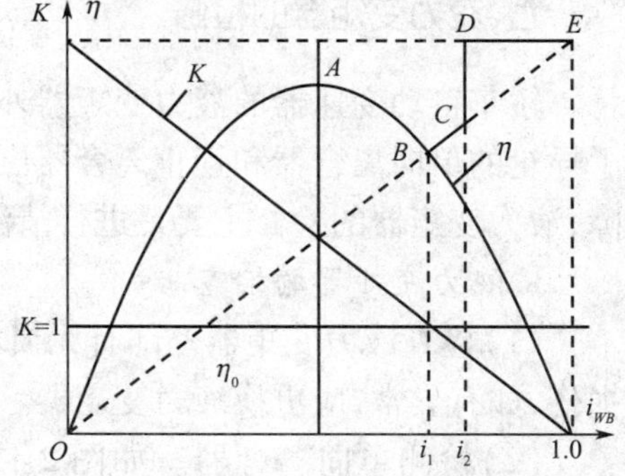

图 2-13　带锁止离合器的液力变矩器特性

六、变矩器液压油的补偿与冷却

变矩器的各工作轮在一个密闭腔内工作,腔内充满液压油,它即是工作介质,又是工作元件的润滑油和冷却剂。当变矩器工作时,泵轮高速旋转,由于离心力的作用,叶片上各点处液流压力均不相同,在泵轮叶片出口处压力最大,而在泵轮进口处的叶片背面压力最低。在液压油流动过程中,若该处压力下降,低于该温度下工作液的饱和蒸气压时,液体便开始气化蒸发,析出气泡。当液体中的气泡随液流运动到压力较高的区域时,气泡在周围压力油的冲击下迅速破裂,又凝结成液态,使体积骤然缩小,出现真空,于是周围的液体质点以极高的速度填充这些空间,在此瞬间,液体质点相互强烈撞击,产生明显的噪声,同时造成很高的局部压力,致使叶片表面的金属颗粒被击破,这一现象称为气蚀现象。气蚀现象将影响变矩器的工作,使其效率降低,并出现噪声。此外,在变矩器工作时,由于能量的损失而产生很大的热量,当 $i=0$ 时,$\eta=0$,变矩器所传递的发动机的功率全部转化为热量而损失掉。在低速大负荷时,变矩器所传递的功率大而传动效率低,产生的热量多,这时若无有效的冷却措施,工作液的温度会很快升高,将造成工作液变质和密封件的损坏,不仅影响液力变矩器的正常工作,还将影响与之采用同一液压油的齿轮变速器的换挡和润滑。

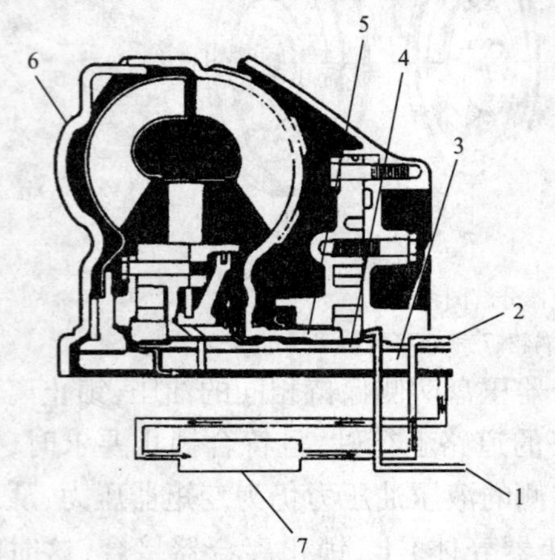

图 2-14 变矩器液压油的补偿与冷却
1-进油道;2-回油道;3-变矩器输出轴;4-导轮固定套管;5-变矩器轴套;6-变矩器壳体;7-液压油的冷却器

在液力变矩器中,为了避免气蚀及高温造成的不良后果,利用油泵及其调压阀将工作液以一定的压力输送到液力变矩器中,使其循环圆内保持一定的补偿压力(通常压力值保持在 0.25 ~0.7MPa 范围内,而且随工况不同而变化),并将工作液不断地从液力变矩器中引出,送到散热器或变速器的油底壳进行冷却。如图 2-14 所示,从油泵输出的液压油有一部分经过变矩器轴套 5 与导轮固定套管 4 之间的间隙进入变矩器内,受热后的液压油经过导轮固定套管 4 与变矩器输出轴 3 之间的间隙或中空的变矩器输出轴流出变矩器,经油管进入布置在发动机散热器附近或散热器内的自动变速器油散热器 7,经冷却后流回变速器的油底壳。

七、液力变矩器的检修

轿车自动变速器的液力变矩器外壳采用焊接式整体结构,不可分解。液力变矩器内部除了导轮的单向离合器和锁止离合器压盘之外,没有互相接触的零件,因此在使用中很少出现故障,液力变矩器的检修主要是进行清洗和检查。

1. 液力变矩器的检查

(1)检查液力变矩器外部有无损坏和裂纹、轴套外径有无磨损、驱动油泵的轴套缺口有无损伤,如有异常,应更换液力变矩器。

(2)检测单向离合器。如图 2-15 所示,装上维修专用工具,使其贴合在液力变矩器毂缺口和单向离合器的外座圈中,转动驱动杆,检查单向离合器工作是否正常:在逆时针方向转动时应锁止,而在顺时针方向应能自由转动。如有异常,说明单向离合器损坏,应更换液力变矩器。

(3)测量传动板偏摆并检测齿圈。安装百分表,测量传动板偏摆,其最大偏摆量不超过0.20mm。

(4)测量液力变矩器轴套偏摆。

暂时将液力变矩器装在传动板上,安装百分表,如图2-16所示。如偏摆超过0.30mm,可通过重新调整液力变矩器的安装方位进行校正,并在校正后的位置上作一标记,以保证安装正确。若无法校正,应更换液力变矩器。

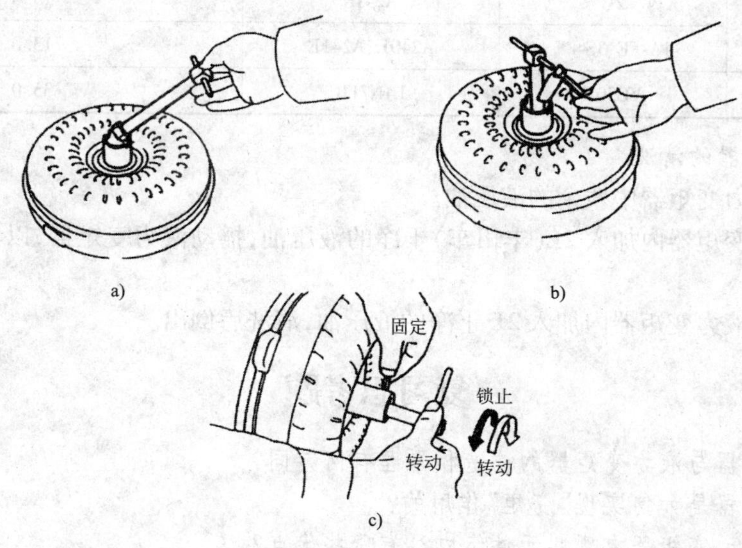

图2-15　液力变矩器单向离合器的检测

(5)检查液力变矩器的安装情况。如图2-17所示,用卡尺和直尺测量液力变矩器安装面至自动变速器壳体端面的距离,表2-1为几种常见车型的标准值。若测得的距离小于标准值,说明液力变矩器未安装到位,可能是后端轴套上的缺口未插入油泵驱动齿轮中间的凸块内,应取出液力变矩器,重新安装到位;否则,将自动变速器装上汽车后会压坏变速器的油泵齿轮。

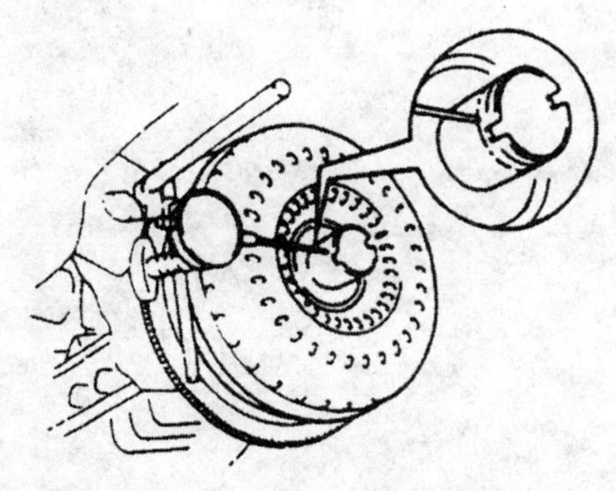

图2-16　液力变矩器轴套偏摆量的检查

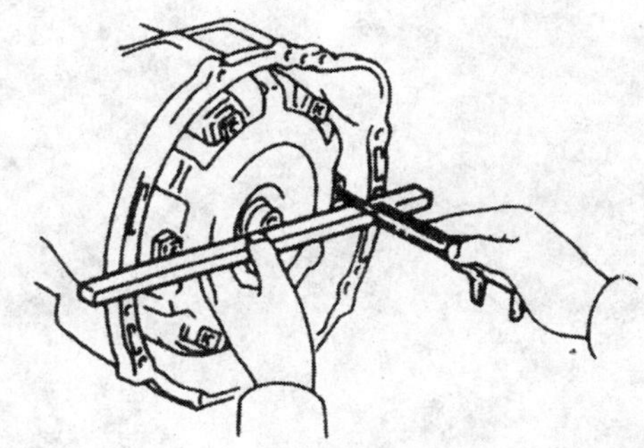

图2-17　变速器前端面与变矩器前端面距离的测量

自动变速器前端面与变矩器前端面的距离标准　　表 2-1

车型	发动机型号	自动变速器型号	壳体前端面与液力变矩器前端面的距离 mm
凌志 LS400	IUZ-FE	A341E、A342E	17.1
丰田 CROWN3.0	2JZ-GE	A340E	26.0
丰田 HIACE	2L、3L	A45DL	26.0
	2RZ、2RZ-E		31.0
马自达	JE	R4A-EL	29.5
丰田 CORONA	2C	A24IL	13.0
	4A-FE、3S-FE	A240E、A241E	13.0
尼桑	VG30E	L4N71B	35.0

2. 液力变矩器的清洗

(1)倒出液力变矩器中残余的液压油。

(2)向液力变矩器内加入 2L(丰田车)干净的液压油,摇动液力变矩器,以清洗其内部,然后将液压油倒出。

(3)再次向液力变矩器内加入 2L 干净的液压油,清洗后倒出。

复习思考题

1. 液力耦合器与液力变矩器的构造和原理有何异同?
2. 液力变矩器是如何实现“变矩”作用的?
3. 综合式液力变矩器有哪些元件组成？有哪些优点?
4. 锁止离合器的作用是什么?
5. 简述液力变矩器的检修内容和检修过程。

第三章　行星齿轮变速器的构造与检修

液力变矩器虽能在一定范围内自动、无级地改变传动比，但由于液力变矩器存在变矩能力与效率之间的矛盾，其转矩比在 1 ~3 范围内，难以满足汽车使用要求，故汽车上广泛采用的是液力变矩器与齿轮式变速器组成的液力机械变速器。液力变矩器使汽车起步平稳，减缓冲击；齿轮变速器既可实现变速，又可使转矩再增大 3 ~4 倍。

齿轮变速器由齿轮传动机构和换挡执行机构两部分组成。齿轮传动机构的作用是改变传动比和传动方向，即构成不同的挡位；换挡执行机构的作用是实现挡位的变换。

与液力变矩器配合使用的齿轮变速器有定轴齿轮式和行星齿轮式。定轴齿轮式变速器体积较大，变速比小，只有本田等少数车型采用。图 3-1 为本田 MPRA 定轴齿轮变速器的齿轮传动机构示意图，其齿轮传动原理与普通的手动变速器相同，而其换挡执行机构的控制原理与行星齿轮变速器的控制原理基本相同。行星齿轮式变速器具有体积小、结构简单、操作方便、变速比大等优点，在汽车上得到广泛应用。本章主要介绍行星齿轮变速器的构造、工作原理和检修方法。

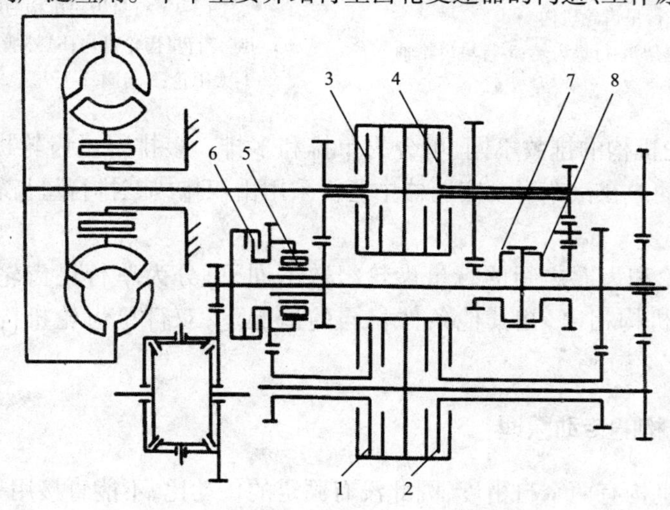

图 3-1　本田 MPRA 自动变速器传动机构示意图
1-1 挡离合器；2-2 挡离合器；3-3 挡离合器；4-4 挡离合器；5-单向离合器；6-1 挡锁定离合器；7-滑套（4 挡）；8-滑套（倒挡）

第一节　行星齿轮机构

一、行星齿轮机构的类型

1. 行星齿轮机构的组成

如图 3-2 所示，行星齿轮机构主要由一个太阳轮、一个齿圈、一个行星架和几个行星齿轮组成(称为一个行星排),太阳轮、齿圈及行星架有一个共同的固定轴线,行星齿轮支撑在固定于行星架的行星齿轮轴上,并与太阳轮和齿圈同时啮合。当行星齿轮机构运转时,空套在行星架上的几个行星齿轮一方面可以绕自己的轴线旋转(自转),另一方面又可以随行星架一起绕着太阳轮旋转(公转),兼有自转和公转两种运动状态。在行星排中,具有固定轴线的太阳轮、齿圈和行星架称为行星排的3个基本元件。

2. 行星齿轮机构的分类

(1)按齿轮的啮合方式不同,行星齿轮机构可以分为内啮合式和外啮合式两种,如图3-3所示。内啮合式行星齿轮机构结构紧凑、传动效率高,在自动变速器上得到广泛应用。

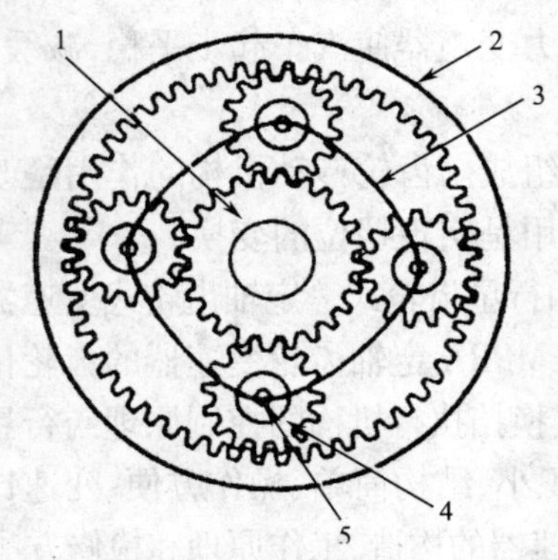

图3-2 行星齿轮机构

1-太阳轮;2-齿圈;3-行星架;4-行星齿轮;5-行星齿轮轴

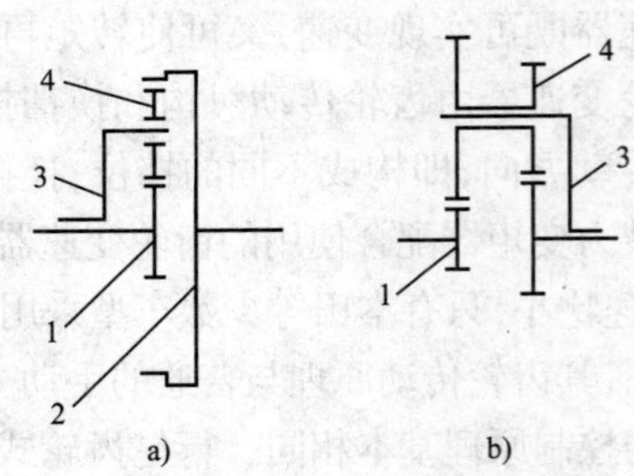

图3-3 行星齿轮机构的啮合方式

a)内啮合行星齿轮机构;b)外啮合行星齿轮机构

1-太阳轮;2-齿圈;3-行星架;4-行星齿轮

(2)按行星齿轮机构的排数不同,可分为单排和多排。多排行星齿轮机构是由几个单排行星齿轮机构组成的。在汽车自动变速器中通常采用由双排或三排行星齿轮机构组成的多排行星齿轮机构。

(3)按照太阳轮和齿圈之间的行星齿轮组数不同,可分为单行星齿轮式和双行星齿轮式。与单行星齿轮机构相比,在其他条件相同的情况下,双行星齿轮机构的齿圈可以反方向转动。

二、行星齿轮机构的传动原理

单排行星齿轮机构有两个自由度,因此没有固定的传动比,不能直接用于变速传动。为了组成具有一定传动比的传动机构,必须将太阳轮、齿圈和行星架这3个基本元件中的一个加以固定,或使其运动受到一定约束,也可将某两个基本元件互相连接在一起,使行星排变为只有一个自由度的机构,以获得确定的传动比。

图3-4为单排行星齿轮机构的示意图,图上标出了行星齿轮4所受到的作用力。通过受力分析可知:

作用于太阳轮1的力矩: $M_1 = F_1 r_1$

作用于齿圈2上的力矩: $M_2 = F_2 r_2$

作用于行星架3上的力矩: $M_3 = F_3 r_3$

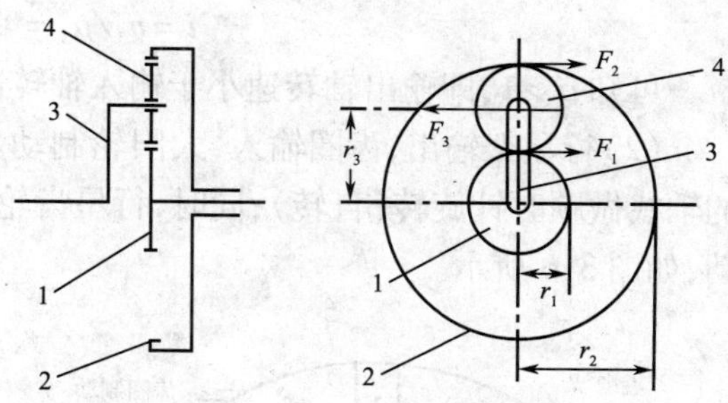

图 3-4　单排行星齿轮机构及作用力

1-太阳轮;2-齿圈;3-行星架;4-行星齿轮

令齿圈和太阳轮的齿数比为 α,则:

$$\alpha = r_2/r_1 = Z_2/Z_1$$

因此　$r_2 = \alpha r_1$

又　$r_3 = (r_1 + r_2)/2 = r_1(1+\alpha)/2$

式中:r_1——太阳轮的节圆半径;

r_2——齿圈的节圆半径;

r_3——行星齿轮与太阳轮的中心距;

Z_1——太阳轮的齿数;

Z_2——齿圈的齿数。

由行星齿轮的受力平衡条件可得:

$$F_1 = F_2$$
$$F_3 = 2F_2$$

因此,太阳轮、齿圈和行星架上的力矩分别为:

$$\left.\begin{aligned} M_1 &= F_1 r_1 \\ M_2 &= \alpha F_1 r_1 \\ M_3 &= -(1+\alpha)F_1 r_1 \end{aligned}\right\} \qquad (3\text{-}1)$$

根据能量守恒定律,3 个元件上的输入和输出功率的代数和应等于零。即

$$M_1\omega_1 + M_2\omega_2 + M_3\omega_3 = 0 \qquad (3\text{-}2)$$

将式(3-1)代入式(3-2)得:

$$\omega_1 + \alpha\omega_2 - (1+\alpha)\omega_3 = 0$$

若用转速代替角速度,则上式可写成:

$$n_1 + \alpha n_2 - (1+\alpha)n_3 = 0 \qquad (3\text{-}3)$$

该式为单排行星齿轮机构一般运动规律的特性方程。

太阳轮、齿圈和行星架三者具有同一旋转轴线。将此三者中的任一构件与主动轴相连,第二构件与从动轴相连,加上第三个条件:第三构件被强制固定或使其运动受到一定约束,即该构件的转速为某一定值,则整个系统就以一定的传动比传递动力。

根据连接和制动情况不同,行星排的 3 个基本元件可以有 6 种组合方案,加上直接传动和空挡共有 8 种组合,相应可获得 5 种不同的传动。

1. *减速传动*

单排行星齿轮机构要实现减速传动,需将行星架作为输出元件。

(1)行星架输出,太阳轮输入,齿圈制动。当输入轴驱动太阳轮顺时针转动时,行星齿轮逆时针转动,齿圈有逆时针转动的趋势,但它已被制动,于是行星齿轮必然按顺时针方向沿齿圈滚动(公转),即行星架顺时针转动,如图 3-5 所示。

根据运动特性方程:

$$n_1 + \alpha n_2 - (1+\alpha)n_3 = 0$$

其中　$n_2 = 0$

所以传动比 i 为:

$$i = n_1/n_3 = 1 + \alpha = 1 + Z_2/Z_1$$

可知，$i>1$，即输出轴转速小于输入轴转速，此组合方案为减速传动。

(2)行星架输出，齿圈输入，太阳轮制动。齿圈顺时针旋转，带动各行星齿轮分别绕各自的轴线做顺时针旋转（自转）；同时，行星齿轮还将沿太阳轮顺时针滚动，带动行星架顺时针转动，如图 3-6 所示。

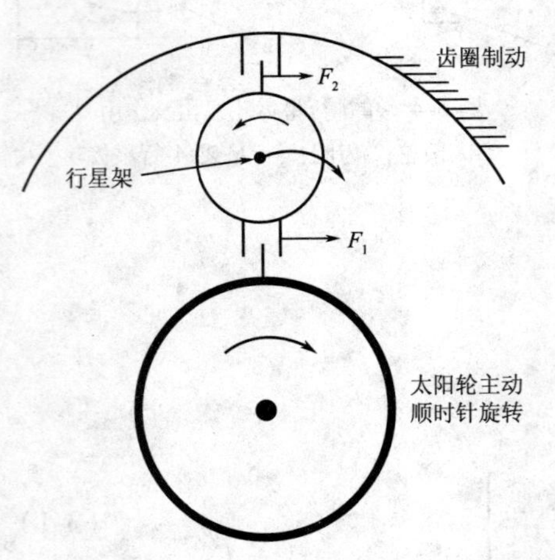

图 3-5　太阳轮输入齿圈固定行星架输出

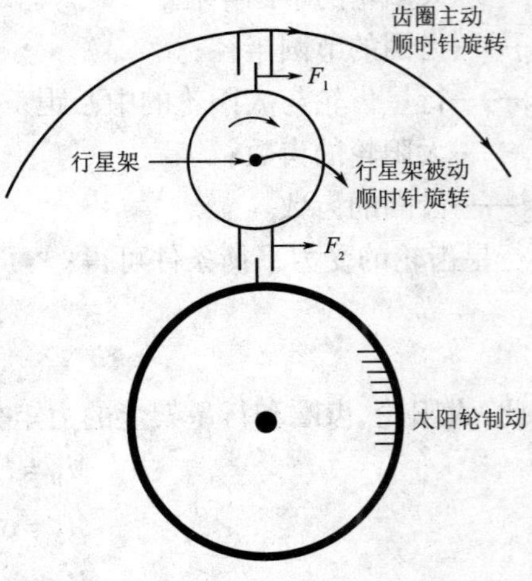

图 3-6　齿圈输入太阳轮固定行星架输出

根据运动特性方程：

$$n_1 + \alpha n_2 - (1 + \alpha) n_3 = 0$$

其中

$$n_1 = 0$$

所以传动比 i 为：

$$\begin{aligned} i &= n_2/n_3 \\ &= (1+\alpha)/\alpha = 1 + Z_1/Z_2 \end{aligned}$$

传动比 $i>1$，此组合方案也是一种增矩减速传动，但与第(1)种方案相比，减速比较小，输出轴转速相应提高。

2. 超速传动

单排行星齿轮机构的行星架输入，无论是太阳轮输出，还是齿圈输出，均可实现超速传动。

(1)行星架输入，太阳轮制动，齿圈输出。因太阳轮制动，当行星架按顺时针方向转动时，带动各行星齿轮按顺时针方向沿太阳轮滚动（公转），并使各行星齿轮分别绕各自的轴线顺时针旋转（自转），则齿圈与输入轴同向旋转，如图 3-7 所示。

根据运动特性方程：

$$n_1 + \alpha n_2 - (1 + \alpha) n_3 = 0$$

其中

$$n_1 = 0$$

所以传动比 i 为：

$$\begin{aligned} i &= n_3/n_2 \\ &= \alpha/(1+\alpha) = Z_2/(Z_1 + Z_2) \end{aligned}$$

可知，$i<1$，即输出轴转速高于输入轴转速，此组合方案为超速传动。

(2)行星架输入,齿圈制动,太阳轮输出。因齿圈制动,行星架顺时针转动时,带动各行星齿轮按顺时针方向沿齿圈滚动(公转),同时引起行星齿轮在各自轴线上进行逆时针旋转(自转),则太阳轮顺时针转动,即太阳轮与输入轴同向旋转,如图 3-8 所示。

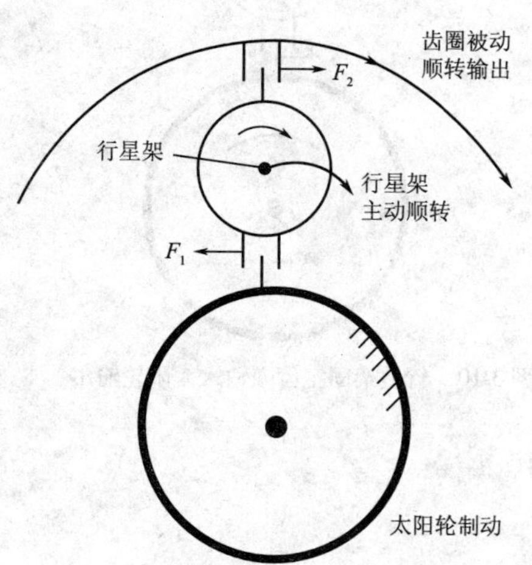

图 3-7　行星架输入太阳轮固定齿圈输出

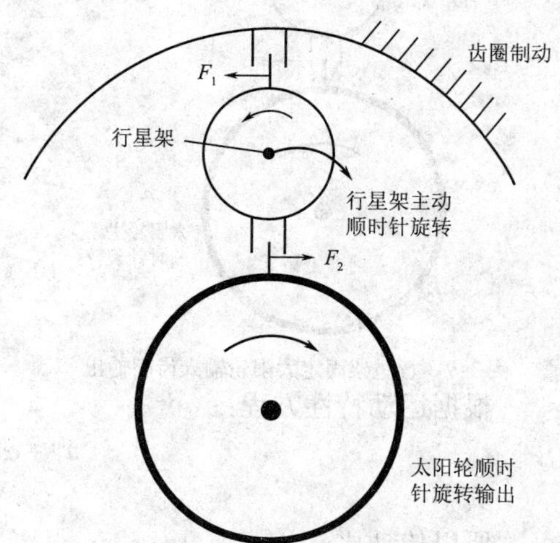

图 3-8　行星架输入齿圈固定太阳轮输出

根据运动特性方程:

$$n_1 + \alpha n_2 - (1 + \alpha) n_3 = 0$$

其中

$$n_2 = 0$$

所以传动比 i 为:

$$i = n_3/n_1 = 1/(1 + \alpha) = Z_1/(Z_1 + Z_2) < 1$$

显然,此方案也是一种超速传动,但与第(1)种方案相比,传动比更小,即输出轴转速更高。

3. 倒挡

将行星架固定,单排行星齿轮机构即可实现反向转动。

(1)行星架制动,太阳轮输入,齿圈输出。因行星架制动,行星齿轮机构变为定轴传动轮系,各行星齿轮只有自转而无公转,此时行星齿轮作为惰轮工作。太阳轮顺时针转动,与之外啮合的行星齿轮逆时针转动,而与行星齿轮内啮合的齿圈则顺时针转动,即齿圈与太阳轮反向旋转,如图 3-9 所示。

根据运动特性方程:

$$n_1 + \alpha n_2 - (1 + \alpha) n_3 = 0$$

其中

$$n_3 = 0$$

所以传动比 i 为:

$$i = n_1/n_2 = -\alpha = -Z_2/Z_1$$

(2)行星架制动,齿圈输入,太阳轮输出。因行星架固定,行星齿轮只有自转而无公转。齿圈顺时针转动,行星齿轮顺时针转动,太阳轮则逆时针转动,即太阳轮与齿圈反向旋转,如图 3-10 所示。

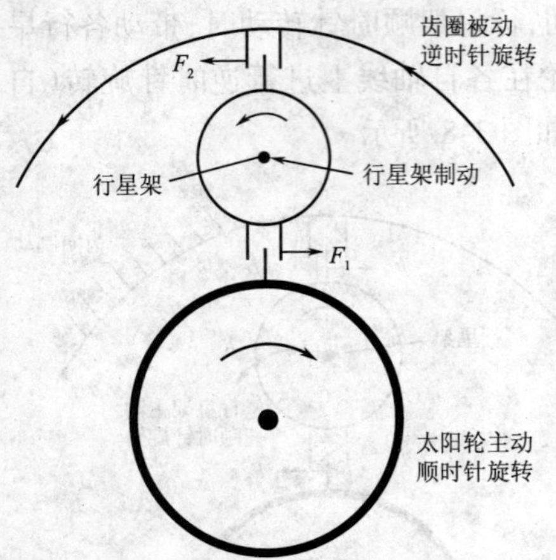

图 3-9　行星架固定太阳轮输入齿圈输出

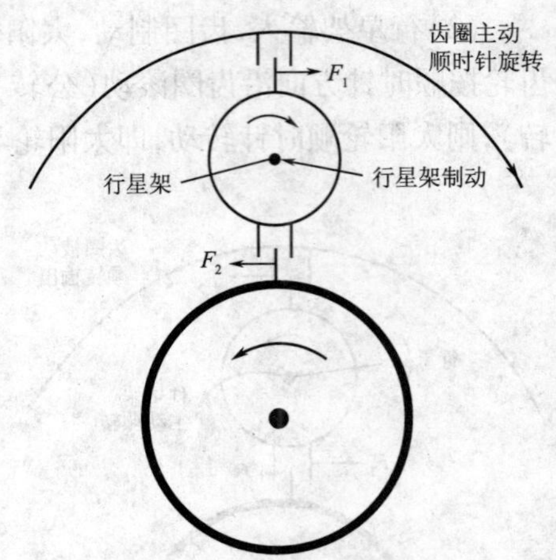

图 3-10　行星架固定齿圈输入太阳轮输出

根据运动特性方程：

$$n_1 + \alpha n_2 - (1+\alpha) n_3 = 0$$

其中

$$n_3 = 0$$

所以传动比 i 为：

$$i = n_2 / n_1 = -1/\alpha = -Z_1 / Z_2$$

因为 $Z_1 < Z_2$，所以 $Z_1/Z_2 < 1$，即输出轴转速高于输入轴转速。此方案为超速反向转动，一般不予采用。

4. 直接挡传动

根据运动特性方程：

$$n_1 + \alpha n_2 - (1+\alpha) n_3 = 0$$

如果 $n_1 = n_2$ 或 $n_1 = n_3$

则

$$n_3 = (n_1 + \alpha n_1)/(1+\alpha) = n_1 = n_2$$

因此，太阳轮、行星架和齿圈三元件中的任意两个构件被连锁成一体，各齿轮间均无相对运动，整个行星齿轮机构将成为一个整体而旋转，此时的传动比 $i=1$，即直接挡。

通常将太阳轮和行星架固连，或将太阳轮和齿圈固连，如图 3-11 所示。

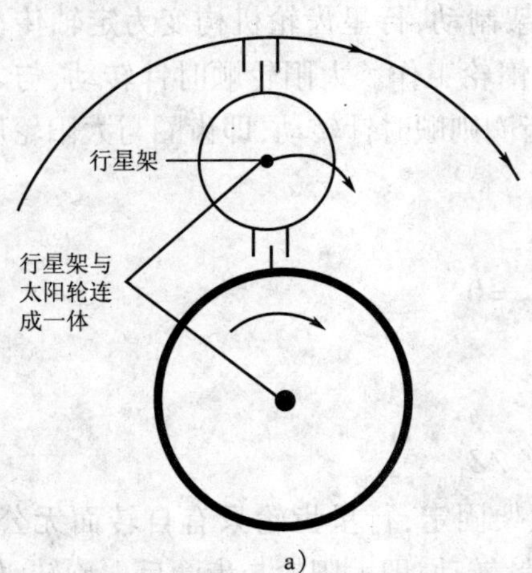

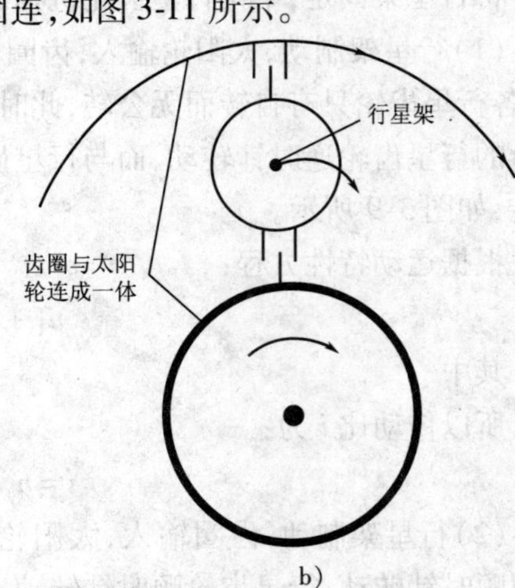

图 3-11　行星架固定齿圈输入太阳轮输出
a）太阳轮和行星架固连；b）太阳轮和齿圈固连

5. 空挡

如果太阳轮、行星架和齿圈三元件中无任何一个构件被制动或受限制，而且也无任何两个构件被锁成一体，各构件自由转动，行星齿轮机构就不能传递动力，从而得到空挡。

单排行星齿轮机构的各种传动方案和传动比见表3-1。

单排行星齿轮机构的传动方案　　表3-1

方案	主动件	从动件	固定件	传动比	备注
1	太阳轮	行星架	齿圈	$1+\alpha$	减速增矩
2	齿圈	行星架	太阳轮	$(1+\alpha)/\alpha$	
3	太阳轮	齿圈	行星架	$-\alpha$	
4	行星架	齿圈	太阳轮	$\alpha/(1+\alpha)$	增速减矩
5	行星架	太阳轮	齿圈	$1/(1+\alpha)$	
6	齿圈	太阳轮	行星架	$-1/\alpha$	
7	任两个连成一体			1	直接传动
8	无任一元件制动又无任二元件连成一体			三元件自由转动	不传递动力

在计算单排行星齿轮机构的传动比时，如果给行星架赋予一种当量齿数(其本身没有齿数)，传动比的计算就变得比较简单。令行星架的当量齿数为 $Z_3=Z_1+Z_2$，则传动比可按 $i=n_{主}/n_{从}=Z_{从}/Z_{主}$ 来计算，如：单行星排的行星架输入，齿圈制动，太阳轮输出时，传动比 $i=n_3/n_1=Z_1/Z_3=Z_1/(Z_1+Z_2)=1/(1+\alpha)$。

单排行星齿轮机构的速比范围有限，往往不能满足汽车的实际需要，因此实际应用的行星齿轮变速器是由2~3个单排行星齿轮机构组成的，其工作原理仍与单排行星齿轮机构相同，可由运动特性方程推导出传动比。

第二节　行星齿轮变速器的换挡执行元件

行星齿轮变速器的挡位变换是通过以不同的方式对行星齿轮机构的基本元件进行约束来实现的，选择适当的被约束元件和约束方式，就可以使行星齿轮机构具有不同的传动比，从而得到不同的挡位。

行星齿轮变速器的换挡执行元件主要有离合器、制动器和单向离合器。换挡执行元件通过一定的规律对行星齿轮机构的某些元件进行连接、固定或锁止，使行星齿轮机构获得不同的传动比，实现各挡位的变换。

一、离合器

1. 离合器的功用

(1)连接作用。即将行星齿轮变速器的输入轴和行星排的某个基本元件连接，使该元件成为主动元件。

(2)连锁作用。即将行星排的某两个基本元件连接在一起，使之成为一个整体，实现同速直接传动。

2. 离合器的构造

自动变速器所采用的离合器是多片湿式离合器。多片离合器的表面积较大,所传递的转矩也较大,并且离合器片的单位面积压力分布均匀,摩擦材料磨损均匀,还能通过增减片数和改变施加压力的大小来调节工作转矩,便于系列化和通用化。

多片湿式离合器通常由离合器鼓、离合器活塞、复位弹簧、钢片、摩擦片、离合器毂及几个密封圈组成,如图 3-12a)所示。离合器活塞安装在离合器鼓内,是一种环状活塞,由活塞内外圈上的密封圈保证密封,从而和离合器鼓一起形成一个密封的环状液压缸,并通过离合器鼓内圆轴颈上的进油孔和控制油道相通。离合器鼓和离合器毂分别以一定的方式和变速器输入轴或行星排的某个基本元件相连。

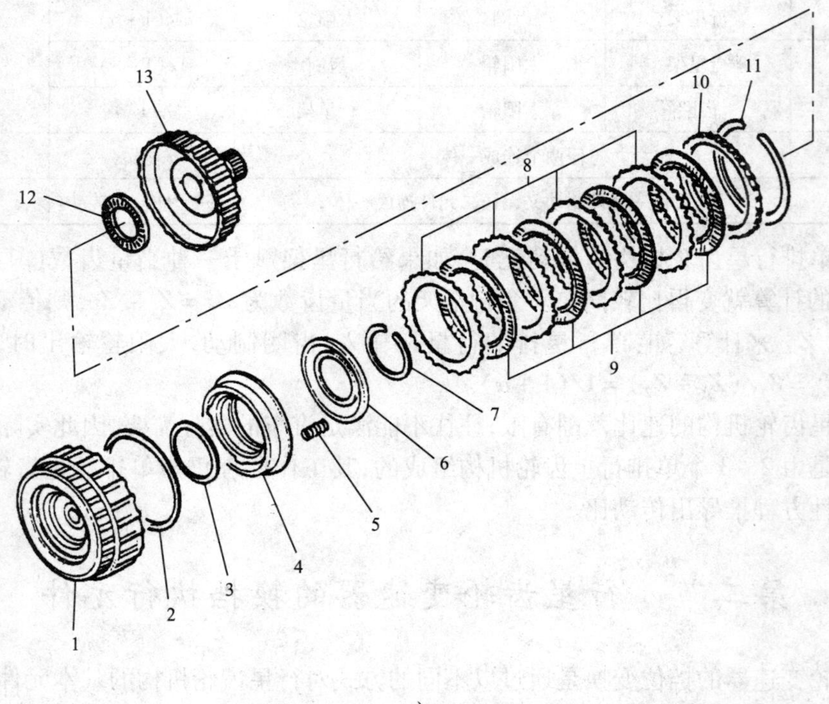

a)

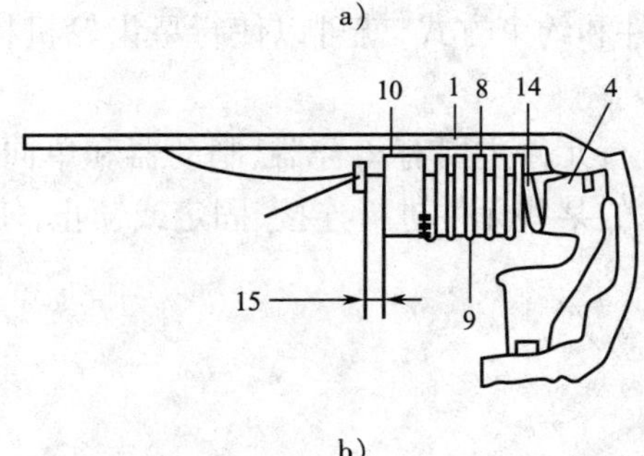

b)

图 3-12　离合器

a)分解图;b)装合示意图

1-离合器鼓;2、3-密封圈;4-离合器活塞;5-复位弹簧;6-弹簧座;7、11-卡环;8-钢片;9-摩擦片;10-挡圈;12-推力轴承;13-离合器毂;14-碟形环;15-自由间隙

钢片和摩擦片交错排列,两者统称为离合器片。钢片的外花键齿安装在离合器鼓的内花

键齿上，可沿键槽做轴向移动；摩擦片通过内花键齿与离合器毂的外花键齿相连，也可沿键槽做轴向移动。摩擦片两面均为摩擦系数较大的铜基粉末冶金层或合成纤维层，受压力和温度变化影响很小。在摩擦片的表面上都带有油槽，既可以在离合器接合时使油液能迅速由两片间挤出，减小接合时的油液阻力，达到接合反应快的目的；又能够保证液流通过，冷却摩擦表面。

如图 3-12b）所示，有的离合器在活塞和钢片之间装有一个弹性碟形环片，可以减缓冲击，使离合器接合柔和。

3. 离合器的工作原理

当液压油进入活塞缸后，推动活塞 2 在缸体内移动，使主动片和从动片互相压紧；因为有较高的摩擦力，主、从动片便以相同的速度旋转，离合器处于接合状态；当解除油压作用时，复位弹簧 6 使活塞复位至原始位置，离合器片相互脱开，离合器处于分离状态，如图 3-13 所示。

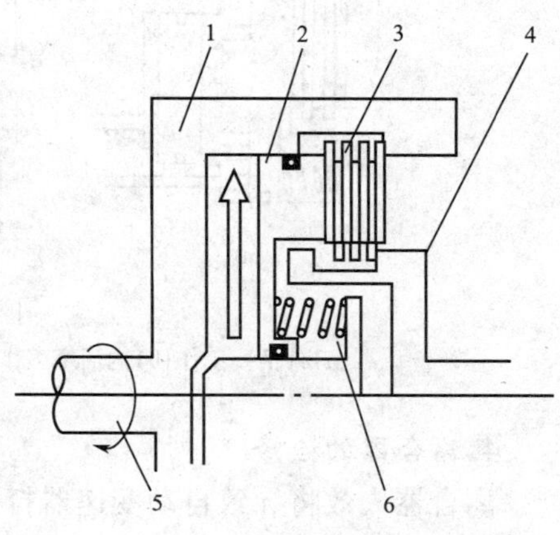

图 3-13　离合器工作原理图

1-活塞缸；2-活塞；3-离合器片；4-齿圈；5-输入轴；6-复位弹簧

离合器的油道多设在缸体旋转的中心部位，通常只有一条油道通往离合器的活塞缸。当需要离合器接合时，液压油通过油道进入缸体；当离合器分离时，液压油从同一油道排出，如图 3-14a）、图 3-14b）所示。

车辆行驶时，离合器带动液压油高速旋转，产生较大的离心力。在离合器分离时，部分液压油残留在液压缸内，并产生一定的油压，造成离合器分离不良或阻滞。为解决此问题，在活塞的外圆处设有一个止回球阀，如图 3-14c）所示。离合器接合时，压力油流入缸体，球阀在油压作用下紧压在阀座上，球阀处于关闭状态，液压油不能从缸体排出，缸体内的工作液压力上升。离合器分离时，油压解除，缸体内的工作液压力下降，球阀在离心力的作用下，离开阀座，处于开启状态，残留在液压缸内的液压油在离心力的作用下从球阀的阀孔排出，使离合器快速、彻底地分离。

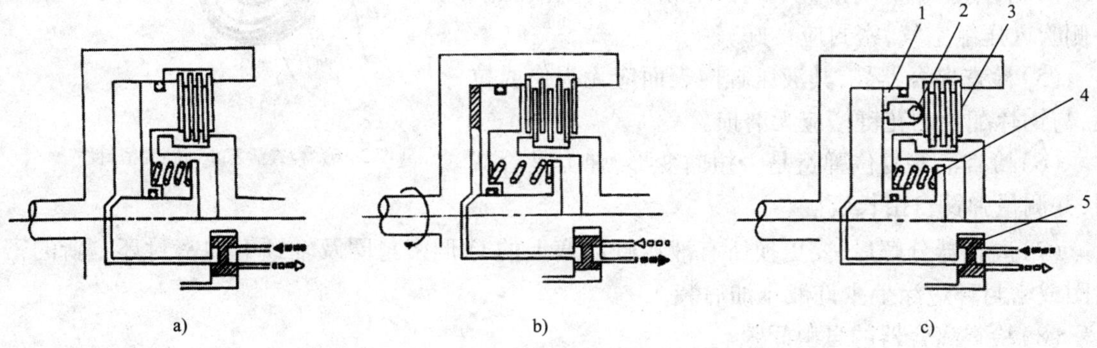

图 3-14　活塞止回阀工作原理图

a）进油；b）排油；c）活塞止回阀

1- 活塞；2-止回阀；3-离合器片；4-复位弹簧；5-控制阀

有些离合器和制动器具有两个活塞：内活塞和外活塞。当使用两个活塞时，离合器和制动器所传递的额定转矩能根据发动机产生的转矩而变化，如图 3-15 所示。当油压施加于外活塞时，具有较大的压力接收区，传递转矩较大；当油压施加于内活塞时，具有较小的压力接收区，传递转矩较小；内外活塞同时起作用时，通常内外活塞的动作有一个先后顺序，内活塞动作后操作外活塞，传递转矩由小变大，能够减小离合器接合时产生的冲击，使换挡柔和平顺。

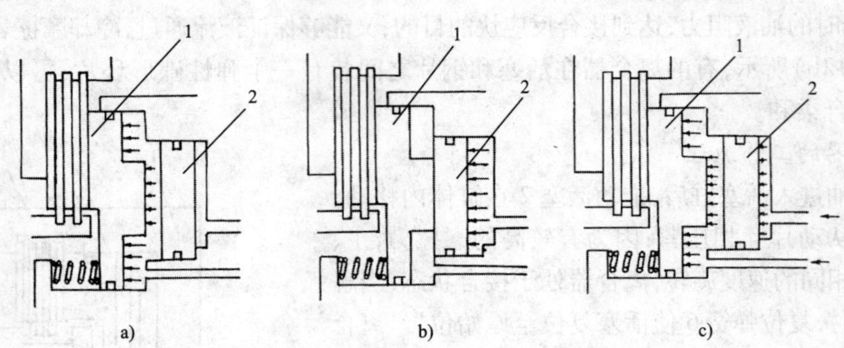

图 3-15　内外活塞工作情况

a）外活塞工作；b）内活塞工作；c）内外活塞同时起作用（外活塞在内活塞之后动作）

1-外活塞；2-内活塞

4. 离合器的检修

离合器失效将导致自动变速器打滑，甚至缺挡或无挡，其常见失效形式有摩擦片磨损、烧蚀或变形，活塞漏油等。

（1）检查离合器摩擦片有无烧焦、碎裂脱落或翘曲变形，并检查摩擦片的磨损情况。许多自动变速器的摩擦片表面上印有符号，若这些符号已被磨去，说明摩擦片已磨损至极限。

（2）检查钢片，如有磨损或翘曲变形，应更换。

（3）检查离合器活塞表面有无损伤或拉毛，否则应更换新件。

（4）检查离合器活塞上的止回阀，其球阀应能在阀座内活动自如，晃动离合器活塞，应能听到响声。如图 3-16 所示，用压缩空气检查单向阀的密封性，从液压缸一侧吹入压缩空气，密封应良好。

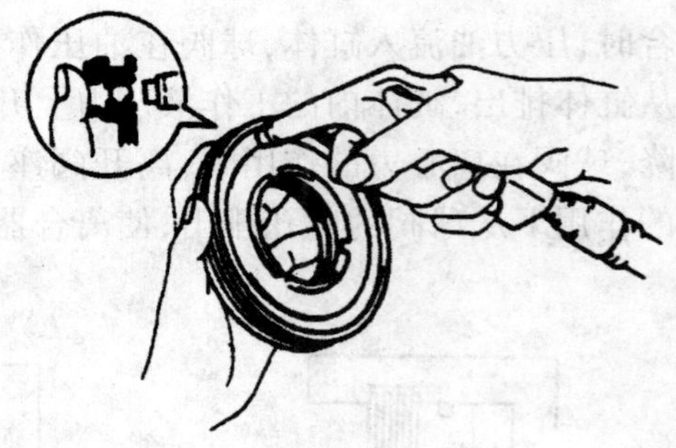

图 3-16　检查活塞止回阀的密封性

（5）检查离合器鼓，其液压缸内表面应无损伤或拉毛，与钢片配合的花键槽应无磨损。

（6）检查活塞复位弹簧是否扭曲变形，弹力是否减弱，并测量弹簧自由长度。

（7）离合器分解后，要更换所有液压缸活塞上的 O 形密封圈及轴颈上的密封环。新的密封圈或密封环应涂上少许液压油后装入。

（8）检查离合器的自由间隙。

多片湿式离合器装配后，在卡环和压板之间要预留一定的间隙，称为自由间隙。间隙过小，离合器分离不彻底；间隙过大，离合器将严重打滑。自动变速器中不同的离合器因摩擦片的数量不同，总自由间隙也不相同，一般应留有 2mm 左右的自由间隙，具体数值应参阅自动变速器维修手册。

离合器的自由间隙一般利用厚薄规来检测，方法是：用力压住压板，用厚薄规测量压板

与卡环之间的间隙。也可以利用百分表进行检测,方法是:将百分表表杆垂直抵触到压板上,从离合器活塞的进油孔吹入压缩空气,当表针不再摆动时,百分表的指示值即为离合器的自由间隙(活塞移动量)。如间隙不符合标准要求,可通过更换不同厚度的压板或挡圈进行调整。

注意:离合器摩擦片在装配前应浸泡在自动变速器油中,新片应浸泡至少2h以上,旧片应浸泡30min以上,以使其充分膨胀和含油。

二、制动器

制动器用来制动行星齿轮机构三元件中的某一元件,以改变行星齿轮机构的组合。自动变速器中的制动器有多片湿式制动器和带式制动器两种,带式制动器空间尺寸小,容易布置;但片式制动器的接合平稳性比带式易于控制,并且通过增减片数可以适应于不同排量的发动机,应用也日趋广泛。

片式制动器与多片湿式离合器构造相似,其区别就在于离合器的壳体是一个主动部件,而制动器的壳体和液压缸是固定不动的,当片式制动器的钢片和摩擦片处于接合状态时,即对与摩擦片连接的构件起制动作用。片式制动器在使用中,不但规定了制动器的允许间隙和最大间隙,而且有的变速器还规定了制动器片的最小厚度。当某一摩擦片厚度小于规定值时必须更换。当摩擦片单片厚度尚未小于允许值,而总间隙超过允许值时,可通过选择不同厚度的压板来调整,使间隙满足规定要求。

多片湿式制动器的工作原理和片式离合器基本相同,在此仅介绍带式制动器的原理和检修。

1. 带式制动器的构造

带式制动器是将内侧粘有摩擦材料的制动带卷绕在制动鼓上,又称制动带,其摩擦材料与多片湿式离合器的摩擦片相同。带式制动器由制动鼓、制动带、液压缸及活塞组成。如图3-17所示,制动带缠绕在制动鼓圆周上,制动鼓与行星齿轮机构一起转动。制动带的一端用销钉固定在变速器壳体上,另一端与制动器活塞接触。活塞通过内、外弹簧安装在连杆上,一般备有两种长度的连杆,以便能够调整制动带和制动鼓之间的间隙。

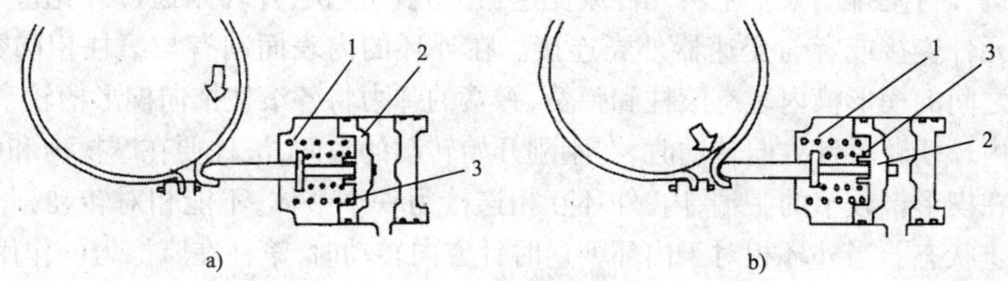

图3-17 带式制动器的工作原理

a)液压油作用于活塞时;b)制动带受到反作用力时

1-外弹簧;2-活塞;3-内弹簧

2. 带式制动器的工作原理

当液压油施加于活塞时,活塞在缸体内移至左端,压缩外弹簧,带动连杆移动,推动制动带的一端，因为制动带的另一端固定在变速器壳体上，制动带直径即减小，因此，制动带夹持鼓，此时鼓以高速旋转，制动带受到来自鼓的旋转反作用力，如图3-17a）所示。如果活塞和连杆为固定连接的整体结构，这个反作用力会使活塞产生振动，为防止这种状况，活塞通过内弹簧安装在连杆上。当制动带受到反作用力时，连杆被推回压缩内弹簧以缓冲这个反作用力，如图3-17b）所示。液压油在缸内压力升高，活塞和连杆继续压缩外弹簧在缸体内移动，使制动带收缩，均匀夹持制动鼓。当连杆不能在缸体内移动时，缸体内的油压继续升高，压缩内、外弹簧推动活塞移动，至活塞与连杆垫片接触时，活塞直接推动连杆，制动带便以更大的力夹持制动鼓，此时，在制动带和制动鼓之间产生更高的摩擦力，以促使制动鼓被固定，起制动作用。当液压油从缸体内排出时，活塞和连杆被外弹簧力推回，因此制动鼓释放。

3. 带式制动器的检修

（1）检查制动带是否开裂，衬带与钢背间有无开胶，耳部是否椭圆。

（2）检查连杆有无裂纹，其下端推动处有无开裂。

（3）检查活塞及缸孔是否有拉毛现象。

（4）调整制动带与制动鼓之间的间隙。调整时，将调整螺母旋紧，再反向松2~3扣即可。

三、单向离合器

单向离合器广泛应用于行星齿轮变速器及综合式液力变矩器中，用于固定或连接行星排中的太阳轮、行星架或齿圈等基本元件，它是依靠其单向锁止原理来发挥固定或连接作用的，其接连和固定也只能是单方向的。当与之相连接的元件的受力方向与锁止方向相同时，该元件即被固定或连接；当受力方向与锁止方向相反时，该元件即释放或脱离连接。

单向离合器无须控制机构，其工作完全由与之相连接的元件的受力方向来控制，在元件受力方向发生变化的瞬时即产生接合或脱离，可保证平顺无冲击换挡，同时还能大大简化液压控制系统。

单向离合器常见的类型有滚柱斜槽式和楔块式两种。

1. 滚柱斜槽式单向离合器

滚柱斜槽式单向离合器由外环、内环、滚柱、滚柱复位弹簧等组成，如图3-18所示。内环通常用内花键和行星排的某个基本元件或变速器的壳件连接，外环则通过外花键和行星排的另一个基本元件连接或者与变速器外壳连接。在外环的内表面制有与滚柱相同数目的楔形槽，内、外环之间的楔形槽内装有滚柱和弹簧，弹簧的弹力将各滚柱推向楔形槽较窄的一端，当外环相对于内环朝顺时针方向转动时，在刚刚开始转动的瞬间，滚柱便在摩擦力和弹簧力的作用下被卡死在楔形槽较窄的一端，内、外环互相连接为一个整体，不能相对转动，此时，单向离合器处于锁止状态。当外环相对于内环朝逆时针方向转动时，滚柱在摩擦力的作用下，克服弹簧的弹力，滚向楔形槽较宽的一端，出现打滑现象，外环相对于内环可以作自由滑转，此时单向离合器脱离锁止而处于自由状态。

单向离合器的锁止方向取决于外环上楔形槽的方向，在装配时不能装反，否则会改变其锁止方向，使行星齿轮变速器不能正常工作。

有的单向离合器的楔形槽开在内环上，其工作原理和效果与楔形槽开在外环上时相同，图3-19为别克4T65E自动变速器低速挡单向离合器示意图。

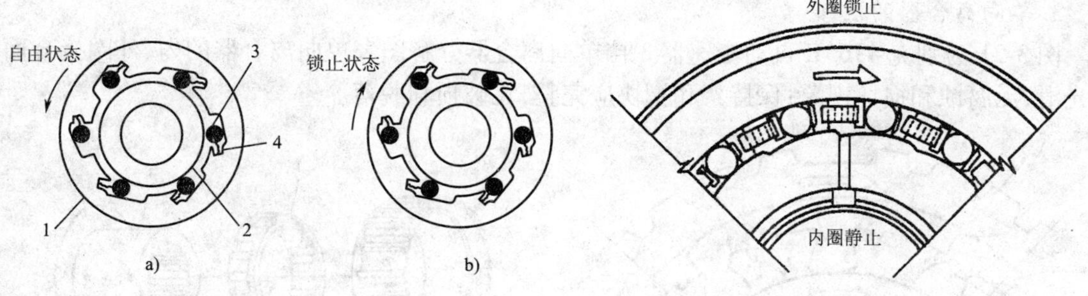

图 3-18 滚柱斜槽式单向离合器

a) 自由状态；b) 锁止状态

1- 外环；2-内环；3-滚柱；4-弹簧

图 3-19 别克 4T65E 自动变速器低速挡单向离合器示意图

2. 楔块式单向离合器

楔块式单向离合器由外环、内环和楔块等组成，如图 3-20 所示。楔块在 A 方向上的尺寸略大于内、外环之间的距离 B，而 C 方向上的尺寸则略小于 B。当外环相对于内环朝顺时针方向旋转时，楔块在摩擦力的作用下立起，因 $A>B$，则楔块卡死在内外环之间，单向离合器处于锁止状态；当外环相对于内环朝逆时针方向旋转时，楔块在摩擦力的作用下倾斜，因 $C<B$，则内环相对于外环可以自由滑转，此时单向离合器处于自由状态。楔块式单向离合器的锁止方向取决于楔块的安装方向，在维修时切记不可装反，否则会影响自动变速器的正常工作。

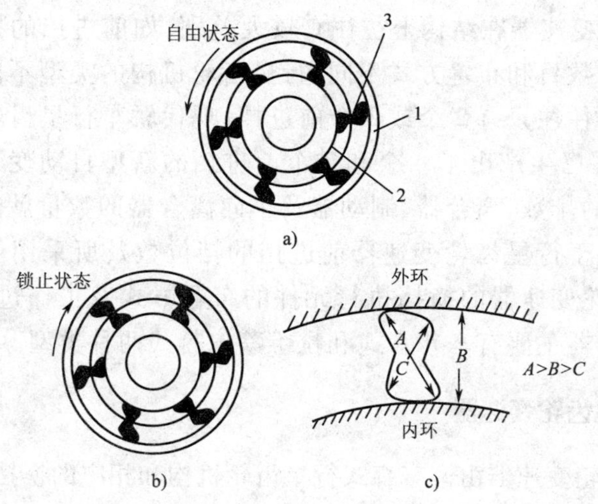

图 3-20 楔块式单向离合器

a) 自由状态；b) 锁止状态；c) 楔块尺寸

1-外环；2-内环；3-楔块

注意：有的磨损严重的单向离合器在车下检查正常，但安装到车上(带有负荷时)会产生打滑。所以，经过故障现象与理论分析能够确诊为单向离合器打滑故障时，应更换单向离合器。

3. 单向离合器的检修

图 3-21 为别克 4T65E 自动变速器 3 挡单向离合器分解图。单向离合器的内、外圈接合面应光滑,无腐蚀和损坏现象;保持架和楔块应完整,无破损和脱落。

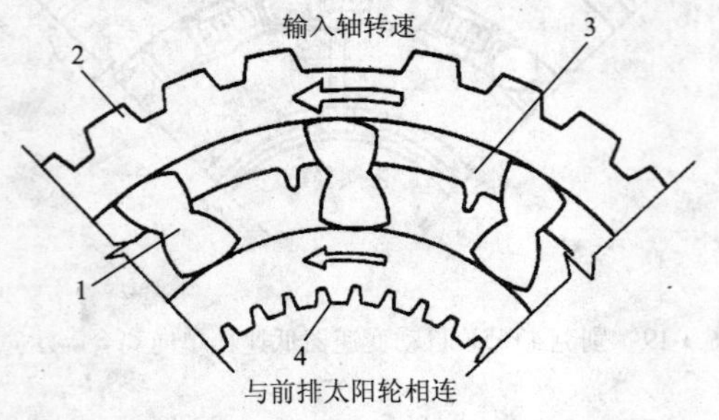

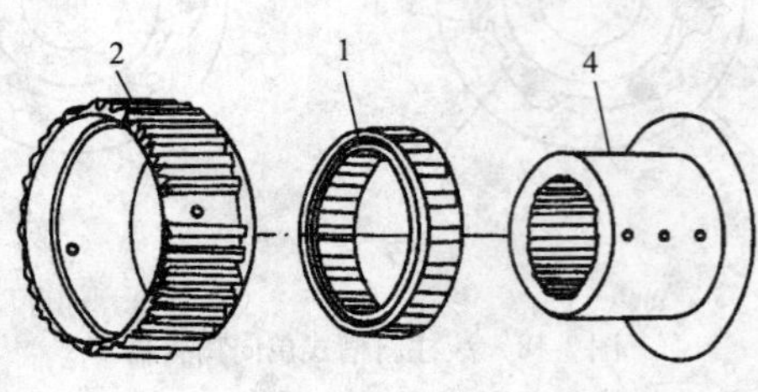

图 3-21 别克 4T65E 自动变速器 3 挡单向离合器
1-楔块;2-外圈;3-保持架;4-内圈

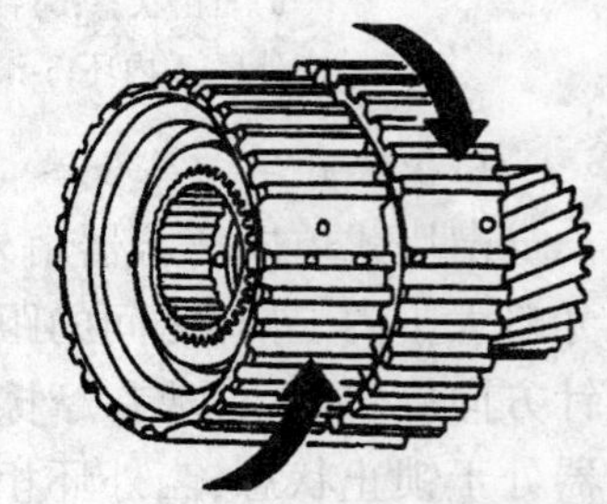

图 3-22 别克 4T65E 自动变速器 3 挡单向离合器转动方向

用手握住前排太阳轮,单向离合器外圈只能按图 3-22 所示方向转动,反向应锁止。如果外圈能在相反方向自由转动,可能是单向离合器的楔块装反,应重新安装。如果反向不能可靠锁止,则为单向离合器打滑,应更换。

第三节 行星齿轮变速器

不同车型的自动变速器在结构上往往有较大差别,如前进挡的挡数不同,离合器、制动器及单向离合器的数目和布置方式不同,行星齿轮机构的类型不同等。早期自动变速器的行星齿轮变速器往往只有 2 个或 3 个前进挡,现代轿车行星齿轮变速器大部分采用 4 个或 5 个前进挡,并已生产出了 6 个和 7 个前进挡的新型自动变速器。前进挡的数目越多,行星齿轮机构的排数、离合器、制动器及单向离合器的数量就越多。换挡执行元件的布置方式主要取决于行星齿轮变速器前进挡的挡位数及所采用的行星齿轮机构的类型,同类型的行星齿轮变速器的换挡执行元件的布置方式及工作过程基本相同,轿车上常用的行星齿轮变速器主要有辛普森式和拉维萘尔赫式两种类型。

一、辛普森式行星齿轮变速器

辛普森式行星齿轮变速器由辛普森式行星齿轮机构和相应的换挡执行元件组成。辛普森行星齿轮机构是一种双排行星齿轮机构,前后行星排有两种连接方式,一种是前排行星齿轮机构的齿圈和后排行星齿轮机构的行星架相连,称为前齿圈和后行星架组件,输出轴通常与前齿圈和后行星架组件连接,如图 3-23 所示。另一种是前行星齿轮机构的行星架和后行星齿轮机构的齿圈相连,称为前行星架和后齿圈组件,输出轴通常与前行星架和后齿圈组件连接,如图 3-24 所示。双排辛普森式行星齿轮机构可实现 3 ~ 4 个前进挡,目前,轿车 4 速自动变速器多使用三行星排或双行星排辛普森式行星齿轮机构来得到 4 个前进挡。

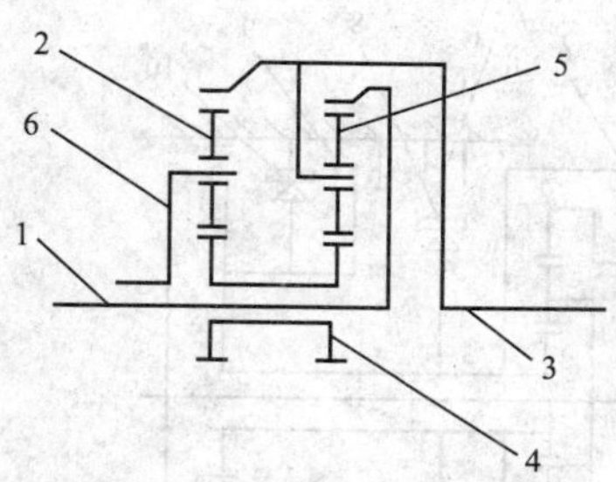

图 3-23　辛普森行星齿轮机构啮合方式(一)

1-后齿圈;2-前行星齿轮;3-后行星架和前齿圈组件;4-前后太阳轮组件;5-后行星齿轮;6-前行星架

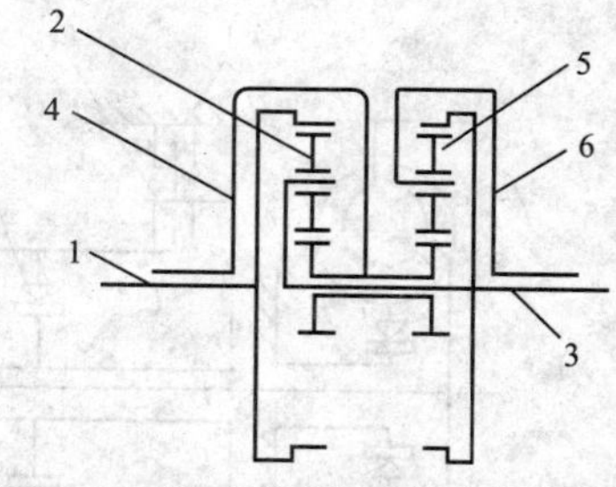

图 3-24　辛普森行星齿轮机构啮合方式(二)

1-前齿圈;2-前行星齿轮;3-前行星架和后齿圈组件;4-前、后太阳轮组件;5-后行星齿轮;6-后行星架

(一)三行星排 4 速辛普森式行星齿轮变速器

三行星排 4 速辛普森式行星齿轮变速器在各系列自动变速器中都得到广泛的应用,下面以丰田 A341E、A342E 自动变速器为例介绍其工作原理。

1. A341E、A342E 行星齿轮变速器的组成

A341E、A342E 为丰田公司的后驱型自动变速器,其行星齿轮变速器在 3 速双排辛普森式行星齿轮机构的基础上增加了一个单排行星齿轮机构。双排辛普森式行星齿轮机构实现 1 挡、2 挡和 3 挡,其中,3 挡为直接挡;增加的单排行星齿轮机构用来实现超速挡,又称超速排,即 A341E、A342E 自动变速器具有 3 个行星排:超速排、前行星排和后行星排,且超速排布置在前后行星排的前面。变速器利用超速排行星架进行动力输入,前、后排太阳轮制成一体,前排行星架和后排齿圈连接在一起共同对外输出,如图 3-25 所示。同时,变速器设置了 10 个换挡执行元件,通过改变前后行星排各基本元件的组合方式实现 4 个前进挡(4 速),其最高速挡为超速挡,其传动示意图见图 3-26,各换挡执行元件的作用和工作状况见表 3-2 和表 3-3。

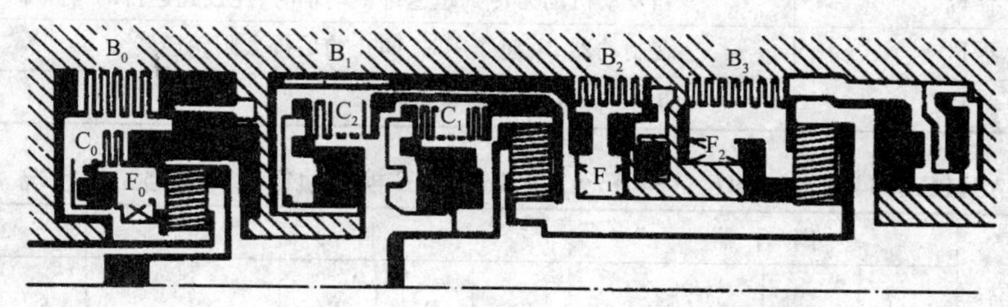

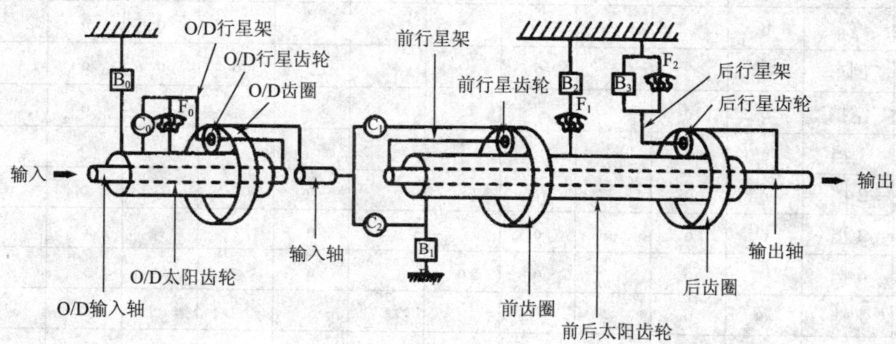

图 3-25　A341E/A342E /A340E/A340F/A340H/A350E 行星齿轮变速器的结构简图

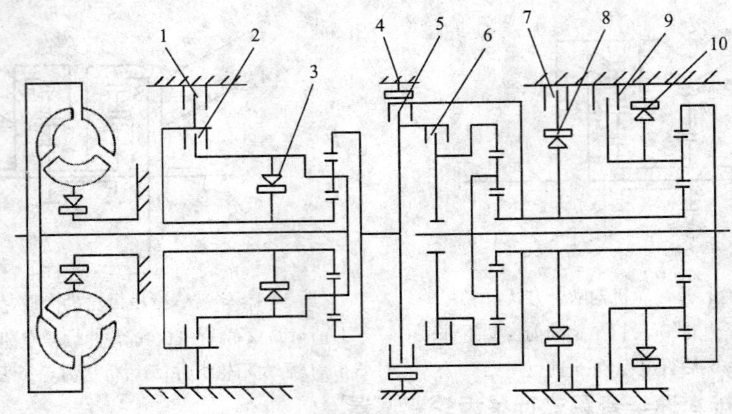

图 3-26 A341E/A342E/ A340E/A340F/A340H/A350E 自动变速器传动示意图

1-超速制动器 B_0；2-超速离合器 C_0；3-超速单向离合器 F_0；4-2 挡强制制动器 B_1；5-高速、倒挡离合器 C_2；6-前进离合器 C_1；7-2挡制动器 B_2；8-单向离合器 F_1；9-低速、倒挡制动器 B_3；10-单向离合器 F_2

A341E/A342E/ A340E/ A340F/A340H/A350E 换挡执行元件功能表 表 3-2

换挡执行元件	功 能
超速离合器 C_0	连接超速排行星架和太阳轮
前进离合器 C_1	连接输入轴和前排齿圈
高速、倒挡离合器 C_2	连接输入轴和前后太阳轮组件
超速制动器 B_0	制动超速排太阳轮
2 挡强制制动器 B_1	制动前后排太阳轮组件
2 挡制动器 B_2	制动单向离合器 F_1 的外圈
低速、倒挡制动器 B_3	制动后排行星架
单向离合器 F_0	当发动机动力传到超速排主动轴时，连接超速排的行星架与太阳轮
单向离合器 F_1	在制动器 B_2 起作用时，防止前后排太阳轮逆转
单向离合器 F_2	防止后排行星架逆转

A341E/A342E/ A340E/A340F/A340H/A350E 换挡执行元件各挡工作状况 表 3-3

选挡杆位置	挡位	离合器				制动器					单向离合器		
		C_0	C_1	C_2		B_0	B_1	B_2	B_3		F_0	F_1	F_2
				内圈	外圈				内圈	外圈			
P	停车	o							o	o	o		
R	倒车	o		o	o				o	o	o		
N	空挡	o									o		
D	1 挡	o	o								o		o
	2 挡	o	o					o			o	o	
	3 挡	o	o		o			o			o		
	4 挡		o		o	o		o					
2	1 挡	o	o								o		o
	2 挡	o	o				o	o			o	o	
	3 挡 *	o	o		o			o			o		

续上表

选挡杆位置	挡位	离合器				制动器					单向离合器		
		C_0	C_1	C_2		B_0	B_1	B_2	B_3		F_0	F_1	F_2
				内圈	外圈				内圈	外圈			
L	1挡	o	o						o	o	o		
	2挡*	o	o				o	o			o	o	

注*-仅下行换挡到"L"和"2"位，不能升挡；o-工作。

2. A341E、A342E 自动变速器的工作原理

1)超速排工作原理

(1)若超速离合器 C_0 接合，超速单向离合器 F_0 起作用，则将超速排太阳轮和超速排行星架锁为一体，其输入和输出部分以相同转速转动，传动比 $i_0=1$，实现超速排的直接传动。

(2)若超速制动器 B_0 接合，超速排太阳轮固定，则超速排行星架输入，超速排齿圈输出，输出转速高于输入转速，实现超速传动，其传动比为：

$$i_0=n_{03}/n_{02}=\alpha_0/(1+\alpha_0)=0.705$$

式中：i_0 ——超速排传动比；

n_{03}——超速排行星架转速；

n_{02}——超速排齿圈转速；

α_0——超速排齿圈齿数 Z_{02} 与超速排太阳轮齿数 Z_{01} 之比，即 $\alpha_0=Z_{02}/Z_{01}$。

超速排超速挡的传动路线为：

输入轴→超速排行星架→超速排行星齿轮→超速排齿圈→输出

2)1 挡工作原理

(1)"D"位 1 挡(D_1)。"D_1"挡时，超速离合器 C_0、前进离合器 C_1 接合，单向离合器 F_0 和 F_2 起作用。

①超速行星排：超速离合器 C_0 和超速单向离合器 F_0 起作用，超速排传动比 $i_0=1$。

②前后行星排：前进离合器 C_1 接合，来自超速排的动力经前进离合器 C_1 传给前排齿圈，再由前排行星齿轮传给前排行星架和前排太阳轮。因为前排行星架输出动力，与驱动轮相连，在汽车起步之前其静止不动，汽车起步后以 1 挡行驶时，其转速很低，阻力相对较大，因此，前排齿圈顺时针转动时(动力输入)，前排行星齿轮在前排齿圈的驱动下，一方面顺时针自转，并带动前排太阳轮逆时针转动；另一方面做顺时针公转，带动前排行星架朝顺时针方向转动。后排太阳轮与前排太阳轮固连，因此也随之逆时针转动，并将动力传给后排行星齿轮，后排行星齿轮绕自身轴线顺时针转动(自转)。因后排齿圈输出动力，和驱动轮相连，转速低而阻力较大，后排行星齿轮在后排太阳轮驱动下自转的同时，有沿后排齿圈逆时针滚动(公转)的趋势，对后排行星架产生一个逆时针方向的转矩，使后排行星架产生逆时针转动的趋势。单向离合器 F_2 能够防止后排行星架的逆时针转动，因而后排行星架被 F_2 锁定不动，后排行星齿轮只能自转而不能公转，并将动力传给后排齿圈，使后排齿圈顺时针转动。故此前后行星排由于后排行星架的固定而使动力得以输出，如图 3-27 所示。

通过分析可知，“D_1”挡位时，前后两个行星排均参加工作，行星齿轮机构所承受的负荷被分为两部分，以免过载。

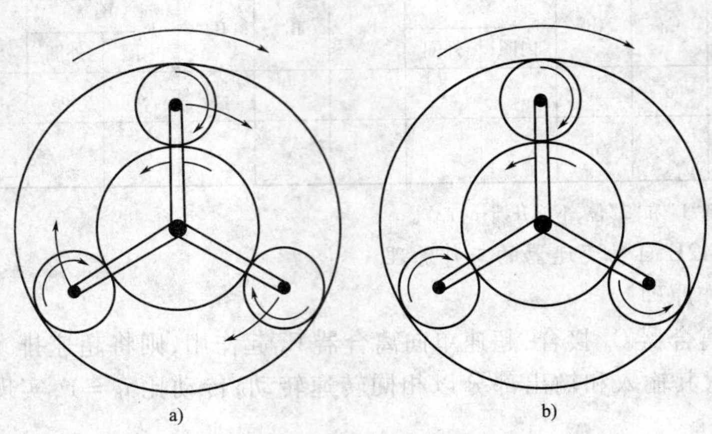

图 3-27　1 挡前后行星排工作示意图
a)前行星排；b)后行星排

③“D_1”挡动力传递路线：

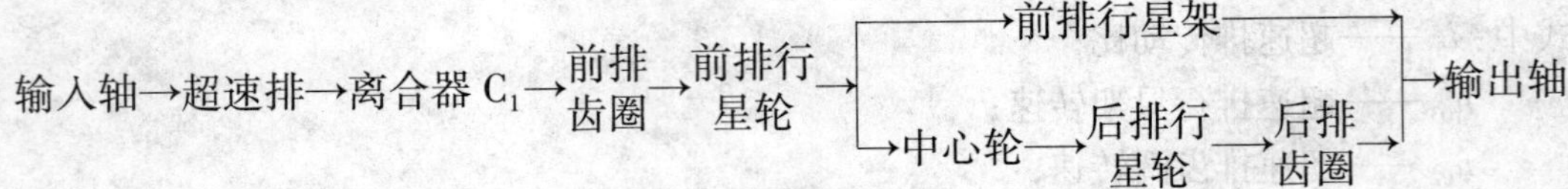

④“D_1”挡传动比：由运动特性方程得：

前行星排：　$n_{11}+\alpha_1 n_{12}-(1+\alpha_1)n_{13}=0$

后行星排：　$n_{21}+\alpha_2 n_{22}-(1+\alpha_2)n_{23}=0$

式中：n_{11}——前排太阳轮转速；

n_{12}——前排齿圈转速；

n_{13}——前排行星架转速；

n_{21}——后排太阳轮转速；

n_{22}——后排齿圈转速；

n_{23}——后排行星架转速；

α_1——前排齿圈齿数 Z_{12} 与前排太阳轮齿数 Z_{11} 之比，即 $\alpha_1=Z_{12}/Z_{11}$；

α_2——后排齿圈齿数 Z_{22} 与后排太阳轮齿数 Z_{21} 之比，即 $\alpha_2=Z_{22}/Z_{21}$。

且知：　$n_{11}=n_{21}\quad n_{13}=0\quad n_{12}=n_{23}$

可得前后行星排传动比：　$i_1{}'=n_{12}/n_{22}$

故 1 挡传动比：　$i_1=i_0 i_1{}'=2.804$

⑤“D_1”挡无发动机制动作用。当汽车在“D_1”挡行驶时，若驾驶员突然松开加速踏板，发动机转速立即降至怠速。此时汽车在惯性力的作用下，仍以原来的车速前进，与驱动轮连接的自动变速器输出轴的转速并未立即下降，其反向拖动行星齿轮变速器运转，行星齿轮机构的前排行星架和后排齿圈组件成为主动件，前排齿圈则成为从动件。

在前行星排中，前排齿圈通过超速排和液力变矩器与发动机相连，其顺时针转动的速度较低，当前排行星架顺时针转动时，前排行星齿轮在顺时针方向公转的同时也进行逆时针方向自转，从而带动前后太阳轮组件顺时针方向转动。由运动特性方程得知，太阳轮组件的转速高于前排行星架和后排齿圈组件的转速。

在后行星排中，后排太阳轮和后排齿圈同时以较高的转速顺时针转动，且后排齿圈的转速低于后排太阳轮，使后排行星齿轮在逆时针自转的同时沿后排齿圈进行顺时针公转，对后排行星架产生一个顺时针方向的力矩，后排行星架有顺时针转动的趋势。由于单向离合器 F_1 只能防止后排行星架的逆时针转动，对其顺时针转动没有锁止作用，后排行星架可以沿顺时针方向自由转动。

通过分析可知，汽车在"D_1"挡怠速滑行时，前后行星排没有任何元件受到限制，因此，行星齿轮机构失去传递动力的作用，与驱动轮连接的输出轴的反向驱动力无法经过行星齿轮变速器传给发动机，此时汽车相当于作空挡滑行。这种情况在一般使用条件下有利于提高汽车的乘坐舒适性和燃油经济性，但在汽车下陡坡时却无法利用发动机的怠速运转阻力来实现发动机制动。

(2)"2"位 1 挡(2_1)。"2_1"挡位时，各执行元件的动作情况、传动比及动力传递路线与"D_1"完全相同。

(3)"L"位 1 挡(L_1)。"L_1"时，超速离合器 C_0、前进离合器 C_1、低速、倒挡制动器 B_3 接合，单向离合器 F_0 起作用。

选挡杆位于"L"位时，自动变速器闭锁在 1 挡(不能升挡)，其动力传递路线及传动比与"D_1"挡完全相同，但由于增加了低速/倒挡制动器 B_3，从而使自动变速器在"L_1"位时可以利用发动机制动。

利用发动机制动时，发动机怠速运转，因而前排齿圈也以较低转速顺时针转动；而与整车相连的变速器输出轴由于惯性较大其转速并未立即下降，从而使前排行星架和后排齿圈以较高转速顺时针转动。对后行星排，后行星架由低速/倒挡制动器 B_3 固定，齿圈输入，动力经后排行星齿轮传给太阳轮组件；对前行星排，前排行星架输入，太阳轮转速受到后行星排的约束，动力经前排行星齿轮传给前排齿圈，最终经超速排和液力变矩器传给发动机，实现发动机制动。

3)2 挡工作原理

(1)"D"位 2 挡(D_2)。"D_2"挡时，超速离合器 C_0、前进离合器 C_1、2 挡制动器 B_2 接合，单向离合器 F_0、F_1 起作用。

①超速行星排：超速离合器 C_0 和单向离合器 F_0 起作用，超速排传动比为 $i_0=1$。

②前后行星排：前进离合器 C_1 的接合继续使超速排动力传给前排齿圈。前排齿圈顺时针转动，前排行星齿轮顺时针自转，前排太阳轮具有逆时针转动的趋势。由于 2 挡制动器 B_2 接合，固定了单向离合器 F_1 的外圈，则 F_1 起作用将太阳轮锁止，因此动力不会传到后行星排，只有前行星排起作用。前排太阳轮固定，前排行星齿轮在顺时针自转的同时围绕太阳轮顺时针公转，进而带动前排行星架顺时针转动，完成动力输出。

③"D_2"挡动力传递路线：

主动轴→超速排→输入轴→前进离合器 C_1→前排齿圈→前排行星齿轮→前排行星架→输出轴

④"D_2"挡传动比。由运动特性方程：

$$n_{11}+\alpha_1 n_{12}-(1+\alpha_1)n_{13}=0$$

则前后排传动比为：

$$i_2' = n_{12}/n_{13} = 1 + 1/\alpha_1$$

故"D_2"挡传动比为:

$$i_2 = i_0 i_2' = 1.531$$

⑤"D_2"挡无发动机制动作用。利用发动机制动时,前排行星架随驱动轮以较高的转速顺时针转动,并带动前排行星齿轮顺时针公转,因前排齿圈转速较低,促使前排行星齿轮按逆时针方向自转,并带动前排太阳轮按顺时针方向旋转。单向离合器 F_1 不能阻止太阳轮顺时针转动,因此太阳轮自由转动,动力不能传至前排齿圈,即不能利用发动机制动。

(2)"2"位 2 挡(2_2)。"2_2"挡的动力传递路线及传动比与"D_2"挡完全相同。与"D_2"挡位相比,"2_2"挡增加了 2 挡强制制动器 B_1,可以利用发动机制动。

"2_2"挡时,制动器 B_1 的接合使太阳轮组件固定,前排行星架带动前排行星齿轮顺时针公转,同时前排行星齿轮又进行顺时针自转,带动前排齿圈也顺时针转动,发动机在"2_2"挡时便产生了制动作用。

4)3 挡工作原理

"D"位 3 挡(D_3)时,超速离合器 C_0、前进离合器 C_1、高、倒挡离合器 C_2、2 挡制动器 B_2 接合,单向离合器 F_0 起作用。

①超速行星排:超速离合器 C_0 和单向离合器 F_0 起作用,超速排传动比 $i_0 = 1$。

②前后行星排:离合器 C_1、C_2 同时接合,使前后两个行星排固连为一个整体一起旋转,形成直接传动,前后行星排传动比 $i_3' = 1$。

③"D_3"挡传动比:$i_3 = i_0 i_3' = 1$,即"D_3"挡为直接挡。

④"D_3"挡动力传递路线:

主动轴→超速排→前后排输入轴→离合器 C_1 和 C_2→前后行星排(固连)→输出轴

⑤"D_3"为直接传动,没有利用单向离合器传递动力,具有发动机制动作用。

5)4 挡(超速挡)工作原理

"D"位 4 挡(D_4)时,超速挡开关置于"ON"位,超速制动器 B_0、前进离合器 C_1、高、倒挡离合器 C_2、2 挡制动器 B_2 接合。

①超速行星排:超速制动器 B_0 接合,超速排实现超速传动,传动比 $i_0 = 0.705$。

②前后行星排:离合器 C_1、C_2 同时接合使前后排实现直接传动,传动比 $i_4' = 1$。

③ "D_4"挡传动比:$i_4 = i_0 i_4' = 0.705$

④"D_4"挡动力传递路线:

主动轴→超速排行星架→超速排行星齿轮→超速排齿圈→前后排输入轴→离合器 C_1、C_2→前后行星排(固连)→输出轴

6)倒挡工作原理

"R"位时,超速离合器 C_0、高速、倒挡离合器 C_2 和低速、倒挡制动器 B_3 接合,单向离合器 F_0 起作用。

①超速行星排:超速离合器 C_0 和单向离合器 F_0 起作用,超速排传动比 $i_0 = 1$。

②前后行星排:高速、倒挡离合器 C_2 接合,使得动力由输入轴经高速、倒挡离合器 C_2 传至前后排太阳轮,太阳轮顺时针转动。由于前排齿圈未受限制,因而前行星排不能传递动力。对后行星排,低速、倒挡制动器 B_3 接合使后排行星架固定,后排行星齿轮在太阳轮驱动下逆时针

自转,并带动后排齿圈逆时针转动,实现倒挡。

③倒挡动力传递路线:

主动轴→超速排→输入轴→高速、倒挡离合器 C_2→后排太阳轮→后排行星齿轮→后排齿圈→输出轴

④倒挡传动比:$i_R = n_{21}/n_{22} = -\alpha_2 = -2.393$

(二)双行星排 4 速辛普森式行星齿轮变速器

双行星排 4 速辛普森式行星齿轮变速器,其行星排少,换挡执行元件的个数较少,尺寸小,质量轻,便于布置,在自动变速器上也得到广泛的应用。图 3-28 为日产 RE4F04A、RE4F04V 自动变速器的传动示意图,前排齿圈和后排行星架固连作为输出,利用 4 个离合器、2 个制动器及 2 个单向离合器实现 4 个前进挡和一个倒挡,各换挡执行元件的位置见图 3-29,其功能及工作情况见表 3-4 和表 3-5。

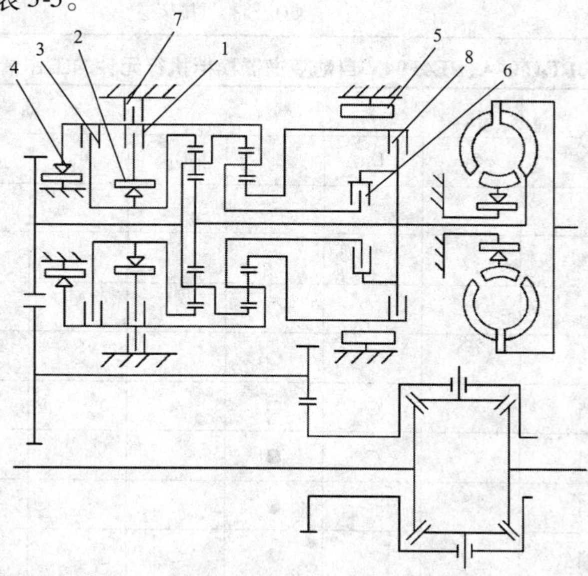

图 3-28　日产 RE4F04A、RE4F04V 行星齿轮变速器的传动示意图

1-前进离合器 C_3;2-前进单向离合器 F_1;3-前进强制离合器 C_4;4-低速挡单向离合器 F_2;5-2 挡及 4 挡制动器 B_1;6-高速挡离合器 C_2;7-低速、倒挡制动器 B_2;8-倒挡离合器 C_1

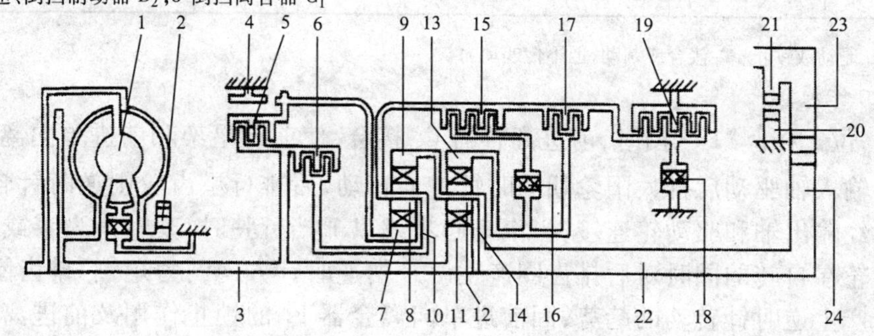

图 3-29　日产 RE4F04A、RE4F04V 行星齿轮变速器元件位置示意图

1-变矩器;2-油泵;3-输入轴;4-带式制动器 B_1;5-倒挡离合器 C_1;6-高速挡离合器 C_2;7-前排太阳轮;8-前排行星齿轮;9-前排齿圈;10-前排行星架;11-后排太阳轮;12-后排行星齿轮;13-后排齿圈;14-后排行星架;15-前进离合器 C_3;16-前进单向离合器 F_1;17-前进强制离合器 C_4;18-低速挡单向离合器 F_2;19-低速、倒挡制动器 B_2;20-停车闭锁爪;21-闭锁齿轮;22-输出轴;23-中间齿轮;24-输出齿轮

日产 RE4F04A、RE4F04V 自动变速器换挡执行元件功能表　　表 3-4

换挡执行元件	功　能
倒挡离合器 C_1	连接输入轴和前太阳轮
高速挡离合器 C_2	连接输入轴和前行星架
前进离合器 C_3	连接前排行星架和单向离合器 F_1 的外圈
前进强制离合器 C_4	连接前排行星架和后排齿圈
2 挡及 4 挡制动器 B_1	固定前排太阳轮
低速、倒挡制动器 B_2	固定前排行星架
前进单向离合器 F_1	防止后排齿圈相对于前排行星架逆转
低速挡单向离合器 F_2	防止前排行星架逆转

日产 RE4F04A、RE4F04V 自动变速器换挡执行元件的工作情况　　表 3-5

选挡杆位置	挡位	离合器				制动器		单向离合器	
		C_1	C_2	C_3	C_4	B_1	B_2	F_1	F_2
P、N									
R	倒挡	○					○		
D	1 挡			○				○	○
	2 挡			○		○		○	
	3 挡		○	○				○	
	4 挡		○	●				○	
2	1 挡			●	○			●	○
	2 挡			●	○	○		●	
L	1 挡			●	○		○	●	
	2 挡			●	○	○		●	

注:○-接合、制动或锁止;●-接合或制动,但不传递动力。

1.1 挡工作原理

(1)“D”位 1 挡。“D_1”挡时,前进离合器 C_3 接合,使前行星架和前进单向离合器 F_1 的外圈连接。输入轴驱动后排太阳轮朝顺时针方向转动,后排行星齿轮则逆时针自转。由于后排行星架经输出轴和驱动轮连接,当汽车起步或以 1 挡行驶时,其转速为零或很低,因此后排行星齿轮在自转的同时对后排齿圈产生一个朝逆时针方向的力矩,后排齿圈在这一力矩的作用下产生逆时针转动的趋势,因前进单向离合器 F_1 的锁止作用及前进离合器 C_3 的接合而被传至前行星架,前行星架随后排齿圈有逆时针转动的趋势;而单向离合器 F_2 阻止了前行星架的逆转,即前行星架固定不动,因此后排齿圈也固定不动,从而使后排行星齿轮在自转的同时朝顺时针方向公转,并带动后排行星架和输出轴朝顺时针方向转动。

前、后行星排的工作情况如图 3-30 所示,其传动路线为:

输入轴→后排太阳轮→后排行星齿轮→后排行星架→输出轴

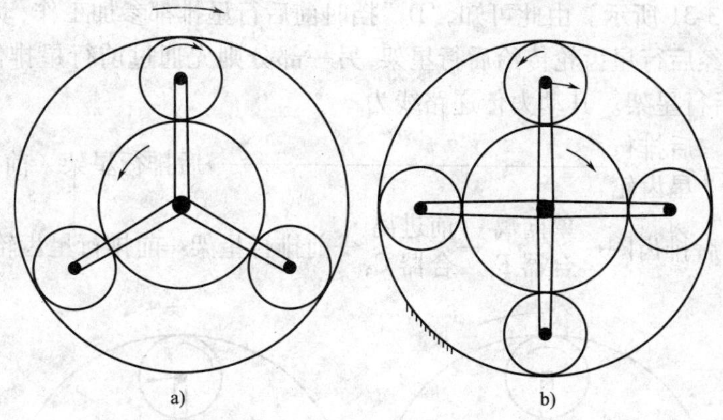

图 3-30 1 挡时前后行星排的工作原理示意图

a)前行星排;b)后行星排

设输入轴和后太阳轮的转速为 n_1,前太阳轮的转速为 n_2,前行星架的转速为 n_3,后齿圈的转速为 n_4,前齿圈和后行星架组件及输出轴的转速为 n_5,前行星排的齿圈和太阳轮的齿数比为 α_1,后行星排的齿圈和太阳轮的齿数比为 α_2,根据运动特性方程得:

$$n_1+\alpha_2 n_2-(1+\alpha_2)n_3=0$$

其中 $$n_2=0$$

故 1 挡传动比: $$i_1=1+\alpha_2=2.785$$

当松开加速踏板使汽车滑行时,驱动轮经输出轴反向驱动行星齿轮变速器,此时在后行星排中,由于后排太阳轮(经输入轴与发动机相连)转速较低,而后排行星架(经输出轴与驱动轮相连)转速较高,因此后排行星齿轮在随同后排行星架顺时针公转的同时,还进行顺时针自转,从而带动后排齿圈顺时针转动。而前进单向离合器 F_1 不能阻止后排齿圈的顺时针转动,使其处于自由转动状态,后行星排因此失去传递动力的能力,不能实现发动机制动。

(2)"2"位 1 挡。"2_1"挡时,前进强制离合器 C_4 接合,将前行星架和后排齿圈连接在一起,其作用等同于前进离合器 C_3 和前进单向离合器 F_1 共同工作,因此,"2_1"挡的动力传递路线及传动比与"D_1"挡完全相同。因"2_1"挡仍需前进单向离合器 F_2 参加工作,因而也不能实现发动机制动。

(3)"L"位 1 挡。当选挡杆位于"L"位而行星齿轮变速器处于 1 挡时,前进强制离合器 C_4 和低速、倒挡制动器 B_2 同时工作,此时后排齿圈经离合器 C_4 和制动器 B_2 与变速器壳体连接,即后排齿圈固定。动力经输入轴和后行星排传给输出轴,其传递路线及传动比和"D_1"挡完全相同。

当汽车滑行时,由于后排齿圈固定,驱动轮带动后排行星架顺时针转动,后排行星齿轮随后排行星架顺时针公转,同时进行逆时针自转,并带动后排太阳轮顺时针转动,动力通过后行星排反向传递给发动机,实现发动机制动。

2.2 挡工作原理

(1)"D"位 2 挡。"D_2"挡时,前进离合器 C_3 仍保持接合,2 挡及 4 挡制动器 B_1 也产生制动作用,使前排太阳轮固定。在后行星排中,动力经后排太阳轮、后排行星齿轮驱动后排行星架,使前齿圈和后行星架组件顺时针转动。在前行星排中,由于前太阳轮固定不动,而前齿圈顺时针转动，并通过前进离合器 C_3 和前进单向离合器 F_1、后齿圈和后行星齿轮驱动后行星架顺时针转动，如图3-31 所示。由此可知，“D_2”挡时前后行星排都参加工作，动力传至后太阳轮之后，一部分直接经后行星齿轮传给后行星架，另一部分则先通过前行星排传至后齿圈，再经后行星齿轮传给后行星架。其动力传递路线为：

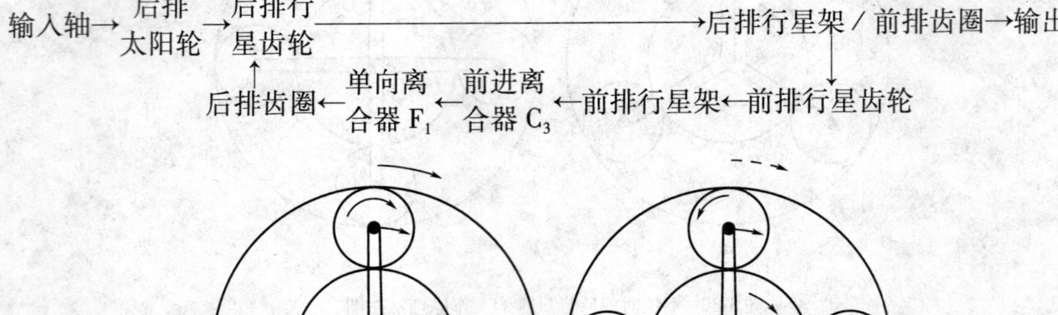

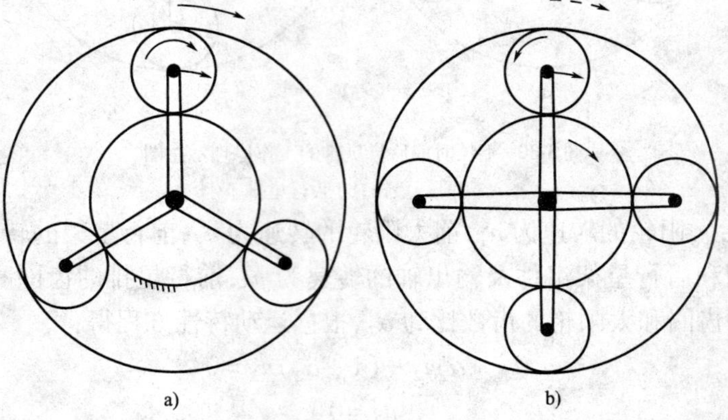

图 3-31　2 挡时前后行星排的工作原理示意图
a）前行星排；b）后行星排

根据前、后行星排运动特性方程得：

前排：$$n_2+\alpha_1 n_5-(1+\alpha_1)n_3=0$$

后排：$$n_1+\alpha_2 n_4-(1+\alpha_2)n_5=0$$

其中 $$n_2=0\quad n_3=n_4$$

故 2 挡传动比：$$i_2=(1+\alpha_1+\alpha_2)/(1+\alpha_1)=1.545$$

当汽车滑行时，在前行星排中，前排太阳轮固定，前排齿圈高速转动，经前排行星齿轮带动前排行星架顺时针转动（减速）。在后行星排中，后排太阳轮转速较低，而后排行星架转速较高，后齿圈在后行星架和后行星齿轮的驱动下顺时针转动（增速），其转速高于前排行星架，前进单向离合器 F_1 便失去锁止作用，后排齿圈处于自由转动状态，前后行星排不能传递动力，即不能实现发动机制动。

（2）“2”位 2 挡。当选挡杆位于“2”位而行星齿轮变速器处于 2 挡时，前进强制离合器 C_4、2 挡及 4 挡制动器 B_1 同时工作，前行星架经离合器 C_4 和后齿圈连接。发动机动力经输入轴、后太阳轮、后行星排和前行星排传给输出轴，前后行星排各元件的工作状况及传动比和“D_2”挡时完全相同，其传递路线为：

输入轴→后排太阳轮→后排行星齿轮→后排行星架／前排齿圈→输出轴
↓
后排齿圈←前进强制离合器 C_4←前排行星架←前排行星齿轮

汽车滑行时，由于后齿圈和前行星架在离合器 C_4 的连接下以相同的转速旋转，使前后行星排的各基本元件的运动状态和正向传递时相同，因此驱动轮上的反向驱动力可以通过后行星排传给发动机，实现发动机制动。

(3)“L”位2挡。“L_2”挡与“2_2”挡参加工作的元件完全相同，因此，“L_2”挡与“2_2”挡的工作过程完全一致。

3.3挡工作原理

“D”位3挡时，前进离合器C_3仍保持接合，高速挡离合器C_2同时接合，使前太阳轮、前行星架及前进单向离合器F_1的外圈连为一体，和输入轴一同转动。2挡时，输出轴及后排行星架的转速低于输入轴(后排太阳轮)的转速，后排齿圈的转速也低于输入轴(后排太阳轮)的转速。进入3挡后，和输入轴一同转动的前排行星架及前进单向离合器F_1的外圈的转速高于后排齿圈及与之相连的前进离合器F_1内圈的转速，从而使单向离合器F_1处于锁止状态，把前排行星架和后排齿圈连为一体。这样在后行星排中，后排太阳轮和后排齿圈转速相同，即后行星排处于直接传动状态，其传动比为1，发动机的动力经后行星排直接传给输出轴。同时前排太阳轮处于自由状态，前行星排不能传递动力。

汽车滑行时，由高速挡离合器C_2连接在一起的后太阳轮、前排行星架和前进单向离合器F_1外圈的转速因发动机怠速运转而下降，但后排行星架在驱动轮带动下仍高速运转，并经后排行星齿轮带动后排齿圈顺时针转动(增速传动)，且后排齿圈及单向离合器F_1内圈的转速大于前排行星架及单向离合器F_1外圈的转速，从而使单向离合器F_1失去锁止作用，后排齿圈处于自由状态，后行星排失去传递动力的能力，不能利用发动机制动。

4.4挡(超速挡)工作原理

在“D”位4挡(超速挡)时，2挡及4挡制动器B_1和高速挡离合器C_2一起工作。在前行星排中，前排行星架经高速挡离合器C_2和输入轴连接，为主动件，前排齿圈和输出轴连接，为从动件。由于前排太阳轮被2挡及4挡制动器B_1固定，发动机的动力经前排行星架和前排行星齿轮传给输出轴连接的前排齿圈，完成动力的传递。此时，后排齿圈处于自由状态，后行星排无法传递动力。超速挡动力传递路线为：

输入轴→离合器C_2→前排行星架→前排行星齿轮→前排齿圈/后排行星架组件→输出轴

根据前行星排运动特性方程得：

前排：$$n_2+\alpha_1 n_5-(1+\alpha_1)n_3=0$$

其中 $$n_2=0$$

故4挡传动比：$$i_4=\alpha_1/(1+\alpha_1)=0.694$$

在超速挡中，由于单向离合器F_1和F_2都不参加工作，因此，不但可以正向传递动力，还能够反向传递动力，可以利用发动机制动。

5.倒挡工作原理

在倒挡时，倒挡离合器和低速、倒挡制动器B_2同时工作，前排太阳轮和输入轴连接，前行星架固定不动。在前行星排中，前排太阳轮顺时针转动，前排行星齿轮逆时针自转，前排齿圈和后排行星架组件及输出轴逆时针转动。此时后排齿圈处于自由状态，后行星排不能传递动力，发动机的动力全部由前行星排传至输出轴，其动力传递路线为：

输入轴→离合器C_1→前排太阳轮→前排行星齿轮→前排齿圈/后排行星架组件→输出轴

根据前行星排运动特性方程得：

前排：$n_2 + \alpha_1 n_5 - (1 + \alpha_1) n_3 = 0$

其中 $n_3 = 0$

故倒挡传动比：$i_R = -\alpha_1 = -2.272$

二、拉维萘尔赫式行星齿轮变速器

拉维萘尔赫式行星齿轮变速器是一种复合式行星齿轮机构，由一个单行星齿轮式行星排和一个双行星齿轮式行星排组合而成。如图3-32所示，后太阳轮2、长行星齿轮5、行星架3和齿圈6共同组成一个单行星齿轮式行星排；前太阳轮1、短行星齿轮4、长行星齿轮5、行星架3和齿圈6共同组成一个双行星齿轮式行星排。二个行星排共用一个齿圈和一个行星架，因此它只有4个独立元件，即前太阳轮、后太阳轮、行星架、齿圈。这种行星齿轮机构具有结构简单、尺寸小、传动比变化范围大、灵活多变等特点，可以组成有3个或者4个前进挡的行星齿轮变速器。

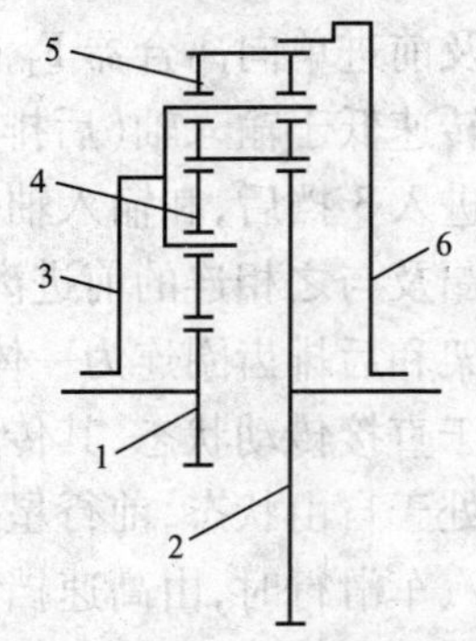

图3-32 拉维萘尔赫式行星齿轮机构

1-前太阳轮；2-后太阳轮；3-行星架；4-短行星齿轮；5-长行星齿轮；6-齿圈

图3-33为马自达FA4A-EL自动变速器的传动示意图，它利用4个离合器、2个制动器和2个单向离合器来实现4个前进挡。前进离合器 C_1 连接输入轴和单向离合器 F_2 的外圈，倒挡离合器 C_2 连接输入轴和后排太阳轮，前进强制离合器 C_3 连接输入轴和前排太阳轮，高速挡离合器 C_4 连接输入轴和行星架，2挡及4挡带式制动器 B_1 固定后排太阳轮，低速、倒挡制动器 B_2 固定行星架，低速挡单向离合器 F_1 阻止行星架的逆时针转动，单向离合器 F_2 阻止前排太阳轮相对于单向离合器 F_2 的外圈逆时针转动。各换挡元件在不同挡位下的工作情况见表3-6。

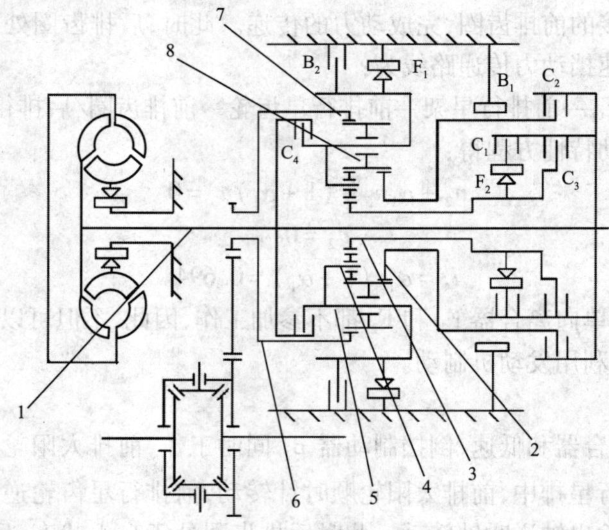

图3-33 马自达FA4A-EL自动变速器传动示意图

1-输入轴；2-后太阳轮；3-前太阳轮；4-短行星齿轮；5-行星架；6-输出轴；7-齿圈；8-长行星齿轮；C_1-前进离合器；C_2-倒挡离合器；C_3-前进强制离合器；C_4-高速挡离合器；B_1-2挡及4挡制动器；B_2-低速、倒挡制动器；F_1-低速挡单向离合器；F_2-前进单向离合器

马自达 FA4A-EL 自动变速器换挡执行元件工作规律　　表 3-6

选挡杆位置	挡位	换挡执行元件							
		C_1	C_2	C_3	C_4	B_1	B_2	F_1	F_2
P、N									
R	倒挡		○				○		
OD	1 挡	○						○	○
	2 挡	○				○			○
	3 挡	○			○				○
	超速挡	●			○	○			
D	1 挡	○						○	○
	2 挡	○				○			○
	3 挡	○		○	○				○
L	1 挡	○		○			○	●	●
	2 挡	○		○		○			○

注：○-接合、制或锁止；●-接合或制动，但不传递动力。

1.1 挡工作原理

(1)"OD"和"D"位 1 挡。在"OD_1"或"D_1"挡时，前进离合器 C_1 接合，单向离合器 F_2 的外圈随输入轴顺时针转动，因 F_2 阻止前排太阳轮相对于 F_2 的外圈逆时针转动，F_2 将前排太阳轮和输入轴锁止在一起，即前排太阳轮顺时针转动。由于齿圈通过输出轴和驱动轮连接，在汽车起步或 1 挡行驶时，转速很低，前排太阳轮通过短行星齿轮带动长行星齿轮顺时针自转，并产生逆时针公转的趋势，对行星架产生一个逆时针方向的力矩，而行星架在 1 挡单向离合器 F_1 逆时针方向的锁止作用下固定不动，前行星排转变为定轴传动轮系，即前排太阳轮顺时针转动，短行星齿轮逆时针自转，长行星齿轮顺时针自转，则齿圈顺时针转动并将动力输出，其动力传递路线为：

输入轴→前进离合器 C_1→单向离合器 F_2→前排太阳轮→短行星齿轮→长行星齿轮（自转）→齿圈→输出轴

设齿圈与前后太阳轮的齿数之比分别为 α_1 和 α_2。由于此时行星架固定不动，根据双行星齿轮运动特性方程：

$$n_1 - \alpha_1 n_2 - (1 - \alpha_1) n_3 = 0$$

由于

$$n_3 = 0$$

因此 1 挡的传动比为：

$$i_1 = \alpha_1$$

当汽车滑行时，齿圈转速很高，输入轴和单向离合器 F_2 的外圈转速较低。齿圈通过长、短行星齿轮带动前排太阳轮顺时针转动（增速），且前排太阳轮转速高于输入轴转速，使单向离合器 F_2 失去锁止作用，前排太阳轮处于自由转动状态，行星齿轮机构不能传递动力，无法利用发动机制动。

(2)"L"位时的 1 挡。选挡杆置于"L"位而变速器工作在 1 挡时，强制前进离合器 C_3 和低、倒挡制动器 B_2 同时工作，行星架被制动器 B_2 固定，输入轴动力经离合器 C_3 传至前排太阳轮，前后行星排的工作过程及传动比和"OD_1"挡时完全相同，其动力传递路线为：

输入轴→强制前进离合器 C_3→前排太阳轮→短行星齿轮→长行星齿轮(自转)→齿圈→输出轴。

汽车滑行时,由于行星架固定,驱动轮动力经齿圈、长行星齿轮、短行星齿轮、离合器 C_3 和输入轴,反向带动发动机运转,可以实现发动机制动。

2.2 挡工作原理

(1)"OD"和"D"位 2 挡。"OD_2"或"D_2"挡时,前进离合器 C_1 和 2 挡/4 挡制动器 B_1 一起工作。发动机动力经输入轴、前进离合器 C_1、单向离合器 F_2(锁止)传至前排太阳轮,使前太阳轮顺时针转动,并通过短行星齿轮带动长行星齿轮顺时针自转。由于后排太阳轮被制动器 B_1 固定,因此长行星齿轮在做顺时针自转时,还将进行顺时针公转,从而带动齿圈和输出轴以较快转速顺时针转动。此时发动机动力由前排太阳轮经短行星齿轮、长行星齿轮传至后行星排,再由后行星排传至齿圈和输出轴。动力传递路线为:

输入轴→前进离合器 C_1→单向离合器 F_2→前排太阳轮→短行星齿轮→长行星齿轮(自转+公转)→齿圈→输出轴

根据运动特性方程:

后排 $$n_1-\alpha_2 n_2-(1+\alpha_2)n_3=0$$

前排 $$n_1'-\alpha_1 n_2-(1-\alpha_1)n_3=0$$

由于 $$n_1=0$$

因此 2 挡的传动比为:

$$i_2=(\alpha_1+\alpha_2)/(1+\alpha_2)$$

同理,在汽车滑行时,由于单向离合器 F_2 失去锁止作用,不能利用发动机制动。

(2)"L"位 2 挡。选挡杆置于"L"位而变速器工作在 2 挡时,强制前进离合器 C_3 和 2 挡/4 挡制动器 B_1 同时参加工作,后排太阳轮固定,动力由输入轴经离合器 C_3 传至前排太阳轮,前后行星排的工作过程及传动比和"OD_2"挡完全相同。动力传递路线为:

输入轴→强制前进离合器 C_3→前排太阳轮→短行星齿轮→长行星齿轮(自转+公转)→齿圈→输出轴

汽车滑行时,由于离合器 C_3 接合,不需单向离合器 F_2 传递动力,能够实现发动机制动。

3.3 挡工作原理

(1)"OD"位 3 挡(OD_3)。"OD_3"挡时,前进离合器 C_1、高速挡离合器 C_4 同时接合,F_2 锁止,将前排太阳轮和行星架连接在一起,前行星排形成直接传动,传动比 $i_3=1$,动力经前行星排传到输出轴,即 3 挡为直接挡。由于后排太阳轮处于自由状态,后行星排不能传递动力。

同理,在汽车滑行时,由于单向离合器 F_2 失去锁止作用,不能利用发动机制动。

(2)"D"位 3 挡。选挡杆置于"D"位而变速器工作在 3 挡时,前进强制离合器 C_3 和高速挡离合器 C_4 同时工作,将前排太阳轮和行星架连接在一起,形成直接挡。同理,汽车滑行时,由于离合器 C_3 接合,不需单向离合器 F_2 传递动力,因此可以利用发动机制动。

4.4 挡(超速挡)工作原理

变速器在 4 挡工作时,高速挡离合器 C_4 和 2 挡/4 挡制动器 B_1 同时工作,使输入轴与行星架连接,同时后排太阳轮被固定。发动机动力经高速挡离合器 C_4 传至行星架,行星架带动长行星齿轮朝顺时针方向自转和公转,并带动齿圈和输出轴朝顺时针方向转动。对前行星排，行星架输入，通过长、短行星齿轮带动前排太阳轮顺时针转动（增速），且前排太阳轮转速高于输入轴，单向离合器 F_2 失去锁止作用，即前排太阳轮处于自由状态，前行星排不能传递动力。动力传递路线为：

输入轴→高速挡离合器 C_4→行星架→长行星齿轮（自转＋公转）→齿圈→输出轴

根据运动特性方程：

$$n_1+\alpha_2 n_2-(1+\alpha_2)n_3=0$$

由于

$$n_1=0$$

因此4挡的传动比为：

$$i_4=n_3/n_2=\alpha_2/(1+\alpha_2)$$

因为其值小于1，所以4挡为超速挡。

4挡时，由于单向离合器 F_1 和 F_2 均不起作用，因而可以实现动力的反向传递，即4挡具有发动机制动作用。

5. 倒挡工作原理

选挡杆置于"R"位时，倒挡离合器 C_2 和低速、倒挡制动器 B_2 同时接合，后排太阳轮和输入轴相连，行星架固定。后排太阳轮顺时针转动，驱动长行星齿轮逆时针自转，并带动齿圈和输出轴逆时针转动。由于前排太阳轮处于自由状态，前行星排不能传递动力。动力传递路线为：

输入轴→倒挡离合器 C_2→后排太阳轮→长行星齿轮（自转）→齿圈→输出轴

根据运动特性方程：

$$n_1+\alpha_2 n_2-(1+\alpha_2)n_3=0$$

由于

$$n_3=0$$

因此倒挡传动比为：

$$i_R=n_2/n_1=-\alpha_2$$

拉维萘尔赫式自动变速器多用于前轮驱动轿车，如奥迪、帕萨特、福特、马自达、现代等公司生产的车型。在此基础上增加一个单排行星齿轮机构可组成5速自动变速器。

第四节　行星齿轮变速器的检修

自动变速器的加工精度和配合精度较高，目前采用换件修理的项目较多，因而正确的拆卸、装复、调整就显得非常重要。在检修自动变速器时应注意以下事项：

（1）在进行拆卸之前，应对自动变速器外部进行彻底清洗，防止变速器内部零件被灰尘或其他杂质污染。

（2）禁止使用棉丝类物品擦拭零部件。

（3）拆卸的零部件应按顺序排放，这样才能保证按正确的位置装复。

（4）所有零部件在检查和重新装配之前都要进行仔细清洗。

（5）密封衬垫、密封圈和密封环一经拆卸都应更换。

（6）在装配之前，给所有零件涂一层自动变速器油（ATF），密封环和密封圈上可涂凡士林，切记不要使用任何一种润滑脂。

自动变速器的检修方法因自动变速器型号的不同而略有不同，下面以丰田凌志 LS400 轿车的 A341E 和 A342E 自动变速器为例,介绍行星齿轮变速器的拆装和检修过程。

一、从车上拆卸自动变速器

拆卸自动变速器必须按正确的步骤进行,以免损坏。在拆卸自动变速器之前,应关闭汽车的点火开关,拆下蓄电池负极电缆,放掉自动变速器油,然后按下列步骤进行:

(1)拆卸附件。拆下自动变速器节气门拉线和所有线束连接器,拆除车速表软轴、加油管、散热器油管,选挡杆与手控阀摇臂的连接杆等所有与自动变速器连接的零部件。

(2)拆去排气管中段,拆除自动变速器下方的护罩、护板等。

(3)将传动轴各凸缘做好装配标记,拆下传动轴。

(4)拆卸飞轮与液力变矩器的连接螺栓。

(5)拆下起动机。

(6)拆下自动变速器与车架的连接支架,用千斤顶托住自动变速器。

(7)扶住液力变矩器,将液力变矩器和变速器一同抬下。

二、自动变速器的分解

1. 拆卸自动变速器前后壳体、油底壳和阀板

(1)清洁变速器外部,拆除所有安装在变速器壳体上的零、部件,如加油管、空挡起动开关、车速传感器、输入轴转速传感器等。

(2)从变速器前方取下液力变矩器,并拆下变速器前端壳。

(3)拆除输出轴凸缘和变速器后端壳,从输出轴上拆下车速传感器的感应转子。

(4)拆下油底壳,观察底部磁铁吸附的颗粒:若是钢(磁性)性材料,则说明轴承、齿轮和离合器钢片存在磨损,若是黄铜(非磁性)材料,则说明是衬套磨损。

(5)拆下阀板上的所有线束连接器,拆下 4 个电磁阀。

(6)取下液压油管,拆下进油滤清器。

(7)拆下阀板的连接螺栓,取下阀板总成。

(8)取出壳体油道中的阀和弹簧,用压缩空气将蓄压器活塞吹出。

(9)拆下手控阀拉杆和停车闭锁爪,必要时也可卸下手控阀操纵轴。

2. 拆卸油泵总成

拆下油泵固定螺栓,用专用拉具拉出油泵总成。

3. 分解行星齿轮变速器

(1)如图 3-34 所示,从自动变速器前方取出超速排行星架、超速排离合器组件和超速排齿圈。

(2)拆卸超速制动器。用螺丝刀拆下超速制动器卡环,取出超速制动器钢片和摩擦片。拆下超速制动器鼓的卡环,用拉具拉出超速制动器鼓,如图 3-35a)所示。

(3)拆卸 2 挡强制制动器活塞。从外壳上拆下 2 挡强制制动带液压缸缸盖卡环,用手指按住缸盖,从液压缸进油孔中吹入压缩空气,将液压缸缸盖和活塞吹出,如图 3-35b)所示。

(4)取出中间轴,拆下高速、倒挡离合器和前进离合器组件。

(5)拆出 2 挡强制制动带销轴,取出制动带。

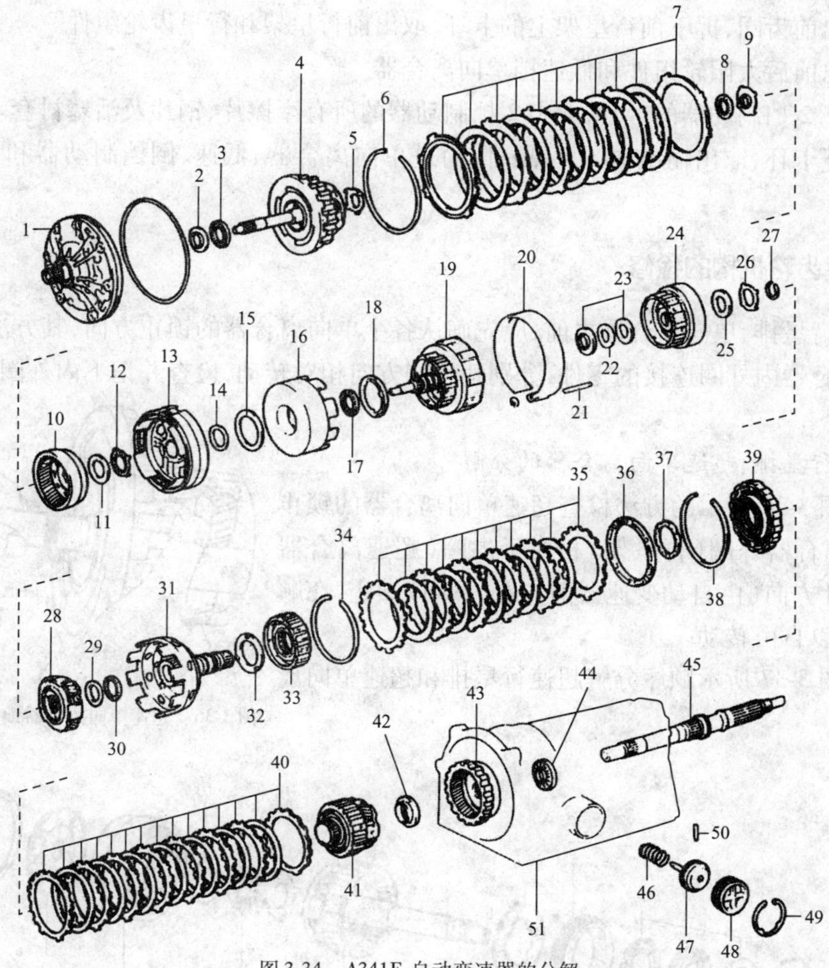

图 3-34　A341E 自动变速器的分解

1-油泵；2、5、9、11、14、23、26、29-止推垫片；3、8、12、17、22、25、30、42、44-推力轴承；4-超速行星架和超速离合器组件；6、27、34、38、49-卡环；7-超速制动器钢片和摩擦片；10-超速齿圈；13-超速制动器鼓；15、18、32、37-尼龙止推垫圈；16-高速、倒挡离合器组件；19-前进离合器组件；20-2 挡强制制动带；21-制动带销轴；24-前齿圈；28-前行星架；31-前后太阳轮组件；33-2 挡单向离合器；35-2 挡制动器摩擦片和钢片；36-活塞衬套；39-2 挡制动器鼓；40-低速、倒挡制动器摩擦片和钢片；41-后行星架和行星齿轮组件；43-后齿圈；45-输出轴；46-弹簧；47-2 挡强制制动带活塞；48-2 挡强制制动带液压缸缸盖；50-超速制动鼓进油孔油封；51-变速器壳体

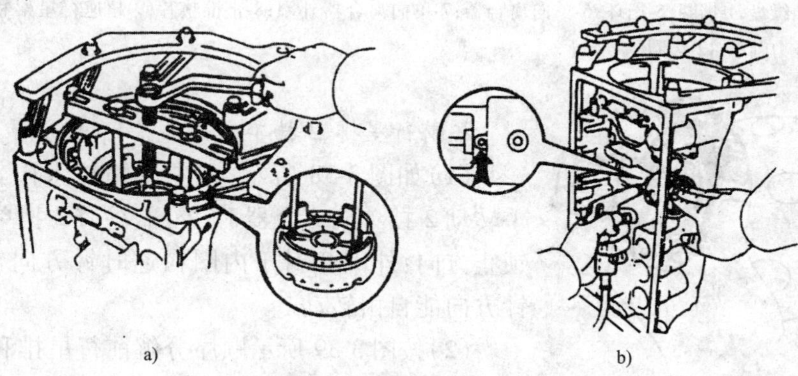

图 3-35　超速制动器鼓和 2 挡强制制动器活塞的拆卸

(6)取出前齿圈，拆下前行星架上的卡环，取出前行星架和行星齿轮组件。

(7)取出前后太阳轮组件和低速挡单向离合器。

(8)拆下2挡制动器的卡环，取出2挡制动器的所有摩擦片、钢片及活塞衬套。

(9)拆下卡环，取出输出轴、后行星排、前进单向离合器、低速、倒挡制动器和2挡制动器鼓组件。

三、行星齿轮机构的检修

在分解行星排、单向离合器之前，应先确认各个单向离合器的锁止方向，其方法是，用手握住与单向离合器内外圈连接的零件，分别朝不同方向相对转动，检查并记下内外圈的相对锁止方向。

1. 超速行星排、超速单向离合器的分解

(1)按图3-36所示的方法检查超速单向离合器的锁止方向：单向离合器外圈(行星架)相对于内圈(超速离合器鼓)在逆时针方向(由自动变速器前方看，下同)锁止，在顺时针方向可以自由转动。

(2)按图3-37所示顺序分解超速行星排和超速单向离合器。

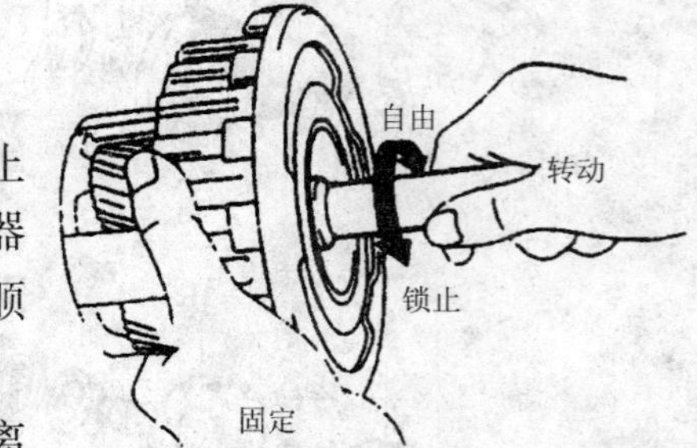

图3-36　超速单向离合器锁止方向的检查

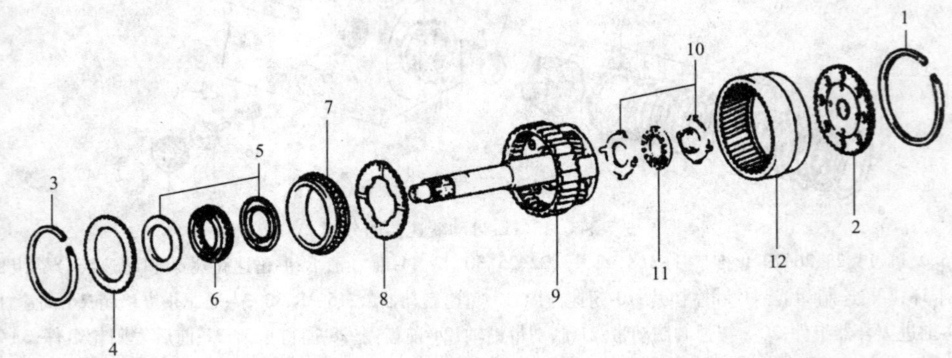

图3-37　超速行星排和超速单向离合器的分解

1、3-卡环；2-齿圈凸缘盘；4-挡圈；5-挡环；6-单向离合器；7-单向离合器外圈；8-止推垫片；9-超速行星架和行星齿轮组件；10-止推垫圈；11-推力轴承；12-齿圈

2. 前行星排、2挡单向离合器 F_1 的分解

(1)如图3-38所示，用左手握住太阳轮驱动鼓、右手转动2挡单向离合器 F_1 外圈，检查2挡单向离合器的锁止方向：外圈相对于内圈在逆时针方向锁止，在顺时针方向能自由转动。

(2)按图3-39所示顺序分解前行星排和2挡单向离合器。

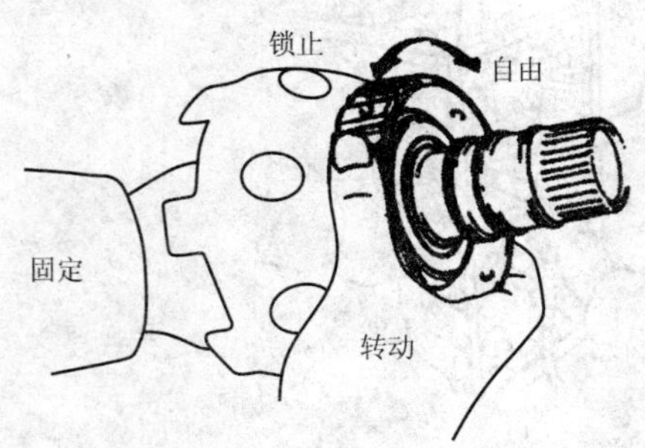

图3-38　2挡单向离合器锁止方向的检查

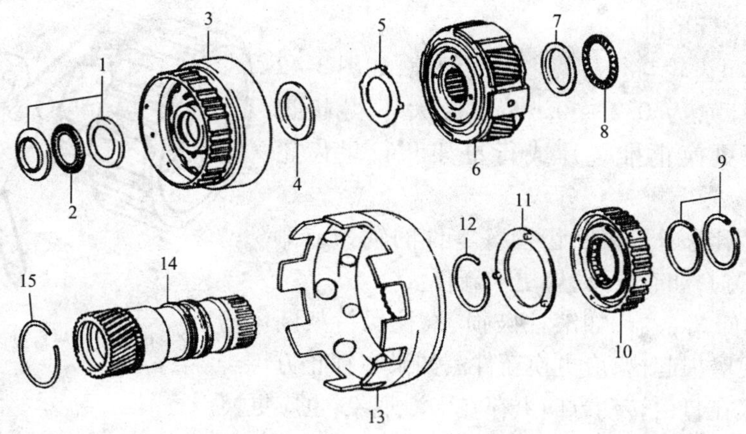

图 3-39 前行星排和 2 挡单向离合器的分解

1、5、7-止推垫片；2、4、8-推力轴承；3-前齿圈；6-前行星架和行星齿轮；9-密封环；10-2 挡单向离合器；11-止推垫圈；12、15-卡环；13-太阳轮驱动鼓；14-太阳轮

3. 后行星排、低速挡单向离合器 F_2 的分解

(1)按图 3-40 所示方法，用左手握住后行星架，右手转动低速挡单向离合器内圈，检查其锁止方向：内圈相对于外圈在顺时针方向锁止，在逆时针方向可以自由转动。

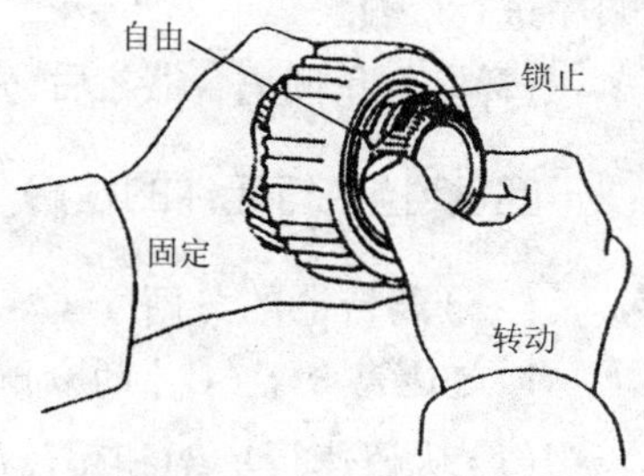

图 3-40 低速挡单向离合器锁止方向的检查

(2)按图 3-41 所示顺序分解后行星排和低速挡单向离合器 F_2。

4. 行星排、单向离合器的检验

(1)检查太阳轮、行星齿轮、齿圈的齿面，如有磨损或疲劳

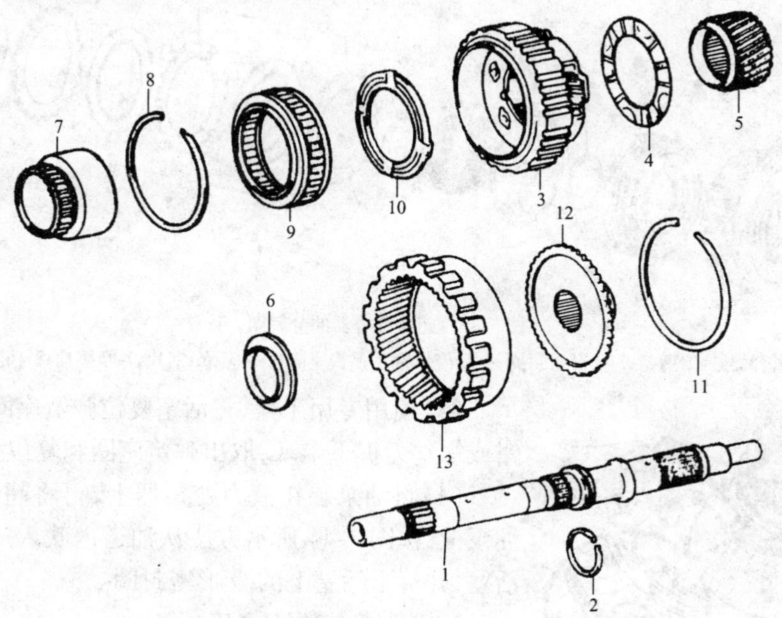

图 3-41 后行星排和低速挡单向离合器的分解

1-输出轴；2-密封环；3-后行星架；4-止推垫圈；5-后太阳轮；6-推力轴承；7-单向离合器内圈；8、11-卡环；9-低速挡单向离合器；10-止推片；12-齿圈凸缘盘；13-后齿圈

剥落，应更换整个行星排。

(2)检查行星齿轮与行星架之间的间隙，如图3-42所示，其标准间隙为0.2～0.6mm，最大不得超过1.0mm，否则应更换止推垫片或行星架和行星齿轮组件。

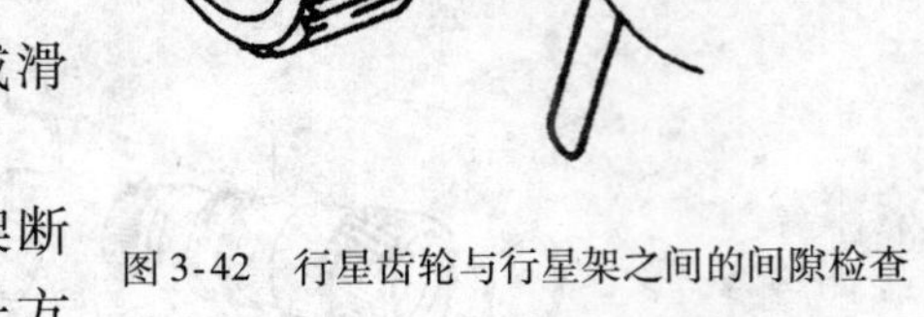

图3-42　行星齿轮与行星架之间的间隙检查

(3)检查太阳轮、行星架、齿圈等零件的轴颈或滑动轴承处有无磨损，如有异常，应更换新件。

(4)检查单向离合器，如滚柱破损、滚柱保持架断裂或内外圈滚道磨损起槽，应更换新件。如果在锁止方向上出现打滑或在自由转动方向上存在卡滞现象，也应更换。

5. 行星排、单向离合器的装配

(1)将行星排和单向离合器的所有零件清洗干净，涂上少许自动变速器油，按分解相反的顺序进行装配。

(2)装好单向离合器之后，应再次检查，保证其锁止方向正确，在自由转动方向上应转动灵活。

四、换挡执行元件的检修

(一)离合器的分解

1. 超速离合器(C_0)的分解

(1)从超速行星架和超速离合器组件上取下超速离合器C_0。

(2)用螺丝刀拆下卡环，取出挡圈、摩擦片、钢片，如图3-43所示。

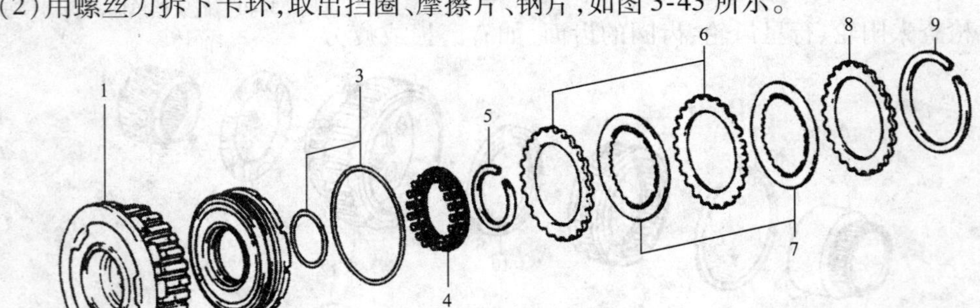

图3-43　超速离合器的分解图

1-超速离合器鼓；2-活塞；3-O形密封圈；4-复位弹簧及弹簧座圈；5-卡环；6-钢片；7-摩擦片；8-挡圈；9-卡环

(3)使用专用工具，将活塞复位弹簧座圈压下，用卡环钳或螺丝刀拆下卡环，取出弹簧座圈和复位弹簧。

(4)将油泵装在液力变矩器上，再将超速离合器装在油泵上，按图3-44所示方法从油道内吹入压缩空气，取出活塞，并拆下活塞上的O形密封圈。

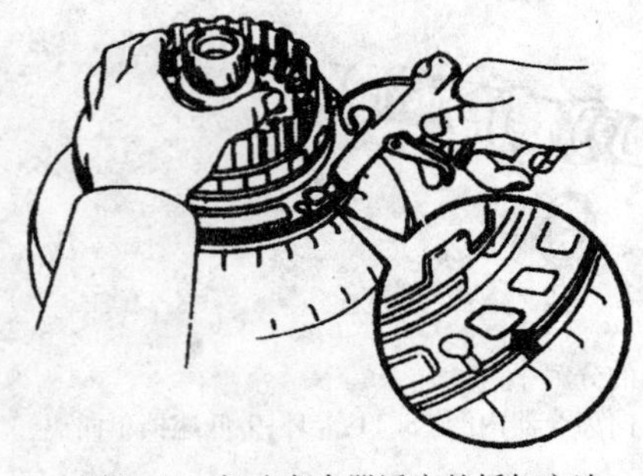

图3-44　超速离合器活塞的拆卸方法

2. 前进离合器(C_1)的分解

(1)用螺丝刀拆下卡环，取出前进离合器的挡圈、摩擦片、钢片，如图3-45所示。

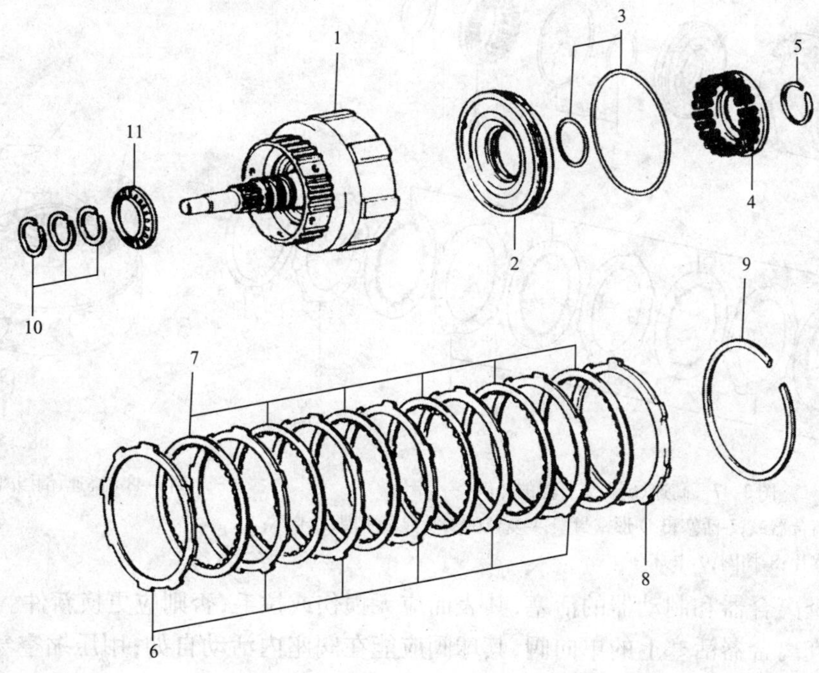

图 3-45　前进离合器的分解图

1-前进离合器鼓;2-活塞;3-O 形密封圈;4-复位弹簧及弹簧座圈;5-卡环;6-钢片;7-摩擦片;8-挡圈;9-卡环;10-密封环;11-推力轴承

(2)使用专用工具,取出复位弹簧及弹簧座圈。

(3)将前进离合器装在超速制动器鼓上,按图 3-46 所示方法从油道内吹入压缩空气,取出前进离合器活塞,取下活塞内外圆上的两个 O 形密封圈及前进离合器鼓前端轴颈上的密封环。

3. 高速、倒挡离合器(C_2)的分解

(1)用螺丝刀拆下卡环,取出高速、倒挡离合器的挡圈、摩擦片、钢片,如图 3-47 所示。

(2)使用专用工具,取出复位弹簧及弹簧座圈。

(3)将高速、倒挡离合器装在超速制动器鼓上,按图 3-48 所示方向向油道内吹入压缩空气,取出活塞,取下活塞内、外圆上的两个 O 形密封圈。

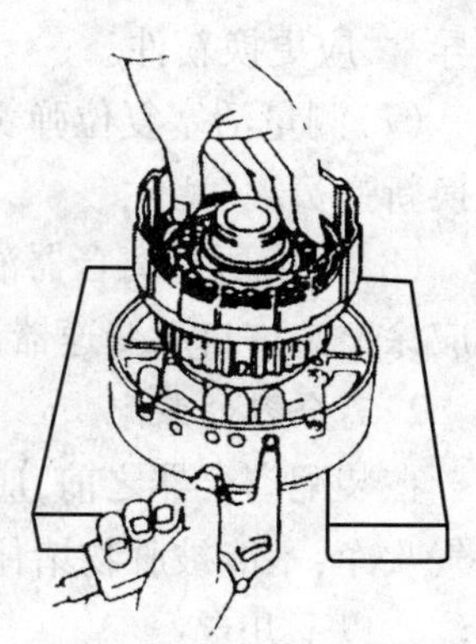

图 3-46　前进离合器活塞的拆卸方法

(二)离合器的检验和装配

1. 离合器的检验

(1)检查离合器的摩擦片,如有烧焦、表面粉末冶金层脱落或翘曲变形,应更换。许多自动变速器的摩擦片表面上印有符号,若这些符号已被磨去,说明摩擦片已磨损至极限,应更换。也可以测量摩擦片的厚度,若小于极限厚度,则应更换。

(2)检查钢片,如有磨损或翘曲变形,应更换。

(3)检查挡圈的摩擦面,如有磨损,应更换。

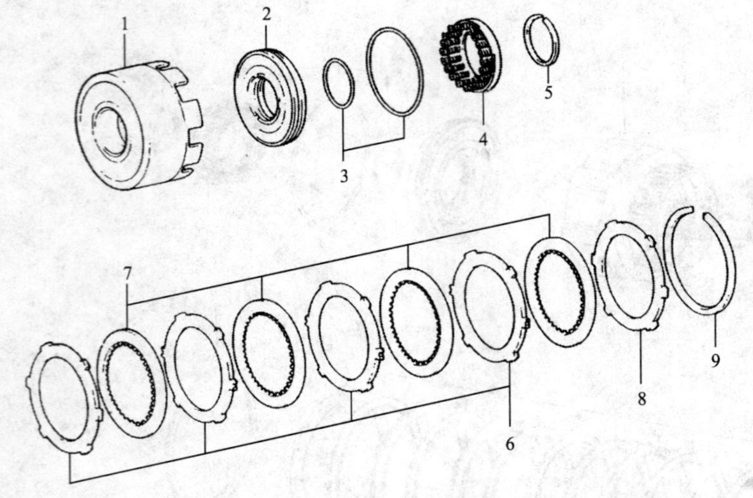

图 3-47　高速、倒挡离合器的分解(一)

1-高速、倒挡离合器鼓;2-活塞;3-O 形密封圈;4-复位弹簧及弹簧座圈;5-卡环;6-钢片;7-摩擦片;8-挡圈;9-卡环

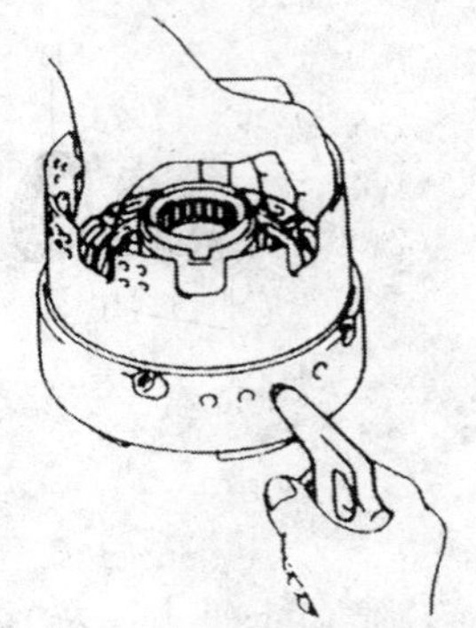

图 3-48　高速、倒挡离合器的分解(二)

(4)检查离合器和制动器的活塞,其表面应无损伤或拉毛,否则应更换新件。

(5)检查离合器活塞上的单向阀,其球阀应能在阀座内活动自如;用压缩空气检查单向阀的密封性(从液压缸一侧向单向阀内吹入压缩空气),密封应良好(见图 3-16)。如有异常,应更换活塞。

(6)检查离合器鼓,其液压缸内表面应无损伤或拉毛,与钢片配合的花键槽应无磨损。如有异常,应更换新件。

(7)测量活塞复位弹簧的自由长度,并与标准值比较。若弹簧自由长度过小或有变形,应更换新弹簧。

(8)更换所有离合器液压缸活塞上的 O 形密封圈及轴颈上的密封环。新的密封圈或密封环应涂上少许自动变速器油后装入。

2. 离合器的装配

在装配离合器之前,应将所有零件用清洁的煤油清洗干净,油道、单向阀孔等处要用压缩空气吹净,不能被脏物堵住。然后按照与分解相反的顺序装配各个离合器和制动器,在装配时应注意以下几点:

(1)装配前应在所有配合零件表面上涂少许自动变速器油。

(2)更换摩擦片时,应将新的摩擦片放在干净的自动变速器油中浸泡 30min 以上。

(3)安装复位弹簧座圈的卡环时,应确认卡环已落在弹簧座圈上的凸爪内,保证安装到位。

(4)摩擦片和钢片要按拆卸时的顺序交错排列。摩擦片和钢片原则上没有方向性,正反面都可安装。在安装挡圈时,有台阶的一面应朝上,让平整的一面与摩擦片接触。

有碟形环的离合器应将碟形环放置在下面第一片的位置上,使之与活塞接触,并使碟形环的凹面向上。

(5)每个离合器装配后,都应检查活塞的工作是否正常。可按照分解时的方法,向油道内吹入压缩空气,检查活塞是否将钢片和摩擦片压紧。若吹入压缩空气后活塞不能移动,应检查漏气的部位，分解修复后再重新安装。

(6)用厚薄规测量离合器的自由间隙，如图3-49a)所示。也可按图3-49b)所示方法，用百分表测量离合器的自由间隙。超速离合器的间隙为1.45~1.70mm，前进离合器的间隙为0.7~1.0mm，高速、倒挡离合器的间隙为1.37~1.60mm。若自由间隙不符合标准要求，可采用更换不同厚度挡圈的方法来调整。

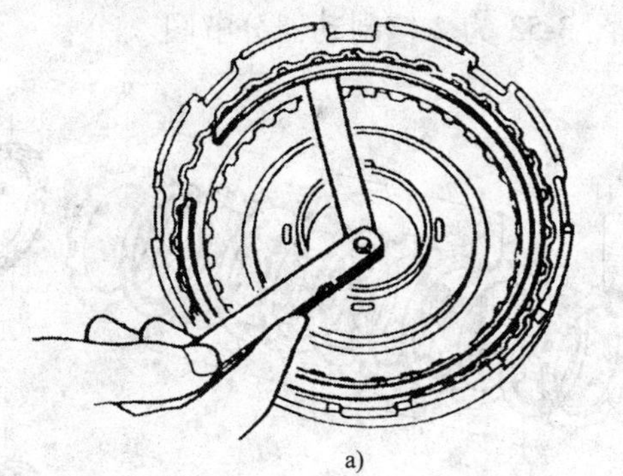
a)

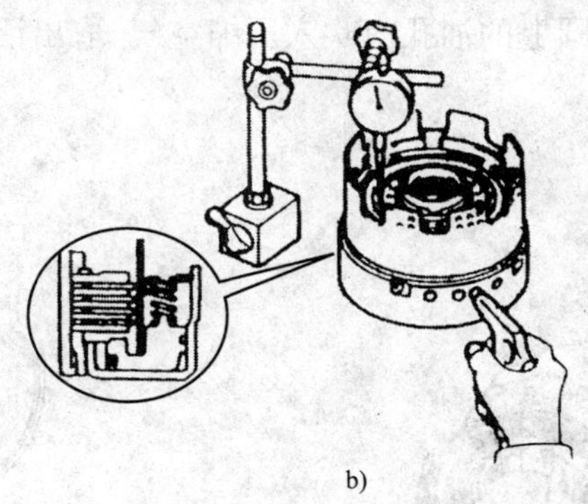
b)

图3-49　离合器装配后的检查

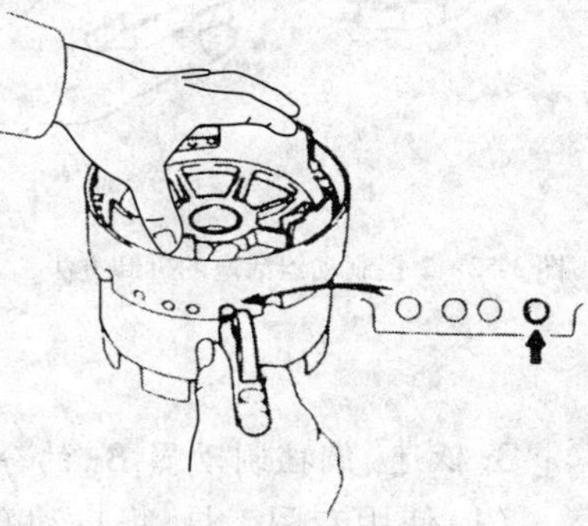

图3-50　超速制动器活塞的拆卸方法

(三)制动器的分解

1. 超速制动器 B_0 的分解

(1)使用专用工具拆出复位弹簧和弹簧座圈。

(2)将超速制动器鼓装在高速、倒挡离合器上，按图3-50所示方法从油道内吹入压缩空气，取出活塞，拆下各密封圈。图3-51为超速制动器的分解图。

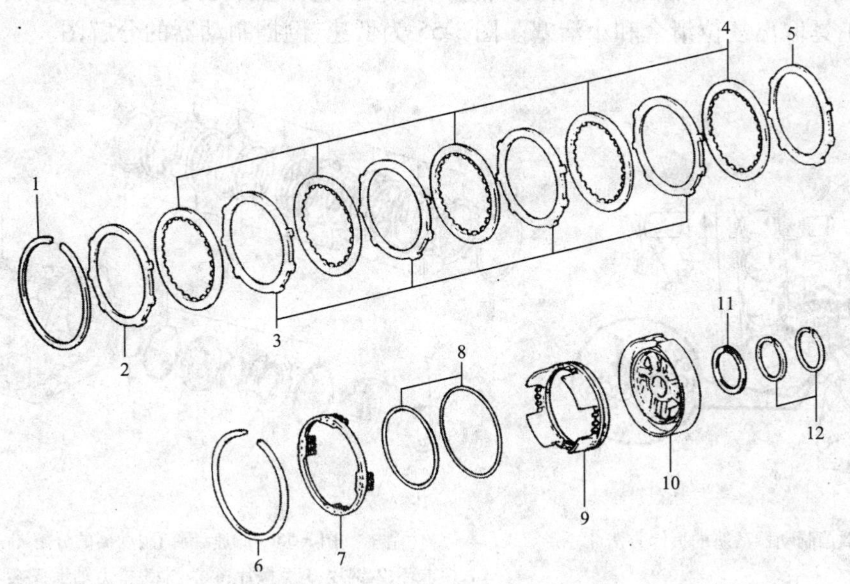

图3-51　超速制动器的分解图

1、6-卡环；2、5-挡圈；3-钢片；4-摩擦片；7-复位弹簧及弹簧座圈；8-O形密封圈；9-活塞；10-制动器鼓；11-止推垫片；12-密封环

2.2 挡制动器 B_2 的分解

使用专用工具取出 2 挡制动器活塞复位弹簧及弹簧座圈，按图 3-52 所示方法从 2 挡制动器鼓外圆上的油孔内吹入压缩空气，取出活塞。图 3-53 为 2 挡制动器分解图。

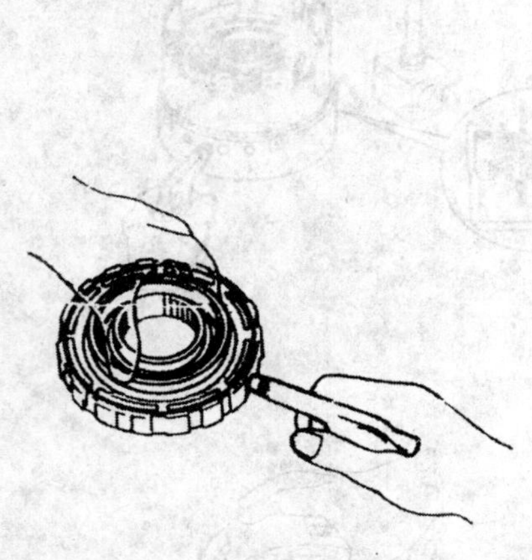

图 3-52　2 挡制动器活塞的拆卸方法

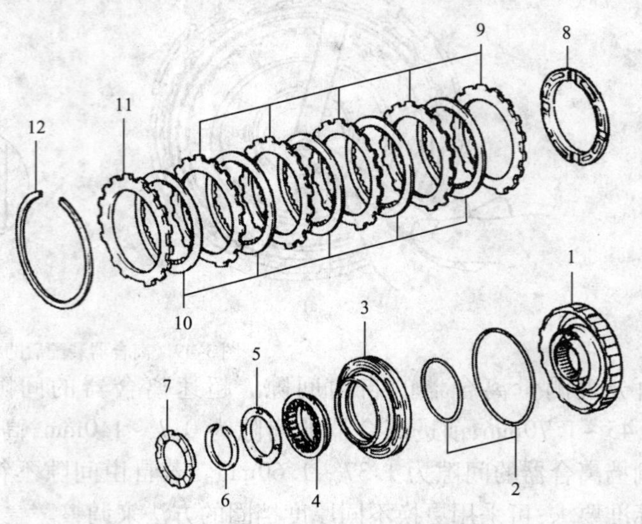

图 3-53　2 挡制动器的分解图

1-2 挡制动器鼓；2-O 形密封圈；3-活塞；4-复位弹簧；5-弹簧座圈；6、12-卡环；7-止推垫圈；8-活塞衬套；9-钢片；10-摩擦片；11-挡圈

3. 低速、倒挡制动器 B_3 的分解

（1）使用专用工具，将自动变速器壳内的低速、倒挡制动器活塞的复位弹簧座圈压下，用螺丝刀或卡环钳拆下卡环。

（2）按图 3-54 所示方法从壳体上的低速、倒挡制动器进油孔内吹入压缩空气，取出大活塞，用专用工具取出复位滑套和小活塞。图 3-55 为低速、倒挡制动器的分解图。

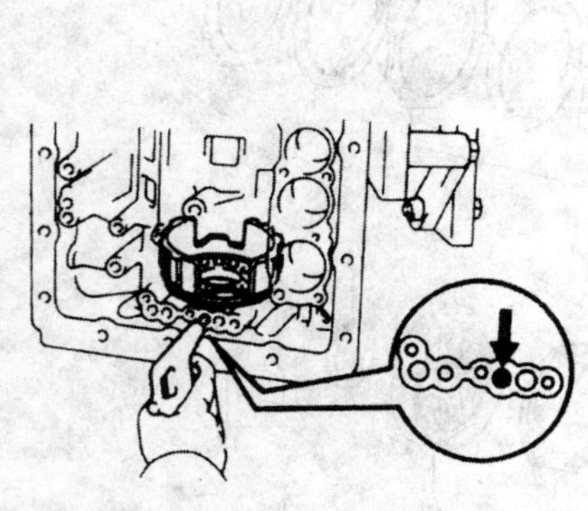

图 3-54　低速、倒挡制动器活塞的拆卸方法

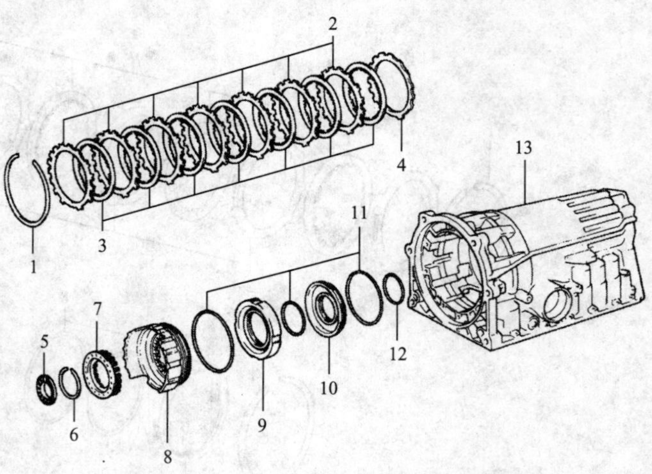

图 3-55　低速、倒挡制动器的分解图

1、6-卡环；2-钢片；3-摩擦片；4-挡圈；5-推力轴承；7-复位弹簧及弹簧座圈；8-大活塞；9-复位滑套；10-小活塞；11、12-O 形密封圈；13-自动变速器壳

(四)制动器的检验和装配

1. 制动器的检验

(1)对于片式制动器,其检验内容和检验方法与片式离合器基本相同。

(2)对于带式制动器,检查制动带内表面,如有烧焦、表面粉末冶金层脱落或表 F 面符号已被磨去,应更换。检查制动器伺服机构部件有无磨损和划痕,制动器的活塞表面应无损伤或拉毛,其液压缸内表面应无损伤或拉毛。如有异常,应更换新件。

(3)检查挡圈的摩擦面,如有磨损,应更换。

(4)测量活塞复位弹簧的自由长度,若弹簧自由长度过小或有变形,应更换新弹簧。

2. 制动器的装配

在装配制动器之前,应将所有零件用清洁的煤油清洗干净,油道、止回阀孔等处要用压缩空气吹净,不能被脏物堵住。

按照与分解相反的顺序装配制动器,在装配时应注意以下几点:

(1)装配前应在所有配合零件表面上涂少许自动变速器油。

(2)更换摩擦片时,应将新的摩擦片放在干净的自动变速器油中浸泡 30min 以上。

(3)复位弹簧座圈的卡环应安装到位,确认卡环已落在弹簧座圈上的凸爪内。

(4)每个制动器装配后,都应检查活塞的工作是否正常。可按照分解时的方法,向油道内吹入压缩空气,检查活塞能否将钢片和摩擦片压紧。对于带式制动器,则查验制动带是否能把制动鼓包紧。若吹入压缩空气后活塞不能移动,应检查漏气的部位,分解修复后再重新安装。

(5)用厚薄规测量制动器的自由间隙,若自由间隙不符合标准要求,可采用更换不同厚度挡圈的方法来进行调整。超速制动器间隙为 1.75 ~ 2.05mm,2 挡强制制动器间隙为 2.0 ~ 3.0mm,2 挡制动器间隙为 0.63 ~ 1.98mm,低速、倒挡制动器间隙为 0.70 ~ 1.22mm。

五、行星齿轮变速器的组装

1. 组装注意事项

行星齿轮变速器的组装应在所有零部件均已清洗干净,各离合器、制动器、阀板、油泵等总成均已装配好并调整完毕后进行。

(1)组装变速器时,应更换各接合平面及轴颈上的所有密封圈或密封环。

(2)在安装一些小零件(如推力轴承、止推垫片、密封环等)时,为了防止零件掉落,可在其表面涂抹一些凡士林(不可使用润滑脂),以便于安装。

(3)在组装过程中,各个推力轴承、止推垫片和止推垫圈的位置、方向不能错乱,否则将影响各零部件的装配位置。

图 3-56 为 A341E 和 A342E 自动变速器各个推力轴承及止推垫片的位置,其规格见表 3-7。

A341E 和 A342E 自动变速器各个止推垫片的规格 表 3-7

序号	名　称	前推垫片		推力轴承		后止推垫片	
		内径(mm)	外径(mm)	内径(mm)	外径(mm)	内径(mm)	外径(mm)
1	超速行星架推力轴承	28.1	47.5	28.8	50.4		
2	超速齿圈推力轴承	27.2	42.0	25.9	47.0	24.0	48.0
3	超速制动鼓推力轴承	37.1	59.0	33.6	50.3		
4	高速、倒挡离合器推力轴承	37.0	51.0	33.5	47.8		
5	前齿圈推力轴承	26.0	48.9	25.9	47.0	26.5	47.0
6	前行星架推力轴承			35.0	53.8	34.0	48.0
7	前后太阳轮推力轴承	33.5	47.8	35.4	48.0		
8	后行星架推力轴承			27.6	54.5		
9	后齿圈推力轴承			39.0	57.7		

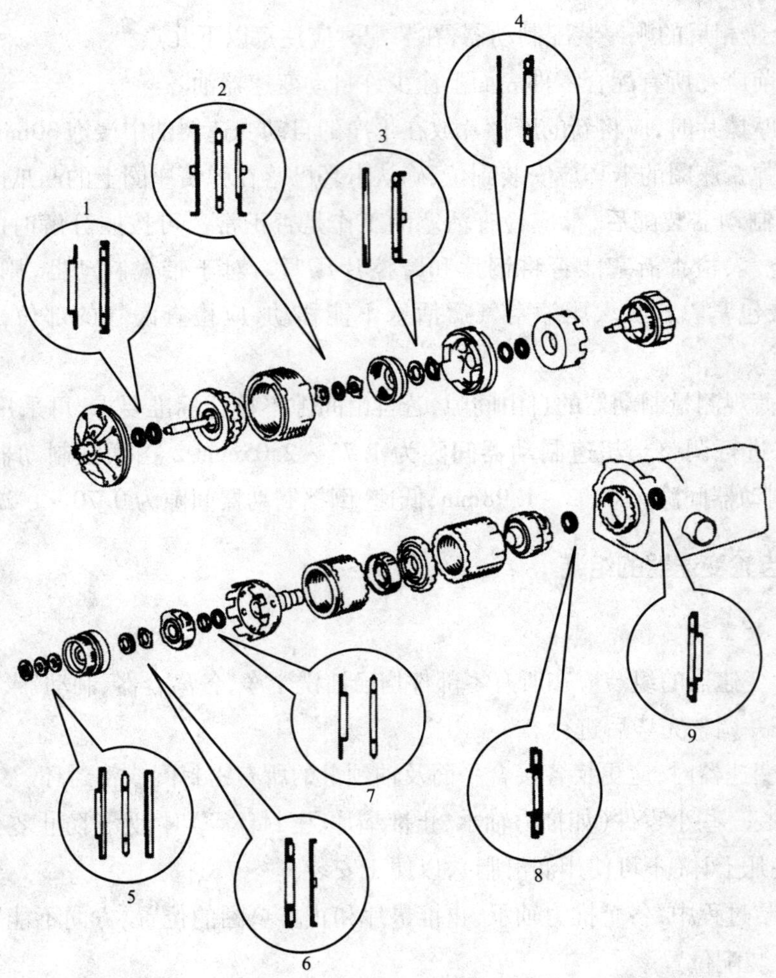

图 3-56　A341E 和 A342E 自动变速器推力轴承及止推垫片位置

1-超速行星架推力轴承；2-超速齿圈推力轴承；3-超速制动鼓推力轴承；4-高速、倒挡离合器推力轴承；5-前齿圈推力轴承；6-前行星架推力轴承；7-前后太阳轮推力轴承；8-后行星架推力轴承；9-后齿圈推力轴承

2. 行星齿轮变速器的组装

(1)将推力轴承和装配好的输出轴、后行星排和低速、倒挡制动器组件装入变速器壳。

(2)装入2挡制动器鼓,将制动器鼓上的进油孔朝向变速器下方(即阀板一侧)。安装卡环时,使卡环有倒角的一面朝上。

(3)用厚薄规测量低速、倒挡制动器的自由间隙,间隙值为0.7~1.22mm,如不符合要求,应取出制动器,通过更换不同厚度的挡圈予以调整。

(4)装入2挡制动器活塞衬套、止推垫片和低速挡单向离合器。注意低速挡单向离合器的安装方向。

(5)将2挡制动器的钢片和摩擦片装入变速器壳体,装入卡环。用厚薄规测量2挡制动器自由间隙,应为0.63~1.98mm,如不符合标准,应更换不同厚度的挡圈予以调整。

(6)装入前后太阳轮组件、前行星架和行星齿轮组件及推力轴承。

(7)将变速器立起,用木块垫住输出轴,安装前行星架上的卡环及止推垫片。

(8)安装2挡强制制动带及制动带销轴。

(9)将已装配好的高速、倒挡离合器组件、前进离合器组件及前齿圈组装在一起,注意安装好各组件之间的推力轴承及止推垫片。

(10)让自动变速器前部朝下,将组装件装入变速器,让高速、倒挡离合器鼓上的卡槽插入前后太阳轮驱动鼓上的卡槽内。

(11)用厚薄规测量高速、倒挡离合器鼓与前后太阳轮驱动鼓卡槽之间的轴向间隙,如图3-57所示,其值应为9.8~11.8mm。如不符,说明安装不当,应拆检并重新安装。

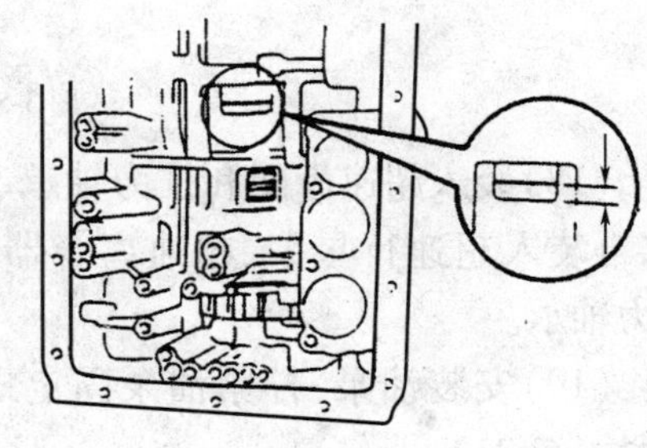

图3-57　高速、倒挡离合器鼓轴向间隙的检查

(12)安装2挡强制制动带活塞及液压缸缸盖。

(13)在2挡强制制动带活塞推杆上做一记号,如图3-58a)所示,将压缩空气吹入2挡强制制动带液压缸进油孔,使活塞推杆伸出,然后用厚薄规测量推杆的移动量,如图3-58b)所示。该值即为2挡制动带自由间隙,应为1.2~3.0mm。如不符合标准,应更换不同长度的活塞推杆予以调整。

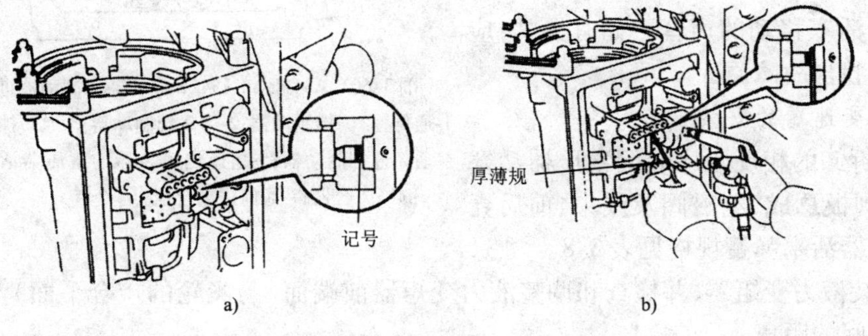

a)　b)

图3-58　2挡强制制动带自由间隙的检查

(14)安装推力轴承、止推垫片和超速制动器鼓。注意使超速制动器鼓上的进油孔和固定螺栓孔朝向阀板一侧。拧紧制动鼓固定螺栓,装上卡环。

(15)测量自动变速器输出轴的轴向间隙,其值应为 1.23 ~2.49mm。如间隙不符,说明安装不当,应重新拆检、安装。

(16)安装超速制动器钢片和摩擦片,装上卡环。

(17)如图 3-59 所示,将压缩空气吹入超速制动器进油孔,检查超速制动器工作情况,并测量超速制动器自由间隙,应为 1.75 ~2.05mm,如不符合标准,应更换不同厚度的挡圈予以调整。

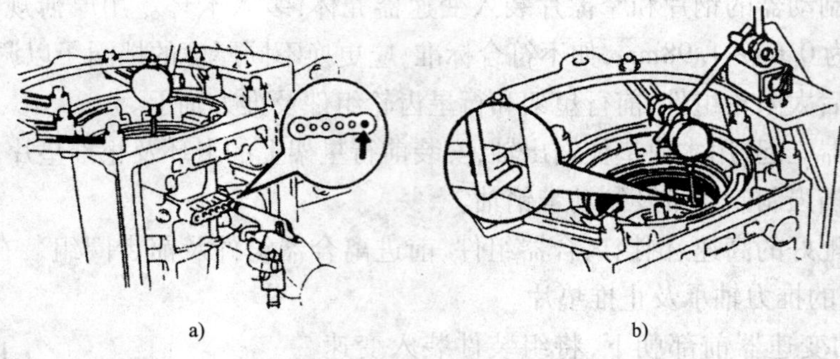

图 3-59　超速制动器工作状况的检查

(18)装入超速齿圈和推力轴承、止推垫片,再装入超速行星架、超速离合器组件及推力轴承。

(19)安装油泵,拧紧油泵固定螺栓,其拧紧力矩 21N·m。

(20)用手转动自动变速器输入轴,应在顺时针和逆时针方向都能自由转动。如有异常,应拆检后重新安装。

(21)再次将压缩空气吹入各个离合器、制动器的进油孔,如图 3-60 所示,检查其工作情况。在吹入压缩空气时,应能听到离合器或制动器活塞移动的声音。如有异常,应重新拆检并找出故障原因。

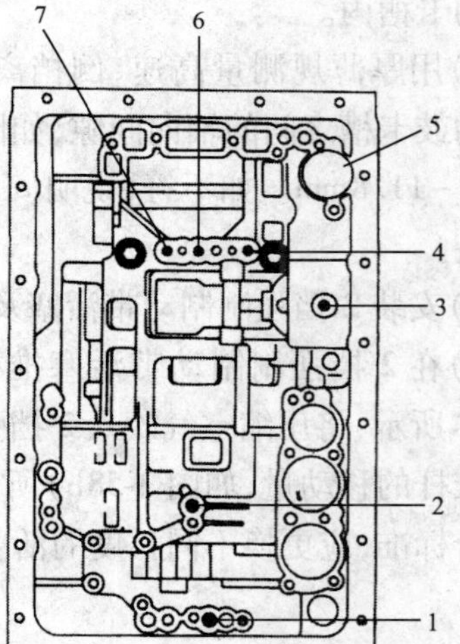

图 3-60　A341E 和 A342E 离合器和制动器进油孔位置

1-通低速、倒挡制动器;2-通 2 挡制动器;3-通 2 挡强制制动器;4-通超速挡制动器;5-超速挡离合器的蓄压器活塞孔;6-通高速、倒挡离合器;7-通前进离合器

3. 自动变速器的安装

(1)按拆卸的相反顺序装配蓄压器活塞及其弹簧、阀板总成、电磁阀及线束、前后壳体等。蓄压器活塞弹簧规格见表 3-8。

(2)安装液力变矩器,并检查和调整液力变矩器前端面(与飞轮的接合平面)与自动变速器前端面之间的距离。

(3)按拆卸时相反的顺序将自动变速器装上汽车。注意在安装时一定要让自动变速器前

端面与发动机飞轮壳后端面完全贴合后才能锁紧固定螺栓。

A341E 和 A342E 自动变速器蓄压器弹簧规格　　表 3-8

序号	名　称	自由长度(mm)	外径(mm)	颜色
1	制动器 B_2 蓄压器弹簧	75.25	19.97	白和红
2	离合器 C_2 蓄压器内弹簧	40.00	14.11	白和蓝
3	离合器 C_2 蓄压器外弹簧	70.78	20.10	白和黄
4	制动器 B_0 蓄压器弹簧	66.97	16.24	白和蓝
5	离合器 C_0 蓄压器外弹簧	65.35	20.59	白和橙
6	离合器 C_0 蓄压器内弹簧	38.42	14.03	白

复习思考题

1. 行星齿轮机构有几种类型?

2. 单排行星齿轮机构有几种组合方案? 如何实现增速、减速和反向转动?

3. 设单行星排的齿圈齿数为 73,太阳轮齿数为 33,请设计组合方案,并计算传动比。

4. 自动变速器换挡执行元件有哪些? 分别说出它们的作用。

5. 自动变速器离合器、制动器的间隙过大或过小有什么危害? 如何检测?

6. 在离合器的活塞底部有一个小钢球,它有什么作用? 怎样检查其工作性能?

7. A341E 自动变速器各挡位是如何传递动力的? 试计算各挡传动比。

8. 为什么 A341E 自动变速器"D_1"挡不能利用发动机制动?

9. 日产 RE4F04A 行星齿轮变速器与 A341E 有何异同? 各挡是如何传递动力的?

10. 拉维萘尔赫式与辛普森式行星齿轮变速器有何不同? 简述其结构特点。

11. 试举例说明哪些车型采用了辛普森式三排 4 速、双排 4 速及拉维萘尔赫式 4 速自动变速器。

第四章　自动变速器液压控制系统的构造与检修

液压控制系统是自动变速器的重要组成部分，主要由油压控制装置、换挡控制装置、液力变矩器锁止控制装置等组成，其主要作用是：控制油泵的泵油压力，使之符合自动变速器各系统的工作需要；根据选挡杆的位置和汽车的行驶状态实现自动换挡；控制液力变矩器中液压油的循环和冷却；控制液力变矩器中锁止离合器的工作。控制系统的工作过程如图4-1所示。

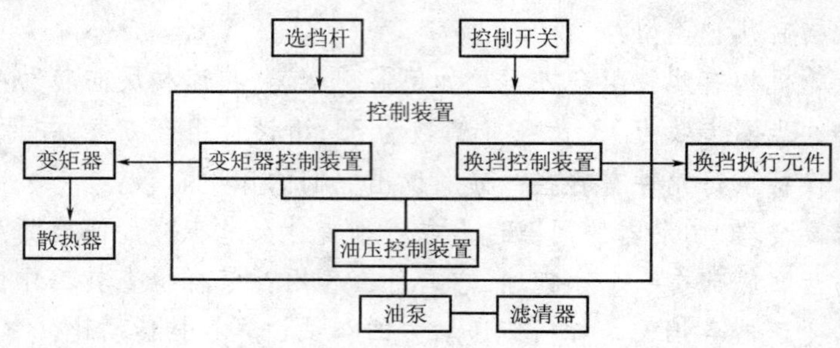

图4-1　液压控制系统工作过程示意图

第一节　液压控制系统的功能

一、液压控制系统的分类

液压控制系统按照控制方式不同分为全液压控制系统和电子液压控制系统两种类型。全液压式控制系统完全利用液压元件和液压传动原理来完成换挡控制，换挡的主要参数——节气门开度（负荷）和车速信号以机械方式传入液压控制系统，并转化为相应的液压控制信号，变速器主要根据这两个液压控制信号的变化进行自动换挡控制，如图4-2所示。电子液压式控制系统是一个集机、电、液一体化的综合控制系统，利用各种传感器和控制开关将汽车及发动机在不同工况下的运行参数转变为电子信号，并通过控制线路传送给控制单元；控制单元对这些电子信号进行分析、对比和计算，按照预先设定的程序，向各种电磁阀（换挡电磁阀、油压电磁阀、锁止电磁阀）发出相应的控制信号，通过电磁阀操纵换挡阀工作，实现自动换挡控制，如图4-3所示。

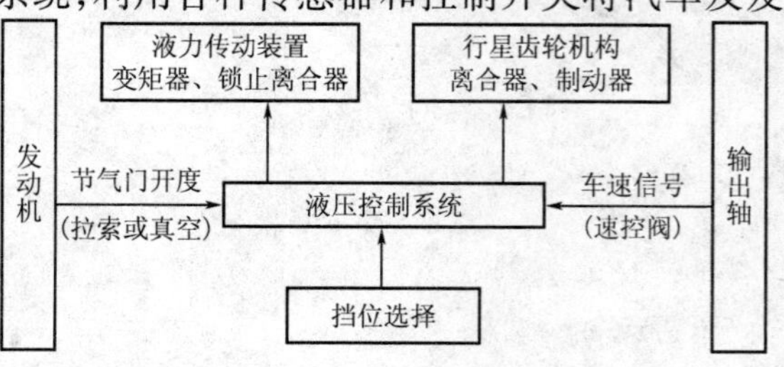

图4-2　全液压式控制系统示意图

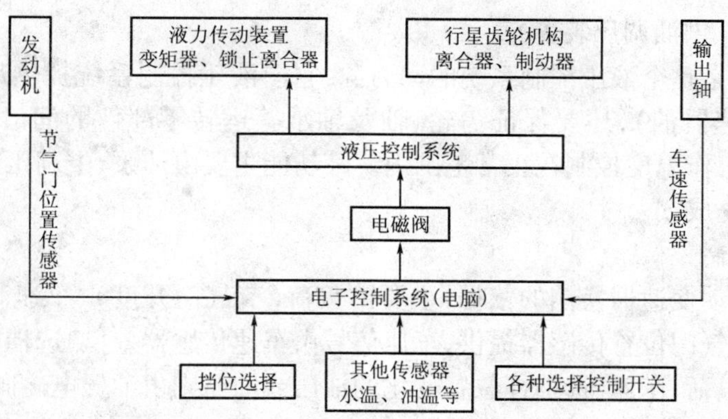

图4-3 电子液压式控制系统示意图

随着科学技术的进步,电子控制技术在汽车工业得到飞速发展,在轿车自动变速器中电子液压式控制系统已完全取代了全液压式控制系统,并得到广泛的应用。

二、液压控制系统的组成和和功能

一个完整的液压控制系统应具有储油、滤油、供油、冷却、润滑、调压、操纵控制等功能,其组成和功能如图4-4所示:

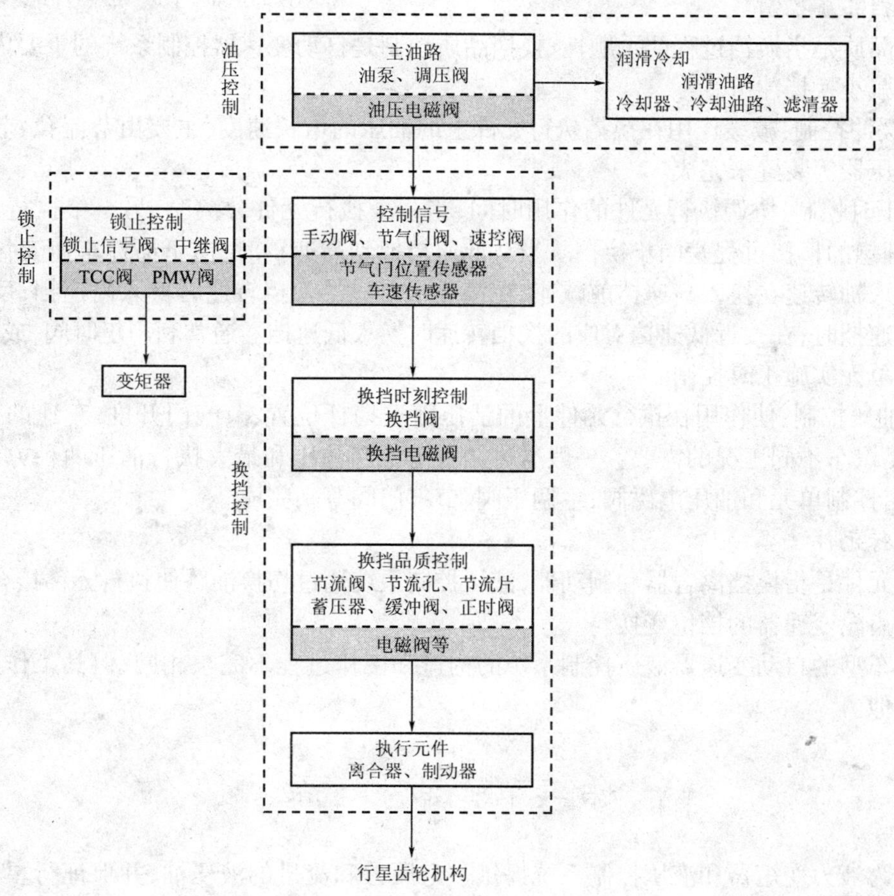

图4-4 液压控制系统框图

1. 主油压控制(供油调压装置)

供油调压装置是整个液压控制系统的动力源,它向液压控制系统提供足够压力和流量的工作介质(自动变速器油),还要保证齿轮、轴及轴承等运转零部件的润滑,同时进行冷却散热,将自动变速器工作温度控制在正常范围内。其功能主要由油泵、主调压阀、次调压阀、油冷却器、滤清器等来完成。

2. 换挡信号控制

换挡信号是自动变速器换挡的依据,主要由负荷(节气门开度)、车速和选挡杆位置来决定。负荷信号由节气门位置传感器提供,车速信号由车速传感器提供,选挡杆位置信号由挡位开关提供;而反映负荷、车速、选挡杆位置变化的油压或油路则由油压电磁阀、节气门阀及与选挡杆联动的手控阀来控制。

3. 换挡时刻控制

换挡时刻控制包括换挡控制和锁止控制两项内容。换挡控制由若干个换挡控制阀来完成,换挡控制阀相当于液压系统中的换向阀,是一个油路开关装置,根据控制信号的指令实现油路的转换,达到实现自动升降挡的目的;换挡阀的动作由换挡电磁阀来操纵控制。锁止控制是通过液力变矩器中的锁止离合器的接合与分离来实现的,目的是为了提高液力变矩器的传动效率,其功能主要由锁止电磁阀、锁止信号阀和锁止继动阀等完成。

4. 换挡品质控制

换挡品质是指换挡过程的平顺性,换挡品质控制是自动变速器控制系统的重要内容,其目的是为了减小换挡冲击。

(1)缓冲控制:减缓作用在换挡执行元件上的油压的增长速度,主要由节流孔、节流阀、限流阀和蓄压器等装置来完成。

(2)正时控制:协调执行元件的作用时间,当一个执行元件分离时,另一个执行元件正好接合,最理想的换挡过程是同步换挡。当从低速挡换到高速挡时,由于惯性车速变化不大,变速器的输入轴转速在换入高速挡前减速,在接近于对应的换挡转速时换入高速挡;反之,高速挡换入低速挡时,在接近低速挡对应的换挡转速时换入低速挡。通常利用正时阀,或由自动变速器控制单元实施正时控制。

(3)油压控制:使作用在执行元件上的油压随选挡杆位置、节气门开度、车速的变化而变化,以满足汽车不同工况的需要。一般通过调节主油路油压和最大执行油压两种方法进行控制,主要由控制单元和油压电磁阀,主调压阀、节气门阀等来完成。

5. 执行元件

执行元件是指换挡离合器和制动器,液压控制系统通过切换油路使执行元件接合或分离,最终实现齿轮变速器的挡位变换。

不同车型的自动变速器液压控制系统的构造和工作过程不完全相同,但其工作原理基本相同或相似。

第二节　油　　泵

油泵为液力变矩器和液压控制系统提供一定压力和流量的液压油,并保证行星齿轮机构等各摩擦副的润滑需要,其技术状况的好坏,对自动变速器的使用性能及寿命有很大的影响。

油泵一般安装在液力变矩器的后方，由液力变矩器壳体后端的轴套直接驱动；也有部分自动变速器的油泵安装在行星齿轮变速器的后端，通过中间传力轴进行驱动。轿车自动变速器上使用的油泵主要有内啮合渐开线齿轮泵、摆线转子泵和叶片泵3种类型，其工作油压通常不超过2MPa。

一、内啮合齿轮泵

自动变速器上的齿轮泵为内啮合渐开线齿轮泵，由于其具有结构紧凑、自吸能力强、流量波动小、噪声低、制造工艺简单等特点，应用最为广泛，如丰田自动变速器系列油泵。

内啮合齿轮泵主要由主动齿轮（外齿轮）、从动齿轮（内齿圈）、泵壳、泵盖等组成，如图4-5所示。从动齿轮2是一个内齿圈，泵体的齿轮槽内有一个月牙形隔板3，把主、从动齿轮不啮合部分隔开，形成两个工作腔，即高压油腔和低压油腔，以保证油泵的正常工作。主动齿轮依靠其内圆上对称的两个凸键安装在液力变矩器壳体（壳体与泵轮固连）伸出轴端的键槽中，因此，只要发动机运转，主动齿轮就由液力变矩器带动旋转，使油泵处于供油状态。泵盖伸出轴端的花键与液力变矩器中导轮的单向离合器的内圈相连，泵体和泵盖用螺栓连接后固定在自动变速器的壳体上。

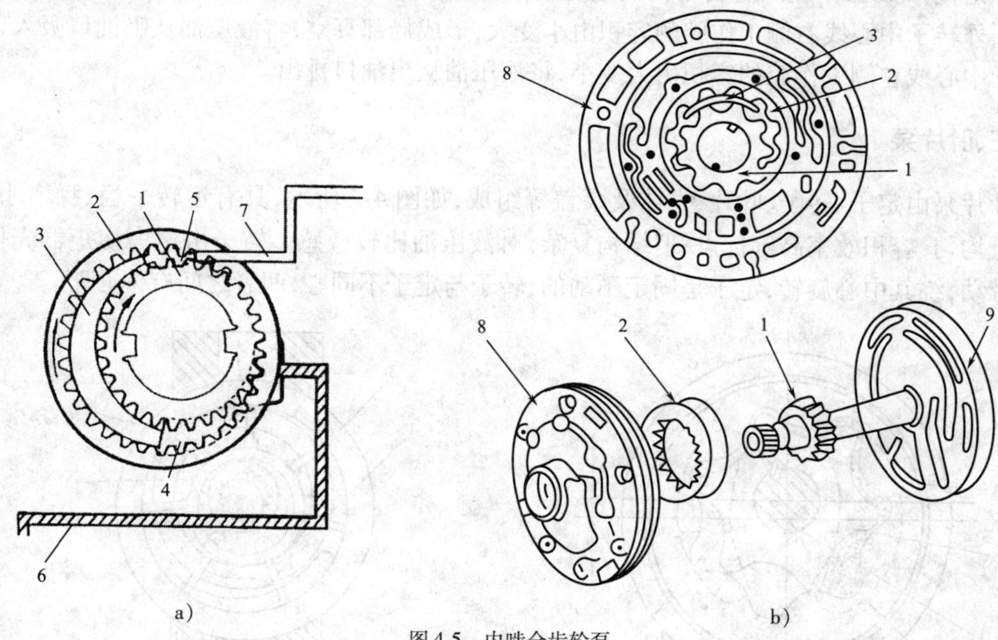

图4-5　内啮合齿轮泵
a）工作原理示意图；b）分解图
1-主动齿轮；2-从动齿轮；3-月牙形隔板；4-吸油腔；5-压油腔；6-进油道；7-出油道；8-泵壳；9-泵盖

油泵工作时，其主动齿轮带动从动齿轮转动，轮齿脱开啮合的一端（吸油腔）容积不断变大，产生真空吸力，把液压油从油底壳经滤网吸进油泵，轮齿进入啮合的一端（压油腔），容积不断减小，油压升高，输出压力油。油泵不停地转动，为液压自动控制系统提供一定压力和流量的液压油。

决定油泵使用性能的主要是油泵齿轮的工作间隙，主要包括：端面间隙，指主、从动齿轮端面与泵盖之间的间隙，它对油泵的工作性能影响最大，一般为0.02～0.08mm；主动齿轮与油泵月牙之间的间隙，指把主、从动齿轮都装入油泵壳体，并把主动齿轮紧靠从动齿轮之后进行测量得到的间隙，一般为0.1～0.3mm；从动齿轮齿顶与油泵月牙之间的间隙，一般为

0.05～0.10mm；从动齿轮外圈与油泵壳体之间的间隙，一般为0.01～0.16mm。不同系列的自动变速器油泵对工作间隙的要求略有差异。

二、摆线转子泵

摆线转子泵是一种特殊齿形的内啮合齿轮泵，其结构简单、尺寸紧凑、噪声小、运转平稳、高转速性能良好，但其流量脉动大、加工要求高，如马自达626自动变速器油泵。

摆线转子泵由泵壳、泵盖及一对内啮合的转子等组成，如图4-6所示。内转子2为外齿轮，其齿廓曲线是外摆线，外转子3为内齿轮，齿廓曲线是圆弧曲线。内外转子的旋转中心不同，两者之间有偏心距，一般内转子的齿数可以为4、6、8、10等，而外转子比内转子多一个齿。内转子的齿数越多，出油脉动就越小，通常在自动变速器转子泵的内转子都是10个齿。

发动机运转时，带动油泵内外转子朝相同的方向旋转。内转子为主动齿，外转子的转速比内转子每圈慢一个齿。内、外转子的轮廓是一对共轭曲线，不论内外转子转到什么位置，各齿均处于啮合状态（内转子每个齿的齿廓曲线上总有一点和外转子的齿廓曲线相接触），在内、外转子之间形成工作腔。随转子的转动，工作腔的容积不断变化，当转子朝顺时针方向旋转时，内、外转子中心线右侧工作腔的容积由小变大，形成局部真空，将液压油从吸油口吸入，内、外转子中心线左侧工作腔的容积由大变小，将液压油从出油口排出。

三、叶片泵

叶片泵由定子、转子、叶片、壳体及泵盖等组成，如图4-7所示，具有运转平稳、噪声小、泵油流量均匀、容积效率高等优点；但结构复杂，对液压油比较敏感。转子由液力变矩器壳体的轴套带动，绕其中心旋转，定子是固定不动的，转子与定子不同心，两者之间有偏心距。

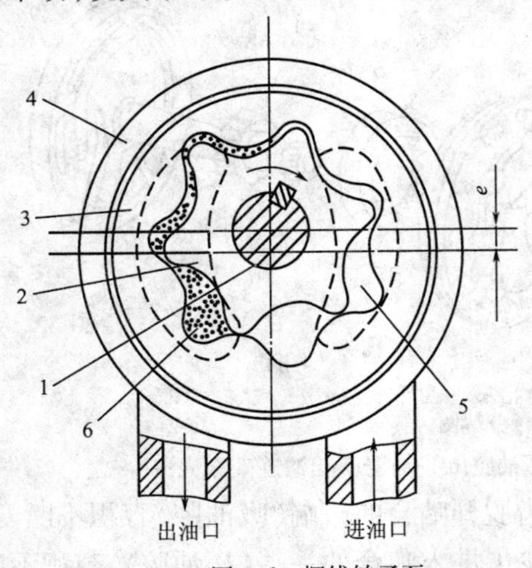

图4-6　摆线转子泵

1-驱动轴；2-内转子；3-外转子；4-泵壳；5-进油腔；6-出油腔；*e*-偏心距

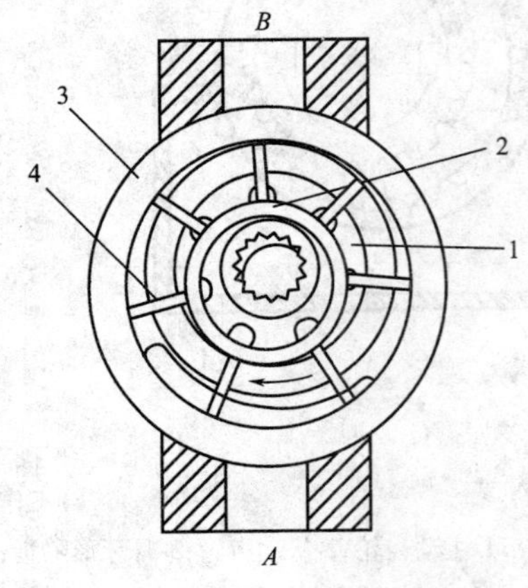

图4-7　叶片泵

1-转子；2-定子环；3-定子；4-叶片；*A*-进油口；*B*-出油口

当转子转动时，在离心力的作用下，叶片向外滑动，紧密的密封在定子内表面上，并随转子的转动，在转子叶片槽内作往复运动，这样，每相邻叶片之间便形成密封的工作腔。若转子朝顺时针方向旋转，转子与定子中心线右侧的工作腔容积逐渐增大，产生一定的真空度，将液压油从进

油口吸入,转子与定子中心线左侧的工作腔容积逐渐减小,液压油压力提高,从出油口排出。

叶片泵的排量取决于转子直径、转子宽度及转子与定子的偏心距,这些参数越大,叶片泵的排量越大。

四、可变流量叶片泵

上述3种油泵的排量都是固定不变的(定量泵)。为保证自动变速器的正常工作,油泵应有较大的排量,使发动机在怠速运转时也能为变速器提供足够大流量和压力的液压油。定量泵的泵油量随转速的增加而成正比地增加,当发动机在中、高速运转时,油泵的泵油量将大大超过自动变速器的实际需要,此时油泵泵出的大部分液压油将通过调压阀返回油底壳。由于油泵的泵油量越大,运转阻力也越大,因此定量泵在高速运转时,发动机的负荷和油耗增加,造成了一定的能量损失。

目前用于汽车自动变速器的叶片泵大多都设计成可变流量式(变量叶片泵),如福特、马自达、大宇、别克等轿车自动变速器油泵。如图4-8所示,叶片泵的定子2不是固定在泵体1上,而是可以绕一个销轴8做一定的摆动,以改变定子2和转子3的偏心距,从而改变油泵的排量。在油泵运转时,定子的位置由定子侧面控制腔内来自调压阀的反馈油压来控制。当油泵转速较低时,泵油量较小,调压阀将油路关小,使反馈油压下降,定子在复位弹簧的作用下绕销轴顺时针摆动一个角度,加大了定子与转子的偏心距,油泵的排量随之增大。当油泵转速升高时,泵油量较大,出油压力随之上升,推动调压阀将反馈油路开大,使控制腔内的反馈油压上升,定子在反馈油压的推动下绕销轴逆时针摆动,定子与转子的偏心距减小,油泵的排量随之减小,使油泵的泵油量降低,减少了油泵在高速运转时的阻力,提高了汽车的燃料经济性。

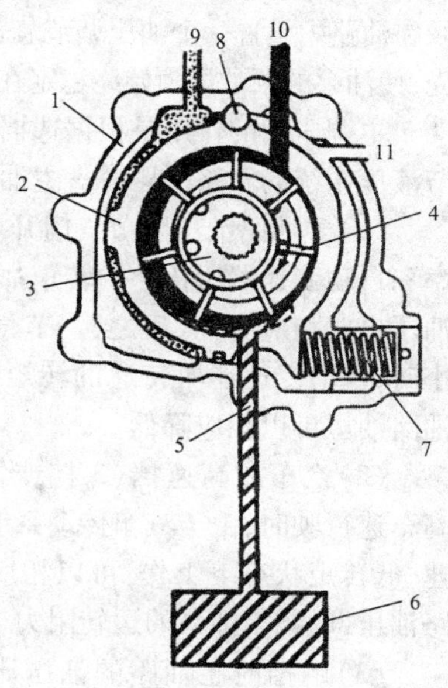

图4-8　变量泵

1-泵体;2-定子;3-转子;4-叶片;5-进油口;6-滤网;7-复位弹簧;8-销轴;9-反馈油道;10-出油口;11-泄压口

第三节　控制阀板

自动变速器的液压控制系统除执行元件外,大部分控制阀、油道、电磁阀、滤网等都集中安装在一块或几块组合在一起的阀板上(有部分油道和元件如蓄压器等设置在油泵壳及变速器壳体上)。阀板多由铝合金铸造加工而成,上面有许多精加工的油孔和油道,油液通过设定的油孔和油道流入或流出阀板。为实现液压控制系统的功能,阀板上设置有许多控制滑阀和单向球阀,以切换油路或调节油液的流量和压力。这些控制阀按其作用可分为压力调节阀、手控阀、换挡控制阀、换挡品质控制阀、锁止控制阀等。

一、压力调节阀

压力调节阀主要包括主调压阀、次调压阀、节气门阀、安全阀等,其作用是调节和限制主油路油压、变矩器油压和润滑油压。

1. 主调压阀

油泵的泵油量应在发动机处于最低转速工况时也能满足自动变速器各部分的需要，其中包括：为驱动换挡执行元件活塞所需的液压油、为防止液力变矩器内液压油过热而不断循环冷却的液压油、齿轮机构润滑所需的液压油、各处油封泄漏所消耗的液压油、控制系统工作所需的液压油等，并保证油路中有足够高的油压，以防止离合器、制动器打滑，影响自动变速器的动力传递。由于发动机的怠转速度和最高转速相差很大，因此当发动机高速运转时，油泵的泵油量将大大超过变速器所需油量，导致油压过高，增加发动机的负荷，并造成换挡冲击。为此，必须在油路中设置一个油压调节装置，即主调压阀，在发动机高速运转时让多余的液压油返回油底壳，使油泵的泵油压力始终稳定在一定范围内，以满足自动变速器各种工况对油路油压的需求。

主调压阀的作用是根据选挡杆位置、汽车的行驶速度、节气门开度和挡位的变化，自动调节液压系统的管路油压——主油路油压。不同运行工况对主油路油压的要求为：

(1)主油路油压随节气门开度的增大而升高。当节气门开度较大时，由于发动机输出功率和自动变速器所传递的转矩都较大，为了防止离合器、制动器等换挡执行元件打滑，主油路油压也要相应升高，反之，当节气门开度较小时，自动变速器所传递的转矩也较小，主油路油压可以相应降低。

(2)汽车在高速挡(3 挡或 4 挡)以较高车速行驶时，由于汽车传动系统处在高转速、低转矩状态下工作，可以相应降低主油路油压，以减小油泵的运转阻力，节省燃油。

(3)倒挡时主油路的油压比前进挡时的油压高。倒挡在汽车使用过程中所占用的时间很少，且车速和发动机转速都较低，传递转矩相对较大，因此在工作时需要有较高的油压。

主调压阀多由上部的主调压阀阀体、下部的反馈柱塞套筒副和调压弹簧组成，图4-9为丰田皇冠(2.2L)自动变速器主调压阀。来自油泵的压力油经主调压阀油道 2 流向主油路，同时通过阀体自身的节流小孔(许多主调压阀有单独的油道)经油道 11 流向次调压阀，且其出口压力油经节流孔作用在主调压阀 1 的上部，与调压弹簧力相平衡。当主油路压力较高时，作用在主调压阀上部的压力增大，克服弹簧力，推动阀体下移，接通回油油道 9，主油路泄油，压力下降。主油路油压越高，阀体下移量越大，泄油量越多。反

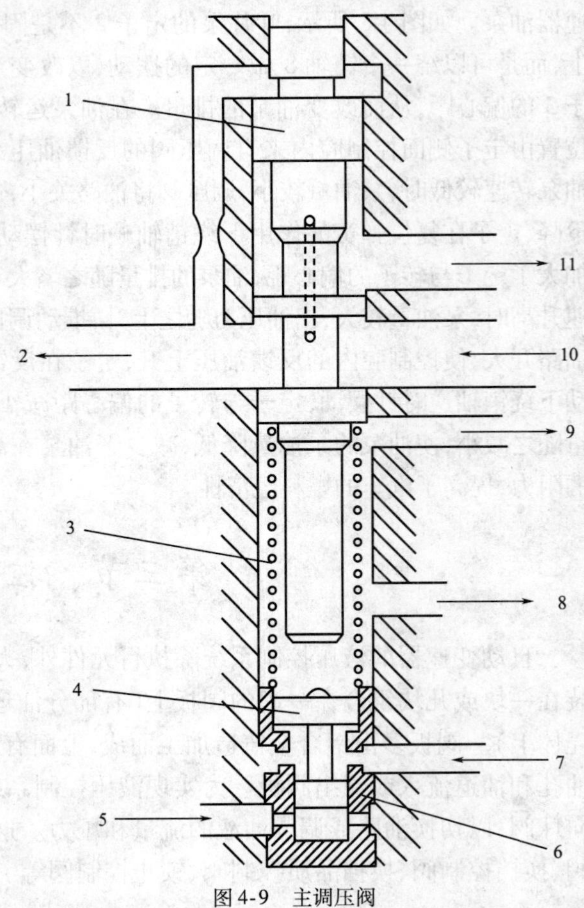

图 4-9　主调压阀

1-主调压阀阀体；2-主油路；3-调压弹簧；4-反馈柱塞；5-来自节气门阀；6-反馈柱塞套筒；7-来自手控阀(R 位)；8、9-回油；10-来自油泵；11-去次调压阀

之,若主油路油压降低,则主调压阀阀体上移,泄油量减少,又使油压回升。如此反复,使主油路油压保持稳定。

在主调压阀下部的反馈柱塞4上作用着来自油道5的节气门油压和来自油道7的倒挡油路油压。这两个反馈油压对反馈柱塞产生向上的推力,并通过柱塞4及弹簧3作用在主调压阀阀体上,使阀体上移,减小泄油通道,从而使主油路油压增大。

节气门油压由节气门阀控制,节气门开度越大,节气门油压越高,主油路油压随之升高,以满足大负荷对主油路油压的需求。前进挡时,倒挡油路7没有压力油,只有当手控阀位于"R"位时,才有压力油经油道7作用在反馈柱塞上使主油路油压升高,因此可以满足倒挡对主油路油压的需求。

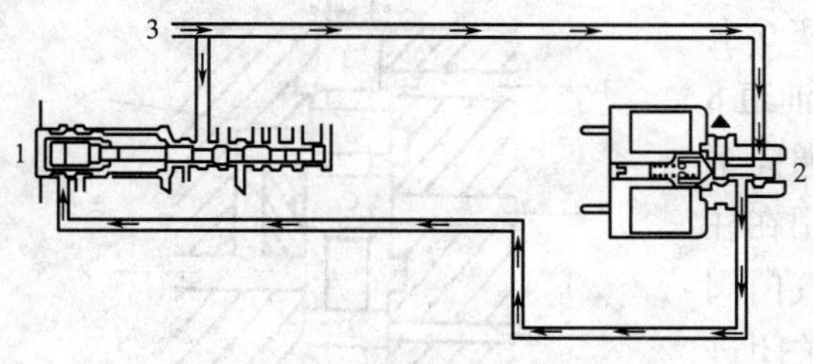

图4-10　油压电磁阀的调压原理示意图
1-主调压阀;2-油压电磁阀;3-主油路压力油

在某些变速器主调压阀阀体的上部作用有来自压力校正阀的反馈油压,使主油路油压反映车速的变化。当自动变速器处于1挡、2挡时,该反馈压力为零;当变速器处于3、4、5挡(高速挡)时,若车速较高,压力校正阀开启,反馈油压进入主调压阀上端,推动阀体下移,使主油路油压减小。

在许多自动变速器中,主油路油压随车速和挡位的变化是由电子控制单元通过油压电磁阀控制和调节的,如图4-10所示,控制单元(ECU)接收节气门位置传感器传来的节气门开度信号,从而控制作用在油压电磁阀上的脉冲电信号的大小,节气门开度越大,电磁阀开度越小,作用在主调压阀上的反馈油压(相当于节气门油压)越大,从而使主油路油压随着节气门开度的增大而升高。

主调压阀与阀孔的配合间隙极小,阀孔磨损严重会发生漏油、卡滞等故障,导致主油路油压不正常,直接影响变速器的使用性能。另外,弹簧预紧力是否正常也将影响主油路油压。因此,主油路油压必须定期检验,通常在自动变速器壳体上都设有主油路测压孔。

2. 次调压阀(副调压阀)

次调压阀由阀体和调压弹簧组成,图4-11为丰田皇冠(2. 2L)自动变速器次调压阀,其作用是根据车速和节气门开度的变化,自动调节液力变矩器油压,并保证各摩擦副的润滑油压。

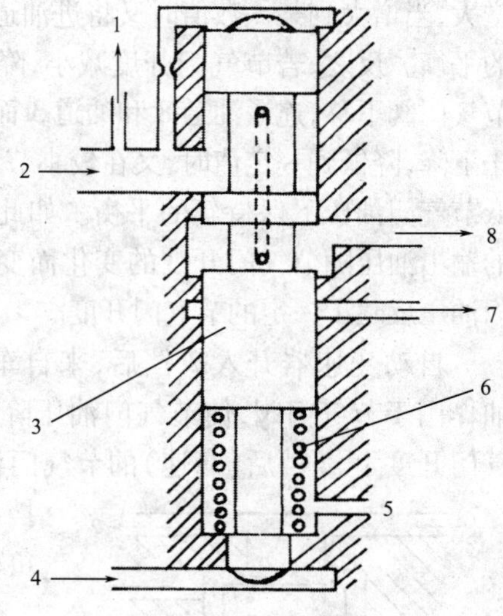

图4-11　次调压阀
1-经锁止继动阀去变矩器;2-来自主油路;3-次调压阀阀体;4-来自节气门阀;5-泄油;6-调压弹簧;7-回油;8-去各润滑表面

次调压阀的工作原理与主调压阀类似,来自主油路的压力油经过次调压阀调压后(压力降低)由油道1通过锁止阀流向变矩器,同时经阀体自身的小孔(有些次调压阀有单独的油道)由油道8流向各润滑表面,并经过节流小孔作用在阀体上端,其油压作用力与弹簧力及节气门油压作用力相平衡。当主油路油压升高时,作用在阀体上端的压力增大,推动阀体下移,连通油道2和油道8,使润滑油压增大,以满足大负荷的需要。当主油路油压过高时，阀体下移量增大，将油道2、油道8与油道7连通后泄油，使油路油压降低，以保证变矩器安全工作。

在次调压阀下端作用着来自油道4的节气门油压，节气门油压增大，推动阀体上移，油道7的泄油量减少，油压升高，反之则油压降低。即经次调压阀调节后的油压和节气门开度成正比。

3. 节气门阀

节气门阀通过拉线与发动机节气门相连，用来产生与节气门开度相对应的节气门油压，并将此油压反馈到主调压阀，使主油路油压随节气门开度(负荷)的变化而变化。

图4-12为丰田A140E自动变速器的节气门阀，由节气门阀阀体9、降挡柱塞6及弹簧7和弹簧10组成。节气门打开时，通过拉线带动凸轮继而推动降挡柱塞6上移，并通过硬弹簧7推动阀体压缩软弹簧而上移，油道8和2连通，来自油道2的主油路压力油经油道8通向车速反馈阀和节气门阀的调压阀，并经节流小孔作用在柱塞C和B之间；由于$S_C > S_B$，油压作用力又使节气门阀阀体下移，当节气门油压达到一定值时，柱塞C关闭进油道2，由油道8输出的节气门油压则保持为定值，此定值节气门油压与此时的节气门开度相对应。若节气门开度增大，则节气门阀又将上移，进油道打开，节气门油压增大，当增大到某一数值时又将进油道关闭，达到一个新的平衡。反之，若节气门开度减小，降挡柱塞下移，进而节气门阀下移，连通油道8和油道3而泄油，使节气门油压下降，降低到一定值时，又在较小节气门开度对应的较低节气门油压下保持新的平衡。如此反复，使节气门阀的输出油压随节气门开度的变化而变化，即一定的节气门油压反映了一定的节气门开度。

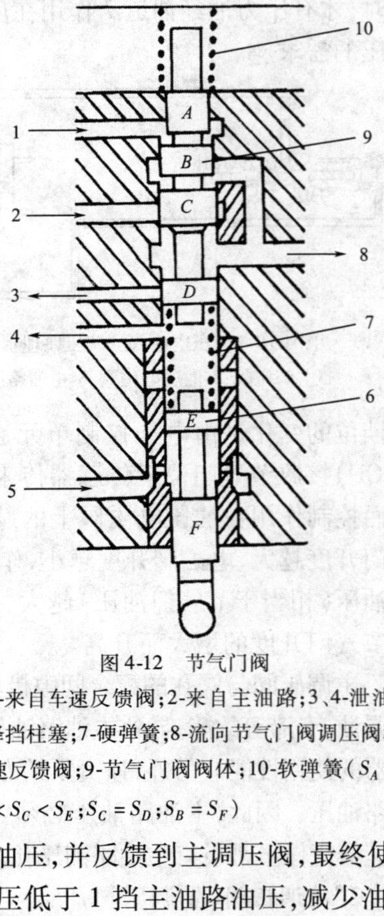

图4-12　节气门阀

1、5-来自车速反馈阀；2-来自主油路；3、4-泄油；6-降挡柱塞；7-硬弹簧；8-流向节气门阀调压阀和车速反馈阀；9-节气门阀阀体；10-软弹簧($S_A < S_B < S_C < S_E$；$S_C = S_D$；$S_B = S_F$)

自动变速器升入2挡后，来自车速反馈阀的压力油作用于节气门阀，使节气门油压降低，即在相同的节气门开度下，2挡后(高速)的节气门油压低于1挡节气门油压，并反馈到主调压阀，最终使2挡后(高速)的主油路油压低于1挡主油路油压，减少油泵负荷及能量消耗。

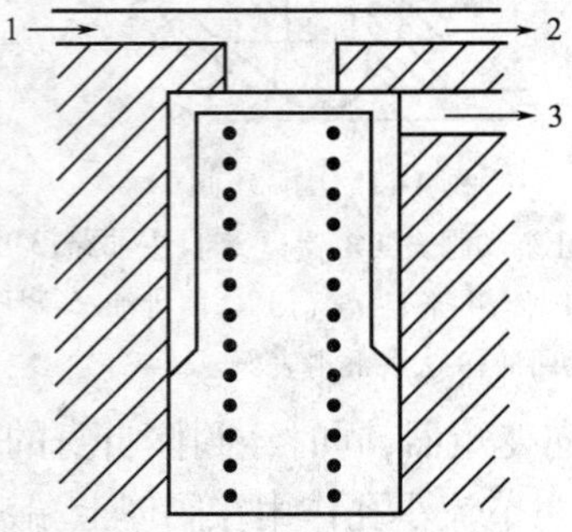

4. 安全阀

安全阀并联在油泵的出口油路上，限制油泵的最高输出压力，保证系统安全工作。当油泵出油口压力超过限定值时，安全阀打开泄油，使主油路压力下降，因而它是一个常闭的单向阀，多采用弹簧——球阀式。

5. 散热器安全阀

散热器安全阀用来限制通往散热器的高温油压力，是散热器的安全保护阀。

图4-13　散热器安全阀

1-来自变矩器；2-流向散热器；3-泄油

如图 4-13 所示,散热器安全阀与散热器并联,当油压超过规定值时,安全阀打开,防止因油压过高而损坏散热器。

二、手控阀

手控阀由驾驶员通过选挡杆和联动装置进行控制,是一种多油路换向阀。驾驶员可根据汽车的行驶状况将选挡杆置于“P、R、N、D、2、L”等任一挡位,选挡杆挡位变化时带动手控阀移动,实现油路的切换,为自动变速器提供不同的驱动范围,如选挡杆置于前进挡(D)位置时,4速自动变速器可根据换挡信号在 1 ~4 挡之间自动变换;当选挡杆置于前进低速挡 1 位(或 L位)时,自动变速器被限制在 1 挡工作。

如图 4-14 所示,手控阀左右移动时,使进入手控阀的主油路与不同的控制油路相通,或直接将主油路压力油送入相应的换挡执行元件(前进离合器、倒挡制动器等),并让不参加工作的控制油路与泄油孔接通,使压力油泄空,从而使控制系统及自动变速器处于不同的工作挡位。例如,选挡杆位于倒挡(R)位置时,手控阀使主油路与倒挡油路接通,直接将主油路压力油送入倒挡离合器和制动器中,实现倒挡;选挡杆位于前进挡位(D)位置时,手控阀除了接通前进挡控制油路之外,还将主油路压力油直接送入前进离合器(在所有前进挡中,前进离合器都处于接合状态)。

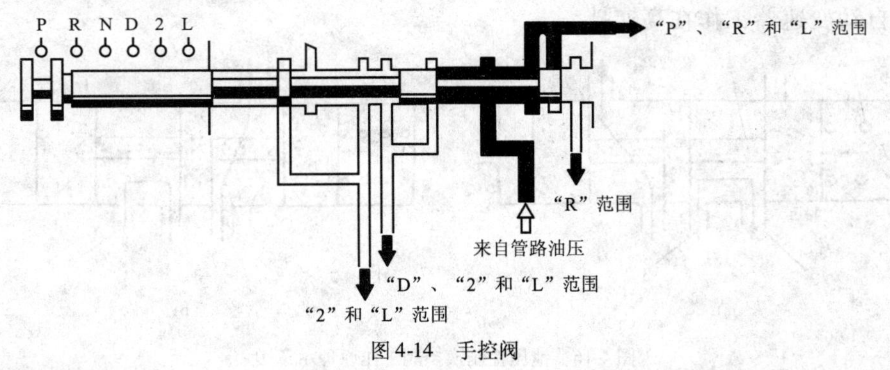

图 4-14　手控阀

三、换挡控制阀

1. 换挡阀

换挡阀切换换挡执行元件的进、出油通道,从而控制自动变速器的升、降挡。当选挡杆置于前进挡位时,手控阀除了将主油路压力油直接送入前进离合器之外,还将主油路压力油送入各换挡阀,在各换挡阀的控制下,不同的执行元件参与工作,使自动变速器处于不同的挡位,因此,在前进挡位时,自动变速器挡位的变换是通过换挡阀的工作来实现的。

换挡阀是一种二位换向阀,换挡阀的工作由换挡电磁阀控制,其控制方式有两种,一种是施压控制,即通过开启或关闭换挡阀控制油路的进油孔来控制换挡阀的工作,另一种是泄压控制,即通过开启或关闭换挡阀控制油路的泄油孔来控制换挡阀的工作。

1)施压控制

如图 4-15 所示,换挡阀左端的油路由换挡电磁阀控制,当电磁阀关闭(断电)时,换挡阀左端没有压力油,换挡阀在右端弹簧力的作用下移向左端,接通某一挡位换挡执行元件的油路;当电磁阀开启(通电)时,主油路压力油流经电磁阀作用在换挡阀左端,使换挡阀克服弹簧弹力移向右端,切换油路实现换挡。

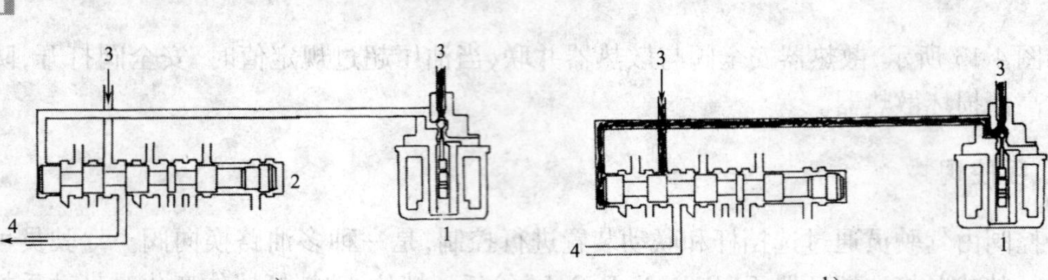

图 4-15　施压控制换挡阀工作原理示意图
a)泄压状态；b)施压状态
1-换挡电磁阀；2-换挡阀；3-主油路压力油；4-至换挡执行元件

2)泄压控制

自动变速器的换挡阀多采用泄压控制。如图 4-16 所示，换挡阀右端的油路由换挡电磁阀控制，当换挡电磁阀通电时，电磁阀动作，将换挡阀右端油路与泄油孔接通，右端油路泄压，换挡阀在弹簧力作用下移动到右端，接通至低速挡换挡执行元件的油道(同时使高速挡执行元件的油道与泄油孔接通)，低速挡执行元件接合使自动变速器工作在低速挡。当换挡电磁阀不通电时，换挡阀右端作用着主油路油压，主油压作用力克服弹簧力将换挡阀推到左端，接通至高速挡换挡执行元件的油道(同时使低速挡执行元件的油道与泄油孔接通)，高速挡执行元件接合使自动变速器工作在高速挡。

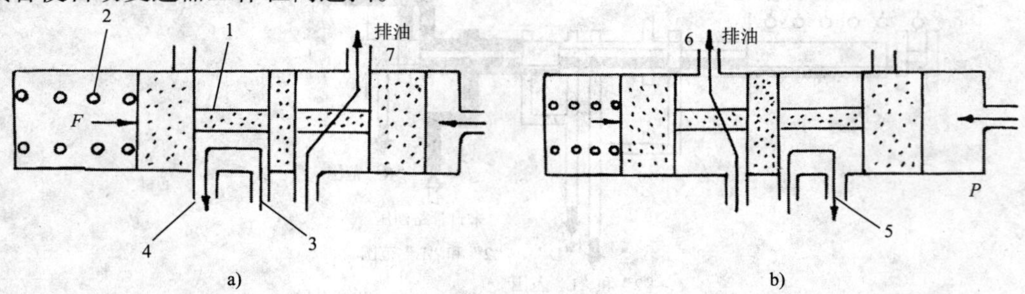

图 4-16　泄压控制换挡阀工作原理示意图
a)低速挡位；b)高速挡位
1-换挡阀；2-弹簧；3-主油路进油孔；4-至低速挡换挡执行元件；5-至高速挡换挡执行元件；6、7-泄油孔；F-弹簧力

每个换挡阀只有两个位置，因此它只能控制相邻两个挡位的升、降挡过程，这样 4 速自动变速器应有 3 个换挡阀，分别控制 1—2 挡，2—3 挡，3—4 挡的升、降挡过程。换挡阀的实际结构和工作原理比较复杂，将在后面的内容中讲述。

在 4 速自动变速器中，3 个换挡阀通常利用 2 ~ 3 个换挡电磁阀来控制，并通过 3 个换挡阀之间油路的互锁作用实现 4 个挡位的变换。

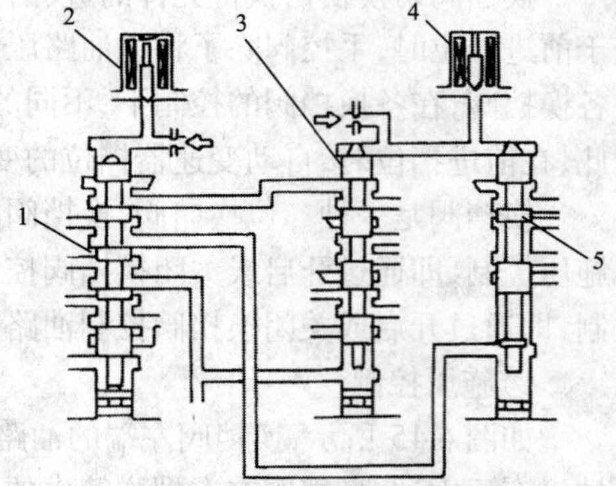

图 4-17　4 速自动变速器换挡阀的控制
1-2—3 挡换挡阀；2-1 号电磁阀；3-1—2 挡换挡阀；4-2 号电磁阀；5-3—4 挡换挡阀

如图 4-17 所示，2—3 挡换挡阀由 1 号电磁阀单独控制，1—2 挡换挡阀和 3—4 挡换挡阀由 2 号电磁阀控制。换挡电磁阀采用泄压控制的方式，不通电时，关闭泄油孔，来自手控阀的主油路压力油通过节流孔之后作用在各个换挡阀的上端，使换挡阀克服弹簧弹力而下移；电磁阀通电时泄油孔开启，换挡阀上端的压力油

被泄空，换挡阀在弹簧弹力的作用下上移，各换挡阀的工作情况见表4-1。

换挡阀、换挡电磁阀和挡位的关系　　表4-1

电磁阀		换挡阀位置			挡位
1号	2号	1—2	2—3	3—4	
通电	断电	下	上	上	1挡
通电	通电	上	上	上	2挡
断电	通电	上	下	上	3挡
断电	断电	上	下	下	4挡

2. 强制降挡阀

自动变速器的强制降挡功能通常由电子控制单元通过控制换挡电磁阀来实现，而某些自动变速器的强制降挡功能是利用强制降挡阀来实现的。

强制降挡阀的作用是当节气门全开或接近全开时，强制性地将自动变速器降低一个挡位，以获得良好的加速性能。强制降挡阀主要有两种类型，一种由节气门拉线和凸轮控制，在节气门接近全开时，节气门拉线通过节气门阀凸轮推动强制降挡阀，使之打开一条通往各个换挡阀的油路，该油路的压力油作用在换挡阀上，迫使换挡阀移至低速挡位置，使自动变速器降低一个挡位，如图4-18a）所示，这种强制降挡阀常常和节气门阀安装在一起。另一种强制降挡阀由电磁阀和安装在加速踏板上的强制降挡开关控制，如图4-18b）所示，在加速踏板踩到底时，强制降挡开关闭合，使强制降挡电磁阀通电，电磁阀作用在阀杆上的推力消失，阀芯在弹簧力的作用下右移，打开油路，让主油路压力油进入各个换挡阀，强迫换挡阀移动，让自动变速器降低一个挡位。

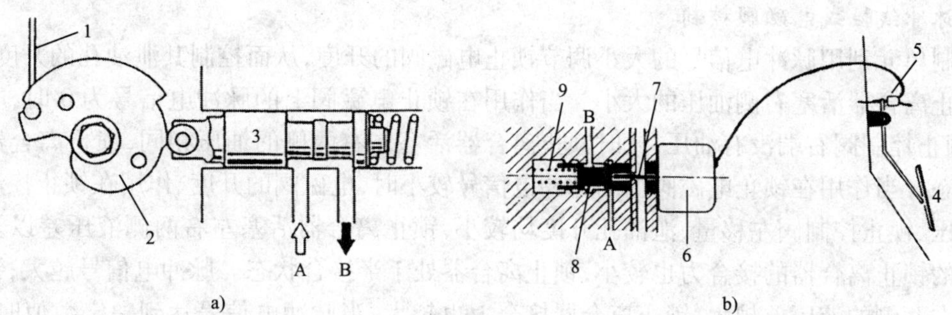

图4-18　强制降挡阀

a）节气门拉线控制的强制降挡阀；b）电磁阀控制的强制降挡阀

1-节气门拉索；2-节气门阀凸轮；3-强制降挡阀；4-加速踏板；5-强制降挡开关；6-强制降挡电磁阀；7-阀杆；8-阀芯；9-弹簧；A-通主油路；B-通换挡阀

四、锁止控制阀

锁止离合器的锁止作用由锁止电磁阀通过控制锁止控制阀的动作来实现，锁止电磁阀有开关式的和脉冲线性式两种类型，可通过控制锁止信号阀和锁止继动阀来实现锁止，也可以直接控制锁止控制阀的油路，如图4-19所示。

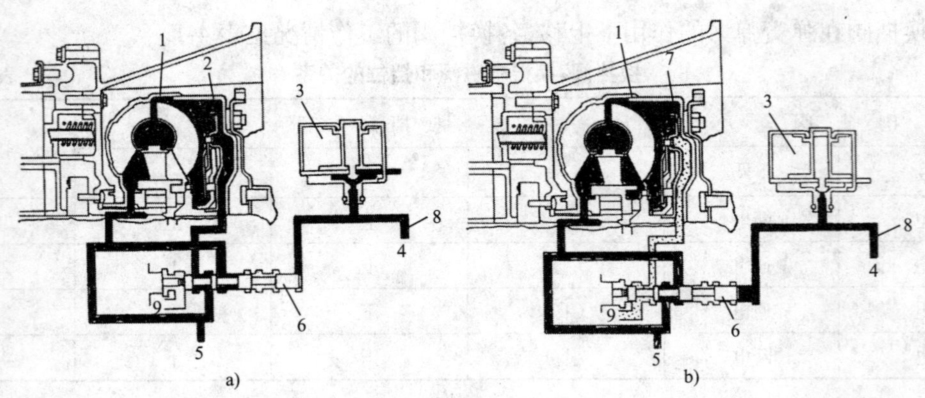

图 4-19　锁止电磁阀控制原理图

a)分离;b)接合

1-液力变矩器;2-处于分离状态的锁止离合器;3-锁止电磁阀;4-来自主油路;5-来自次调压阀;6-锁止离合器控制阀;7-处于接合状态的锁止离合器;8-节流孔;9-泄油孔

1. 开关式电磁阀控制

主油路压力油经节流孔作用在锁止离合器控制阀的右端,锁止离合器控制阀的左端作用有弹簧力。当车速、节气门开度等因素未达到锁止条件时,锁止电磁阀不通电,电磁阀的排油孔开启,使作用在锁止控制阀右端的油压下降,滑阀在弹簧力的作用下右移,来自次调压阀的压力油经锁止控制阀同时作用在锁止离合器活塞两侧,使离合器处于分离状态。当车速、节气门开度等因素满足锁止条件时,控制单元向锁止电磁阀发出电信号,电磁阀的泄油孔关闭,作用在锁止控制阀右端的油压上升,滑阀左移,锁止离合器活塞右侧的液压油经锁止控制阀泄空,活塞左侧的液力变矩器油压将活塞压紧在变矩器壳上,使锁止离合器处于接合状态。

2. 脉冲线性式电磁阀控制

控制单元利用脉冲电信号的大小调节锁止电磁阀的开度,从而控制其泄油孔的开度,进而控制锁止离合器活塞右侧油压的大小。当作用在锁止电磁阀上的脉冲电信号为 0 时,电磁阀关闭,锁止控制阀右端没有油压,此时锁止离合器活塞左右两侧的油压相同,锁止离合器处于分离状态。当作用在锁止电磁阀上的脉冲电信号较小时,电磁阀的开度、作用在锁止控制阀右端的油压、锁止控制阀左移量、泄油孔开度均较小,锁止离合器活塞左右两侧液压差以及由此而产生的锁止离合器的接合力也较小,锁止离合器处于半接合状态。脉冲电信号越大,锁止离合器左右两侧的液压差越大,锁止离合器接合力也越大,当脉冲电信号达到一定数值时,锁止离合器即可完全接合。这样,在控制锁止离合器接合时,可以通过电磁阀来调节其接合力和接合速度,让接合力逐渐增大,使接合过程更加柔和。

五、换挡品质控制阀

在自动变速器控制系统中,除利用油压电磁阀改善换挡品质外,还设有顺序动作阀、节流阀、蓄压器等液压元件,其主要作用是调节换挡时的油压,使换挡动作平滑柔顺,并能实现换挡执行元件的前、后顺序动作等。

1. 止回节流阀

止回节流阀布置在换挡阀至换挡执行元件之间的油路中,其作用是对流向换挡执行元件的液压油产生节流作用，在换挡执行元件接合时延缓油压增大的速率，以减小换挡冲击；而在换挡执行元件分离时，单向节流阀对换挡执行元件的泄油不起节流作用，以加快泄油过程，使换挡执行元件迅速分离。

止回节流阀有两种形式：一种是弹簧节流阀式，如图4-20a）、图4-20b）所示，在充油时，节流阀关闭，液压油只能从节流阀中的节流孔通过，从而产生节流效应；在回油时，液压油将节流阀推开，节流孔不起作用。另一种节流阀是球阀节流孔式，如图4-20c）、图4-20d）所示，在充油时，球阀关闭，液压油只能从球阀旁的节流孔通过，减缓了充油过程；回油时，球阀开启，快速回油。

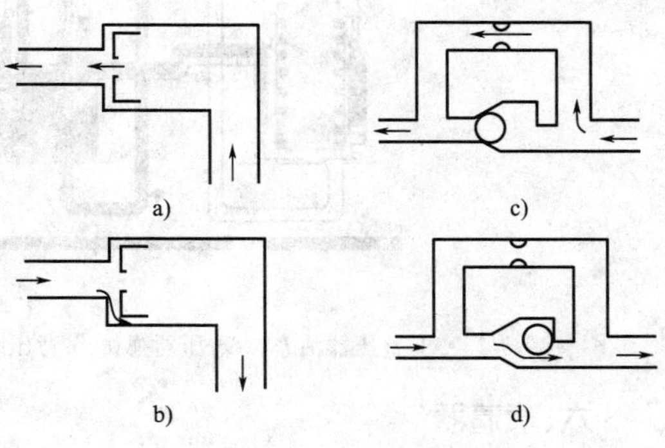

图4-20　止回节流阀

a）、b）弹簧节流阀式；c）、d）球阀节流孔式

2. 顺序动作阀

顺序动作阀的作用是控制双活塞式离合器（或制动器）内、外活塞的动作顺序，使之接合平稳无冲击。如图4-21所示，换挡时，换挡阀动作，主油路压力油经换挡阀通往内活塞，使其先接合；同时来自换挡阀的压力油又作用在顺序动作阀的端部（图中的右端），推动顺序动作阀克服弹簧力左移，接通通向外活塞的油道，使主油路压力油经顺序动作阀进入外活塞，因此，外活塞开始动作的时间滞后于内活塞，实现了平稳接合的目的。

3. 蓄压器（储能器）

蓄压器通常安装在自动变速器的壳体上，由活塞1和弹簧2组成，如图4-22所示。自动变速器的每个前进挡都设有一个蓄压器，它位于该挡换挡阀至换挡执行元件的油路中，其作用是满足离合器和制动器接合过程中工作压力增长先快后慢的要求，使之接合平稳柔和，减缓冲击和振动。

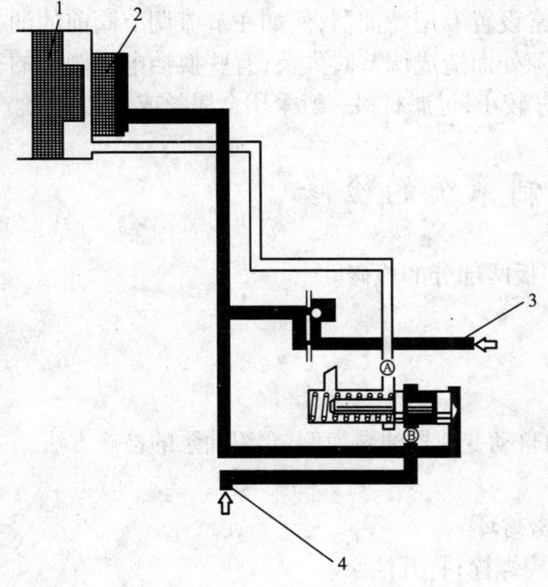

图4-21　顺序动作阀

1-外活塞；2-内活塞；3-来自换挡阀；4-来自主油路

蓄压器活塞两端面积不等，面积小的一端装入弹簧，称为背压腔，面积大的一端称为工作腔。当活塞工作腔油路接通时，来自换挡阀的主油路压力油同时作用于换挡执行元件离合器（或制动器）和相应的蓄压器，初期油压增长迅速，消除离合器（或制动器）的自由间隙，使其开始接合；当压力增大到一定程度后，克服蓄压器弹簧力和活塞背压腔的作用力，推动活塞移动，容积增大，油路中部分压力油进入蓄压器工作腔，延长了换挡执行元件活塞缸的充油时间，油压的增长速度减缓，离合器（制动器）活塞的压力增长缓慢，减小了换挡冲击。

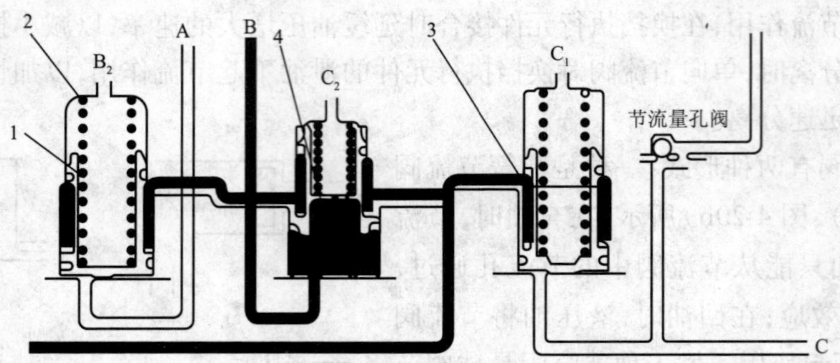

图 4-22　蓄压器

1-蓄压器活塞;2-蓄压器弹簧;3-背压腔;4-工作腔;A、B、C-通换挡执行元件的油路

六、滤清器

液压控制系统中零件的加工精度和配合精度很高,零件磨损、摩擦衬面剥落、密封件老化破损、油液变质等原因将导致滑阀卡滞、节流孔堵塞、油路泄漏等故障。因此,在自动变速器的供油系统中,通常设有多种形式的滤油装置。

1. 进油滤清器

进油滤清器通常设置在油泵的吸油端,用以防止大颗粒或纤维杂物进入供油系统,一般采用金属丝网或纺织物作为滤清材料,以保证不产生过大的压降。此外,在油底壳中放置 2 ~ 3 块磁铁来吸附金属颗粒。

2. 精滤器

精滤器通常设置在回油管道或油泵的输出管道上,其作用是滤去油液中的各种微小颗粒,提高油液的清洁度,因此精滤器具有较高的过滤精度。

3. 阀前专用滤油器

在控制系统中一些关键而精密的控制阀前常常设置专用滤油器,例如在节流调节阀前的油路中,设置了专用滤油器,以防止杂质进入节流空隙处而造成调节阀失灵;有些换挡电磁阀前的油路中也设有专用滤油器。阀前专用滤油器的尺寸较小,过滤材料一般采用金属丝或微孔滤纸。

第四节　液压控制系统的检修

液压控制系统的检修主要包括油泵和控制阀板两部分的检修。

一、油泵的检修

(一)齿轮泵的检修

各种齿轮泵的检修过程基本相同,下面以丰田自动变速器油泵为例,介绍油泵的检修方法。

1. 齿轮泵的分解

(1)如图 4-23 所示,拆下油泵后端轴颈上的密封环。

(2)按照对称交叉的顺序依次松开油泵的连接螺栓,打开油泵。

(3)用油漆在主动齿轮和内齿圈上做一装配标记,取出主动齿轮及内齿轮。

(4)拆下油泵前端盖上的油封。

注意:分解油泵时不要损伤油泵前端盖,不可用冲子在油泵齿轮和油泵壳上做标记。

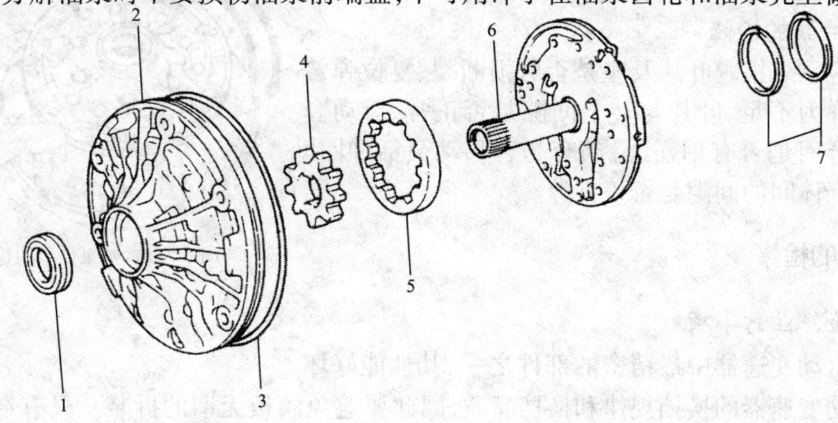

图 4-23 油泵的分解

1-油封;2-油泵前端盖;3-O 形密封圈;4-小齿轮;5-内齿轮;6-油泵后端盖;7-密封环

2. 油泵的检验

(1)如图 4-24 所示,用厚薄规分别测量油泵内齿圈外圆与油泵壳体之间的间隙、主动齿轮及内齿圈的齿顶与月牙板之间的间隙、主动齿轮及内齿圈端面与泵壳平面的端隙。将测量结果与表 4-2 的数值对照,如不符合标准,应更换齿轮、泵壳或油泵总成。

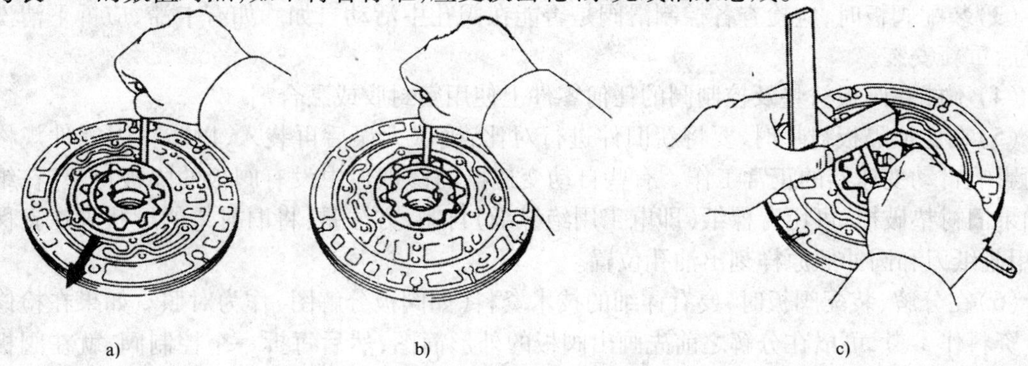

图 4-24 油泵齿轮间隙的测量

(2)检查油泵主动齿轮、内齿圈、泵壳端面有无肉眼可见的磨损痕迹,如有,应更换新件。

油泵的标准间隙 表 4-2

项 目	标准间隙(mm)	最大间隙(mm)
内齿圈与壳体的间隙	0.07 ~ 0.15	0.3
齿顶与月牙板间隙	0.11 ~ 0.14	0.3
齿轮端隙	0.02 ~ 0.05	0.1

3. 油泵的组装

用干净的煤油清洗油泵的所有零件,并用压缩空气吹干,再在清洁的零件上涂少许自动变速器油(ATF),然后按下列步骤组装:

(1)更换所有的 O 形密封圈、油封和密封环,并在新的密封件上涂 ATF 油。

(2)按分解时相反的顺序组装油泵各零件。

(3)按照对称交叉的顺序,依次拧紧油泵盖紧固螺栓,拧紧力矩 10N · m。

(4)检查油泵运转性能:如图 4-25 所示,将组装后的油泵插入液力变矩器中,转动油泵,应平顺无异响。

(二)叶片泵的检修

叶片泵应重点检查叶片及座是否磨损断裂、复位弹簧是否断裂或弹力不足、叶片与转子间隙是否正常、滑动套与叶片的接合面是否有划伤、滑动套是否移动灵活、叶片及滑动套与壳体间的间隙是否正常等。

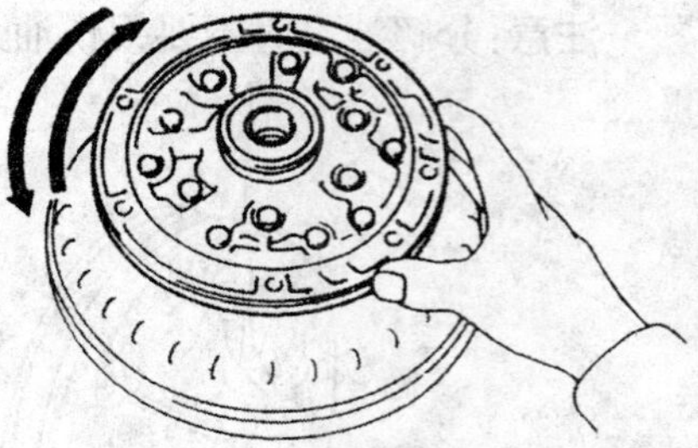

图 4-25　油泵性能的检查

二、阀板的检修

1. 阀板检修注意事项

阀板是自动变速器中最精密的部件之一,其性能好坏直接影响自动变速器的换挡规律和换挡品质,因此要避免阀板无谓的拆装。只有在自动变速器换挡规律失常或摩擦片严重烧毁、阀板内沾有大量摩擦粉末时,才对阀板进行拆检。

(1)拆检阀板时,切不可让滑阀等重要零件磕碰或掉落,也不要将铁丝、螺丝刀等硬物伸入阀孔中,以免损伤滑阀和阀孔的精密配合表面。

(2)阀板零件清洗后,可用压缩空气吹干,不允许用棉布或棉丝擦拭,以免沾上细小的纤维丝,造成油道、滤清器堵塞或控制阀卡滞。

(3)装配阀板时,应检查各控制滑阀是否能在阀孔中活动自如。如有卡滞,应拆下清洗或修复后重新安装。

(4)不能在阀板衬垫及控制阀的任何零件上使用密封胶或黏合剂。

(5)在更换隔板衬垫时,要将新旧件进行对比,确认无误后再装入,以防止因零件规格不符而影响自动变速器的正常工作。有些自动变速器的修理包中没有阀板的隔板衬垫,在维修中如果旧衬垫破损,可用青稞纸(即电工用绝缘纸)自制,方法是:将旧衬垫的形状画在青稞纸上,用割纸刀和圆冲照原样刻出油孔位置。

(6)在分解、装配阀板时,要有详细的技术资料(如阀板分解图)作为对照。如果在检修时没有资料作参考,可以在分解之前先画出阀板的外形简图,然后每拆一个控制阀,就在阀板简图的相应位置上画下该控制阀的形状和排列顺序,同时测量并记下各个弹簧的外径,自由长度和圈数,作为装配时的参考。拆下的各个控制阀零件要按顺序排放,以便于重新安装。

(7)在分开上、下阀板时,不要使阀板油道中的球阀、滤网、限位块等小零件掉出。在拿起上面的阀板时,要将隔板连同阀板一同拿起,并一起翻转使油道一面朝上,轻轻敲打隔板,使各小球阀落位,再拿开隔板。认清并记住上下阀板油道中所有不同直径和材质的球阀等零件的位置后,才能取出球阀等零件,做进一步分解及清洗工作。

下面以凌志 LS400 A341E 和 A342E 自动变速器为例,介绍阀板的检修过程。

2. 阀板的分解

(1)拆下阀板上的手控阀、电磁阀等零件。

(2)松开上下阀板之间的固定螺栓,将上下阀板分开。在分开上下阀板时,不要将阀板油道内的单向节流球阀散落或丢失。通常将隔板和上阀板一同拿起,并将上阀板油道一面朝上放置,用木锤轻轻敲击隔板,防止小的球阀粘在隔板上,然后再取下隔板,并取出上阀板油道内的所有单向球阀。单向球阀的位置如图 4-26 所示。

(3)按图 4-27 所示顺序拆出上阀板中所有的控制阀。在拆出每个控制阀时,应先取出锁销、锁块和挡塞等限位件(记住各限位件的位置和尺寸),再让滑阀和弹簧从阀孔中自由落出。若滑阀在阀孔中有卡滞,不能自由落出,可用木锤或橡皮锤轻轻敲击阀板将滑阀振出,不要使用铁丝或钳子等辅助工具。

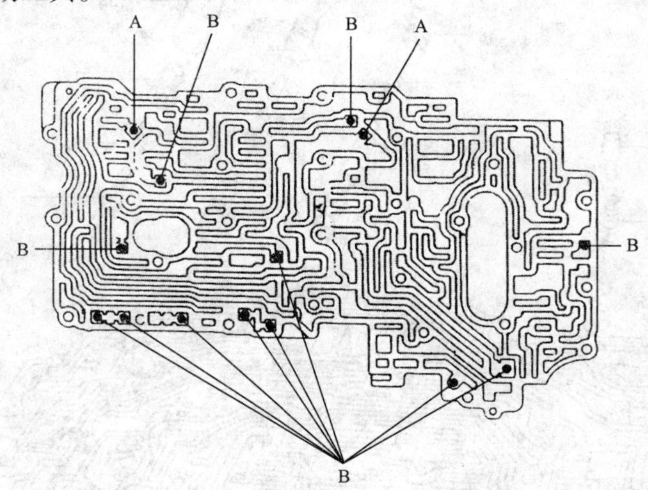

图 4-26 A341E 和 A342E 自动变速器球阀的安装位置
A-球阀(ϕ6. 35mm);B-球阀(ϕ5. 54mm)

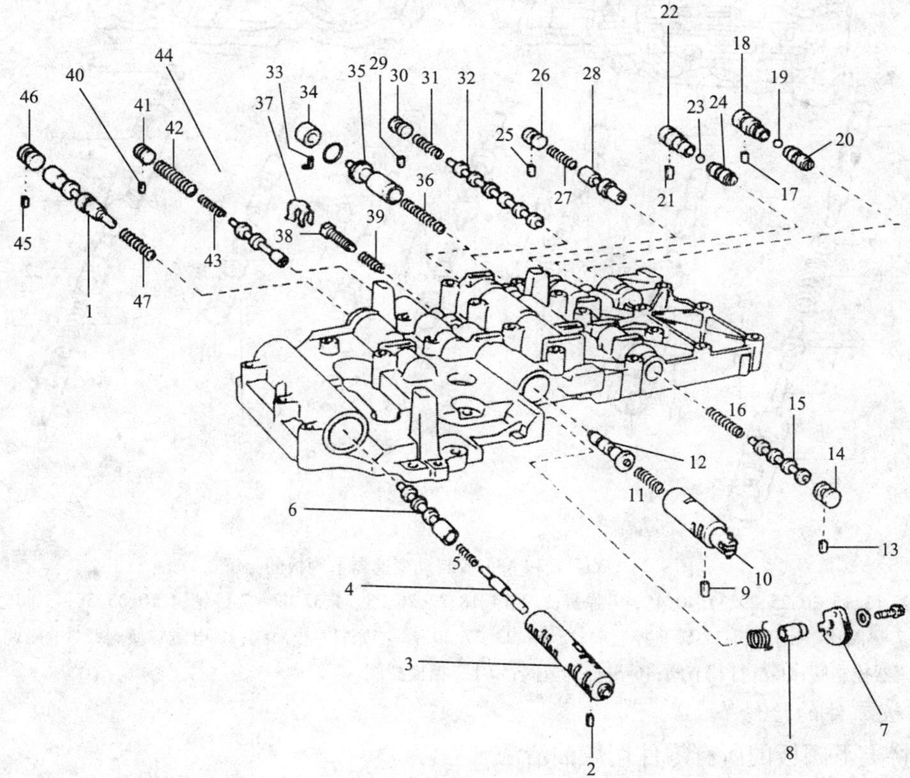

图 4-27 A341E 和 A342E 自动变速器上阀板的分解

1-次调压阀;2、9、13、17、21、25、29、33、40、45-锁销;3-锁止控制阀阀套;4-锁止控制阀;5、11、16、27、31、36、39、42、43、47-弹簧;6-锁止继动阀;7-节气门阀凸轮;8-销套;10-强制降挡阀;12-节气门阀;14、18、22、26、30、34、41、46-挡塞;15-3—4 换挡阀;19、23-止回阀球阀;20、24-止回阀;28-倒挡控制阀;32-2-3 换挡阀;35-前进挡蓄压器活塞;37-锁片;38-节气门阀调节螺钉;44-前进挡蓄压器节流阀

(4)按图4-28所示顺序拆出下阀板中所有的控制阀。

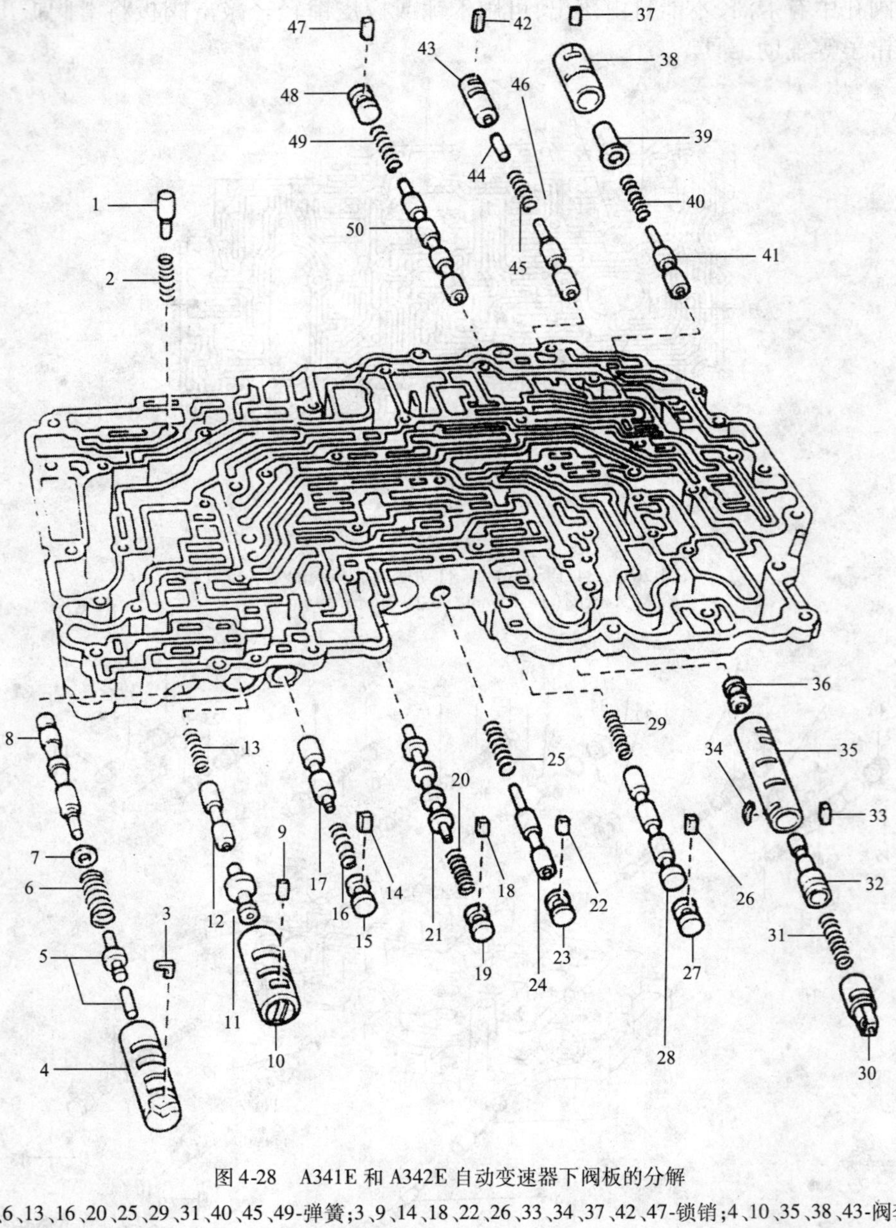

图4-28　A341E和A342E自动变速器下阀板的分解

1-止回阀;2、6、13、16、20、25、29、31、40、45、49-弹簧;3、9、14、18、22、26、33、34、37、42、47-锁销;4、10、35、38、43-阀套;5、11、36、39、44-阀杆;7-垫圈;8-主调压阀;12-锁止控制阀;15、19、23、27、30、48-挡塞;17-止回阀;21-电磁转换阀;24-电磁调节阀;28-截止阀;32-蓄压器控制阀;41-滑行调节阀;46-滑行调节阀;50-1-2挡换挡阀

3.阀板零件的检修

(1)将上下阀板的所有零件用煤油清洗干净。

(2)检查控制滑阀表面,如有轻微刮伤痕迹,可用金相砂纸抛光。如控制阀卡死在阀孔中,应更换阀板总成。

(3)检查各阀弹簧有无损坏,测量各阀弹簧的长度,如不符合表4-3的要求,应更换。

(4)检查滤清器,如有损坏或堵塞,应更换。

(5)检查隔板,如有创伤或损坏,应更换。

(6)更换隔板上的纸质衬垫和阀板上的所有塑胶球阀。

4. 阀板的装配

(1)将清洗后的上下阀板和所有零件放在干净的自动变速器油中浸泡几分钟。

(2)按分解的相反顺序安装上下阀体,各控制阀及其弹簧的安装位置如图4-29所示,各限位件的位置如图4-30、图4-31所示,其尺寸见表4-4。

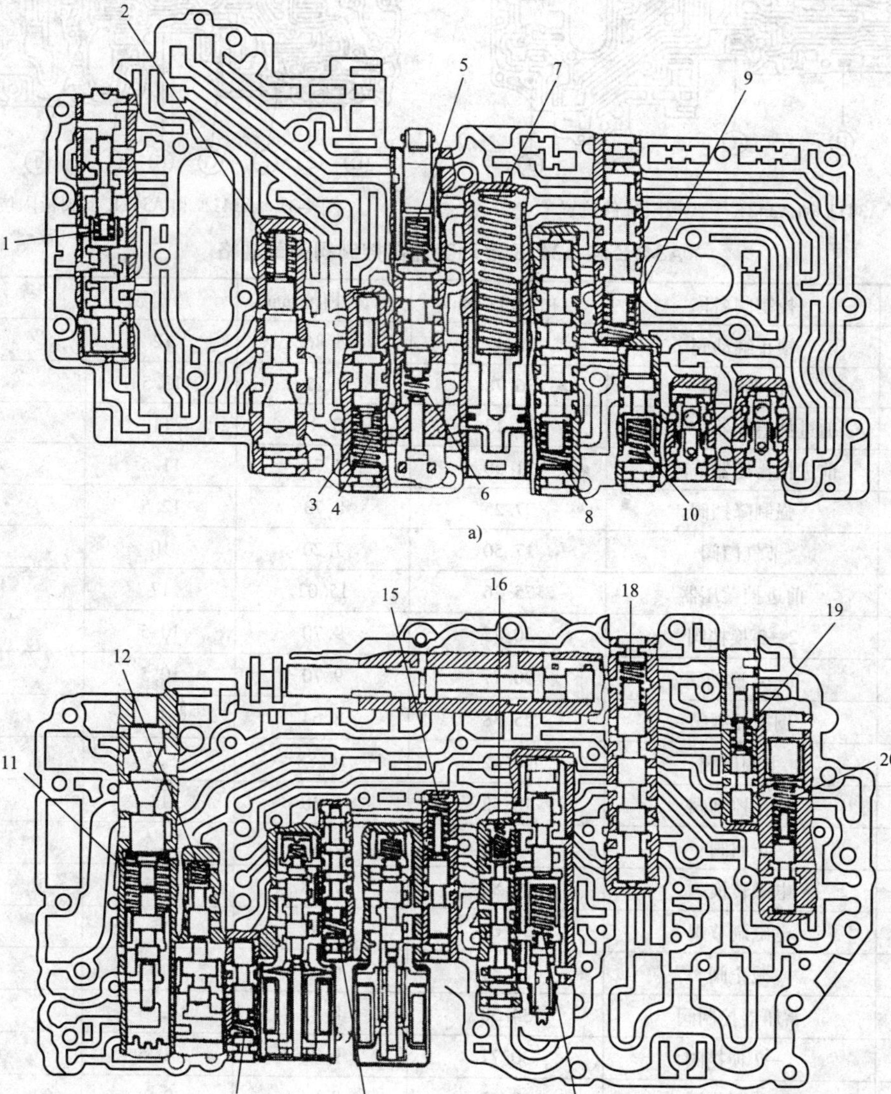

图4-29 A341E和A342E自动变速器上下阀板剖面图

a)上阀板;b)下阀板

1-锁止继动阀;2-次调压阀;3-前进挡蓄压器节流阀外弹簧;4-前进挡蓄压器节流阀内弹簧;5-强制降挡阀;6-节气门阀;7-前进挡蓄压器;8-2-3换挡阀;9-3-4换挡阀;10-倒挡控制阀;11-主调压阀;12-锁止控制阀;13-止回阀;14-电磁转换阀;15-电磁调节阀;16-截止阀;17-蓄压器控制阀;18-1-2换挡阀;19、20-滑行调节阀

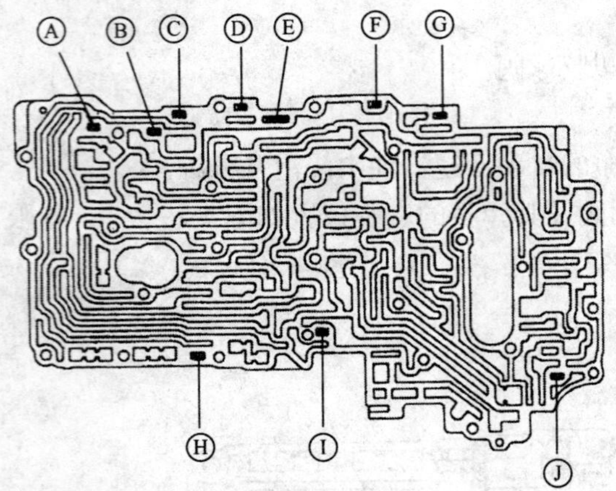

图 4-30 A341E 和 A342E 上阀板限位件位置

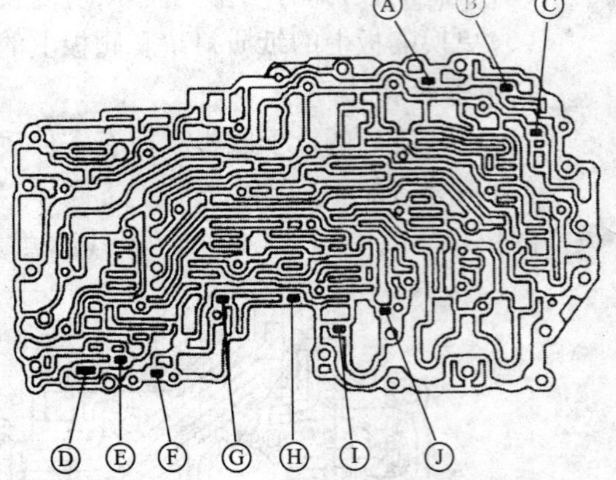

图 4-31 A341E 和 A342E 下阀板限位件位置

A341E 和 A342E 自动变速器控制阀弹簧规格 表 4-3

序号	控制阀名称	自由长度(mm)	弹簧外径(mm)	总圈数	颜色
1	锁止继动阀	23.42	5.86	12	红
2	次调压阀	36.78	9.22	13.5	
3	前进挡蓄压器节流阀	37.13	11.14	11	白
4	前进挡蓄压器节流阀	21.50	7.76	11.5	紫
5	强制降挡阀	27.25	8.73	12.5	黄
6	节气门阀	17.50	7.20	10	红
7	前进挡蓄压器	75.26	15.02	17	粉红
8	2—3 换挡阀	30.77	9.70	10.5	紫
9	3—4 换挡阀	30.77	9.70	10.5	紫
10	倒挡控制阀	25.38	8.64	9	
11	主调压阀	40.62	16.88	9.5	红
12	锁止控制阀	18.52	5.30	13	白
13	止回阀	18.80	7.48	7.5	
14	电磁转换阀	18.80	7.48	7.5	
15	电磁调节阀	30.63	7.99	15	
16	截止阀	20.30	6.10	13	
17	蓄压器控制阀	34.50	8.85	12.5	
18	1—2 换挡阀	30.77	9.70	10.5	紫
19	滑行调节阀	19.73	8.04	9.8	
20	滑行调节阀	26.11 ~ 27.41	8.04	11 ~ 12	黄

A341E 和 A342E 阀板限位件尺寸 表 4-4

上阀板限位件		高	宽	厚	下阀板限位件		高	宽	厚
A	止回阀	10.0	5.0	3.2	A	1—2 挡换挡阀	14.5	5.0	3.2
B	止回阀	21.2	5.0	3.2	B	滑行调节阀	14.5	5.0	3.2

续上表

上阀板限位件		高	宽	厚	下阀板限位件		高	宽	厚
C	倒挡控制阀	16.0	5.0	3.2	C	滑行调节阀	14.5	5.0	3.2
D	2—3 挡换挡阀	12.5	5.0	3.2	D	主调压阀	13.0	5.0	3.2
E	前进挡蓄压器	37.5	5.0	3.2	E	锁止控制阀	14.5	5.0	3.2
F	前进挡蓄压器节流阀	12.5	5.0	3.2	F	止回阀	8.5	5.0	3.2
G	次调压阀	10.0	5.0	3.2	G	电磁转换阀	12.5	5.0	3.2
H	3—4 挡换挡阀	11.5	5.0	3.2	H	电磁调节阀	14.5	5.0	3.2
I	节气门阀	21.2	5.0	3.2	I	截止阀	19.0	5.0	3.2
J	锁止继动阀	21.2	5.0	3.2	J	蓄压器控制阀	29.0	5.0	3.2

(3)按图 3-26 所示位置，将上阀板油道内的球阀装入。

(4)将上下阀板组装在一起，然后将 3 种不同规格的阀板螺栓安装在不同的位置上，如图 4-32 所示，分 2～3 次将所有螺栓拧紧，阀板螺栓的拧紧力矩为 6.1N·m。

(5)安装电磁阀、手控阀等零件。

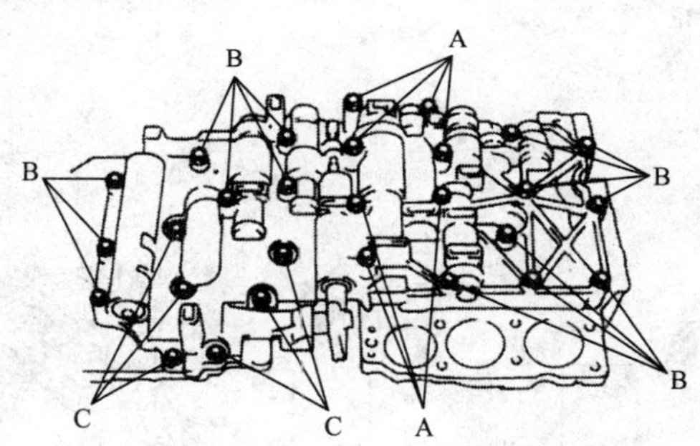

图 4-32 A341E 和 A342E 阀板螺栓的规格和安装位置
A-长螺栓(长度为 45mm)；B-中螺栓(长度为 35mm)；C-短螺栓(长度为 20mm)

复习思考题

1. 简述液压控制系统的组成和工作原理。
2. 自动变速器油泵的作用是什么？有几种类型？
3. 常见车型的自动变速器各采用什么类型的油泵？
4. 如何检修齿轮泵？
5. 变量泵的优点有哪些？
6. 主、次调压阀的作用是什么？是怎样进行调压的？
7. 手控阀的作用是什么？
8. 换挡阀的作用是什么？自动变速器应有几个换挡阀？
9. 换挡品质控制的目的是什么？
10. 检修阀板时应注意什么？
11. 蓄压器的作用是什么？

第五章 自动变速器电子控制系统的构造与检修

自动变速器的电子控制系统由各种传感器、执行器、控制开关及电子控制单元等组成，传感器将测得的发动机转速、节气门开度、汽车车速、自动变速器油温等运行参数信号传送到电子控制单元，控制单元通过分析运算，根据各个控制开关送来的操作指令和预先设定的控制程序，向换挡电磁阀、油压电磁阀、锁止电磁阀等执行元件发出指令信号，以操纵阀板中各个控制阀的工作，实现变速器的自动换挡。图 5-1 为自动变速器电子控制系统组成，其控制原理如图 5-2 所示。

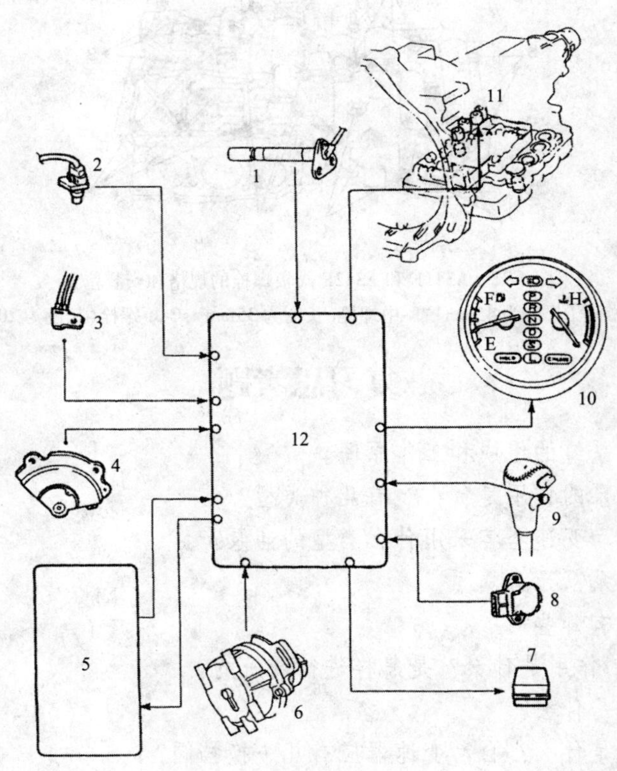

图 5-1 自动变速器电子控制系统的组成

1-输入轴转速传感器；2-车速传感器；3-自动变速器油温度传感器；4-空挡起动开关；5-发动机控制单元；6-发动机转速传感器；7-故障诊断接口；8-节气门位置传感器；9-模式开关；10-挡位指示灯；11-电磁阀；12-自动变速器控制单元

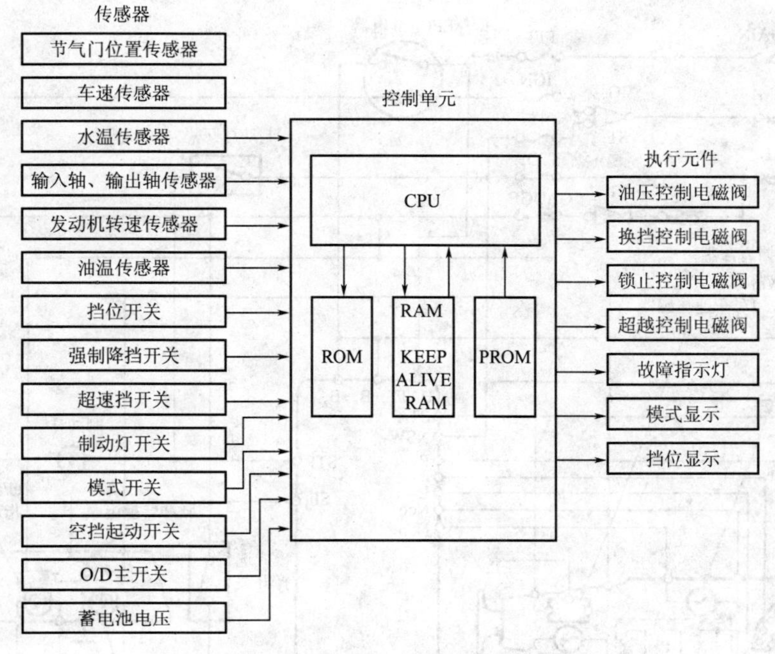

图 5-2 自动变速器电子控制系统框图

第一节 电子控制元件的构造与检修

不同车型的自动变速器,其电子控制系统的组成元件及安装位置各不相同,图 5-3 为丰田 A341E、A342E 自动变速器电子控制系统的元件位置图,各元件的功用见表 5-1,控制电路见图 5-4。

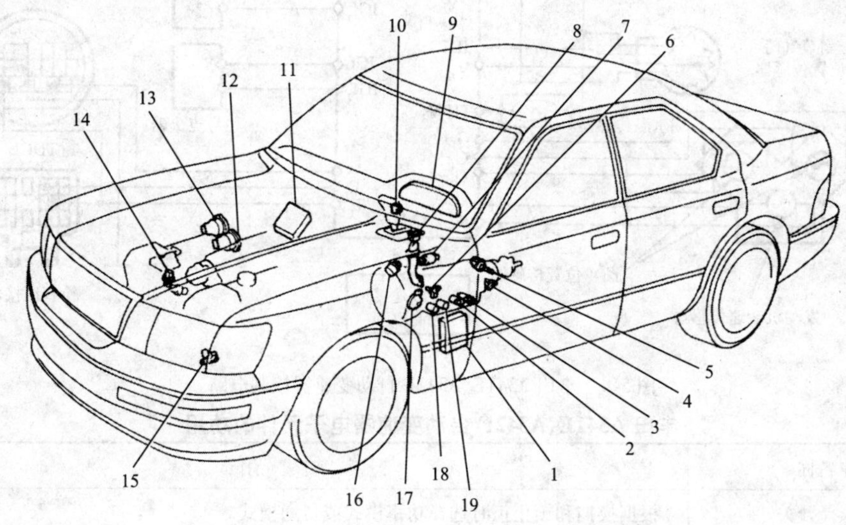

图 5-3 丰田 A341E、A342E 自动变速器电控元件位置

1-巡航控制单元;2-换挡电磁阀 B;3-换挡电磁阀 A;4-车速传感器(2 号);5-车速传感器(1 号);6-输入轴转速传感器;7-制动灯开关;8-模式开关;9-仪表盘;10-超速挡开关;11-发动机及自动变速器控制单元;12-主节气门位置传感器;13-副节气门位置传感器;14-水温传感器;15-发动机转速传感器;16-强制降挡开关;17-空挡起动开关;18-油压电磁阀;19-锁止电磁阀

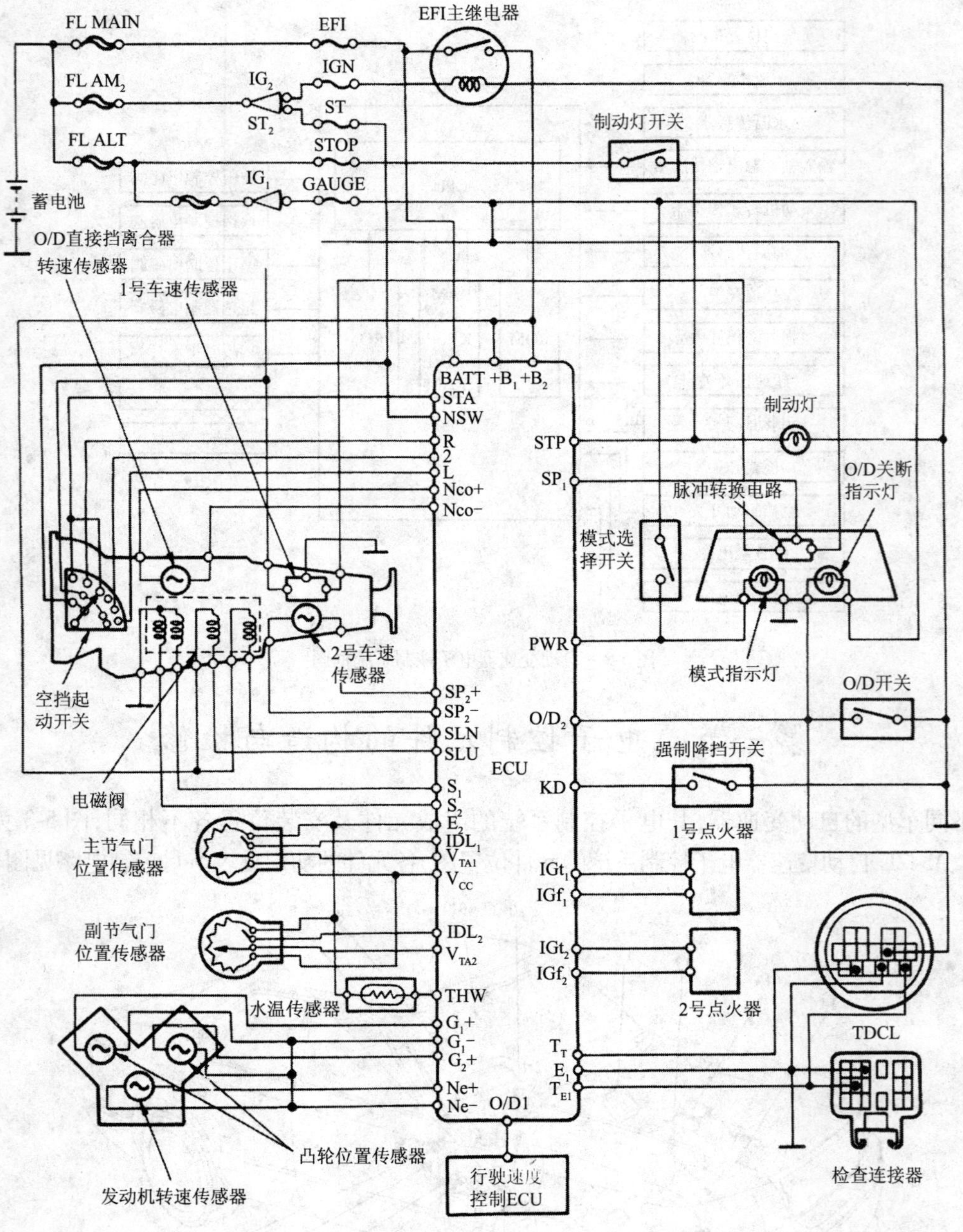

图 5-4　丰田 A341E、A342E 自动变速器控制电路

丰田 A341E、A342E 自动变速器电子元件的功用　　表 5-1

元件名称	功　用
模式选择开关	根据换挡和锁止正时选择功率模式或普通模式
发动机转速传感器	检测发动机转速
空挡起动开关	检测选挡杆位置
制动灯开关	检测制动踏板是否踩下

续上表

元件名称	功　用
节气门位置传感器	检测节气门开启角度
O/D 开关	O/D 开关“OFF”，不能升入超速挡
巡航控制单元	防止变速器换到超速挡；防止在汽车速度降低到设定的自动驱动车速以下时进行锁止控制
1 号、2 号车速传感器	检测汽车速度。变速器控制通常采用 2 号车速传感器信号，1 号车速传感器作为备用信号元件
输入轴转速传感器	检测变速器输入轴转速
强制降挡开关	检测加速踏板踩下的程度是否超过节气门全开位置
冷却液温度传感器	检测发动机冷却液温度
发动机和变速器控制单元	接收各传感器信号，对发动机和变速器实施控制
1 号、2 号电磁阀	控制作用在各换挡阀上的油压和自动换挡正时
4 号电磁阀	调节作用在蓄压器背压腔的油压，使离合器和制动器接合柔和
3 号电磁阀	控制作用在锁止离合器上的油压和锁止正时
O/D 开关指示灯	当电子控制系统发生故障，且 O/D 开关接通时，闪光报警

一、传感器

自动变速器电子控制系统中的主要传感器包括节气门位置传感器、车速传感器、发动机冷却液温度传感器、变速器油温传感器、变速器输入轴转速传感器等。

(一)传感器的构造和原理

1. 节气门位置传感器

节气门位置传感器安装在节气门体上，节气门开度变化时，节气门轴转动带动传感器内的电刷滑动，将节气门打开的角度信号转换成电信号送到控制单元。节气门位置传感器一方面用来检测节气门打开的角度，作为发动机负荷大小的参考信号，另一方面反映节气门开度变化的速度，以便反映驾驶员的驾车意图(如急加速)。对于自动变速器的电子控制系统来说，节气门位置传感器主要用于检测节气门的开度，以反映负荷的大小，它是换挡时刻控制的一个重要信号。

节气门位置传感器由一个线性电位计和一个怠速开关组成，属于线性可变电阻型，有 4 根控制线，其结构如图 5-5a)所示。传感器有两个与节气门联动的可动电刷触点。一个触点可在电阻体上滑动，利用变化的电阻值，测得与节气门开度对应的线性输出电压，根据输出的电压值，控制单元即可得知节气门的开度；IDL 触点信号主要用于判断发动机是否在怠速工况，节气门关闭时，怠速开关接通，节气门开启时，怠速开关断开。传感器的 V_C 端子上有来自控制单元的 5V 基准电压，V_{TA}端子的电压作为反映节气门开度的信号电压输入到控制单元，其输出特性如图 5-5b)所示。这样，控制单元通过节气门位置传感器可以获得节气门由全闭到全开连续变化的模拟信号以及节气门开度的变化速率，作为控制不同行驶条件下变速器自动换挡的主要依据。

有些汽车的节气门位置传感器内部没有设置怠速开关触点，只有3根控制线，怠速位置由V_{TA}端子提供信号，其功用与上述传感器相同。

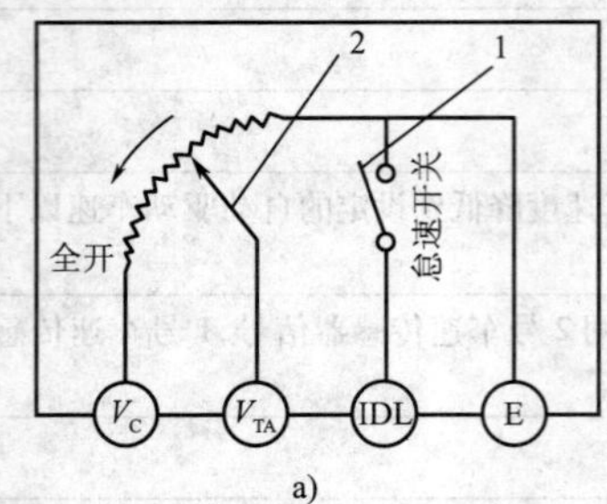

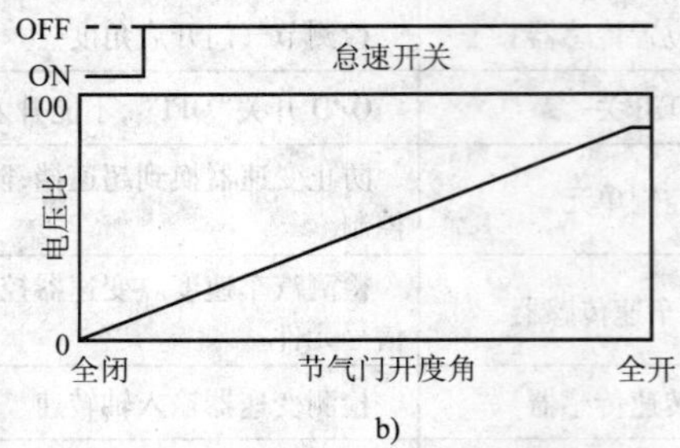

图5-5 节气门位置传感器

a）电路；b）输出特性

1-怠速开关滑动触点；2-线性电位计滑动触点；V_C-基准电压；V_{TA}-节气门开度信号；IDL-怠速信号；E-搭铁

2. 车速传感器

车速传感器安装在自动变速器输出轴附近或差速器处，用于检测自动变速器输出轴的转速，并将车速信号输送到控制单元、电子仪表及其他装置。控制单元根据车速传感器信号计算出车速，作为其换挡控制的依据。按工作原理不同，车速传感器可分为舌簧开关式、电磁感应（磁电脉冲）式、光电式、霍尔效应式、磁阻元件式等多种类型。

1）舌簧开关式车速传感器

舌簧开关式车速传感器有的安装在车速表的转子附近，有的安装在输出轴上。如图5-6a）所示，舌簧开关式车速传感器由舌簧管和旋转的磁铁组成，在舌簧管内封装有两片簧片构成的触头，触头由铁、镍等易于被磁铁吸引的强磁性材料制成。受舌簧管外磁铁的控制，有时触头互相吸引而闭合，有时触头互相排斥而断开，从而形成了触头的开关作用。

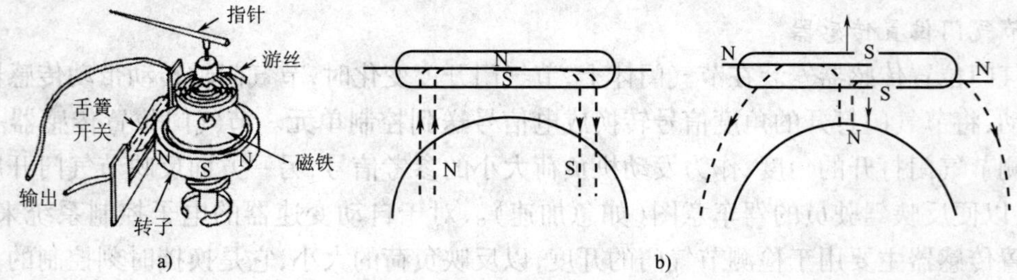

图5-6 舌簧开关式车速传感器

a）结构；b）工作原理

当N、S磁极从接近舌簧开关到逐渐离开时，上、下两个触头变为不同极性的磁极，触头互相吸引，舌簧开关变为闭合状态；当N极或S极接近舌簧开关时，上、下两个触头变为同一极性的磁极，触头互相排斥，开关变为断开状态，如图5-6b）所示。一般旋转磁铁采用4磁极式，所以每旋转一周，产生4个脉冲信号，控制单元根据脉冲信号计算出车速。

舌簧管式车速传感器一般为两线式，可以利用钢或铁扳手接近传感器来测试它的通断性。测试时要接近此类传感器的中部触发端，正确安装时信号转子接近中部。

2）电磁感应式车速传感器

电磁感应式车速传感器由永久磁铁和电磁感应线圈组成，它固定在自动变速器输出轴附

近的壳体上，靠近安装在输出轴上的感应转子，如图5-7所示。当输出轴转动时，停车闭锁齿轮或感应转子的凸齿不断地靠近或离开车速传感器，使感应线圈的磁通量发生变化，从而产生交流感应电压。车速越高，输出轴的转速也越高，感应电压的脉冲频率也越大，控制单元根据感应电压脉冲频率的大小计算出车速。

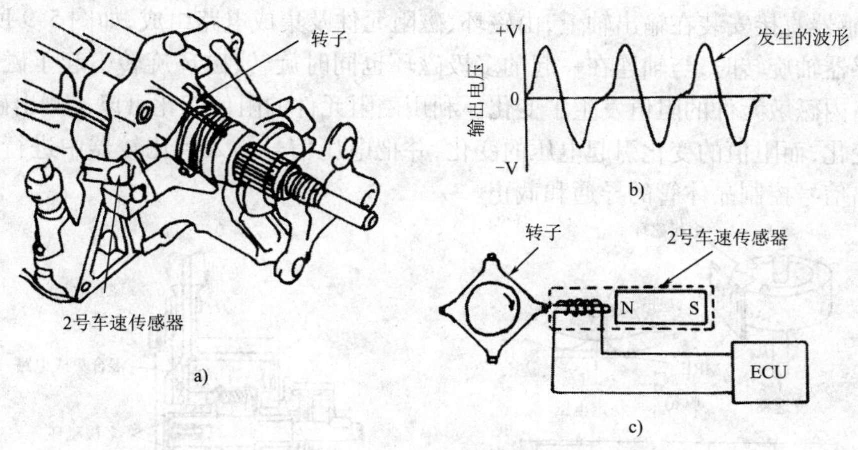

图5-7　电磁感应式车速传感器

a)结构；b)感应电压曲线图；c)工作原理

电磁感应式车速传感器一般为两线式，通常两线间的阻值在800～1200Ω之间。不同车型所用的传感器略有差异，传感器的阻值也不完全相同。有些传感器是三线形式，是在两线的外面加上屏蔽导线，该线和传感器的金属壳相通。

电磁车速传感器和转速传感器的工作性能可用万用表、检测仪、示波器来进行检测。检测时，转动传感器的信号触发转子，或用磁铁、钢扳手等接近传感器的探头，测量传感器产生的信号电压。用万用表交流电压挡测出的信号电压值较小，可用检测仪或示波器测量传感器的信号波形。

3）光电式车速传感器

光电式车速传感器通常安装在组合仪表内，由发光二极管、光敏元件及车速表驱动的遮光板等组成，如图5-8所示。当遮光板不遮光时，发光二极管的光照射到光敏晶体管上，光敏晶体管的集电极中有电流通过，光敏晶体管导通，这时晶体管 T_{r1} 也导通，在 S_0 端子上无电压输出。当遮光板遮光时，发光二极管的光不能照射到光敏晶体管上，光敏晶体管不导通，这时晶

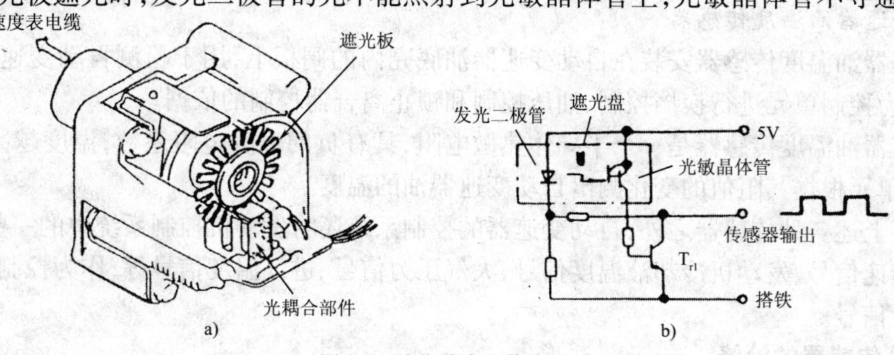

图5-8　光电式车速传感器

a)结构；b)工作原理

体管 T_{r1} 截止，从而在 S_0 端子上就有5V电压输出。遮光板上有20个切槽，即仪表电缆每转一圈，传感器就有20个脉冲信号输出，控制单元根据脉冲数计算出车速。

4）磁阻元件式车速传感器

磁阻元件式车速传感器采用了元件电阻随磁场变化而变化的磁阻元件（MRE）来检测车速，这种传感器直接安装在输出轴上，由磁环、磁阻元件及集成电路组成，如图5-9所示。当齿轮驱动传感器轴旋转时，与轴连在一起的多极磁环也同时旋转，磁环旋转引起了磁通量变化，使集成电路内磁敏元件的阻值发生了变化。利用磁阻元件的阻值变化可以检测出磁铁旋转引起的磁通变化，而阻值的变化引起电压的变化，并把电压信号输入到比较器中进行比较，再由比较器输出信号控制晶体管的导通和截止。

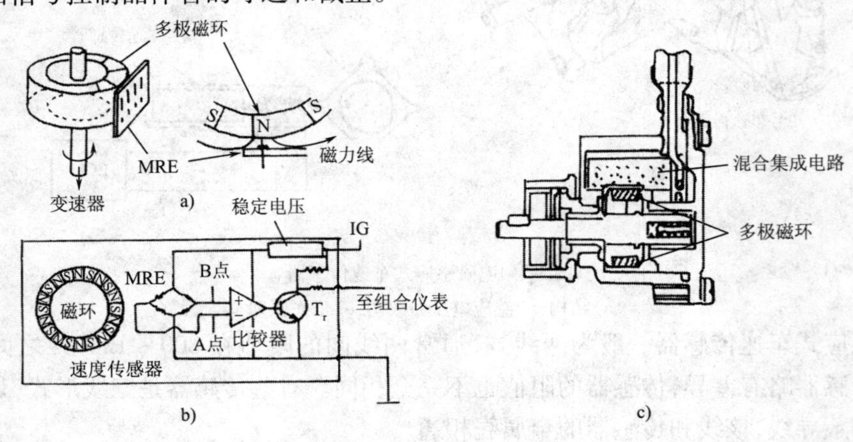

图5-9　磁阻元件式车速传感器

a）工作原理；b）电路；c）结构

3. 输入轴转速传感器

输入轴转速传感器安装在齿轮变速器的输入轴或与输入轴连接的离合器鼓附近的壳体上，用于检测输入轴转速，并将信号送入控制单元，使控制单元更精确地控制换挡过程。此外，控制单元还将该信号和来自发动机控制系统的发动机转速信号进行比较，计算出液力变矩器的传动比，使油路压力控制过程和锁止离合器的控制过程得到进一步的优化，以改善换挡品质，提高自动变速器的工作性能。

输入轴转速传感器的结构、工作原理、检修方法与车速传感器相同。

4. 变速器油温度传感器

变速器油温度传感器安装在自动变速器油底壳内的阀板上，用于检测自动变速器油的温度，以作为控制单元进行换挡控制、油压控制和锁止离合器控制的依据。

变速器油温度传感器是一个半导体热敏电阻，具有负的温度电阻系数，温度越高，电阻越低，控制单元根据其阻值的变化测出自动变速器油的温度。

除了上述各种传感器之外，自动变速器的控制系统还将发动机控制系统中的一些信号，如发动机转速信号、发动机冷却液温度信号、大气压力信号、进气温度信号等，作为控制自动变速器的参考信号。

（二）传感器的检修

不同自动变速器采用的传感器类型有所区别，但同类型传感器的检修方法基本相同。

1. 节气门位置传感器

节气门位置传感器有三线式(如别克、桑塔纳车)和四线式(如丰田车),下面以桑塔纳2000节气门位置传感器为例介绍其检修方法。

桑塔纳2000节气门位置传感器的连接器有3个端子(三线式),ECU为端子1提供5V电压,端子3通过ECU搭铁,端子2为ECU提供信号电压。当节气门开度变化时,传感器内的滑动触点随之处于变阻器上不同位置,端子2便输出不同的信号电压。

(1)传感器阻值检测。拔下传感器连接器,用欧姆表测量端子1与端子3之间的电阻,应为1.95~2.10kΩ;转动节气门,当节气门由全闭至全开时,端子2与端子3之间的阻值应在1.10~2.80kΩ之间连续变化。

(2)传感器供电电压及搭铁检测。拔下传感器连接器,点火开关置"ON",测量连接器端子1与搭铁间的电压,应为5V;测量连接器端子3与搭铁间的电阻,应为0Ω。否则检查ECU供电线路。

(3)动态检测。插合传感器连接器,点火开关"ON"位,利用万用表和探针检测端子2的输出电压。当节气门关闭时,电压应为0.1~0.9V;当节气门全开时,电压应为3.0~4.8V。

2. 车速传感器

电磁感应式车速传感器在自动变速器上应用较为广泛,首先应检查传感器的信号触发转子有无损坏、是否缺齿、间隙是否正常等。

(1)传感器阻值检测。点火开关"OFF",拔下传感器连接器,测量两端子之间的电阻。不同车系此传感器阻值不同,如捷达车阻值为800~900Ω,丰田车阻值为560~680Ω,别克车阻值为1650~2200Ω(20℃)。

(2)传感器输出电压检测。可利用检测仪和示波器检查车速传感器的输出信号,直观而准确;也可用万用表检测其输出电压。

举升起汽车,转动驱动轮,用万用表接触车速传感器的两个端子,观察有无脉冲信号电压。或拆下车速传感器,用磁铁靠近传感器并迅速移开,反复进行几次,检测传感器有无信号电压,如捷达车的信号电压为2.2~2.5V。不正常则更换车速传感器。

3. 油温传感器

拆下油温传感器,将油温传感器放入盛有水的容器中加热,测量其不同温度时的电阻值。捷达车在20℃时阻值约为0.247MΩ,60℃时阻值约为48.8kΩ,120℃时阻值约为7.4kΩ;丰田车10℃时阻值为6.5kΩ,110℃时阻值为0.2kΩ。若阻值不正常应更换传感器。

二、控制开关

不同车型的自动变速器设置有不同的控制开关,主要有超速挡开关、模式开关、空挡起动开关、强制降挡开关、制动开关等,各种开关的作用在第一章中已经讲述,在此主要介绍其检修方法。

(一)空挡起动开关的检修

1. 空挡起动开关的类型

空挡起动开关主要有两种类型:触点式和逻辑判断式。

(1)触点式。挡位开关由几个触点组成,当选挡杆位于不同位置时相应的触点闭合。控制单元根据闭合的触点，测得选挡杆的位置，从而按照不同的程序控制自动变速器的工作。

(2)逻辑判断式。挡位开关的位置信息是利用开关的几条编码线路传给变速器控制模块的。其电路如图5-10所示，开关触点2、3和4分别与变速器控制模块连接器端子50、14和33相连。3个触点的闭合与断开可以构成多种组合，分别表示换挡位置P、R、N、D、3、2和1，从而将挡位信号传送至自动变速器数字控制模块。

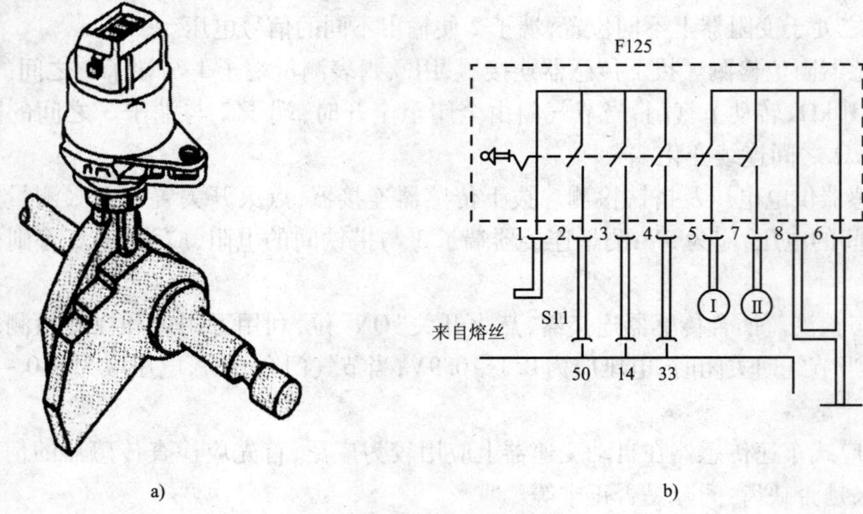

图5-10 空挡起动开关

a)空挡起动开关；b)挡位开关位置信号电路

2. 空挡起动开关的检修

丰田车系空挡起动开关检测接口如图5-11所示，其检测方法如下：

对佳美(CAMRY)轿车，将选挡杆挂入“N”位，用欧姆表测量NL与C端，应导通；选挡杆挂入“2”位，2L端与C端应导通；选挡杆挂入“L”位，LL端与C端也应导通。

对丰田其他车型，当变速器选挡杆置于“N”位时，用欧姆表测量N与C端，应导通；将变速器选挡杆推入“2”位，2端与C端应导通；当选挡杆推入“L”位时，L与C端应导通，否则应检修或更换空挡开关。

(二)超速挡开关的检修

在驾驶室仪表板上，设有“O/D OFF”指示灯显示超速挡开关的状态。当超速挡开关打开时，“O/D OFF”指示灯熄灭，而当超速挡开关关闭时，“O/D OFF”指示灯随之亮起。超速挡开关电路如图5-12所示。

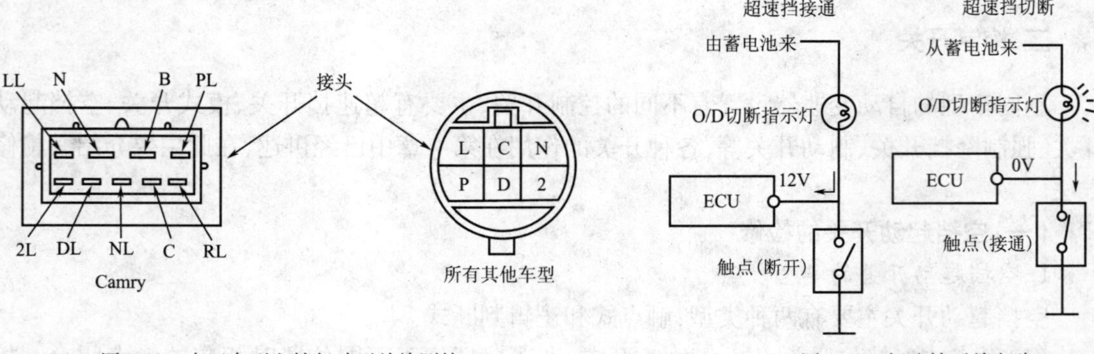

图5-11 丰田车型空挡起动开关检测接口

图5-12 超速挡开关电路

检测超速开关时,应拔下开关上的连接器,当将超速挡开关置于“OFF”位置时,用欧姆表测量检测1号与3号端子,应导通,否则应更换,如图5-13所示。

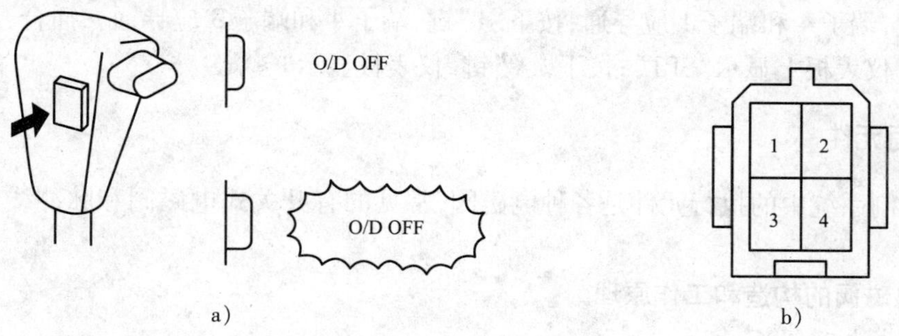

图5-13　超速挡开关

a)超速挡开关的位置;b)超速挡开关检测接口

(三)制动灯开关的检修

(1)检查制动灯的工作:踩下制动踏板时,制动灯应亮,松开制动踏板时,制动灯应熄灭。

(2)将万用表接至诊断接口的端子 T_T 和 E_1(丰田车系)。

(3)将点火开关打开至“ON”位置,但不要起动发动机。

(4)将加速踏板踩到底,直到万用表的电压为8V时,踩住加速踏板不动。

(5)踩下和松开制动踏板,检查电压值,踩下时,电压为0V,松开时,电压为8V。

(四)强制降挡开关的检修

关闭点火开关,不踩加速踏板,测量强制降挡开关两端子间的电阻,应为无穷大;打开点火开关,将加速踏板踩到底,使强制降挡开关动作,测量两端子间的电阻,应小于1.5Ω,否则更换强制降挡开关。

(五)模式选择开关的检修

1.模式开关的工作原理

下面以AL4自动变速器为例简单介绍模式选择开关的工作过程,其控制电路如图5-14所示。

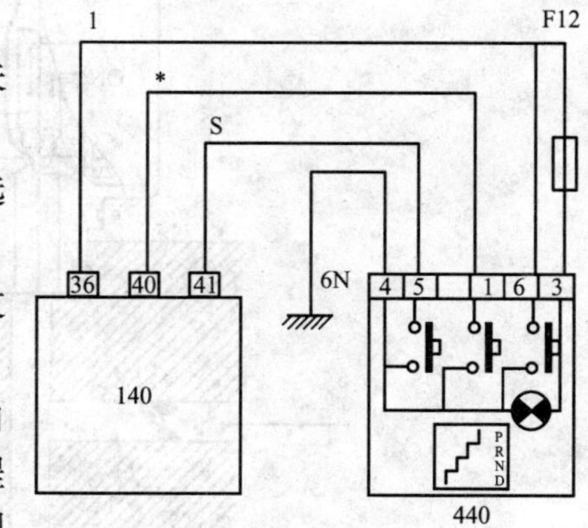

图5-14　AL4自动变速器模式选择开关电路

140-控制单元;440-模式选择开关

驾驶员操作模式选择开关向电控单元发出指令,选择换挡程序和强制1挡。

(1)打开点火开关,电控单元端子40、41未接到触发信号,自动选择自适配程序。

(2)按下“S”(Sport)键,电控单元端子41的电压由12V降为0V,电控单元接到此触发信号后,选择运动程序,仪表板上显示“SPT”,再按S键,解除运动程序,回到自适配程序。

(3)按下“*(Snow)”键,电控单元端子40的电压由12V降为0V,电控单元接到此触发信号后选择雪地程序,仪表板显示“*”,再按“*”键,解除雪地程序,回到自适配程序。

(4)当选挡杆处于“2”挡位置时,按下“1”,电控单元端子36的电压由12V降为0V,电控单元根据此触发信号选择强制1挡。

2. 模式选择开关的检修

模式选择开关可用万用表检测。拔开开关连接器,按下“S”键,端子4和端子5应导通;按下“＊”键,端子4和端子1应导通;按下“1”键,端子4和端子3应导通。插合开关连接器,按下“S”键,仪表板上显示“SPT”;按下“＊”键,仪表板显示“＊”。

三、执行元件

电子控制系统中的执行元件是各种电磁阀,常见的有开关式电磁阀和脉冲线性式电磁阀两种。

(一)电磁阀的构造和工作原理

1. 开关式电磁阀

开关式电磁阀的作用是打开或关闭液压油路,通常用于控制换挡阀及液力变矩器锁止控制阀的工作。开关式电磁阀由电磁线圈、衔铁、复位弹簧、阀芯和阀球等组成,如图5-15所示,它有两种工作方式,一种是使油路油压上升或使油路泄压,如图5-15a)所示,当电磁线圈不通电时,阀芯被油压推开,打开泄油孔,油路的液压油经电磁阀泄空;当电磁线圈通电时,电磁力使阀芯下移,关闭泄油孔,使油路压力上升。另一种是开启或关闭某一条油路,即当电磁线圈不通电时,油压将阀芯推开,阀球在油压作用下关闭泄油孔,打开进油孔,使主油路压力油进入控制油道,如图5-15b)所示;当电磁线圈通电时,电磁力使阀芯下移,推动阀球关闭进油孔,打开泄油孔,控制油道内的压力油由泄油孔泄空,如图5-15c)所示。

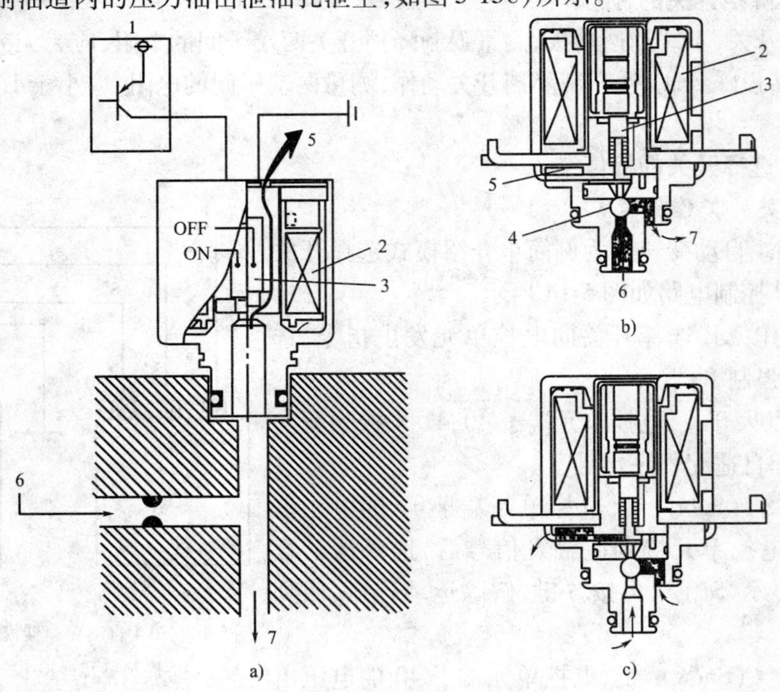

图5-15　开关式电磁阀

1-控制单元;2-电磁线圈;3-衔铁和阀芯;4-阀球;5-泄油孔;6-主油道;7-控制油道

2. 脉冲线性式电磁阀

脉冲线性式电磁阀的构造与开关式电磁阀相似,也是由电磁线圈、衔铁、阀芯或滑阀等组成,如图5-16所示,它通常用来控制油路中的油压。当电磁线圈通电时,电磁力使阀芯或滑阀开启,液压油经泄油孔排出,油路压力随之下降;当电磁线圈断电时,阀芯或滑阀在弹簧弹力的作用下将泄油孔关闭,使油路压力上升。脉冲线性式电磁阀和开关式电磁阀的不同之处在于控制它工作的电信号不是恒定不变的电压信号,而是具有固定频率的脉冲电信号,电磁阀在脉冲电信号的作用下不断反复地开启和关闭泄油孔。

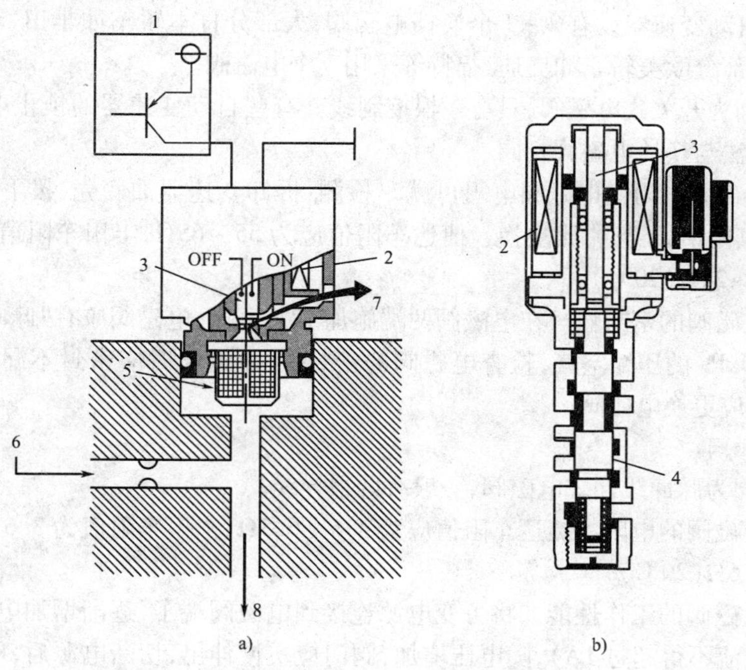

图5-16　脉冲线性式电磁阀

a)普通的脉冲线性式电磁阀;b)带滑阀的脉冲线性式电磁阀

1-控制单元;2-电磁线圈;3-衔铁和阀芯;4-滑阀;5-滤网;6-主油道;7-泄油孔;8-控制油道

每个脉冲周期内电流接通和断开的时间比率,称为占空比,变化范围为0~100%,如图5-17所示。

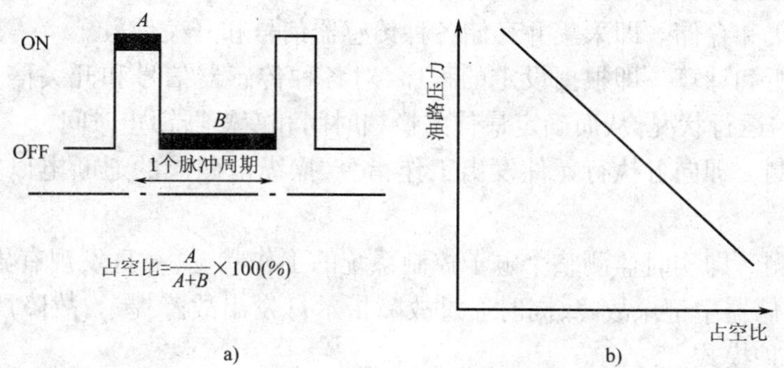

图5-17　脉冲线性式电磁阀的控制信号

a)占空比的定义示意图;b)油路压力曲线图

控制单元通过改变占空比来控制油路的压力,占空比越大,经电磁阀泄出的液压油越多,油路压力越低,反之,占空比越小,油路压力越大。

脉冲线性式电磁阀一般安装在主油路、蓄压器背压油路或锁止控制油路上,控制单元利用脉冲电磁阀在自动变速器升挡或降挡的瞬间使油压下降,进一步减少换挡冲击,使挡位的变换更加柔和。

(二)电磁阀的检修

1. 换挡电磁阀

通常4速自动变速器设有2~3个换挡电磁阀,大部分日本轿车如丰田、马自达等采用2个换挡电磁阀,部分欧美轿车如奥迪、福特等采用3个电磁阀。

换挡电磁阀为开关式电磁阀,只有一根控制线。有些自动变速器的锁止电磁阀也采用开关式,其检测方法与换挡电磁阀相同。

(1)检测电磁阀电阻。电磁阀电阻可就车检测:拆卸变速器油底壳,拔下电磁阀连接器,用万用表测量其阻值,不正常则更换。捷达车阻值应为55~65Ω,丰田车阻值为10~16Ω,别克车阻值为19~24Ω(20℃)。

(2)检查电磁阀的密封性。在电磁阀两端施加12V电压,电磁阀应有“咔嗒”声;在电磁阀的油口施加490kPa的压缩空气,检查电磁阀的密封性:不通电时应密封不漏气,通电时应导通。若不正常,应更换电磁阀。

2. 调压电磁阀

调压电磁阀为脉冲线性式电磁阀,一般有两根导线。

(1)检测电磁阀的电阻。捷达车阻值应为4.5~6.5Ω,丰田车阻值为3.6~4.0Ω,别克车阻值为3.5~4.6Ω(20℃)。

(2)检查电磁阀的工作性能。将可变电源连接到电磁阀端子,逐渐增加电压,检查阀门运动情况(供电电流不得超过1A),随电压增加,阀门应缓慢伸出,切断电源后,阀门应缩回。若不正常应更换电磁阀。

四、电子控制单元

1. 控制单元的作用

电子控制单元是控制系统的中枢,其作用如下:

(1)数据采集和存储。即采集并存储各种传感器信号和开关信号。

(2)数据分析和计算。即根据设定的程序,对各种传感器信号和开关信号进行分析和计算,以了解汽车的运行状况,从而确定最佳的换挡时间和变矩器锁止时间。

(3)指令控制。即向各执行元件发出工作指令,操纵电磁阀的通断电以实现自动换挡等各种功能。

(4)故障监测。即实时监测整个电子控制系统的工作状况,一旦发现有异常状况,则以故障码的形式在存储器中记录故障,同时通过故障指示灯发出故障提示,故障严重时,使自动变速器进入故障保护模式。

(5)通信功能。即包括与诊断仪通信和与其他控制单元通信。将故障诊断仪接到诊断接口上即可调取控制单元中存储的故障码,也可以在汽车运行过程中读取数据流。控制单元不断与发动机、ABS、巡航系统等控制单元通信,获得其他控制系统的状态参数,以实现更精确的全车综合控制。

不同车型的自动变速器控制单元的形式和布置不尽相同,有许多车型的发动机和自动变速器的控制单元集成在一起,从而使自动变速器的工作更好地与发动机的工作相匹配;有些车型的自动变速器采用单独的控制单元,各控制系统之间利用控制导线或 CAN 总线进行通信联系。

2. 控制单元的检修

1)控制单元的故障原因

控制单元故障一般是由以下原因引起的:

(1)环境因素。如果控制单元浸水或经常处在潮湿的环境中,将造成连接器、壳体或集成电路腐蚀、损坏甚至短路。此外,过热和振动也可能在线路板中引起微小的不可修复的裂纹。

(2)电流超载。通常是由于电磁阀或其电路短路造成的。因此,在更换新的控制单元之前,一定要彻底查清故障原因,并认真检查相关电气元件及线路。如果短路的电气元件及线路未被发现和修复,所造成的电流超载还可能会损坏新的控制单元。

(3)操作不规范。在检修过程中,不规范的操作很容易导致控制单元损坏,如:在拆装过程中未采取静电防护措施、安装控制单元之前未断开蓄电池接线、用内阻较小的电阻表检测端子等。

在正常使用的情况下,控制单元本身不易出现故障,因此,在检修控制单元之前,应首先确认蓄电池电压正常、搭铁良好,且各传感器、电磁阀、控制开关及相关线路工作正常。

2)控制单元检修注意事项

控制单元的故障可以利用检测仪或解码器等专用检测设备进行检测,还可以通过测量控制单元各端子的工作电压来判断其是否正常,但这种检测方法只是一种辅助手段,因为控制单元在工作中所接收或输出的信号有多种形式,如脉冲信号、模拟信号等,而一般的电压表只能测出电路的平均电压值。因此,即使在检测中控制单元各端子的工作电压都正常,也不能说明控制单元就绝对没有故障,有时需用总成互换的方法来判断控制单元是否有故障。

在检测控制单元线束各端子工作电压时,应注意以下几点:

(1)在检测之前,应先检查变速器控制系统及其他电气系统各熔断器、熔断丝及有关的线束连接器是否正常。在点火开关处于开启(ON)位置时,蓄电池电压应不低于 11V,过低的蓄电池电压会影响测量结果。

(2)必须使用高阻抗的电压表,低阻抗的电压表可能会造成控制单元损坏。

(3)应从线束连接器的线束一侧插入测笔来测量各端子的电压,如图 5-18 所示。

(4)不可在拔下控制单元线束连接器的状态下,直接测量控制单元的各端子电阻,否则可能损坏控制单元。

(5)测量控制线路,若需拔下控制单元的线束连接器,应先拆下蓄电池搭铁线。不可在蓄电池连接完好的状态下拔下控制单元的连接器,否则可能导致控制单元损坏。

(6)应牢固可靠地连接控制单元连接器,否则可能损坏其内部集成电路。

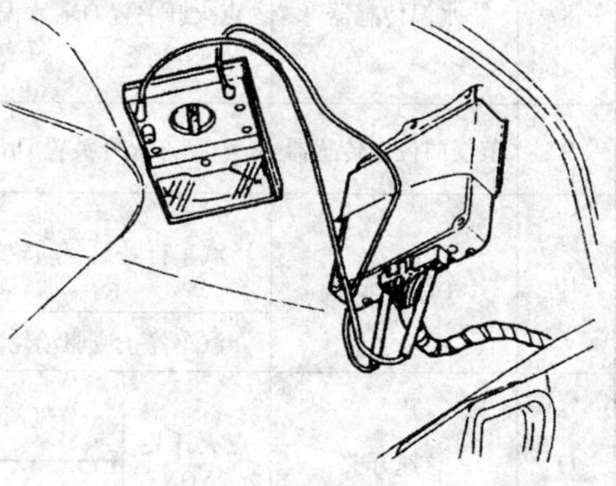
图 5-18　控制单元各端子电压的测量方法

3)控制单元的检修

控制单元的检测必须以被测车型的详细维修技术资料为依据，要掌握自动变速器的控制电路、控制单元各端子的连接线路、不同工况下各端子的标准工作电压、检测条件等。如图 5-19 所示为丰田 CROWN3.0 轿车 A340E 自动变速器和发动机控制单元连接器，表 5-2 为丰田 CROWN3.0 轿车 A340E 自动变速器和发动机控制单元检测标准。

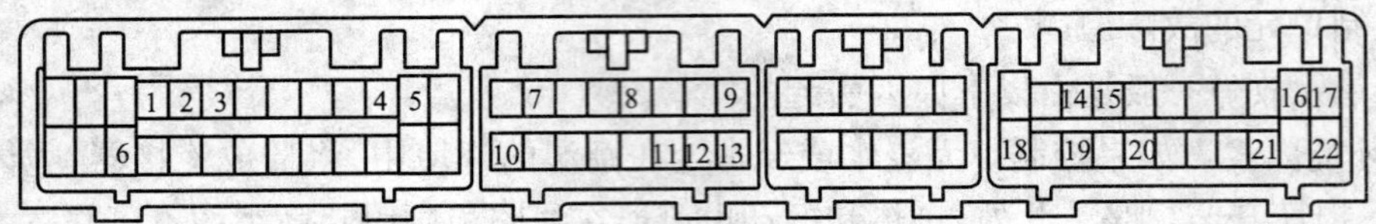

图 5-19 丰田 CROWN3.0 轿车 A340E 自动变速器和发动机控制单元连接器

1-换挡电磁阀 A；2-换挡电磁阀 B；3-锁止电磁阀；4、5、18-空挡起动开关；6、13-搭铁；7-故障检测接口；8-水温传感器；9、14、12-节气门位置传感器；10-车速传感器；11-超速挡开关和超速挡指示灯；15-车速表传感器；16-蓄电池；17、22-主继电器；19-模式开关和模式指示灯；20-巡航控制单元；21-制动灯开关

丰田 CROWN3.0 轿车 A340E 自动变速器和发动机控制单元检测标准 表 5-2

接线端	所连接的线路或元件	检测条件		标准电压(V)	不正确的电压(V)	可能的故障原因
1	换挡电磁阀 A	汽车行驶于 1 挡或 2 挡		12		
		汽车行驶于 3 挡或 4 挡		0		
2	换挡电磁阀 B	汽车行驶于 2 挡或 3 挡		12		
		汽车行驶于 1 挡或 4 挡		0		
3	锁止电磁阀	汽车行驶中		7-12	0	控制单元内部故障
4	空挡起动开关	点火开关置 ON	选挡杆置于 L 位	12	0	空挡起动开关损坏； 空挡起动开关至控制单元的线路断路
			选挡杆置于 L 之外的其他位置	0	12	空挡起动开关至控制单元的线路接错
5	空挡起动开关	点火开关置 ON	选挡杆置于 2 位	12	0	空挡起动开关损坏； 空挡起动开关至控制单元的线路断路
			选挡杆置于 2 之外的其他位置	0	12	空挡起动开关至控制单元的线路接错
8	水温传感器	点火开关置 ON，水温 80℃		0.2-1.0	0	水温传感器损坏； 水温传感器至控制单元的线路短路
					>4	水温传感器损坏； 水温传感器至控制单元的线路断路
9	节气门位置传感器	点火开关置 ON		4.5～5.5	<4.5 或 >5.5	控制单元内部故障
10	车速传感器	汽车行驶或驱动轮转动		0～3 摆动	0	车速传感器损坏； 车速传感器至控制单元的线路断路或短路
		汽车停止或驱动轮不转		0	>5	控制单元内部故障
11	怠速开关	点火开关置 ON	节气门全关	0	7.5～12	怠速开关调整不当或损坏； 怠速开关至控制单元的线路断路
			节气门开启	7.5～12	0	怠速开关损坏； 怠速开关至控制单元的线路短路

续上表

接线端	所连接的线路或元件	检测条件		标准电压(V)	不正确的电压(V)	可能的故障原因
12	节气门位置传感器	点火开关置ON	节气门全关	0.3~0.8	0或>1.0	节气门位置传感器调整不当或损坏； 节气门位置传感器至控制单元的线路断路或短路
			节气门全开	3.2~4.9	0或>5.5	节气门位置传感器损坏； 节气门位置传感器至控制单元的线路断路或短路
14	超速挡开关和超速挡指示灯	点火开关置ON	超速挡开关置ON	12	0	超速挡开关损坏； 超速挡开关至控制单元的线路短路
			超速挡开关置OFF	0	12	超速挡开关损坏； 超速挡开关至控制单元的线路断路
15	车速表传感器	汽车行驶或驱动轮转动		0~3摆动	0	车速表传感器损坏； 车速表传感器至控制单元的线路断路或短路
		汽车停止或驱动轮不转		0	>5	控制单元内部故障； 车速表传感器至控制单元的线路接错
16	蓄电池	—		12	0	熔断丝烧断； 蓄电池至控制单元的线路断路
17、22	主继电器	点火开关置ON		12	0	熔断丝烧断；主继电器损坏； 主继电器至控制单元的线路断路
18	空挡起动开关	点火开关置ON	选挡杆位于N位	12	0	空挡起动开关损坏； 空挡起动开关至控制单元的线路断路
			选挡杆位于N之外的其他位置	0	12	空挡起动开关至控制单元的线路接错
19	模式开关和模式指示灯	模式开关置于功率模式(PWR)位置		12	0	模式开关损坏； 模式开关至控制单元的线路断路
		模式开关置于普通模式(NORM)位置		0	12	模式开关损坏
20	巡航控制单元	点火开关置ON		5	0	发动机及自动变速器控制单元与巡航控制单元之间的线路断路、短路
21	制动灯开关	点火开关置ON	踩下制动踏板	12	0	制动灯开关损坏；熔断丝烧断； 制动灯开关至控制单元的线路断路
			松开制动踏板	0	12	制动灯开关损坏；制动灯开关安装不当

检测时，应先将控制单元连同线束一同拆下，在线束连接器处于连接的状态下，按表中的顺序，分别在点火开关关闭、开启及汽车行驶等状态下测量控制单元各端子与搭铁之间的电压，并将测得的电压与表中的标准电压值进行比较。如果测得的电压与标准值不符，说明控制单元或控制电路有故障，应按表中列出的故障可能原因做进一步的检查。也可以拔下控制单元连接器，测量各控制电路的电阻，并将测得的电阻值与标准值进行比较，从而确定控制电路的工作是否正常。

3. 控制单元的更换

一般控制单元不可修复，一旦确认有故障，必须更换。

控制单元通常安装在驾驶室仪表板、气候控制系统或文件箱的下面，有的安装在坐椅下面。在拆卸和安装控制单元之前都应断开蓄电池，在装好控制单元并重新连接好线束后，再重新接上蓄电池。许多控制单元在安装后或断开电源后必须经过“再学习”过程，对有些车型，还需经过特别设定才能建立基本怠速；而有些车型可能需要经过短时间的驾驶来让控制单元进行自我调整和适应，在此之前，变速器的换挡规律可能与以前不完全相同，具体要求和操作程序可参阅相关的维修手册。

第二节　电子控制系统的功能

随着汽车电子技术的发展，自动变速器电子控制系统的功能不断加强和完善，其具有换挡正时控制、油压控制、换挡品质控制、锁止控制、发动机制动控制、自诊断和失效保护等多项功能。

一、换挡正时控制

换挡正时指自动变速器的换挡时刻，即换挡车速，包括升挡车速和降挡车速。换挡正时控制是自动变速器控制系统最基本、最重要的控制内容，对汽车的动力性和燃料经济性有很大的影响。对于汽车的某一特定行驶工况，都有一个与之相对应的最佳换挡时刻或换挡车速，控制单元应使自动变速器在汽车的任意行驶条件下都按最佳换挡时刻进行换挡，从而使汽车的动力性、经济性等各项指标达到最优。

汽车的最佳换挡车速主要取决于汽车行驶时的节气门开度，不同节气门开度下的最佳换挡车速可以用自动换挡图来表示，图中的曲线为换挡规律曲线，有连续式和阶梯式两种形式，如图5-20所示。

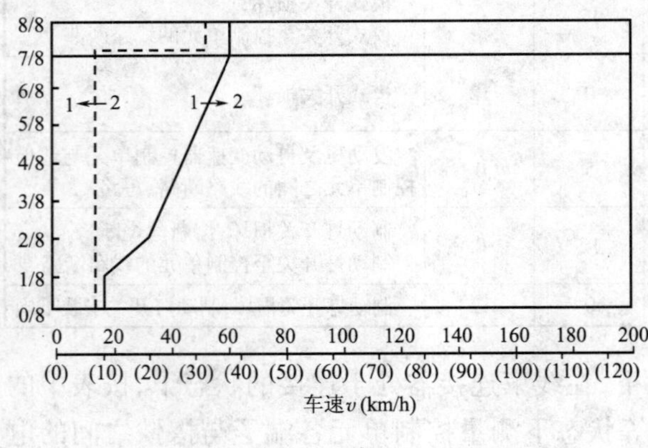

a)

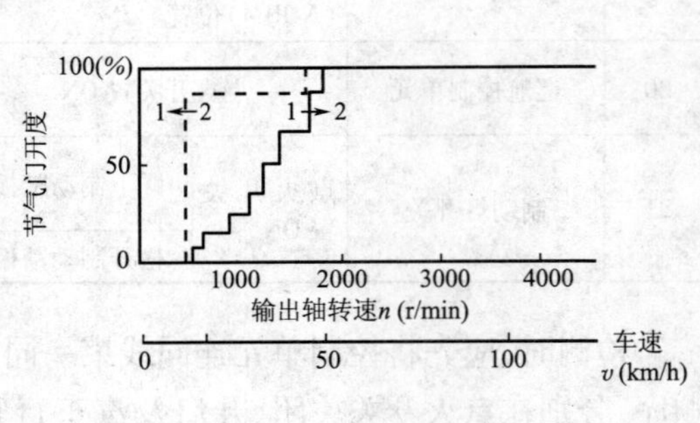

b)

图5-20　自动换挡规律

a）连续式换挡曲线图；b）阶梯式换挡曲线图

注：实线表示汽车加速时的升挡规律；虚线表示汽车减速时的降挡规律

由图5-20可知，节气门开度越小，汽车的升挡车速和降挡车速越低，反之，节气门开度越大，汽车的升挡车速和降挡车速越高。这种换挡规律十分符合汽车的实际使用要求，例如，当汽车在良好路面上缓慢加速时，行驶阻力较小，加速踏板踩下较少，节气门开度也小，升挡车速可相应降低，即可以较早地升入高速挡，从而让发动机在较低的转速范围内工作，减小汽车油耗;反之,当汽车急加速或上坡时,行驶阻力较大,为保证汽车有足够的动力,加速踏板迅速踩下,节气门开度随之加大,换挡时刻应相应延迟,也就是升挡车速应相应提高,从而让发动机工作在较高的转速范围内,以发出较大的功率,提高汽车的加速和爬坡能力。

从图 5-20 中还可以看出,换挡规律具有降挡滞后的功用,即汽车升挡点和降挡点是不同的,在节气门开度不变的情况下,降挡车速低于升挡车速,两者之间的差值称为"滞后"。这样,可避免汽车在行驶过程中"循环跳挡"(即在同一换挡点附近反复换挡),减少换挡执行元件的磨损。

选挡杆或模式开关处于不同位置时,对汽车的使用要求也有所不同,因此其换挡规律也应相应的调整。控制单元将汽车在不同使用条件下的最佳换挡规律以自动换挡图的形式储存在控制单元存储器内。在汽车行驶中,控制单元根据空挡起动开关和模式开关的信号从存储器内选择出相应的自动换挡图,再将车速传感器和节气门位置传感器测得的车速、节气门开度与自动换挡图进行比较,根据比较结果,在达到设定的换挡车速时,控制单元便向换挡电磁阀发出电信号,以实现挡位的自动变换,如图 5-21 所示。

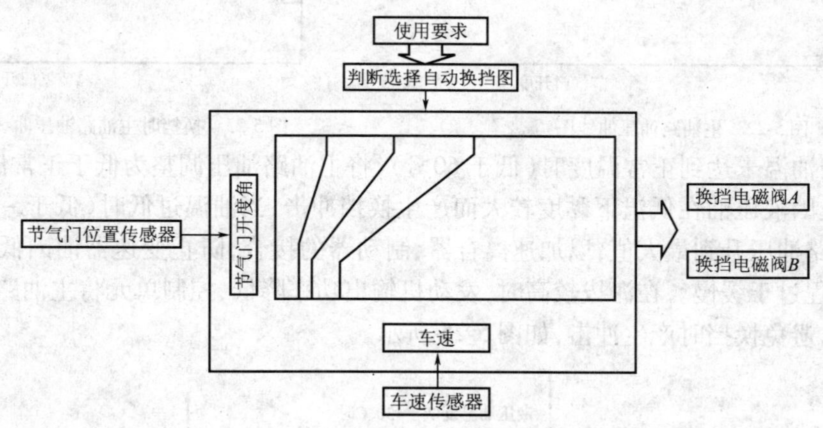

图 5-21 自动换挡控制框图

二、油路压力控制

控制系统中的主油路油压是由主调压阀来调节的,某些自动变速器保留了由节气门拉线控制的节气门阀,并让主调压阀的工作受控于节气门阀产生的节气门油压,使主油路油压随着发动机负荷的增大而增加,以满足离合器、制动器等换挡执行元件传递大力矩时对工作压力的需要。目前新型自动变速器的控制系统则完全取消了由节气门拉线控制的节气门阀,节气门油压由一个油压电磁阀来产生。

油压电磁阀是一种脉冲线性式电磁阀,控制单元根据节气门位置传感器测得的节气门的开度,计算并控制油压电磁阀的脉冲电信号的占空比,以改变油压电磁阀排油孔的开度,产生随节气门开度变化的油压,即节气门油压。节气门开度越大,脉冲电信号的占空比越小,油压电磁阀的排油孔开度越小,节气门油压越大。这一节气门油压被反馈至主油路调压阀,作为主油路调压阀的控制压力,使主油路调压阀随着节气门开度的变化调节主油路油压的大小,以获得发动机不同负荷下的主油路油压最佳值,并将驱动油泵的动力损失减少到最小。控制单元还能根据空挡起动开关的信号,在选挡杆处于倒挡位置时,提高节气门油压,使倒挡时的主油

路油压升高，以满足倒挡时对主油路油压的需要，如图 5-22 所示。

除了正常的主油路油压控制之外，控制单元还可以根据各个传感器测得的自动变速器的工作条件，在一些特殊情况下，对主油路油压作适当的修正，使压力控制获得最佳的效果。例如，在选挡杆位于前进低速挡（“S”、“L”或“2”、“1”）位置时，由于汽车的驱动力相应较大，控制单元自动使主油路油压高于前进挡位（D 位）时的油压，以满足动力传递的需要。为减小换挡冲击，控制单元还在自动变速器换挡过程中按照换挡时节气门开度的大小，通过油压电磁阀适当减小主油路油压，以改善换挡品质，如图 5-23 所示。控制单元还可以根据变速器油温传感

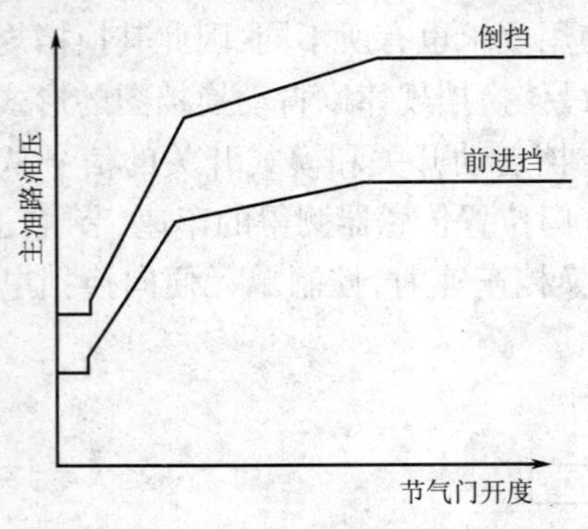

图 5-22　主油路油压曲线图

图 5-23　换挡时主油路油压曲线图

器的信号，在油温未达到正常温度时（低于 60℃），将主油路油压调整为低于正常值，如图 5-24 所示，以防止因液压油在低温下黏度较大而产生换挡冲击；当油温过低时（低于 –30℃），控制单元使主油路油压升到最大值，以加速离合器、制动器的接合，防止变速器油因低温黏度过大而使换挡过程过于缓慢。在海拔较高时，发动机输出功率降低，控制单元将主油路油压控制为低于正常值，避免换挡时产生冲击，如图 5-25 所示。

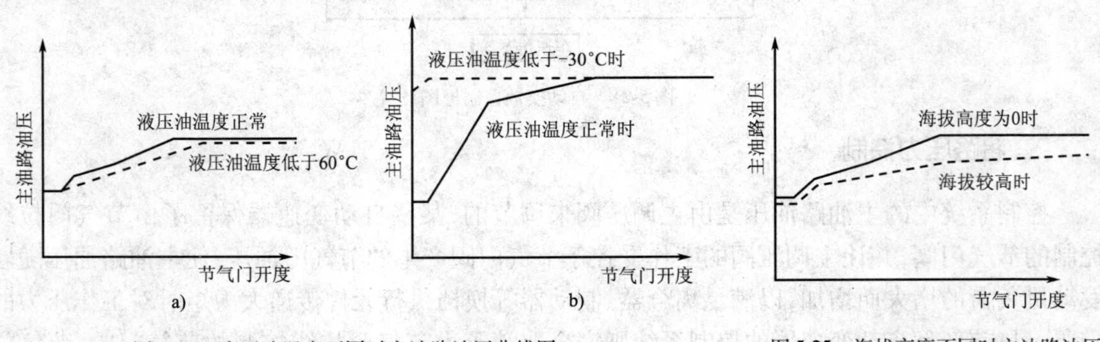

图 5-24　液压油温度不同时主油路油压曲线图

a）油温较高时；b）油温较低时

图 5-25　海拔高度不同时主油路油压曲线图

三、自动模式选择控制

部分自动变速器上设有模式开关，驾驶员可以通过模式开关来选择自动变速器的控制模式（经济模式、普通模式或动力模式），进而使变速器按不同的换挡规律工作，以满足不同的使用要求。

在不同的模式下，自动变速器的换挡规律有所不同，例如，经济模式以获得最小的燃油消耗为目的进行换挡控制，换挡车速相对较低，动力性能稍差；而动力模式以满足最大动力性为

目的进行换挡控制，换挡车速相对较高，油耗也较大。因此，当选挡杆置于"D"位，节气门开度相同时，动力模式中各挡的升、降挡车速都比经济模式中的升、降挡车速高，如图5-26、图5-27所示。

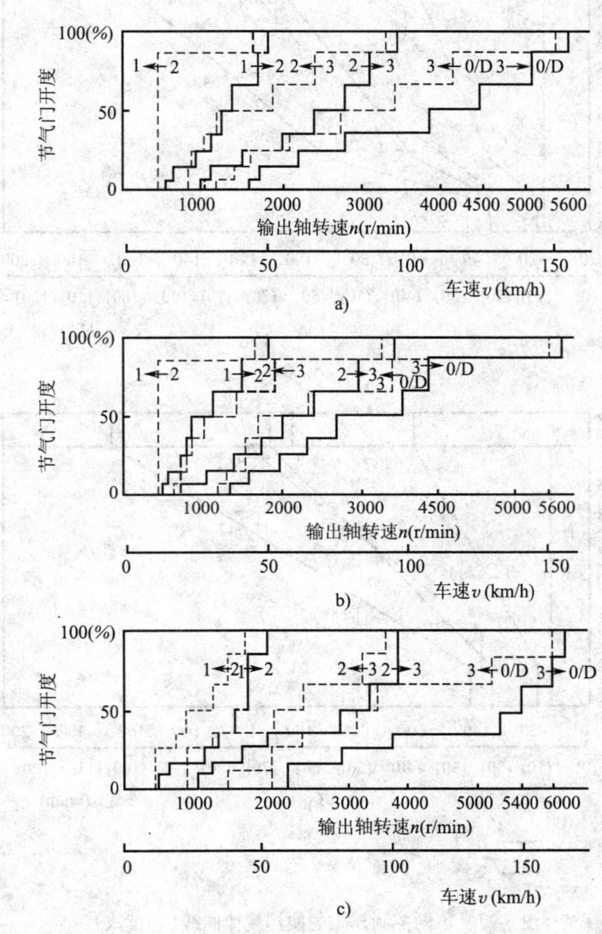

图5-26 不同控制模式的换挡规律曲线(阶梯式)

a)"N"普通模式；b)"E"经济模式；c)"P"动力模式

新型自动变速器采用了由大规模集成电路组成的控制单元，具有很强的运算和控制功能，并具有一定的智能控制能力，因此这种自动变速器取消了模式开关，由控制单元进行自动模式选择控制。控制单元通过各个传感器测得汽车行驶情况和驾驶员的操作方式，经过运算分析，自动选择采用经济模式、普通模式或动力模式进行换挡控制。

控制单元在进行自动模式选择控制时，主要参考选挡杆的位置及加速踏板被踩下的速率，以判断驾驶员的操作目的，自动选择控制模式。

(1)当选挡杆位于前进低速挡(S、L或2、1)时，控制单元只选择动力模式。

(2)当选挡杆位于前进挡位(D)时，若加速踏板被踩下的速率较低，控制单元选择经济模式；当加速踏板被踩下的速率超过控制程序中设定的速率时，控制单元由经济模式转变为动力模式。在程序设定中，车速越低或节气门开度越大时，越容易选择动力模式。

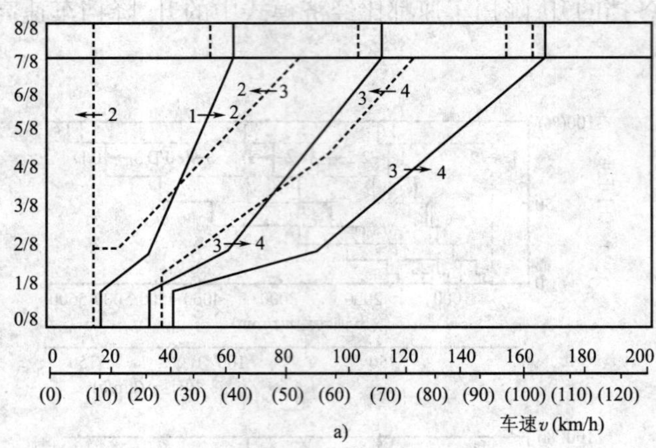

a)

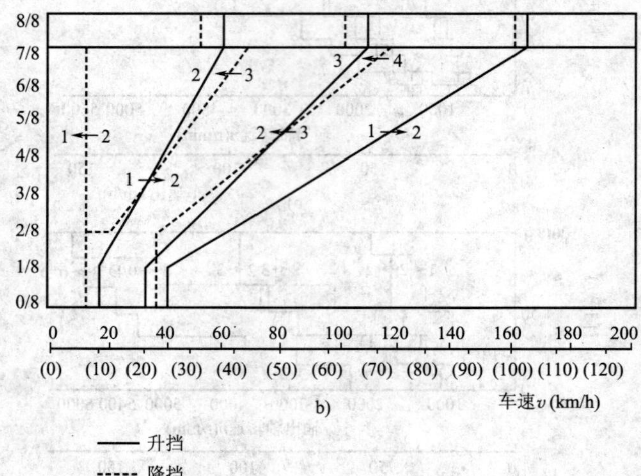

b)

—— 升挡
----- 降挡

图 5-27　不同控制模式的换挡规律曲线(连续式)

a)运动模式换挡规律;b)舒适模式换挡规律

(3)在前进挡位(D)时,控制单元选择动力模式后,一旦节气门开度低于 1/8,换挡规律即由动力模式转换为经济模式。

四、锁止控制

液力变矩器中锁止离合器的工作是由控制单元控制的,控制单元按照设定的控制程序,通过锁止电磁阀来控制锁止离合器的接合或分离。

锁止离合器的最佳控制程序应当即能满足自动变速器的工作要求,保证汽车的行驶能力,又能最大限度地降低燃油消耗。锁止离合器在各种工作条件下的最佳控制程序被存储于控制单元的存储器中,控制单元根据自动变速器的挡位、控制模式等工作条件从存储器中选择出相应的锁止控制程序,再将车速、节气门开度与锁止控制程序进行比较,当车速足够高,且其他各种条件均满足锁止要求时,控制单元向锁止电磁阀输出电信号,使锁止离合器接合,实现液力变矩器的锁止,如图 5-28 所示。

为保证汽车的行驶性能，在变速器油温度低于60℃或车速相对较低，且怠速开关接通时，禁止锁止离合器接合。此外，在制动踏板踩下时，对已锁止的离合器实施分离，以切断发动机与传动系的机械连接，防止发动机熄火。

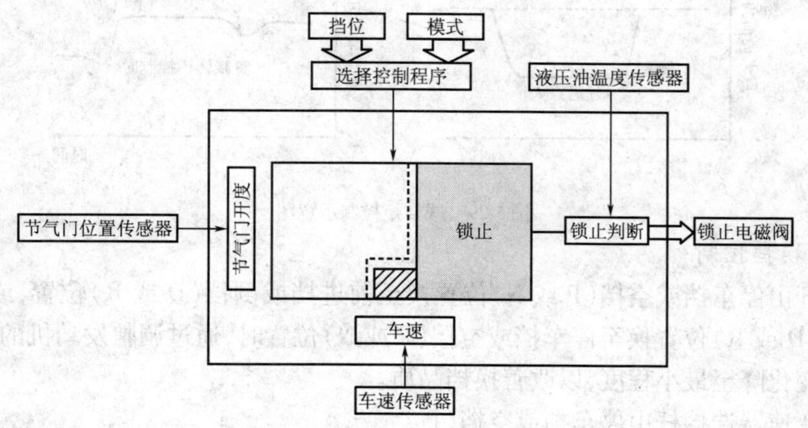

图5-28 锁止离合器控制过程示意图

自动变速器多采用脉冲式电磁阀作为锁止电磁阀，控制单元在控制锁止离合器接合时，通过改变脉冲电信号的占空比，使锁止电磁阀的开度逐渐增大，以减小锁止离合器接合时产生的冲击，使锁止离合器的接合过程更加平稳。

五、发动机制动控制

自动变速器的强制离合器和强制制动器（为利用发动机制动而设置的执行元件）的工作也是由控制单元通过电磁阀来控制的，控制单元按照设定的发动机制动控制程序，在选挡杆位置、车速、节气门开度等因素满足一定条件，如：选挡杆位于前进低速挡位置，且车速大于10km/h，节气门开度小于1/8时，向强制离合器（或制动器）电磁阀发出电信号，打开控制油路，离合器（或制动器）起作用，使自动变速器具有反向传递动力的能力，从而在汽车滑行时实现发动机制动。

六、换挡品质控制

随着电子控制技术的不断提高，控制系统的功能越来越多，其采用多种方法来控制自动变速器的换挡过程，以改善换挡品质，提高汽车的乘坐舒适性。目前常见的改善换挡品质的控制方法有以下几种：

1. 换挡油压控制

在升挡或降挡的瞬间，控制单元通过油压电磁阀适当降低主油路油压，以减小换挡冲击，改善换挡品质。也有一些控制系统是在换挡时通过控制油压电磁阀减小蓄压器活塞的背压，以减缓离合器或制动器液压缸内油压的增长速度，达到减小换挡冲击的目的。

2. 减转矩控制

在换挡的瞬间，通过延迟发动机的点火时间或减少喷油量，暂时减小发动机的输出转矩，以减小换挡冲击和输出轴的转矩波动。

在自动变速器升降挡的瞬间，控制单元向发动机控制单元发出减转矩控制信号，发动机控制单元收到信号后，立即延迟点火时间或减少喷油量，执行减转矩控制，如图5-29所示。

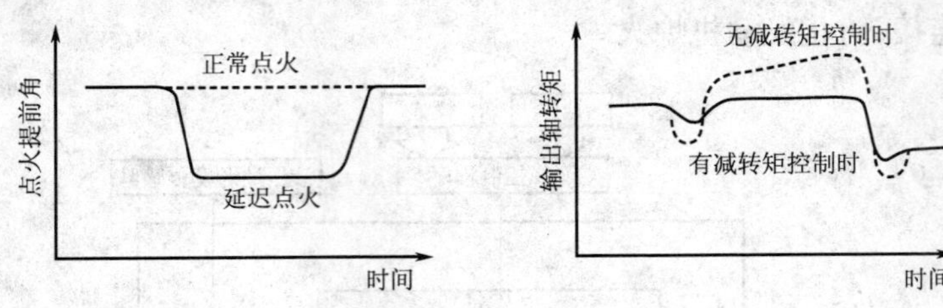

图5-29 减转矩控制示意图

3. N—D换挡控制

在选挡杆由停车挡或空挡（P或N）位置换至前进挡或倒挡（D或R）位置，或相反地由前进挡或倒挡（D或R）位置换至停车挡或空挡（P或N）位置时，通过调整发动机的喷油量，将发动机的转速变化降至最小程度，以改善换挡品质。

当自动变速器选挡杆由停车挡或空挡（P或N）位置换至前进挡或倒挡（D或R）位置时，由于发动机负荷增加，转速将下降；反之，由前进挡或倒挡（D或R）位置换至停车挡或空挡（P或N）位置时，由于发动机负荷减小，转速将上升，如图5-30所示。具有N—D换挡控制功能的自动变速器在选挡杆由"P或N"位换至"D或R"位时，若输入轴传感器所测得的输入轴转速变化超过规定值，即向发动机控制单元发出N—D换挡控制信号，发动机控制单元根据这一信号增加或减少喷油量，以防止发动机转速变化过大。

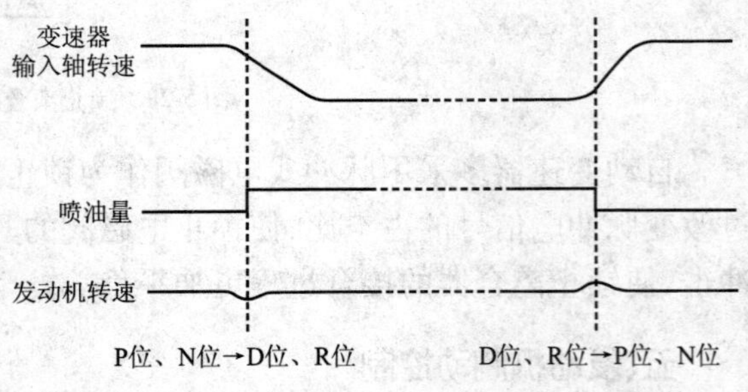

图5-30 N—D换挡控制示意图

七、使用输入轴转速传感器的控制

控制单元利用输入轴转速传感器检测出自动变速器输入轴的转速，并由此计算出液力变矩器的传动比（即泵轮和涡轮的转速之比）及发动机曲轴和自动变速器输入轴的转速差，从而使控制单元更精确地控制自动变速器的工作。特别是控制单元在进行换挡油路压力控制、减转矩控制、锁止离合器控制时，利用这一参数进行计算，可使这些控制的持续时间更加准确，从而获得最佳的换挡品质和乘坐舒适性。

八、故障自诊断功能

为了及时地发现电子控制系统中的故障，并在出现故障时尽可能使自动变速器保持最基本的工作能力，以维持汽车行驶（进厂维修），自动变速器的电子控制系统都具有故障自诊断和失效保护功能。这种电子控制系统在控制单元内设有专门的故障自诊断电路，它在汽车行驶过程中不停地监测自动变速器电子控制系统中所有传感器和部分执行器的工作，一旦发现某个传感器或执行器有故障，立即采取以下几种措施：

(1)在汽车行驶时，仪表盘上的自动变速器故障警告灯亮起，以提醒驾驶员立即将汽车送至维修厂检修。部分汽车以超速挡指示灯“O/D OFF”作为自动变速器的故障警告灯，若超速挡指示灯亮起后，按动超速挡开关也不能熄灭，即说明电子控制系统出现故障。

(2)将检测到的故障内容以故障代码的形式储存在控制单元的存储器内，只要不拆除汽车蓄电池，被测到的故障代码就会一直保存在控制单元内，即使是汽车行驶中偶尔出现的一次故障，控制单元也会及时地检测到，并记录下来。在维修时，检修人员可以利用故障诊断仪将储存在控制单元内的故障代码读出，为查找故障部位提供可靠的依据。

九、失效保护功能

当自动变速器的电子控制系统出现故障时，控制单元按设定的失效保护程序控制自动变速器的工作，保持汽车的基本行驶能力。在失效保护工况下，自动变速器的工作性能将受到影响。

1. 传感器故障的失效保护功能

(1)节气门位置传感器故障。当节气门位置传感器出现故障时，控制单元根据怠速开关的状态进行控制。当怠速开关断开时(加速踏板被踩下)，按节气门1/2开度进行控制，同时节气门油压控制为最大值；当怠速开关接通时(加速踏板完全放松)，按节气门处于全闭状态进行控制，同时节气门油压为最小值。

(2)车速传感器故障。车速传感器出现故障时，控制单元不能进行自动换挡控制，此时自动变速器的挡位由选挡杆的位置决定，在D位和S位(或2)位固定为超速挡或3挡，在L(或1)位固定为2挡或1挡，或不论选挡杆为任何前进挡，都固定为1挡，以维持汽车最基本的行驶能力。许多车型的自动变速器有两个车速传感器，其中一个用于自动变速器的换挡控制，另一个为仪表盘上车速表的传感器，这两个传感器都与控制单元连接，当用于换挡控制的车速传感器损坏时，控制单元可利用车速表传感器的信号来控制换挡。

(3)输入轴转速传感器故障。输入轴转速传感器出现故障时，控制单元停止减转矩控制，换挡冲击有所增大。

(4)变速器油温度传感器故障。油温传感器出现故障时，控制单元按变速器油温度为80℃进行控制。

2. 执行元件故障的失效保护功能

(1)换挡电磁阀故障。换挡电磁阀出现故障时，不同的控制单元有不同的失效保护功能。一种是不论有几个换挡电磁阀出现故障，控制单元都将停止所有换挡电磁阀的工作，此时自动变速器的挡位将完全由选挡杆的位置决定：在D、S(或2)位时被固定为3挡，在L(或1)位时被固定为2挡。另一种是几个换挡电磁阀中有一个出现故障时，控制单元控制其他无故障的电磁阀工作，以保证自动变速器仍能自动升挡或降挡，但会失去某些挡位，而且升挡或降挡规律有所变化，例如，可能直接由1挡升至3挡或超速挡。

(2)锁止电磁阀故障。锁止电磁阀出现故障时，控制单元停止锁止离合器控制，使锁止离合器始终处于分离状态。

(3)油压电磁阀故障。油压电磁阀出现故障时，控制单元停止油压调节控制，使油路压力保持为最大。

3. 控制单元故障的失效保护功能

(1)提供最大的主油路油压。主油路的设定油压由两部分组成：一是通过主调压阀设置的额定油压，二是通过油压电磁阀根据发动机负荷信号提供的附加油压。如果控制单元处于失电状态，油压电磁阀接收不到控制单元的输出信号，油压电磁阀的输入电流为0，油压电磁阀所调节的主油路油压保持最大。由于此时变速器控制单元已无法接收负荷信号来实施油压控制，提供最大的主油路油压可以防止离合器和制动器在大负荷情况下打滑。

(2)换挡电磁阀都处于断电状态。自动变速器控制系统中设置了2~3个换挡电磁阀，如果控制单元失电或电子控制系统出现故障，换挡电磁阀只能处于断电状态。在变速器的程序设计中，总会存在一个换挡电磁阀都处于断电状态的前进挡位，即在控制单元完全失电的情况下，自动变速器至少还能提供一个前进挡位，维持汽车继续行驶。

第三节　电子控制系统的检修

若电子控制系统出现故障，通常仪表板上的故障指示灯发亮，应利用故障诊断仪读取故障码和数据流，并按故障码提示进行检修(参阅第六章的相关内容)。电子控制系统还可以利用万用表等简单仪器、仪表进行检修，下面以丰田 LS400 A341E、A342E 自动变速器为例介绍其检修方法。

凌志 LS400 轿车采用的是 A341E 和 A342E 智能型4速自动变速器，其电子控制系统由传感器、控制单元和执行器等元件组成，主要传感器包括1号和2号车速传感器、节气门位置传感器、变速器油温传感器等；执行器主要指4个电磁阀，其中1号电磁阀控制2—3挡换挡阀，2号电磁阀控制1—2挡换挡阀和3—4挡换挡阀，3号电磁阀控制锁止离合器，4号电磁阀控制蓄压器背压，其元件布置和控制电路参见图5-3和图5-4。

一、执行元件及电路的检修

1.1号、2号电磁阀及电路的检修

1号电磁阀和2号电磁阀是开关式换挡电磁阀，其控制电路具有失效保护功能，如图5-31所示。若其电路出现故障，控制单元会储存故障代码“62”或“63”，故障部位可能在电磁阀、电磁阀与控制单元之间的配线或连接器，也可能是控制单元有故障。其检修过程如下：

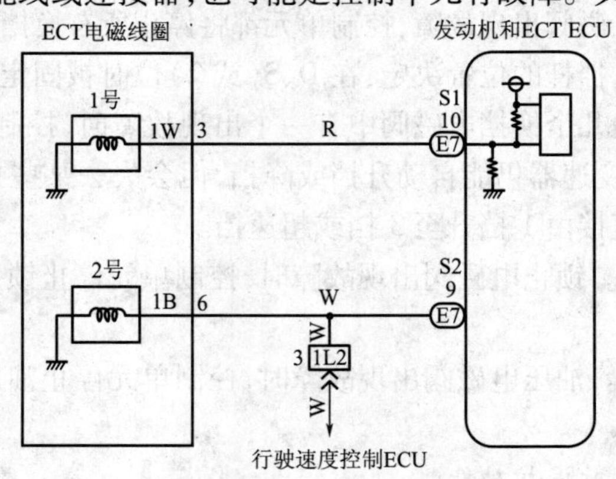

图5-31　1号、2号换挡电磁阀控制电路

(1)脱开电磁阀连接器,检测1号或2号电磁阀。用万用表测量电磁阀电阻,阻值应为11~15Ω;在电磁阀两端加12V电压(蓄电池电压),电磁阀应有"咔嗒"声;对电磁阀施加490KPa的压缩空气,检查电磁阀的密封性:当电磁阀不接电源时,进油孔和泄油孔之间应不通;当接上电源后,进油孔和泄油孔之间应相通,如图5-32所示。若以上各项不正常,应更换电磁阀。

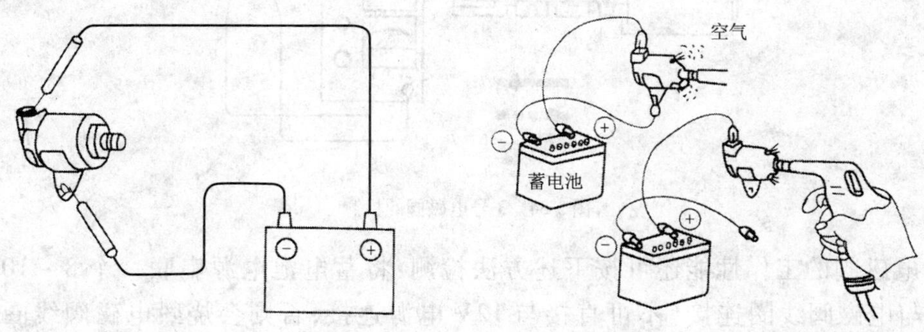

图5-32 1号、2号换挡电磁阀的检测

(2)检查控制单元与电磁阀之间的配线和连接器、控制单元等,不正常则维修或更换。

2.3号电磁阀及电路的检修

3号电磁阀是脉冲线性式锁止电磁阀,控制电路如图5-33所示。若其电路出现故障,控制单元会储存故障代码"64",故障部位可能在电磁阀、电磁阀与控制单元之间的配线或连接器,也可能是控制单元有故障。其检修过程如下:

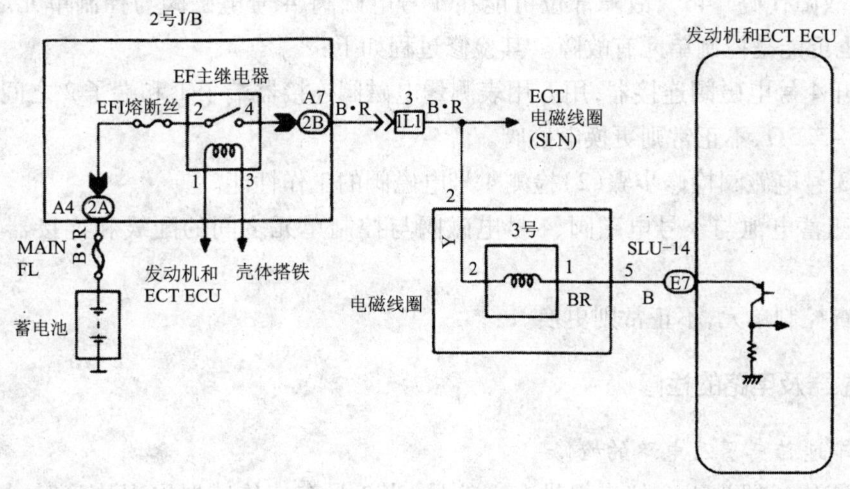

图5-33 3号电磁阀控制电路

(1)脱开电磁阀连接器,用万用表测量连接器端子1与端子2之间的电阻,阻值应为3.6~4.0Ω,不正常则更换。

(2)将可变电源的正极引线接电磁阀连接器端子1,负极引线接端子2,逐渐增加电压,检查阀门运动情况(供电电流不得超过1A):随电压增加,阀门应朝"→"方向缓慢伸出,切断电源后,阀门应朝"←"方向返回,如图5-34所示。若不正常,应更换电磁阀。

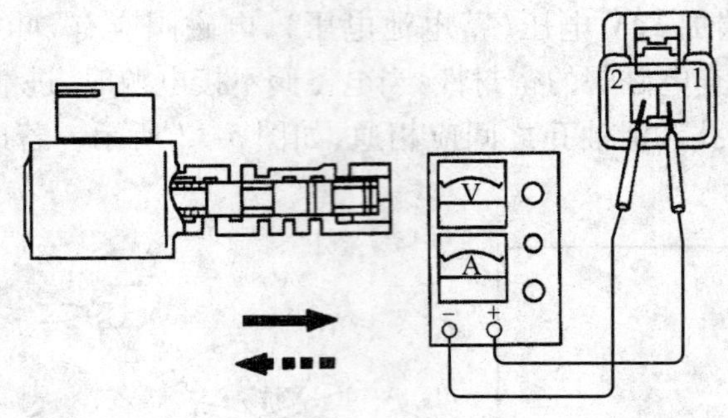

图 5-34　3 号电磁阀的检测

3 号电磁阀的工作性能还可按下述方法检测：将蓄电池电源串联一个 8 ~ 10W 的灯泡，然后与电磁阀线圈连接（不可直接与 12V 电源连接，否则会烧毁电磁阀线圈），通电时电磁阀阀芯应向外伸出，断电时电磁阀阀芯应向内缩入，如有异常，说明电磁阀损坏，应更换。

(3) 检查蓄电池与电磁阀、电磁阀与控制单元间的配线和连接器、控制单元等，不正常应更换。

3. 4 号电磁阀及电路的检修

4 号电磁阀是脉冲式油压电磁阀，控制方式与 3 号电磁阀相同。若其电路出现故障，控制单元会储存故障代码“46”，故障部位可能在 4 号电磁阀、4 号电磁阀与控制单元之间的配线或连接器，也可能是控制单元有故障。其检修过程如下：

(1) 脱开 4 号电磁阀连接器，用万用表测量电磁阀连接器端子 1 和端子 2 之间的电阻，阻值应为 5.1 ~ 5.5Ω，不正常则更换电磁阀。

(2) 按 3 号电磁阀检修步骤(2)检测 4 号电磁阀的工作性能。

(3) 检测蓄电池与 4 号电磁阀、4 号电磁阀与控制单元之间的配线和连接器，不正常应更换。

(4) 检查控制单元，不正常则更换。

二、传感器及电路的检修

1. 1 号车速传感器及电路的检修

1 号车速传感器为组合仪表提供车速信号，当 2 号车速传感器出现故障时，控制单元利用 1 号车速传感器信号进行控制，电路如图 5-35 所示。若其电路出现故障，控制单元储存故障代码“42”，故障部位可能在 1 号车速传感器、组合仪表、1 号车速传感器和控制单元之间的配线或连接器、控制单元等。其检修过程如下：

(1) 行驶车辆，检查组合仪表中车速表的工作情况，若不正常，应检查车速表电路。

(2) 检查控制单元连接器内端子 SPD 搭铁电压：点火开关置“ON”位，慢慢转动车轮，应间断性的产生电压，若不正常，应检查车速表电路。

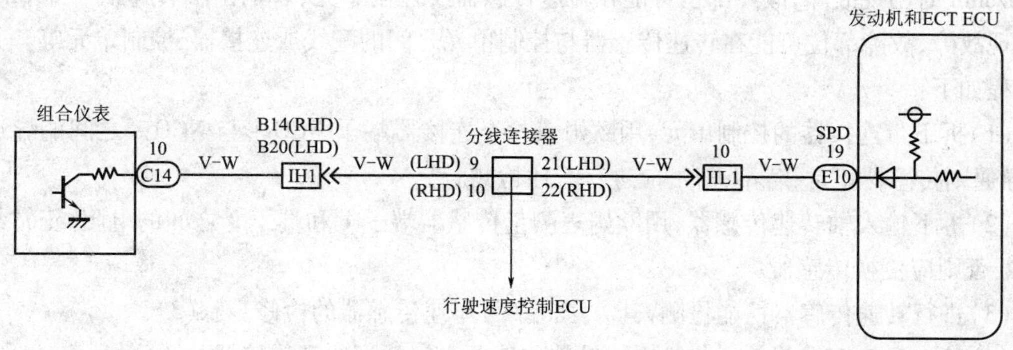

图 5-35　1 号车速传感器控制电路

(3)检查控制单元,不正常应更换。

2.2 号车速传感器及电路的检修

2 号车速传感器控制电路如图 5-36 所示,若电路出现故障,控制单元储存故障代码“61”,故障部位可能在 2 号车速传感器、2 号车速传感器与控制单元之间的配线或连接器、控制单元等,其检修过程如下:

(1)拆下带连接器的控制单元,检查控制单元连接器端子 SP2 + 和 SP2 − 之间的导通情况,导通则正常,若不正常,应检测车速传感器。

(2)测量 2 号车速传感器端子 1 和端子 2 之间的电阻,阻值约为 620Ω 为正常,否则更换 2 号车速传感器。

(3)如图 5-37 所示,将磁铁靠近 2 号车速传感器前端,然后迅速拿开,检查车速传感器端子 1 和端子 2 之间的电压,反复进行几次,间断性地产生很低的电压为正常,否则应更换车速传感器。

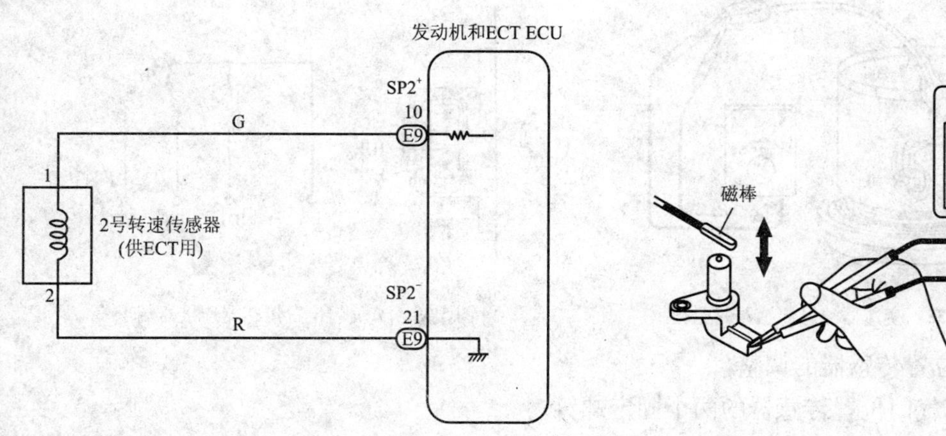

图 5-36　2 号车速传感器控制电路

图 5-37　车速传感器的性能检测

(4)若上述均正常,则应检查控制单元与 2 号车速传感器之间的配线和连接器。

3. 输入轴转速传感器及电路的检修

输入轴转速传感器及电路出现故障,控制单元储存故障代码“67”。若输出轴转速高于

1000r/min 时出现故障，故障部位可能在转速传感器及控制单元；若输出轴转速低于 500r/min 时出现故障，故障部位可能在转速传感器与控制单元之间的配线或连接器、控制单元等。其检修过程如下：

(1)拆下带连接器的控制单元，用欧姆表检查连接器端子 NCO + 与 NCO - 之间的导通情况，导通则传感器正常，若不正常，应进行下述检测。

(2)拆下输入轴转速传感器，用欧姆表测量传感器端子 1 和端子 2 之间的电阻，正常约为 620Ω，否则应更换传感器。

(3)进行转速传感器性能检测，其方法同 2 号车速传感器的检修步骤(3)。

(4)检查和修理控制单元与输入轴转速传感器之间的配线和连接器。

4. 自动变速器油温传感器及电路的检修

对 UCF20 系列自动变速器，变速器油温传感器电路出现故障，控制单元储存故障代码“38”，故障部位可能在油温传感器、传感器与控制单元之间的配线或连接器、控制单元等。其检修过程如下：

(1)拆下自动变速器油温传感器，将传感器放到盛有水的容器中加热，如图 5-38 所示。

(2)用欧姆表测量其连接器端子间的电阻，当水温为 10℃时，阻值应为 6.5kΩ，当水温为 110℃时，阻值应为 0.2kΩ，否则应更换传感器。

(3)检修或更换传感器与控制单元之间的配线或连接器、控制单元等。

5. 主节气门位置传感器电路的检修

节气门位置传感器连接器端子如图 5-39 所示。

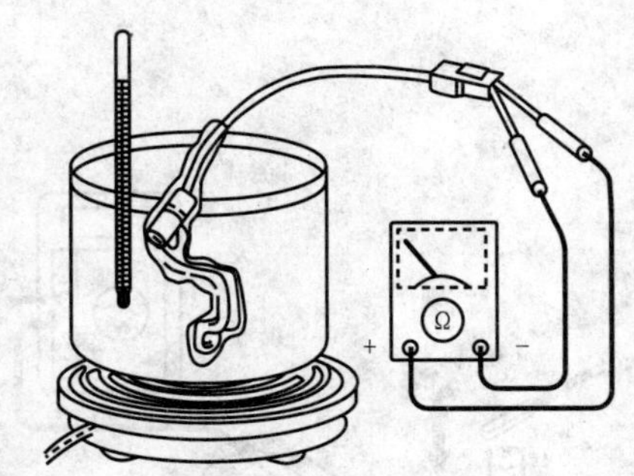

图 5-38　变速器油温传感器的检测

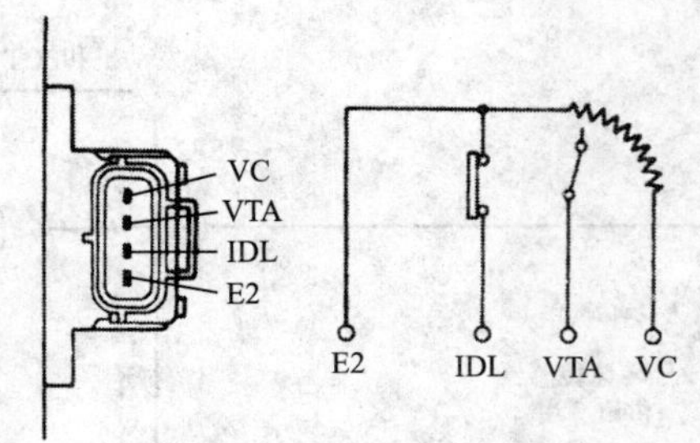

图 5-39　节气门位置传感器连接器端子

1)节气门位置传感器的调整

(1)拧松节气门位置传感器的两个固定螺钉。

(2)将厚度为 0.50mm 的厚薄规插入节气门摇臂和限位螺钉之间，同时用万用表测量怠速开关的导通情况。

(3)朝节气门开启方向转动节气门位置传感器，使怠速开关触点断开，然后朝节气门闭合方向慢慢转动节气门位置传感器，直到怠速开关闭合为止。

(4)拧紧节气门位置传感器的两个固定螺钉。

(5)分别用0.40mm和0.65mm的厚薄规插入节气门限位螺钉和节气门摇臂之间,同时测量怠速开关的导通情况。当厚薄规为0.40mm时,怠速开关应导通;当厚薄规为0.65mm时,怠速开关应断开。否则,应重新调整节气门位置传感器。

2)检测节气门位置传感器的电阻

拔开节气门位置传感器线束连接器,在节气门限位螺钉和节气门摇臂之间插入0.45mm或0.65mm厚薄规,用欧姆表测量传感器端子间的电阻,应符合表5-3的规定,否则,应调整或更换节气门位置传感器。

节气门位置传感器的电阻　　表5-3

限位螺钉间隙(mm)	测量端子	电阻值(kΩ)
0	VTA ~ E2	0.2 ~ 1.2
0.45	IDL ~ E2	<2.3
0.65	IDL ~ E2	无限大
节气门全开	VTA ~ E2	3.3 ~ 10
任意	VC ~ E2	4 ~ 9

(1)如果在节气门关闭时,IDL ~ E2之间的电阻很大,说明怠速触点接触不良,应更换节气门位置传感器。

(2)如果在节气门开度较大时,IDL ~ E2之间的电阻才从0Ω变为∞,则应调整节气门位置传感器的位置,使其符合标准。

(3)如果在节气门开度变化时,VTA ~ E2之间的电阻始终为某一个值或为∞、或忽大忽小变化不定,说明传感器内部滑片与电阻之间接触不良,应更换节气门位置传感器。

3)检测节气门位置传感器的信号电压

在确定传感器线路连接良好的情况下,接通点火开关,用万用表测量节气门位置传感器各端子的电压。

节气门全开和全关时的各端子电压应与标准值相符;节气门开度逐渐增大时,节气门位置传感器的信号电压(VTA ~ E2)应随之线性增大。

(1)VC ~ E2之间的电压应为4.5 ~ 5.5V,若电压过低或为0,应检查传感器与控制单元之间的线路,若线路正常,则需检查或更换控制单元。

(2)VTA ~ E2之间的电压在节气门关闭时为0.3 ~ 0.8V,节气门全开时为3.2 ~ 4.9V,如果电压不正常,则需检查或更换节气门位置传感器。

三、控制开关电路的检修

1.空挡起动开关电路的检修

(1)拆下带连接器的控制单元,点火开关置"ON"位,选挡杆置于各个挡位,测量连接器端子L、2、NSW、R与搭铁间的电压,如图5-40所示。若电压值符合表5-4的规定为正常,不正常应检查空挡起动开关。

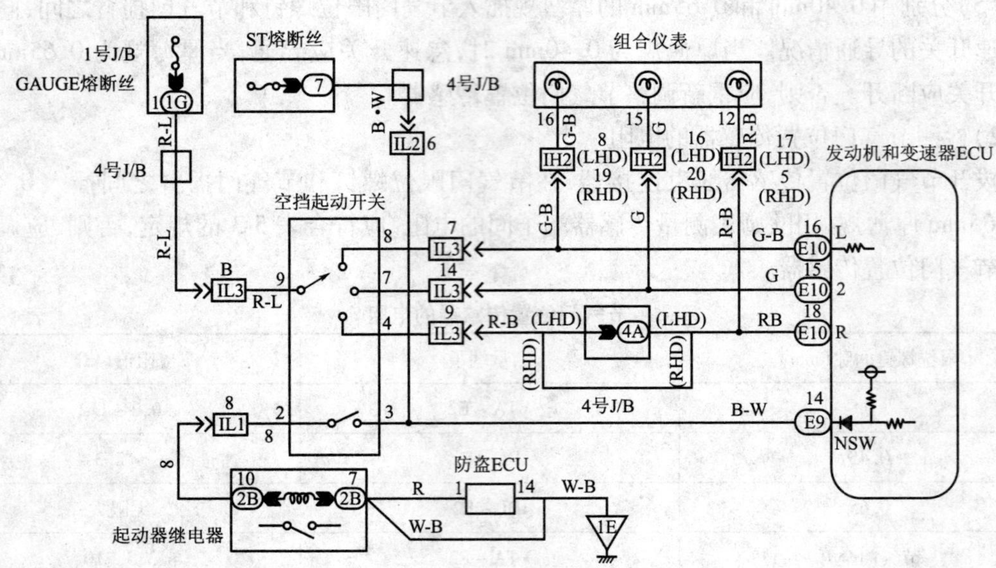

图 5-40　空挡起动开关控制电路

端子 L、2、NSW、R 与搭铁间的电压(UCF10 系列)(单位:V)　　表 5-4

挡位	R	NSW	2	L
P、N	0	0	0	0
R	12	5	0	0
D	0	5	0	0
2	0	5	12	0
L	0	5	0	12

(2)拆下空挡起动开关,当选挡杆位于每一挡位时,检测每一个端子的导通情况,符合表 5-5 则正常,不正常应更换空挡起动开关。

空挡起动开关的导通情况　　表 5-5

端子 / 换挡位置	3 (B)	2 (N)	9 (C)	1 (P)	4 (R)	6 (N)	5 (D)	7 (2)	8 (L)
P	○	○	○	○					
R			○		○				
N	○	○	○			○			
D			○				○		
2			○					○	
L			○						○

注:○——○表示导通。

(3)检查控制单元与空挡起动开关、空挡起动开关与蓄电池之间的配线和连接器、控制单元等,不正常则维修或更换。

2. 强制降挡开关电路的检修

按正常状态检修时,仅能检查出强制降挡开关或配线的短路。在实验状态下检测,可诊断出故障代码“68”,能检查出开路。故障部位可能在强制降挡开关(“ON”位置)、强制降挡开关与控制单元之间的配线或连接器、强制降挡开关与车身搭铁之间的配线或连接器、控制单元等。其检修过程如下:

(1)当强制降挡开关“OFF”时,“O/D OFF”指示灯应显示故障代码“68”;而当强制降挡开关“ON”时,指示灯应闪亮(若强制降挡开关不论处“ON”或“OFF”位置,“O/D OFF”指示灯均显示故障代码“68”,可能是强制降挡开关电路开路)。若不正常,应检查强制降挡开关。

(2)脱开强制降挡开关连接器,测量强制降挡开关接通和断开时连接器端子 1 和端子 2 之间的电阻。接通时阻值应为 0Ω,断开时阻值应为∞,不正常应更换强制降挡开关。

(3)检查控制单元与强制降挡开关、强制降挡开关与车身搭铁之间的配线和连接器、控制单元等,不正常应维修或更换。

3. 制动灯电路的检修

制动灯电路是防止车辆在锁定情况下行驶,突然实施制动时发动机失速。当踩下制动踏板时,停车灯开关将信号送至控制单元,在实施制动的同时解除锁止离合器的锁定状态。检测过程如下:

(1)踩下或松开制动踏板时,检查制动灯开关是否正常接通或断开(制动灯亮或灭),若不正常应检修制动灯电路。

(2)检查制动灯信号。将伏特表连接到 TDCL 的 TT 和 E1 端子间,点火开关置“ON”位(不起动发动机),完全踩下加速踏板,此时伏特表读数应为 8V。踩下和放松制动踏板,同时检测 TT 和 E1 之间的电压值,踩下时应为 0V,松开时应为 8V,若不正常应继续下述检查。

(3)检查控制单元与停车灯开关之间的熔断器、配线和连接器、控制单元等,不正常则进行维修或更换。

4. 模式选择开关电路的检修

(1)拆下带连接器的控制单元,点火开关置“ON”位,测量连接器端子 PWR(P)与搭铁间的电压,如图 5-41 所示。当模式选择开关置 PWR 位置时,应为蓄电池电压;当模式选择开关

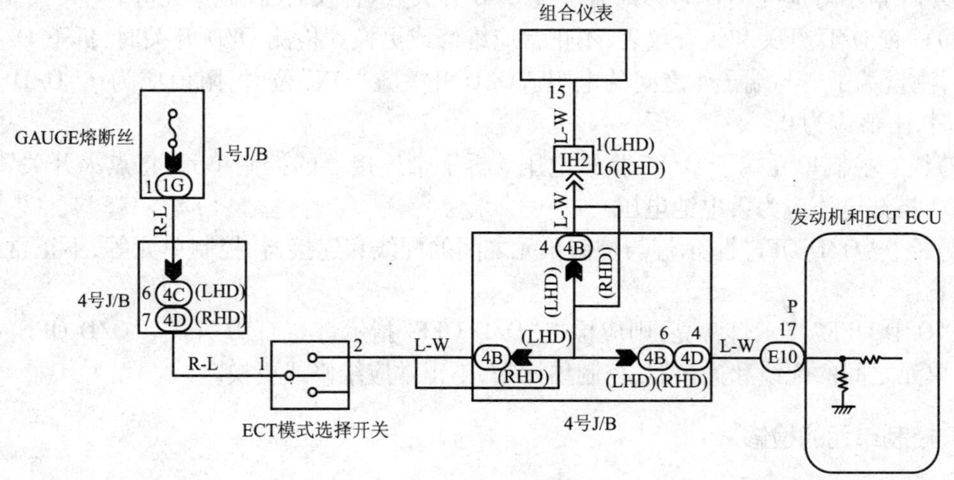

图 5-41 模式选择开关控制电路

置 NORM 时,应为 0。若不正常,则应检修模式选择开关。

(2)脱开模式选择开关连接器,测量连接器端子 1 与端子 2 之间的电阻。当模式选择开关置 PWR 位时,阻值应为 0(导通),当模式选择开关置 NORM 位时,阻值应为∞,不正常则更换模式选择开关。

(3)检查控制单元与模式选择开关、模式选择开关与蓄电池间的配线和连接器、控制单元等,不正常应维修或更换。

5. O/D 开关和"O/D OFF"指示灯电路的检修

"O/D OFF"指示灯电路如图 5-42 所示,其故障表现为"O/D OFF"指示灯不亮或常亮。若"O/D OFF"指示灯不亮,应进行下述检测:

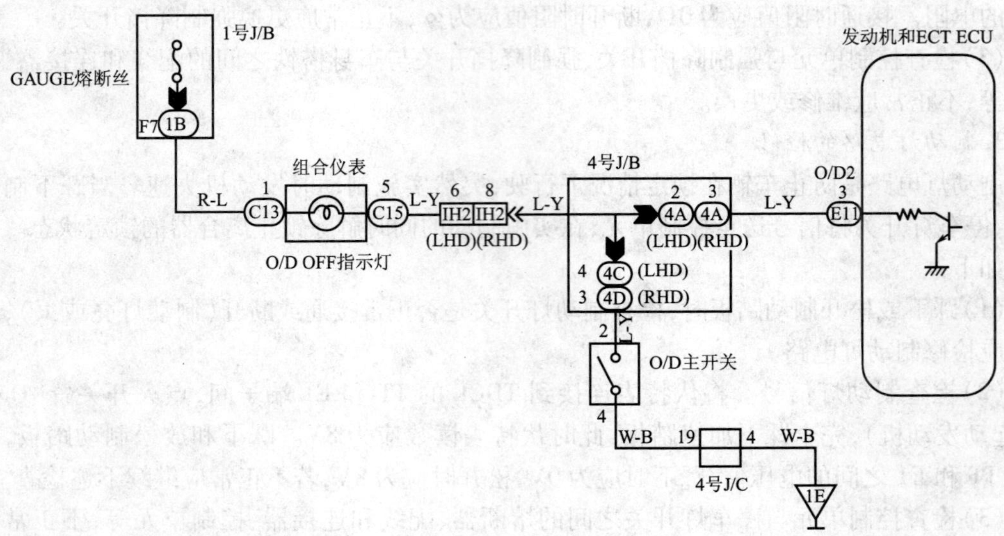

图 5-42 "O/D OFF"指示灯控制电路

(1)将点火开关置"ON"位,当 O/D 开关置"ON"位时,"O/D OFF"指示灯应熄灭,若"O/D OFF"灯闪亮,则表明系统有故障,应读取故障代码,排除故障。当 O/D 开关置"OFF"位时,"O/D OFF"指示灯应亮,若不亮,则需检查 O/D 开关、组合仪表、控制单元等。

(2)检查 O/D 开关和组合仪表,不正常应维修或更换。检测 O/D 开关时,拆下 O/D 开关连接器,测量端子 2 与端子 4 之间的电阻。O/D 开关置"ON"位时,阻值应为∞,O/D 开关置"OFF"时,阻值应为 0。

(3)检查控制单元端子 O/D2 搭铁电压。拆下带连接器的控制单元,将点火开关置"ON"位,O/D2 搭铁电压应为蓄电池电压。

(4)检查"O/D OFF"指示灯与控制单元之间的配线和连接器、控制单元等,不正常应维修或更换。

若"O/D OFF"指示灯常亮,则应检查"O/D OFF"指示灯与 O/D 开关、"O/D OFF"指示灯与控制单元之间的配线和连接器、控制单元等,不正常应维修或更换。

四、控制单元的检修

图 5-43 为 A341E、A342E 自动变速器控制单元连接器各端子的位置图,检测时,各端子电

压应符合表5-6的标准，否则，应更换控制单元。

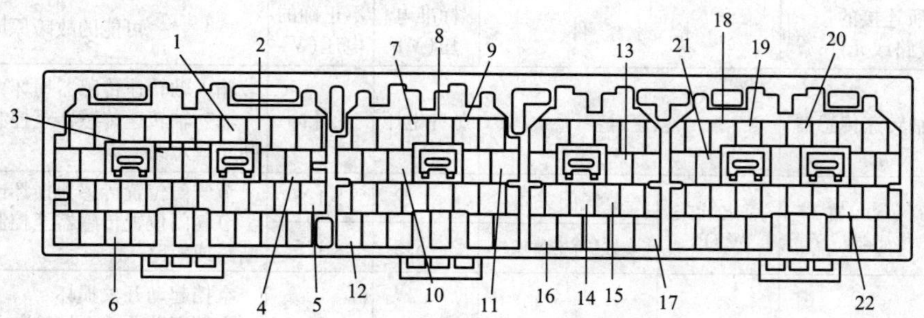

图5-43 凌志LS400轿车A341E和A342E控制单元连接器

1-锁止电磁阀；2-油压电磁阀；3-点火开关；4-换挡电磁阀A；5-换挡电磁阀B；6、11-节气门位置传感器；7、10-车速传感器；8、9-输入轴转速传感器；12、16-搭铁；13、14、15-空挡起动开关；17-液压油温度传感器；18-巡航控制电脑；19-超速挡和超速挡指示灯；20-模式开关和模式指示灯；21-车速表；22-强制降挡开关

A341E和A342E控制单元检测标准 表5-6

端子	所连接的线路或元件	检测条件		标准电压(V)	不正确的电压(V)	可能的故障原因
1	锁止电磁阀	点火开关置ON		4～12	低于4	主继电器至锁止电磁阀的线路断路；锁止电磁阀线圈烧断；锁止电磁阀至控制单元的线路断路或短路
2	油压电磁阀	点火开关置ON		12	0	主继电器至油压电磁阀的线路断路；油压电磁阀线圈烧断；油压电磁阀至控制单元的线路断路或短路
3	点火开关起动挡	点火开关置于起动位置		12	0	点火开关损坏；点火开关起动挡至控制单元的线路断路
4	换挡电磁阀A	点火开关置ON	汽车行驶于1挡或2挡	12		
			汽车行驶于3挡或4挡	0		
			停车挡或空挡	12	0	控制单元内部故障
5	换挡电磁阀B	点火开关置ON	汽车行驶于2挡或3挡	12		
			汽车行驶于1挡或4挡	0		
			停车挡或空挡	12	0	控制单元内部故障
6	怠速开关	点火开关置ON	节气门全关	0	12	怠速开关损坏 控制单元至怠速开关的线路断路
			节气门开启	12	0	怠速开关损坏 控制单元至怠速开关的线路短路
7、10	车速传感器	转动驱动轮		0～2.5摆动	0	车速传感器损坏 车速传感器至控制单元的线路断路或短路

续上表

端子	所连接的线路或元件	检测条件		标准电压(V)	不正确的电压(V)	可能的故障原因
8、9	输入轴转速传感器	怠速运转		脉冲电压	无脉冲	输入轴转速传感器损坏 输入轴转速传感器至控制单元的线路断路或短路
11	节气门位置传感器	点火开关置 ON	节气门关闭	<1.5	>1.5	节气门位置传感器损坏或调整不当 节气门位置传感器至控制单元的线路断路或短路
			节气门全开	3~5.5	<1.5	
13	空挡起动开关	点火开关置 ON	选挡杆置于 2 位	12	0	空挡起动开关损坏 空挡起动开关至控制单元的线路断路 熔断丝烧断
			选挡杆置于 2 之外的其他位置	0	12	空挡起动开关损坏 空挡起动开关至控制单元的线路接错
14	空挡起动开关	点火开关置 ON	选挡杆置于 R 位	12	0	空挡起动开关损坏 空挡起动开关至控制单元的线路断路 熔断丝烧断
			选挡杆置于 R 之外的其他位置	0	12	空挡起动开关损坏 空挡起动开关至控制单元的线路接错
15	空挡起动开关	点火开关置 ON	选挡杆置于 L 位	12	0	空挡起动开关损坏 空挡起动开关至控制单元的线路断路 熔断丝烧断
			选挡杆置于 L 之外的其他位置	0	12	空挡起动开关损坏 空挡起动开关至控制单元的线路接错
17	变速器油温度传感器	热车后,点火开关置 ON		<1	1~5	油温传感器损坏
					0 或 12	控制单元至油温传感器的线路断路或短路
18	巡航控制单元	点火开关置 ON		12	0	自动变速器控制单元至巡航控制单元的线路断路或短路
19	超速挡开关和超速挡指示灯	点火开关置 ON	超速挡开关置 ON	12	0	超速挡开关损坏 超速挡开关至控制单元的线路短路
			超速挡开关置 OFF	0	12	超速挡开关损坏 超速挡开关至控制单元的线路断路
20	模式开关和模式指示灯	点火开关置 ON	模式开关置 PWR	12	0	模式开关损坏 模式开关至控制单元的线路短路
			模式开关置 NORM	0	12	模式开关损坏 模式开关至控制单元的线路断路
21	车速表	点火开关置 ON,转动驱动轮		0~8 摆动	无摆动电压	车速表传感器损坏、车速表损坏 车速表至控制单元的线路断路或短路
22	强制降挡开关	点火开关置 ON	加速踏板未踩到底	12	0	强制降挡开关损坏 强制降挡开关至控制单元的线路短路
			加速踏板踩到底	0	12	强制降挡开关损坏 强制降挡开关至控制单元的线路断路

五、换挡锁止系统的检修

换挡锁止系统的元件布置和控制电路如图 5-44、图 5-45 所示。

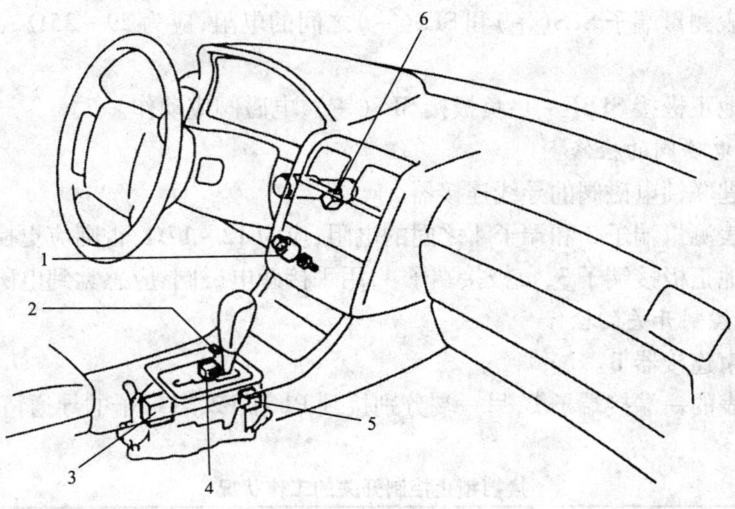

图 5-44　换挡锁止系统元件位置

1-制动灯开关;2-换挡锁止取消按钮;3-换挡锁止控制 ECU;4-换挡锁止控制开关;5-换挡锁止电磁阀;6-钥匙联锁电磁阀

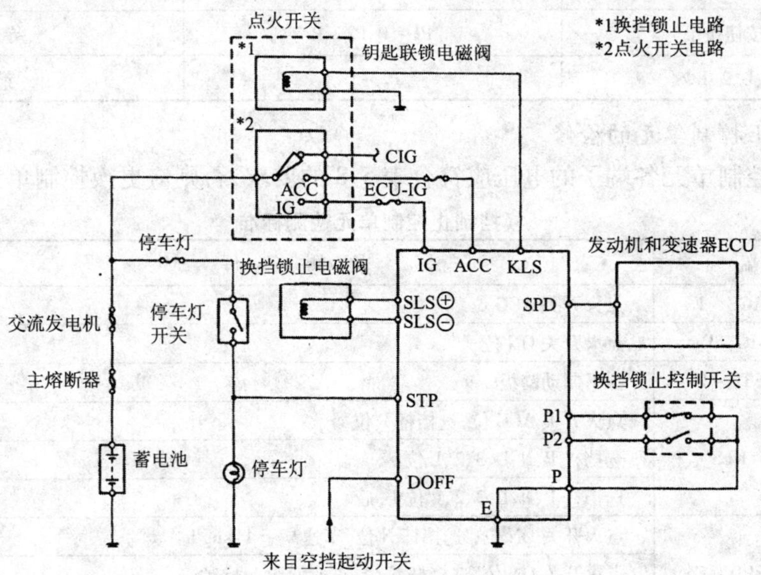

图 5-45　换挡锁止系统控制电路

1. 换挡锁止电磁阀的检修

(1)拔下换挡锁止控制单元的线束连接器 B,如图 5-46 所示。

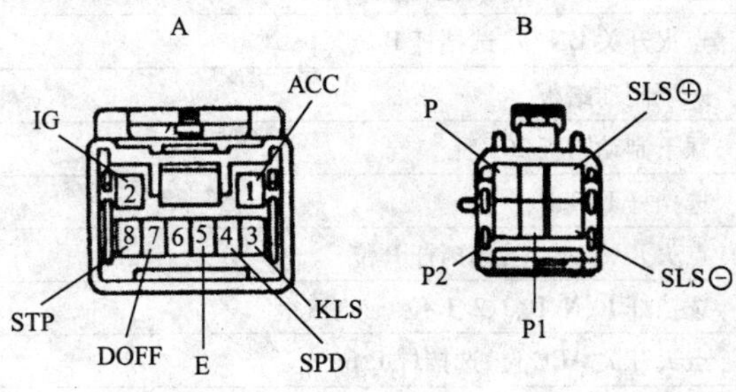

图 5-46　换挡锁止控制单元连接器

(2)用万用表测量端子SLS(+)和SLS(-)之间的电阻,应为29~35Ω,否则应更换电磁阀。

(3)将蓄电池正极接SLS(+),负极接SLS(-),电磁阀应动作。

2. 钥匙联锁电磁阀的检修

(1)拔下钥匙联锁电磁阀的导线连接器。

(2)用万用表测量端子3和端子4之间的电阻,应为12~17Ω,否则应更换电磁阀。

(3)将蓄电池正极接端子3,负极接端子4,用手接触电磁阀,应感觉到电磁阀的动作。

3. 换挡锁止控制开关的检修

(1)拔下线束连接器B。

(2)将万用表的一端接端子P,另一端分别接到P1和P2,各端子的导通情况应符合表5-7的要求。

换挡锁止控制开关的工作状况 表5-7

挡　位	端　子	导通情况
P	P1~P	导通
P(释放按钮按下)	P1~P、P2~P	导通
R、N、D、2、L	P2~P	导通

4. 换挡锁止控制单元的检修

换挡锁止控制单元各端子的电压应符合表5-8的要求,否则应更换控制单元。

换挡锁止控制单元检测标准 表5-8

连接器	端　子	检 测 条 件	电压(V)
A	ACC~E	点火开关ACC位	10~14
	IG~E	点火开关ON位	10~14
	STP~E	踩下制动踏板	10~14
	KLS	点火开关ACC位,选挡杆P位	≤1.5
		选挡杆P、N、D、3、2、L位	8.5~10.5
		选挡杆P、N、D、3、2、L位1s后	7.0~8.5
	SPD~E	点火开关ON位,选挡杆N位,车速高于11km/h	<2
		点火开关ON位,选挡杆N位,车速低于11km/h	6.0~8.5
		点火开关ON位,选挡杆P、D、3位	0
	DOFF~E	选挡杆D、3位	10~14
		选挡杆P、R、N、2、L位	0
B	SLS(+)~SLS(-)	点火开关ON位,选挡杆P位	0
		踩下制动踏板	8.8~12.5
		踩下制动踏板20s后	6.5~9.2
		选挡杆D、3、2、L位	0
	P1~P	点火开关ON位,选挡杆P位	0
		选挡杆R、N、D、3、2、L位	10~14
	P2~P	点火开关ACC位,选挡杆P位	10~14
		选挡杆R、N、D、3、2、L位	0

复习思考题

1. 简述电子控制系统的控制原理。
2. 电子控制系统中采用了哪些传感器?
3. 电子控制系统的执行元件有哪些?
4. 简述电子控制系统的功能。
5. 车速传感器有哪几种类型? 如何检测?
6. 节气门位置传感器如何进行调整和检修?
7. 超速挡开关的作用是什么?
8. 如何根据道路条件来选择模式开关?
9. 强制降挡开关的作用是什么? 通常在什么情况下使用?
10. 电磁阀有几种类型? 各自的作用是什么?
11. 怎样检查换挡电磁阀和油压电磁阀的工作性能?
12. 电子控制单元的作用是什么? 检修时应注意哪些事项?
13. 电子控制系统采用什么措施来改善换挡品质?
14. 电子控制系统是如何进行油压调节和控制的?
15. 换挡正时控制功能是如何实现的?
16. "循环跳挡"的危害是什么? 怎样才能避免"循环跳挡"?
17. 电子控制系统是如何实现自诊断功能的?
18. 锁止控制的目的是什么?
19. 如果传感器出现故障,电子控制系统如何进行失效保护?
20. 若执行元件出现故障,电子控制系统如何进行失效保护?
21. 电子控制单元出现故障,汽车是否完全丧失了行驶能力? 为什么?

第六章　自动变速器的故障诊断

自动变速器的结构和工作原理都很复杂,液力变矩器、换挡执行元件、阀板、电子控制系统或其他任何部件出现故障,都会影响自动变速器的正常工作。当出现故障时,盲目拆卸分解往往找不出故障产生的真正原因,甚至造成自动变速器不应有的损坏,因此应利用各种检测仪器和手段,按照由外到内,由简到繁的步骤和程序,诊断出故障原因,有针对性地进行检修,其常见故障部位和故障原因见表6-1。

自动变速器常见故障部位和故障原因　　表6-1

序号	故障部位		主要失效原因	故障现象及危害
1	液力变矩器	单向离合器	失效	传递动力下降,起步困难
		锁止离合器	打滑或烧结	汽车油耗增加或怠速时踩制动熄火
2	齿轮变速器		磨损、润滑不良	过热、异响
3	液压控制系统	油泵	磨损间隙过大、密封圈失效	供油不足、压力降低
		阀板	磨损、卡滞、弹簧弹力下降、球阀丢失或错位、密封不良	打滑,缺挡或无挡,换挡冲击
		离合器	从动片磨损、烧损,钢片烧损,活塞密封圈损坏、单向阀失效,间隙不当等	打滑,不能分离,缺挡或无挡,换挡冲击,换挡困难
		制动器或带	从动片或带磨损、烧损,钢片烧损,活塞密封圈损坏,间隙不当等	打滑,不能分离,缺挡或无挡,换挡冲击,换挡困难
4	电子控制系统	控制单元	损坏	缺挡或无挡,油压不正常,换挡规律失常、动力性和经济性下降
		传感器	损坏	无信号或信号失常,变速器不能正常工作
		电磁阀	损坏	缺挡或无挡,油压不正常,锁止离合器工作不正常
		各种控制开关	损坏	变速器不能正常工作,动力性、经济性下降

第一节　自动变速器的故障诊断方法

自动变速器的故障诊断就是根据汽车或变速器的故障现象,利用各种检查和监测手段,分析、查找故障原因,并准确判断出故障部位。在自动变速器的检修过程中,常用的故障诊断方法有仪器设备检测诊断法、人工经验诊断法、解体检查法、部件或总成互换检验法等。

一、自动变速器的故障诊断方法

(一)人工经验诊断法

人工经验诊断法是在汽车不解体的情况下对自动变速器进行试验,凭借检验人员丰富的实践经验,借助感官,通过口问、眼看、耳听、手摸、鼻闻等手段,观察汽车或变速器的运行状况,对其技术状况进行定性分析,判断出故障部位和故障原因。

人工经验诊断法是汽车维修行业广泛使用的故障诊断方法之一,具有很强的实用性。对于一些症状比较明显的故障,无需使用仪器检测,经过人工观察、分析和判断,结合修理过程中的解体作业,即可准确判断出故障部位和原因。人工经验诊断法的基本程序如下:

1. 问

所谓问就是向用户调查询问。首先和用户交流,并有针对性的进行询问,通过交谈了解故障出现的全过程。要认真倾听用户提供的自动变速器故障史,包括使用、维护、故障及修理等情况。向用户询问的内容主要包括以下几个方面:

(1)使用情况。了解汽车常在什么条件下运行,是城市道路还是乡间道路,经常低速行驶还是高速行驶,常用挡位、汽车行驶里程等。

(2)维修情况。了解自动变速器是否按规定定期维护、进行了哪些项目的维护作业;曾出现过何种故障,更换了哪些零部件,是否是正规厂家的配件等,最重要的是,了解与现故障现象有关的零部件近期是否进行过修理或更换,维修后故障症状是否完全消失,有无其他异常现象等。

(3)故障情况。主要包括故障产生的条件、故障现象(症状)等内容。

①故障出现的温度:故障是在冷车时、热车时出现,还是冷热车时均出现。

②故障出现的频率:故障是间歇发生、偶然发生,还是一直存在,有无规律等。

③故障出现时的车速或负荷:故障在什么车速或负荷下明显,是在怠速时出现、起步时出现、加速时出现,还是在高速大负荷时出现,或故障与车速、负荷无关。

了解故障产生的全部过程是诊断工作的第一步,有助于维修人员理出思路,进行初步判断,并帮助维修人员分析故障原因,有针对性地检查相关系统和部位,通过对检查结果与故障现象的分析对比,快速、准确地确定故障原因和故障部位。

2. 看

看就是用眼观察汽车和变速器的型号、外部状况及运行时有无异常症状等。

(1)看清是什么车型,哪年款式,自动变速器的型号等,必要时要记下原始型号、代号或编号,以便于后续的故障诊断。

(2)观察停驶状态下自动变速器的状况。检查自动变速器是否漏油,油底壳是否变形,输出轴是否松动、断开,线束有无弯曲、折断,导线连接器是否松动,搭铁线连接是否牢固,油管是否弯曲,散热器是否脏污,选挡手柄是否弯曲变形等。

(3)观察运行状态下自动变速器的状况。

①观察仪表盘上的自动变速器故障灯是否亮,若亮,说明自动变速器电子控制系统有故障。

②踩住制动踏板,将自动变速器选挡手柄从P或N挡换至R或D挡,观察发动机与自动变速器的动作。拔出自动变速器油尺,检查油面是否合适,油中是否有杂质、气泡等。

③观察变速器壳体及油管是否漏油等。

3. 听

听就是利用工具监听或直接监听自动变速器异响,以判断其工作状态及异响产生的部位,并分析可能的故障原因。听诊时要找到异响最明显的故障部位,分清响声的类型,同时要注意不同工况交变时异响的变化,找出异响的规律和特征,并进行综合分析和判断,避免误诊。

4. 摸

摸就是通过触摸来感觉自动变速器油及电子元件的温度变化情况。

1)检查油温

待发动机达到正常工作温度,上路行驶 3 ~ 4km,主要检查自动变速器油底壳和散热器两个部位的温度。油底壳的温度直接反映了自动变速器的油温,若手放在油底壳附近感觉温度很高,说明变速器油过热。散热器及油管的温度反映了散热器是否堵塞,散热效果是否良好,其直接影响自动变速器的油温。用手触摸散热器,若感觉温度与冷却系散热器温度差不多,可视为正常。

2)检查电子元件

用手触摸电磁阀、导线连接器和搭铁部位,如过热,可能是电磁阀损坏、连接不良。

5. 闻

闻就是检查自动变速器运行时有无异常气味。通过闻可以感知是否有故障产生,如导线过热熔化、绝缘皮烧焦产生焦臭味,变速器油过热、变质发出的气味,机械部件不正常摩擦产生的异味等。

6. 试

试是指进行道路试验及其他一些相关试验。有些故障只有在汽车运行或特定条件下才能显现,修前试验可验证故障现象,找出故障规律;修后试验可检测故障是否排除,并检验维修质量和技术水平。

(二)仪器设备检测诊断法

仪器设备检测诊断法就是在不解体的情况下,利用仪器设备读取自动变速器的故障代码,检测其工作参数、曲线、波形及其变化情况,测试其技术性能,确定故障部位。还可以应用微机自动分析、判断,并打印检测结果,这种方法具有准确性高,能定量分析,操作方便等优点。

自动变速器可采用人工经验法和仪器设备检测诊断法进行故障诊断,但人工经验诊断法对电子控制系统的诊断准确性差、效率低,而仪器设备检测诊断法往往只能对电子控制系统进行检测,机械故障仍需依靠维修经验进行人工检测和分析,因此自动变速器的最佳诊断方法就是仪器设备检测诊断法与人工经验诊断法的综合运用。

二、自动变速器故障的仪器诊断

自动变速器的控制单元内部设置有自诊断电路,它能在汽车行驶过程中不断监测自动变速器电子控制系统的故障,并将故障以代码的形式记录在控制单元内。维修人员利用故障检测仪可以读取故障码,还可以进行数据流分析、执行元件的动作测试、系统基本调整、防盗系统的匹配确认等。自动变速器故障检测仪的种类较多,如:美国通用公司的 Tech 2 和德国大众公司的 V. A. S5051 或 V. A. G1551/1552,美国 Snap-on 公司生产的 Scanner MT2400、MT2500 汽车电脑解码器和美国 LAE 公司生产的 OTL 汽车电脑解码器,元征公司生产的 431ME 汽车故障分析仪,杰尼士美国车/亚洲车故障检测仪,美国 TranX2000 自动变速器专用检测仪等,如图 6-1 所示。在检修电气系统时,应首选原厂专用故障检测仪,也可以选用具有相同功能的其他检测仪器。

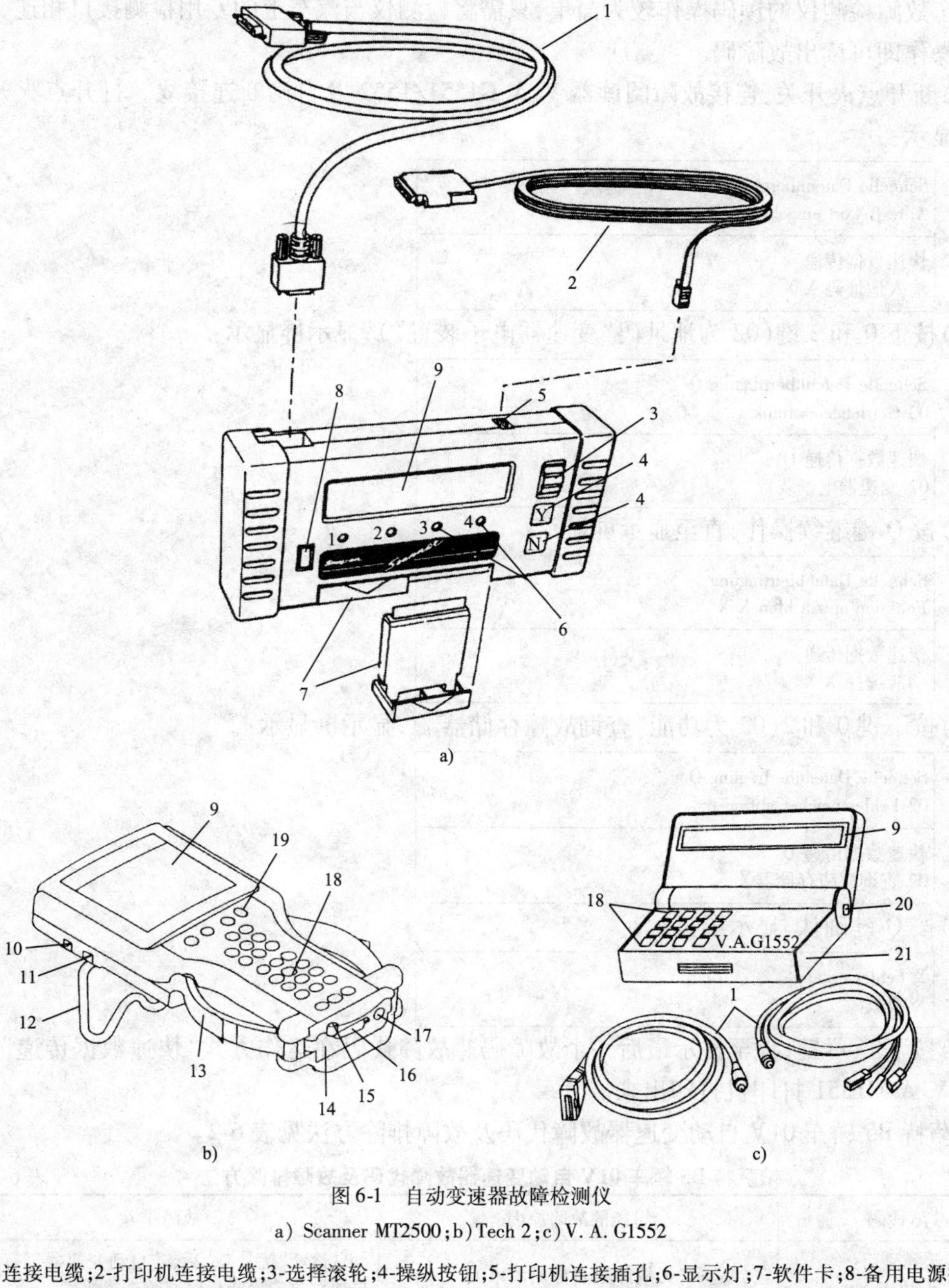

图 6-1 自动变速器故障检测仪

a) Scanner MT2500;b) Tech 2;c) V. A. G1552

1-检测连接电缆;2-打印机连接电缆;3-选择滚轮;4-操纵按钮;5-打印机连接插孔;6-显示灯;7-软件卡;8-备用电源按钮;9-显示屏;10-RS-485 通信端口;11-外接通信端口;12-支架;13-手皮带;14-通信接口模块;15-锁杆;16-26 针螺纹插孔;17-电源插孔;18-标准键盘;19-软键盘;20-测试导线插孔;21-程序卡插孔盖板

(一) V. A. G1551/1552 故障检测仪的使用

V. A. G1551/1552 为汽车故障综合检测仪,不仅能够对自动变速器的电子控制系统进行检测,还可以对汽车的其他电子控制系统进行检测,具有读取和清除故障码、读取测量数据流、执行元件测试、基本参数设定等多项功能。

1. 读取故障代码

汽车故障检测仪的读码操作较为简单,只需将检测仪与汽车上的专用检测接口相连,按仪器提示操作即可读出故障码。

(1)断开点火开关,连接故障阅读器 V. A. G1551/1552 及自诊断连接线。打开点火开关,显示屏显示:

Schnelle Datenübertragung Adre β wort eingeben X X
快速数据传递 输入地址码 X X

(2)按下 0 和 2 键(02 为地址码"变速器电子装置"),显示屏显示:

Schnelle Datenübertragung Q 02 Getriebeelektronik
快速数据传递 Q 02 变速器电子装置

(3)按 Q 键继续操作,直至显示屏显示:

Schnelle Datenübertragung Funktion anw ä hlen X X
快速数据传递 功能选择 X X

(4)按下键 0 和 2(02 为功能"查询故障存储器"),显示屏显示:

Schnelle Datenübertragung Q 02 Fehlerspeicher abfragen
快速数据传递 Q 02 查询故障存储器

(5)按 Q 键确认,显示屏显示:

X Fehler erkannt X 有故障

(6)按下"→"键,直至显示最后一个故障码。故障代码在运作方式"快速数据传递"状态下可用 V. A. G1551 打印机打印出来。

帕萨特 B5 轿车 01V 自动变速器故障代码及故障排除方法见表 6-2。

帕萨特 B5 轿车 01V 自动变速器故障代码及故障排除方法 表 6-2

故障代码	可能的故障原因	故障排除
显示屏显示: 无故障	如显示"无故障",自诊断结束	自诊断"无故障"后,若自动变速器仍有故障,必须按故障诊断程序继续查找故障
00258 电磁阀 1—N88	导线断路或对搭铁短路 电磁阀 1—N88 有故障	进行电气检查,按电路图检查导线和连接器 读取测量数据块显示组编号 004
00260 电磁阀 2—N89	导线断路或对搭铁短路 电磁阀 2—N89 有故障	进行电气检查,按电路图检查导线和连接器 读取测量数据块显示组编号 004

续上表

故障代码	可能的故障原因	故障排除
00262 电磁阀 3—N90	导线断路或对搭铁短路 电磁阀 3—N90 有故障	进行电气检查,按电路图检查导线和连接器 读取测量数据块显示组编号 004
00264 电磁阀 4—N91	导线断路或对搭铁短路 电磁阀 4—N91 有故障	进行电气检查,按电路图检查导线和连接器 读取测量数据块显示组编号 004
00266 电磁阀 5—N92	导线断路或对搭铁短路 电磁阀 5—N92 有故障	进行电气检查,按电路图检查导线和连接器 读取测量数据块显示组编号 004
00268 电磁阀 6—N93	导线断路或对搭铁短路 电磁阀 6—N93 有故障	进行电气检查,按电路图检查导线和连接器 读取测量数据块显示组编号 004
00270 电磁阀 7—N94	导线断路或对搭铁短路 电磁阀 7—N94 有故障	进行电气检查,按电路图检查导线和连接器 读取测量数据块显示组编号 004
00281 车速传感器 G68	导线断路 车速传感器 G68 有故障	进行电气检查,按电路图检查导线和连接器 读取测量数据块显示组编号 002 更换车速传感器 G68
00293 多功能开关 F125	开关状态不稳定 导线断路或对地短路 多功能开关 F125 有故障	进行电气检查,按电路图检查导线和连接器 读取测量数据块显示组编号 001 更换多功能开关 F125
00297 转速传感器 G38	导线断路 转速传感器 G38 有故障	进行电气检查,按电路图检查导线和连接器 更换转速传感器 G38
00300 油温传感器 G93	无法识别故障类型 导线断路 油温传感器 G93 有故障	进行电气检查,按电路图检查导线和连接器 读取测量数据块显示组编号 005 更换油温传感器 G93
00518 节气门电位计 G69	信号超出允许值 导线断路或短路 节气门电位计 G69 有故障 发动机控制单元有故障	如果还显示了故障 00638,则应先排除该故障 进行电气检查,按电路图检查导线和连接器 读取测量数据块显示组编号 001 和 003 更换节气门电位计 G69 或发动机控制单元 对系统进行基本设定
00529 无转速信号	导线断路	按电路图检查导线和连接器 读取测量数据块显示组编号 003 检查发动机控制单元 按当时发动机故障代码进行相应检修
00532 电源电压	蓄电池损坏 供给液压阀的电压太低	检查蓄电池 读取测量数据块显示组编号 002 检查控制单元 J217 电压 进行电气检查
00545 发动机/变速器 电气连接	导线断路或短路 发动机/变速器控制单元未接上 发动机/变速器控制单元间影响点火正时的信号未被传送或传送不正常	按电路图检查导线和连接器 读取测量数据块显示组编号 005 检查发动机控制单元 按当时发动机故障代码进行相应检修 对系统进行基本设定
00596 液压阀导线	短路 阀板扁状导线和线束间 10 孔连接器损坏 连接阀板的扁状导线损坏	按电路图检查导线和连接器 进行电气检查 更换扁状导线,拆卸和安装阀板
00638 发动机/变速器电气连接 2	无信号 导线断路或短路 发动机/变速器控制单元未接上 节气门信号未传送到变速器控制单元	按电路图检查导线和连接器 读取测量数据块显示组编号 005 检查发动机控制单元,如需要,更换相应元件 对系统进行基本设定

续上表

故障代码	可能的故障原因	故障排除
00641 变速器油温度	温度信号过大 变速器油温过高，自动换入相邻低速挡 汽车拖载过大 变速器油位不正常，油温传感器损坏	检查油面高度 读取测量数据块显示组编号 005 检查变速器油温度 更换扁状导线，拆卸和安装阀板
00652 挡位监控	电气/液压故障 离合器阀体损坏	读取测量数据块显示组编号 004 在行驶中确定哪一挡有故障
00660 强制降挡开关/节气门电位计	导线断路 节气门电位计 G69 损坏 强制降挡开关 F8 损坏	按电路图检查导线和连接器 按故障代码 00518 进行检修 读取测量数据块显示组编号 001 进行电气检查 调整或更换节气门拉线
65535 控制单元 J217	控制单元 J217 损坏	更换控制单元 对系统进行基本设定

2. 读取测量数据流

(1)连接故障阅读器 V. A. G1551/1552，输入地址码“02 变速器电子装置”，继续操作，选择功能“08 读取测量数据块”，按“Q”键确认，显示屏显示：

Me β wertblock lesen Anzeigegruppennemmer eingeben X X
读取测量数据块 输入显示组号码 X X

(2)输入显示组号码，按“Q”键确认。可选择显示组号码表见表 6-3，测量数据分析见表 6-4。

01V 自动变速器读取测量数据块显示组 表 6-3

显示组	显示区	说明	显示组	显示区	说明
001	1 2 3 4	选挡杆位置 节气门电位计电压 加速踏板位置值 开关位置	005	1 2 3 4	自动变速器油温度 换挡输出 所选择的挡位 发动机转速
002	1 2 3 4	电磁阀 6-N93 实际电流 电磁阀 6-N93 额定电流 蓄电池电压 车速传感器 G68 电压	006	1 2 3 4	不需考虑
003	1 2 3 4	车速 发动机转速 所选择的挡位 加速踏板位置值	007	1 2 3 4	所选择的挡位(+ 或 - 与区域 2 有关) 锁止离合器打滑 发动机转速 加速踏板位置值
004	1 2 3 4	电磁阀 所选择的挡位 选挡杆位置 车速	008	1 2 3 4	不需考虑

帕萨特 B5 轿车 01V 自动变速器仪器检测结果分析　　表 6-4

<table>
<tr><th>显示组</th><th>显示区</th><th colspan="2">说　明</th><th colspan="2">测试条件</th><th colspan="2">V. A. G1551
显示额定值</th><th>排除故障</th></tr>
<tr><td rowspan="26">001</td><td rowspan="7">1</td><td colspan="2" rowspan="7">选挡杆位置—多功能开关 F125</td><td rowspan="7">选挡杆位置</td><td>P</td><td colspan="2">P</td><td rowspan="7">检查多功能开关 F125 触点是否腐蚀,视情更换
进行电气检查</td></tr>
<tr><td>R</td><td colspan="2">R</td></tr>
<tr><td>N</td><td colspan="2">N</td></tr>
<tr><td>D</td><td colspan="2">D</td></tr>
<tr><td>3</td><td colspan="2">3</td></tr>
<tr><td>2</td><td colspan="2">2</td></tr>
<tr><td>1</td><td colspan="2">1</td></tr>
<tr><td rowspan="2">2</td><td colspan="2" rowspan="2">节气门电位计 G69 电压</td><td rowspan="2">节气门位置</td><td>怠速最低
怠速最高</td><td colspan="2">0. 156V
0. 8V</td><td rowspan="2">从怠速到节气门全开加速过程中,电压值应连续升高
对发电机控制单元进行自诊断,若有故障,检查节气门电位计进行系统基本设定</td></tr>
<tr><td>节气门全开
最小
最大</td><td colspan="2">3. 5V
4. 680V</td></tr>
<tr><td rowspan="2">3</td><td colspan="2" rowspan="2">加速踏板位置</td><td rowspan="2">节气门位置</td><td>怠速</td><td colspan="2">0% ~1%</td><td rowspan="2">从怠速到节气门全开加速过程中,百分数值连续增加
进行系统基本设定</td></tr>
<tr><td>节气门全开</td><td colspan="2">99% ~100%</td></tr>
<tr><td rowspan="15">4</td><td colspan="2" rowspan="2">制动灯开关 F
(显示的第 1 位数字)</td><td rowspan="2">制动踏板</td><td>踏下</td><td colspan="2">1</td><td rowspan="2">检查制动灯开关 F
进行电气检查</td></tr>
<tr><td>未踏下</td><td colspan="2">0</td></tr>
<tr><td colspan="2" rowspan="2">牵引力控制系统
(显示的第 2 位数字)</td><td colspan="2">起作用</td><td colspan="2">1</td><td rowspan="2">不需考虑</td></tr>
<tr><td colspan="2">不起作用</td><td colspan="2">0</td></tr>
<tr><td colspan="2">(显示的第 3 位数字)</td><td colspan="5">不需考虑</td></tr>
<tr><td colspan="2" rowspan="2">强制降挡开关
(显示的第 4 位数字)</td><td colspan="2">强制降挡开关起作用</td><td colspan="2">1</td><td rowspan="2">检查强制降挡开关
进行电气检查</td></tr>
<tr><td colspan="2">强制降挡开关不起作用</td><td colspan="2">0</td></tr>
<tr><td rowspan="8">多功能开关
F125</td><td rowspan="2">显示的第 5 位数字</td><td colspan="2" rowspan="2">选挡杆位置</td><td>R、N、D、3、2</td><td>1</td><td rowspan="8">检查多功能开关 F125
检查电气线路</td></tr>
<tr><td>P、1</td><td>0</td></tr>
<tr><td rowspan="2">显示的第 6 位数字</td><td colspan="2" rowspan="2">选挡杆位置</td><td>P、R、2、1</td><td>1</td></tr>
<tr><td>N、D、3</td><td>0</td></tr>
<tr><td rowspan="2">显示的第 7 位数字</td><td colspan="2" rowspan="2">选挡杆位置</td><td>P、R、D、N</td><td>1</td></tr>
<tr><td>3、2、1</td><td>0</td></tr>
<tr><td rowspan="2">显示的第 8 位数字</td><td colspan="2" rowspan="2">选挡杆位置</td><td>P、R、N</td><td>1</td></tr>
<tr><td>D、3、2、1</td><td>0</td></tr>
</table>

续上表

显示组	显示区	说　明	测试条件		V. A. G1551 显示额定值	排除故障
002	1	电磁阀 6-N93 实际电流值	选挡杆在"N"位	节气门全开	0.0A	当查找故障时，实际电流和额定电流差值不得大于 0.050A 进行基本设定 检查电磁阀 N93
				怠速最大	1.1A	
	2	电磁阀 6-N93 额定电流值	选挡杆在"N"位	节气门全开	0.0A	
				怠速最大	1.1A	
	3	蓄电池电压	最小		10.8A	检查蓄电池，如有必要更换 检查控制单元 J217 的电源电压 更换变速器控制单元 J217 对系统进行基本设定
			最大		16.0V	
	4	车速传感器 G68	最小		2.20V	检查车速传感器 G68，进行电气检查
			最大		2.50V	
003	1	车速	汽车在行驶中		……km/h	与车速表读数稍有不同
	2	发动机转速	发动机运转中		……r/min	如有必要，调整发动机
	3	所选挡位	在行驶中	空挡	O	检查电磁阀，进行电气检查
				倒挡	R	
				1 挡液压	1H	
				1 挡机械	1M	
				2 挡液压	2H	
				2 挡机械	2M	
				3 挡液压	3H	
				3 挡机械	3M	
				4 挡液压	4H	
				4 挡机械	4M	
	4	加速踏板位置值	在行驶中	怠速	0% ~1%	从怠速到节气门全开的加速过程中，此值连续增加
				节气门全开	99% ~100%	
004	1	显示的电磁阀的工作状态： 显示 1:N88 显示 2:N89 显示 3:N90 显示 4:N91 显示 5:N92 显示 6:N94 电磁阀接合用 1 表示，未接合用 0 表示	P		1010 00	根据行驶状况接通电磁阀，若有故障，根据故障诊断程序进行故障诊断
			R		0010 00	
			N		1010 00	
			D	1H(1M)	0010 00	
				2H(2M)	0110 00	
				3H(3M)	0000 01	
				4H(4M)	1100 01	
			3	1H(1M)	0010 00	
				2H(2M)	0110 00	
				3H(3M)	0000 01	
			2	1H(1M)	0010 00	
				2H(2M)	0110 00	
			1	1H(1M)	0010 00	

续上表

<table>
<tr><th>显示组</th><th>显示区</th><th>说 明</th><th colspan="2">测试条件</th><th>V. A. G1551
显示额定值</th><th>排除故障</th></tr>
<tr><td rowspan="18">004</td><td rowspan="10">2</td><td rowspan="10">所选择的挡位</td><td rowspan="10">在行驶中</td><td>空挡</td><td>O</td><td rowspan="10">检查电磁阀,进行电气检查</td></tr>
<tr><td>倒挡</td><td>R</td></tr>
<tr><td>1 挡液压</td><td>1H</td></tr>
<tr><td>1 挡机械</td><td>1M</td></tr>
<tr><td>2 挡液压</td><td>2H</td></tr>
<tr><td>2 挡机械</td><td>2M</td></tr>
<tr><td>3 挡液压</td><td>3H</td></tr>
<tr><td>3 挡机械</td><td>3M</td></tr>
<tr><td>4 挡液压</td><td>4H</td></tr>
<tr><td>4 挡机械</td><td>4M</td></tr>
<tr><td rowspan="7">3</td><td rowspan="7">选挡杆位置</td><td rowspan="7">在行驶中</td><td>P</td><td>P</td><td rowspan="7">检查多功能开关 F125
检查电气线路</td></tr>
<tr><td>R</td><td>R</td></tr>
<tr><td>N</td><td>N</td></tr>
<tr><td>D</td><td>D</td></tr>
<tr><td>3</td><td>3</td></tr>
<tr><td>2</td><td>2</td></tr>
<tr><td>1</td><td>1</td></tr>
<tr><td>4</td><td>车速</td><td colspan="2">在行驶中的速度</td><td>…km/h</td><td>车速表显示值和 V. A. G1551 显示值可略有不同</td></tr>
<tr><td rowspan="16">005</td><td>1</td><td>ATF 油温(ATF 油温应在 35 ~45℃之间检查)</td><td colspan="2">发动机怠速运转,油温在 30℃以上时,才显示准确的温度</td><td>…℃</td><td>检查变速器油温传感器 G93,进行电气检查</td></tr>
<tr><td rowspan="15">2</td><td rowspan="2">挡位输出
显示的第 1 位数字</td><td rowspan="4">在行驶中点火正时控制</td><td>接通</td><td>1</td><td rowspan="4">根据电路图检查线束和插头
更换发动机控制单元
检查变速器控制单元 J217
对系统进行基本调整</td></tr>
<tr><td>断开</td><td>0</td></tr>
<tr><td rowspan="2">挡位输出
显示的第 2 位数字</td><td>接通</td><td>1</td></tr>
<tr><td>断开</td><td>0</td></tr>
<tr><td rowspan="2">挡位输出
显示的第 3 位数字</td><td rowspan="2">选挡杆锁止电磁阀 N110</td><td>接通</td><td>1</td><td rowspan="2">按电路图检查导线
检查变速杆电磁铁 N110</td></tr>
<tr><td>断开</td><td>0</td></tr>
<tr><td rowspan="2">挡位输出
显示的第 4 位数字</td><td rowspan="2">选挡杆锁止电磁铁</td><td>接通</td><td>1</td><td rowspan="2">按电路图检查导线
检查变速杆电磁铁 N110</td></tr>
<tr><td>断开</td><td>0</td></tr>
<tr><td rowspan="2">挡位输出
显示的第 5 位数字</td><td rowspan="2">巡航控制系统</td><td>接通</td><td>1</td><td rowspan="2">根据电路图检查线束和连接器
检查速度调节装置</td></tr>
<tr><td>断开</td><td>0</td></tr>
<tr><td rowspan="2">挡位输出
显示的第 6 位数字</td><td rowspan="2">空调</td><td>接通</td><td>1</td><td rowspan="2">按电路图检查导线
检查空调装置</td></tr>
<tr><td>断开</td><td>0</td></tr>
<tr><td rowspan="3">挡位输出
显示的第 7 位数字</td><td rowspan="3">选挡杆位置</td><td>R、N</td><td>1</td><td rowspan="3">按电路图检查导线
不需考虑</td></tr>
<tr><td>R</td><td>0</td></tr>
<tr><td>D、3、2、1</td><td>1/0</td></tr>
</table>

续上表

显示组	显示区	说　明	测试条件		V. A. G1551 显示额定值	排除故障
005	3	所选择的挡位	在行驶中	空挡	O	检查电磁阀,进行电气检查 如果不能换挡,可能是离合器或制动器损坏 更换变速器控制单元 J217
				倒挡	R	
				1 挡液压	1H	
				1 挡机械	1M	
				2 挡液压	2H	
				2 挡机械	2M	
				3 挡液压	3H	
				3 挡机械	3M	
				4 挡液压	4H	
				4 挡机械	4M	
	4	发动机转速	行驶中,发动机运转		…r/min	如必要,调整发动机
006	不需考虑					
007	1	所选择的挡位	在行驶中	空挡	O	检查电磁阀,进行电气检查 更换变速器控制单元 J217 如果不能换挡,离合器或制动器可能损坏 说明:符合"+"或"-"与显示区域 2 的速度信息有关
				倒挡	R	
				1 挡液压	1H +/-	
				2 挡液压	2H +/-	
				2 挡机械	2M +/-	
				3 挡液压	3H +/-	
				3 挡机械	3M +/-	
				4 挡液压	4H +/-	
				4 挡机械	4M +/-	
	2	变矩器锁止离合器打滑电磁阀 4-N91 接通	行驶中,发动机运转	在液压挡位	0~失速转速	根据电路图检查导线 检查电磁阀 4—N91 检查变速器,更换损坏的变矩器和阀体
			变矩器锁止离合器锁止	发动机转速 2000~3000 r/min 在机械挡位	0~130r/min	
	3	发动机转速	发动机运转		…r/min	如有必要调整发动机
	4	加速踏板位置值	加速踏板所在位置	怠速	0%~1%	从怠速到节气门全开百分数值应连续增加 对系统进行基本设定
				节气门全开	99%~100%	
008	不需考虑					

(二)美国 TranX 2000 自动变速器专用检测仪

TranX 2000 自动变速器专用检测仪是专门为检测自动变速器电子控制系统设计的检测仪器,没有检测车辆及其他系统的功能。

1. TranX 2000 检测仪的功能

(1)代替变速器控制单元发出指令,以判断是控制单元故障还是变速器有故障。

(2)TranX 2000 代替了原有的线束,易于判断线路开路或短路故障。

(3)检测电磁阀的电阻、电压、电流及其电路的开路、短路故障。

(4)通过调节脉冲宽度对锁止电磁阀和油压调节电磁阀进行检测,以判断机械部分是否有故障。

(5)对变速器控制单元进行监控,检测其控制信号是否符合标准规定。

2. TranX 2000 检测仪控制面板

图 6-2 为 TranX 2000 检测仪控制面板,图中各部分的作用如下:

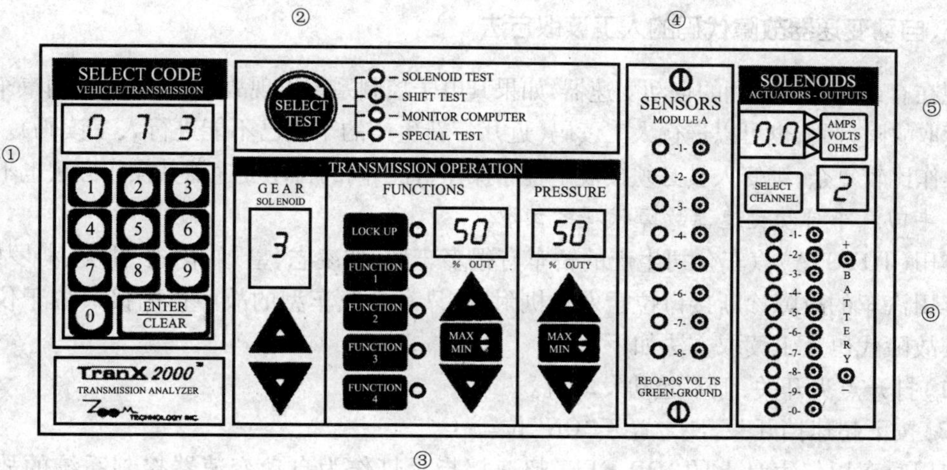

图 6-2 TranX 2000 控制面板

①-代码输入区;②-测试选择区;③-换挡控制操作区;④-传感器测试选择区;⑤-测试输出区;⑥-电磁阀测试孔

(1)代码输入区:输入 3 位自动变速器代码。不同车型的变速器有不同的代码,如丰田车为 010,本田雅阁为 141,BMW ZF5HP30 为 094,Ford G4AFEL 为 063 等。

(2)测试选择区:可进行电磁阀测试、换挡测试、控制单元测试和特殊测试。

①电磁阀测试:快速检测电磁阀及其线束,检测时应关闭发动机。

②换挡测试:代替控制单元控制自动变速器换挡。

③控制单元测试:检测控制单元的输出信号,显示挡位和车型,并显示离合器接合和分离情况。

(3)换挡控制操作区:包括挡位选择区、电磁阀控制区和压力控制区。

①挡位选择区:按"▲"或"▼"键选择要测试的挡位。在测试电磁阀时,挡位或电磁阀的情况将在屏幕上显示。

②电磁阀控制区:控制换挡电磁阀和脉冲电磁阀等。用"▲"或"▼"键控制脉冲宽度,也可在按"▲"或"▼"键之前按最大、最小键,快速获得最大、最小负荷。

③压力控制区:使主油路油压以 1% 的速度递增,用"▲"或"▼"键增加或减少电磁阀脉冲电压,也可在按"▲"或"▼"键之前按最大、最小键,快速获得最大、最小值。

(4)传感器测试选择区:测试压力开关、速度传感器、温度传感器等。

1 ~4 通道用来测试压力开关,5 ~8 通道用于检测变速器油温传感器及其他传感器等,把万用表接入插孔可读取传感器阻值。

(5)测试输出区:检测电磁阀的电流、电压和电阻。

按电流、电压和电阻键选择要输出的相应显示结果。测试电磁阀时,输出通道将指到正在

测试的电磁阀。按通道选择键,可从电磁阀通道中读到测量参数值。

(6)电磁阀测试孔:由发光二极管显示10组电磁阀的通道。

10组通道都有测试孔和屏幕显示,在换挡和控制单元测试时,可观察电磁阀的工作情况,电磁阀搭铁后显示绿色,12V时显示红色,脉冲显示黄色。每个电磁阀通道指示器也有测试孔,可用万用表测试任一电磁阀电路。

三、自动变速器故障代码的人工读取方法

现在有部分在用车辆的自动变速器,如果其电子控制系统出现故障,既可以利用汽车故障检测仪读取故障代码,也可以进行人工读码(近几年新生产的车辆已不能进行人工读码)。人工读码的操作比较复杂,维修人员必须按规定程序操作,且不同的自动变速器其操作方法也不相同。

1.丰田汽车自动变速器故障代码的读取

丰田(TOYOTA)汽车公司生产的轿车有很多车型,如凌志、皇冠、花冠、佳美、科罗娜等,大部分丰田汽车的故障诊断接口位于发动机附近,只有少数车型的故障诊断接口位于仪表盘下方。其故障代码人工读取方法如下:

(1)打开点火开关,但不起动发动机。

(2)按下超速挡开关,使之置于“ON”位。

丰田轿车以仪表盘上的“OD OFF”超速挡指示灯作为自动变速器控制系统的故障警告灯。若超速挡开关置于“ON”位时,打开点火开关或汽车行驶中“OD OFF”指示灯常亮,说明自动变速器的控制系统有故障。在读取故障代码时,不要将超速挡开关置于“OFF”位置,否则“OD OFF”指示灯将一直发亮,无法读取故障代码。

(3)打开位于发动机附近的故障诊断接口盖,按照盖内所注明的各插孔的名称,用一根导线将TE1(故障自诊断触发端)和E1(搭铁)两插孔连接,如图6-3所示。

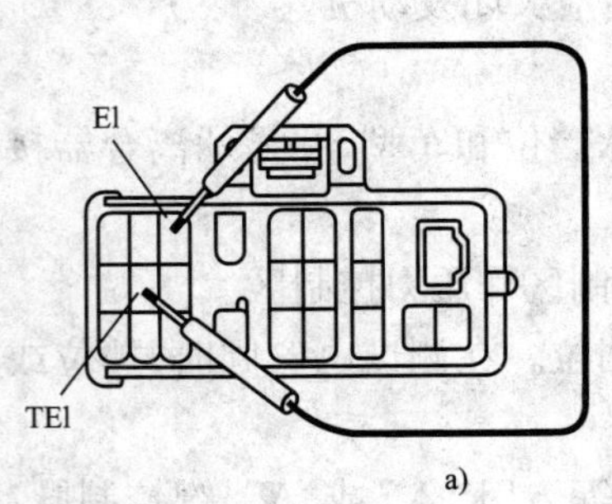

a)

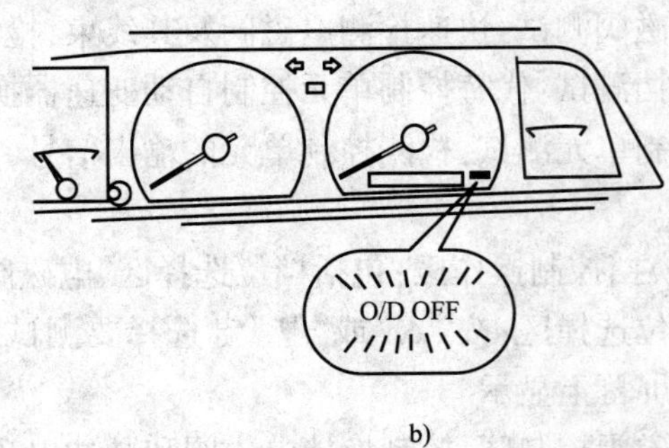

b)

图6-3 丰田汽车故障诊断接口

(4)根据自动变速器故障警告灯的闪亮规律读出故障代码。

若自动变速器控制系统工作正常,控制单元内没有故障代码,则故障警告灯以每秒2次的频率连续闪亮。

若自动变速器控制单元内存在故障代码,则故障警告灯以每秒1次的频率闪亮,并将两位数故障代码的十位数和个位数先后用故障警告灯的闪亮次数表示出来。例如当故障代码为23时,故障警告灯先以每秒1次的频率闪亮2次,表示故障代码的十位数为2,然后停顿1.5秒,再以每秒1次的频率闪亮3次,表示故障代码的个位数为3,见图6-4。

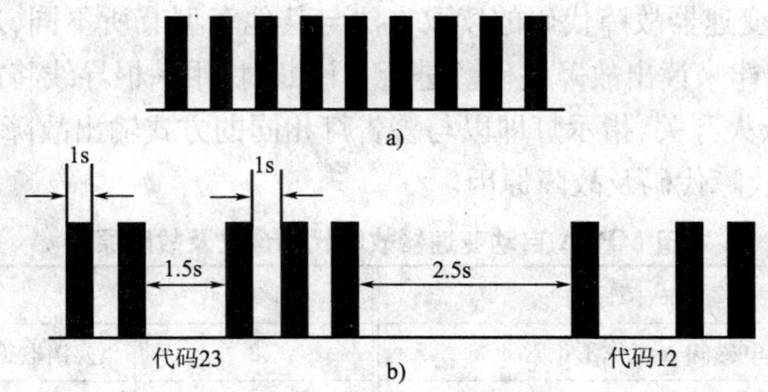

图 6-4　丰田汽车故障代码的显示

当控制单元内储存有几个代码时，控制单元按故障代码的大小，依次将储存的所有故障代码显示出来，相邻 2 个故障代码之间的停顿时间为 2. 5s。当所有故障代码全部显示完毕，停顿 4. 5s，再重新开始显示。如此反复，直到从故障诊断接口上拔下连接导线为止，表 6-5 为 LS400 轿车自动变速器的故障代码。

（5）读取所有的故障代码后，从检测插座上拔下连接导线，关闭点火开关。

LS400 轿车自动变速器的故障代码及故障原因　　表 6-5

故障代码	故障原因	故障代码	故障原因
42	1 号车速（车速表）传感器无信号	63	2 号换挡电磁阀不工作
46	4 号（油压）电磁阀不工作	64	3 号（锁止）电磁阀不工作
61	2 号车速传感器无信号	67	O/D 直接挡转速传感器无信号
62	1 号换挡电磁阀不工作	68	强制降挡开关一直闭合

2. 本田汽车自动变速器故障代码的读取

本田（HONDA）轿车自动变速器故障诊断接口位于驾驶室乘员座前方的仪表盘下方，如图 6-5 所示。读取故障代码时，用一根导线将故障诊断接口的两个插孔短接，然后打开点火开关，通过观察发动机工作警告灯的闪烁次数读取故障代码。灯光闪烁次数表示代码的数值，不同频率的闪烁次数表示故障代码的不同位数，闪烁慢的次数表示十位数数字，闪烁快的次数表示个位数数字，每个数字间隔 2s，两个代码之间相隔时间较长。有的车型则通过控制单元上的发光二极管来读取故障代码，其代码输出方式与警告灯输出方式相同。

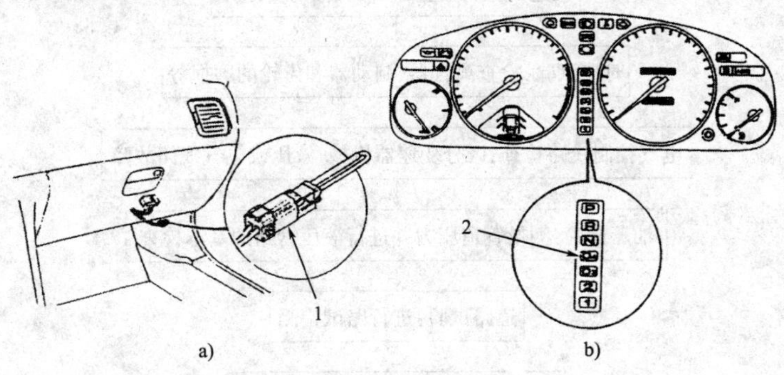

图 6-5　本田轿车自动变速器故障诊断接口

1-故障诊断接口；2-挡位指示灯

本田 MPYA 自动变速器故障代码的读取方法与其他车型有所不同，通过仪表盘上的挡位指示灯（D4）的闪烁规律来读出故障代码。进行自诊断时，用一根导线将故障诊断接口的两个插孔短接，然后打开点火开关，指示灯即以与警告灯相同的方式输出故障代码。表 6-6 为本田 MPYA 自动变速器的故障代码及故障原因。

本田 MPYA 自动变速器故障代码含义及故障原因 表 6-6

故障代码	故障原因	故障代码	故障原因
1	锁止电磁阀 A 工作不正常	8	换挡电磁阀 B 工作不正常
2	锁止电磁阀 B 工作不正常	9	输出轴转速传感器信号不正常
3	节气门位置传感器信号不正常	10	水温传感器信号不正常
4	车速传感器无信号	15	输入轴转速传感器信号不正常
5	挡位开关信号不正常	16	线性电磁阀工作不正常
6	挡位开关信号不正常	17	强制降挡开关信号不正常
7	换挡电磁阀 A 工作不正常		

第二节　自动变速器的性能检测

自动变速器出现故障应首先观察故障指示灯的闪烁情况，然后读取故障代码，并按故障代码提示进行检测和维修。若故障指示灯正常或无故障代码，但自动变速器仍然有故障，则应进行性能检测，以确定故障范围，为进一步检修提供依据。

自动变速器的性能检测包括基础检查、失速试验、时滞试验、油压试验和道路试验等，其检测程序如图 6-6 所示：

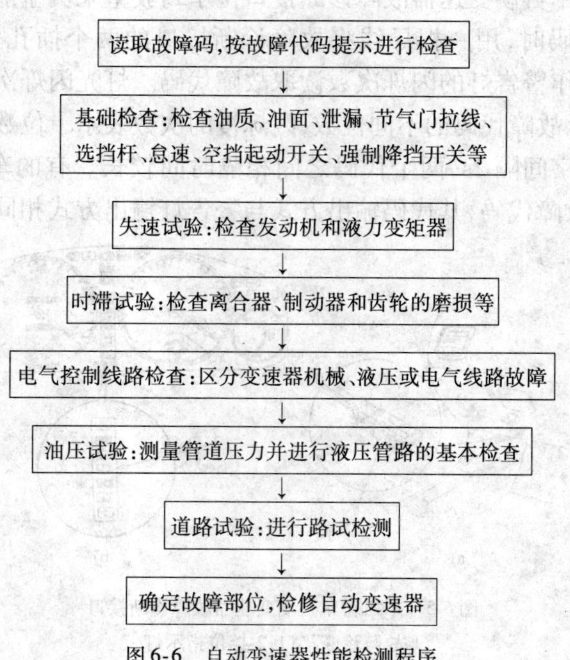

图 6-6　自动变速器性能检测程序

一、自动变速器的基础检查

自动变速器的基础检查包括油质和液面高度的检查、节气门拉线和选挡杆的检查、怠速、空挡起动开关及强制降挡开关的检查等。

(一)发动机怠速的检查

发动机怠速过低，自动变速器换挡时，将引起车身振动，甚至导致发动机熄火；而怠速过高，汽车“爬行”现象严重，且易产生换挡冲击。因此，当自动变速器选挡杆置于“P”或“N”位时，发动机怠速应正常，否则应进行调整和检修，然后再做进一步的检测。

(二)自动变速器油质和液面高度的检查

自动变速器液面高度和油液品质的检查是自动变速器最基本的检查项目，也是决定自动变速器是否进行拆检的主要依据之一。

1. 液面高度的检查

自动变速器液面过低将造成液压控制系统供油不足，汽车颠簸时还可能吸入空气，使油压降低，导致离合器、制动器打滑或烧损，还会造成润滑不良。而液面过高，油液又会被旋转零件剧烈搅动产生泡沫，使系统渗入空气，导致油压降低；且液面过高又会阻滞阀体内排泄孔排油，导致换挡迟滞和换挡冲击。因此，各种型号的自动变速器对液面高度都有明确的规定。

1)利用油尺检查液面高度

大部分自动变速器的液面高度可利用油尺来进行检查，操作方法是：将汽车停放在水平路面上，拉紧驻车制动；让发动机怠速运转，踩住制动踏板，将选挡杆分别拨至各个挡位，并在每个挡位上停留几秒钟，使液力变矩器和所有换挡执行元件都充满自动变速器油，最后再将选挡杆拨至停车挡“P”位；拔出油尺并擦干净，将油尺全部插入加油管后再次拔出，观察液面高度，自动变速器液面应位于油尺标定范围之内。

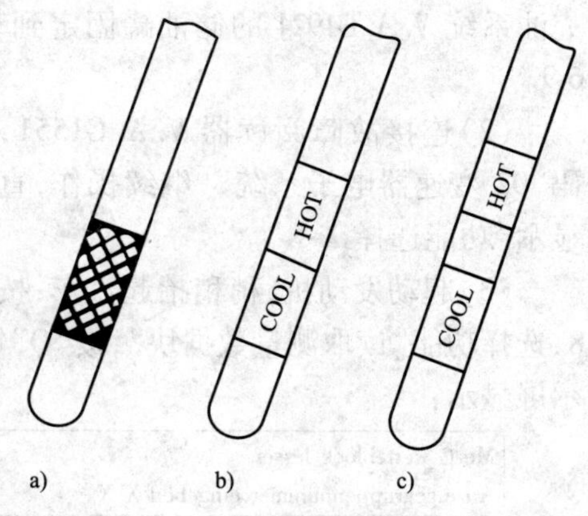

图 6-7　自动变速器油尺类型

a)双刻度线式；b)三刻度线式；c)四刻度线式

自动变速器油温度不同，其液面高度也会随之发生变化，因此，油尺上都标出了冷态(低于25℃)和热态(70~80℃)时的刻度范围，常见的油尺类型如图6-7所示。

(1)双刻度线式：在本田、日产等一些自动变速器油尺上有两道刻度线，液面应位于两刻度线之间。

(2)三刻度线式：在油尺上标有3道刻度线，由中间的刻度线与上下两刻度线分别组成两个刻度区域，有一些油尺在这两个刻度区域分别有“COOL”和“HOT”标记，而有些油尺却没有。下刻度区域(“COOL”区域)表示自动变速器油处于冷态时(50℃以下)液面所处的范围；上刻度区域(“HOT”区域)指汽车自动变速器油处于热态(90℃左右)时液面所处的范围。这种油尺在检查时较前一种方便，不会因油温把握不好而影响检查的准确性。

(3)四刻度线式：在油尺末端有4条刻度线，将油尺分为3个刻度区域。最下面的一个区域为冷态区域，最上面的一个区域为热态区域，中间区域为正常油温区域。

2)利用液面观察螺塞检查液面

部分自动变速器没有设置油尺,在变速器油底壳上设置有液面观察螺塞。图6-8为宝马750i轿车装备的ZF5HP-18自动变速器溢油检查孔,在变速器油底壳的高台阶处设有液面观察螺塞,其液面检查同普通手动变速器齿轮油液面检查相似。检查时使汽车车身保持水平,让发动机运转并将选挡手柄置入各个挡位,停留片刻后置于"P"或"N"挡位,在油温为室温(大约为20~30℃)时拆下螺塞,如有少量油溢出即为合适。

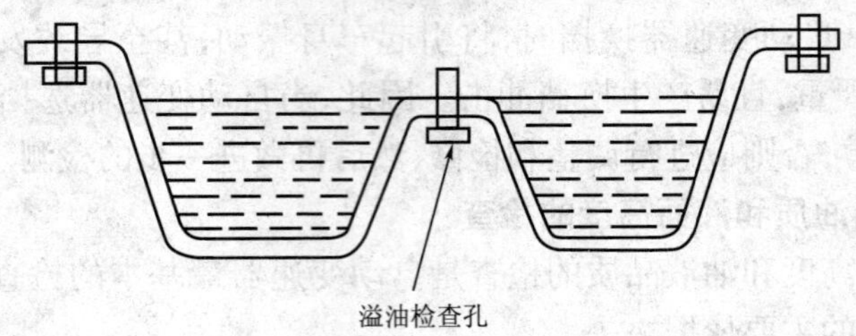

图6-8 ZF5HP-18自动变速器溢油检查孔

3)利用仪器检查液面

有的自动变速器在加注油液时,需借助专用仪器检查液面高度。下面介绍捷达轿车01M自动变速器液面高度的检查方法。

(1)汽车水平放置,选挡杆置于"P"位,将专用充油系统V. A. G1924的储油罐固定到车上,见图6-9。

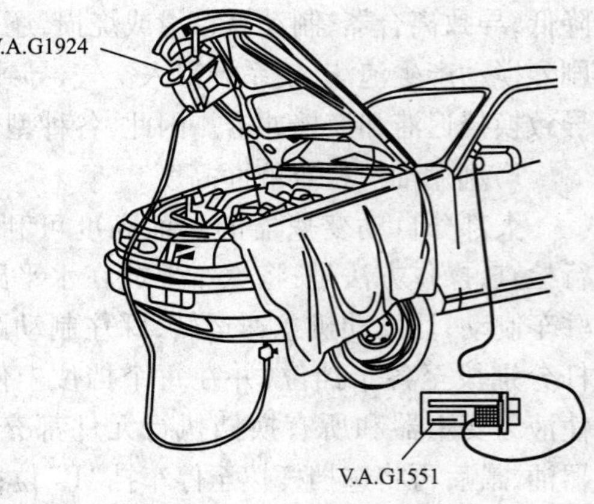

图6-9 捷达01M自动变速器液面高度检查

(2)连接故障阅读器V. A. G1551,输入地址码"02变速器电子系统",继续操作,直至显示屏显示"功能选择X X"。

(3)起动发动机,稍稍抬起汽车;按下键0和8,选择功能"读取测量数据块",按"Q"键确认,显示屏显示:

Me β werteblock lessen Anzeigegruppennummer eingeben X X
读取测量数据块 输入显示组号码 X X

(4)按下键0和5(05选择"显示组号"),并按"Q"确认,显示屏显示:

Me β werteblock lessen 5 40℃0011011 0 900r/min
读取测量数据块 5 40℃0011011 0 900r/min

第一个显示区显示的是自动变速器油的温度。

(5)拆下油底壳上自动变速器液面高度检查螺塞,使油温达到检查温度35~45℃。如果有少量自动变速器油从孔中流出,说明液面高度正常,不需补加。

(6)放出溢流管内的油,装上新密封圈,用15N·m力矩拧紧螺塞。

2. 自动变速器油质的检查

自动变速器油通常带有颜色如粉红色、黄色,且透明无味。将自动变速器油滴在干净的白纸上,检查其颜色和气味,如呈褐色、有焦煳味或油中有杂质等,说明油已变质。

在检查油质时,可根据自动变速器油的具体现象特征分析其变质原因。

(1)油液呈黑色,有严重的烧焦气味。主要是离合器、制动器的摩擦片和制动带严重磨损所致,且经常伴随有自动变速器严重打滑、汽车动力不足现象,应及时拆检、清洗自动变速器,并更换自动变速器油。

(2)油液变为暗红色,且有轻微烧焦气味。其主要原因为:

①自动变速器油使用时间过长。自动变速器油应该定期更换,如果换油时间过长,油液就会变质。

②离合器、制动器磨损后的磨料使油液颜色变为暗红色,并伴有磨料的烧焦气味。如离合器和制动器因间隙调整不当、油压偏低导致的轻微打滑,或自动变速器长期在重负荷下工作使离合器和制动器负荷过大,其摩擦片出现过度磨损,磨料过多使油液变为暗红色。

此种油质对自动变速器的工作没有太大的影响,但油应及时更换,否则时间稍长,势必会引起自动变速器油严重变质,影响自动变速器的性能。

(3)油液极易变质或从加油口冒烟,并有异味。此现象是油温过高引起的,主要原因为:

①液力变矩器打滑。

②离合器、制动器的摩擦片或制动带打滑。

③自动变速器油散热器堵塞或循环油管堵塞。

④自动变速器配合零部件的装配间隙过小,导致零件过热,从而造成油温升高。

(4)油尺上黏附胶质油膏。拔下油尺时,发现油尺表面附有一层胶质油膏,其主要原因为:

①油温过高,使油质进一步恶化,形成胶质油膏。

②自动变速器油质量太差,劣质油在高负荷、高温的影响下,极易变质,产生胶质油膏。

(5)油变成草莓色的泡沫乳状或膏状液体。这是冷却液渗入自动变速器油并充分混合所特有的现象。自动变速器油严重变质,已失去其固有性能,极易造成自动变速器打滑、不升挡、冲击等现象,甚至使车辆不能行驶。

(6)油液中有杂质。杂质是自动变速器的零件损坏形成的,可通过观察杂质的成分、颜色、尺寸、数量等,分析判断耗损部位。

①油液中有金属颗粒。这是自动变速器内的金属零件磨损造成的,常见的易磨损部件有:轴承、单向离合器等。

②油液中有橡胶或尼龙碎块。这是离合器、制动器的活塞密封圈或油路中的密封圈破损后进入油底壳产生的。

③油液中有摩擦片的剥落物。摩擦片质量太差或新摩擦片在油中浸泡时间过短,造成离合器摩擦片成块剥落。

④油液中有纤维丝状物。在自动变速器的装配过程中,如果使用容易脱落丝毛的纤维物擦拭内部零部件,纤维丝状物黏附在零件表面,被油液冲洗脱落,混入油中,极易堵塞滤网和油道,对自动变速器影响极大。

⑤油底壳中油泥过多。油泥过多与离合器和制动器打滑、油温过高有关,液面长期过低也将导致油泥的产生。

(7)油液中有泡沫。液面过高,行星齿轮和其他旋转零部件部分浸在油液中,搅动油液,使油液产生泡沫。若气泡进入液压控制系统,使系统压力降低,造成变速器打滑,影响自动变速器的正常工作。

(8)油液从加油管口溢出。主要原因为油液加注过多或变速器壳体上的透气孔堵塞。

3. 自动变速器油的更换

各种型号的自动变速器对换油行驶里程或运行时间均有明确规定,必须定期更换。可采用专用的换油清洗设备进行循环换油,也可采用人工换油。人工换油方法如下:

(1)拆下变速器油底壳上的放油螺塞,将油放净;然后拆下油底壳,并清洗干净。

(2)拆下变速器油散热器的油管接头,用压缩空气将散热器中的残余油液吹出。

(3)装好管接头、油底壳和放油螺塞等。

(4)从加油管中加入规定牌号的自动变速器油(各自动变速器对用油牌号均有严格的规定,如:01V 和 01M 自动变速器只能加注 VW 自动变速器油,不能使用 Dexron 或 Dexron Ⅱ)。

(5)起动发动机,将选挡杆从"P"位换到所有挡位后,再换回"P"位,检查自动变速器油面高度,应位于"COOL"的范围内。

(6)使发动机和自动变速器达到正常工作温度(70~80℃),再次检查油面高度,应位于"HOT"范围内。

(7)若不慎加油过多,应放掉一些变速器油,不可使油面过高。

注意:按上述方法换油时,变矩器内的油是无法放出的,可在换油后让汽车行驶 5min 再次进行换油,或采用自动变速器专用换油设备进行循环换油。利用换油清洗设备换油,简单方便,按仪器的使用要求进行操作,即可实现 100% 换油。

(三)节气门拉线的检查与调整

节气门拉线用于连接发动机节气门和位于控制阀板上的节气门阀,从而将节气门开度信号转换成为节气门阀的油压信号。节气门拉线调整不当,将导致主油路压力异常,使换挡执行元件打滑或产生换挡冲击。

带有节气门拉线的自动变速器多采用双螺母式拉线调节装置,如图 6-10 所示。在拉线靠近节气门端有一金属限位块,调整节气门拉线时,将加速踏板踩到全开位置,松开调整螺母,将防尘套与限位块的距离调整到 0~1mm,然后拧紧调整螺母,并重新检查调整是否正确。

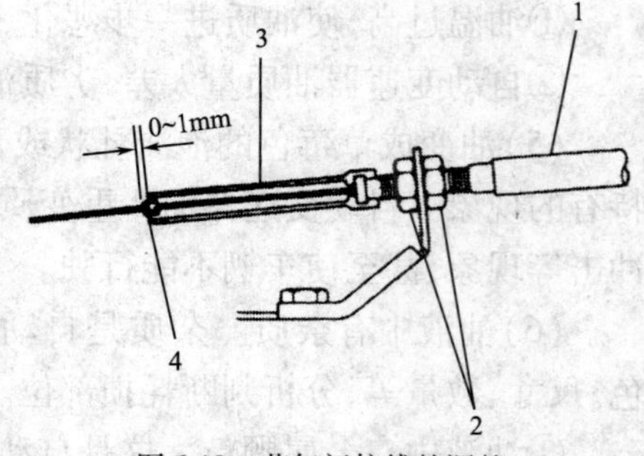

图 6-10 节气门拉线的调整

1-节气门拉线;2-固定螺母;3-防尘套;4-限位块

部分汽车已取消了自动变速器的节气门拉线,因此不需进行此项检查内容。

(四)选挡杆的检查与调整

选挡杆及挡位开关调整不当,会使选挡杆的位置与自动变速器阀板中手控阀的实际位置不符,或与仪表盘上挡位指示灯的显示不符,容易造成选挡错乱,甚至造成在空挡或停车挡时无法起动发动机,因此必须进行检查和调整。

自动变速器型号不同,选挡杆的检查与调整方法也不相同。

1. 丰田 LS400 轿车选挡杆的检查与调整

将选挡杆从"N"位换到其他挡位,通过手感判断换挡是否平顺,并检查挡位指示灯的显示

与选挡杆位置是否一致,如有异常,按下述方法调整:

(1)松开选挡杆上的螺母;

(2)如图6-11所示,把手控阀摇臂拨至空挡位置:先将摇臂朝汽车前端方向拨至极限位置(停车挡位置),然后再退回两位至空挡位置;

(3)将选挡杆置于空挡"N"位;

(4)轻轻将手控阀摇臂靠向"R"位方向,同时连接并固定选挡杆与手控阀摇臂之间的连接杆。

(5)起动发动机,确认选挡杆自"N"位换入"D"位时车辆向前移动,而换入"R"位时车辆能够向后移动。

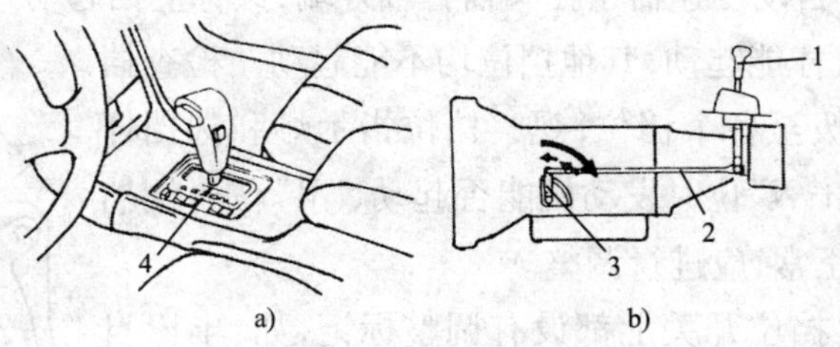

图6-11　丰田轿车选挡杆的调整

1-选挡杆;2-连接杆;3-手控阀摇臂;4-空挡位置

2.捷达轿车选挡杆的检查与调整

装有01M自动变速器的捷达轿车通过调整选挡杆锁止电磁铁来保证选挡杆的功能。调整时,在长孔内移动电磁铁,直至调整压杆和杠杆之间的间隙 $a=0.3\text{mm}$,见图6-12。调整完成后,应检查选挡杆的功能:

(1)选挡杆置于"P"或"N"位并打开点火开关,未踩下制动踏板时,选挡杆锁止;踩下制动踏板,锁止解除,选挡杆可挂入任一挡位。

(2)发动机只能在"P"或"N"位起动,选挡杆位于"1、2、3、D和R"位时,起动机均不能起动。

(3)将选挡杆拨至各个挡位,挡位指示灯和选挡杆位置应当一致;"R"位时倒挡灯应亮起。

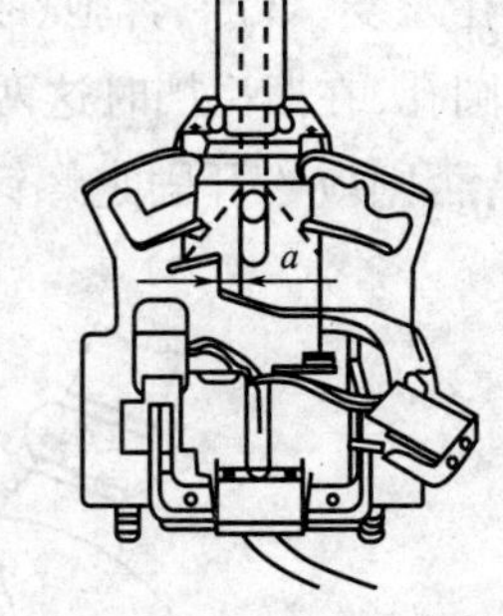

图6-12　捷达轿车选挡杆的调整

3.奥迪A6轿车选挡杆的检查

(1)将选挡杆置于"P"位:

①不踩下制动踏板时选挡杆应锁止,即使按住选挡杆上的锁止键,选挡杆也不能从"P"位移开(锁止电磁铁起锁止作用)。

②踩下制动踏板,选挡杆锁止无效,可按住选挡杆上的锁止键进行换挡,应无卡滞感。

③将选挡杆从"P"位按顺序慢慢换到"R、N、D、4、3、2"各挡位,仪表板上的显示应与操作相符。

(2)将选挡杆置于"N"位:

①不踩下制动踏板时选挡杆应锁止,选挡杆不能从"N"位移开。

②踩下制动踏板,选挡杆锁止无效,可按住选挡杆上的锁止键进行换挡。

③选挡杆置"D"位,接通点火开关,选挡杆从"D"位进入Tiptronic通道后,换挡装置上显示的"D"消失,符号"+"和"-"变亮。

(3)起动发动机,怠速运转;踩下制动踏板,放松驻车制动。选挡杆进入 Tiptronic 位置后,仪表板上显示的挡位数应从“P、R、N、D、4、3、2”变为“5、4、3、2、1”。

(4)选挡杆在“2、3、4、D、R”位时发动机不能起动。

(5)当车速高于 5km/h 且选挡杆置于“N”位时,不允许锁止电磁铁锁止,选挡杆应能切换到行驶挡位。当车速低于 2km/h(几乎静止),且选挡杆置于“N”位时,允许锁止电磁铁在约 1s 后切入,只有在踩下制动踏板后才能从“N”位移出。

(五)挡位开关的检查与调整

挡位开关通常位于自动变速器手控阀摇臂轴外端,又称空挡起动开关,即只有选挡杆置于“P”和“N”位时,发动机才能起动,其他挡位均不能起动。检查挡位开关时,应将选挡杆拨至各个挡位,观察挡位指示灯和选挡杆位置是否一致、“P”位和“N”位时发动机能否起动、“R”位时倒挡灯是否亮起等,如果不正常,应进行调整。

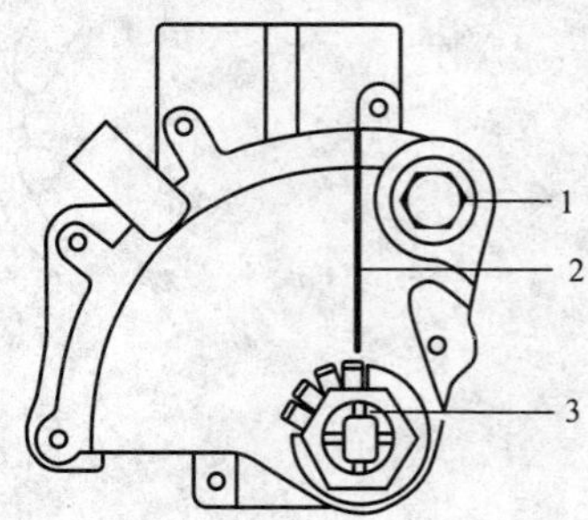

图 6-13　空挡起动开关的调整

1-固定螺钉;2-刻线;3-标记

一般在自动变速器挡位开关上都设有调整标记,如:丰田自动变速器的挡位开关外壳上刻有调整基准线,调整时,松开空挡起动开关固定螺钉,将选挡杆置于“N”位或“P”位,调整挡位开关,使其基准线与手控阀摇臂轴上的槽口对齐,确认接通挡位开关后,再拧紧固定螺钉,见图 6-13。

在三菱、日产、奔驰、欧宝等车系的自动变速器挡位开关上有一圆凹孔,选挡手柄轴摇臂上有一圆孔,在“N”挡时这两个孔应对齐,检查时可通过观察或用圆柱锁销插入看是否能插到凹孔内,否则应松开固定螺钉进行调节,如图 6-14 所示。

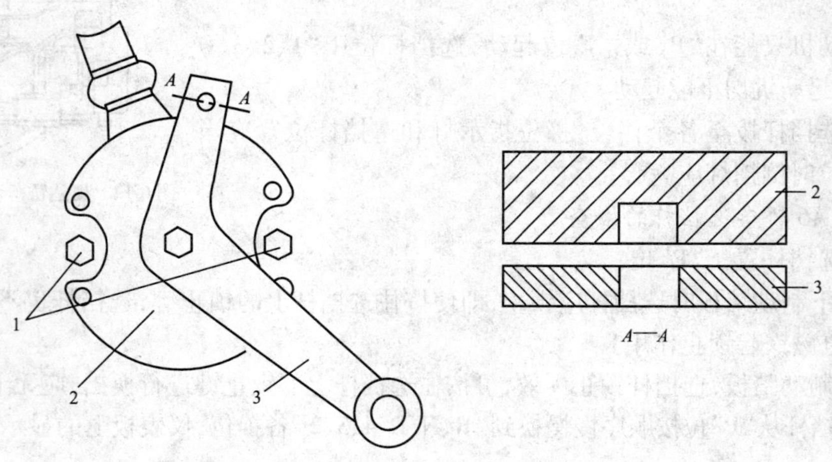

图 6-14　销孔式挡位开关调节装置

1-固定螺钉;2-挡位开关体;3-选挡手柄

(六)强制降挡开关的检查与调整

强制降挡开关通常安装在加速器踏板下面的底板上或加速踏板杠杆上端的支架上,当节

气门开度达到85%以上时强制降挡开关接通。

首先检查强制降挡开关在底板或支架上是否可靠固定、导线连接是否良好。用万用表检查开关的电阻值(正常情况下只有小阻值3~10Ω和大阻值30Ω以上两种状态),并检查在强制降挡开关接通(或断开)时加速踏板的开度。

部分轿车通过移动强制降挡开关来调整开关接通时相对应的加速踏板的位置。如:马自达B系列轿车的强制降挡开关位于加速踏板上方,在调整前先检查在节气门开度为85%左右时强制降挡开关是否接通,如需调整,可松开强制降挡开关的锁紧螺母,通过旋动开关体实现对开关位置的调整,调整完毕后应重新正确锁紧。

二、自动变速器失速试验

失速试验是检查发动机、液力变矩器及自动变速器中有关的换挡执行元件的工作是否正常的一种常用方法。

1. 失速试验的准备

行驶汽车,使发动机和自动变速器均达到正常工作温度,检查汽车的行车制动和驻车制动系统,并确认其性能良好,且自动变速器的油面高度应正常。

2. 失速试验步骤

(1)将汽车停放在宽阔的水平地面上,前后车轮用三角木块塞住。

(2)拉紧驻车制动,左脚用力踩住制动踏板。

(3)起动发动机,将选挡杆拨入“D”位。

(4)在左脚踏住制动踏板的同时,用右脚将加速踏板踩到底,迅速读取此时发动机的最高转速。读取发动机转速后,立即松开加速踏板。

(5)将选挡杆拨入“P”或“N”位,使发动机怠速运转1min以上,以防止自动变速器油因温度过高而变质。

(6)将选挡杆拨入“R”位,做同样的试验。失速试验过程见图6-15。

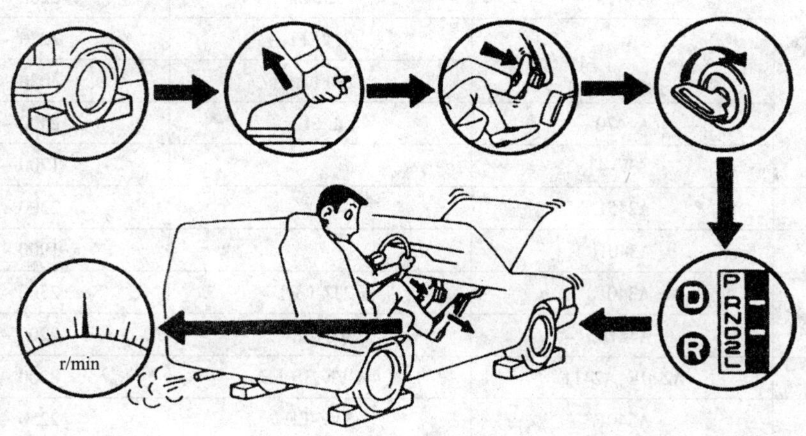

图6-15　自动变速器的失速试验

在选挡杆位于“D”或“R”位时同时踩下制动踏板和加速踏板，发动机处于最大转矩工况，行星齿轮变速器的输入、输出轴静止不动，因而变矩器涡轮也静止不动，只有变矩器壳及泵轮随发动机一起转动，这种工况属于失速工况，此时的发动机转速称为失速转速。由于在失速工况下，发动机的动力全部消耗在液力变矩器油液的内部摩擦损失上，油液温度会急剧上升。因此，在失速试验中，加速踏板从踩下到松开整个过程的时间不得超过5s，否则会使自动变速器油因温度过高而变质，甚至损坏密封圈等零件。在一个挡位试验完成之后，不要立即进行下一个挡位的试验，要等油温下降以后再进行。试验结束后不要立即熄火，应将选挡杆拨入空挡或停车挡，让发动机怠速运转几分钟，以使自动变速器油温度正常。如果在试验中发现驱动轮因制动力不足而转动，应立即松开加速踏板，停止试验。

在试验中，当踩下加速踏板时，发动机和变矩器发出较大的轰鸣声属正常现象，如果听到金属撞击声和摩擦噪声，应立即停止试验。

3. 失速试验结果分析

不同车型的自动变速器都有其失速转速标准，若失速转速与标准值不相符，说明自动变速器有故障。常见车型自动变速器的失速转速标准见表6-7。

常见车型自动变速器的失速转速标准 表6-7

车型	自动变速器型号	发动机型号或排量	失速转速(r/min)
宝马	ZF4HP22-EH	325e、528	1900~2050
绅宝	ZF4HP-18		2300~2700
捷豹	ZF4HP24-E		2000
尼桑	RE4F04A	VG30DE	2050~2350
	RE4R03A	Q45	2100~2300
马自达323	GF4A-EL	1.6	2400~2700
马自达323	A4LD	2.3L	2440~2830
克莱斯勒	A-415	1.6L	2250~2450
	A-413	2.2L	2200~2400
		2.2EFI	2280~2480
		2.2EFI 增压	3020~3220
	A-470	2.6L	2400~2600
	AW-4		1700~2000
丰田 Coralla	A245E		2300~2400
丰田 PREVIA	A340H		1900~2200
丰田 CROWN	A340E	2JZ-GE	2300~2600
	A42DL	1G-FE	2200~2500
丰田 CORONA	A240E, A241E	4A-FE, 3S-FE	2200~2500
丰田 CAMRY	A540E	3VZ-FE	2250~2550
凌志 LS400	A341E, A342E	1UZ-FE	2050~2350

(1)如果“D、R”位的失速转速均过高,可能是主油路油压过低、换挡执行元件打滑或失效等。

(2)如果失速转速均过低,可能是发动机动力不足、变矩器导轮单向离合器打滑等。通过空挡急加速和汽车高速性能试验可判断是发动机故障还是变矩器故障,通过异常噪声也能很容易判断变矩器是否有故障。

(3)如果仅在“D”位失速转速过高,可能是前进挡油路油压过低、前进离合器打滑。如果仅在“R”位失速转速过高,可能是倒挡油路油压过低、倒挡执行元件打滑等。

三、自动变速器时滞试验

在发动机怠速运转时将选挡杆从空挡拨至前进挡或倒挡后,需要有一段短暂时间的迟滞或延时才能使自动变速器完成挡位的变换(此时汽车会产生一个轻微的振动),这一短暂的时间称为自动变速器换挡的迟滞时间。时滞试验就是测出自动变速器换挡的迟滞时间,根据迟滞时间的长短来判断主油路油压及换挡执行元件的工作是否正常。

1. 时滞试验步骤

(1)行驶汽车,使发动机和自动变速器达到正常工作温度(50~80℃)。

(2)将汽车停放在水平地面上,拉紧驻车制动。

(3)将选挡杆分别置于“N”位和“D”位,检查其怠速,“D”位怠速略低于“N”位怠速(约低50r/min),如不正常,应按规定予以调整。

(4)将自动变速器选挡杆从“N”位拨至“D”位,用秒表测量从拨动选挡杆开始到感觉汽车振动为止所需的时间,该时间称为N—D迟滞时间。

(5)将选挡杆拨至N位,使发动机怠速运转1min后,再做一次同样的试验。

(6)共做3次试验,取平均值作为N—D迟滞时间。

(7)按上述方法,将选挡杆由“N”位拨至“R”位,测量N—R迟滞时间。

自动变速器时滞试验过程见图6-16。

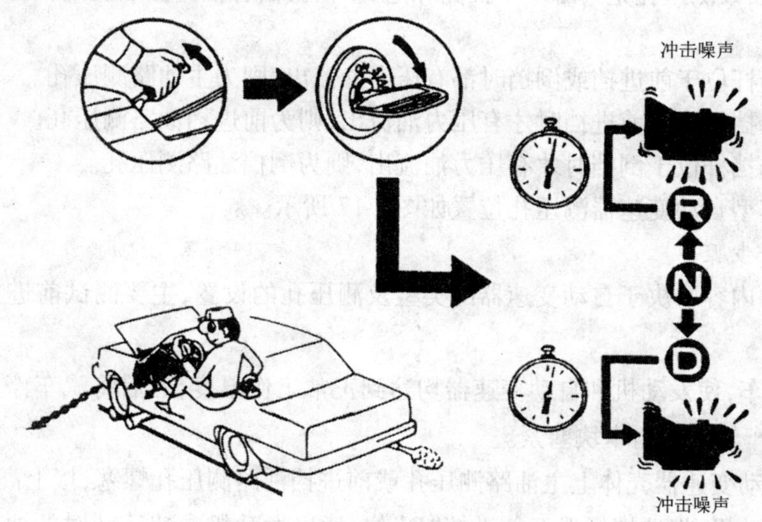

图6-16　自动变速器的时滞试验

2. 时滞试验结果分析

大部分自动变速器N—D迟滞时间小于1.0~1.2s,N—R迟滞时间小于1.2~1.5s。如果迟滞时间过长，可能是控制油压过低、油液脏污导致控制阀阻滞、阻尼小孔堵塞、离合器或制动器磨损严重、间隙过大等。

若N—D迟滞时间过长，说明主油路油压过低，前进离合器、制动器磨损严重或间隙过大；若N—R迟滞时间过长，说明倒挡油路油压过低，倒挡离合器、倒挡制动器磨损严重或间隙过大。

四、自动变速器油压试验

油压试验是在自动变速器工作时，测量控制系统各个油路中的油压，为分析自动变速器故障提供依据，以便有针对性地进行检修。自动变速器正常工作的先决条件是控制系统的油压正常，油压过高，会使自动变速器出现严重的换挡冲击，甚至损坏控制系统；油压过低，会造成换挡执行元件打滑，加剧其摩擦片的磨损，甚至会烧毁换挡执行元件。对于因油压过低而造成换挡执行元件烧毁的自动变速器，如果仅更换烧毁的摩擦片而没有找出故障的真正原因并加以修复，更换后的摩擦片经过一段时间的使用后往往会再次烧毁。因此，在分解修理自动变速器之前和自动变速器修复之后，都要对自动变速器做油压试验，以保证自动变速器的修理质量。

1. 油压试验的准备

(1)行驶汽车，使发动机和自动变速器均达到正常工作温度。

(2)将车辆停放在水平地面上，检查发动机怠速和自动变速器的油面高度。如不正常，应予以调整。

(3)准备一个量程为2MPa的压力表。

(4)找出自动变速器各油路测压孔的位置。通常在自动变速器外壳上有几个用方头螺母堵住的用于测量不同油路油压的测压孔。《自动变速器维修手册》上标有该自动变速器油路测压孔的位置，如果没有《自动变速器维修手册》作为参考，可以用举升器将汽车升起，在发动机运转时分别将各个测压孔螺塞松开少许，观察各测压孔在选挡杆位于不同挡位时是否有压力油流出，以判断该测压孔是与哪一个油路相通，从而找出各油路测压孔的位置。具体判断方法如下：

①不论选挡杆位于前进挡或倒挡时都有压力油流出，则为主油路测压孔。

②只有在选挡杆位于前进挡时才有压力油流出，则为前进挡油路测压孔。

③只有在选挡杆位于倒挡时才有压力油流出，则为倒挡油路测压孔。

几种常见车型自动变速器测压孔位置如图6-17所示。

2. 油压试验步骤

油压试验的内容取决于自动变速器的类型及测压孔的设置，主要测试前进挡和倒挡的主油路油压。

(1)行驶汽车，使发动机和自动变速器均达到正常工作温度，然后将汽车停放在宽阔的水平地面上，前后车轮用三角木块塞紧。

(2)拆下自动变速器壳体上主油路测压孔或前进挡油路测压孔螺塞，接上高量程油压表。

(3)起动发动机，将选挡杆拨至前进挡“D”位，读出发动机怠速运转时的油压值。该油压值即为怠速工况下的前进挡主油路油压。

(4)用左脚踩紧制动踏板，同时用右脚将加速踏板完全踩下，在失速工况下读取油压值。

该油压值即为失速工况下的前进挡主油路油压。

(5)将选挡杆拨至空挡或停车挡,使发动机怠速运转1min以上。

(6)将选挡杆拨至各前进低速挡“S、L或2、1”位置,重复操作,读出各前进低速挡在怠速工况和失速工况下的主油路油压。

(7)将选挡杆拨至倒挡“R”位,在发动机怠速和失速工况下读取倒挡主油路油压值。

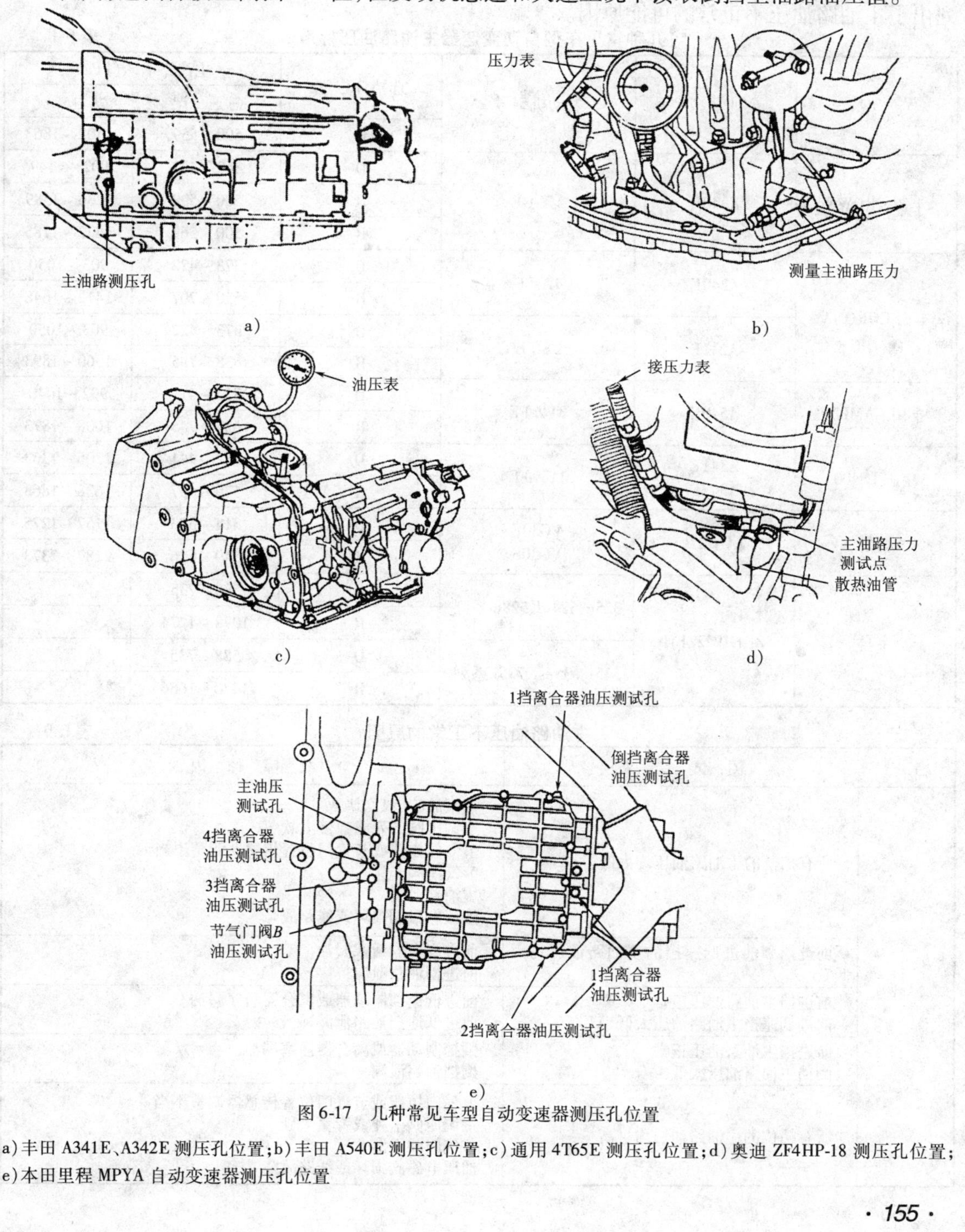

a) b) c) d) e)

图6-17 几种常见车型自动变速器测压孔位置

a)丰田A341E、A342E测压孔位置;b)丰田A540E测压孔位置;c)通用4T65E测压孔位置;d)奥迪ZF4HP-18测压孔位置;e)本田里程MPYA自动变速器测压孔位置

3. 油压试验结果分析

不同车型自动变速器的主油路油压各不相同,若主油路油压过低,可能是油泵供油不足,主调压阀卡死或弹簧过软,节气门拉线或节气门位置传感器调整不当,节气门阀卡滞、油压电磁阀损坏或线路故障,制动器或离合器活塞密封不良,油路密封圈破损等。表 6-8 为几种常见车型自动变速主油路油压标准。若主油路油压不正常,说明油泵或控制系统有故障。表 6-9 列出了主油路油压不正常的可能原因。

几种常见车型自动变速器主油路油压标准 表 6-8

车型	变速器型号	发动机型号	选挡杆位置	主油路油压(kPa)	
				怠速工况	失速工况
			R	500 ~ 559	1402 ~ 1863
丰田 CROWN	A340E	2JZ-GE	D	363 ~ 422	902 ~ 1147
			R	500 ~ 598	1236 ~ 1589
			R	500 ~ 569	1422 ~ 1785
丰田 CORONA	A240E	4A-FE	D	373 ~ 422	903 ~ 1050
			R	550 ~ 707	1412 ~ 1648
	A241E	3S-FE	D	373 ~ 422	903 ~ 1050
			R	638 ~ 795	1560 ~ 1893
丰田 CAMRY	A540E	3VZ-FE	D	353 ~ 412	992 ~ 1040
			R	637 ~ 745	1608 ~ 1873
凌志 LS400	A341E A342E	1UZ-FE	D	382 ~ 441	1206 ~ 1363
			R	579 ~ 657	1638 ~ 1863
尼桑	L4N71B	VG30E VG30S	D	314 ~ 373	1157 ~ 1275
			R	549 ~ 686	2187 ~ 2373
宝马	ZF4HP22/EH	325e、524td、528e 系列	D	588 ~ 735	
			R	1078 ~ 1274	
		535i、635esi、735i 系列	D	588 ~ 735	
			R	1470 ~ 1666	

主油路油压不正常的原因 表 6-9

工况	测 试 结 果	故 障 原 因
怠速	所有挡位的主油路油压均太低	油泵故障、滤网堵塞 主调压阀卡死或弹簧太软 节气门拉线或节气门位置传感器调整不当 节气门阀卡滞 主油路泄漏 油压电磁阀损坏或线路故障
	前进挡和前进低速挡的主油路油压均太低	前进离合器活塞漏油 前进挡油路泄漏
	前进挡主油路油压正常 前进低速挡主油路油压太低	前进低速挡制动器或离合器活塞漏油 前进低速挡油路泄漏
	前进挡主油路油压正常 倒挡主油路油压太低	倒挡制动器或离合器活塞漏油 倒挡油路泄漏
	所有挡位的主油路油压均过高	节气门拉线或节气门位置传感器调整不当 主调压阀卡死或弹簧太硬 节气门阀卡滞 油压电磁阀损坏或线路故障

续上表

工况	测 试 结 果	故 障 原 因
失速	稍低于标准油压	节气门拉线或节气门位置传感器调整不当 油压电磁阀损坏或线路故障 主调压阀弹簧太软或卡死
	明显低于标准油压	油泵故障 主油路泄漏 油压电磁阀损坏或线路故障

4. 油压电磁阀工作状况测试

自动变速器常采用油压电磁阀来控制主油路油压或蓄压器背压，在油压试验中人为地向油压电磁阀施加控制信号，同时测量油路油压的变化，以检查油压电磁阀的工作是否正常。下面以丰田 LS400 轿车 A341E 和 A342E 自动变速器为例，说明油压电磁阀的测试方法，见图 6-18，其他车型可作参考。

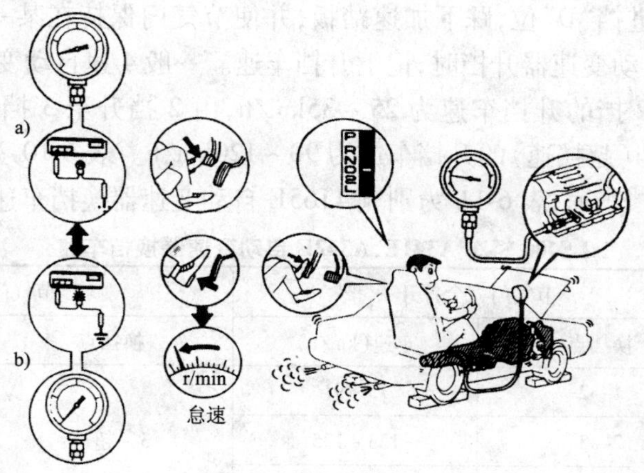

图 6-18　油压电磁阀的测试

a) 测试灯未搭铁时，蓄压器背压大于零；b) 测试灯搭铁时，蓄压器背压等于零

(1) 将油压表接至自动变速器蓄压器背压的测压孔。

(2) 参考电路图，找出自动变速器控制单元线束连接器上油压电磁阀控制端的接线端子，将一个 8W 灯泡的一端与油压电磁阀控制端的端子连接。

(3) 将汽车停放在地面上，拉紧驻车制动，并用三角木块将 4 个车轮塞住。

(4) 起动发动机，检查并调整好发动机怠速。

(5) 踩住制动踏板，将选挡杆挂入前进挡"D"位，读出此时的蓄压器背压，其值应大于 0。

(6) 将连接油压电磁阀的 8W 灯泡的另一端搭铁，此时油压电磁阀将通电开启，读出此时的蓄压器背压。

在油压电磁阀经 8W 灯泡搭铁时，油压电磁阀将通电开启，此时蓄压器背压应下降为 0。如有异常，说明油压电磁阀工作不良。

五、自动变速器的道路试验

道路试验是诊断、分析自动变速器故障的最有效手段之一，此外，自动变速器在修复之

后，也应进行道路试验，以检验其工作性能和修理质量。道路试验包括检查换挡车速、换挡质量及换挡执行元件有无打滑现象等。在进行道路试验之前，应先让汽车以中低速行驶5～10min，使发动机和自动变速器都达到正常工作温度。在试验中，如无特殊需要，通常应将超速挡开关置于“ON”位置（即“OD OFF”指示灯熄灭），并将模式开关置于普通模式或经济模式位置。

1. 升挡过程的检查

将选挡杆拨至前进挡“D”位，踩下加速踏板，使节气门开度保持在1/2左右，让汽车起步加速，检查自动变速器的升挡情况。自动变速器在升挡时发动机会有瞬时的转速下降（转速表指针迅速回摆），同时车身有轻微的闯动感。正常情况下，汽车起步后随着车速的升高，试车者应能感觉到自动变速器能否顺利由1挡升入2挡，随后再由2挡升入3挡，最后由3挡升入超速挡。若自动变速器不能升入高速挡，说明控制系统或换挡执行元件有故障。

2. 升挡车速的检查

将选挡杆拨至前进挡“D”位，踩下加速踏板，并使节气门保持在某一固定开度，让汽车起步并加速，当察觉到自动变速器升挡时，记下升挡车速。一般4速自动变速器在节气门开度保持在1/2时1挡升至2挡的升挡车速为25～35km/h，由2挡升至3挡的升挡车速为55～70km/h，由3挡升至4挡（超挡速）的升挡车速为90～120km/h。表6-10为LS400轿车A341E、A342E自动变速器换挡车速，表6-11为别克4T65E自动变速器换挡车速。

LS400 轿车 A341E、A342E 自动变速器换挡车速 表6-10

挡位	节气门完全打开		节气门完全关闭	
	换挡点	车速（km/h）	换挡点	车速（km/h）
D	1→2	75～91	3→超速	31～37
	2→3	123～135		
	3→超速	198～210		
	超速→3	191～203	超速→3	26～30
	3→2	115～123		
	2→1	46～49		
2	1→2	75～91		
	3→2	119～126		
	2→1	56～61		
L	2→1	55～61		

别克 4T65E 自动变速器换挡车速 表6-11

升挡	1～2（±5km/h）			2～3（±6.4km/h）			3～4（±8km/h）		
TP（%）	12	25	50	12	25	50	12	25	50
车速（km/h）	16	27	47	39	52	83	68	95	N/A

降挡	4～3（±6.4km/h）		3～2（±6.4km/h）		2～1（±6.4km/h）	
TP（%）	0	50	0	50	0	50

续上表

升挡	1～2(±5km/h)		2～3(±6.4km/h)		3～4(±8km/h)	
车速(km/h)	50	79	31	31	13	13
TCC	4 挡		3 挡			
TP(%)	12	25	12	25		
车速(km/h)	40	61	63	83		

升挡车速和节气门开度有很大的关系，即节气门开度不同，升挡车速也不同，而且不同车型的自动变速器各挡位传动比都不相同，其升挡车速也不完全一样，因此，只要升挡车速基本保持在上述范围中，而且汽车行驶中加速良好，无明显的换挡冲击，即可认为其升挡车速基本正常。若汽车行驶中加速无力，升挡车速明显低于上述范围，说明升挡车速过低(即过早升挡)；若汽车行驶中有明显的换挡冲击，升挡车速明显高于上述范围，说明升挡车速过高(即过迟升挡)。升挡车速过低一般是控制系统的故障所致；升挡车速过高则可能是控制系统的故障所致，也可能是换挡执行元件的故障所致。

由于降挡时刻在行驶中不易察觉，因此在道路试验中一般无法检查自动变速器的降挡车速，只能通过检查升挡车速来判断自动变速器有无故障。如有必要，还可检查在其他模式下或选挡杆位于前进低速挡位置时的换挡车速，并与标准值进行比较，作为故障诊断的参考依据。

3. 升挡时发动机转速的检查

在进行道路试验时，应注意观察发动机转速的变化情况。正常情况下，若自动变速器处于经济模式或普通模式，节气门保持在低于 1/2 开度范围内，则在汽车由起步加速直至升入高速挡的整个行驶过程中，发动机转速都将低于 3000r/min。通常在即将升挡时发动机转速可达到 2500～3000r/min，在刚刚升挡后的短时间内发动机转速将下降至 2000r/min 左右。如果在整个行驶过程中发动机转速始终过低，加速至升挡时仍低于 2000r/min，说明升挡时间过早或发动机动力不足；如果在行驶过程中发动机转速始终偏高，升挡前后的转速在 2500～3000r/min 之间，而且换挡冲击明显，说明升挡时间过迟；如果在行驶过程中发动机转速过高，经常高于 3000r/min，在加速时达到 4000～5000r/min，甚至更高，则说明换挡执行元件(离合器或制动器)打滑，应拆检自动变速器。

4. 换挡质量的检查

换挡质量的检查主要是检查有无换挡冲击。自动变速器的换挡冲击应十分微弱，若换挡冲击过大，可能是油路油压过高、换挡执行元件打滑、蓄压器或缓冲阀、油压电磁阀失效等，应做进一步的检查。

5. 锁止离合器工作状况的检查

让汽车加速至超速挡，以高于 80km/h 的车速行驶，并让节气门开度保持在低于 1/2 的位置，使变矩器进入锁止状态。此时，快速将加速踏板踩下至 2/3 开度，同时检查发动机转速的变化情况。若发动机没有太大变化，说明锁止离合器处于接合状态；反之，若发动机转速升高很多，则表明锁止离合器没有接合，其原因通常是锁止离合器控制系统有故障。

6. 发动机制动作用的检查

将选挡杆拨至前进低速挡(S、L、或 2、1)位置，在汽车以 2 挡或 1 挡行驶时，突然松开加速踏板，若车速立即随之下降，说明有发动机制动作用，否则说明控制系统或相关的离合器、制动器有故障。

7. 强制降挡功能的检查

将选挡杆拨至前进挡“D”位，保持节气门开度为1/3左右，在以2挡、3挡或超速挡行驶时突然将加速踏板完全踩到底，检查自动变速器是否被强制降低一个挡位。在强制降挡时，发动机转速会突然上升至4000r/min左右，并随着加速升挡，转速逐渐下降。若踩下加速踏板后没有出现强制降挡，说明强制降挡功能失效。若在强制降挡时发动机转速异常升高达5000r/min左右，并在升挡时出现换挡冲击，则说明换挡执行元件打滑，应检修自动变速器。

8. “P”位制动效果的检查

将汽车停在坡度大于9%的斜坡上，选挡杆拨入“P”位，松开驻车制动，检查机械闭锁爪的锁止效果。

六、自动变速器的手动换挡试验

自动变速器可以通过手动换挡试验来确定故障在电子控制系统还是自动变速器其他部分。所谓手动换挡试验就是脱开自动变速器所有换挡电磁阀的连接器，此时控制单元不能通过换挡电磁阀来控制换挡，自动变速器的挡位取决于选挡杆的位置。不同的自动变速器在脱开换挡电磁阀连接器后的挡位和选挡杆的关系有所不同，表6-12为丰田轿车自动变速器挡位和选挡杆的关系。

手动换挡试验的步骤如下：

(1)脱开自动变速器的所有换挡电磁阀连接器。

(2)起动发动机，将选挡杆拨至不同位置，然后做道路试验(也可以进行台架试验)。

(3)观察发动机转速和车速的对应关系，以判断自动变速器所处的挡位。不同挡位时发动机转速与车速的关系可以参考表6-13。由于变矩器的减速作用与传递的转矩有关，因此表中的车速只能作为参考，实际车速将随着行驶中节气门开度的不同而产生一定的变化。

丰田轿车自动变速器手动换挡时挡位和选挡杆的关系 表6-12

选挡杆位置	挡位
P	停车挡
R	倒挡
N	空挡
D	超速挡
2	3挡
L	1挡

自动变速器不同挡位时发动机转速和车速的关系 表6-13

挡位	发动机转速(r/min)	车速(km/h)
1挡	2000	18~22
2挡	2000	34~38
3挡	2000	50~55
超速挡	2000	70~75

(4)若选挡杆置于不同位置时自动变速器所处的挡位与表6-12相同，说明自动变速器的阀板及换挡执行元件的工作基本正常。

(5)试验结束后，接上电磁阀连接器。

(6)清除故障代码，防止因脱开电磁阀连接器而产生的故障代码存储于控制单元。

第三节　自动变速器常见故障的诊断与排除

自动变速器的常见故障主要为汽车不能行驶、加速无力、换挡冲击过大、不能升挡、无超速挡、无前进挡、无倒挡、不能强制降挡、挂挡后发动机易熄火、锁止离合器不能锁止、锁止离合器不能分离、自动变速器油易变质、异响等。导致自动变速器故障的原因很多,情况也比较复杂,可能是调整不当或电子控制系统有故障,也可能是油泵、变矩器、控制阀、换挡执行元件等有故障。在诊断过程中,应先对电子控制系统进行检测,然后对相关部位进行相应调整,最后再进行分解检修,且忌盲目拆卸。

一、汽车不能行驶

1. 故障现象

发动机运转正常,无论选挡杆位于任何前进挡或倒挡,汽车都不能行驶。

2. 故障原因

(1)无油、油面过低或自动变速器油严重变质。

(2)进油滤网堵塞、油泵损坏或主油路严重泄漏。

(3)油压电磁阀、控制单元或线路有故障。

(4)选挡杆和手控阀摇臂间的连接杆或拉线松脱,手控阀保持在空挡或驻车挡位。

(5)前进挡离合器、倒挡离合器或制动器严重打滑。

(6)变矩器故障或其传动板折断。

(7)停车闭锁机构或汽车其他部位有故障。

3. 故障诊断与排除

(1)首先排除汽车其他总成的故障,如制动能否正常解除,有无严重拖滞现象,传动系工作是否正常等。

(2)若故障指示灯闪亮,应先读取故障代码,并按故障代码的提示排除故障。电子控制系统主要故障部位在主油路油压电磁阀,若电子控制系统故障排除后仍不能行驶,则继续下列检查。

(3)检查油面高度和油质。若油面过低或无油,应检查自动变速器油底壳、散热器、油管等部位有无泄漏,视情修复并按规定补充自动变速器油。若油液呈乳胶状,则为散热器损坏,混入了发动机冷却液,应维修或更换散热器。若自动变速器油变黑,且油液中含有黑色渣粒,可能是离合器或制动器烧损,导致自动变速器严重打滑。

(4)检查选挡杆与手控阀摇臂之间的连接杆或拉线,如有松脱,应予以装复,并重新调整选挡杆的位置。

(5)进行失速试验,若失速转速过高,说明离合器或制动器烧损打滑;若失速转速过低,则液力变矩器失效,导致动力不足,应更换变矩器。

(6)检测主油路油压。若主油路没有油压,可能是油泵不工作。若主油路油压过低,可能是油泵进油滤网堵塞、油泵损坏、安全阀失效或主油路严重泄漏,应拆检自动变速器,进行相应检修。若冷车时主油路有一定的油压,但热车后油压明显下降,说明油泵磨损严重,应更换油泵。

(7)若主油路油压正常,且变速器油变黑、有渣粒,应拆检自动变速器,检测离合器与制动器间隙、摩擦片的磨损情况及活塞、油路的密封性。

二、换挡冲击过大

1. 故障现象

(1)汽车起步时,由停车挡或空挡挂入倒挡或前进挡时震动较为严重。

(2)行驶中,在自动变速器升挡的瞬间汽车有较明显的"闯"动。

2. 故障原因

(1)发动机怠速过高。

(2)自动变速器油型号不符合规定。

(3)单向节流阀漏装、蓄压器活塞卡滞,不能起减振缓冲作用。

(4)蓄压器调压阀、各相关调压阀有故障。

(5)主油路油压电磁阀、蓄压器油压电磁阀等油压电磁阀或线路有故障。

(6)节气门拉线调整不当。

(7)油路泄漏,换挡执行元件打滑、离合器或制动器间隙过大。

(8)节气门位置传感器、车速传感器或线路有故障。

(9)锁止继动阀或锁止电磁阀有故障(若锁止时换挡冲击过大)。

(10)控制单元及线路有故障或汽车其他部位(如传动系)有故障。

3. 故障诊断与排除

(1)首先排除汽车其他部位的故障,确诊换挡冲击过大是由自动变速器原因所致。在诊断过程中,必须根据故障车的具体故障征兆(如所有挡位升挡时换挡冲击过大、或仅在某一挡位升挡瞬间换挡冲击较大等),检测不同故障的相关故障部位。

(2)若故障指示灯闪亮,应读取故障代码,按提示检修并排除故障。主要是检查油压电磁阀和控制单元的故障。

(3)若刚刚更换过自动变速器油,应询问或检查油的牌号是否符合规定。

(4)检查发动机怠速,过高应进行调整。

(5)检查、调整节气门拉线。

(6)检测油压,并检查升挡瞬间油路压力的变化情况。如有异常,则应拆检阀板,检查蓄压器、相关调压阀等,尤其要注意检查单向节流阀是否错装或漏装,同时要检查密封圈的质量、油道的密封性等。

(7)若油压正常,应进行时滞试验和道路试验,检测是否升挡过迟、有无迟滞现象、各换挡执行元件是否打滑等,若有,应拆检自动变速器,检查换挡执行元件的间隙、磨损及元件油路密封情况,并做相应调整,必要时换件。

三、汽车行驶无力

1. 故障现象

(1)起步加速无力:发动机运转正常,选挡杆挂入任何前进挡位均起步困难,加速无力;当车速达到一定值后,汽车在各挡运行正常。

(2)行驶中加速无力:汽车在行驶中能够正常换挡,但加速无力,或在某个挡位时加速无力,加速时发动机转速明显升高而车速上升缓慢。

(3)平直路面行驶基本正常,但上坡或重载时行驶无力,且发动机转速很高。

2. 故障原因

汽车行驶无力的原因是自动变速器打滑。起步加速无力的主要故障原因为液力变矩器导轮单向离合器打滑,不再具有增扭作用,使液力变矩器变成了耦合器。而行驶中加速无力的主要故障原因是主油路油压过低、换挡执行元件打滑。具体原因如下:

(1)油面过低,油液变质。

(2)液力变矩器导轮单向离合器失效。

(3)进油滤网堵塞,油泵损坏。

(4)主油路油压过低。

(5)离合器、制动器打滑或其油路泄漏。

(6)油压电磁阀故障。

3. 故障诊断与排除

诊断时,应试车确诊是起步加速无力,还是行驶加速无力。

(1)若故障指示灯亮,则提取故障码,并按故障码提示排除相应故障。多为油压电磁阀故障,视情排除。

(2)检查油面高度,过低需检查有无漏油之处,并按规定加油。若油变黑且有黑色颗粒,则可能是执行元件摩擦片烧损。

(3)路试,若只是起步加速无力,可能是变矩器导轮单向离合器打滑,也可能是前进挡执行元件打滑。做失速试验,若失速转速过低,则为液力变矩器导轮单向离合器打滑,应拆检变矩器,检查导轮单向离合器,如果两个方向均能旋转,即可确认单向离合器失效,应更换变矩器。若失速转速过高,可能是前进挡离合器或制动器打滑。

(4)如果汽车行驶加速无力,要确认是所有挡位加速无力还是仅在某一挡位加速无力。将选挡杆拨入不同的位置,让汽车行驶,若自动变速器升至某一挡位时发动机转速突然升高,而车速没有相应地提高,即说明该挡位打滑。打滑时发动机的转速越容易升高,说明打滑现象越严重。

根据打滑现象出现的规律,还可以判断产生打滑的是哪一个换挡执行元件。下面以丰田自动变速器为例进行分析:

①若自动变速器在所有前进挡都有打滑现象,则为前进离合器打滑。

②若自动变速器在选挡杆位于"D"位时1挡有打滑现象,而在选挡杆位于"L"位或"1"位时的1挡不打滑,则为前进单向离合器打滑。若不论选挡杆位于"D"位或"L"位或"1"位时,1挡都有打滑现象,则为低速挡及倒挡制动器打滑。

③若自动变速器只在选挡杆位于"D"位时的2挡有打滑现象,而在选挡杆位于"S"位或"2"位时的2挡不打滑,则为2挡单向离合器打滑。若不论变速杆位于"D"位或"S"位或"2"位时,2挡都有打滑现象,则为2挡制动器打滑。

④若自动变速器只在3挡有打滑现象,则为倒挡及高速挡离合器打滑。

⑤若自动变速器只在超速挡时有打滑现象,则为超速制动器打滑。

⑥若自动变速器在倒挡和高速挡时都有打滑现象,则为倒挡及高速挡离合器打滑。

⑦若自动变速器在倒挡和1挡时都有打滑现象,则为低速挡及倒挡制动器打滑。

(5)将选挡杆分别拨至"D"、"2"、"L"、"R"挡位,如果自动变速器不论前进挡或倒挡均打滑,可能是主油路油压过低所致,需检测主油路油压。主油路油压过低应拆检油泵,清洗或更换滤网,检查主油道的密封性,检修或更换阀板。若自动变速器仅在某一挡位打滑,应拆解变速器,检查该挡位离合器或制动器是否磨损严重,其活塞及油道密封圈有无破损,并视情维修或换件。

四、汽车不能升挡

1. 故障现象

(1)汽车行驶中自动变速器始终保持在1挡,不能升入2挡及高速挡。

(2)行驶中自动变速器可以升入2挡,但不能升入3挡或超速挡。

2. 故障原因

自动变速器不能升挡的主要原因在电子控制系统。

(1)节气门位置传感器、车速传感器或线路有故障。

(2)换挡电磁阀或线路有故障。

(3)换挡阀卡滞。

(4)2挡或高速挡制动器、离合器及其油路有故障。

(5)强制降挡开关、制动开关、挡位开关、控制单元或线路有故障。

3. 故障诊断与排除

故障诊断时,应试车观察汽车是只有1挡还是在某一挡位不能升挡,根据具体故障现象查找相关的故障原因,检修相关故障部位。

(1)若故障指示灯亮,应先读码并按提示进行检修。可能是车速传感器、节气门位置传感器、强制降挡开关、制动开关、换挡电磁阀、控制单元及线路故障,根据检测结果排除相应故障。

(2)若无论节气门开度多大,汽车只能以某一特定挡位运行,可能是因为电子控制系统出现故障或控制单元存在故障码,使控制系统执行了锁挡。应排除控制系统故障或消除故障码。

(3)按规定重新调整节气门拉线。

(4)检查油面高度和油质。

(5)检查主油路油压,不正常,应拆检阀板或变速器。

(6)清洗滤网,检修油泵;

(7)分解阀板,检查相应换挡阀是否卡滞,如不能修复,应更换阀板。

(8)分解自动变速器,检查相关离合器或制动器的磨损情况,并用压缩空气检查其油路或活塞有无泄漏,视情修复或更换。

五、自动变速器无超速挡

1. 故障现象

(1)汽车行驶中,车速已升至超速挡范围,但自动变速器仍不能升入超速挡。

(2)车速达到超速挡工作范围后,采用提前升挡(即松抬加速踏板几秒后再踩下)的方法也不能使自动变速器升入超速挡。

2. 故障原因

(1)超速挡开关、超速挡电磁阀或线路有故障。

(2)节气门位置传感器、车速传感器、自动变速器油温传感器、发动机水温传感器有故障。

(3)超速制动器、超速离合器严重打滑或超速单向离合器失效。

(4)超速离合器、制动器油路泄漏。

(5)3—4 挡(4 速变速器)或 4—5 挡(5 速变速器)换挡阀卡滞。

(6)挡位开关、制动开关或线路、控制单元或线路有故障。

3. 故障诊断与排除

(1)若故障指示灯亮,应首先进行仪器检测或人工读码,按提示查找故障部位,并检修或更换相关电子元件。故障部位可能在超速挡开关、超速挡电磁阀、水温传感器、油温传感器、车速和节气门位置传感器、挡位开关、制动开关或控制单元及其相关线路。

(2)用举升机将汽车举起或悬空驱动轮,运转发动机,让自动变速器在前进挡运行,检查在空载状态下自动变速器的升挡情况。如果在无负荷状态下仍不能升入超速挡,说明液压控制系统有故障,可能是超速挡换挡阀卡滞。如果在空载状态下能够升入超速挡,且升挡车速正常,说明液压控制系统基本正常,不能升挡的原因为超速执行元件打滑。如果能够升入超速挡,但升挡后车速提不高、发动机转速下降,说明超速离合器或超速单向离合器卡死,应检修自动变速器。

(3)拆卸并分解阀板,检查超速挡换挡阀,若不能修复,则更换阀板。

(4)拆检自动变速器,检查超速挡单向离合器是否失效,超速离合器、制动器是否磨损过度,其活塞及油道密封圈有无破损漏油,视情维修或更换。

六、自动变速器无前进挡

1. 故障现象

(1)汽车倒挡行驶正常,在前进挡时不能行驶。

(2)选挡杆在“D”位时汽车不能起步,在“S”位、“L”位或“2”、“1”位等前进低速挡时可以起步。

2. 故障原因

(1)前进离合器严重打滑。

(2)前进单向离合器打滑或装反。

(3)前进离合器油路严重泄漏。

(4)选挡杆调整不当。

3. 故障诊断与排除

(1)检查选挡杆的调整情况,如有异常,应按规定程序重新调整。

(2)测量前进挡主油路油压。若油压过低,说明主油路严重泄漏,应拆检自动变速器,更换前进挡油路上各处的密封圈和密封环。

(3)若前进挡的主油路油压正常,应拆检前进挡离合器。如果摩擦片磨损严重或烧焦,应更换摩擦片。

(4)若主油路油压和前进挡离合器均正常,则应检查前进挡单向离合器,观察其是否装反,有无打滑现象。装反应重新安装,打滑则更换新件。

七、自动变速器无倒挡

1. 故障现象

选挡杆在任何前进挡位时汽车均能向前行驶,且能正常换挡,但选挡杆在“R”位时,汽车不能向后行驶。

2. 故障原因

倒挡时,部分变速器的电子控制系统没有参加工作,有的变速器的电子控制系统仅进行调压控制。倒挡的液压控制也比较简单,主调压阀和节气门阀进行调压,液压油不经过换挡阀,由手控制阀控制直接进入倒挡离合器和制动器。因此,无倒挡的主要故障原因是倒挡制动器、离合器烧损或其油路油压过低。

(1)自动变速器油变质。

(2)倒挡油压过低。

(3)倒挡离合器、制动器打滑,倒挡单向离合器失效。

(4)选挡杆与手控制阀的连接和调整不当。

3. 故障诊断与排除

(1)检查油质,若变黑,可能是倒挡离合器和制动器烧损。

(2)检查选挡杆与手控制阀的连接情况,松动或位置不当应重新调整。

(3)检查“R”位时的油压,油压过低应检查倒挡油道的密封情况。

(4)拆检自动变速器,检查倒挡离合器、制动器是否烧损或磨损过度,其活塞及油道是否漏油,并更换损坏的摩擦片、压盘或密封圈。

八、自动变速器升挡过迟

1. 故障现象

(1)在汽车行驶中,升挡车速明显高于标准值,升挡前发动机转速偏高。

(2)必须采用提前升挡的操作方法,才能使自动变速器升入高速挡或超速挡。

2. 故障原因

(1)节气门拉线或节气门位置传感器调整不当。

(2)节气门位置传感器、车速传感器损坏或信号不良。

(3)主油路油压或节气门油压过高。

(4)强制降挡开关短路。

(5)油压电磁阀工作不良。

(6)控制单元或控制线路有故障。

3. 故障诊断与排除

(1)若故障指示灯亮,应首先进行仪器检测或人工读码,按提示查找故障部位,并检修或更换相关电子元件。应重点检查节气门位置传感器和车速传感器信号是否正常。

(2)检查节气门拉线或节气门位置传感器的调整情况。如果不符合标准,应重新予以调整。

(3)检查强制降挡开关。如有短路,应予以修复或更换。

(4)测量怠速时的主油路油压,并与标准值进行比较。若油压太高,应通过节气门拉线或节气门位置传感器予以调整。若调整无效,应检查油压电磁阀的工作情况;最后拆检阀板,检查主油路调压阀或节气门阀,并检查换挡阀是否工作不良。

九、自动变速器跳挡

1. 故障现象

汽车在前进挡行驶时,即使加速踏板和制动踏板保持不动,自动变速器仍会经常出现突然降挡现象;降挡后发动机转速异常升高,并产生换挡冲击。

2. 故障原因

自动变速器跳挡的主要原因是电子控制系统工作不良,多为传感器或换挡电磁阀的连接器接触不良、搭铁不良所致。

(1)节气门位置传感器、车速传感器有故障。

(2)控制线路中的连接器接触不良。

(3)控制系统电路搭铁不良。

(4)换挡电磁阀接触(搭铁)不良。

(5)控制单元有故障。

3. 故障诊断与排除

(1)利用仪器进行故障自诊断,如有故障码出现,按所显示的故障码查找故障原因。

(2)检查节气门位置传感器和车速传感器,并检查其导线连接器,如有异常应更换。

(3)检查控制系统电路各搭铁线的接触状态,如果搭铁不良应予以修复和紧固。

(4)拆下自动变速器油底壳,检查各换挡电磁阀线束连接器,如有松动应予以修复。

(5)检查控制单元连接器,并检测各端子的工作电压。若有异常应予以修复或更换。

十、挂挡后发动机怠速易熄火

1. 故障现象

(1)汽车起步时,踩下制动踏板,将选挡杆由“P”位或“N”位换入任何前进挡或倒挡时发动机易熄火。

(2)在前进挡或倒挡行驶中,踩下制动踏板时发动机易熄火。

2. 故障原因

此故障的主要故障原因是液力变矩器锁止离合器一直处于结合或半结合状态。

(1)锁止电磁阀或线路故障。

(2)锁止继动阀或锁止信号阀卡在锁止位置。

(3)锁止离合器不能分离或分离不彻底。

(4)车速传感器、挡位开关、控制单元或线路有故障。

(5)发动机怠速过低。

3. 故障诊断与排除

(1)在空挡或停车挡时,检查、调整发动机怠速。

(2)若故障指示灯闪亮,应先读码,并根据提示检修锁止电磁阀、车速传感器、控制单元及线路等。

(3)若电子控制系统正常,应拆检阀板,检查锁止继动阀和锁止信号阀,不能修复则更换。

(4)若上述情况均正常,则为变矩器锁止离合器故障。拆卸变速器,将行星齿轮变速器的输入轴插入变矩器,锁住输入轴,转动变矩器壳,若不能转动或转动阻力非常大,说明锁止离合器不能正常分离,应更换液力变矩器。

十一、锁止离合器无锁止作用

1. 故障现象

汽车行驶中车速、挡位已满足了锁止离合器的锁止条件,在迅速踩下加速踏板时,发动机转速先升高,车速滞后上升,且汽车油耗较大,即锁止离合器没有产生锁止作用。

2. 故障原因

(1)锁止电磁阀或线路有故障。

(2)锁止继动阀、锁止信号阀及油路有故障。

(3)自动变速器油温传感器、车速传感器、节气门位置传感器或线路有故障。

(4)锁止离合器损坏、锁止油路严重泄漏。

(5)强制降挡开关、制动开关等工作不正常。

(6)控制单元或线路有故障。

3. 故障诊断与排除

(1)若故障灯亮,先读取故障代码,并按提示检测锁止电磁阀、强制降挡开关、制动开关、油温传感器、节气门位置传感器、车速传感器、控制单元及有关线路等。

(2)检查并调整节气门拉线。

(3)拆检阀板,检修锁止继动阀和锁止信号阀,并检查锁止油路有无泄漏,密封圈是否良好。

(4)若控制系统正常,说明锁止离合器损坏或严重打滑,应更换变矩器。

十二、自动变速器无发动机制动作用

1. 故障现象

(1)在行驶中,当选挡杆位于前进低速挡位置时,松开加速踏板,发动机转速降至怠速,但汽车没有明显减速。

(2)下长坡时,选挡杆位于前进低速挡,但不能产生发动机制动作用。

2. 故障原因

(1)挡位开关调整不当。

(2)选挡杆调整不当。

(3)2 挡强制制动器打滑、低速挡及倒挡制动器打滑。

(4)控制发动机制动的电磁阀有故障。

(5)阀板有故障。

(6)控制单元有故障。

3. 故障诊断与排除

(1)对自动变速器进行故障自诊断,如果有故障码,则按故障码的提示查找故障原因,并

排除相关故障。

(2)做道路试验,检查加速时自动变速器有无打滑现象。如果变速器打滑,应检修自动变速器。

(3)如果选挡杆位于“S”位时没有发动机制动作用,但在“L”位时有发动机制动作用,则说明2挡强制制动器打滑,应检修自动变速器。

(4)如果选挡杆位于“L”位时没有发动机制动作用,但在“S”位时有发动机制动作用,则说明低速挡及倒挡制动器打滑,应拆修自动变速器。

(5)检查控制线路有无短路或断路、电磁阀阻值是否正常等,如有异常,应修复或更换。

(6)拆卸阀板总成,清洗并检修所有控制阀。

(7)检测控制单元各端子电压,要特别注意与节气门位置传感器、挡位开关连接的各端子的电压。如有异常,可换件测试,如果故障消失,说明原控制单元损坏,应更换。

十三、自动变速器不能强制降挡

1. 故障现象

当汽车以高速挡或超速挡行驶时,迅速将加速踏板踩到底,自动变速器不能立即降低一个挡位,汽车没有高速挡加速能力。

2. 故障原因

(1)节气门拉线或节气门位置传感器调整不当。

(2)强制降挡开关损坏或安装不当。

(3)强制降挡电磁阀损坏或线路短路、断路。

(4)阀板中的强制降挡控制阀卡滞。

3. 故障诊断与排除

(1)对自动变速器进行故障自诊断,如果有故障码,则按故障码的提示查找故障原因,并排除相关故障。

(2)检查节气门拉线或节气门位置传感器的安装情况,如有异常,应按要求重新调整。

(3)检查强制降挡开关。在加速踏板踩到底时,强制降挡开关的触点应闭合;松开加速踏板时,强制降挡开关的触点应断开。如果加速踏板踩到底时强制降挡开关触点没有闭合,可用手直接按动强制降挡开关,如果按下开关后触点闭合,说明开关安装不当,应重新调整;如果按下开关后触点仍不闭合,说明开关损坏,应予以更换。

(4)检查控制线路、连接器等有无短路、断路接触不良现象,视情修复或更换。

(5)打开自动变速器油底壳,拆下强制降挡电磁阀,检查电磁阀的工作情况。如有异常,应予以更换。

(6)拆卸阀板总成,分解、清洗、检查强制降挡控制阀,如不正常,则修复或更换。

十四、自动变速器油易变质

1. 故障现象

(1)更换后的新自动变速器油使用不久即变质。

(2)自动变速器温度太高,从加油口处向外冒烟。

2. 故障原因

(1)自动变速器油牌号不符合规定。

(2)换油不彻底,仅更换了油底壳内的油,而未更换变矩器和散热器中的油。

(3)发动机冷却液进入自动变速器冷却油路。

(4)汽车使用不当,经常超负荷或不正常行驶。

(5)自动变速器散热器或管路堵塞、散热器的限压阀卡滞等。

(6)离合器或制动器间隙过大、过小,运动件配合间隙过小。

(7)主油路油压过低,致使离合器或制动器在接合过程中打滑。

(8)液力变矩器有故障。

3. 故障诊断与排除

(1)询问汽车行驶情况。若汽车经常超负荷运行或不正常驾驶,如经常急加速、超速行驶,拖车等,应改变汽车行驶状况,按规定要求行车。

(2)若行驶正常,应检查油面和油质。若油面过低,应按规定补充加油。若油液呈乳胶状,则可能是变速器散热器破裂以致发动机冷却液进入自动变速器冷却系统,对此,应检修或更换散热器。若混有黑色固体颗粒,则为换油不彻底或离合器、制动器烧片所致,对前者,应进行循环换油,对后者,应拆检自动变速器。

(3)若油面高度和油质正常,应检测油温。让汽车以中速行驶5~10min,待自动变速器达到正常工作温度后,在发动机运转过程中检查自动变速器散热器的温度。在正常情况下,散热器的温度可达60℃左右。

(4)若油温正常,应检测主油路油压。若主油路油压过低,应检查油压电磁阀及线路、调整节气门拉线、检修油泵、阀板及相应油路。

(5)若油温过高,应检查自动变速器冷却系统。拆下进油管,中速运转发动机或自动变速器,若散热器无油流出或流量较小,说明散热器或管路堵塞,也可能是散热器限压阀(旁通阀)卡滞在常开位置。

(6)若冷却系统正常,则可能是运动件(齿轮及轴)配合间隙过小,使油温升高;也可能是离合器或制动器间隙过小或过大,使压盘和摩擦片经常处于摩擦状态而导致油温过高,对此,应拆检自动变速器,调整各间隙,如有必要,更换相应零部件。

(7)若以上检查均正常,则可能是变矩器损坏,应更换变矩器。

十五、自动变速器异响

1. 故障现象

在汽车行驶过程中,自动变速器内始终有异常响声,停车挂空挡后异响消失。

2. 故障原因

(1)油泵因磨损严重或自动变速器油面过低、过高而产生异响。

(2)液力变矩器因锁止离合器、导轮单向离合器等损坏而产生异响。

(3)行星齿轮机构异响。

(4)换挡执行元件异响。

3. 故障诊断与排除

(1)检查自动变速器油面高度。

(2)用举升器将汽车升起,起动发动机,在空挡、前进挡、倒挡等状态下检查自动变速器产生异响的部位和时刻。

(3)若在任何挡位下自动变速器中始终有连续的异响,通常为油泵或变矩器异响,应拆检自动变速器,检查油泵和变矩器,不正常则更换。

(4)若自动变速器只在行驶中才有异响,空挡时无异响,则为行星齿轮机构异响。对此,应分解自动变速器,检查行星排各个零件有无磨损,齿轮有无断裂,单向离合器有无磨损、卡滞,轴承或止推垫片有无损坏等。如有异常,应予以更换。

第四节 自动变速器故障诊断实例

实例1:一辆1994款LS400轿车,最高车速只能达到120km/h,再行驶一段时间后,最高车速仅能达到90km/h左右。

故障检查与分析:首先向驾驶员了解汽车状况。驾驶员反映,该车最初的表现是最高车速下降,节气门较大时也只能达到120km/h。因为很少高速行车,也没有特别关注,可行驶一段时间后,即使加速踏板踩到底,最高车速仅能达到90km/h左右。

随后,上路试车。将选挡杆上的超速挡开关按下(ON),在良好路面行车。发现变速器升挡车速较高,且升不了超速挡,发动机转速达4000r/min以上,车速还达不到90km/h。在试车过程中能够感觉到明显的动力不足、变速器打滑现象,且故障出现时,仪表盘上的故障指示灯一直没亮。

按动超速挡开关,仪表盘上的“OD OFF”指示灯亮灭正常,而出现故障时“OD OFF”指示灯不亮,说明变速器自诊断系统未检测到电子控制系统的故障。从故障现象分析,故障部位可能在变速器的机械和液压控制系统。在对自动变速器分解之前,检查了变速器液面高度和油质,油温70℃左右时其油液痕迹处于油尺上热态(HOT)标记的范围以下,即油面偏低。同时发现,不但油液的颜色已呈极深的暗褐色,而且伴随着烧焦的气味,表明自动变速器油已严重变质。做失速试验,失速转速很高,说明变速器内部的离合器有严重打滑现象。

放掉变速器油,拆下油底壳,发现在油液中和油底壳底部含有类似离合器或制动器摩擦片的固体碎渣。于是将自动变速器拆卸、分解,检查超速排时发现,超速排制动器的摩擦片及超速排离合器的摩擦片和个别压板已有不同程度的烧蚀和损坏。再继续拆检,其他元件基本正常。拆检完毕后,清洗自动变速器,更换超速排制动器和离合器的摩擦片和压板,将自动变速器装复到车上,并按原厂要求加注自动变速器油,起动发动机进行路试。在开始行驶的100km内,选挡杆在“D”位时,可以自动从3挡升入超速挡,并且随着节气门开度的增大,车速能达到140km/h左右。但继续试车时,随着节气门开度增大,车速却逐渐降低。汽车行驶到200km左右时,自动变速器不仅不能从3挡升入超速挡,而且还从3挡降至2挡,此后,即使将加速踏板踩到底,最高车速也只能达到90km/h左右,变速器又出现了打滑现象。

看来,离合器烧片不是故障产生的本质原因。回厂后进行油压试验,检测主油路油压。发现选挡杆在“D”位时,怠速时的油压约为200kPa,失速工况下的油压还不足350kPa,远远低于标准值(怠速时为 382～441kPa;失速时为 1205～1362kPa),显然油路压力降低造成离合器烧损,进而导致自动变速器打滑。于是重新分解变速器,重点检查超速排离合器油道的密封性。在利用压缩空气检查超速排离合器活塞时,发现其周围漏气,表明活塞上的 O 形密封环损坏造成油液渗漏,使活塞作用在离合器摩擦片上的压紧力降低,导致离合器打滑。吹出离合器活塞,更换损坏的活塞密封环,并将轻度烧蚀的摩擦片修复,组装变速器,再次进行试车,故障现象消失。

因此,检修自动变速器时,不能只依据故障的表面现象去判断故障部位,必须仔细分析和研究,找到故障的本质原因。

实例 2:一辆发动机型号为 3VE-FE、装有 A540E 自动变速器的凌志 LS300 轿车,1 挡升 2 挡时感到有明显的振动和冲击,其他挡位换挡正常,无冲击感。

故障检查与分析:A540E 是丰田公司的一种前驱动 4 速自动变速器,由带有锁止离合器的变矩器、三行星排辛普森式 4 速行星齿轮变速器、电液式控制系统、主减速器和差速器组成(自动变速驱动桥),其超速行星排布置在前后行星排的后面。由于换挡冲击明显,而故障指示灯不亮,因此机械和液压控制系统出现故障的概率很大。

首先检查并调整了节气门拉线,由于故障依旧,于是拆下变速器进行解体检查。因为其他挡位换挡正常,只是在 1 挡升 2 挡时出现严重的换挡冲击,故障部位应当在 1 挡和 2 挡换挡执行元件及其控制油路,应进行重点检查。超速排位于变速器后部,相对独立,且其他挡位换挡正常,可以排除超速排故障的可能性,因而不需分解超速排。经检查, 离合器片、制动片、制动带均完好,单向离合器也锁止良好,没有打滑现象。但在分解 2 挡制动器时,发现一个厚片法兰(钢片)装反了,制动器间隙过小。于是自认为是因间隙太小使之接合太快,造成换挡冲击。所以未分解阀板,将 2 挡制动器间隙调整好,组装变速器试车,故障现象仍然存在。

经过上述检修,自动变速器机械部分一切正常,换挡冲击的原因应当在液压油路。升起汽车,放掉变速器油,拆下油底壳之后,将阀板拆下并分解,重点检查 2 挡油路。在 1—2 挡换挡阀到 2 挡制动器活塞的油路中设置有一个用以改善换挡品质的单向节流阀,其作用是在换挡执行元件接合时延缓油压增大的速度,以减小换挡冲击。但检查时却没有发现这个小钢球,仔细查看阀板油路,其他的单向球阀都在,也没有错位多余的球阀,显然,球阀是在前面检修阀板时丢失了。于是按规定尺寸和材质配上了一个 ϕ5mm 的钢珠,装复后试车,故障排除。

实例 3:一辆装备 A340E 自动变速器的皇冠 3.0 轿车,冷车行驶正常,而热车时起步很困难,必须猛踩下加速踏板,汽车才慢慢起步;起步后,汽车行驶正常。

故障检查与分析:由于汽车起步后能正常行驶,可以排除发动机和行驶系的故障,故障可能在自动变速器。用跨接线跨接自诊断接口 TT 与 E1,打开点火开关,打开超速挡(O/D)开关,通过“OD OFF”指示灯的闪烁读取故障码,但自诊断系统无故障码输出。随后,对变速器油进行检查,油面正常,油质无明显的变质现象。为避免不必要的拆卸,又对自动变速器进行了性能试验。通过失速试验发现“R”位和“D”位的失速转速均高于标准值,说明自动变速器内部元件有打滑现象。而此车冷车工作较好而热车症状严重,因此初步判断液压控制系统油路漏油。进行油压试验时发现,怠速时各挡位主油路油压均在 300kPa 左右,低于标准值 380kPa;但在突然加速时,油压能达到 400kPa 左右。油压试验表明,液压系统肯定有泄漏部位,或是油泵磨损间隙过大,或是主油路某部位的密封元件损坏。

拆下控制阀板,检查主油压调节阀及其他控制阀,没有发现故障。随后解体变速器检查油泵,油泵良好,间隙正常;检查各离合器和制动器间隙,基本正常;对各离合器和制动器进行气压试验也没有发现有漏气的地方。查不到故障原因,不能轻易装复试车,以免事倍功半。于是找来此车的油路图进行分析,发现在该车超速排离合器油路中设置有一个蓄压器,除超速挡外其他任何挡位都参加工作(通油),而超速排离合器活塞安装在变速器壳体上,前面检查时,忽略了壳体上的各个蓄压器。

拆下超速排离合器蓄压器,发现蓄压器活塞上的橡胶密封圈有一小段严重变形。更换密封圈后试车,故障排除。

此车故障是密封圈变形所致。汽车在冷车起步时,由于变速器油的黏度较大,从蓄压器活塞密封圈处泄漏的油较少,油压下降就小,所以冷车起步正常。自动变速器温度升高以后,由于高温高压等因素使密封圈在活塞运动时发生滚动,而高温又使橡胶软化变形,同时变速器油的黏度下降,从蓄压器活塞密封圈处泄漏的油较多,油压大幅下降,所以热车时起步无力。因此,在检修自动变速器时,应该高度重视蓄压器、离合器、制动器等元件的密封件。

实例 4:一辆 1991 款、装配 A340E 自动变速器的丰田皇冠轿车,行驶里程已过 200000km,在行驶过程中仪表盘上的"OD OFF"指示灯常亮,换挡冲击较大,有时出现换挡不正常和缺挡现象。

故障检查与排除:因故障指示灯亮,首先读取故障码。用导线跨接故障检测接口中的 TE1 与 E1 端子,仪表盘上的"Check"警告灯显示正常代码;用导线将 TT 与 E1 端子短接后,"OD OFF"指示灯常亮,不输出故障代码。按动选挡杆上的"OD"开关,仪表盘上的"OD OFF"指示灯也不熄灭,说明指示灯不受开关控制。由此可知,发动机电子控制系统良好,而自动变速器电子控制系统存在故障。

因读不出故障码,先进行自动变速器的基础检查。变速器油面正常且油质较好,节气门拉线无异常,挡位开关也工作正常。随后进行路试,汽车在行驶过程中特别是在急加速、减速过程中,变速器换挡迟缓,冲击较为严重,并且仪表盘上的"Check"警告灯偶尔闪烁几次后又熄灭,而"OD OFF"指示灯常亮。

拔开电磁阀连接器,用数字式万用表检查各电磁阀的电阻,阻值均正常;直接用 12V 蓄电池电压驱动电磁阀,能听到各电磁阀吸合声,说明电磁阀及其控制电路工作正常。因故障指示灯常亮,应检查仪表和控制单元。从仪表盘上拆下组合仪表,从杂物箱后面拆下 ECU,从变速器上拆下空挡起动开关及 2 号车速传感器的线束连接器,用数字式万用表对控制线路进行全面检查。经检查发现,连接器线束绝缘层老化破损现象比较严重,发动机控制单元线束连接器 THW 端子到水温传感器线束连接器的 THW 端子之间的导线有破损现象、2 号车速传感器线束连接器 SP2 端子到控制单元线束连接器相应的 SP2 端子之间的导线有破损现象、"OD OFF"指示灯一端的导线搭铁短路,用万用表逐段查找出导线断路及短路的具体位置,把导线接好,并进行复查,确认导线导通良好,然后用绝缘胶布包扎好线束并可靠固定。插好各线束连接器,将仪表和 ECU 复位,按动选挡杆上的超速挡开关时,仪表盘上的"OD OFF"指示灯能够正常点亮或熄灭,"OD OFF "指示灯线路恢复正常。清除故障码后试车,经过 100km 的连续行驶试验,自动变速器挡位变换平顺,无任何冲击,故障排除。

实例 5:一辆 2.3L 广州本田雅阁轿车,装备有 MPOA 型自动变速器,因出现打滑现象在某

维修厂对自动变速器进行了解体检修,装复后在"D"位时一切正常,而在"R"位时自动变速器出现异响。

故障检查与分析:首先检查自动变速器的油面高度和油质,均符合要求。然后调取故障码:先关闭点火开关,将短接器 SCS 与位于驾驶室仪表盘下方的检测接口(2 端子)相连,打开点火开关,观察自诊断系统"D4"指示灯的闪烁情况,指示灯无故障码输出。结合故障现象分析,判断自动变速器的电子控制系统没有故障。因倒挡出现异响,随后便检测自动变速器的倒挡油压:连接油压表,起动发动机,将变速器选挡手柄位于"R"位,测试 4 挡离合器的油压(因为在倒挡时,4 挡离合器参与工作),油压为 0.77 ~0.86MPa,符合要求。由于车辆在前进挡时一切正常,因此怀疑可能是倒挡的机械部分引起异响。将车辆升起,拆掉选挡杆拉线,起动发动机,用手拨动手动阀挂挡。无论从"P"挡换到"R"挡,还是从"N"挡换到"R"挡,并不断地改变发动机转速,均有倒挡,且没有听到有任何不正常的响声。然后又将选挡杆的拉线装上,把选挡手柄位于"R"挡时,变速器异响再次出现。由此判定,异响并非出在自动变速器内部,应该是选挡杆出现异响。检查选挡杆及拉线,发现调整螺母已经松动,调整拉线并紧固调整螺母,试车,变速器异响消失。

由于本田雅阁 MPOA 型自动变速器是平行轴式,倒挡是利用拨叉滑套和被动齿轮啮合来实现的,因选挡杆调整螺母松动,使倒挡滑套不能和被动齿轮完全啮合,从而导致倒挡异响。此案例说明,检修自动变速器时,应首先进行外部检查和调整,按先外后内的顺序进行检修,避免盲目拆卸。

实例 6:一辆 02 款的广本奥德赛轿车,装有 F23Z4 发动机和 DGPA 自动变速器,大修后,无论挂入任何一挡,汽车都不能行驶。

故障检查与分析:询问车主得知,自动变速器大修前,在平路上行驶时,无论选挡杆置于倒挡还是前进挡,自动变速器都能正常工作;但在一次用倒挡在约 30% 的坡度上行驶时,倒行约 10m 左右后,汽车停止不动,即使加速踏板踩到底,汽车仍然不动。为此,将车送进修理厂检修。在大修过程中,发现 4 挡离合器片有烧毁的现象,更换了主轴和 4 挡离合器片,但装复后,无论挂入任何一挡,汽车仍不能行驶。

自动变速器在大修后无任何挡位,人为操作失误造成故障的可能性极大。用举升器举起汽车,操纵选挡杆,不论选挡杆置于任何挡位,前轮转动均非常吃力,且没有空挡。首先进行读码,没有任何故障码,故障指示灯也不亮,再综合车主的描述,排除了电子控制系统的故障,初步判断应当是大修装配或操作有误导致故障。于是对自动变速器进行重新拆检,拆下变速器右侧盖和驻车制动系统后,发现中间轴正、反两个方向都转不动,但主轴和副轴转动自如;进而将变速器中体壳拆掉,此时中间轴可以转动了。继续拆卸,在分解中间轴时,发现倒挡接合套齿毂方向装反,其一个端面是大平面,而另一个端面的中间带有内凹槽,深度约 2mm 左右。正确的装配位置是:大平面一端紧挨着 4 挡齿轮,带内凹槽的一端紧挨倒挡齿轮,倒挡齿轮的凸台与倒挡接合套齿毂的内凹槽配合。由于倒挡接合套齿毂的方向装反,致使倒挡齿轮和 2 挡齿轮向后移动 2mm 左右的距离,由液压控制的倒挡拨叉轴保持原来的位置不变,这样,倒挡接合套与倒挡接合套齿毂、倒挡齿轮和 4 挡齿轮的相对位置发生了一定量的位移,导致各个运转件在运行接合中不到位。按正确的装配方法重新装配倒挡接合套齿毂,紧接着对主轴和副轴进行了分解与检查,其装配正确;检查各离合器的自由间隙,均符合技术要求;又对各离合器毂

进行压缩空气试验，没有发现漏气现象。于是将整个变速器清洁干净后，重新组装并进行调试：连接故障诊断仪，没有故障码；连接油压表，检测各挡油压，均在要求的范围内。最后进行路试，在约30%的坡度上，倒挡行驶时发动机只需在1200~1500r/min，完全恢复正常，故障彻底排除。

实例7：一辆97款本田雅阁轿车，当选挡杆置于"D4、D3"位时，无2、3、4挡；当选挡杆置于"2"位时，一切正常，最高车速可达80km/h；选挡杆置于"R"位时，无倒挡。

故障检查与分析：据车主反映，此车因超载致使自动变速器出现焦煳味（冒烟），但在前进挡和倒挡均能行驶，但明显加速无力。为此进厂维修，分解变速器发现，前进1挡离合器有烧片痕迹，其他部件基本正常。更换摩擦片后，装配试车，前进挡和倒挡一切正常。交车后车主自行驾驶约200km，变速器一切正常。但当车辆停下熄火之后，再次起动，挂"R"挡时车辆无反应；然后挂"D4"位，车辆虽能前进，但不升挡，车速最高只能达到30km/h，"D3"位亦如此；"2"位时车速可达80km/h。虽然重新拆卸检修了自动变速器，各零部件也完好无损，没有找到故障部位所在。

由于故障部位不明显，根据车主的叙述也难以进行分析和判断，再者，故障是在大修后出现的，估计是人为因素造成的故障，因此对自动变速器进行全面检查。结果发现4挡/倒挡离合器活塞密封圈断裂，更换新的密封圈后，又重点检查3、4挡/倒挡离合器活塞的密封性。做压缩空气密封试验时，发现3、4挡/倒挡离合器活塞的快速泄油孔泄漏过快（正常时有轻微泄漏），经拆检修复、清洗后，情况有所好转。重新装配试车，故障依然存在。随后又进行油压试验，连接油压表至各离合器油压测试孔，结果为：在"D4、D3"位时，2、3、4挡/倒挡离合器的测压孔一点油都没有；在"2"位时，2挡离合器油压正常；在"R"位时，倒挡离合器也无油压；因此判断故障应当在控制阀板上。再次分解变速器，检查阀板总成，所有钢球、滤网、换挡电磁阀均正常。常规检查没有发现问题，只能从油路上分析，重点应在1—2挡换挡阀。用小螺丝刀拨动1—2挡换挡阀，移动灵活，其他各阀也无异常。无奈，只好将阀板彻底分解，在拆1—2挡换挡阀时，堵块拿掉后，阀芯卡滞取不出来，强行取出后，发现有偏磨和拉伤的痕迹，用精细砂纸打磨后，将阀芯装入阀套，晃动阀体总成，1—2换挡阀移动自如，确认无问题后，装复阀板和自动变速器，试车一切正常，故障排除。

实例8：日产L4N71B型自动变速器跳挡，没有发动机制动。爬坡时发动机发出"喀啦"声响，接着发动机转速上升，车速却下降。

故障检查与分析：据驾驶员反映，故障出现的时间较长，最初在平坦的道路上行驶还算正常，后来在平坦路面上汽车也行驶无力，发动机空加速，常常在路边抛锚。

该车已经运行了近30万km，从故障症状和行驶里程上判断，应当是自动变速器出现了故障，故立即进行路试。路试以"D"位起步，没有从1挡升入2挡的感觉，好像直接从1挡升入3挡；上坡时踩下加速踏板，发动机空加速；下坡时尽管把选挡杆置于"2"位，也没有发动机制动的感觉。在"D"位和"R"位做失速试验，失速转速正常。检查自动变速器油压，结果也正常。随后对照变速器执行元件动作表分析，判断可能是第二制动带损坏。拆检变速器，发现油底壳底部有两个半月形金属片，还有一些鳞片状的黑色物质。检查损坏的金属片，确认是第二制动带的活塞限位C形挡块。C形挡块损坏，会导致第二制动带箍紧力不足，从而造成制动带打滑以致烧损。分解变速器，发现第二制动带果然已经烧损，并有鱼鳞状的刮削痕迹。再继续检查,其他零部件均正常。更换制动带及各部位易损零件后,装复试车,自动变速器升挡、降挡良好,发动机制动作用也比较明显,故障排除。

实例9:一辆日产千里马轿车在上坡途中突然中断动力传递,车主及时制动后,再行起步,所有前进挡和倒挡均失效,汽车不能行驶。

故障检查与分析:先进行常规检查。抽出油尺检查自动变速器油,其液面高度和油质均正常,可排除自动变速器因缺油或油质变差而损坏的可能。将车升起,检查选挡杆拉线,拉线工作灵活,位置也正常。起动发动机,随意挂入某一挡位,前驱动轴均不转动,进一步检查两前轴及万向节,均正常,可以排除因驱动轴断裂或万向节不正常而导致动力无法传递的可能。从常规检查结果分析,可基本排除摩擦片烧坏以及其他元件机械损伤的可能;从电子控制系统的工作原理分析,也不存在电子控制方面故障的可能,因为如果电子控制系统的元件如换挡电磁阀、传感器等出现故障,控制单元会利用失效保护功能,挂上挡后自动变速器总会在某一挡位下工作。为慎重起见,拔掉自动变速器上的所有连接器后试车,还是没有任何挡位,这也说明故障根本原因不在电子控制系统。

经过上述检查和分析,故障原因集中在液力变矩器和液压控制系统。拆下自动变速器、液力变矩器,用专用工具检查液力变矩器,变矩器工作正常。如果液压控制系统出现故障,导致无工作油压或工作油压不能正常传递,将造成自动变速器失效。于是拆检油泵,油泵转动灵活,磨损也不大,基本正常。随后拆检整个自动变速器,未发现有摩擦片烧坏及其他元件的机械损伤,各离合器、制动器自由间隙也正常,用压缩空气检查各离合器、制动器活塞,均密封良好不漏气。拆检并清洗阀板,也未发现明显的异常部位。于是更换所有油封,清洗变速器,装复试车,故障依旧。

从故障的检查及现象看,自动变速器根本没有工作。考虑到汽车是在上坡大负荷途中突然失去动力,故障应当与自动变速器的大负荷或超载有关。机械部分已经过了仔细拆检,不传递任何动力的可能性可以排除;电子控制系统和负荷没有关系,也可以排除,故故障原因就集中在液压控制系统上。上坡时发动机以及自动变速器负荷较大,系统工作油压也较大,极有可能冲击系统中的薄弱易损件,从而导致系统严重泄漏,以致无法建立油压。拆检时已更换了密封圈、阀板密封垫等,联想到以前修理其他车辆时遇到过一次阀板变形故障,怀疑此车故障也可能是阀板变形所致。于是再次拆下阀板,仔细检查,肉眼看不出阀板是否变形。阀板属于精密部件,一般的检测方法和设备难以检查其变形,只好抱着试试看的态度,更换了一块同型号的阀板,装复后试车,故障排除,自动变速器恢复了正常的工作性能。

实例10:一辆行驶里程8万km的01款捷达都市先锋轿车,起步困难,加速不良,而且燃油消耗较大。

故障检查与分析:首先进行路试,将选挡杆分别置于“2”、“3”、“D”位,踩下加速踏板,发现车速表与发动机转速表上升速度不对应。在选挡杆置于“1和R”位时,需迅速踩加速踏板汽车才能正常起步。

为确定故障原因,对自动变速器进行失速试验。拉紧驻车制动器,将制动踏板踩到底,为了保证安全,可用木楔块将4个车轮的前后卡住。在发动机运转的情况下,分别将选挡杆置于“1”、“2”、“3”、“D”和“R”位,使变速器油温升至50~80℃正常范围。猛踩加速踏板至节气门全开,迅速读出发动机失速时的转速,在“3和D”位,失速转速分别为800~900r/min、1200~1300r/min。

失速转速的标准数值一般为2000r/min左右,试验表明失速转速明显偏低,汽车动力性下降。

本例造成失速转速降低的主要原因有二:一是发动机动力下降;二是液力变矩器工作性能下降,主要是变矩器中导轮的单向离合器打滑。为了验证发动机的加速性能,把选挡杆置于"N"位,发动机运转至正常温度后,迅速踩下加速踏板,伴随着轰鸣声,发动机转速迅速上升,说明发动机加速性能良好。拆卸自动变速器,取下液力变矩器,用专用工具检查导轮单向离合器的工作性能。单向离合器在一个方向转动自如,在另一个方向虽然转动阻力较大但也能转动,说明导轮单向离合器已经失效。因此确认,故障原因为液力变矩器中单向离合器打滑。更换液力变矩器,安装变速器后试车,故障排除。

复习思考题

1. 自动变速器油面高度的检查方法是什么?
2. 如何检查自动变速器油的品质?
3. 如何调整节气门拉线?
4. 如何检查空挡起动开关?
5. 如何检查超速挡控制开关?
6. 发动机怠速对自动变速器的工作有什么影响?
7. 试比较人工经验诊断法和仪器检测诊断法的优缺点。
8. 如何进行失速试验?
9. 失速转速过低、过高的主要原因是什么?
10. 时滞试验的目的是什么的?
11. 时滞时间过长的原因是什么?
12. 进行油压试验的条件是什么?
13. 主油压试验结果应如何分析?
14. 如何测试油压电磁阀的工作状态?
15. 进行道路试验时都进行哪些内容的检查?
16. 换挡车速不正常与哪些因素有关?
17. 以丰田A340E自动变速器为例,分析自动变速器不能行驶、无前进挡、无倒挡、无超速挡的故障原因,并说明诊断过程。
18. 以丰田A341E、A342E自动变速器为例,分析自动变速器打滑、冲击、跳挡的故障原因,并说明诊断过程。
19. 自动变速器不能锁止或锁止不能解除的故障原因是什么? 如何诊断?
20. 简述自动变速器油容易变质的原因。
21. 如何区分自动变速器各部位的异响?

第七章　丰田 A140E 自动变速器的构造与检修

第一节　概　　述

A140E 自动变速器是丰田公司研制的一种前驱动 4 速电液控制的自动变速器，由带锁止离合器的液力变矩器、三行星排辛普森 4 速行星齿轮变速器、电液式控制系统、主减速器和差速器等组成。液力变矩器为三元件式，4 速行星齿轮变速器的 3 个行星排和 10 个换挡执行元件布置在同一轴线上，超速行星排布置在前后行星排之后，动力由前后行星排输入，由超速行星排上的圆柱齿轮传给主减速器的主动轴。10 个换挡执行元件包括 3 个离合器（超速离合器 C_0、前进离合器 C_1、高速、倒挡离合器 C_2）、3 个片式制动器（超速制动器 B_0、2 挡制动器 B_2、低速、倒挡制动器 B_3）、一个带式制动器（2 挡强制制动器 B_1）和 3 个单向离合器（超速单向离合器 F_0、单向离合器 F_1、单向离合器 F_2）。各换挡执行元件和行星排的布置见图 7-1，其作用及在不同挡位的工作情况见表 7-1 和表 7-2。

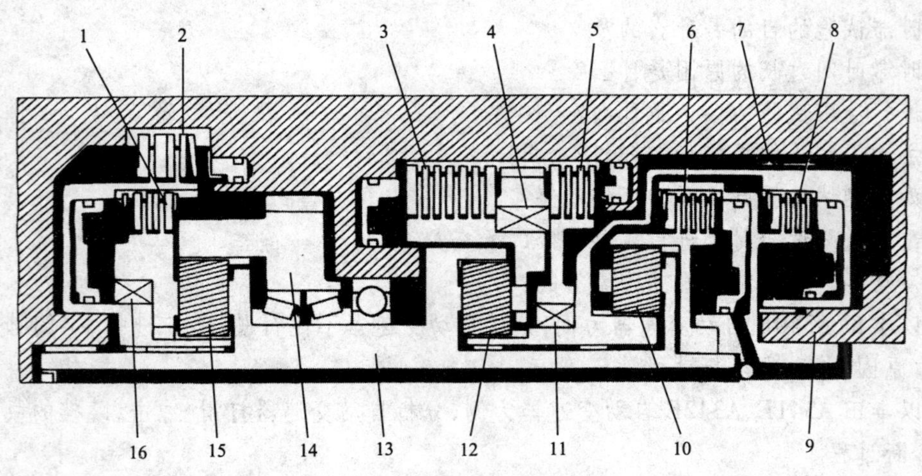

图 7-1　A140E 自动变速器行星排布置

1-超速离合器 C_0；2-超速制动器 B_0；3-低速、倒挡制动器 B_3；4-单向离合器 F_2；5-2 挡制动器 B_2；6-前进离合器 C_1；7-2 挡强制制动器 B_1；8-高速、倒挡离合器 C_2；9-输入轴；10-前行星排行星轮；11-单向离合器 F_1；12-后行星排行星轮；13-中间轴；14-自动变速器输出齿轮；15-超速排行星轮；16-超速单向离合器 F_0

A140E 自动变速器换挡执行元件功能表　　表 7-1

换挡执行元件	功　能
超速离合器 C_0	连接前后排输出轴和超速排行星架

续上表

换挡执行元件	功　能
前进离合器 C_1	连接输入轴和前排齿圈
高速、倒挡离合器 C_2	连接输入轴和前后太阳轮组件
超速制动器 B_0	制动超速排太阳轮
2 挡强制制动器 B_1	制动前后排太阳轮组件
2 挡制动器 B_2	制动单向离合器 F_1 的外圈
低速、倒挡制动器 B_3	制动后排行星架
单向离合器 F_0	当发动机动力传到超速排主动轴时，连接超速排的行星架与太阳轮
单向离合器 F_1	在制动器 B_2 起作用时，防止前后排太阳轮逆转
单向离合器 F_2	防止后排行星架逆转

A140E 自动变速器各构件及各挡工作状况　　表 7-2

选挡杆位置	挡位	换挡执行元件									
		C_0	C_1	C_2	B_0	B_1	B_2	B_3	F_0	F_1	F_2
P		○									
R		○		○				○			
N		○									
D	1 挡	○	○						○		○
	2 挡	○	○				○		○	○	
	3 挡	○	○	○			○		○		
	4 挡		○	○	○		○				
2	1 挡	○	○						○		○
	2 挡	○	○			○	○		○	○	
	* 3 挡	○	○	○			○		○		
L	1 挡	○	○					○	○		○
	* 2 挡	○	○			○	○		○	○	

注：* 表示只能降挡，不能升挡。

A140E 自动变速器选挡杆有 P、R、N、D、2、L 六个位置，其排列顺序为“P→R→N→D→2→L”，其中“P”是停车挡，“R”是倒车挡，“N”是空挡，“D”是前进挡，“2”和“L”是前进低速挡。选挡杆位于“P”或“N”位时发动机方可起动，其他挡位均不能起动，该自动变速器还设置了由选挡杆通过联动机构控制的停车闭锁机构。当选挡杆位于“D”位时，自动变速器将视节气门开度的大小、车速的高低及超速挡开关闭合情况自动实现 1 挡至 4 挡的相互转换；选挡杆位于“2”位时，自动变速器只能在 1 挡和 2 挡间相互转换，且在“2”位 2 挡可以利用发动机制动；选挡杆位于“L”位时，变速器只能在 1 挡工作，不能升挡，且在“L”位可以利用发动机制动。

A140E 自动变速器的电子控制系统和发动机电子控制系统共用一个控制单元。控制单元主要依据节气门位置传感器所测得的节气门开度信号和车速传感器所测得的车速信号进行换挡控制和锁止离合器控制，并通过两个换挡电磁阀和一个锁止电磁阀来操纵 3 个换挡阀和锁止离合器控制阀，以实现挡位变换及锁止离合器的接合与分离。

A140E 自动变速器电子控制系统中有两个检测车速的传感器,即 1 号车速传感器(车速表)和 2 号车速传感器,1 号车速传感器的信号主要用于仪表盘上的车速表,2 号车速传感器的信号则用于控制单元的换挡控制。当 2 号车速传感器损坏时,控制单元会自动利用 1 号车速传感器的信号代替 2 号车速传感器的信号进行换挡控制。控制单元还能根据挡位开关、超速挡开关、刹车灯开关信号及水温传感器、自动变速器油温度传感器信号选择不同的控制程序,以满足不同的行驶条件对自动变速器的要求。该电子控制系统还设有一个模式开关,用于选择动力模式和经济模式,控制单元根据模式开关的信号,按照不同的控制模式进行换挡控制。

A140E 自动变速器的主要技术规格见表 7-3。

A140E 自动变速器主要技术规格 表 7-3

变速器型号			A140E
发动机型号			5S-FE
液力变矩器	变矩比		2.0:1
	机械锁止		装备
行星齿轮变速器传动比	1 挡		2.810
	2 挡		1.549
	3 挡		1.000
	超速挡		0.706
	倒挡		2.296
离合器和制动器的摩擦片数(摩擦片数/钢片数)	C_0	超速离合器	2/1
	C_1	前进离合器	4/4
	C_2	高速、倒挡离合器	3/3
	B_0	超速制动器	2/3
	B_2	2 挡制动器	3/3
	B_3	低速、倒挡制动器	6/5
2 挡强制制动器 B_1 的宽度(mm)			25
自动变速器油	牌号		DEXRON II
	总容量	A/T	5.6
		D/F	1.6

第二节 A140E 行星齿轮变速器的构造和工作原理

一、A140E 行星齿轮变速器的组成

自动变速器的 3 个行星排均由齿圈、太阳轮、行星架和 4 个小行星齿轮组成。3 个行星排

的参数略有不同,前行星排、后行星排、超速排的太阳轮、齿圈齿数分别为:$Z_{11}=39$,$Z_{12}=71$;$Z_{21}=27$,$Z_{22}=62$;$Z_{01}=27$,$Z_{02}=65$。

1. 前后行星排

前后行星排通过前进离合器 C_1 和高速、倒挡离合器 C_2 与变矩器涡轮相连,进行动力输入。前后行星排的太阳轮压装在同一轴上,其转速相同,但齿数和径向尺寸不同;前排行星架和后排齿圈固连在一起,共同将动力输送到超速排行星架。

前进离合器 C_1 用于连接输入轴和前排齿圈,C_1 接合实现前进挡;高速、倒挡离合器 C_2 连接输入轴和前后排太阳轮,C_2 接合实现倒挡和前进高速挡;2 挡强制制动器 B_1 固定太阳轮,B_1 接合可在"2"位 2 挡利用发动机制动;2 挡制动器 B_2 固定单向离合器 F_1 的外圈,防止太阳轮逆时针转动,B_2 接合实现 2 挡;低速、倒挡制动器 B_3 固定后排行星架,B_3 接合实现倒挡,且可在"L"位利用发动机制动。单向离合器 F_1 在 2 挡制动器 B_2 工作时,可防止太阳轮逆时针转动;单向离合器 F_2 可防止后排行星架逆时针转动;F_1、F_2 的设置简化了液压控制系统。

2. 超速行星排

超速排行星架通过中间轴与前排行星架和后排齿圈(二者固连)相连,动力由超速排行星架输入,超速排齿圈输出。

超速离合器 C_0 连接超速排太阳轮和超速排行星架,C_0 接合,超速排实现直接传动。超速制动器 B_0 固定超速排太阳轮,B_0 接合实现超速传动。超速单向离合器 F_0 连接超速排太阳轮和超速排行星架,防止超速排太阳轮相对于超速排行星架顺时针转动。当动力由发动机输入时,超速排的直接传动作用由 C_0 和 F_0 共同完成,而当利用发动机制动时,超速排的直接传动作用仅由 C_0 完成,F_0 不起作用。

二、A140E 行星齿轮变速器的工作原理

图 7-2 为 A140E 行星齿轮变速器的传动示意图,各行星排元件布置及连接关系与第三章第三节丰田 A341E、A342E 行星齿轮变速器相同,只是超速排、前后行星排位置(超速排设置在前后行星排之后)、各元件参数及各挡位传动比不同。因其工作原理基本相同,在此只介绍各挡动力传递路线和传动比。

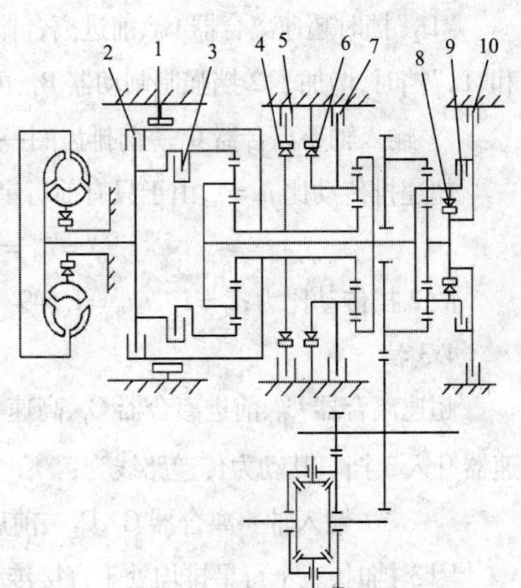

图 7-2 A140E 行星齿轮变速器传动示意图

1-2 挡强制制动器 B_1;2-高速、倒挡离合器 C_2;3-前进离合器 C_1;4-1 号单向离合器 F_1;5-2 挡制动器 B_2;6-2 号单向离合器 F_2;7-低速、倒挡制动器 B_3;8-超速单向离合器 F_0;9-超速离合器 C_0;10-超速制动器 B_0

1. 超速排工作原理

(1)若超速离合器 C_0 接合,超速单向离合器 F_0 起作用,则将超速排太阳轮和超速排行星架锁为一体,其输入和输出部分以相同转速转动,传动比 $i_0=1$,实现超速排的直接传动。

(2)若超速制动器 B_0 接合,则超速排行星架输入,超速排齿圈输出,输出转速高于输入转速,实现超速传

动,其传动比为:

$$i_0 = n_{03}/n_{02} = \alpha_0/(1+\alpha_0) = 0.706$$

其中:$\alpha_0 = Z_{02}/Z_{01} = 65/27 = 2.41$

超速排超速挡的传动路线为:

中间轴→超速排行星架→超速排行星齿轮→超速排齿圈→输出

2.1 挡

"D_1"和"2_1"挡时,超速离合器 C_0、前进离合器 C_1 接合,单向离合器 F_0、F_2 起作用;"L_1"挡时,制动器 B_3 接合,可以利用发动机制动。其动力传递路线为:

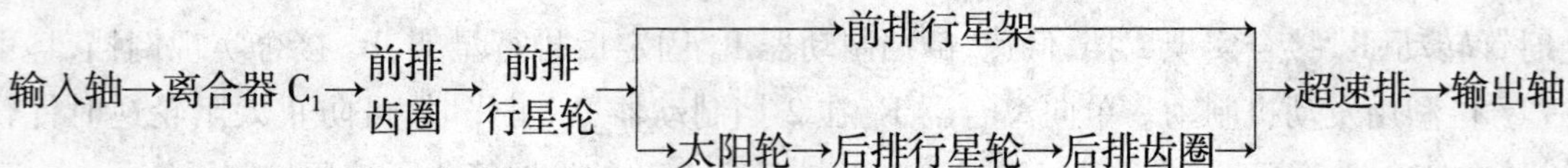

超速排传动比 $i_0 = 1$,前后行星排传动比由运动特性方程计算可得。

$$\begin{cases} n_{11} + \alpha_1 n_{12} - (1+\alpha_1) n_{13} = 0 \\ n_{21} + \alpha_2 n_{22} - (1+\alpha_2) n_{23} = 0 \end{cases}$$

且知: $\alpha_1 = 1.821 \quad \alpha_2 = 2.296 \quad n_{11} = n_{21} \quad n_{13} = 0 \quad n_{12} = n_{23}$

得 $i_1' = 2.810$

故:1 挡传动比: $i_1 = i_1' \cdot i_0 = 2.810$

3.2 挡

"D_2"挡时超速离合器 C_0、前进离合器 C_1,2 挡制动器 B_2 接合,单向离合器 F_0、F_1 起作用;"2_2"和"L_2"挡时,增加了 2 挡强制制动器 B_1,可以利用发动机制动。动力传递路线如下:

输入轴→离合器 C_1→前排齿圈→前排行星轮→前排行星架→超速行星排→输出轴

超速排传动比 $i_0 = 1$,由于只有前行星排参加工作,其传动比为:

$$i_2' = i_{21} = n_{12}/n_{13} = 1 + 1/\alpha_2 = 1.549$$

故 2 挡传动比为;$i_2 = i_2' \cdot i_0 = 1.549$

4.3 挡

超速离合器 C_0、前进离合器 C_1、高速、倒挡离合器 C_2 接合,超速单向离合器 F_0 起作用,自动变速器升入 3 挡。其动力传递路线为:

输入轴→离合器 C_1、C_2→前后行星排(直接传动)→超速行星排→输出轴

因 3 挡时,三个行星排均处于直接传动状态,故 3 挡传动比 $i_3 = 1$。

5.4 挡(超速挡)

超速挡时,前进离合器 C_1、高、倒挡离合器 C_2 接合,超速制动器 B_0 接合,其动力传递路线为:

输入轴→离合器 C_1、C_2→前后行星排→超速排行星架→超速排行星轮→超速排齿圈→输出轴

超速挡时，前后行星排传动比 $i_4' = 1$，而超速排传动比为：$i_0 = n_{03}/n_{02} = \alpha_0/(1+\alpha_0) = 0.706$，故超速排传动比为：

$$i_4 = i_4' \cdot i_0 = 0.706$$

6. 倒挡

超速离合器 C_0、高速、倒挡离合器 C_2 及低速、倒挡制动器 B_3 接合，自动变速器换入倒挡。动力传递如下：

输入轴→离合器 C_2→后排太阳轮→后排行星轮→后排齿圈→超速排→输出轴

倒挡时，超速排传动比 $i_0 = 1$，由于只有后行星排工作，因此前后行星排传动比 $i_R' = n_{21}/n_{22} = -\alpha_2 = -2.296$

故倒挡传动比　　$i_R = i_R' \cdot i_0 = -2.296$

第三节　A140E 自动变速器电子控制系统的组成和工作原理

A140E 自动变速器电子控制系统由控制元件、执行元件和控制单元三部分组成。图7-3为电控系统方框图，其控制电路见图 7-4，各元件在车上的位置见图 7-5。

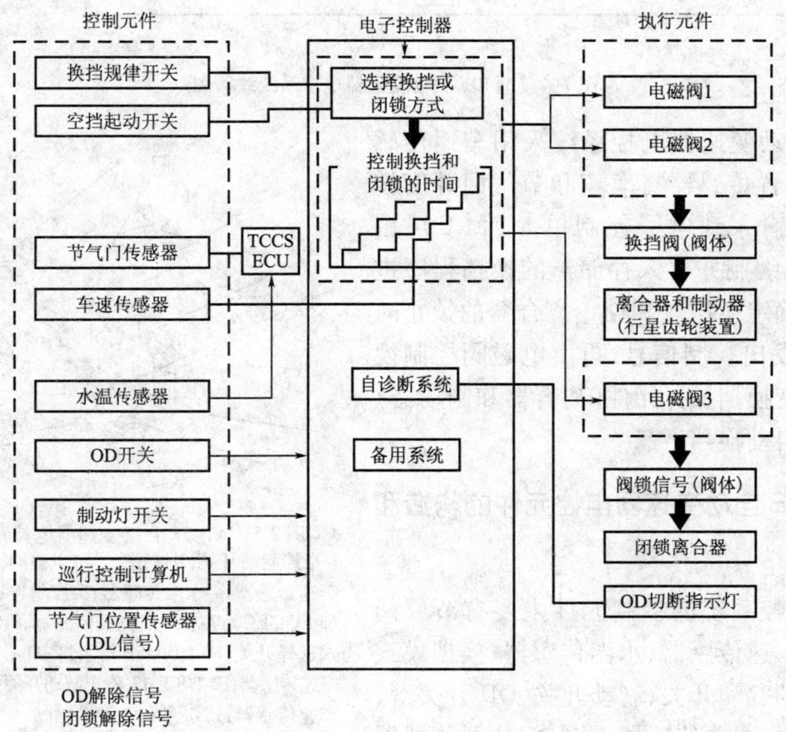

图 7-3　A140E 自动变速器电控系统方框图

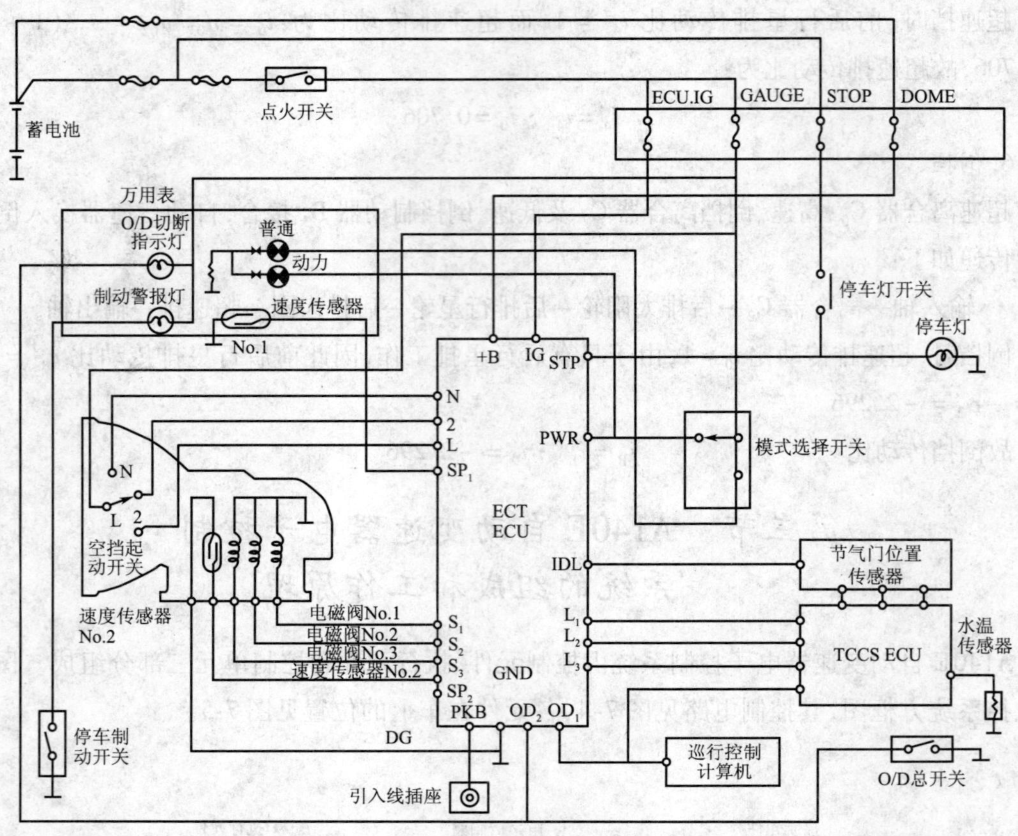

图 7-4　A140E 自动变速器电控系统线路图

A140E 自动变速器电控系统采用车速传感器和节气门位置传感器将车速和节气门开度转换成电信号，输入到电子控制单元（ECU），由 ECU 根据预先编制并存入存储器的换挡程序进行计算比较，确定换挡点和锁止离合器的锁止时间，向电磁阀发出控制信号，再由电磁阀控制换挡阀移动，改变换挡执行元件（离合器和制动器）的油路，实现自动换挡。

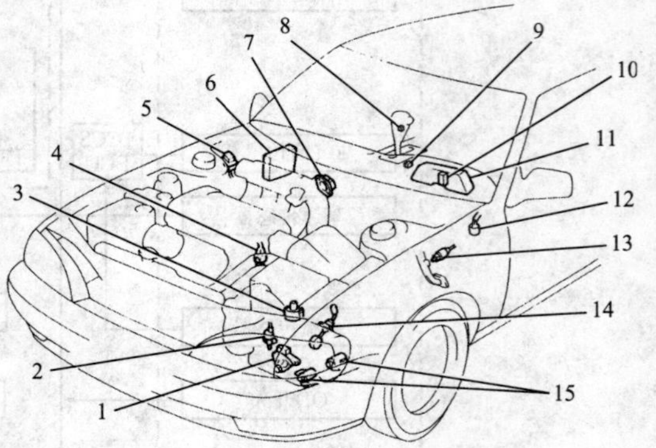

图 7-5　A140E 自动变速器电控元件位置图
1-空挡起动开关；2-锁止（3 号）电磁阀；3-辅助（1 号）车速传感器；4-水温传感器；5-控制连接器；6-发动机和 ECT ECU；7-节气门位置传感器；8-OD 开关；9-模式选择开关；10-OD OFF 指示灯；11-仪表盘（1 号）车速传感器；12-TDCL；13-停车制动开关；14-主（2 号）车速传感器；15-1 号和 2 号电磁阀

一、A140E 自动变速器电控元件的构造和工作原理

A140E 电控系统的控制元件主要有节气门位置传感器、车速传感器、水温传感器、换挡模式选择开关、空挡起动开关、制动开关、OD 开关等，在此只介绍两个主要传感器：节气门位置传感器和车速传感器的构造和工作原理，其他元件的构造和原理参看第五章的相关内容。

1. 节气门位置传感器

节气门位置传感器将节气门开启角度转换为电压信号送至控制单元,作为控制换挡和变矩器锁止时刻的基本信号。

A140E 自动变速器采用了线性输出型节气门位置传感器(与其他电控系统共用),该传感器实际为一个滑动变阻器,见图 7-6。巡航控制系统的电子控制单元(TCCS ECU)将 5V 恒定电压加于传感器的 V_C 端,可变电阻器滑动触点的移动与节气门开度变化同步,从传感器 V_{TA} 端输出的电压与节气门开度成正比。当 TCCS ECU 接收到从传感器 V_{TA} 端输入的电压信号后,便经其内部的信号转换器转换成几种不同的节气门开度信号,传送给自动变速器的控制单元。传感器怠速端子 IDL 向自动变速器控制单元(ECT ECU)传送节气门全闭信号,端子 E 则在节气门位置传感器和 TCCS ECU 间搭铁。

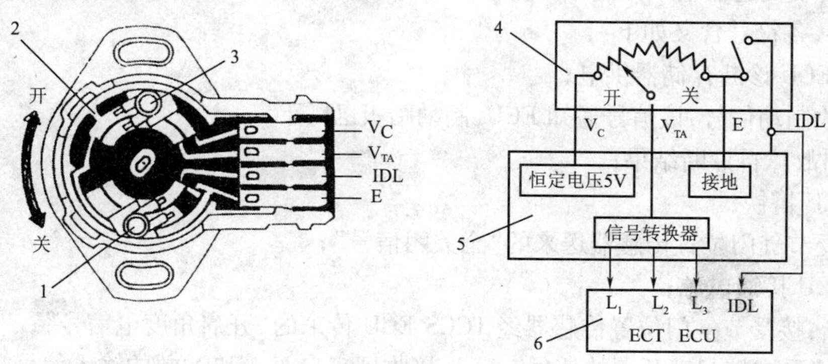

图 7-6　节气门位置传感器

1-怠速触点;2-电阻器;3-信号输出电刷;4-节气门位置传感器;5-TCCS ECU;6-ECT ECU

2. 车速传感器

车速传感器用来产生信号频率与车速成正比的电信号,并将该信号送至自动变速器的控制单元,作为确定换挡和变矩器锁止时刻的基本信号。A140E 电控自动变速器具有两个车速传感器,即主车速传感器(2 号车速传感器)和辅助车速传感器(1 号车速传感器)。

主车速传感器如图 7-7 所示。变速器输出轴的转子上装有磁铁,该磁铁随轴转动时经过传感器,控制传感器的舌簧开关,产生脉冲速度信号,并将此信号输送到自动变速器的 ECU。

辅助车速传感器(1 号车速传感器)安装在组合仪表的车速表内,见图 7-8。它具有一个随

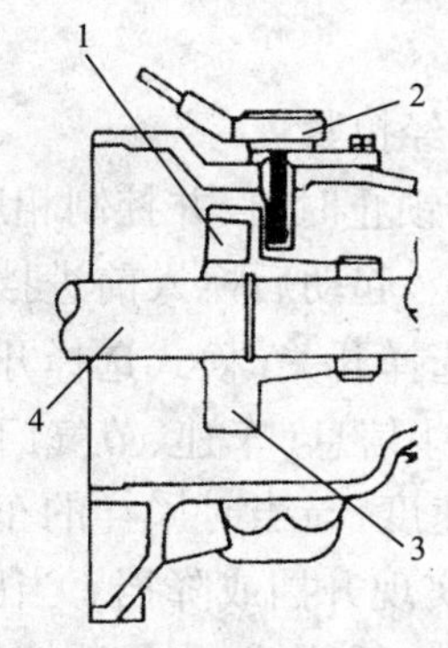

图 7-7　A140E 自动变速器的主车速传感器

1-磁铁;2 -主(2 号)车速传感器;3-转子;4-输出轴

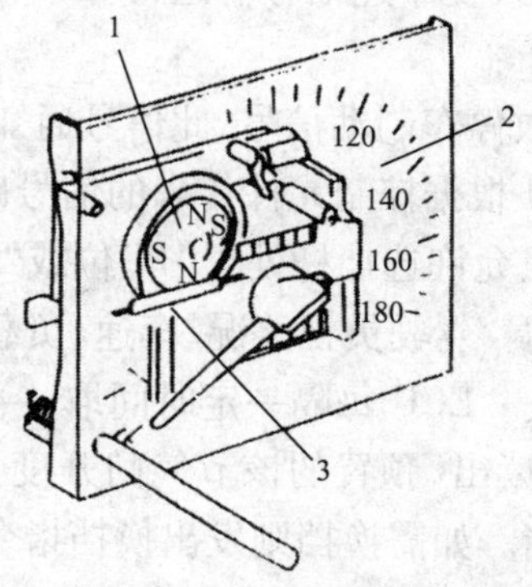

图 7-8　A140E 自动变速器的辅助车速传感器

1-磁铁;2-车速表;3-舌簧开关

软轴旋转的磁铁和舌簧开关,当车速表中的软轴旋转一周时,磁铁控制舌簧开关,使传感器产生4个脉冲信号。

如果两个车速传感器工作都正常,可以产生两个相同的矩形脉冲信号,此时ECU采用主车速传感器信号控制换挡时间。如果两个车速传感器中的任意一个工作不正常,例如某一传感器无信号输出,或输出信号不正常时,ECU将切断工作不正常的传感器信号,采用正常工作的传感器信号。当主车速传感器失效时,ECU将根据程序使用从辅助车速传感器传来的信号,若两个车速传感器工作都不正常,汽车将停止自动换挡。

二、电子控制单元(ECU)的功能

A140E自动变速器电子控制单元(ECT ECU)与发动机ECU合并为一体,ECT ECU接线端子见图7-4,各符号含义如下:

+B:为ECU诊断存储器供电;

STP:接收制动信号,该信号通知ECU,制动踏板已踩下;

DG:输出故障自诊断结果;

GND:ECU搭铁;

IDL:接受节气门位置传感器送来的“全关闭信号”;

IG:为ECU接通电源;

L_1、L_2、L_3:接受节气门位置传感器经TCCS ECU传来的“开启角度电信号”;

L、2、N:接受空挡起动开关的信号。ECU接收到来自L、2和N端的输入信号,表明变速器相应地处于“L”、“2”、“N”位。若L、2和N端无输入信号给ECU,则ECU判断变速器处于“D”位;

OD_1:接受由TCCS ECU输出的“超速和锁止解除”信号;

OD_2:接收由OD总开关来的“超速通断”信号;

PWR:输入驱动方式选择开关的信号。PWR端有输入信号时,ECU用“动力换挡规律”控制换挡;PWR端无输入信号时,ECU用“常规换挡规律”控制变速器自动换挡;

S_1、S_2、S_3:ECU输出控制3个电磁阀通电或断电的信号。S_1、S_2控制行星齿轮变速器自动换挡;而S_3控制变矩器中锁止离合器的接合与分离;

SP_1、SP_2:接受车速信号。通常ECU先使用SP_2端信号。若SP_2无信号时,才使用SP_1的信号;

PKB:接收停车制动信号,此信号通知ECU驻车制动器已经拉紧。

ECT ECU根据控制元件传来的信号确定换挡点和变矩器锁止时机,并控制相应的电磁阀工作。ECU只允许选挡杆处于“P”位或“N”位时起动发动机。起动后换入前进挡位,系统便进入自动控制。驾驶员视路况、车速、负载等,通过换挡规律选择开关(模式选择开关)选择适宜的规律行驶。ECU每隔一定时间取一次输入信号,处理这些信息(车速、节气门开度等)并从存储器中“读出”预置的该节气门开度下的最佳换挡点的速度,与当时采样的车速比较后,判断是否换挡。如需换挡则发出换挡指令,通过控制电磁阀实现升挡或降挡。当路况需人为干预时,可松抬加速踏板提前换高速挡,踩下加速踏板提前换入低速挡,或将选挡杆置于低速挡,系统则退出自动控制。

ECT ECU 接收各种监测汽车行驶状况和发动机工况的传感器信号,可精确地控制变速器的换挡时间、锁止离合器的锁止时间和换挡时的发动机转矩;它还具有自诊断功能,自动监测和识别电子控制元件的故障,并通过“OD OFF”指示灯以故障代码的形式将自诊断信息输出;此外,ECT ECU 在电子电路发生故障和电磁阀失效时,还具有失效保护功能,以保证车辆继续行驶。

A140E 自动变速器 ECU 功能较多,具体功能如下:

1. 换挡正时控制

换挡正时控制即换挡点控制,它是 ECT ECU 最基本的控制功能。在选定换挡模式后,ECU 按照换挡模式的程序,根据车速传感器输入的车速信号和节气门位置传感器输入的节气门开度信号,选定最佳换挡时刻,控制 1、2 号电磁阀通电或断电,使其改变行星齿轮变速器中离合器、制动器的油路,实现升挡或降挡。A140E 型自动变速器换挡正时的控制如图 7-9 所示。

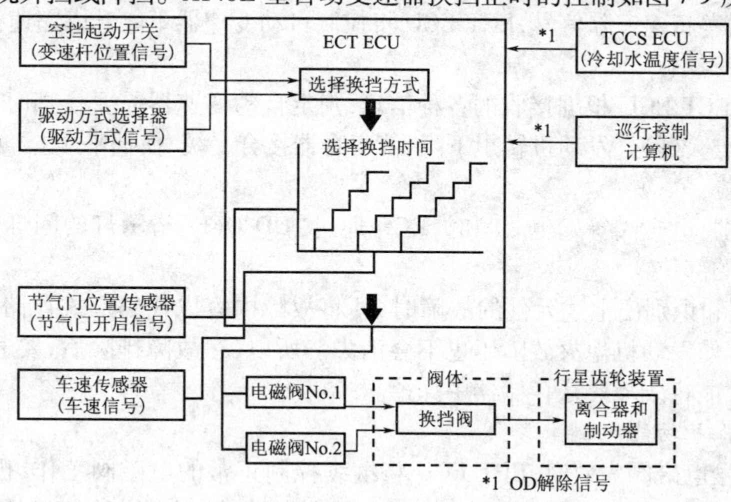

图 7-9　A140E 自动变速器换挡正时控制

2. 锁止离合器锁止正时控制

在发动机和 ECT ECU 的存储器中,已存入了每一种行驶方式(不同挡位不同换挡模式)下锁止离合器的工作程序,依照这种程序,ECU 可根据车速信号和节气门开度信号使锁止电磁阀开或关、从而控制锁止时间。

通过锁止电磁阀的开启和关闭,锁止信号阀和锁止继动阀变换变矩器的液压油路,使锁止离合器接合或分离。A140E 电子控制自动变速器的锁止正时控制如图 7-10 所示。

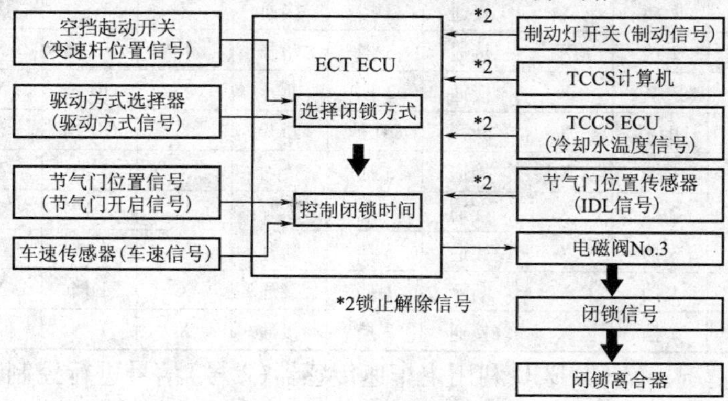

图 7-10　A140E 自动变速器锁止正时控制

锁止系统工作时,在升挡或降挡期间 ECU 会把锁止电磁阀电路暂时切断,解除变矩器的锁止状态,以减轻换挡冲击。

此外,若制动开关接通、节气门位置传感器的"IDL"触点接通(节气门全闭)、冷却液温度低于 70℃、巡航控制系统正在工作,实际车速低于其预置车速,只要发生上述 4 种情况之一,ECU 都将切断锁止电磁阀电路,使锁止离合器分离。

ECT ECU 不仅可利用锁止电磁阀来控制锁止正时,还可利用电磁阀来调节锁止离合器油压,从而使锁止离合器平顺地接合或分离。

3. 超速行驶控制

当超速挡开关置于"ON"位,并且选挡杆置于"D"位时,汽车才有可能以超速挡行驶。若冷却液温度低于 70℃、或巡航控制系统工作,实际车速低于其预置车速,TCCS ECU 将给发动机和 ECT ECU 输送超速解除信号,ECT ECU 将控制自动变速器不能升入超速挡。

4. 发动机转矩控制

当发动机和 ECT ECU 根据接收的各种信息,判定自动变速器需要换挡时,暂时使发动机点火时间滞后。点火延迟,发动机转矩下降,使离合器接合平缓,换挡平顺。

5. 自诊断功能

当车速传感器、电磁阀等发生故障时,ECU 通过"OD OFF"指示灯的闪烁输出故障代码,以指示故障发生的部位。

当 ECU 监测和识别出上述元件的故障时,便将故障内容以代码形式存储在存储器中,由于有备用电源,即使发动机熄火故障码也不会消失。所以,在故障排除后,要通过消除故障代码的专用程序,才能将故障码从存储器中抹掉。

6. 失效安全保护功能

若 1 号或 2 号电磁阀失效时,ECT ECU 将继续控制正常的电磁阀工作,仍可进行部分挡位的变换,使车辆能够继续行驶。若 1、2 号电磁阀都失灵时,可操纵选挡杆换挡,当选挡杆移到前进挡"L"位、"2"位和"D"位时,自动变速器将分别在 1 挡、3 挡和超速挡工作。A140E 自动变速器电磁阀失效安全保护功能如表 7-4 所示。

A140E 自动变速器电磁阀的失效保护功能 表 7-4

挡位	正常			1 号电磁阀失效			2 号电磁阀失效			两电磁阀都失效		
	电磁阀		传动挡位	电磁阀		传动挡位	电磁阀		传动挡位	电磁阀		传动挡位
	1 号	2 号		1 号	2 号		1 号	2 号		1 号	2 号	
D	接通	断开	1 挡	X	接通	3 挡	接通	X	1 挡	X	X	OD 挡
	接通	接通	2 挡	X	接通	3 挡	断开	X	OD 挡	X	X	OD 挡
	断开	接通	3 挡	X	接通	3 挡	断开	X	OD 挡	X	X	OD 挡
	断开	断开	OD 挡	X	断开	OD 挡	断开	X	OD 挡	X	X	OD 挡
2	接通	断开	1 挡	X	接通	3 挡	接通	X	1 挡	X	X	3 挡
	接通	接通	2 挡	X	接通	3 挡	断开	X	3 挡	X	X	3 挡
	断开	接通	3 挡	X	接通	3 挡	断开	X	3 挡	X	X	3 挡
L	接通	断开	1 挡	X	断开	1 挡	接通	X	1 挡	X	X	1 挡
	接通	接通	2 挡	X	接通	2 挡	接通	X	1 挡	X	X	1 挡

另外,在正常情况下,ECT ECU 利用主车速传感器(2 号)信号进行控制,当主车速传感器失效时,则启用辅助车速传感器(1 号)信号。

三、A140E 自动变速器电控执行元件的构造和工作原理

A140E 自动变速器具有 3 个电磁阀,其中 1、2 号电磁阀执行换挡正时指令,锁止电磁阀则接受锁止正时指令,通过锁止继动阀,使锁止离合器接合或分离。

1 号和 2 号电磁阀位于变速器阀板上,其结构如图 7-11 所示。这两个电磁阀都具有一个电磁铁和一个可移动的柱塞,柱塞的下端控制液压系统的一个泄油口。当电磁阀不通电时,柱塞在弹簧力作用下处于下端位置,将泄油口关闭;而当电磁阀通电时,由于电磁铁的吸引,柱塞克服弹簧力而上升,打开泄油口,从而降低了换挡阀的控制油压,使换挡阀移动,改变了油路,使变速器自动换挡。各挡位下 1、2 号电磁阀的工作情况如表 7-5 所示。

1 号和 2 号电磁阀在各挡位的工作情况 表 7-5

换挡电磁阀	工作状态									
	D 位				2 位			L 位		P、R 和 N 位
	1	2	3	4	1	2	3	1	2	
1	0	0	X	X	0	0	X	0	0	X
2	X	0	0	X	X	0	0	X	0	X

注:0 为接通;X 为断开。

锁止电磁阀安装在自动变速器壳体外部,如图 7-12 所示,有一个电磁铁和一个可移动的

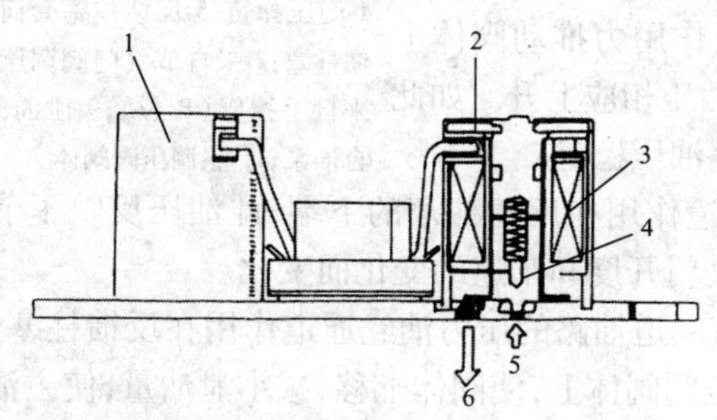

图 7-11 A140E 自动变速器 1 号和 2 号电磁阀

1-1 号电磁阀;2-2 号电磁阀;3-线圈;4-柱塞;5-管路油压;6-泄油口

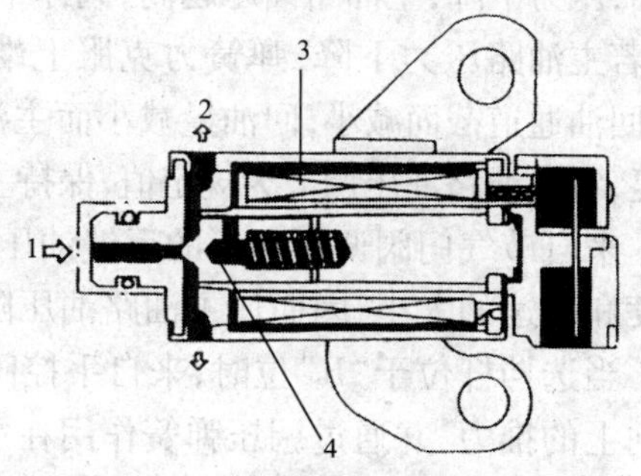

图 7-12 A140E 自动变速器锁止电磁阀

1-管路油压;2-泄油口;3-线圈;4-柱塞

柱塞组成,柱塞在液压管路中起控制泄油口开闭的作用。当锁止电磁阀不通电时,柱塞在弹簧力作用下将泄油口关闭,锁止信号阀和锁止继动阀使得变矩器活塞端进油,叶轮端回油,锁止离合器处于分离状态。当 ECT ECU 控制锁止电磁阀通电时,柱塞在电磁铁吸引下克服弹簧力而移动,打开泄油口,从而减小了锁止信号阀和锁止继动阀一端的油压,锁止信号阀和锁止继动阀移动,使变矩器叶轮端进油,活塞端回油,锁止离合器处于接合状态,即变矩器锁止(锁止信号阀和锁止继动阀的工作原理参见本章第四节)。当自动变速器选挡杆在前进挡“D”位时,锁止离合器工作于 2、3 挡和超速挡,由 ECT ECU 控制锁止正时。

第四节 A140E 自动变速器液压控制元件的构造和工作原理

A140E 自动变速器液压控制系统主要由供油调压、换挡控制和锁止离合器控制三部分组成,其中,换挡阀和变矩器锁止继动阀的工作是由控制单元通过电磁阀来控制的。

一、供油调压元件的构造和工作原理

供油调压元件包括油泵、主调压阀、次调压阀、安全阀、节气门阀及车速反馈阀、自动变速器油散热器及其旁通阀等组成。

A140E 自动变速器油泵为渐开线内啮合齿轮泵,工作原理与前述相同,其构造参看本章第六节。

1. 主调压阀

主调压阀由主调压阀阀体 11、反馈柱塞套筒副 5、6 和调压弹簧 4 组成,如图 7-13 所示,其作用是根据车速、节气门开度及挡位的变化自动调节液压控制系统的主油路油压。

来自油泵的压力油由油道 10 进入主调压阀,经主调压阀调压后经油道 2 流向主油路,并经节流小孔由油道流向次调压阀 3,同时通过主调压阀阀体自身的节流孔作用到主调压阀阀体上端,与调压弹簧弹力相平衡。主油路油压较高时,作用在主调压阀上端的压力较大,克服弹簧力,推动阀体下移,接通回油通道 1,主油路泄油,压力下降;主油路油压越高,阀体下移量越大,回油越多。反之,若主油路压力下降,弹簧力克服上端油压作用力推动阀体上移,回油通道截面减小,回油量减小而主油路油压相应上升。如此反复,将主油路油压调节为规定值,保持主油路油压稳定。

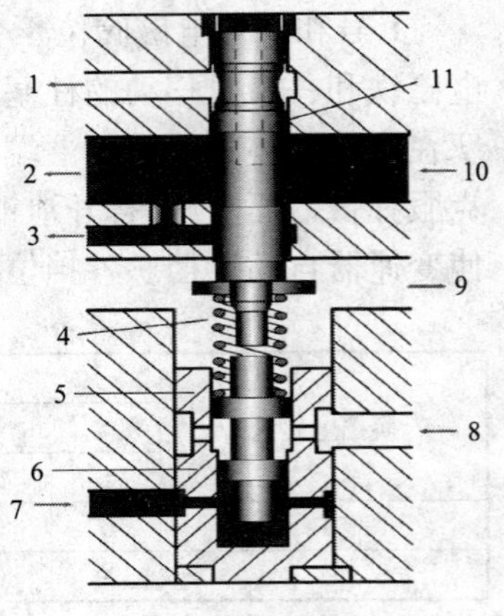

图 7-13 主调压阀

1-回油;2-主油路;3-流向次调压阀;4-调压弹簧;5-反馈柱塞套筒;6-反馈柱塞;7-来自节气门阀调压阀;8-来自手控阀(R 位);9-泄油;10-来自油泵;11-主调压阀阀体

来自节气门阀调压阀 7 的反馈油压经油道作用在反馈柱塞的下端,此油压反映了节气门开度和车速的大小,因而使主油路油压随节气门开度和车速的变化而变化。

当选挡杆位于"R"位时,来自手控阀 8 第一道油路的压力油经通道作用在反馈柱塞上,产生向上的推力,并通过调压弹簧作用在主调压阀阀体上,使阀体上移,减小泄油量,使主油路油压升高,满足了倒挡主油路油压高于前进挡主油路油压的要求。

2. 次调压阀

次调压阀由阀体 4 和调压弹簧 5 组成,见图 7-14。其作用是调节液力变矩器油压和润滑油压。

来自油道 2 的主油路的压力油经次调压阀调压后由油道 1 流向锁止继动阀再流向变矩器,并经次调压阀阀体自身的小孔由油道 7 流向各润滑表面,同时经节流孔作用在次调压阀阀体端部与弹簧力相平衡。当主油路油压升高时,作用在次调压阀阀体上端的压力增大,克服弹簧力,推动阀体下移,连通油道 2 和 7 使润滑油压增大,主油路油压越高,阀体下移量越大,润滑油压也越大,以满足大负荷对润滑的要求。若主油路油压过高,阀体下移量增大,将油道 2 和 3 连通后泄油,以保证液力变矩器的安全。

3. 节气门阀及车速反馈阀

节气门阀的构造和工作原理在第四章第二节中已经讲述,在此只介绍车速反馈阀。

车速反馈阀由弹簧 4 和阀体 7 组成,见图 7-15。自动变速器在 1 挡工作时,车速反馈阀阀体上端无压力油(1—2 挡换挡阀工作在上位,通往 2 挡制动器 B_2 的油路未接通)。自动变速器升入 2 挡后,来自 1—2 挡换挡阀的压力油经油道 1 作用在阀的上端,克服弹簧力推动阀体

下移,将油道 5 和油道 2 连通,这样,来自油道 5 的节气门阀压力油节流降压后经油道 2 又反馈到节气门阀,使节气门油压降低,即在相同的节气门开度下,2 挡以后(高速)的节气门油压低于 1 挡节气门油压。

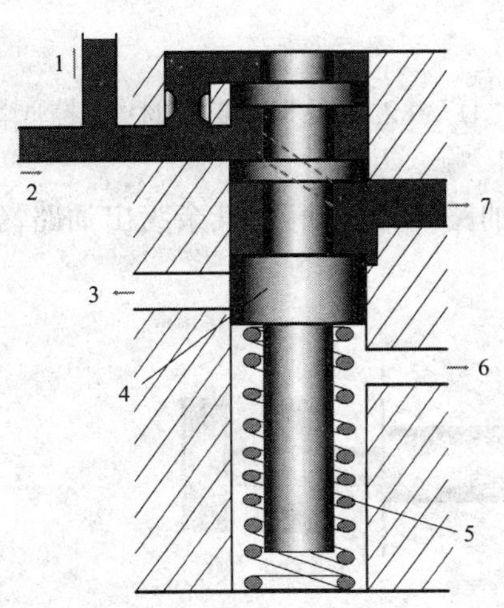

图 7-14　次调压阀

1-流向锁止继动阀;2-来自主油路;3-回油;4-次调压阀阀体;5-调压弹簧;6-泄油;7-流向各润滑表面

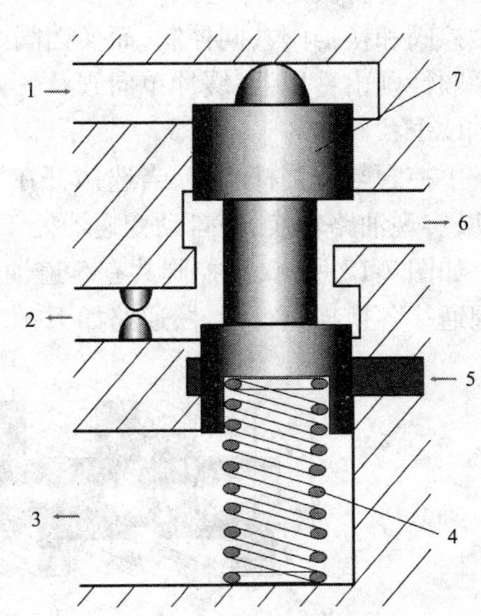

图 7-15　车速反馈阀

1-来自 1—2 挡换挡阀(B_2 通路);2-流向节气门阀;3、6-泄油;4-弹簧;5-来自节气门阀;7-车速反馈阀阀体

4. 节气门阀调压阀

如图 7-16 所示,节气门阀调压阀由阀体 7 和弹簧 3 组成,其作用是调节节气门油压,并将节气门油压作用于主调压阀和蓄压器调压阀。

来自节气门阀 4 的压力油经油道作用在节气门阀调压阀的下端,同时经油道 1 和油道 6 流向主调压阀和蓄压器调压阀,并经阀体自身的节流小孔作用在阀的上端。由于 $S_A > S_B$,上端油压作用力推动阀体下移,直至与下端油压作用力和弹簧力相平衡。若节气门油压有波动,如增大,则阀体下移,进油通道截面变小,节流作用增强,使输出油压相应降低;反之,则阀体上移,进油通道截面增大,使输出油压相应升高。如此反复调节,使输出油压保持相对稳定。

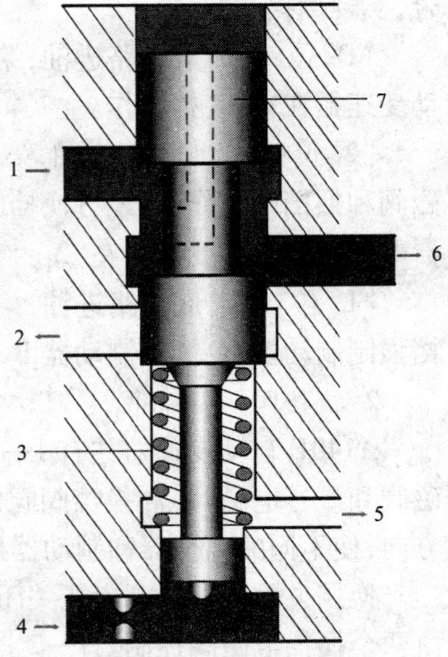

图 7-16　节气门阀调压阀

1、4-来自节气门阀;2、5-泄油;3-弹簧;6-流向主调压阀和蓄压器调压阀;7-节气门阀调压阀阀体

二、换挡控制元件的构造和工作原理

换挡控制元件根据选挡杆的位置、节气门开度和车速的变化,使自动变速器处于不同的工作范围,而自动变速器的升降挡时刻则由 ECU 控制。ECU 接受车速传感器和节气门位置传感器信号,控制换挡电磁阀通断电,继而使换挡阀动作,改变压力油的流通方向,控制换挡执行元件的接合与分离,实现自动换挡。

换挡控制元件主要包括手控阀、3 个换挡阀及改善换挡品质的蓄压器、压力调节阀、缓冲阀等组成。当选挡杆位于“P、R、N”位时，自动变速器的挡位及各换挡执行元件的工作完全由手控阀的位置决定；当选挡杆位于“D、2、L”位时，自动变速器的挡位及各换挡执行元件的工作由手控阀和换挡阀共同控制；而换挡阀则由 ECU 通过换挡电磁阀控制。自动变速器换挡过程的平顺性则由蓄压器、缓冲单向阀及各调压阀等控制。

1. 手控阀

手控阀与选挡杆相连，当选挡杆在“P”、“R”、“N”、“D”、“2”、“L”间变换时，手控阀随之移动，实现油路转换，使自动变速器处于不同的工作范围。

如图 7-17 所示，手控阀共有 5 道油路，其中第二道油路 3 为进油路，其余为出油路，经换挡阀通往各换挡执行元件，通路如下：

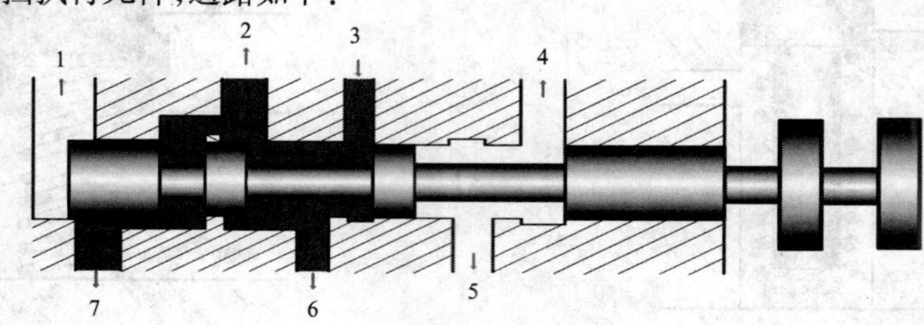

图 7-17　手控阀

1、4-泄油；2-第四道油路；3-第二道油路；5-第一道油路；6-第三道油路；7-第五道油路

“P”位和“N”位：第二道进油路被手控阀阀体关闭，因而无手控阀出油路。

“R”位：第二道油路进油，第一道油路出油，经 1—2 挡换挡阀流向低、倒挡制动器 B_3，同时经 2—3 挡换挡阀流向高速、倒挡离合器 C_2。高速、倒挡离合器 C_2 和低速、倒挡制动器 B_3 接合，实现倒挡。

“D”位：第二道油路进油，第三道油路出油，2 挡制动器 B_2、高速、倒挡离合器 C_2 等，使自动变速器在 1 ~ 4 挡工作。

“2”位：第二道油路进油，第三道和第四道油路同时出油，流向前进离合器 C_1，并在换挡电磁阀和换挡阀动作时，经各换挡阀分别流向高速、倒挡离合器 C_2、2 挡强制制动器 B_1、2 挡制动器 B_2 等，使自动变速器在“$2_1 \rightleftarrows 2_2 \leftarrow 2_3$”间相互转换，并能在“$2_2$”挡利用发动机制动。

“L”位：第二道油路进油，第三道、第四道和第五道油路同时出油，流向前进离合器 C_1、2 挡强制制动器 B_1、2 挡制动器 B_2，使自动变速器在“$L_1 \leftarrow L_2$”间工作，并能利用发动机制动。

2. 换挡阀

A140E 自动变速器共有 1—2 挡、2—3 挡、3—4 挡 3 个换挡阀，在两个换挡电磁阀（1 号电磁阀和 2 号电磁阀）和换挡阀阀体弹簧控制下，3 个换挡阀处于不同的位置，改变油路的流通方向，使不同的离合器和制动器接合，控制自动变速器升挡或降挡。

换挡电磁阀通过开启或关闭换挡阀控制油路的泄油孔来控制换挡阀的工作，3 个换挡阀由两个换挡电磁阀控制。1—2 挡换挡阀和 3—4 挡换挡阀均由 2 号电磁阀控制，2—3 挡换挡阀由 1 号电磁阀控制，各换挡阀的构造和工作原理如下：

（1）1—2 挡换挡阀。图 7-18 为 1—2 挡换挡阀的结构图，2 号电磁阀安装在它的上端油路上。自动变速器在 P、R、N、D_2 ~ D_4、2_2、2_3、L_2 挡位工作时，1—2 挡换挡阀阀体处于上位，接通手控阀第四道经 2—3 挡换挡阀至中间调压阀（通 B_1）、手控阀第三道至二挡制动器 B_2 或手控阀第一道至低速、倒挡制动器 B_3 的油路，见图 7-18a）。自动变速器在 D_1、L_1 挡工作时，1—2 挡换挡阀阀体处于下位，接通低速挡调压阀（来自手控阀第五道油路）至低速、倒挡制动器 B_3 的油路，见图 7-18b）。

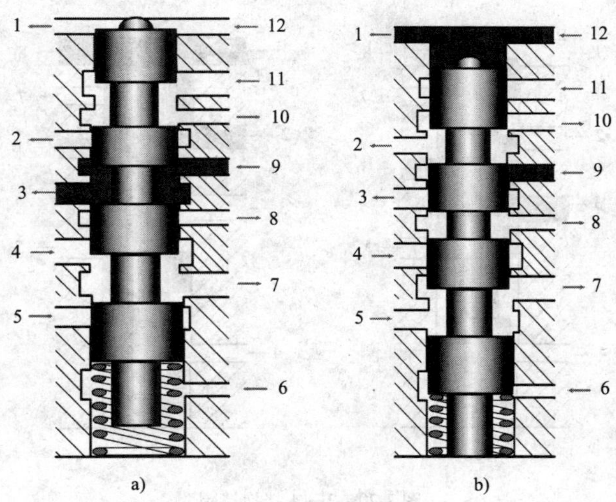

图 7-18　1—2 挡换挡阀

1-通 2 号电磁阀；2-泄油；3-流向 2 挡制动器 B_2、锁止信号阀等；4-来自手控阀（第一道）；5-来自低速挡调压阀；6-来自 2—3 挡换挡阀（手控阀第一或第三道）；7-流向低速、倒挡制动器 B_3；8-泄油；9-来自手控阀（第三道）；10-流向中间调压阀（去 B_1）；11-来自 2—3 挡换挡阀（手控阀第四道）；12-来自手控阀（第三道）

（2）2—3 挡换挡阀。图 7-19 为 2—3 挡换挡阀的结构图，1 号电磁阀安装在其上端油路上。自动变速器在 D_3、D_4 挡工作时，2—3 挡换挡阀阀体处于下位，接通手控阀第三道至高速、倒挡离合器 C_2 的油路，见图 7-19b）。自动变速器在 P、R、N、D_1、D_2、2_2、L 挡位工作时，2—3 挡换挡阀阀体处于上位，接通手控阀第一道至高速、倒挡离合器 C_2 和 1—2 挡换挡阀（下）、手控阀第三道至 3—4 挡换挡阀（下）、手控阀第四道至 1—2 挡换挡阀（通中间调压阀）或手控阀第五道至低速挡调压阀的油路，见图 7-19a）。

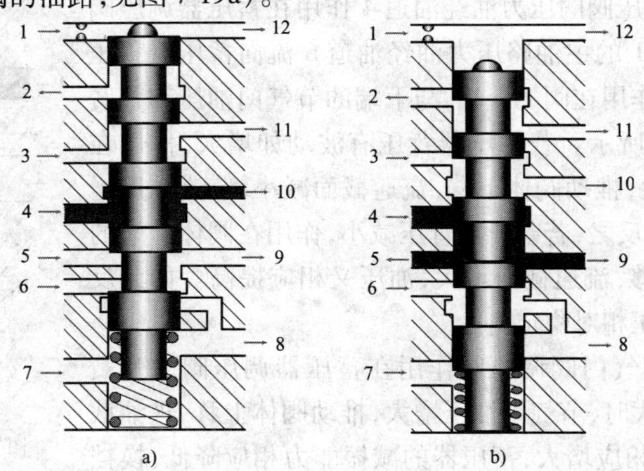

图 7-19　2—3 挡换挡阀

1-来自手控阀（第三道）；2-泄油；3-来自手控阀（第四道）；4- 来自手控阀（第三道）；5-流向 1—2 挡换挡阀（弹簧端）；6-来自手控阀（第一道）；7-来自手控阀（第五道）；8-流向低速挡调压阀；9-流向高速、倒挡离合器 C_2；10-流向 3—4 挡换挡阀（弹簧端）；11-流向 1—2 挡换挡阀（至 B_1）；12-通 1 号电磁阀

(3)3—4 挡换挡阀。图 7-20 为 3—4 挡换挡阀结构图,2 号电磁阀按装在其上端油路上。除"D_4"挡(超速挡)外,自动变速器在其他任何挡位工作时,3—4 挡换挡阀阀体均处于上位,接通主油路至超速离合器 C_0 的油路,见图 7-20a)。自动变速器在"D_4"挡工作时,3—4 挡换挡阀阀体工作在下位,接通主油路至超速离合器 B_0 的油路,见图 7-20b)。

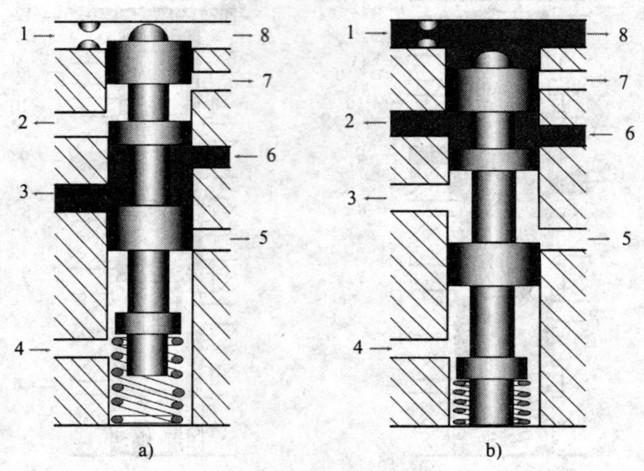

图 7-20　3—4 挡换挡阀

1-来自手控阀(第三道);2-流向超速制动器 B_0;3-流向超速离合器 C_0;4-来自 2—3 挡换挡阀(手控阀第三道);5-泄油;6-来自主油路;7-泄油;8-通 2 号电磁阀

3. 改善换挡品质的控制阀

在 A140E 自动变速器液压控制系统中,设置了单向节流阀、蓄压器、蓄压器调压阀、低速挡调压阀和中间调压阀等改善换挡品质的控制阀,以保证换挡平顺、稳定可靠。

1)蓄压器调压阀

蓄压器调压阀安装在蓄压器背压控制油路上,稳定蓄压器背压,并受节气门油压(经节气门阀调压阀)等控制。

来自节气门阀调压阀的压力油经油道 4 作用在蓄压器调压阀的弹簧端,来自油道 1 的主油路压力油经油道 6 流向蓄压器背压侧,同时经节流小孔作用在阀的上端,与下端的节气门油压和弹簧力相平衡,如图 7-21 所示。若蓄压器背压有波动如增大,作用在阀体上端的压力增大,推动阀体下移,流通截面减小,节流作用增强,使油压相应降低;反之,若蓄压器背压减小,作用在阀体上端的压力减小,阀体将上移,流通截面增大,油压又相应提高。如此反复,以保证蓄压器背压相对稳定。

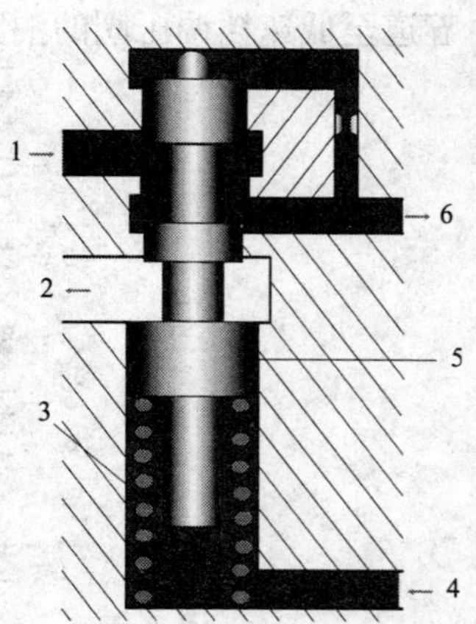

图 7-21　蓄压器调压阀

1-来自主油路;2-泄油;3-调压弹簧;4-来自节气门阀调压阀(节气门油压);5-蓄压器调压阀阀体;6-流向蓄压器(背压侧)

节气门油压经节气门阀调压阀作用在蓄压器调压阀的弹簧端,当节气门开度增大时,节气门油压增大,推动阀体上移,进油截面增大,蓄压器背压相应增大,蓄压器的减振能力相应降低,换挡过程加快,防止大负荷时换挡执行元件打滑,满足汽车在各种条件下对换挡过程的不同要求。

2)低速挡调压阀和中间调压阀

低速挡调压阀调节低速、倒挡制动器 B_3 的油压，中间调压阀调节 2 挡强制制动器 B_1 的油压，以减缓制动器 B_1、B_3 所受的液压冲击，使其接合平稳。

如图 7-22 和图 7-23 所示，低速挡调压阀和中间调压阀均由阀体和弹簧组成，二者结构相似，调压原理与蓄压器调压阀相同，只是阀体尺寸和弹簧参数不同、调节后的油压不同而已。

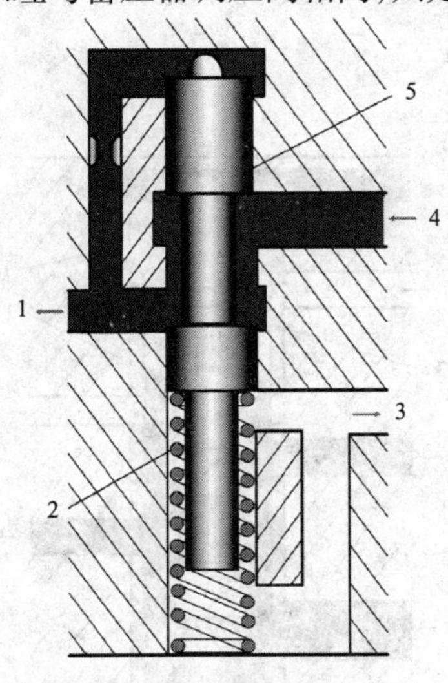

图 7-22　低速挡调压阀

1-流向 1—2 挡换挡阀（去 B_3）；2-调压弹簧；3-泄油；4-来自 2—3 挡换挡阀（手控阀第五道）；5-低速挡调压阀阀体

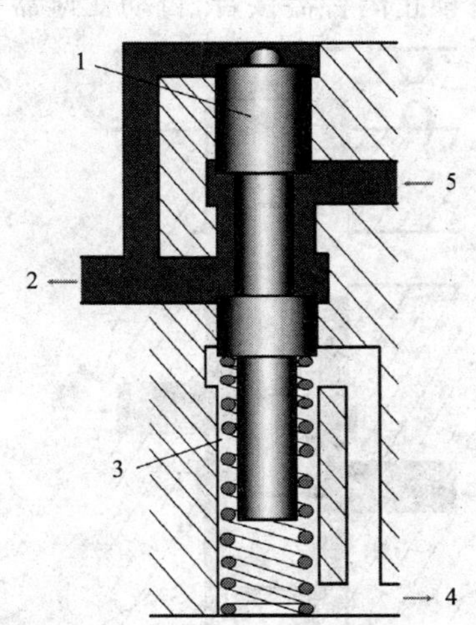

图 7-23　中间调压阀

1-中间调压阀阀体；2-流向 2 挡强制制动器 B_1；3-调压弹簧；4-泄油；5-来自 1—2 挡换挡阀（手控阀第四道）

三、锁止控制元件的构造和工作原理

锁止控制元件包括锁止继动阀和锁止信号阀，当 ECU 控制锁止电磁阀动作时，锁止信号阀和锁止继动阀相应移动，改变流向液力变矩器的压力油的流动方向，控制锁止离合器的接合与分离。

1. 锁止信号阀

如图 7-24 所示，锁止信号阀由阀体 6 和弹簧 4 组成。锁止电磁阀未通电时，主油路压力油经油道 1 作用在锁止信号阀上端，克服弹簧力，将阀体 6 推移到下位。自动变速器在 1 挡工作时，油道 3 无压力油；当自动变速器升入 2 挡后，1—2 挡换挡阀接通手控阀第三道至 2 挡制动器 B_2 的油路，同时压力油经油道 3 流入锁止信号阀，但由于锁止信号阀工作在下位，油道 3 和油道 7 不能连通，因而此压力油不能流向锁止继动阀。当升高到一定车速后，ECU 控制锁止电磁阀通电，锁止信号阀上端泄油，在弹簧力作用下阀体上移，使油道 3 和油道 7 连通，这样，来自 1—2 挡换挡阀的压力油经油道 3 和油道 7 作用在锁止继动阀下端，推动锁止继动阀移动，改变压力油流通方向，使锁止离合器接合。

2. 锁止继动阀

锁止继动阀结构见图 7-25。当锁止电磁阀未通电时，主油路压力油经油道 1 作用在锁止继动阀上端，且锁止继动阀下端没有来自锁止信号阀的压力油，因而锁止继动阀工作在下位，来自次调压阀的压力油经油道 9 和油道 4 流向液力变矩器的活塞端，变矩器叶轮端压力油经油道 5 和油道 6 流向散热器，即变矩器活塞端进油，叶轮端回油，锁止离合器处于分离状态。

当自动变速器升入2挡，且车速升高到规定值以后，ECU控制锁止电磁阀通电，锁止继动阀上端泄油，且锁止信号阀动作，压力油经油道7作用在锁止继动阀下端，推动锁止继动阀上移，油道9与油道5连通，来自次调压阀的压力油经油道5流向变矩器叶轮端（同时有部分压力油经节流小孔流向散热器冷却），活塞端压力油经油道4和油道10回油，即变矩器叶轮端进油，活塞端回油，锁止离合器接合，自动变速器处于锁止状态。

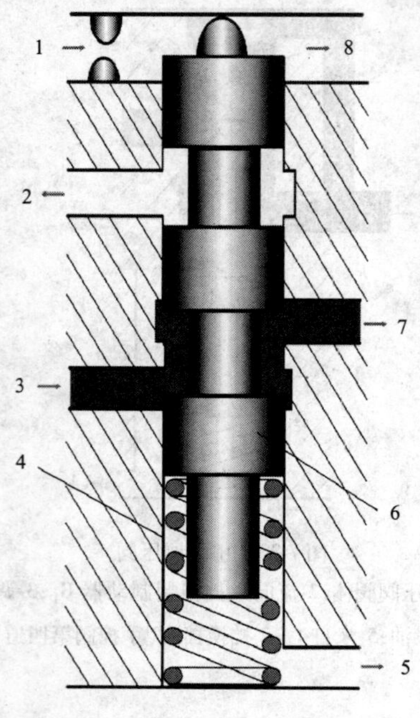

图7-24　锁止信号阀

1-来自主油路；2、5-泄油；3-来自1—2挡换挡阀（升入2挡后）；4-弹簧；6-锁止信号阀阀体；7-流向锁止继动阀（下端）；8-通锁止电磁阀

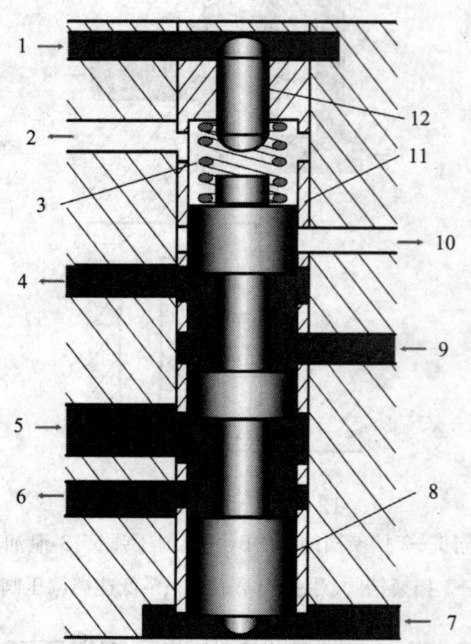

图7-25　锁止继动阀

1-来自主油路（通锁止电磁阀）；2-泄油；3-弹簧；4-通变矩器活塞端；5-通变矩器叶轮端；6-通散热器；7-来自锁止信号阀；8-锁止继动阀阀体；9-来自次调压阀；10-回油；11-套筒；12-柱塞

第五节　A140E自动变速器工作过程分析

A140E自动变速器油泵由液力变矩器泵轮（壳体）驱动，因此，只要发动机起动，油泵即进行工作，为液力变矩器和各润滑表面提供压力油，同时有部分压力油通往散热器进行冷却。液压控制系统的主油路油压、液力变矩器油压和润滑油压由主调压阀和次调压阀进行调节，主油路压力油不经手控阀直接流经3—4挡换挡阀来控制超速离合器C_0或超速制动器B_0，除超速挡外，其他任何挡位超速离合器C_0都接合。ECU接收挡位开关、节气门位置传感器、车速传感器等各种信号，视选挡杆位置、节气门开度和车速不同，控制换挡电磁阀和锁止电磁阀的通断电，使自动变速器在不同的工况下工作。

一、A140E自动变速器选挡杆在“P”位和“N”位时的工作过程

选挡杆置于“P”或“N”位时，手控阀第二道进油路被手控阀阀体关闭。附图1（见本书最后彩插）为A140E自动变速器在“P”位和“N”位工作时的油路图，其油路走向如下（注意：不踩加

速踏板时，节气门阀未动作，其后面的油路没有接通。为简化各挡位的油路分析过程，将节气门阀动作后的油路走向在此写出，查看油路图时应注意不同挡位时节气门阀油路的变化）：

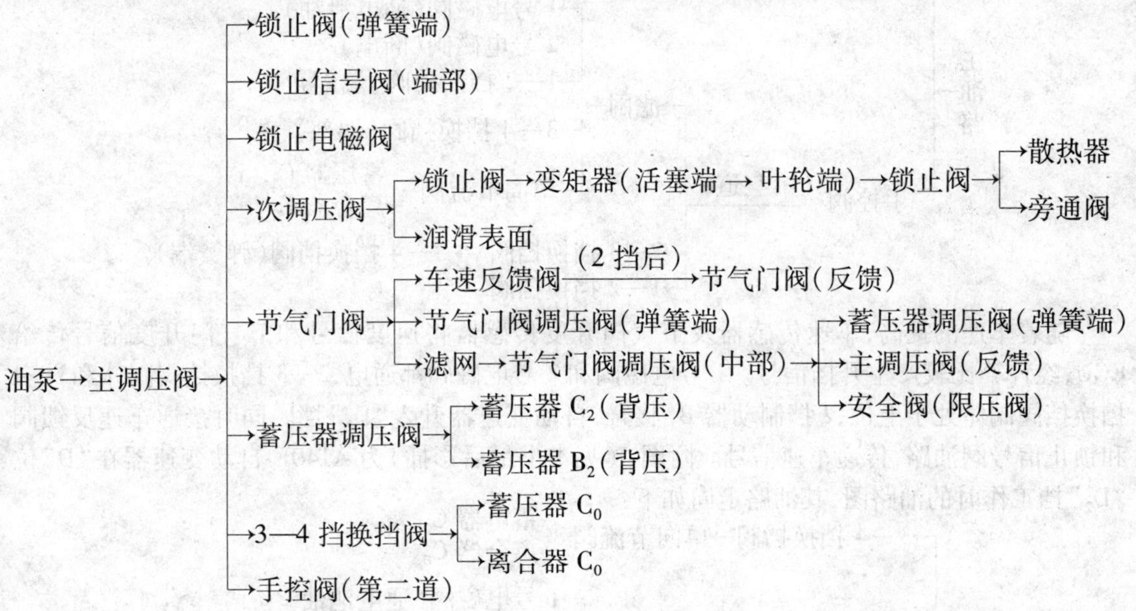

二、A140E 自动变速器选挡杆在“R”位时的工作过程

选挡杆置于“R”位时，手控阀第二道油路进油，第一道油路出油。与“P”和“N”挡位相比，增加了手控阀第一道油路。由于手控阀第三道油路未通，3 个换挡阀阀体上端均无压力油（因而无须电磁阀动作），3 个换挡阀阀体在弹簧力的作用下处于上位，超速离合器 C_0、高速、倒挡离合器 C_2、低速、倒挡制动器 B_3 接合。附图 2（见本书最后彩插）为 A140E 自动变速器在“R”位工作时的油路图，其油路走向如下：

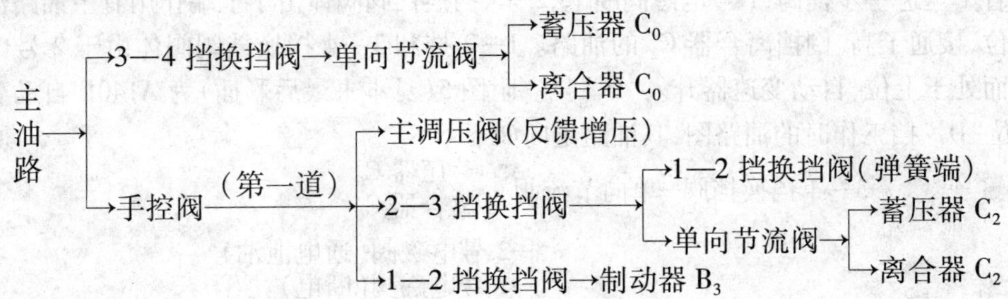

三、A140E 自动变速器选挡杆在“D”位时的工作过程

“D”位时，手控阀第二道油路进油，第三道油路出油。主油路压力油经手控阀第三道油路通往前进离合器 C_1 和蓄压器 C_1，此时 1 号电磁阀通电，2 号电磁阀断电。2—3 挡换挡阀阀体由于上端压力油经 1 号电磁阀泄压而处于上位，1—2 挡换挡阀阀体由于上端有主油路油压作用而处于下位，3—4 挡换挡阀阀体上下两端均作用有主油路油压，在弹簧力的作用下，其阀体处于上位，从而使自动变速器工作在“D_1”挡。附图 3（见本书最后彩插）为 A140E 自动变速器在“D”位“D_1”挡工作时的油路图，其油路走向如下：

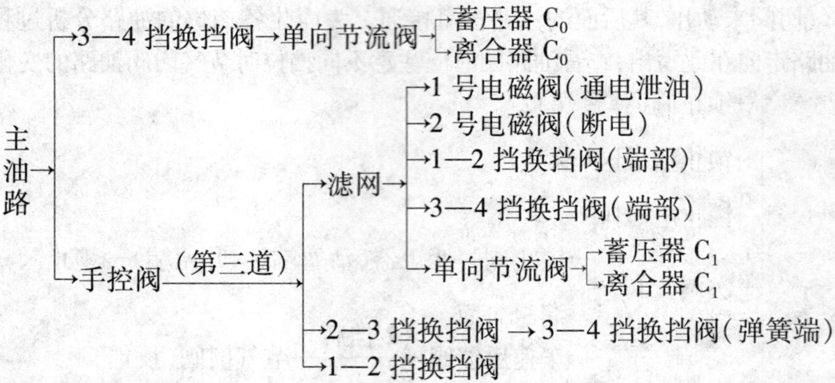

随着车速的提高，车速传感器及节气门开度传感器将速度信号和节气门开度信号传给ECU，经计算比较产生升挡信号。1 号电磁阀和 2 号电磁阀都通电，2—3 挡换挡阀阀体和3—4 挡换挡阀阀体处于上位，2 挡制动器 B_2 接合，自动变速器升入"D_2"挡。同时接通车速反馈阀和锁止信号阀油路，传递车速信号。附图 4（见本书最后彩插）为 A140E 自动变速器在"D"位"D_2"挡工作时的油路图，其油路走向如下：

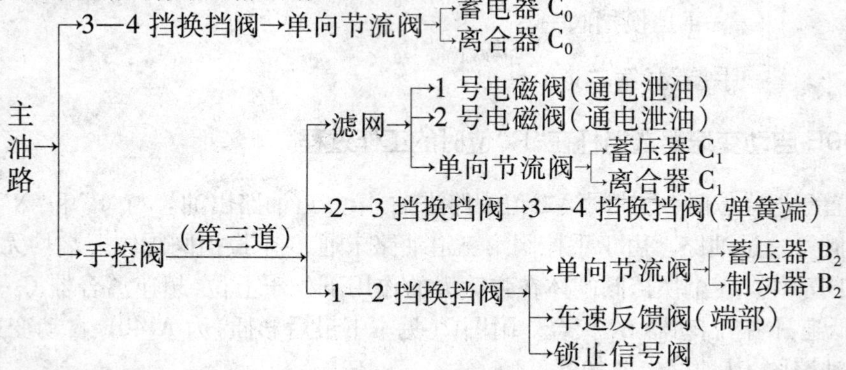

随着车速进一步提高，1 号电磁阀断电，2—3 挡换挡阀阀体由于上端作用有主油路油压而处于下位，接通了高、倒挡离合器 C_2 的油路。1—2 挡和 3—4 挡换挡阀阀体由于 2 号电磁阀仍通电而处于上位，自动变速器升入"D_3"挡。附图 5（见本书最后彩插）为 A140E 自动变速器在"D"位"D_3"挡工作时的油路图，其油路走向如下：

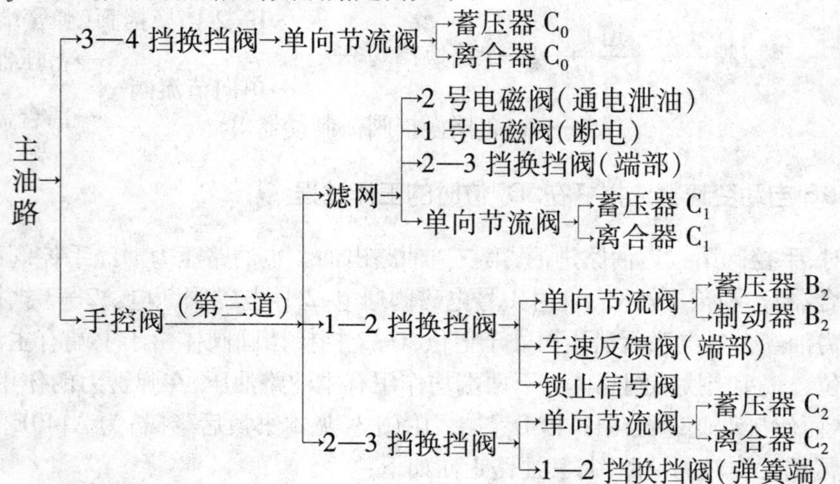

当车速继续提高时，2 号电磁阀断电，1—2 挡和 3—4 挡换挡阀阀体上端作用有主油路油压；2—3 挡换挡阀阀体由于 1 号电磁阀断电仍处于下位，切断了通往 3—4 挡换挡阀下方的油路而接通了 1—2 挡换挡阀阀体下端的油路，因而 1—2 挡换挡阀阀体处于上位，而 3—4 挡换挡阀体处于下位，切断通往超速离合器 C_0 的油路同时接通超速制动器 B_0 的油路，自动变速器升入超速挡。附图 6（见本书最后彩插）为 A140E 自动变速器在“D”位“D_4”挡工作时的油路图，其油路走向如下：

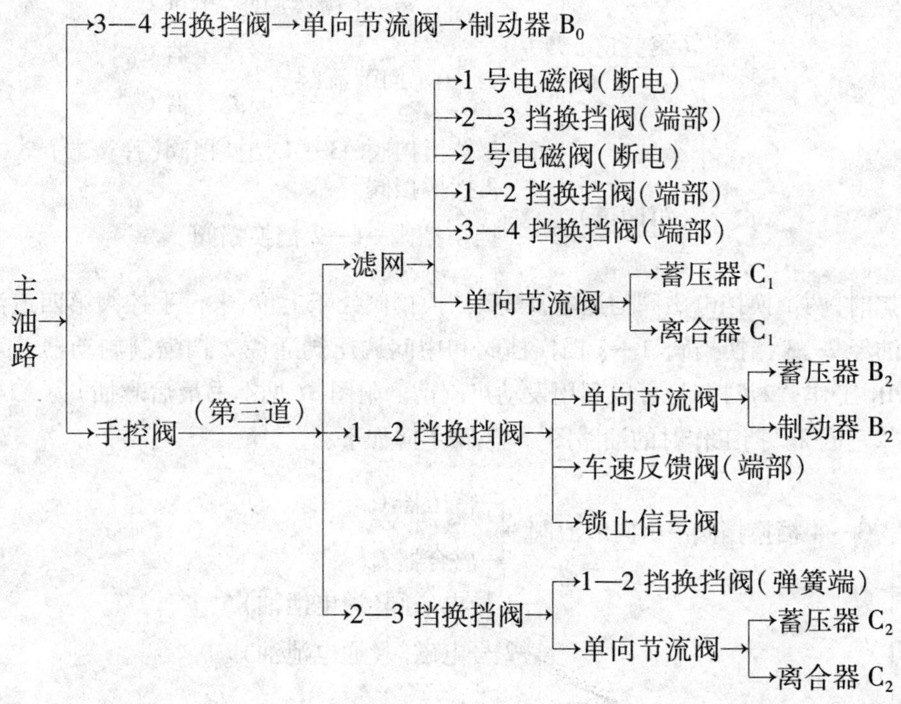

当 ECU 根据各种信号进行锁止离合器控制时，锁止电磁阀通电泄油，改变了锁止信号阀和锁止继动阀的控制油路，使锁止离合器接合。锁止油路如下：

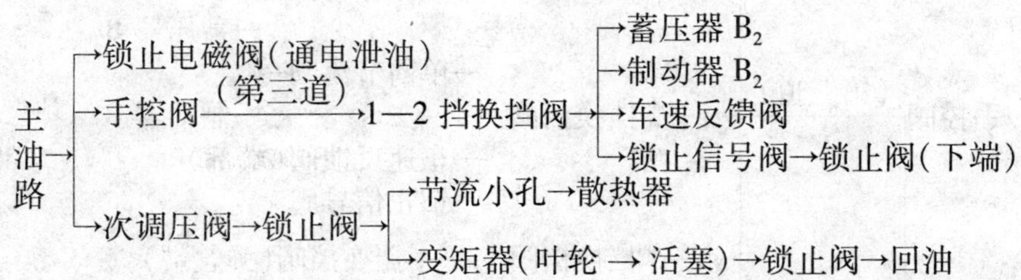

四、A140E 自动变速器选挡杆在“2”位时的工作过程

选挡杆置于“2”位时，手控阀第二道油路进油，第三、四道油路同时出油。

“2_1”挡时，1 号电磁阀通电，2 号电磁阀断电，虽然多了第四道出油路，但通往换挡执行元件的油路与“D_1”挡完全相同。附图 7（见本书最后彩插）为 A140E 自动变速器在“2”位“2_1”挡工作时的油路图，其油路走向如下：

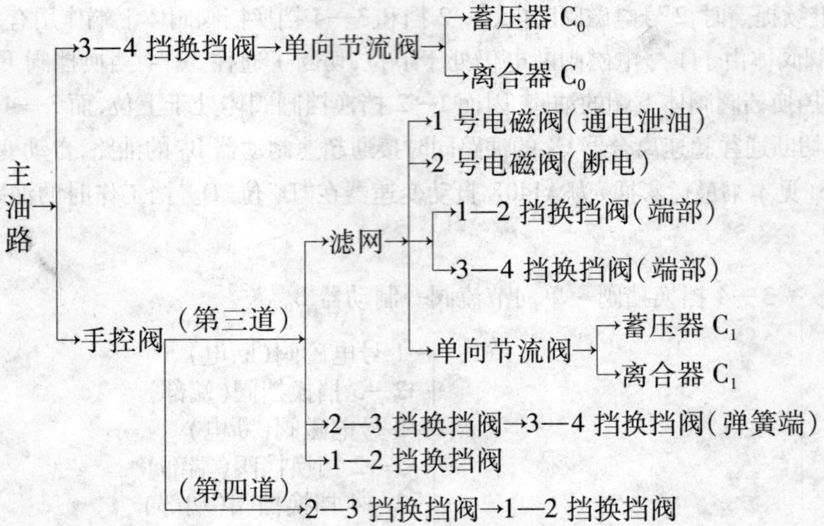

"2_2"挡时,两个换挡电磁阀均通电,1—2 挡换挡阀处于上位,来自手控阀第四道油路的主油路压力油经 2—3 挡换挡阀、1—2 挡换挡阀和中间调压阀通往 2 挡强制制动器 B_1。2 挡强制制动器 B_1 工作,"2_2"挡时,可以利用发动机制动。附图 8(见本书最后彩插)为 A140E 自动变速器在"2"位"2_2"挡工作时的油路图,其油路走向如下:

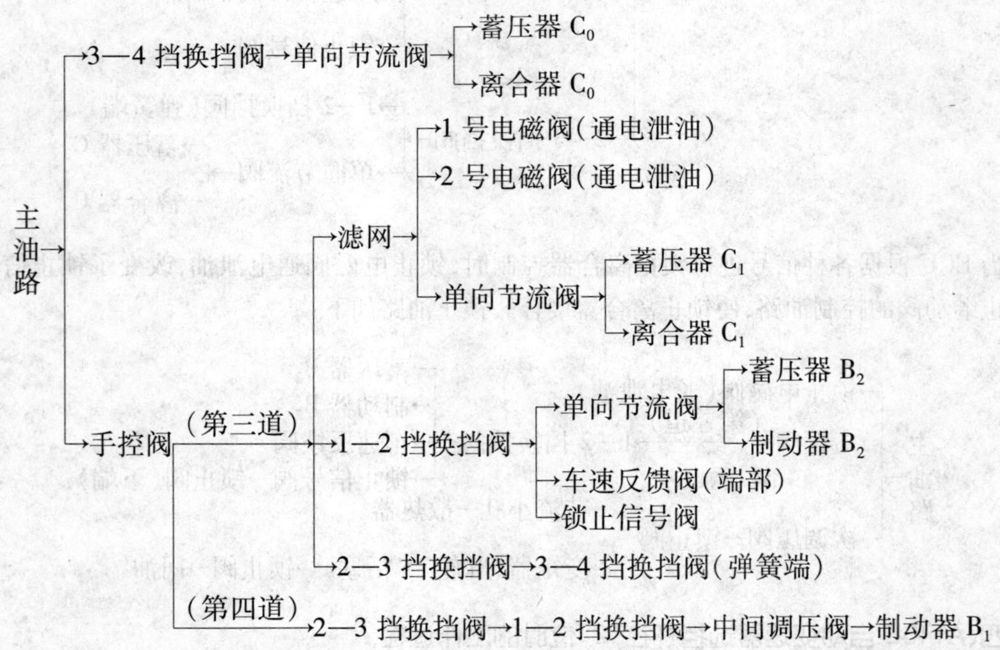

"2_3"挡时,1 号电磁阀断电,2 号电磁阀通电,1—2 挡换挡阀和 3—4 挡换挡阀工作在上位,2—3 挡换挡阀工作在下位,与"D_3"挡相比,虽多了手控阀第四道出油路,但通往换挡执行元件的油路与"D_3"挡完全相同,即 3 个离合器 C_1、C_2、C_0 和 2 挡制动器 B_2 接合。附图 9(见本书最后彩插)为 A140E 自动变速器在"2"位"2_3"挡工作时的油路图,其油路走向如下:

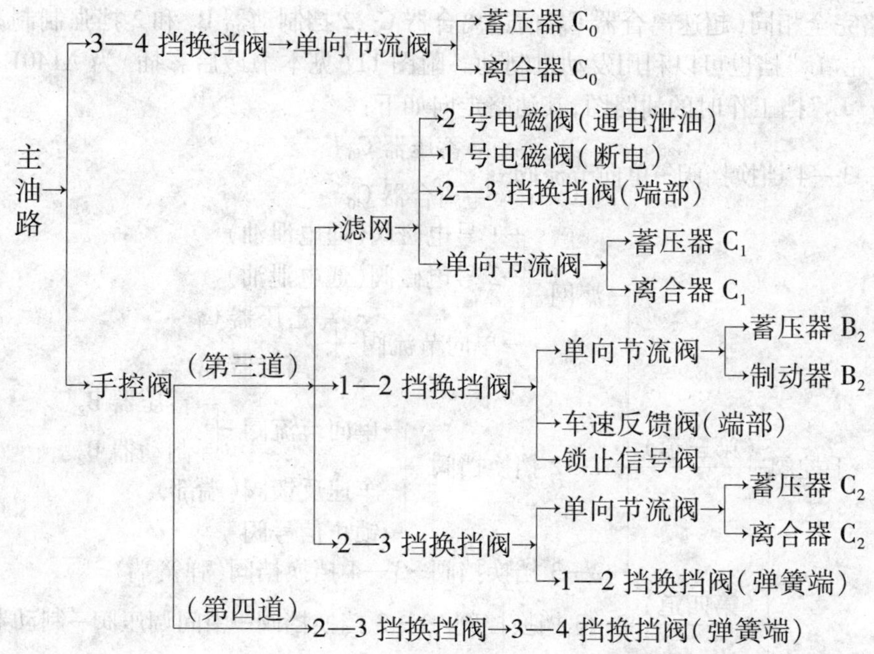

五、A140E 自动变速器选挡杆在"L"位时的工作过程

选挡杆置于"L"位时,手控阀第二道油路进油,第三道、第四道和第五道油路同时出油。

"L_1"挡时,1 号电磁阀通电,2 号电磁阀断电,因而 2—3 挡和 3—4 挡换挡阀阀体处于上位,而 1—2 挡换挡阀阀体处于下位,来自第五道油路的主油路压力油经 2—3 挡换挡阀、低速挡调压阀和 1—2 换挡阀通往低、倒挡制动器 B_3。低速、倒挡制动器 B_3 接合,在"L_1"挡可以利用发动机制动。附图 10(见本书最后彩插)为 A140E 自动变速器在"L"位"L_1"挡工作时的油路图,其油路走向如下:

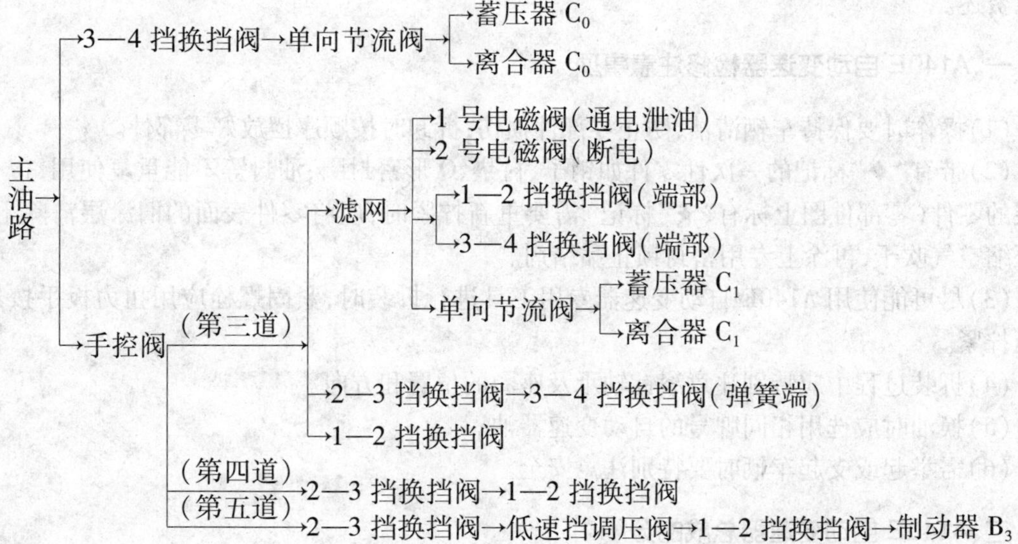

"L_2"挡与"2_2"挡相比,两个换挡电磁阀工况相同,虽多了第五道出油路,但通往换挡执行

元件的油路完全相同（超速离合器 C_0、前进离合器 C_1、2 挡制动器 B_2 和 2 挡强制制动器 B_1 接合），因此，在“L_2”挡也可以利用发动机制动。附图 11（见本书最后彩插）为 A140E 自动变速器在“L”位“L_2”挡工作时的油路图，其油路走向如下：

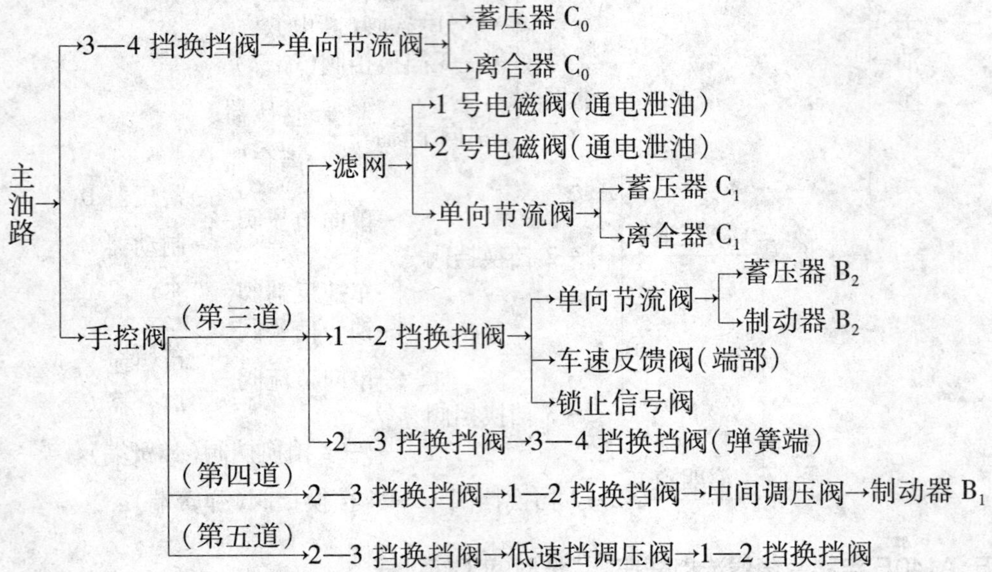

第六节　A140E 自动变速器的检修

A140E 自动变速器的检修包括自动变速器总成的拆检与组装，行星齿轮机构各组件、油泵、阀体、主减速器和差速器的检修及电子控制系统的检测。本节省略了主减速器和差速器的检修内容，对其电子控制系统，可对照电路图 7-4，按第五章第三节讲述的方法进行检修，在此不再赘述。

一、A140E 自动变速器检修注意事项

（1）操作时要保持车辆清洁，防止零部件损伤；拆卸时按顺序摆放好零部件。

（2）带有“◆”标记的一次性零件如销子、衬垫、O 形密封圈、油封等不能重复使用；带有外涂层的零件（零部件图上标有“★”标记）需要重新拧紧时，应将零件表面的旧涂层清除干净，用压缩空气吹干，再涂上专用密封锁止黏结剂。

（3）尽可能使用 A140E 自动变速器专用工具进行拆装时，紧固螺栓应用扭力扳手按规定力矩拧紧。

（4）拆装过程中应特别注意滚针轴承及座圈的位置和方向。

（5）换油时应选用相同牌号的自动变速器油。

（6）需举起或支起车辆时要特别注意安全。

二、A140E 自动变速器总成的分解

图 7-26a）~ 图 7-26c）为 A140E 自动变速器总成分解图，其分解过程如下：

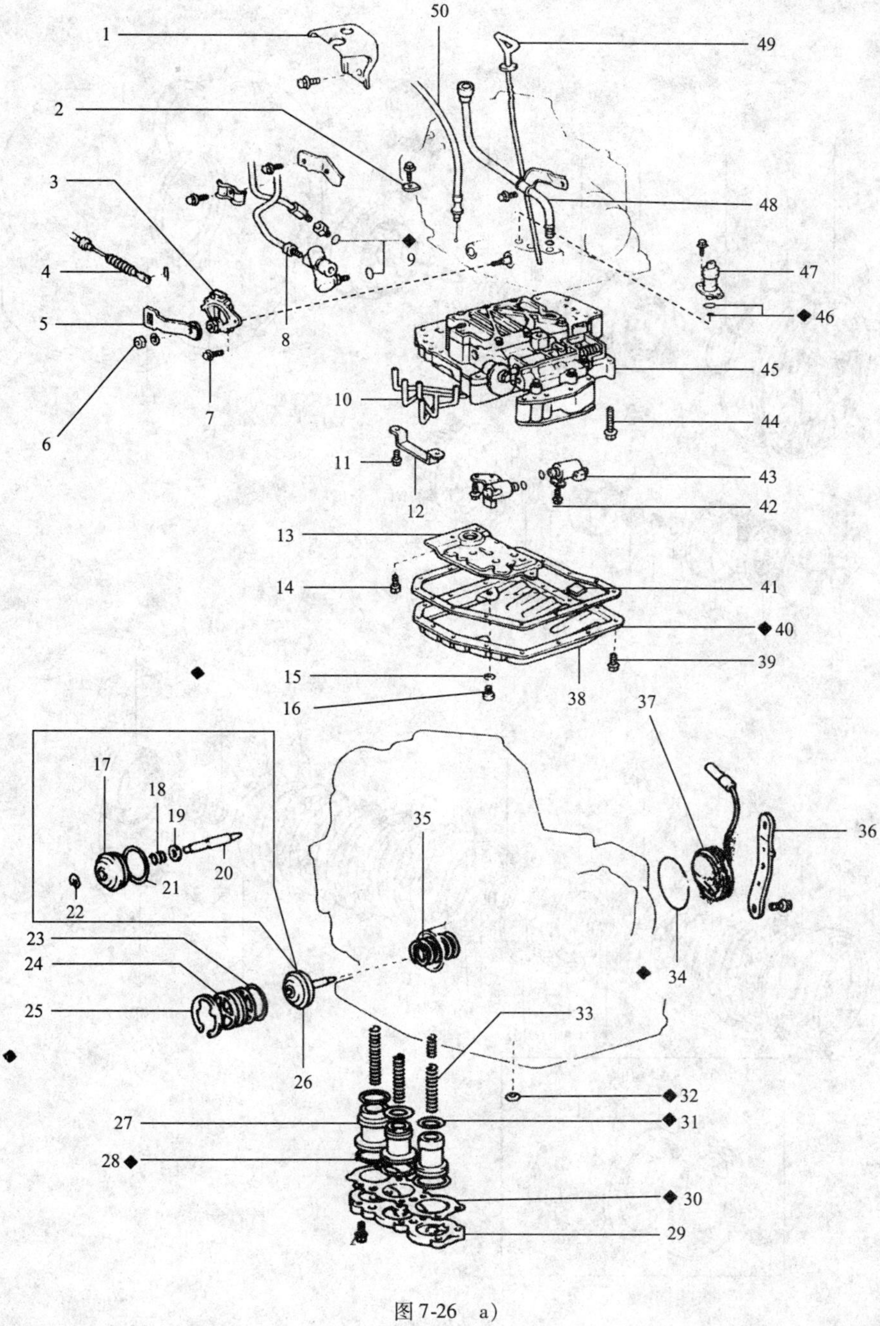

图 7-26　a）

1-拉线支架；2-定位板；3-空挡起动开关；4-手控阀拉线；5-手控阀摇臂；6-螺母；7、11、14、39、44-螺栓；8-散热器油管；9、15、23、34、46-O 形密封圈；10-阀体油管；12-油管保护支架；13-滤网；16-放油螺塞；17-2 挡强制制动器 B_1 活塞；18-制动带活塞内弹簧；19-垫圈；20-制动带活塞推杆；21-密封油环；22、25-卡环；24-活塞端盖；26-制动带活塞组件；27-蓄压器活塞；28、31-密封环；29-蓄压器盖；30、40-衬垫；32-2 挡制动器密封圈；33-蓄压器弹簧；35-制动带活塞外弹簧；36-保护支架；37-车速传感器；38-油底盘；41-磁铁；42-1 号电磁阀；43-2 号电磁阀；45-阀体；47-锁止电磁阀；48-油管；49-油尺；50-节气门拉线

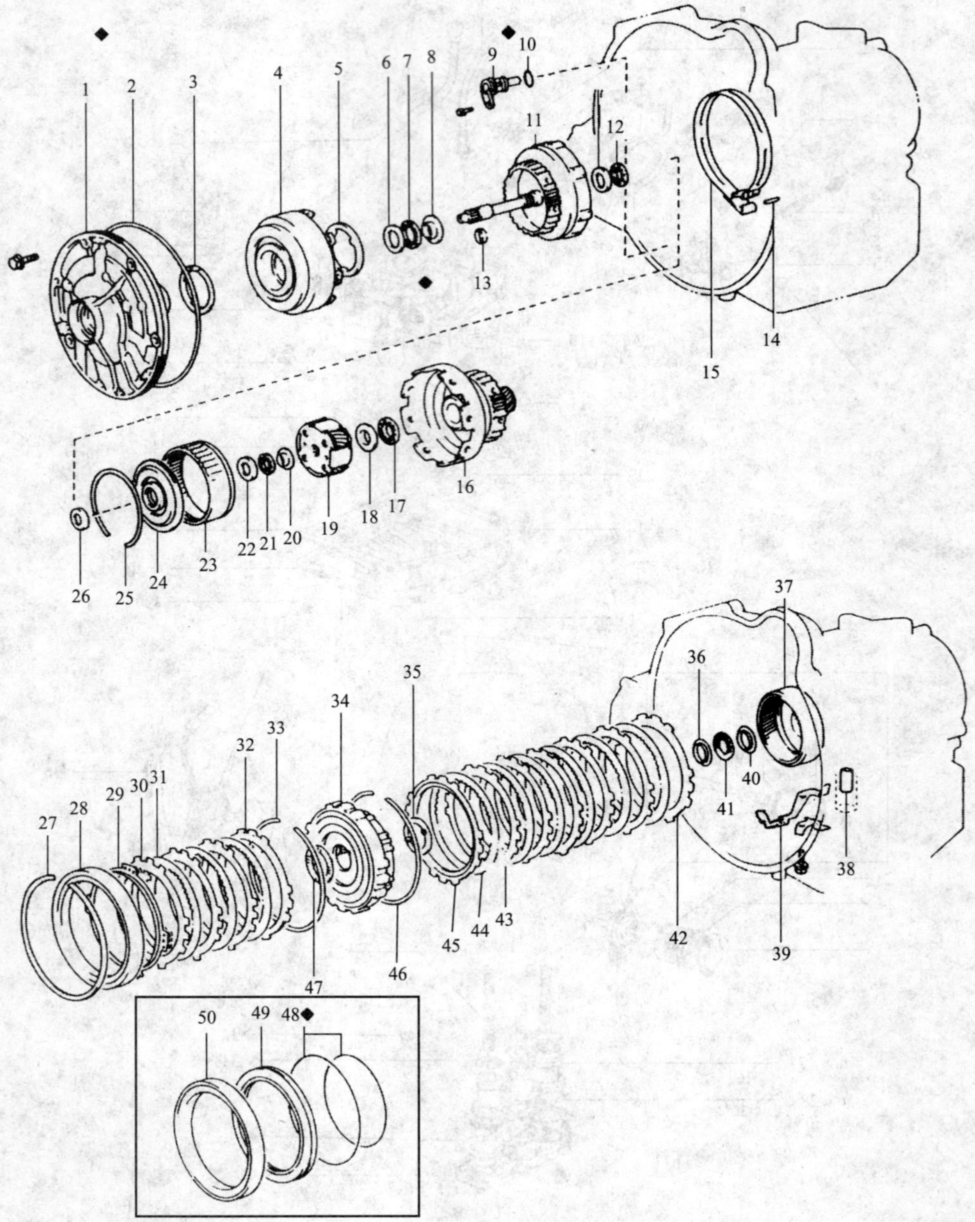

图 7-26　b）

1-油泵；2、10、48-O 形密封圈；3、5、35、47-止推垫圈；4-高速、倒挡离合器 C_2；6、8、11、18、20、22、26、36、40-轴承座圈；7、12、17、21、41-滚针轴承；9-主动齿轮盖；13-密封油环；14-制动带销；15-2 挡强制制动器 B_1；16-太阳轮及太阳轮输入毂；19-前排行星轮；23-前排齿圈；24-凸缘盘；25、27、33、46-卡环；28-2 挡制动器鼓组件；29-活塞复位弹簧；30、43-压盘；31、44-摩擦片；32、42、45-凸缘盘；34-单向离合器 F_2 和后排行星轮；37-后排齿圈；38-2 挡制动器鼓定位销；39-2 挡制动器导向装置；49-2 挡制动器活塞；50-2 挡制动器鼓

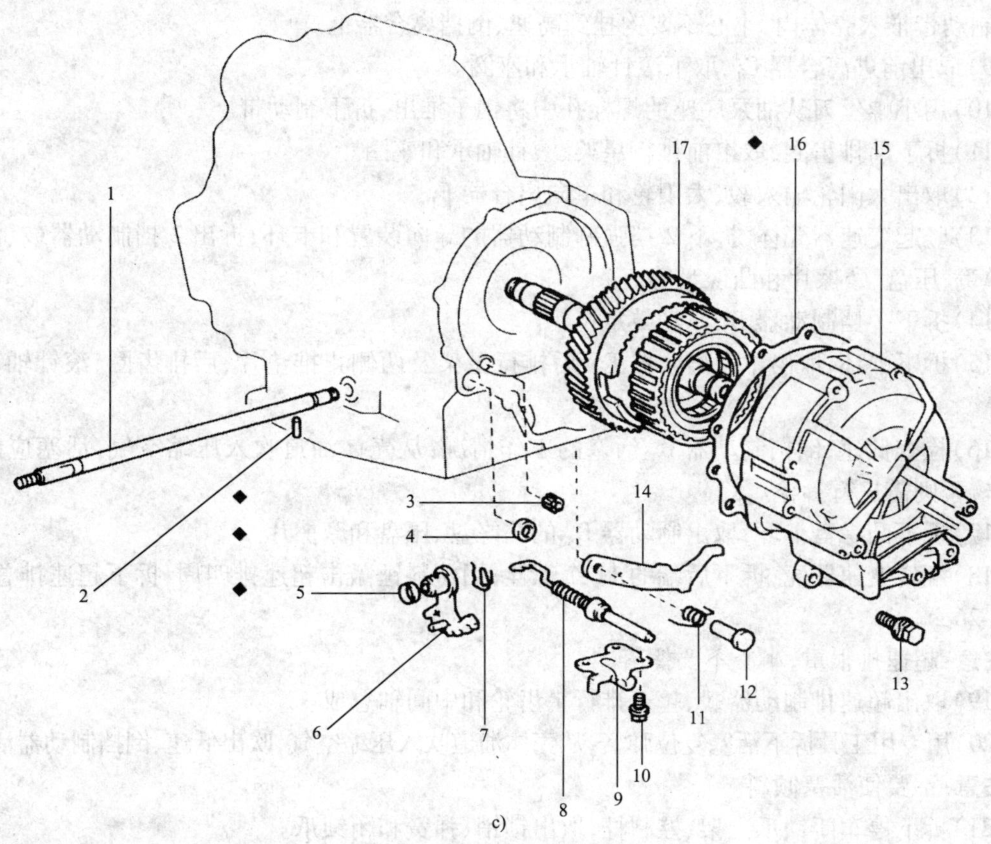

图 7-26　A140E 自动变速器总成分解图

1-手控阀轴;2-销;3-超速制动器密封垫圈;4-超速离合器密封垫圈;5-轴套;6-手控阀拨板;7、11-弹簧;8-闭锁控制杆;9-闭锁支架;10、13-螺栓;12-闭锁销;14-闭锁爪;15-超速排壳体;16-衬垫;17-超速排行星轮和中间轴

(1)依次拆卸散热器进、回油管接头,空挡起动开关、锁止(SL)电磁阀、2 号车速传感器等,见图 7-26a)。

(2)拆下油底壳,并检查、分析盘中的微粒杂质。铁质(有磁性的):轴承、齿轮和压盘等磨损;黄铜(非磁性的):止推垫片磨损。拆下油管保护支架和滤网,断开 1 号、2 号电磁阀连接器,用大螺丝刀撬起油管两端,拆下 4 个油管。

(3)拆下手控阀限位弹簧片,取出手控阀。

(4)旋松 12 个螺栓,拆下阀体,并拆下节气门拉线和电磁阀线束。

(5)拆下蓄压器盖板,取出蓄压器 C_1、C_2 的活塞和弹簧;从油孔吹入低压空气(98kPa),将蓄压器 B_2 活塞吹出,取出弹簧。

(6)检查 2 挡强制制动器 B_1 的活塞行程:在活塞推杆与壳体接触点涂上少许颜料,从活塞进油孔充入压缩空气(392 ~ 785kPa),用专用工具测量活塞行程。标准值为 1.5 ~ 3.0mm,若行程超限,更换活塞推杆或制动带。

(7)拆下 2 挡强制制动器 B_1 的活塞。

(8)拆下油泵和高速、倒挡离合器 C_2,从油泵上取下高速、倒挡离合器 C_2,取出油泵后的座圈和离合器上的止推垫圈,见图 7-26b)。注意:在拆油泵前,应先拆下 2 挡强制制动器活塞,将制动带推入壳体内,小心不要钩挂到高速、倒挡离合器上。

(9)取出前进离合器 C_1,取下滚针轴承和座圈。

(10)用小螺丝刀从油泵底座的螺栓孔中将销子推出,拆下制动带。

(11)拆下前排齿圈,取出前排行星架、滚针轴承和座圈。

(12)取出太阳轮输入毂、太阳轮和单向离合器 F_1。

(13)竖起变速器壳体,拆下 2 挡强制制动器的导向装置和卡环,拆出 2 挡制动器鼓、活塞复位弹簧、压盘、摩擦片和凸缘盘等。

(14)拆下 2 挡制动器 B_2 制动鼓定位销。

(15)拆下卡环,取出单向离合器 F_2、后排行星架及两侧止推垫片、后排齿圈、滚针轴承及座圈等。

(16)检查低速、倒挡制动器 B_3 活塞的工作情况:从壳体油道吹入压缩空气,活塞应能正常工作,否则需进行拆检。

(17)拆下凸缘盘卡环,取出制动器 B_3 的凸缘盘、压盘和摩擦片。

(18)翻转变速器壳,拆下后端的 11 个螺栓,用塑料锤敲击超速排四周,拆下超速排总成,见图 7-26c)。

注意:超速排很重,小心不要摔落。

(19)取出超速排制动器毂、超速排行星齿轮和中间轴总成。

(20)用专用工具拆下活塞复位弹簧,从壳体油道吹入压缩空气,吹出低速、倒挡制动器活塞。

注意:不要使活塞倾斜。

(21)拆下停车闭锁爪支架、控制杆,取出锁销、弹簧和闭锁爪。

(22)拆卸手控阀轴及油封。

(23)拆下差速器盖,分解差速器总成。

三、油泵的检修

图 7-27 为 A140E 自动变速器油泵分解图。

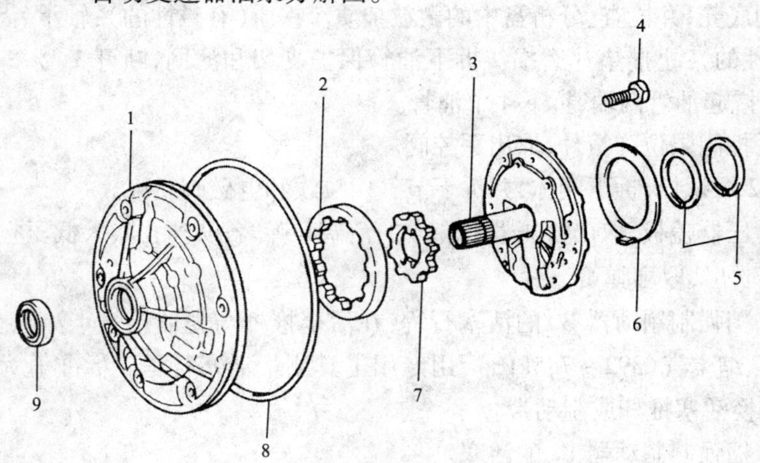

图 7-27　A140E 自动变速器油泵

1-泵体;2-从动齿轮;3-固定轴;4-螺栓;5-密封油环;6-止推垫圈;7-主动齿轮;8-O 形密封圈;9-油封

1. 油泵的分解

(1)拆下 2 个密封油环,取下止推垫圈。

(2)旋下 7 个螺栓,拆开油泵,用螺丝刀拆出前油封。

2. 油泵的检测

(1)检查从动齿轮与泵体之间的间隙。将从动齿轮一侧贴紧泵体,用塞尺测量另一侧间隙。标准值为 0.07 ~0.15mm,最大值为 0.3mm。若间隙超限,应更换油泵。

(2)检查主、从动齿轮顶隙。测量主、从动齿轮齿顶与泵体月牙之间隙。标准值为 0.11 ~0.14mm,极限值为 0.3mm。超限则更换油泵。

(3)检查端隙:使用钢直尺和厚薄规测量端隙。标准值为 0.02 ~ 0.05mm;最大值为 0.1mm。端隙过大,可更换齿轮。齿轮厚度有三种规格,见表 7-6。若最厚的齿轮也不能满足端隙要求,则应更换油泵总成。

A140E 油泵主从动齿轮规格 表 7-6

规格	齿轮厚度(mm)
A	9.440 ~9.456
B	9.456 ~9.474
C	9.474 ~9.490

(4)用内径百分表检测泵体、泵盖轴套内径。泵体轴套内径最大值为 38.18mm,泵盖轴套内径最大值为:前 21.57mm,后 27.07mm,若内径超限则更换油泵。

3. 油泵的组装

(1)清洗油泵组件,并用压缩空气疏通油道,油泵上的油孔位置见图 7-28。

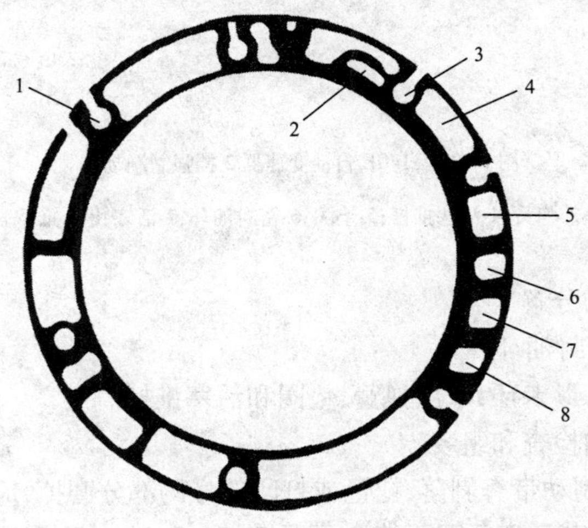

图 7-28 A140E 自动变速器油泵油孔位置图

1-螺栓孔;2-通高速、倒挡离合器 C_2;3-泄油孔;4-油泵进油口;5-油泵出油口;6、8-通润滑油道;7-通前进离合器 C_1

(2)用专用工具和锤子安装油封,油封端面应与泵体外边缘平齐。

(3)安装主、从动齿轮,对准螺栓孔,装上泵盖,并用 10N · m 的力矩将螺栓拧紧。

(4)安装好止推垫圈和密封油环。

(5)检查主、从动齿轮。用螺丝刀转动主、从动齿轮,确保其转动平顺。注意不要损坏油封。

四、140E 自动变速器行星齿轮组件的检修

1.2 挡强制制动器 B_1

图 7-29 为 2 挡强制制动器分解图。

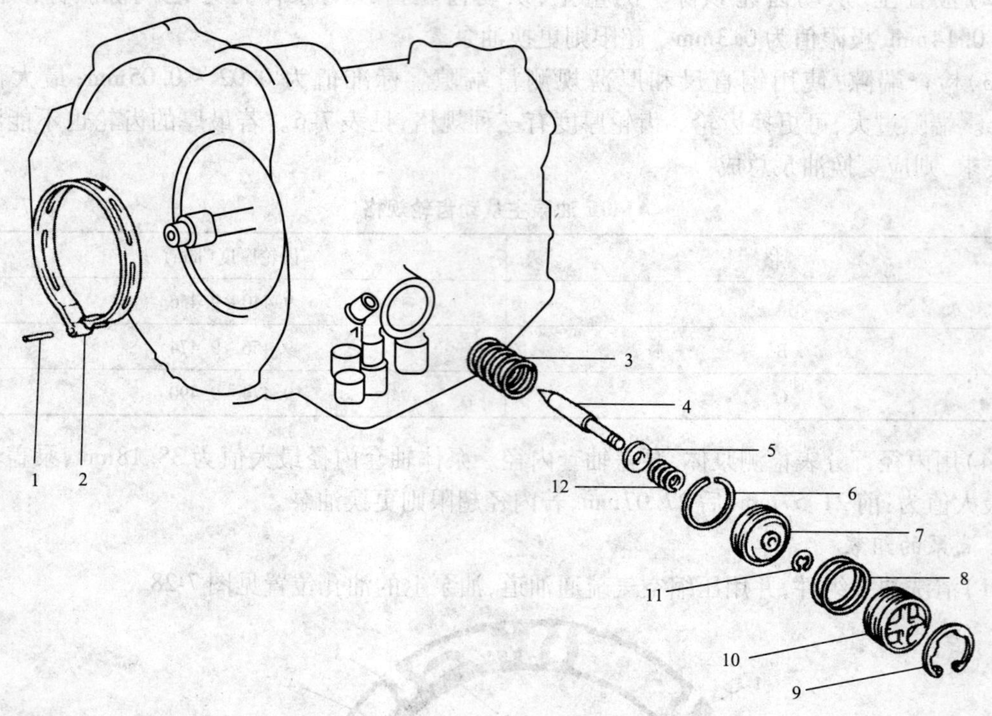

图 7-29 A140E 自动变速器 2 挡强制制动器

1-制动带销;2-2 挡强制制动器;3-外弹簧;4-活塞推杆;5-垫圈;6-密封油环;7-活塞;8-O 形密封圈;9、11-E 形卡环;10-活塞盖;12-内弹簧

1)2 挡强制制动器的分解

(1)从活塞上拆下密封油环。

(2)用尖嘴钳拆下 E 形卡环,取出弹簧、垫圈和活塞推杆。

2)2 挡强制制动器的检查和组装

(1)检查制动带,若制动带有剥落、褪色或打印的号码部分磨掉,应更换。

(2)选择活塞推杆。若活塞行程不符合要求(1.5 ~ 3.0mm),应更换活塞推杆。活塞推杆有两种规格,长度分别为 72.9mm 和 71.4mm。

(3)安装活塞推杆:将垫圈,弹簧装到活塞推杆上,安装 E 形卡环。

(4)在密封油环上涂自动变速器油,装上油环。

2. 高速、倒挡离合器 C_2

图 7-30 为 A140E 自动变速器高速、倒挡离合器分解图。

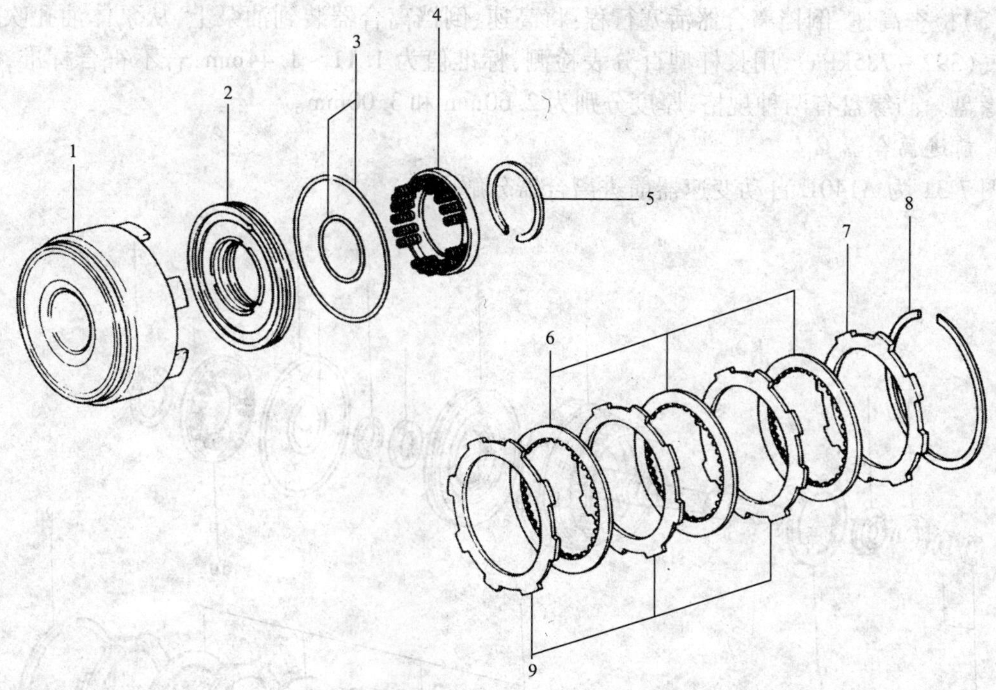

图 7-30 A140E 自动变速器高速、倒挡离合器

1-高速、倒挡离合器毂;2-活塞;3-O 形密封圈;4-活塞复位弹簧;5、8-卡环;6-摩擦片;7-凸缘盘;9-压盘

1)高速、倒挡离合器的分解

(1)检测高速、倒挡离合器活塞行程:将高速、倒挡离合器装在油泵上,从油泵上的油孔(通离合器 C_2)吹入压缩空气(392 ~785kPa),用长杆型百分表或专用工具进行检测。间隙值应为1. 11 ~1. 44mm,超限应检查各组件。

(2)从离合器毂上拆下卡环,取出凸缘盘、压盘和摩擦片。

(3)压下弹簧座,用卡环钳拆下卡环,取出复位弹簧。

(4)拆卸高速、倒挡离合器活塞:将高速、倒挡离合器放在油泵上,用压缩空气吹出活塞(如果不能完全吹出,可用尖嘴钳夹出),从活塞上取下两个 O 形密封圈。

2)高速、倒挡离合器的检查

(1)检查离合器活塞:检查活塞单向阀是否活动自如、密封是否良好。

(2)检查压盘、摩擦片、凸缘盘,其平面应光滑无损伤、裂纹和烧蚀现象,否则应更换。

(3)内径百分表检测离合器轴套内径,最大值为 47. 07mm,超限则更换离合器。

3)高速、倒挡离合器的组装

(1)在活塞上装上新的 O 形密封圈(涂自动变速器油),压入活塞。

(2)装上活塞复位弹簧,压下弹簧,用卡环钳装上卡环,确保卡环端口不与弹簧座凸起相对。

(3)装入压盘、摩擦片和凸缘盘,顺序为:P(压盘)-D(摩擦片)-P-D-P-D-凸缘盘(平面朝下)。

(4)装入卡环,卡环末端不要与凹槽相对。

(5)检查高速、倒挡离合器活塞行程:将高速、倒挡离合器装到油泵上,从泵体油孔吹入压缩空气(392 ~785kPa),用长杆型百分表检测,标准值为 1.11 ~1.44mm,若不符合标准,应更换凸缘盘。凸缘盘有两种规格,厚度分别为 2.60mm 和 3.00mm。

3. 前进离合器 C_1

图 7-31 为 A140E 自动变速器前进离合器分解图。

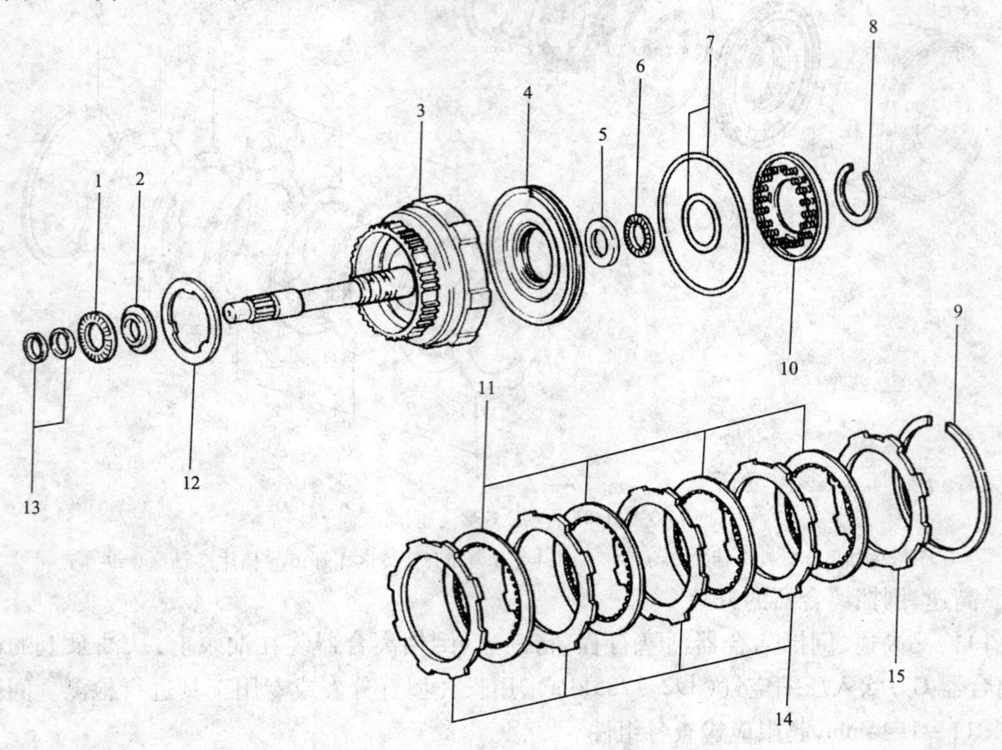

图 7-31　A140E 自动变速器前进离合器分解图

1、6-滚针轴承;2、5-轴承座圈;3-前进离合器毂;4-离合器活塞;7-O 形密封圈;8、9-卡环;10-复位弹簧;11-摩擦片;12-止推垫圈;13-密封油环;14-压盘;15-凸缘盘

1)前进离合器的分解

(1)检测前进离合器活塞行程:吹入压缩空气,用长杆型百分表进行检测,标准值为 1.41 ~1.82mm,超限应检查各组件。

(2)拆下卡环,取出凸缘盘、压盘和摩擦片,然后拆出复位弹簧。

(3)用压缩空气吹出活塞,取下两个 O 形密封圈。

2)前进离合器的检查

(1)检查活塞单向阀:应活动自如,密封良好。

(2)检查压盘、摩擦片、凸缘盘有无裂纹、烧蚀等现象,必要时更换。

3)前进离合器的组装

(1)将两个油环装到离合器轴上。注意:环口不要过度扩张,且环应能转动自如。

(2)安装活塞和活塞复位弹簧,装入压盘、摩擦片和凸缘盘,顺序为:P(压盘)-D(摩擦片)-P-D-P-D-P-D-凸缘盘(平面朝下)。

(3)检查活塞行程:吹入压缩空气(392 ~ 785kPa),用长杆百分表进行检测,标准值为 1.41 ~ 1.82mm。若行程不符合要求,应更换凸缘盘。凸缘盘有 5 种规格,厚度分别为 2.8mm、3.0mm、3.2mm、3.4mm 和 3.6mm。

4. 前行星排

图 7-32 为 A140E 自动变速器前行星排分解图。

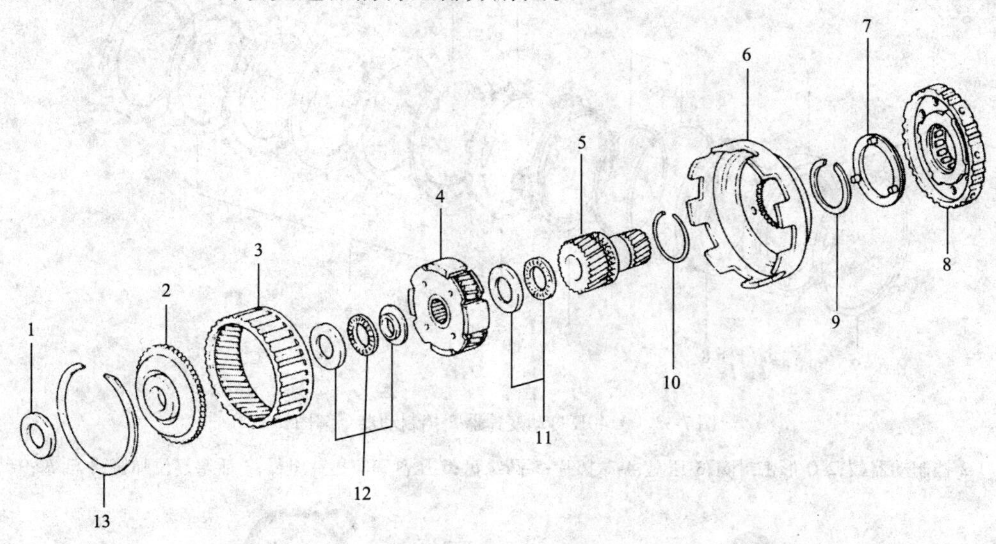

图 7-32　A140E 自动变速器前行星排分解图

1-轴承座圈;2-凸缘盘;3-前排齿圈;4-前排行星轮;5-太阳轮;6-太阳轮输入毂;7-止推垫圈;8-单向离合器 F_1 和 2 挡制动器 B_2 毂;9、10、13-卡环;11、12-滚针轴承和轴承座圈

1)单向离合器 F_1 和太阳轮的拆检与组装

(1)检查单向离合器的工作情况:用左手握住太阳轮,右手转动 2 挡制动器毂,应能顺时针转动而逆时针锁止。

(2)拆下 2 挡制动器毂和单向离合器 F_1,取下止推垫圈。

(3)拆下卡环,取下太阳轮,用卡环钳拆下太阳轮轴上的卡环。

(4)按分解的逆顺序组装太阳轮和单向离合器。

(5)检查单向离合器的动作情况:握住太阳轮,转动单向离合器毂,应能顺时针方向转动而逆时针方向锁止。

2) 前行星排齿圈的拆检

(1)用内径百分表检测齿圈凸缘盘轴孔内径,标准值为 19.025 ~ 19.050mm,超限则更换凸缘盘。

(2)用螺丝刀拆下卡环,取出凸缘盘。

(3)组装前排齿圈和凸缘盘,装入卡环。

(4)前排行星齿轮的检查:用厚薄规测量行星齿轮轴向间隙,标准值为 0.20 ~ 0.50mm。

5.2 挡制动器 B_2

图 7-33 为 A140E 自动变速器 2 挡制动器分解图。

(1)拆卸 2 挡制动器活塞:从油孔吹入压缩空气,吹出活塞,取下两个 O 形密封圈。2 挡制动器油孔位置见图 7-34。

(2)检查 2 挡制动器的压盘、摩擦片、凸缘盘有无破损、烧蚀等现象,必要时更换。

(3)安装 2 挡制动器活塞:将两个新 O 形密封圈活塞上,压入活塞。

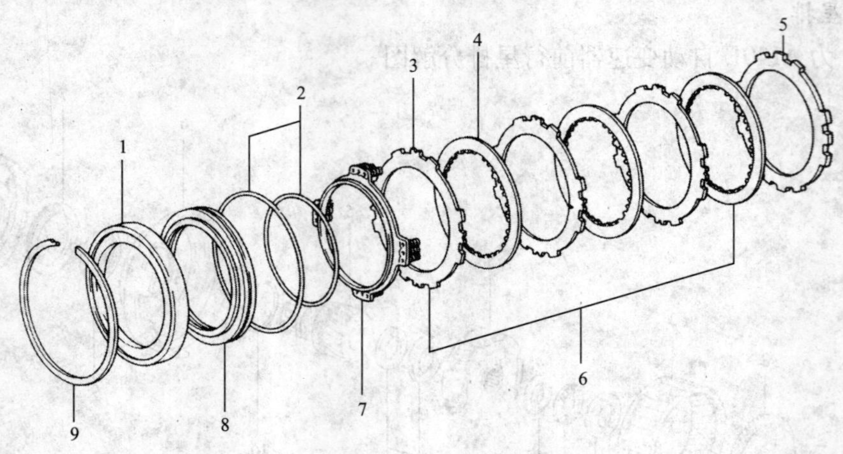

图 7-33　A140E 自动变速器 2 挡制动器分解图

1-2 挡制动器鼓;2-O 形密封圈;3-压盘;4-摩擦片;5-凸缘盘;6-压盘和摩擦片组件;7-活塞复位弹簧;8-活塞;9-卡环

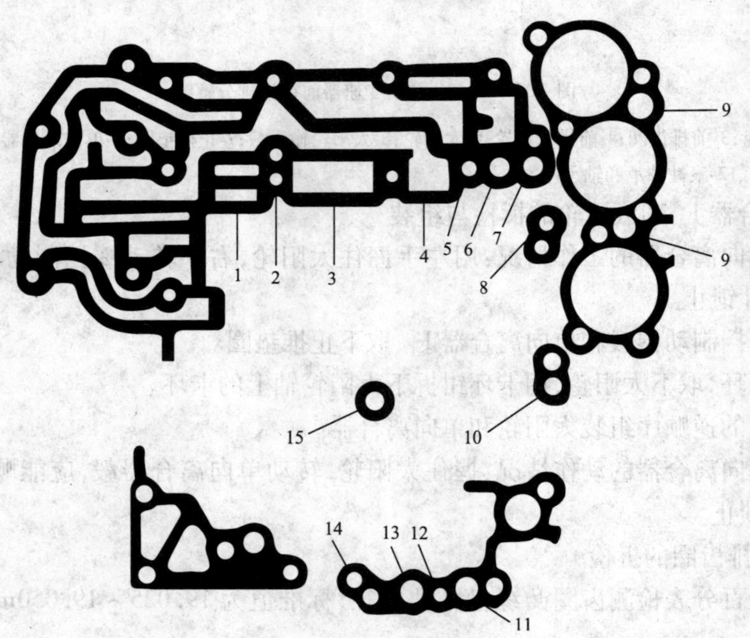

图 7-34　A140E 自动变速器壳体下端面油道位置图

1-通高速、倒挡离合器 C_2;2-泄油孔;3-油泵进油口;4-油泵出油口;5、7-通润滑油道;6-通前进离合器 C_1;8-通 2 挡强制制动器 B_1;9-通蓄压器背压;10-通锁止电磁阀;11-通超速离合器 C_0;12-通蓄压器压力调节器;13-通超速制动器 B_0;14-通低速、倒挡制动器 B_3;15-通 2 挡制动器 B_2

6. 后行星排

图 7-35 为 A140E 自动变速器后行星排分解图。

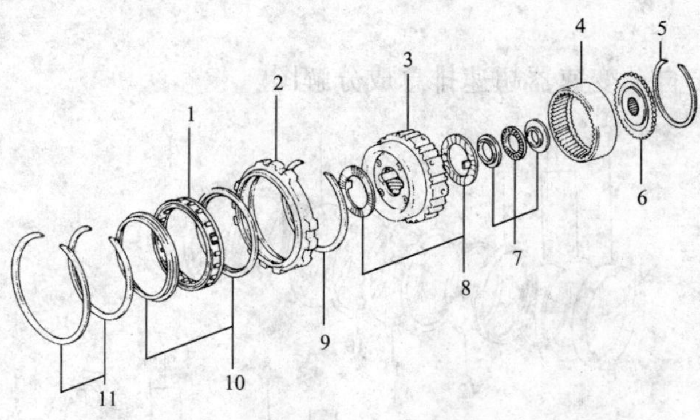

图 7-35　A140E 自动变速器后行星排分解图

1-单向离合器 F_2；2-单向离合器外座圈；3-后排行星轮；4-后行星排齿圈；5、9、11-卡环；6-凸缘盘；7-滚针轴承和轴承座圈；8-止推垫圈；10-单向离合器保护垫圈

(1)检查单向离合器的工作情况：左手握住单向离合器外座圈，右手转动后排行星架，应顺时针转动自如，逆时针转动锁止。

(2)拆解单向离合器 F_2 和行星架，从行星架两侧取下两个止推垫圈。

(3)从外座圈两侧拆下两个卡环，取下两个保护垫圈，取出单向离合器 F_2。

(4)检查后行星齿轮：用厚薄规测量行星齿轮轴向间隙，标准值为 0.20～0.50mm。

(5)将单向离合器装入外座圈(单向离合器的凸缘侧朝向外座圈的光亮端面)，将行星架安装到单向离合器上(行星架与单向离合器外座圈黑色端面相对)。

(6)检查单向离合器的工作情况：握住外座圈，转动行星架，应顺时针转动自如而逆时针转动锁止。

(7)将止推垫圈涂上凡士林安装在行星架两侧，止推垫圈的凸耳应和行星架凹孔对正。

(8)拆检并组装后排齿圈和凸缘盘。

7. 低速、倒挡制动器 B_3

图 7-36 为 A140E 自动变速器低速、倒挡制动器的分解图。

检查低速、倒挡制动器 B_3 的摩擦片、压盘和凸缘盘有无破损、烧蚀、裂纹、老化等现象，必要时更换。

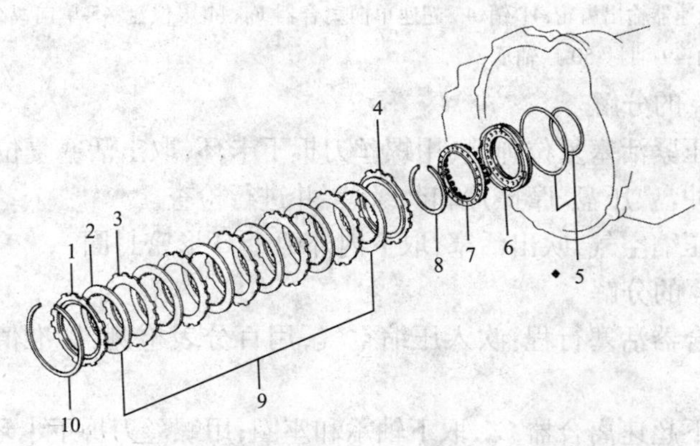

图 7-36　A140E 自动变速器低速、倒挡制动器分解图

1-凸缘盘；2-摩擦片；3-压盘；4-凸缘盘；5-O 形密封圈；6-活塞；7-活塞复位弹簧；8、10-卡环；9-压盘和摩擦片组件

8. 超速行星排

图 7-37 为 A140E 自动变速器超速排总成分解图。

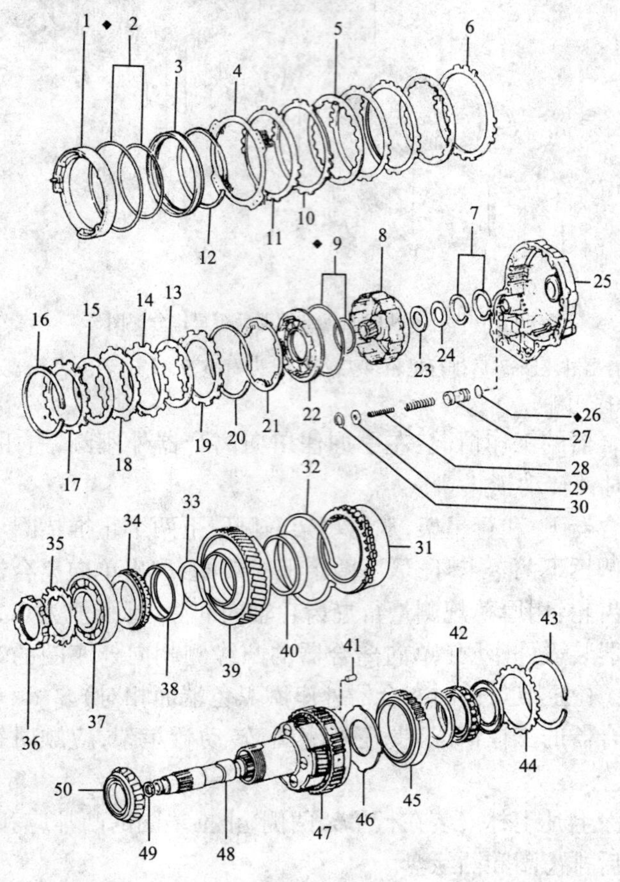

图 7-37　A140E 自动变速器超速排总成分解图

1-超速制动器鼓;2、9、26-O 形密封圈;3-超速制动器活塞;4、21-活塞复位弹簧;5、13、15-摩擦片;6、17、19-凸缘盘;7-密封油环;8-超速离合器毂;10、14、18-压盘;11-缓冲盘;12、16、20、30、32、33、43-卡环;22-超速离合器活塞;23-轴承;24-轴承座圈;25-超速排壳体;27-蓄压器 C_0 活塞;28-弹簧;29-定位圈;31-超速排齿圈;34-前轴承;35-锁紧垫片;36-调整螺母;37-中间轴轴承;38、40-轴承外座圈;39-变速器输出齿轮;41-销;42-超速单向离合器 F_0;44-限位盘;45-单向离合器外座圈;46-止推垫圈;47-超速排行星轮;48-中间轴;49-油封;50-后轴承

1)超速制动器 B_0 的分解

(1)用专用工具压紧活塞复位弹簧,用螺丝刀拆下卡环,取出活塞复位弹簧。

(2)依次取出缓冲盘、压盘、摩擦片和凸缘盘,并进行检查。

(3)从油孔吹入压缩空气,吹出活塞,取下内外两个 O 形密封圈。

2)超速离合器 C_0 的分解

(1)检查超速离合器活塞行程:吹入压缩空气,用百分表检测,标准值为 1.21 ~1.91mm,超限则检查各组件。

(2)从壳体上拆下超速离合器 C_0,取下轴承和座圈;用螺丝刀拆下卡环,取出凸缘盘、摩擦片和压盘,用专用工具拆下活塞复位弹簧。

(3)将超速离合器毂装到壳体上,从壳体油道吹入压缩空气,吹出活塞,并从活塞上取下两个 O 形密封圈。

3）超速离合器 C_0 的检查

（1）离合器活塞的检查：晃动活塞，检查单向阀是否活动自如；吹入压缩空气，检查单向阀是否漏气。

（2）检查摩擦片、压盘和凸缘盘。

（3）用百分表检查超速离合器内径，最大值为 22.09mm，超限则更换离合器毂。

4）超速离合器 C_0 的组装

（1）给活塞装上新 O 形密封圈，压入活塞，用专用工具安装活塞复位弹簧。

（2）按下列顺序装入压盘、摩擦片和凸缘盘：F（凸缘盘）-D（摩擦片）-P（压盘）-P-D-凸缘盘，装上卡环，确保卡环端口不与离合器毂凹槽对正。

（3）安装轴承和座圈，尺寸见表 7-11，将超速离合器 C_0 装入壳体。

（4）检查离合器活塞行程：吹入 392 ~ 785kPa 的压缩空气，用百分表测量活塞行程，标准值为 1.21 ~ 1.91mm。

5）拆卸变速器输出齿轮

（1）拆下卡环，取出限位盘。

（2）取出超速单向离合器 F_0 及其外座圈，取下行星架上的止推垫圈，从外座圈上拆下超速单向离合器 F_0（注意方向）。

（3）用磁力棒吸出行星齿轮轴上的 4 个销子（注意不要丢失）；用冲子冲开锁紧垫片，用专用工具拆下调整螺母和垫片。

（4）用专用工具拆下变速器输出齿轮和前、后轴承。

（5）提起齿圈，用卡环钳压缩卡环，并移出卡环槽，拆下卡环和超速排齿圈。

（6）用铜棒和锤子从变速器输出齿轮上拆下两个轴承外座圈，用螺丝刀拆下卡环。

6）超速排行星齿轮的检查

用塞尺测量行星齿轮轴向间隙，标准值为 0.20 ~ 0.50mm。

7）变速器输出齿轮的组装

（1）用螺丝刀装上卡环，用专用工具将两个外座圈压入变速器输出齿轮两侧。

（2）将超速排齿圈装到变速器输出齿轮上，用卡环钳将卡环装入环槽。

（3）安装后轴承：用专用工具压入轴承直至其内座圈与轴肩接触。

（4）安装变速器输出齿轮和前轴承、中间轴轴承，变速器输出齿轮应能轻松转动。

（5）在中间轴上安装调整螺母和新的锁紧垫片。

（6）检查驱动齿轮预紧力：将专用工具装在调整螺母上，在台钳上用软钳口固定中间轴，拧紧调整螺母直到拉力表有负荷显示，预紧力为 9 ~ 15N。

（7）锁定调整螺母，弯折锁紧垫片直至卡入调整螺母凹槽。

（8）安装超速排行星齿轮轴 4 个销子，并装上行星架止推垫圈（3 号止推垫圈），有沟槽的一侧朝向超速排壳体。

（9）安装超速单向离合器 F_0，并确保单向离合器方向正确。

（10）安装限位盘和卡环，检查单向离合器 F_0 的工作情况：顺时针转动主动齿轮，将超速离合器 C_0 安装到单向离合器上，握住超速离合器 C_0，转动中间轴，应顺时针转动自如，逆时针方向锁止。

8)超速排壳体的拆检与组装

(1)拆下蓄压器 C_0 活塞的卡环,取下定位圈和两个弹簧,取出蓄压器活塞,并拆下 O 形密封圈、油环。

(2)检查超速排壳体轴承,用手指应能使轴承转动自如。

(3)装上超速排壳体和蓄压器活塞。

9)超速制动器 B_0 的组装

(1)将超速制动器活塞装到超速离合器毂上。

(2)安装凸缘盘(平面朝上)、压盘、摩擦片和缓冲盘(圆弧面朝上),顺序为:凸缘盘-D-P-P-D-P-缓冲盘,安装活塞复位弹簧和卡环。

(3)顺时针转动超速排齿轮,将超速排齿轮总成装入壳体。若安装正确,超速排齿轮与壳体的间隙约为 24mm。

五、阀板总成的检修

1. 阀体总成的分解

图 7-38 ~ 图 7-44 和表 7-7 ~ 表 7-10 为 A140E 自动变速器阀板零部件位置图及相关技术数据。阀板分解时应特别注意各调压弹簧调整垫片的数量,因为调整垫片的厚度和数量直接影响调整压力(有的控制阀没有调整垫片)。

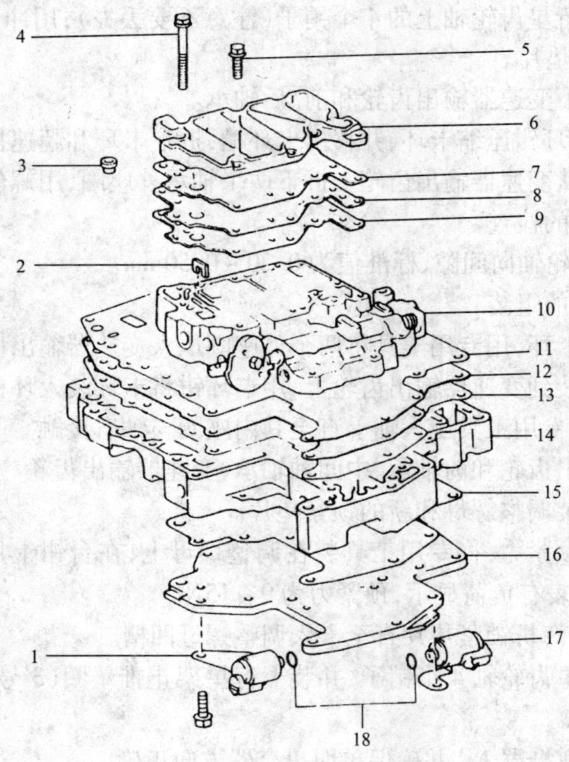

图 7-38　A140E 自动变速器阀板总成分解图

1-1 号电磁阀;2-套筒定位块;3-滤网;4、5-螺栓;6-上阀板盖;7、9、11、13、15-衬垫;8、12-隔板;10-上阀板;14-下阀板;16-下阀板盖;17-2 号电磁阀;18-O 形密封圈

(1)拆卸电磁阀:拆下 1 号和 2 号电磁阀,从电磁阀上拆下 O 形密封圈。

(2)拧下 9 个螺栓,拆下上阀板盖,取下滤网、隔板和两个衬垫、挡块等。

(3)从上阀板上拆下 3 个螺栓;拧下下阀板盖 10 个螺栓,取下下阀板盖和衬垫。

(4)从下阀板上拆下 3 个螺栓,将下阀板和隔板一起拿下。注意:单向阀不要掉出。

(5)取下隔板和衬垫,清洗、检查上下阀板,如有必要,可进一步分解。

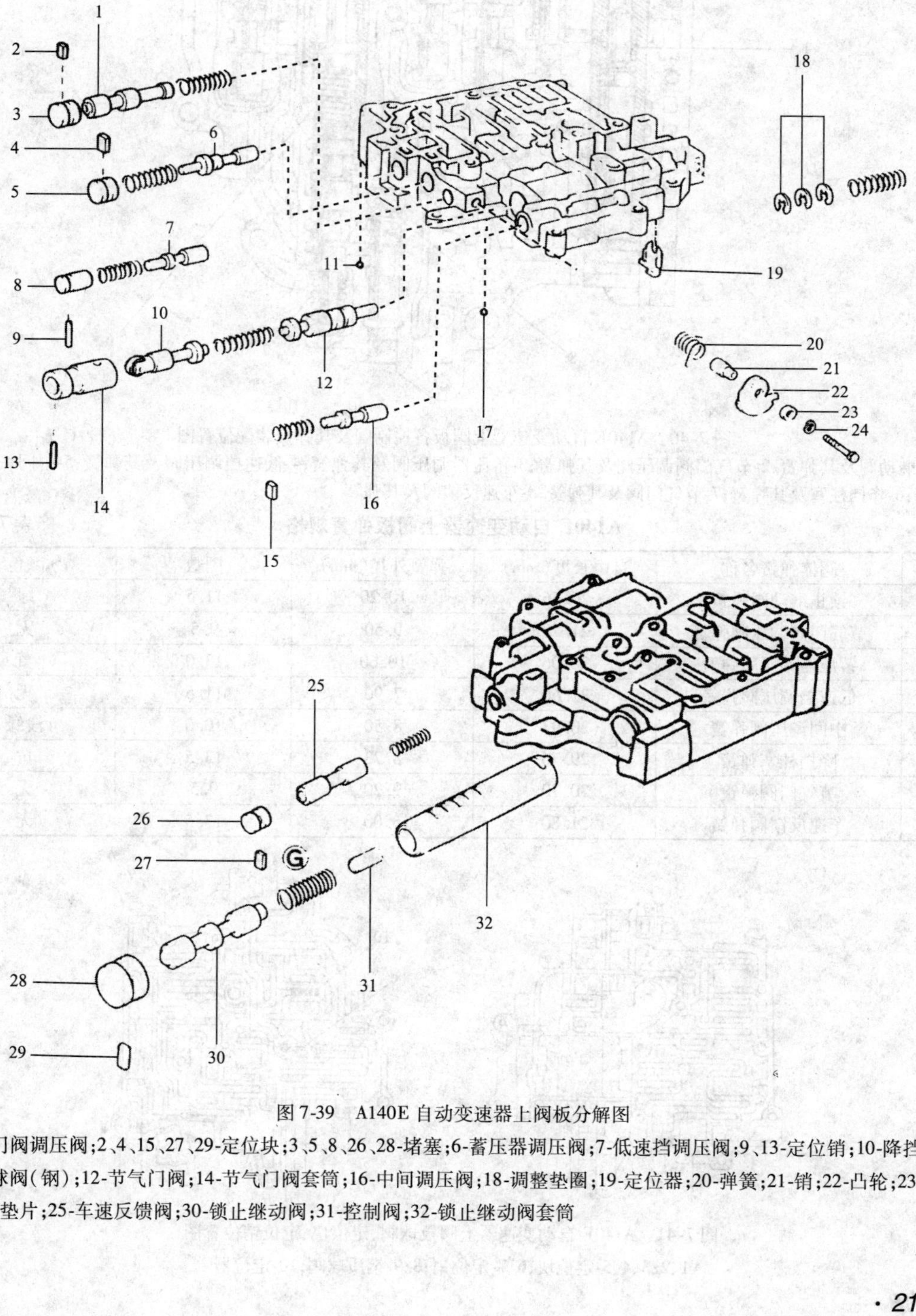

图 7-39　A140E 自动变速器上阀板分解图

1-节气门阀调压阀;2、4、15、27、29-定位块;3、5、8、26、28-堵塞;6-蓄压器调压阀;7-低速挡调压阀;9、13-定位销;10-降挡柱塞;11、17-球阀(钢);12-节气门阀;14-节气门阀套筒;16-中间调压阀;18-调整垫圈;19-定位器;20-弹簧;21-销;22-凸轮;23-垫圈;24-弹簧垫片;25-车速反馈阀;30-锁止继动阀;31-控制阀;32-锁止继动阀套筒

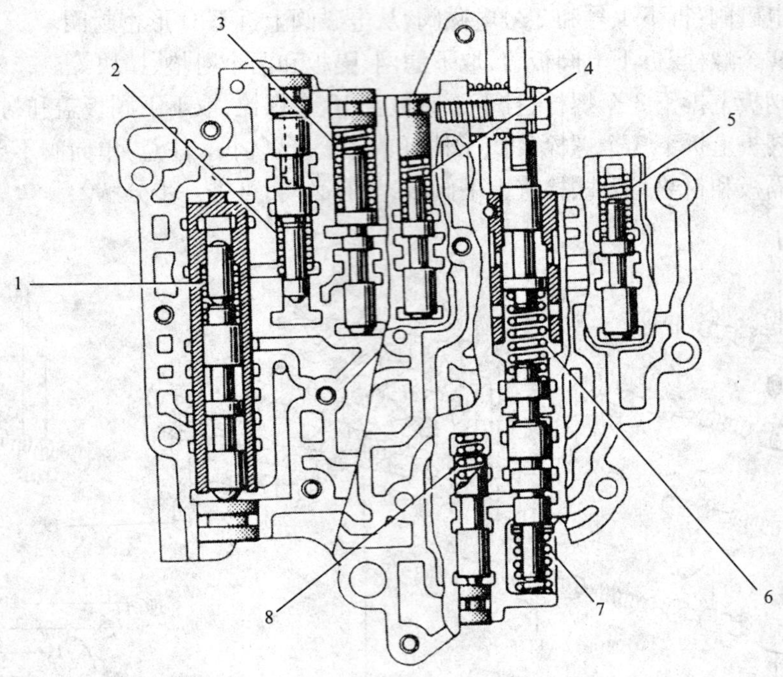

图 7-40　A140E 自动变速器上阀板各控制阀及其弹簧装配位置图

1-锁止继动阀及其弹簧;2-节气门阀调压阀及其弹簧;3-蓄压器调压阀及其弹簧;4-低速挡调压阀及其弹簧;5-中间调压阀及其弹簧;6-降挡柱塞及其弹簧;7-节气门阀及其弹簧;8-车速反馈阀及其弹簧

A140E 自动变速器上阀板弹簧规格　　表 7-7

序号	阀体弹簧名称	自由长度(mm)	弹簧外径(mm)	圈数	颜色
1	锁止继动阀弹簧	26.56	10.20	11.5	绿
2	节气门阀调压阀弹簧	21.70	9.50	9.5	无
3	蓄压器调压阀弹簧	28.06	10.60	13.0	黄
4	低速挡调压阀弹簧	21.60	7.90	11.5	无
5	中间调压阀弹簧	20.93	8.50	10.0	浅绿
6	降挡柱塞弹簧	29.76	8.73	13.5	黄
7	节气门阀弹簧	30.70	9.20	9.5	无
8	车速反馈阀弹簧	21.80	6.00	13.5	无

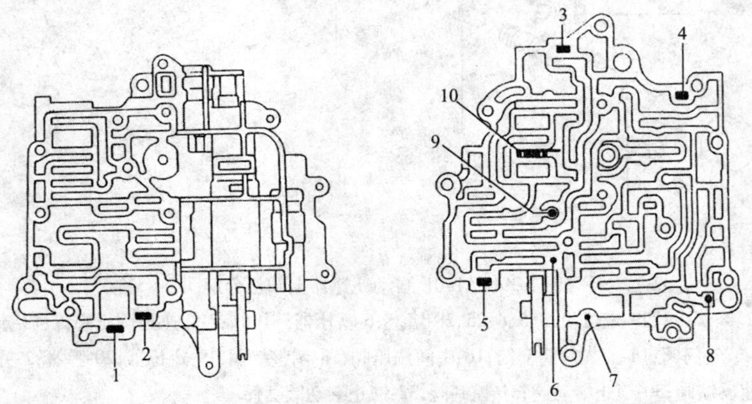

图 7-41　A140E 自动变速器上阀板球阀、定位块、定位销位置图

1、2、3、4、5-定位块;6、7-定位销;8、9-钢质球阀;10-定位器

A140E 自动变速器上阀板定位块尺寸规格(mm)　　表 7-8

序号	阀板定位块名称	长度	宽度	厚度
1	节气门阀调压阀定位块	9.2	5.0	3.2
2	蓄压器调压阀定位块	11.5	5.0	3.2
3	车速反馈阀定位块	9.2	5.0	3.2
4	锁止继动阀定位块	15.0	5.0	3.2
5	中间调压阀定位块	15.0	5.0	3.2

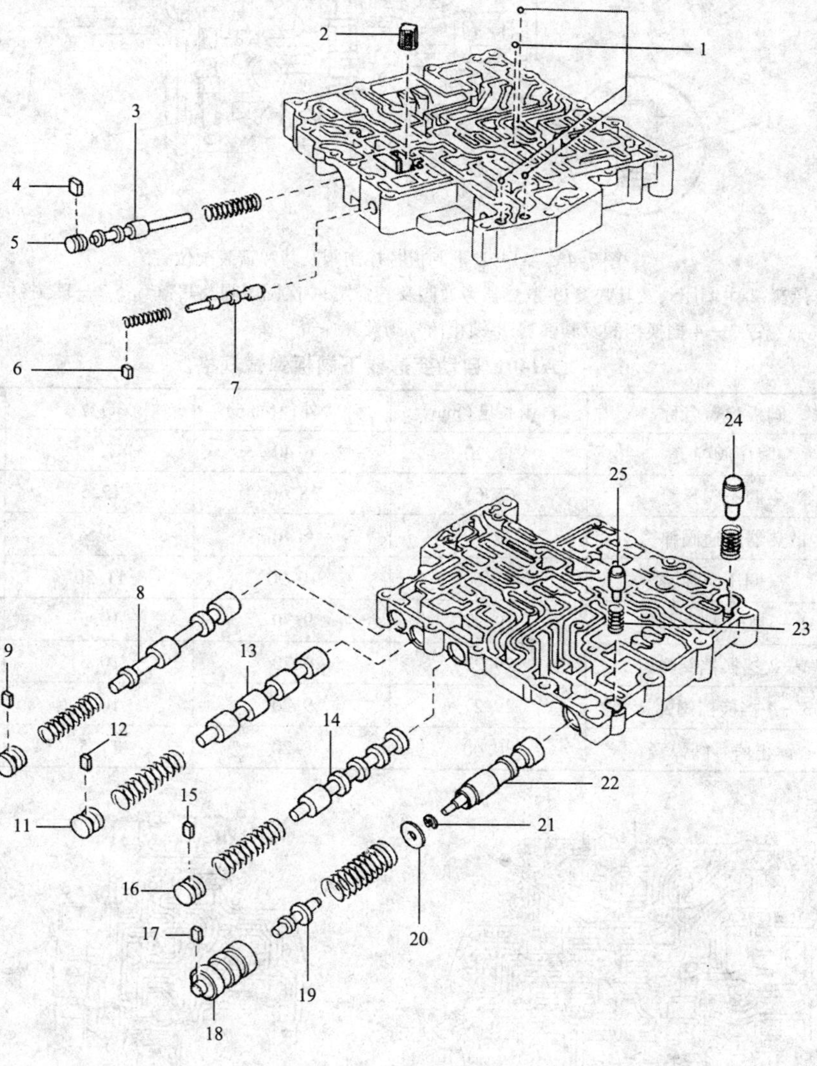

图 7-42　A140E 自动变速器下阀板分解图

1-球阀(橡胶);2-滤网;3-次调压阀;4、6、9、12、15、17-定位块;5、10、11、16-堵塞;7-锁止信号阀;8-3-4 挡换挡阀;13-1—2 挡换挡阀;14-2—3 挡换挡阀;18-主调压阀套筒;19-主调压阀反馈柱塞;20-垫圈;21-调整垫圈;22-主调压阀;23-弹簧;24-散热器旁通阀;25-限压阀

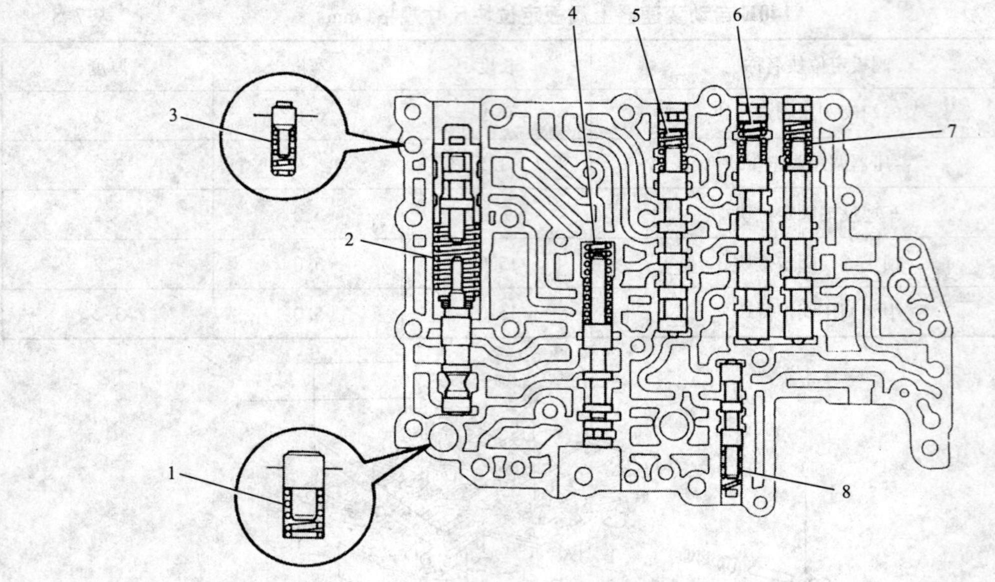

图 7-43　A140E 下阀板各控制阀及其弹簧装配位置图

1-限压阀及其弹簧;2-主调压阀及其弹簧;3-散热器旁通阀及其弹簧;4-次调压阀及其弹簧;5-2—3 挡换挡阀及其弹簧;6-1—2 挡换挡阀及其弹簧;7-3—4 挡换挡阀及其弹簧;8-锁止信号阀及其弹簧

A140E 自动变速器下阀板弹簧规格　　表 7-9

序号	阀板弹簧名称	自由长度(mm)	弹簧外径(mm)	圈数	颜色
1	限压阀弹簧	11.20	6.40	7.5	无
2	主调压阀弹簧	66.65	18.60	12.5	无
3	散热器旁通阀弹簧	19.90	6.40	8.5	无
4	次调压阀弹簧	43.60	10.90	11.50	无
5	2—3 挡换挡阀弹簧	29.27	9.70	10.5	无
6	1—2 挡换挡阀弹簧	29.27	9.70	10.5	无
7	3—4 挡换挡阀弹簧	29.27	9.70	10.5	无
8	锁止信号阀弹簧	30.00	8.20	11.5	无

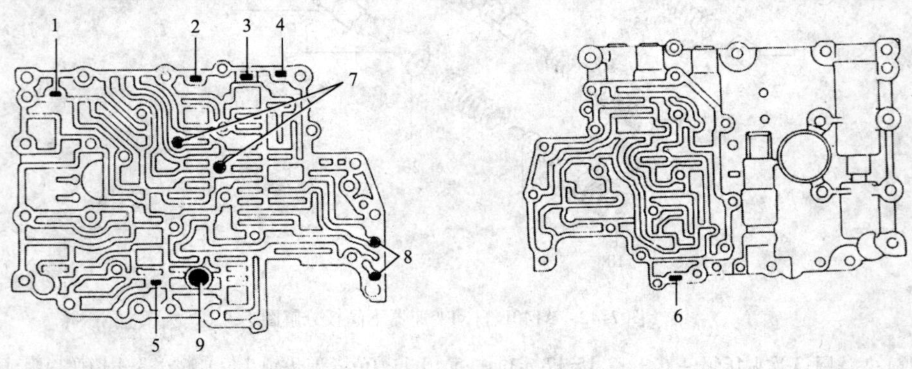

图 7-44　A140E 自动变速器下阀板球阀、定位块位置图

1、2、3、4、5、6-定位块;7、8-橡胶球阀;9-滤网

A140E 自动变速器下阀板定位块尺寸规格(mm) 表 7-10

序号	阀板定位块名称	长度	宽度	厚度
1	主调压阀定位块	9.2	5.0	3.2
2	2—3 挡换挡阀定位块	8.0	5.0	3.2
3	1—2 挡换挡阀定位块	9.2	5.0	3.2
4	3—4 挡换挡阀定位块	8.0	5.0	3.2
5	次调压阀定位块	13.0	5.0	3.2
6	锁止信号阀定位块	15.0	5.0	3.2

2. 阀板总成的组装

(1)将隔板和 2 个新衬垫放在下阀板上。注意:2 个衬垫相似,但有区别不能互换,见图 7-45。

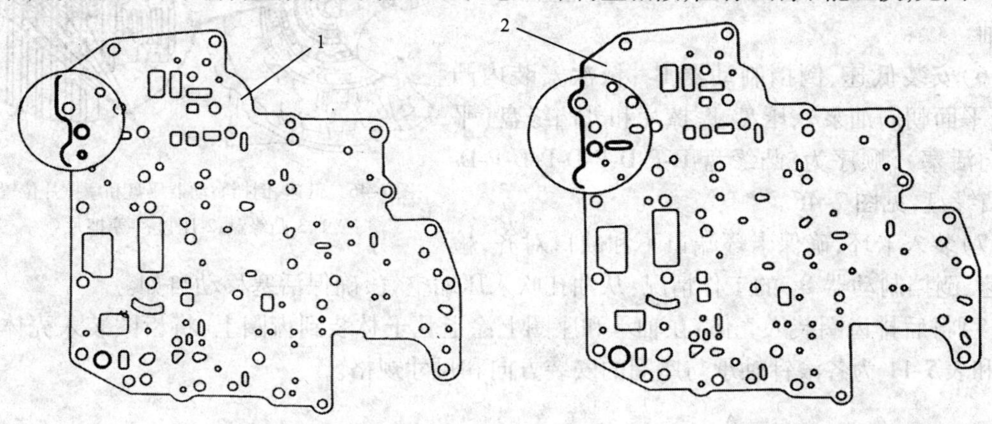

图 7-45 上下阀板衬垫

1-上衬垫;2-下衬垫

(2)将下阀板和隔板、衬垫放到上阀板上,并用手拧紧下阀板上的 3 个螺栓以固定上阀板。注意:握住下阀板、隔板和衬垫,使其不要分开,对准阀板、隔板和衬垫上的螺栓孔。

(3)安装下阀板盖。

(4)安装并用手拧紧上阀板 3 个螺栓。

(5)安装上阀板盖上的两个衬垫(相同)、隔板、滤网、定位块、上阀板盖,并用手拧紧 9 个螺栓等。

(6)装入 1、2 号电磁阀,用手拧紧 3 个螺栓。

(7)拧紧上下阀板所有连接螺栓(下阀板 16 个,上阀板 12 个),拧紧力矩为 5.4N·m。

六、A140E 自动变速器装配

在装配之前,再次检查已组装好的各个组件,若某一部分组装有误,应重新拆检组装。

(1)安装手控阀摇臂轴:

①在油封口涂 MP 润滑脂,用螺丝刀和锤子安装手控阀摇臂轴油封(新)。

②在手控阀拨板上安装一个新衬套,将手控阀摇臂轴和手控阀拨板装到变速器壳上。

③用冲子冲进销子,直至销子平面与手控阀摇臂轴平齐,装好衬套和限位弹簧,确保拨板

动作平顺。

(2)安装停车闭锁控制杆、闭锁爪和闭锁爪支架,检查停车闭锁爪的工作情况:当控制拨板在“P”位时,确保中间传动齿轮已被锁止。

(3)安装低速、倒挡制动器 B_3 活塞,用专用工具安装活塞复位弹簧和卡环。

(4)安装超速排总成:

①装入超速制动器、离合器垫圈和超速制动器鼓,装上新的壳体衬垫。

②检测超速排壳体上平面到输出齿轮平面的距离,约为 24mm。

③将超速排总成装到变速器壳上,安装并拧紧螺栓,力矩为 25N · m。

(5)检查中间轴轴向间隙:确保中间轴轴向间隙为 0.49 ~1.51mm,若轴向间隙超限,应重新安装中间轴。

(6)安装低速、倒挡制动器 B_3:依次安装内凸缘盘(平面朝向油泵)、压盘、摩擦片和外凸缘盘(平面朝向活塞),顺序为:凸缘盘-D-P-D-P-D-P-D-P-D-P-D-凸缘盘,见图 7-46。

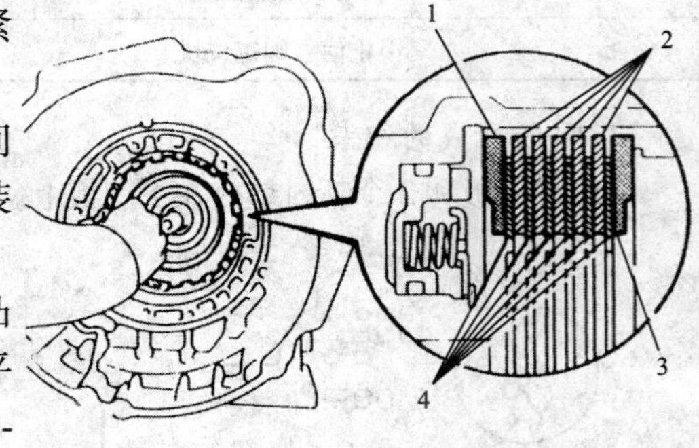

图 7-46　低速、倒挡制动器压盘和摩擦片位置图
1、3-凸缘盘;2-压盘;4-摩擦片

(7)装入卡环,确保卡环端口不和缺口对齐,检查低速、倒挡制动器 B_3 的工作情况:从油孔吹入压缩空气,确保活塞移动自如。

(8)将后排齿圈装入壳体:在轴承和座圈上涂上凡士林装到齿圈上,将齿圈装入壳体。图 7-47 和表 7-11 为各滚针轴承与座圈的安装方向和尺寸规格。

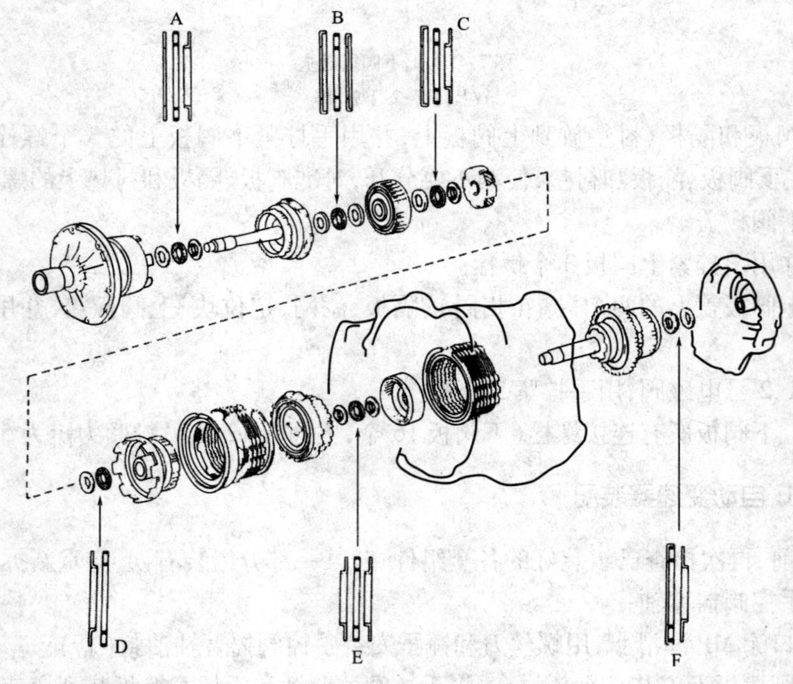

图 7-47　A140E 自动变速器滚针轴承和座圈安装图

A140E 自动变速器滚针轴承和座圈规格(mm)　　表 7-11

位　置		A	B	C	D	E	F
前座圈	外径	43.0	37.9		45.0	37.3	-
	内径	30.5	22.0		28.0	24.1	-
轴承	外径	42.0	36.1		45.0	37.6	46.3
	内径	28.9	22.2		30.0	24.0	26.2
后座圈	外径	42.0	35.7	35.0	-	37.6	43.0
	内径	27.1	23.0	19.0	-	22.2	24.5

(9)安装后排行星齿轮,顺时针转动行星齿轮,装上单向离合器 F_2(较亮的一侧朝上),并将止推垫圈装到行星架上。

(10)检查单向离合器 F_2 的工作情况:转动行星架,应顺时针转动自如而逆时针转动锁止。

(11)装入卡环,卡环端口不和壳体缺口对正。

(12)安装 2 挡强制制动器导向装置。

(13)装入 2 挡制动器 B_2 的凸缘盘(平面朝向油泵)、压盘和摩擦片,顺序为:凸缘盘-D-P-D-P-D-P。

(14)安装活塞复位弹簧和 2 挡制动鼓,压缩活塞复位弹簧,将卡环装入槽中。

(15)装入 2 挡制动鼓定位销,直至其与制动鼓接触。

(16)检查 2 挡制动器 B_2 工作情况:从油孔吹入压缩空气,活塞应正常移动。

(17)安装单向离合器 F_1 和 2 挡制动器毂,检查 2 挡制动器毂平面与后排行星齿轮的距离,约为 5mm,见图 7-48。

(18)顺时针转动太阳轮,将太阳轮和太阳轮毂装入单向离合器 F_1。

(19)组装前排行星齿轮和齿圈,将行星齿轮组件装到太阳轮上,若行星齿轮和其他组件安装正确,齿圈凸缘将与中间轴轴肩或下部平齐。

(20)安装中间轴油环。

(21)安装 2 挡强制制动器:将制动带放入壳体,从油泵螺栓孔装上销子。

(22)安装前进离合器 C_1 和高速、倒挡离合器 C_2:

①将轴承、座圈涂上凡士林安装在离合器 C_1 毂的两侧。

②将止推垫圈涂上凡士林装到高速、倒挡离合器 C_2 毂上,油槽向上。

③将高速、倒挡离合器摩擦片齿对齐,装入前进离合器毂,若安装正确,高速、倒挡离合器 C_2 轮毂的末端将与前进离合器 C_1 的端面平齐。

④将高速、倒挡离合器 C_2 和前进离合器 C_1 组件装入壳体,转动前进离合器 C_1,使前行星排齿圈、摩擦片与前进离合器相啮合。

⑤检查 $A \sim B$ 间的距离,见图 7-49,距离约为 3mm。

(23)安装油泵:对准泵体与壳体上的螺栓孔,轻轻推入油泵,用 22N · m 的力矩拧紧 7 个螺栓。

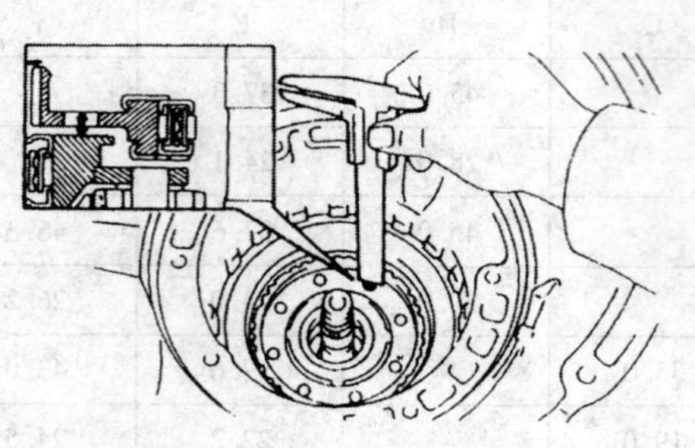

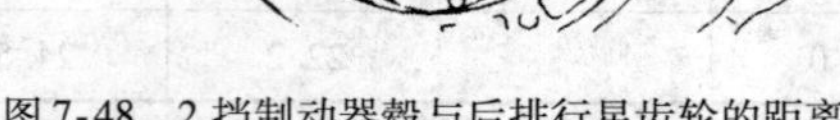

图 7-48　2 挡制动器毂与后排行星齿轮的距离

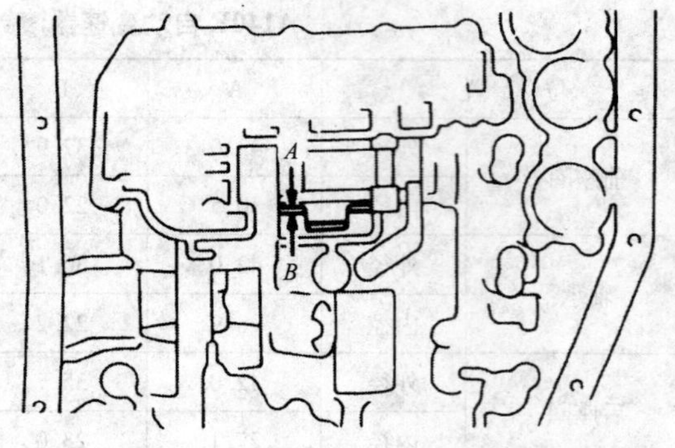

图 7-49　前进离合器与高速、倒挡离合器装配检测图

(24)用百分表检测输入轴轴向间隙,标准间隙为 0.3 ~ 0.9mm。若间隙超限,应重新选择油泵轴端部的轴承座圈。有两种不同厚度的座圈可供选择,厚度分别为 0.8mm 和 1.4mm。检查输入轴工作情况:应转动自如。

(25)安装 2 挡强制制动器活塞,检查活塞推杆前端与制动带凹陷中心的接触情况。

(26)检查 2 挡强制制动器活塞行程:将少量颜料涂在推杆与壳体接触点上,吹入392 ~ 785kPa 的压缩空气,用专用工具测量活塞行程,标准值为 1.5 ~ 3.0mm,超限则更换推杆。活塞推杆有两种规格,长度分别为 72.9mm 和 71.4mm。

(27)安装蓄压器活塞和弹簧,见图 7-50,装上蓄压器盖并拧紧螺栓。各蓄压器弹簧规格见表 7-12。

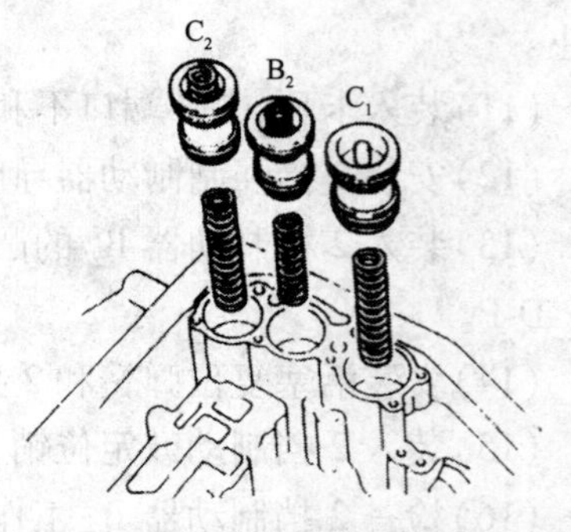

图 7-50　A140E 自动变速器蓄压器安装图

蓄压器弹簧规格　　表 7-12

蓄压器弹簧	自由长度(mm)	颜色
C_1	57.64	红紫
B_2	69.39	绿白
C_2	70.21	紫色

(28)安装阀板:用手扳下凸轮,装上节气门拉线,将阀板装在正确位置上,用扭力扳手拧紧阀板上的螺栓,力矩为 10N · m。

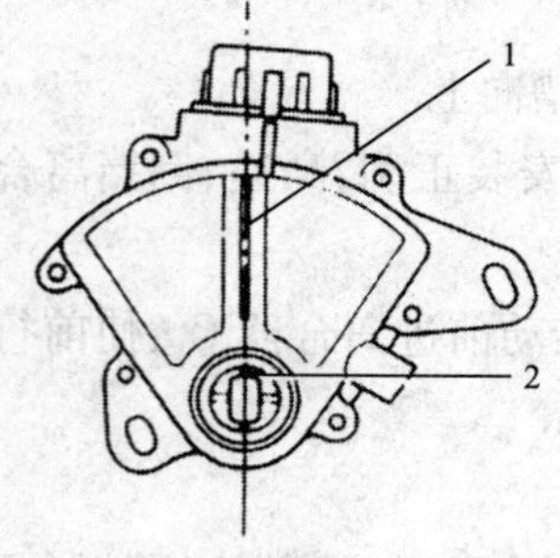

图 7-51　空挡起动开关安装位置图

1-空挡基准线;2-凹槽

(29)接上换挡电磁阀连接线:1 号电磁阀为白短线,2 号电磁阀为黑长线。

(30)安装手控阀阀体和锁止弹簧片,检查手控阀拨板与弹簧片滚轮的接触情况。

(31)按拆卸的逆顺序油管、滤网、衬垫、油底壳。

(32)安装 2 号车速传感器及保护支架、电磁阀线束和节气门拉线定位支架。

(33)安装锁止(SL)电磁阀。

(34)安装空挡起动开关,并进行调整:将凹槽与空挡基准线对齐,见图 7-51。

(35)安装散热器进、回油管接头、手控阀摇臂等。

A140E 自动变速器各连接部位的拧紧力矩见表 7-13。

A140E 自动变速器各连接部位的拧紧力矩　　表 7-13

连接部位		力矩(N·m)
变速器与发动机	12 mm	64
	10 mm	46
油泵与变速器		22
油泵体与油泵盖		10
2 挡强制制动器导向装置		5.4
上阀板与下阀板		5.4
阀板		10
蓄压器盖		10
滤网		10
油底壳		4.9
放油螺塞		49
冷却油管螺母		34
超速排壳体与变速器壳体		25
空挡起动开关螺栓		5.4
空挡起动开关螺母		6.9
闭锁支架		7.4

第七节　A140E 自动变速器性能检测

一、A140E 自动变速器基础检查

向用户询问有关自动变速器故障的详细情况,提取故障代码,并按故障代码的提示进行检修,如没有故障代码,可依据症状进行诊断。检查油质和油面高度,检查调整节气门拉线、发动机怠速、选挡杆位置、空挡起动开关等,如有必要,进行失速试验、时滞试验和油压试验。在检查修理完成后,应进行路试,检验修理效果。

二、A140E 自动变速器失速试验

通过检测“D”、“R”位发动机的失速转速,检验自动变速器和发动机的总体状况。试验时自动变速器油温度应在正常温度范围(50～80℃)。

1. 试验程序

(1)固定前、后车轮,安装发动机转速表,拉紧驻车制动并踏住制动踏板。起动发动机,将选挡杆拨入"D"位,并将加速踏板踩到底,然后迅速松开,时间不得超过5s。

(2)记录下发动机的最高转速(失速转速),并与标准值进行比较,失速转速应为2300~2600r/min。

(3)在"R"位重复进行试验。

2. 试验结果分析

(1)若在"D"位和"R"位时发动机失速转速相同,均低于标准值,则说明发动机输出功率不足或导轮单向离合器工作不良。

注意:若失速转速在600r/min至标准值之间,则可能是液力变矩器有故障。

(2)若"D"位时的失速转速高于标准值,则可能前进离合器 C_1 打滑、单向离合器 F_2 或超速单向离合器 F_0 工作不良、主油路油压过低。

(3)若"R"位时失速转速高于标准值,则可能是高速、倒挡离合器 C_2 打滑,低速、倒挡制动器打滑 B_3,主油路油压过低或超速离合器 C_0 打滑。

(4)若"D"、"R"位时的失速转速均高于标准值,则可能是主油路油压过低、液面高度不当或超速单向离合器 F_0 工作不良。

三、A140E自动变速器时滞试验

发动机怠速运转时,操纵选挡杆,在感觉到汽车振动(移动)之前将会有一段时间的迟滞。时滞试验用来检验超速离合器 C_0、前进挡离合器 C_1、高速、倒挡离合器 C_2、低速、倒挡制动器 B_3 的工作状况。

试验时,拉紧驻车制动,起动发动机,使发动机怠速运转至750r/min。将选挡杆从"N"位换入"D"位,用秒表记下选挡杆开始动作至感觉到产生振动所需的时间——迟滞时间,从"N"位换到"D"位迟滞时间不得超过1.2s。从"N"位换入"R"位重复试验,此时的迟滞时间不得超过1.5s。

注意:试验时自动变速器油应达到正常的工作温度(50~80℃);允许试验时间间隔为1~2min,记下3次试验的数值并取平均值。

若从"N"到"D"的迟滞时间超过标准值,其原因为主油路油压过低、前进离合器 C_1 损坏或超速单向离合器 F_0 工作不良;若从"N"到"R"的迟滞时间超过标准值,其原因为高速、倒挡离合器 C_2 损坏,低速、倒挡制动器 B_3 损坏及主油路油压过低或超速离合器 C_0 损坏。

四、A140E自动变速器油压试验

1. 试验程序

试验时,自动变速器油应达到正常工作温度(50~80℃)。

(1)确认自动变速器油达到正常工作温度,将车辆升起,拆去自动变速器壳体测试孔上的螺塞,安装上油压测试装置。

(2)拉紧驻车制动,起动发动机,选挡杆置入"D"位,读出并记下怠速时的油压。

(3)踏紧制动踏板,同时踩下加速踏板(时间不得超过5s),测量失速状态下主油路最高压力(油压标准值见表7-14)。

丰田 A140E 自动变速器主油路油压标准 表 7-14

发动机转速(r/min)	"D"位(kPa)	"R"位(kPa)
怠速转速	363 ~ 421	617 ~ 794
失速转速	755 ~ 902	137 ~ 161

(4)在"R"位时重复以上试验。

2. 试验结果分析

(1)若在所有挡位时的油压均超过标准值,则为主调压阀、节气门阀不良或节气门拉线调整不当。

(2)若在所有挡位时的油压均低于标准值,则为油泵、主调压阀、节气门阀工作不良,超速离合器 C_0 油路泄漏,或节气门拉线调整不当。

(3)若仅在"D"位时油压低于标准值,则前进挡离合器 C_1 或"D"位油路泄漏。

(4)若仅在"R"位时油压低于标准值,则高速、倒挡离合器 C_2,低速、倒挡制动器 B_3 有故障或"R"位油路泄漏。

五、A140E 自动变速器道路试验

试验时,自动变速器油应达到正常工作温度(50 ~ 80℃)。

1. "D"位试验(普通模式和动力模式)

(1)选挡杆置"D"位,将加速踏板保持在全开位置,模式选择开关置于标准模式或动力模式,检查 1—2 挡、2—3 挡、3—4 挡的锁止点和升挡点。

注意:冷却液温度低于 50℃不能升入超速挡;车速低于设定车速 10km/h 时,将不能锁止。

①若 1 挡不能升到 2 挡,检查 1—2 挡换挡阀或电磁阀。

②若 2 挡不能升到 3 挡,检查 2—3 挡换挡阀或电磁阀。

③若 3 挡不能升到超速挡,检查 3—4 挡换挡阀。

④若所有换挡点均不正确,检查节气门阀、1—2 挡、2—3 挡和 3—4 挡换挡阀。

⑤若所有锁止点均不正确,检查锁止继动阀或锁止电磁阀。

(2)在"D"位试验过程中检查 1—2 挡、2—3 挡和 3—4 挡换挡时有无换挡冲击和打滑现象,如冲击较大,则为主油路油压过高,同时应检查蓄压器或单向节流阀(球阀)。

(3)在"D"位锁止或超速挡时运转车辆,检查是否有异常的噪声和振动。

注意:检查异响振动原因时必须特别仔细,因为可能是由于驱动轴、差速器、轮胎,液力变矩器等不平衡引起的。

(4)车辆在"D"位运行时,确认 2 ~ 1 挡、3 ~ 2 挡、4 ~ 3 挡降挡极限车速,并检查降挡时有无异常振动和打滑。

(5)检查锁止功能。在"D"位超速挡锁止状态下运转车辆,将车速稳定在 75km/h,轻轻地踩下加速踏板,发动机转速应不突变。若发动机转速突增,表明锁止离合器损坏。

2. "2"位试验

(1)选挡杆置于"2"位,踩下加速踏板并保持在全开位置,检查在加速踏板踩下时 1 挡能否正常升入 2 挡。注意:"2_2"挡没有锁止。

(2) 在"2"位下驱动车辆,释放加速踏板,检查发动机制动效果,并在加、减速时检查是否有异常的噪声和振动。若无发动机制动,则2挡强制制动器 B_1 有故障。

3. "L"位试验

车辆在"L"位运行时,确保不能由第1挡升入第2挡(只能降挡)。选挡杆在"L"位时,释放加速踏板,如无发动机制动,则表明低速、倒挡制动器 B_3 有故障,并在加、减速时检查是否有异响。

4. "R"位试验

选挡杆挂入"R"位,将加速踏板踩到底进行加速,确保不发生滑转。

5. "P"位试验

将车辆停在小坡度路面上,选挡杆挂入"P"位,松开驻车制动,停车闭锁爪应将车辆固定住。

第八节　A140E 自动变速器故障实例

实例1:一辆93款丰田佳美2.0轿车,装备A140E自动变速器,当选挡杆由"N"位拨入"D"位时振动较大,且感觉有两次振动,前进挡各挡工作正常。由"N"位拨入"R"位时,振动轻微,失速转速很高,无倒挡。

故障检查与分析:观察驾驶室仪表盘,汽车出现故障时"OD OFF"指示灯不亮。根据此车的故障现象,可以排除电子控制系统的故障,可能是液压控制系统或机械传动部分出现了故障。

首先进行基础检查,液面高度正常,油质基本正常,其他部位也没发现异常状况。随后进行性能试验,做失速试验时发现,"D"位失速转速基本正常,而"R"位失速转速很高,又因变速器无倒挡,因而判断可能是倒挡离合器、制动器严重打滑或倒挡油路泄漏。为慎重起见,又检测了自动变速器油压,油压正常。从自动变速器故障现象看,挡位冲击振动较大,怀疑阀板中的控制阀也可能有故障。

根据初步分析判断的结果,将自动变速器进行分解,重点检查了前进挡、直接挡、倒挡离合器,对各部位的密封圈、密封环和油封也进行了仔细检查,均未发现异常。因超速排位于变速器后部,相对独立,且变速器出现的是倒挡故障,因而没有分解变速器的超速排。在检查油底壳时发现,底部有些油泥,好像是摩擦材料的磨屑,但不严重。随后将阀体分解,发现个别控制阀有轻微的卡滞现象,且阀板的小滤网有轻微的堵塞现象,因此认为故障由此而生。修复清洗之后,装复试车,结果令人大失所望,故障依旧。无奈,又重新拆卸变速器,进行彻底分解。这次重点检查超速排,结果发现,超速排离合器严重磨损,自由间隙也很大。

为什么超速排离合器磨损严重会导致汽车出现此类故障呢?以前检修皇冠车自动变速器时也曾遇到过超速排严重磨损的情况,但故障现象却与之有很大不同,会不会还存在其他方面的故障呢?为避免同样的失误,带着疑问查阅了丰田自动变速器的维修资料,对皇冠轿车和佳美轿车的自动变速器进行了仔细分析和对比,终于弄清了原因。原来,皇冠轿车自动变速器的超速排在变速器的前部,无论前进挡还是倒挡,超速挡行星齿轮元件总是向一个方向运转,而佳美轿车自动变速器超速排安装在变速器的后部,倒挡时,动力经前后行星排传到超速排时,

已经改变了旋转方向。如果超速离合器磨损严重，在前进挡时，由于超速单向离合器的锁止作用使超速排能够正常工作，因而前进挡正常。而倒挡时由于超速排行星架的旋转方向相反，单向离合器不起锁止作用，超速排不能传递动力，所以才有上述现象的发生。

通过分析研究，理论和实践协调一致，因此确认，故障根源就是超速排离合器。随后，更换超速排离合器摩擦片，清洗变速器，装车试验，故障消失。

实例 2：一辆 1991 年的丰田佳美 2.2L 轿车，发动机型号为 5S—FE，自动变速器型号为 A140E，该车出现变速器换挡冲击大、换挡点无规律、频繁换挡等现象；行驶一段距离后，自动变速器故障灯"OD OFF"点亮，随后自动变速器锁定在 2 挡。

故障检查与分析：因为自动变速器故障灯"OD OFF"点亮，首先对自动变速器电子控制系统进行检查。读取故障码，自诊断系统给出一个故障码"61"，含义为 2 号车速传感器损坏或线路断路、短路故障。

2 号车速传感器为舌簧管式，是一种有触点的开关元件。当磁场变化时，舌簧管接通或者断开。根据传感器的工作原理对其进行了如下检查：举升起汽车，使其前轮能够自由转动。拔下 2 号传感器上的导线连接器，将万用表置于欧姆挡，用万用表检测车速传感器的工作情况。转动前车轮时，观察到万用表数值一会儿接通，一会儿断开，不停地变化。由此说明，变速器内部驱动车速传感器工作的元件以及车速传感器本身没有问题，随后，又检查了 2 号车速传感器与变速器控制单元之间的线路，也没有发现异常状况。

因此，清除故障码，又检查变速器油的品质和液位，都符合要求。检查节气门拉线及选挡杆拉线，并稍作调整，随后进行试车。试车发现，变速器换挡规律仍不正常，且在行驶一段距离后，变速器故障灯"OD OFF"开始闪烁，变速器进入失效保护模式（Fail-safe Mode），锁定在 2 挡，即故障照旧。

重新读取故障码，还是显示为"61"。为了检测控制单元的控制信号，将 2 个汽车仪表照明灯泡（为了不影响电磁阀正常工作，应选用小功率灯泡）分别并联在两个换挡电磁阀上，并将灯泡置于驾驶室内，以便观察。进行路试时发现，两个灯泡或亮或灭，变化频繁，没有规律；变速器的换挡也就随着灯泡的亮或灭同步进行；当"OD OFF"故障灯点亮时，并联在两个换挡电磁阀上的灯泡保持在常亮状态，变速器进入失效保护模式，锁定在 2 挡。由此可以判断，换挡电磁阀及其相关电路是正常的。

通过上述简易检测分析，2 号车速传感器、换挡电磁阀及其控制电路应当不存在故障。在检测时，灯泡亮灭及自动变速器的换挡出现无序状态，因此怀疑控制单元出现故障，以致控制信号混乱。由于一时没有同型号的 ECU 调换试车，而 ECU 的检测又相当复杂，故障难以确诊。本着对客户负责的原则，没有充分的证据证明 ECU 已经损坏，不要轻易购买新的 ECU，以免造成不必要的经济损失。

维修又回到了始点，还是要从故障码"61"重新开始分析。A140E 自动变速器主要是由车速传感器和节气门位置传感器通过换挡信号，如果传感器损坏，肯定会导致变速器换挡不正常。发动机各工况工作正常，可以断定节气门位置传感器工作良好，况且一直出现故障码"61"，故障应该是车速传感器所致。虽然检测时 2 号车速传感器有信号输出，但若其输出信号不正常可能导致此类故障发生。为精确测量 2 号车速传感器的输出信号，决定利用示波器检测其输出波形，根据 2 号车速传感器的工作原理，其波形应该是方波。于是找来示波器，接

到2号车速传感器上，进行路试，发现传感器的输出波形杂乱无章，根本看不出是方波。因此确诊：2号车速传感器损坏。

更换2号车速传感器，通过示波器观察，其输出信号是标准的方波，且随着车速的增加，波形的频率也随之增加。试车一切正常，故障排除。

实例3：一辆装用A140E自动变速器的丰田佳美2.0L轿车，在正常行驶时有时会出现发动机空转现象，车速升不上去，同时"OD OFF"灯闪亮。停车后重新起动发动机，起步运行，故障消失，但有时在汽车行驶过程中，故障现象会重复出现。

故障检查与分析：根据汽车的故障现象，故障原因可能是电子控制系统某线路接触不良，而故障指示灯("OD OFF"灯)闪亮也说明自动变速器电子控制系统有故障。首先调取故障码，用一连接线将自诊断接口中的TE1—E1短接，由"OD OFF"灯闪码，故障码为"62"，即1号电磁阀或线路不良。检查变速器控制单元到电磁阀的线路，良好；拔下电磁阀连接器，直接给电磁阀输入蓄电池电压，能听到电磁阀的吸合声。因此怀疑可能是连接器接触不良，将连接器进行清洁处理，装好附件，清除故障码，路试一切正常。可两天后故障灯又开始闪亮，重新读取故障码还是"62"。

这次对1号电磁阀电路进行彻底检查。放掉自动变速器油，拆下油底壳，将1号电磁阀从阀体上拆下，经过仔细检查，发现1号电磁阀与壳之间的接线焊点脱焊(外壳搭铁)，重新用焊锡焊牢，装复后试车，故障排除。

实例4：一辆丰田佳美2.0L轿车，装用A140E自动变速器，变速器升3挡很迟缓，且没有超速挡，同时"OD OFF"指示灯一直闪亮。

故障检查与分析：试车验证故障，自动变速器1、2挡基本正常，2挡升3挡非常迟缓，不能升入超速挡，且在高速挡时，发动机转速较高。

"OD OFF"指示灯闪亮说明控制单元检测到自动变速器的电子控制系统有故障。A140E自动变速器在1挡工作是，1号电磁阀通电、2号电磁阀断电；在2挡工作时，两个电磁阀都通电；3挡工作时，1号电磁阀断电、2号电磁阀通电；在4挡工作时，两个电磁阀都断电。根据控制原理和此车的故障现象判断，可能是1号电磁阀出现故障，极有可能出现短路。

读取故障码，果然出现故障码"62"，即1号电磁阀或线路故障。检查控制单元到电磁阀的线路，没有发现导线破损、搭铁现象，线路正常。拔下电磁阀连接器，测量两个换挡电磁阀的电阻，1号电磁阀的阻值是3.9Ω、2号电磁阀的阻值是14.7Ω。A140E自动变速器换挡电磁阀的正常阻值为14~16Ω，显然1号电磁阀的电阻太小，近乎短路。

更换新的1号电磁阀，装复试车，故障排除。

实例5：一辆1991款丰田佳美2.0 L轿车，装用A140E型4速自动变速器，行驶时升不到超速挡，发动机转速超过4 000 r/min仍然不能进入超速挡，若此时缓慢踩下加速踏板，车速能渐渐提升至120 km/h左右，之后即使加速踏板踩到底车速也不再提高。且故障是间歇性的，偶尔也正常，开始时故障发生间隔时间较长，后来越来越频繁。

故障检查与分析：试车验证，故障现象与车主所述大致相同，在高速时变速器似乎出现打滑现象，但发动机没有明显空转现象，且故障灯不亮。

从故障现象来看，变速器没有明显的打滑现象，机械和液压控制系统产生故障的可能性非常小，很可能是变速器电子控制系统的故障。

虽然故障指示灯不良,还是进行了读码操作,但自诊断系统提示正常,没有故障码。由于没有专用诊断仪,按照先易后难的诊断原则,首先进行常规检查,一切正常。

为简化操作过程,应首先检查变速器的电子控制系统。在 1 号和 2 号换挡电磁阀电路接入小灯泡,路试观察两个电磁阀的工作情况。当车速进入 80 km/h 后变速器控制单元应该控制两个电磁阀都断电,使自动变速器进入超速挡。实际检测结果是:汽车低速运行时,两个灯泡有规律点亮和熄灭,自动变速器 1 挡、2 挡、3 挡工作正常,且升挡顺利;汽车运行到高速以后,两个灯泡一直是一个亮一个灭,即两个电磁阀一个通电,一个断电,自动变速器处于 3 挡工作状态。此现象说明变速器控制单元根本没有控制电磁阀进入超速挡工作。

根据自动变速器的控制原理,控制单元主要依据节气门位置传感器和车速传感器信号来控制个换挡电磁阀的动作,实现自动换挡。从检测结果分析,两个换挡电磁阀良好,而换挡控制信号不正常。造成换挡控制信号失常的原因有两个,一是传感器信号失准,二是控制单元损坏。而自动变速器的故障指示灯不亮,节气门位置传感器信号失准的概率极大,因此应首先检查节气门位置传感器。

在检测节气门位置传感器的电阻时发现,当节气门处于关闭、1/4 开度和 1/2 开度状态时都正常,电阻值稳步增长;超过 1/2 开度后,节气门处于 3/4 开度和全开时电阻值不再增加,由此可以确定节气门位置传感器损坏。由于节气门位置传感器的磨损和老化,导致节气门 1/2 开度后的信号失准,ECU 误认为驾驶员无加速请求,因此不控制换挡电磁阀进入超速挡动作,而节气门位置传感器信号又在规定范围内,自诊断系统不进行故障记忆,便没有故障代码,使这一故障看上去更像变速器超速挡打滑。

更换新的节气门位置传感器,故障排除。

实例 6:一辆丰田佳美 2.2 轿车装备了 A140E 自动变速器,其行驶里程已达 120000km。发动机冷车起动后可以正常行驶,当汽车连续行驶一小时后车速逐渐下降,出现自动变速器打滑、发动机空转现象。关闭发动机,等到温度下降后再起动又可正常行驶,且故障指示灯不亮。

故障检查与分析:用跨接线跨接自诊断接口 TE1 与 E1,打开点火开关,打开超速挡(O/D)开关,通过“OD OFF”指示灯的闪烁规律读取故障码,无故障码输出。因为自动变速器有打滑现象,其液压控制系统和机械部分出现故障的可能性较大;而汽车能够行驶,冷车时工作正常,因此可以排除机械故障的可能性,故障部位应在液压控制系统。

首先检查自动变速器液面和油质。拔出油尺检查,发现油位较低,变速器油好像有些变质。加足油后试车,自动变速器升降挡基本正常。汽车运行一段时间以后,又出现无挡现象。经过试验和分析,初步判断可能是阀板中的控制阀存在卡滞现象,于是决定拆下阀板进行清洗检查。在放油时发现变速器油已经变质伴有焦臭气味,拆下油底壳,发现油底壳内已经有较多的油泥杂质等,集滤器内也覆盖了很多杂质。清洗并检修阀板及各控制阀,更换集滤器,并清洗散热器和油底壳,装复后加足油试车,故障消失。

此故障是由于长时间没有更换自动变速器油所致。在汽车长时间连续行驶后,变速器内部温度升高,使得阀孔与滑阀之间的配合间隙应磨损变大;另外,在高速行驶时发动机转速较高,相应带动油泵转动的速度也较高,吸油口处产生的吸力也很大,一些较细颗粒状杂质被吸入油泵而进入液压系统,并造成控制阀卡滞现象。在汽车停驶一段时间后变速器冷却下来,卡滞部位的间隙恢复正常,重新起动发动机时快速建立起来的油压会对滑阀产生冲击作用,使卡滞的滑阀移动，从而汽车也随之正常行驶。因此，自动变速器油一定要定期更换。

复习思考题

1. A140E 自动变速器有哪些换挡执行元件？各自的作用是什么？
2. 试分析 A140E 自动变速器“D”位各挡的动力传递路线？
3. A140E 自动变速器在“L”、“2”是如何利用发动机制动的？
4. 试计算 A140E 自动变速器各挡传动比。
5. A140E 自动变速器电子控制系统由哪些元件组成？
6. A140E 自动变速器电子控制系统具有哪些功能？
7. A140E 自动变速器节气门阀的作用是什么？
8. 试分析 A140E 自动变速器各挡的工作过程。
9. 如何检修 A140E 自动变速器的油泵？
10. 离合器活塞上的单向球阀的作用是什么？
11. 怎样检查单向离合器的工作性能？
12. 怎样利用失速试验结果判断故障部位？
13. 怎样利用时滞试验结果分析故障原因？
14. A140E 自动变速器的主油路油压与哪些因素有关？
15. 通过道路试验能检测哪些元件的工作性能？

第八章　上海别克轿车4T65E自动变速器的构造与检修

第一节　概　　述

一、4T65E自动变速器的挡位设置

4T65E自动变速器选挡杆设置有7个挡位：

(1)“P”位：驻车挡。阻止车辆向前或向后滚动，具有机械锁止作用，但不能代替驻车制动器。

(2)“R”位：倒车挡。可以使车辆倒行。

(3)“N”位：空挡。允许起动发动机，变速器不传递动力。

(4)“D”位：超速挡位。用于所有正常驱动情况，根据汽车运行工况不同，变速器自动在1~4挡间变化，最高速挡为超速挡(4挡)。

(5)“3”位：用于城市交通或多坡地形，最高速挡为3挡，在3挡时有发动机制动。

(6)“2”位：手动“2”位，变速器只在1、2挡工作，且手动2挡具有发动机制动作用。如果在高速时挂入“2”位，只有等车速降到约100km/h时，2挡齿轮才能啮合。

(7)“1”位：手动低速挡。具有发动机制动作用，如果在高速时挂入“1”位，只有车速降到60km/h时，1挡齿轮才能啮合。

二、4T65E自动变速器的组成

4T65E自动变速器是美国通用公司生产的前驱型4速自动变速器，主要由液力变矩器、行星齿轮变速器、液压控制系统、电子控制系统等组成。液力变矩器为带锁止离合器的综合式变矩器，锁止离合器为脉宽调制电子控制方式，压盘没有完全压死在变矩器壳体上，而是通过精确控制来维持发动机与涡轮间很小的滑动，使接合更加平稳；行星齿轮变速器为改进型双排4速辛普森式行星齿轮变速器，共有10个换挡执行元件：3个片式离合器、3个带式制动器、1个片式制动器、1个滚柱式单向离合器和2个楔块式单向离合器；液压控制系统包括阀板、油泵和散热器，其中油泵为叶片式，由链条、链轮传动机构驱动；电子控制系统包括2个换挡电磁阀、油压电磁阀、锁止电磁阀、油液温度(TFT)传感器、输入轴转速传感器(ISS)、车速传感器(VSS)、油液压力手动阀位置开关(TFP)、空挡起动开关(P/N开关)、动力系统控制模块(PCM)等，PCM为发动机和自动变速器共用，通过对换挡电磁阀和油压电磁阀的精确控制，使换挡更加平稳。

三、4T65E 自动变速器的主要技术参数

1. 4T65E 自动变速器的技术规格

4T65E 自动变速器的技术规格见表 8-1。

4T65E 型自动变速器技术规格 表 8-1

<table>
<tr><td rowspan="4">类型</td><td>4</td><td>4 个前进挡</td><td rowspan="6">传动比</td><td>1 挡</td><td>2.921</td></tr>
<tr><td>T</td><td>横向装配</td><td>2 挡</td><td>1.568</td></tr>
<tr><td>65</td><td>产品序列</td><td>3 挡</td><td>1.000</td></tr>
<tr><td>E</td><td>电子控制</td><td>4 挡</td><td>0.705</td></tr>
<tr><td>变速器油类型</td><td colspan="2">DEXRON Ⅲ</td><td>倒挡</td><td>2.385</td></tr>
<tr><td>变速器油底容量</td><td colspan="2">底壳放油量:7.0L
大修容量:9.5L
总容量:12.5L</td><td>主减速比</td><td>3.29</td></tr>
</table>

2. 4T65E 自动变速器换挡电磁阀的工作状态和挡位传动比

4T65E 自动变速器换挡电磁阀的工作状态和挡位传动比见表 8-2。

换挡电磁阀工作状态和挡位传动比 表 8-2

挡位	1—2/3—4 挡电磁阀	2—3 挡电磁阀	传动比
1 挡	接通	接通	2.87 ~ 2.97
2 挡	关闭	接通	1.52 ~ 1.62
3 挡	关闭	关闭	0.95 ~ 1.05
4 挡	接通	关闭	0.65 ~ 0.75
倒挡	接通	接通	2.33 ~ 2.43

3. 4T65E 自动变速器的换挡车速

4T65E 自动变速器的换挡车速见表 8-3。

自动变速器换挡车速 表 8-3

<table>
<tr><td>升挡</td><td colspan="6">1 ~ 2(±5km/h)</td><td colspan="6">2 ~ 3(±6.4km/h)</td><td colspan="6">3 ~ 4(±8km/h)</td></tr>
<tr><td>TP(%)</td><td colspan="2">12</td><td colspan="2">25</td><td colspan="2">50</td><td colspan="2">12</td><td colspan="2">25</td><td colspan="2">50</td><td colspan="2">12</td><td colspan="2">25</td><td colspan="2">50</td></tr>
<tr><td>车速(km/h)</td><td colspan="2">16</td><td colspan="2">27</td><td colspan="2">47</td><td colspan="2">39</td><td colspan="2">52</td><td colspan="2">83</td><td colspan="2">68</td><td colspan="2">95</td><td colspan="2">N/A</td></tr>
<tr><td>降挡</td><td colspan="6">4 ~ 3(±6.4km/h)</td><td colspan="6">3 ~ 2(±6.4km/h)</td><td colspan="6">2 ~ 1(±6.4km/h)</td></tr>
<tr><td>TP(%)</td><td colspan="3">0</td><td colspan="3">50</td><td colspan="3">0</td><td colspan="3">50</td><td colspan="3">0</td><td colspan="3">50</td></tr>
<tr><td>车速(km/h)</td><td colspan="3">50</td><td colspan="3">79</td><td colspan="3">31</td><td colspan="3">31</td><td colspan="3">13</td><td colspan="3">13</td></tr>
<tr><td>TCC</td><td colspan="6">4 挡</td><td colspan="6">3 挡</td><td colspan="6" rowspan="3"></td></tr>
<tr><td>TP(%)</td><td colspan="3">12</td><td colspan="3">25</td><td colspan="3">12</td><td colspan="3">25</td></tr>
<tr><td>车速(km/h)</td><td colspan="3">40</td><td colspan="3">61</td><td colspan="3">63</td><td colspan="3">82</td></tr>
</table>

4. 4T65E 自动变速器的管路压力

4T65E 自动变速器的管路压力见表 8-4。

自动变速器管路压力　　表 8-4

压力范围	挡位	由 Tech 2 读取的油压电磁阀电流(A)	压力值(kPa)
最小管路压力	D_4、D_3、D_2	1.0	512 ~ 592
	D_1	1.0	1005 ~ 1289
	P、R、N	1.0	542 ~ 696
全管路压力	D_4、D_3、D_2	0	1153 ~ 1400
	D_1	0	1005 ~ 1289
	P、R、N	0	1540 ~ 1869

第二节　4T65E 行星齿轮变速器的构造和工作原理

4T65E 自动变速器采用改进型双排 4 速辛普森式行星齿轮变速器,其前行星排的行星架与后行星排的齿圈为一体,前行星排的齿圈与后行星排的行星架为一体,如图 8-1 所示。因此,4T65E 的行星齿轮变速器共有 4 个独立部件,分别为前排太阳轮(输入太阳轮)、前排行星架/后排齿圈组件(输入行星架)、后排太阳轮(被动太阳轮)和后排行星架/前排齿圈组件(被动行星架),动力可由前排太阳轮或前排行星架/后排齿圈组件输入,也可由二者共同输入;而动力输出则由后排行星架/前排齿圈组件来完成。双排行星齿轮变速器具有 10 个换挡执行元件,通过不同形式的组合实现 4 个前进挡和 1 个倒挡。不同挡位时行星齿轮变速器构件组合方案见表 8-5。

不同挡位行星齿轮变速器构件的组合方案　　表 8-5

挡位	输入件	输出件	固定件
1 挡	前排太阳轮	后排行星架	后排太阳轮
2 挡	前排行星架	后排行星架	后排太阳轮
3 挡	前排太阳轮和前排行星架	后排行星架	
4 挡	前排行星架	后排行星架	前排太阳轮
倒挡	前排太阳轮	后排行星架	前排行星架

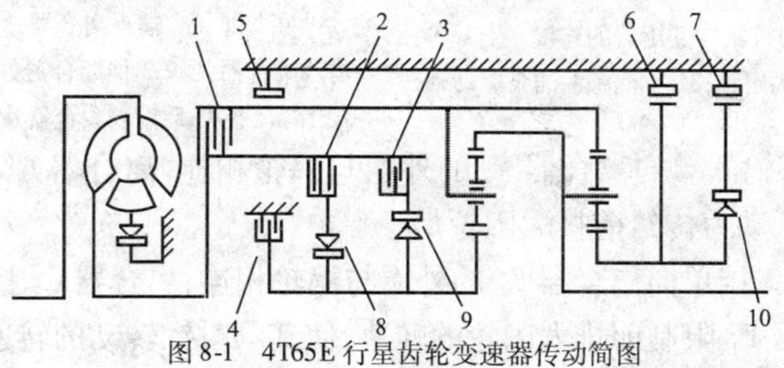

图 8-1　4T65E 行星齿轮变速器传动简图

1-2 挡离合器 C_1;2-3 挡离合器 C_2;3-输入离合器 C_3;4-4 挡制动器 B_1;5-倒挡制动器 B_2;6-低速挡制动器 B_3;7-前进挡制动器 B_4;8-3 挡单向离合器 F_1;9-输入单向离合器 F_2;10-低速挡单向离合器 F_3

一、换挡执行元件的构造和功用

4T65E 自动变速器的换挡执行元件包括 3 个离合器、1 个片式制动器、3 个带式制动器和 3 个单向离合器,根据其作用不同分别命名为:2 挡离合器 C_1、3 挡离合器 C_2、输入离合器 C_3、4

挡(超速挡)制动器 B_1(片式)、倒挡制动器 B_2(带式)、低速挡制动器 B_3、前进挡制动器 B_4、3 挡单向离合器 F_1、输入单向离合器 F_2、低速挡单向离合器 F_3。下面分别介绍各换挡执行元件的构造和功用。

1. 输入离合器 C_3 总成及 3 挡离合器 C_2

输入离合器总成是由输入离合器和 3 挡离合器组成的部件,输入离合器壳是行星齿轮变速器的输入端,与涡轮轴采用链条传动。如图 8-2、图 8-3 所示,输入离合器壳与从动链轮相连,而主动链轮与涡轮轴相连,涡轮轴的另一端则与变矩器涡轮相连。在输入离合器壳体内部装有两组离合器片,内侧是 3 挡离合器片,外侧是输入离合器片,输入离合器壳同时又是 2 挡离合器鼓,如图 8-4 所示。

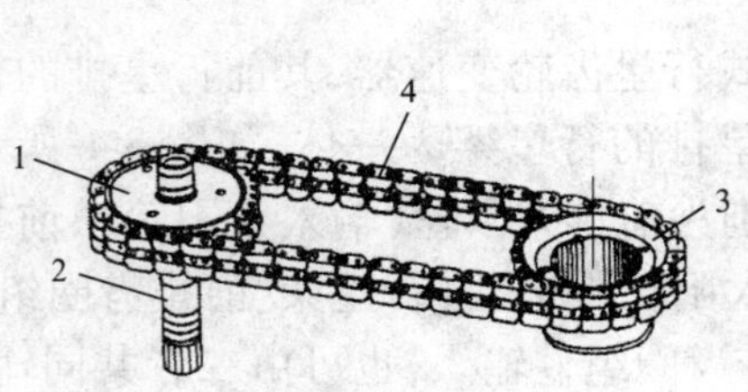

图 8-2 链条传动

1-主动链轮;2-涡轮轴;3-从动链轮;4-传动链条

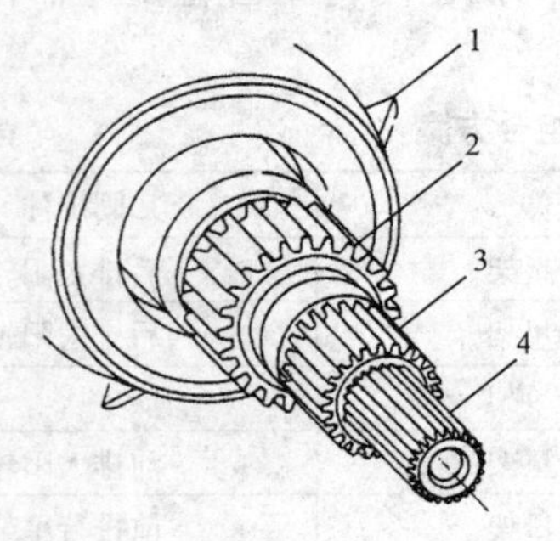

图 8-3 主动链轮与变矩器的连接

1-变速器壳体;2-导轮固定轴;3-涡轮轴;4-油泵驱动轴

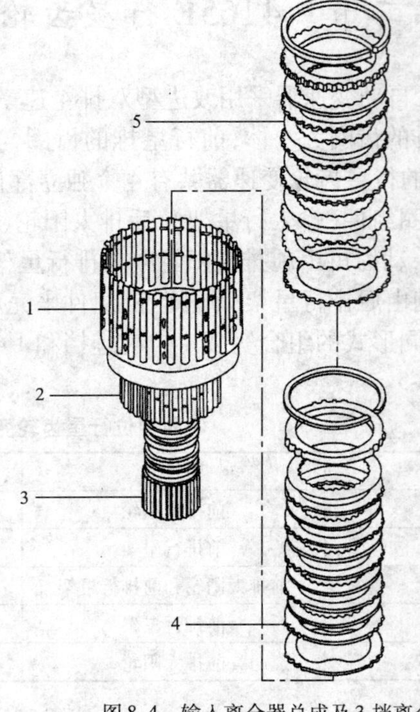

图 8-4 输入离合器总成及 3 挡离合器

1-输入离合器壳;2-2 挡离合器鼓;3-与链轮相连的花键轴;4-3 挡离合器片;5-输入离合器片

输入离合器 C_3 将输入单向离合器 F_2 的外圈与涡轮相连,离合器 C_3 接合,驱动单向离合器 F_2 的外圈,F_2 锁止,动力传给前排太阳轮。

3 挡离合器 C_2 将 3 挡单向离合器 F_1 的外圈与涡轮相连,离合器 C_2 接合,驱动单向离合器 F_1 的外圈,单向离合器 F_1 限制前排太阳轮的转速,使其顺时针转动的转速不能超过离合器 C_2 的转速,即前排太阳轮不能相对于离合器 C_2 顺时针转动。

如果输入离合器不起作用,变速器将没有前进挡和倒挡。如果 3 挡离合器不能正常接合,变速器没有 3 挡。

2. 2 挡离合器 C_1 与倒挡制动器 B_2

如图 8-5 所示,2 挡离合器 C_1 的摩擦片与输入离合器壳相连,离合器 C_1 接合,动力由输入离合器壳传入 2 挡离合器壳。2 挡离合器壳的外花键与 2 挡驱动套(倒挡制动套)相连,2 挡

驱动套的另一端连接前排行星架，见图8-6。

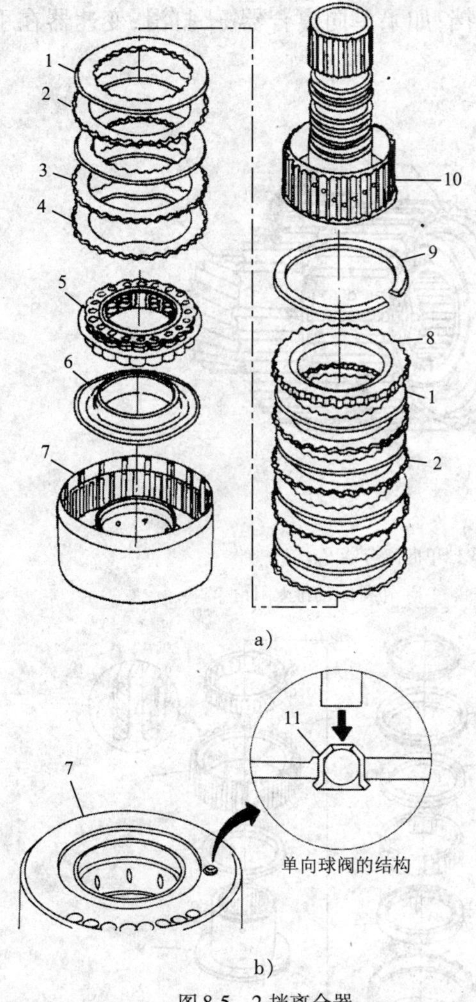

图8-5　2挡离合器

a)2挡离合器分解图；b)2挡离合器单向球阀

1-摩擦片；2-钢片；3-接合板；4-波纹片；5-活塞复位弹簧；6-活塞；7-离合器壳；8-衬片；9-卡环；10-从动花键毂；11-活塞单向球阀

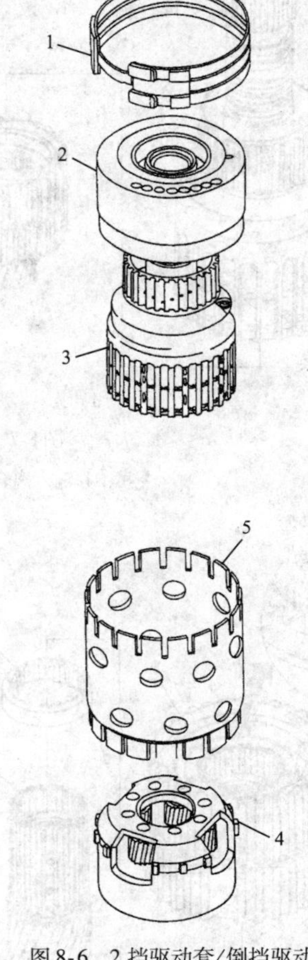

图8-6　2挡驱动套/倒挡驱动套

1-倒挡制动带；2-2挡离合器壳；3-输入离合器壳；4-前排行星架；5-2挡驱动套/倒挡制动套

自动变速器在2挡工作时，2挡驱动套将动力从2挡离合器壳传到前排行星架；倒挡时，2挡离合器壳被倒挡制动器 B_2 固定，2挡驱动套（倒挡制动套）接合，将前排行星架固定。

如果2挡离合器不能正常接合，变速器仅有1挡；若2挡离合器不能分离，汽车在2挡起步或不能进行2~1降挡。而倒挡制动器 B_2 不工作，变速器无倒挡。

3. 输入单向离合器 F_2 和3挡单向离合器 F_1

输入单向离合器 F_2 和3挡单向离合器 F_1 均为楔块式单向离合器，用于驱动前排太阳轮或限制前排太阳轮的转速。如图8-7所示，3挡单向离合器 F_1 的外圈与3挡离合器片相连，输入单向离合器 F_2 的外圈与输入离合器片相连，F_1 和 F_2 共用内圈，并与前排太阳轮相连。输入单向离合器 F_2、3挡单向离合器 F_1 的锁止方向相反，用手握住前排太阳轮，旋转 F_1 外圈和 F_2 外圈，只能按图中箭头所示方向旋转。图8-8为前排太阳轮与 F_1、F_2 内圈的装配位置要求（图中放大部

分),图 8-9 为单向离合器 F_2 和 F_1 的分解图。

如果单向离合器 F_2 打滑,变速器没有前进挡或倒挡;如果单向离合器 F_1 打滑,变速器在手动 1 挡时没有发动机制动作用。

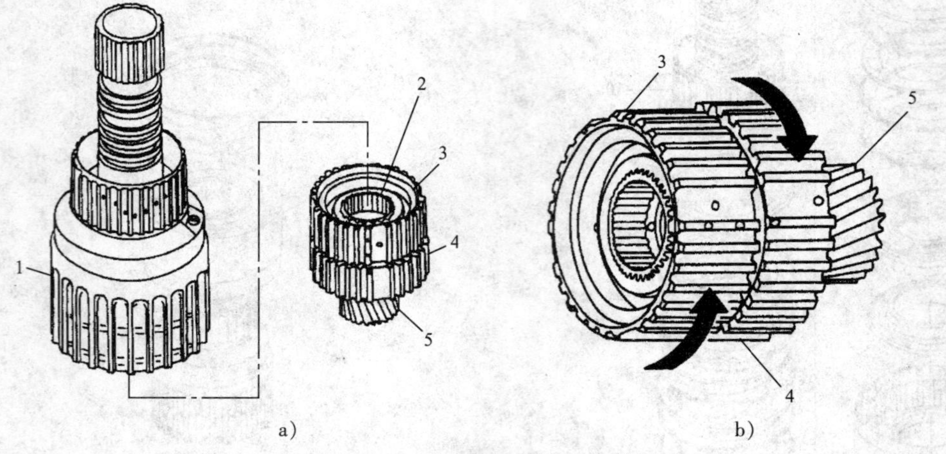

图 8-7 输入单向离合器 F_2 和 3 挡单向离合器 F_1

1-输入离合器壳;2-共用内圈;3-F_1 外圈;4-F_2 外圈;5-前排太阳轮

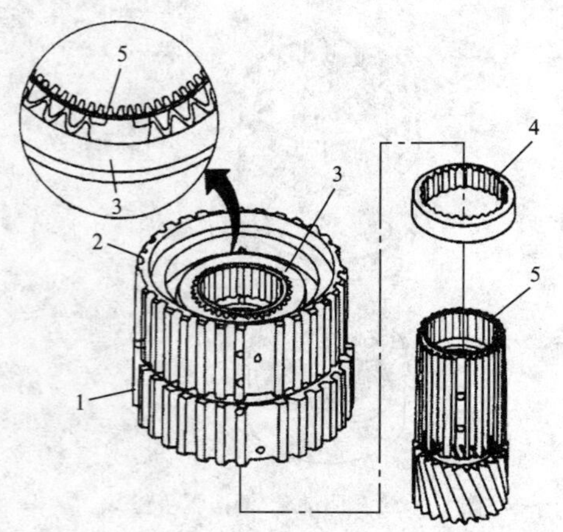

图 8-8 单向离合器 F_2、F_1 和太阳轮的装配

1-F_2 外圈;2-F_1 外圈;3-共用内圈;4-垫圈;5-前排太阳轮

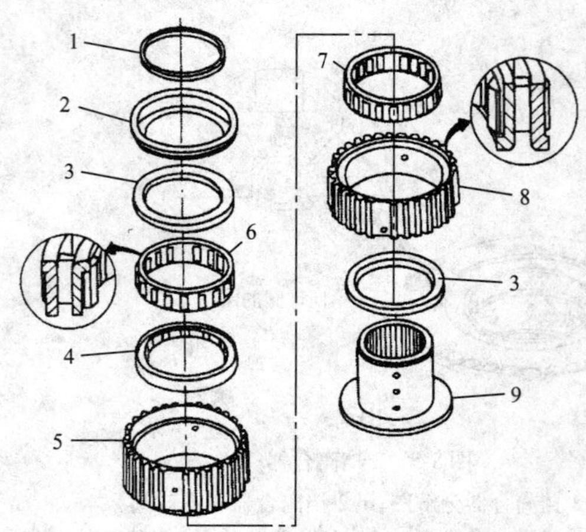

图 8-9 单向离合器 F_2 和 F_1 的分解图

1-固定环;2-外圈夹持器;3-端轴承;4-中轴承;5-F_1 外圈;6-F_1 楔块及保持架;7-F_2 楔块及保持架;8-F_2 外圈;9-共用内圈

4. 低速挡单向离合器 F_3 与前进挡制动器 B_4

低速挡单向离合器 F_3 为滚柱式单向离合器,其内圈是后排太阳轮,同时又是低速挡制动鼓,而外圈是前进挡制动器鼓。在手动 1、2 挡时,单向离合器 F_3 锁止,使后排太阳轮固定,在 3、4 挡时 F_3 滑转。如图 8-10 所示,F_3 只能按图中箭头方向转动。

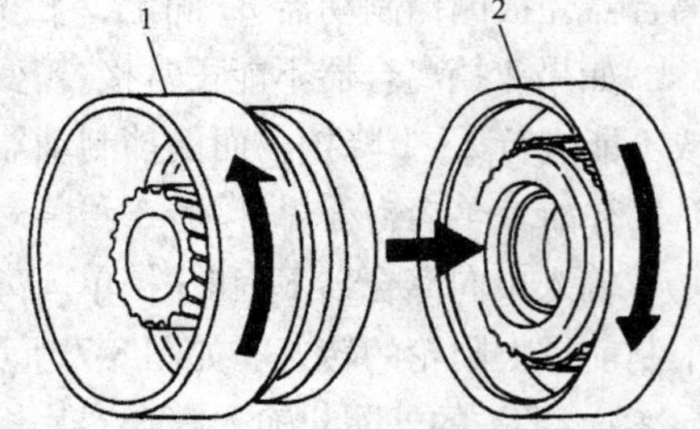

图 8-10 低速挡单向离合器 F_3

1-F_3 内圈(低速挡制动鼓/后排太阳轮);2-F_3 外圈(前进挡制动鼓)

如图 8-11 所示,前进挡制动器 B_4 制动单向离合器 F_3 的外圈,它在所有前进挡位都起作用,即只要在前进挡,前进制动器 B_4 就将低速挡单向离合器 F_3 的外圈固定。

如果低速挡单向离合器 F_3 和制动器 B_4 打滑，变速器在“D”位和“3”位时无前进挡，在“2”位和“1”位时有前进挡。

5. 低速挡制动器 B_3

低速挡制动器 B_3 用于制动后排太阳轮，在手动1、2挡时将后排太阳轮固定，见图8-12。如果低速挡制动器不能接合，变速器在“1”位和“2”位时没有发动机制动作用。

6. 4挡制动器 B_1

4挡制动器是片式制动器，钢片与制动器壳相连，摩擦片与4挡轴相连；而制动器壳于发动机壳体相连，4挡轴通过轴端的花键与前排太阳轮相连，如图8-13所示。制动器工作时，前排太阳轮被固定。如果4挡制动器不能正常制动，变速器没有超速挡。

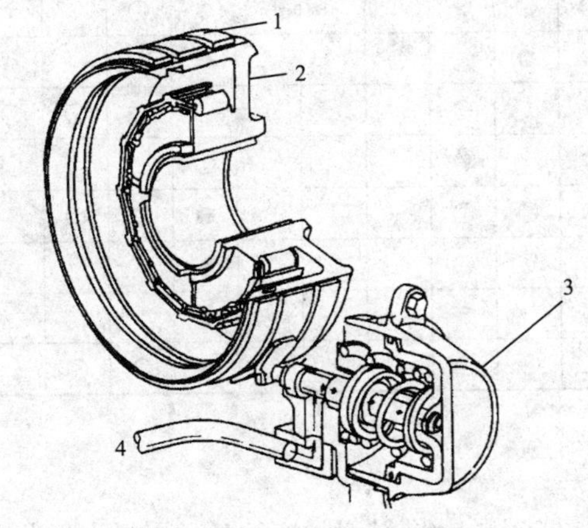

图8-11　前进挡制动器 B_4

1-前进挡制动带；2-前进挡制动器鼓；3-制动带伺服器；4-油管

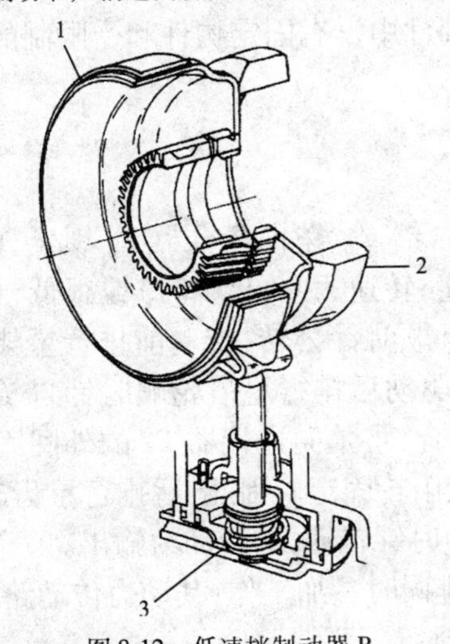

图8-12　低速挡制动器 B_3

1-低速挡制动带；2-后排太阳轮；3-倒挡制动带伺服器

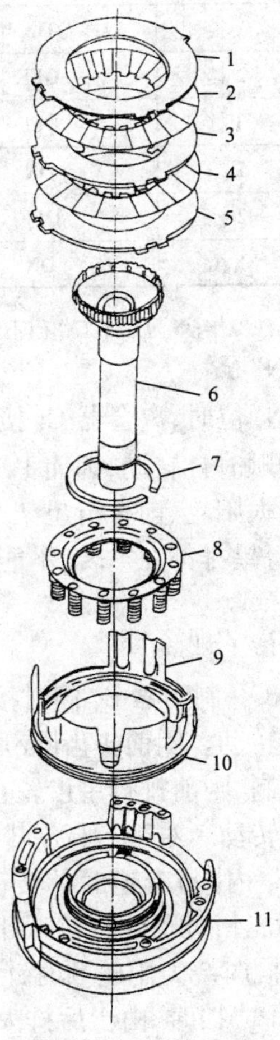

图8-13　4挡制动器 B_1

1、3、5-钢片；2、4-摩擦片；6-4挡轴；7-卡环；8-复位弹簧；9-活塞；10-密封圈；11-制动器壳

二、4T65E行星齿轮变速器各挡动力传递分析

4T65E行星齿轮变速器利用换挡执行元件的不同组合来得到不同的挡位，各换挡执行元

件的布置见图 8-1，其在不同挡位时的工作状态见表 8-6。

换挡执行元件在不同挡位的工作状态　　表 8-6

选挡杆位置	挡位	1—2/3—4 挡电磁阀	2—3 挡电磁阀	换挡执行元件									
				C_1	C_2	C_3	B_1	B_2	B_3	B_4	F_1	F_2	F_3
P	停车挡	ON	ON			●						●	
N	空挡	ON	ON			●						●	
R	倒挡	ON	ON			○		○				○	
D	1 挡	ON	ON			○				○		○	○
	2 挡	OFF	ON	○		●				○			○
	3 挡	OFF	OFF	○	○					●	○		
	4 挡	ON	OFF	○	●		○			●			
3	1 挡	ON	ON			○				○		○	○
	2 挡	OFF	ON	○		●				○			○
	3 挡	OFF	OFF	○	○	○				●	○	○	
2	1 挡	ON	ON			○			○	●		○	
	2 挡	OFF	ON	○		●			○	●			
1	1 挡	ON	ON		○	○			○	●	○	○	

注：○为元件工作；●为元件工作但不传递动力。

1.“P、N”位

“P 或 N”位时，离合器 C_3 接合，使单向离合器 F_2 外圈顺时针转动，由于 F_2 的外圈不能相对于其内圈顺时针转动，因而 F_2 锁止，将动力传至前排太阳轮，使前排太阳轮也顺时针转动。但此时前排太阳轮、前排行星架/后排齿圈、后排太阳轮部件中没有固定构件和受限制的构件，因此，两个行星排都在空转，不能进行动力传递。

2.“D”位

1)“D”位 1 挡

离合器 C_3、制动器 B_4 同时接合。对于前行星排，离合器 C_3、单向离合器 F_2 锁止，前排太阳轮顺时针转动。因前排齿圈/后排行星架与驱动轮相连，转速为 0(起步时)或很低，可视为固定或受限制，则前排行星齿轮在逆时针自转的同时进行顺时针公转，带动前排行星架/后排齿圈顺时针转动。对于后行星排，后排齿圈顺时针转动，驱动后排行星齿轮顺时针自转，则后排太阳轮(F_3 内圈)有逆时针转动的趋势。制动器 B_4 接合，将单向连接器 F_3 的外圈固定，而 F_3 的内圈不能相对于外圈逆时针转动，F_3 锁止，则后排太阳轮固定。因此，后排行星齿轮在顺时针自转的同时绕太阳轮顺时针公转，带动后排行星架顺时针转动，进行动力输出。

可知，“D_1”挡时，由于后排太阳轮固定，使前后行星排同时参加工作，其动力传动路线为：

输入轴→离合器 C_3→单向离合器 F_2→前排太阳轮→前排行星齿轮——→前排齿圈——→输出轴
前排行星齿轮↓
前排行星架/后排齿圈——→后排行星齿轮——→后排行星架↑输出轴

根据行星排运动特性方程有：

前行星排：　$$n_{11}+\alpha_1 n_{12}-(1+\alpha_1)n_{13}=0$$

后行星排：$n_{21}+\alpha_2 n_{22}-(1+\alpha_2)n_{23}=0$

式中：n_{11}——前排太阳轮转速；

n_{12}——前排齿圈转速；

n_{13}——前排行星架转速；

n_{21}——后排太阳轮转速；

n_{22}——后排齿圈转速；

n_{23}——后排行星架转速；

α_1——前排齿圈齿数Z_{12}与前排太阳轮齿数Z_{11}之比，即$\alpha_1=Z_{12}/Z_{11}$；

α_2——后排齿圈齿数Z_{22}与后排太阳轮齿数Z_{21}之比，即$\alpha_2=Z_{22}/Z_{21}$。

且知：$n_{13}=n_{22}$　$n_{12}=n_{23}$　$n_{21}=0$　$Z_{11}=26$　$Z_{12}=62$　$Z_{21}=42$　$Z_{22}=74$

可得1挡传动比　$i_1=n_{11}/n_{23}=2.921$

当汽车滑行时，驱动轮带动后排行星架顺时针转动，则后排太阳轮将顺时针转动，单向离合器F_3不能锁止，后排太阳轮空转，因而两个行星排没有固定或受限制的构件，不能反向传递动力，即"D_1"挡没有发动机制动作用。

2)"D"位2挡

"D_2"挡时，离合器C_1、C_3和制动器B_4接合。离合器C_1接合，使前排行星架/后排齿圈与输入轴同速转动；离合器C_3接合，使单向离合器F_2外圈与输入轴同速转动；制动器B_4接合，单向离合器F_3外圈固定。

对于前行星排：前排齿圈与驱动轮相连，转速相对较低，前排行星架输入，使前排太阳轮顺时针转动，且转速高于行星架转速（增速），即单向离合器F_2内圈转速高于外圈转速，F_2滑转。虽然离合器C_3接合，但不传递动力，前排太阳轮空转使前行星排不能进行动力传递。对于后行星排：后排行星架与驱动轮相连，转速相对较低，后排齿圈输入，使后排太阳轮有逆时针转动的趋势，单向离合器F_3锁止，进而将后排太阳轮固定，因此，动力经后排行星齿轮传到后排行星架，使后排行星架与后排齿圈同向旋转，实现减速传动。同理，汽车滑行时，"D_2"挡也不能利用发动机制动。

"D_2"挡动力传递路线为：

输入轴→离合器C_1→后排齿圈→后排行星齿轮→后排行星架→输出轴

根据行星排运动特性方程，后行星排：

$$n_{21}+\alpha_2 n_{22}-(1+\alpha_2)n_{23}=0$$

其中$n_{21}=0$，则2挡传动比为：

$$i_2=n_{22}/n_{23}=1.568$$

3)"D"位3挡

"D_3"挡时，离合器C_1、C_2和制动器B_4接合。离合器C_1接合，使前排行星架/后排齿圈与输入轴同速转动；离合器C_2接合，使单向离合器F_1外圈与输入轴同速转动；制动器B_4接合，单向离合器F_3外圈固定。

对于前行星排：前排行星架输入，通过前排行星齿轮带动前排太阳轮顺时针增速转动，使单向离合器F_1内圈相对于外圈顺时针转动，单向离合器F_1锁止；由于离合器C_2同时接合，则动力经离合器C_2和单向离合器F_1传到前排太阳轮，即前排行星架和前排太阳轮共同输入，使行星排各构件同速同向转动,形成直接传动。因此,3 挡传动比 $i_3=1$。

行星排的直接传动使后排太阳轮顺时针转动,单向离合器 F_3 滑转,虽然制动器 B_4 接合,但对行星齿轮机构的工作没有影响。

当汽车滑行时,前排齿圈与驱动轮相连转速较高,前排行星架与发动机相连转速较低,前排齿圈通过前排行星齿轮驱动前排太阳轮逆时针转动,单向离合器 F_1 滑转,即前排太阳轮自由空转,前行星排不能传递动力。因此,“D_3”挡没有发动机制动。

4)“D”位 4 挡

“D_4”挡时,制动器 B_1 接合,使前排太阳轮固定;离合器 C_1 接合,前排行星架输入,通过前排行星齿轮带动前排齿圈同向增速转动,实现超速传动,其动力传递路线为:

输入轴→离合器 C_1→前排行星架→前排行星齿轮→前排齿圈→输出轴

根据行星排运动特性方程,前行星排:

$$n_{11}+\alpha_1 n_{12}-(1+\alpha_1)n_{13}=0$$

其中 $n_{11}=0$,则 4 挡传动比为:

$$i_4=n_{13}/n_{12}=0.705$$

当汽车滑行时,由于“D_4”挡没有采用单向离合器进行动力传递,因此驱动轮动力经前排齿圈、前排行星齿轮、前排行星架传到发动机,即“D_4”挡可以利用发动机制动。

3.“R”位

“R”位,制动器 B_2 接合,将前排行星架固定。离合器 C_3 接合,单向离合器 F_2 锁止,前排太阳轮顺时针转动,前排行星齿轮逆时针转动,带动前排齿圈逆时针减速转动,实现倒挡,其动力传递路线为:

输入轴→离合器 C_3→单向离合器 F_2→前排太阳轮→前排行星齿轮→前排齿圈→输出轴

4.“3”位

选挡杆位于“3”位时,1 挡、2 挡与“D_1、D_2”的工作状态完全相同。“3”位 3 挡时,除了 C_1 和 C_2 接合外,离合器 C_3 也接合,可以利用发动机制动。

当汽车在“3”位 3 挡滑行时,驱动轮带动前排齿圈顺时针转动,前排行星齿轮使前排太阳轮有逆时针转动的趋势,单向离合器 F_2 锁止,而离合器 C_3 接合,则前排太阳轮通过单向离合器 F_2 和离合器 C_3 与输入轴相连。离合器 C_1 接合,前排行星架与输入轴相连,即前排行星架和前排太阳轮连接在一起,前行星排形成直接传动,驱动轮动力经前行星排反向传递给发动机,实现了发动机制动。

5.“2”位

选挡杆位于“2”位时,变速器只在 1 和 2 挡之间变化,不能升入 3 挡。

1)“2”位 1 挡

制动器 B_3 接合,后排太阳轮固定,动力由发动机传到驱动轮时,其动力传递路线和传动比与“D_1”挡完全相同。

当汽车滑行时,对后行星排,驱动轮带动后排行星架(前排齿圈)顺时针转动,通过后排行星齿轮驱动后排齿圈同向转动,且后排齿圈(前排行星架)转速高于后排行星架(增速);对前行星排,由于前排行星架转速高于前排齿圈,因而前排太阳轮将顺时针转动,单向离合器 F_2 滑转,不能传递动力,即“2”位 1 挡没有发动机制动作用。

2)“2”位 2 挡

与“D_2”挡相比，增加了低速挡制动器 B_3。制动器 B_3 接合，后排太阳轮固定，动力由发动机传到驱动轮时，其动力传递路线和传动比与“D_2”挡完全相同。

当汽车滑行时，由于离合器 C_1 接合，驱动轮动力经后排行星架、后排行星齿轮、后排齿圈、离合器 C_1 等元件传到发动机，即“2”位 2 挡可以利用发动机制动。

6.“1”位

选挡杆位于“1”位时，变速器只能在 1 挡工作，不能升挡。

“1”位时，输入离合器 C_3 接合，单向离合器 F_2 外圈顺时针转动，F_2 锁止，动力传至前排(输入)太阳轮；同时，3 挡离合器 C_2 接合使单向离合器 F_1 外圈顺时针转动，而前排太阳轮(单向离合器 F_1 内圈)与单向离合器 F_1 外圈同速同向转动，故 3 挡单向离合器 F_1 不传递动力。此时，虽然离合器 C_2 接合但不传递动力。低速挡制动器 B_3 工作，将后排太阳轮固定，因此，“1”位 1 挡的动力传递路线和传动比与“D_1”挡完全相同。

当汽车滑行时，后排太阳轮固定，驱动轮动力经前后行星排传到前排太阳轮，并使前排太阳轮顺时针转动，则单向离合器 F_1 锁止；因 3 挡离合器 C_2 接合，故驱动轮动力经单向离合器 F_1 和离合器 C_2 传到发动机，即“1”位 1 挡具有发动机制动作用。

三、4T65E 行星齿轮变速器的检修

1.4T65E 行星齿轮变速器的分解

4T65E 行星齿轮变速器按图 8-14a)、8-14b)、8-14c)、8-14d)的位置和顺序进行分解。

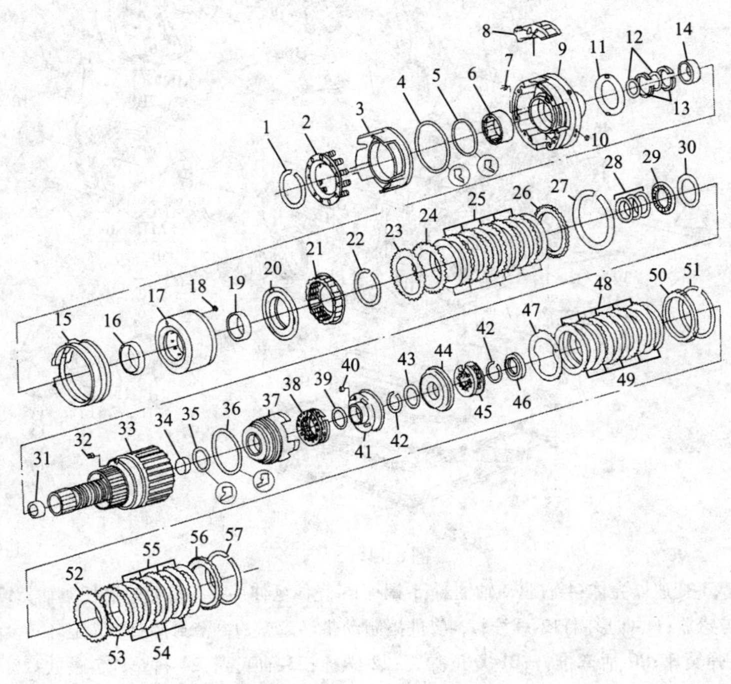

图 8-14　a)

1～10-4 挡制动器；11～14-垫圈、油环；15-倒挡制动带；16～27-2 挡离合器总成；28～30-垫圈、轴承；31～39-输入离合器活塞总成；40～46-3 挡离合器活塞总成；47～51-3 挡离合器片；52～57-输入离合器片

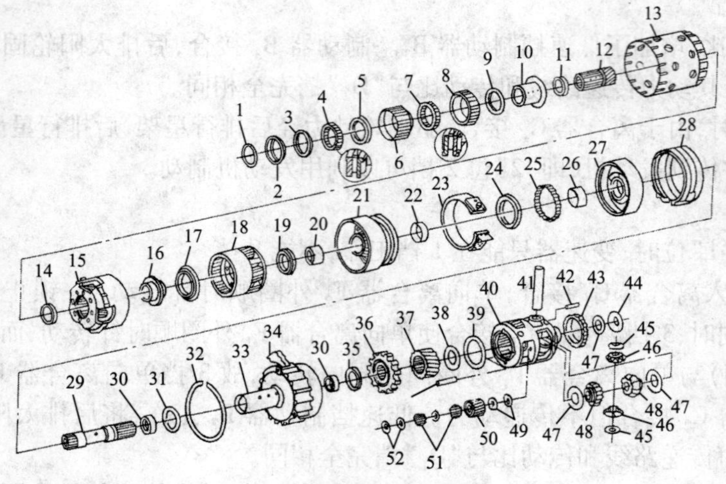

图 8-14　b)

1～11-输入、3 挡单向离合器;12-前排太阳轮;13-2 挡驱动套;14～17-前排行星架/后排齿圈;18～19-后排行星架/前排齿圈;20～22-后排太阳轮;23-低速挡制动带;24～27-倒挡单向离合器内圈/前进挡制动鼓;28-前进挡制动带;29-主减速器输入轴;30～32-垫圈、卡环;33-主减速器齿圈;34-棘爪;35～52-驻减速器/差速器总成

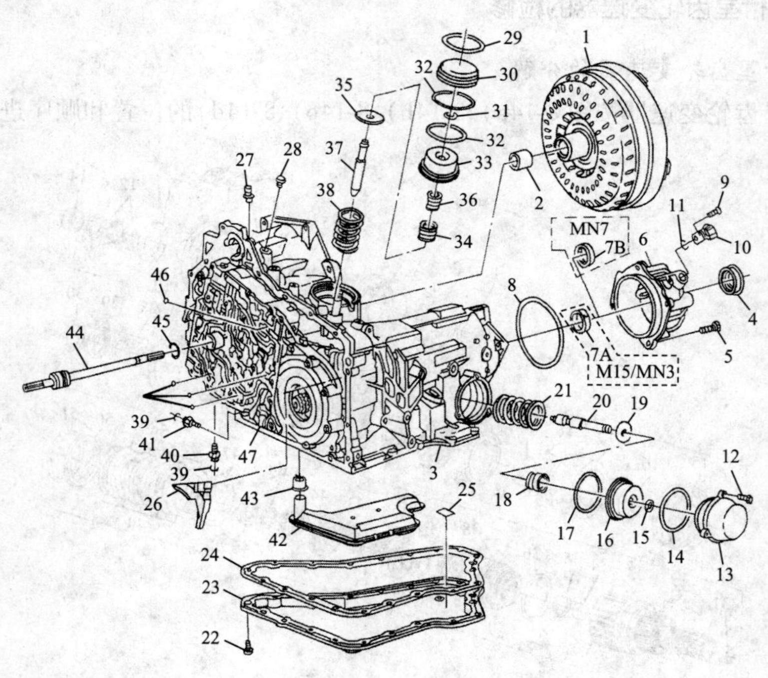

图 8-14　c)

1-变矩器;2-变矩器轴套;3-变速器壳体;4-右驱动轴油封;5-螺栓;6-壳体延伸件;7A-前差速器托架轴套;7B-输出轴轴承;8-密封圈;9-螺栓;10-车速传感器;11-O 形圈;12-螺栓;13-前进挡制动带活塞盖;14-密封圈;15-固定环;16-前进挡制动带活塞;17-密封环;18-弹簧;19-弹簧座;20-活塞推杆;21-复位弹簧;22-螺栓;23-油底壳;24-衬垫;25-磁铁;26-油隔板;27-通风孔;28-油压测试孔塞;29-卡环;30-倒挡制动带活塞盖;31-固定环;32-密封环;33-倒挡制动带活塞;34-弹簧;35-弹簧座;36-内弹簧;37-推杆;38-复位弹簧;39-卡子;40、41-接头;42-变速器油滤清器;43-密封垫;44-油泵驱动轴;45-密封圈;46-壳体盖单向球阀;47-壳体盖

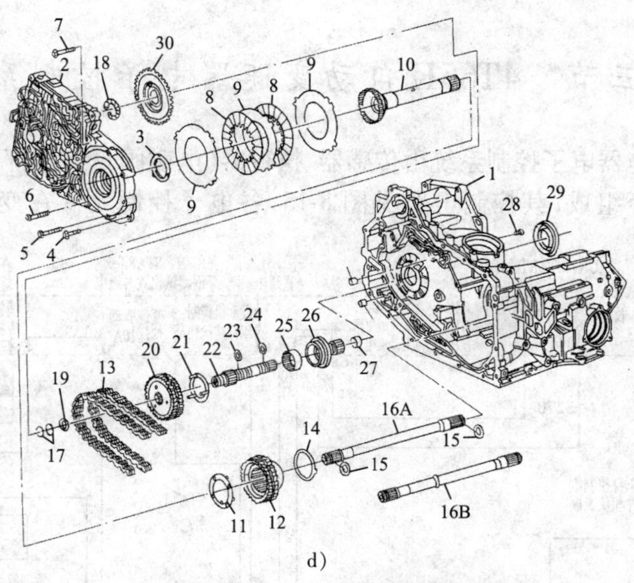

d)

图8-14　4T65E行星齿轮变速器分解图

1-变速器壳体;2-阀板;3-4挡轴止推垫圈;4～7-螺栓;8-4挡制动器摩擦片;9-4挡制动器钢片;10-4挡轴;11-止推垫圈;12-从动链轮;13-驱动链条;14-止推垫圈;15-卡环;16A-输出轴(标准);16B-输出轴(重型);17-涡轮轴密封环;18-止推垫圈;19-固定环;20-驱动链轮;21-止推垫圈;22-涡轮轴;23-密封环;24-O形圈;25-轴承;26-驱动链轮支座;27-轴套;28-螺栓;29-变矩器油封;30-齿轮

2.4T65E行星齿轮变速器的检修

4T65E行星齿轮变速器的检修方法与前面章节所介绍的检修方法基本相同。

1)片式离合器和制动器的检修

(1)检查离合器或制动器摩擦片是否磨损严重,如果颜色发黑或表面的摩擦材料脱落说明已烧蚀,需更换。正常的颜色应为暗红色或浅褐色。

(2)检查钢片是否磨损过度或有翘曲变形。

(3)对于烧损摩擦片的变速器,还应检离合器片的间隙是否正常,工作油压是否过低及单向球阀是否发卡。

(4)检查活塞或壳体上的单向球阀是否发卡或脱落,并用压缩空气检查其密封性。

(5)分解活塞,检查活塞密封圈、复位弹簧有无损坏,弹簧自由长度是否正常;活塞组装后应用压缩空气检查活塞的密封性。

(6)新摩擦片应在自动变速器油中浸泡1h左右才能进行装配。

2)带式制动器的检修

检查制动带有无变形,制动带的摩擦材料有无烧蚀、脱落,制动带与制动鼓的间隙是否正常,制动鼓是否变形等。

3)单向离合器

检查单向离合器有无打滑、卡滞现象,尤其要注意其锁止方向,不要装反。

4)行星齿轮机构

检查各齿轮有无齿面剥落、轮齿损坏现象,止推垫片、垫圈、推力轴承是否损坏,行星齿轮是否转动自如,有无发卡或松旷现象,内部滚针轴承是否损坏,行星齿轮端面间隙是否正常等。

3.4T65E行星齿轮变速器的组装

按分解的逆顺序组装变速器。

第三节 4T65E 自动变速器电子控制系统

4T65E 自动变速器电子控制系统由传感器、执行器(电磁阀)、控制开关和控制单元(动力系控制模块 PCM)等组成,其控制电路见图 8-15,各电子控制元件在变速器上的位置见图

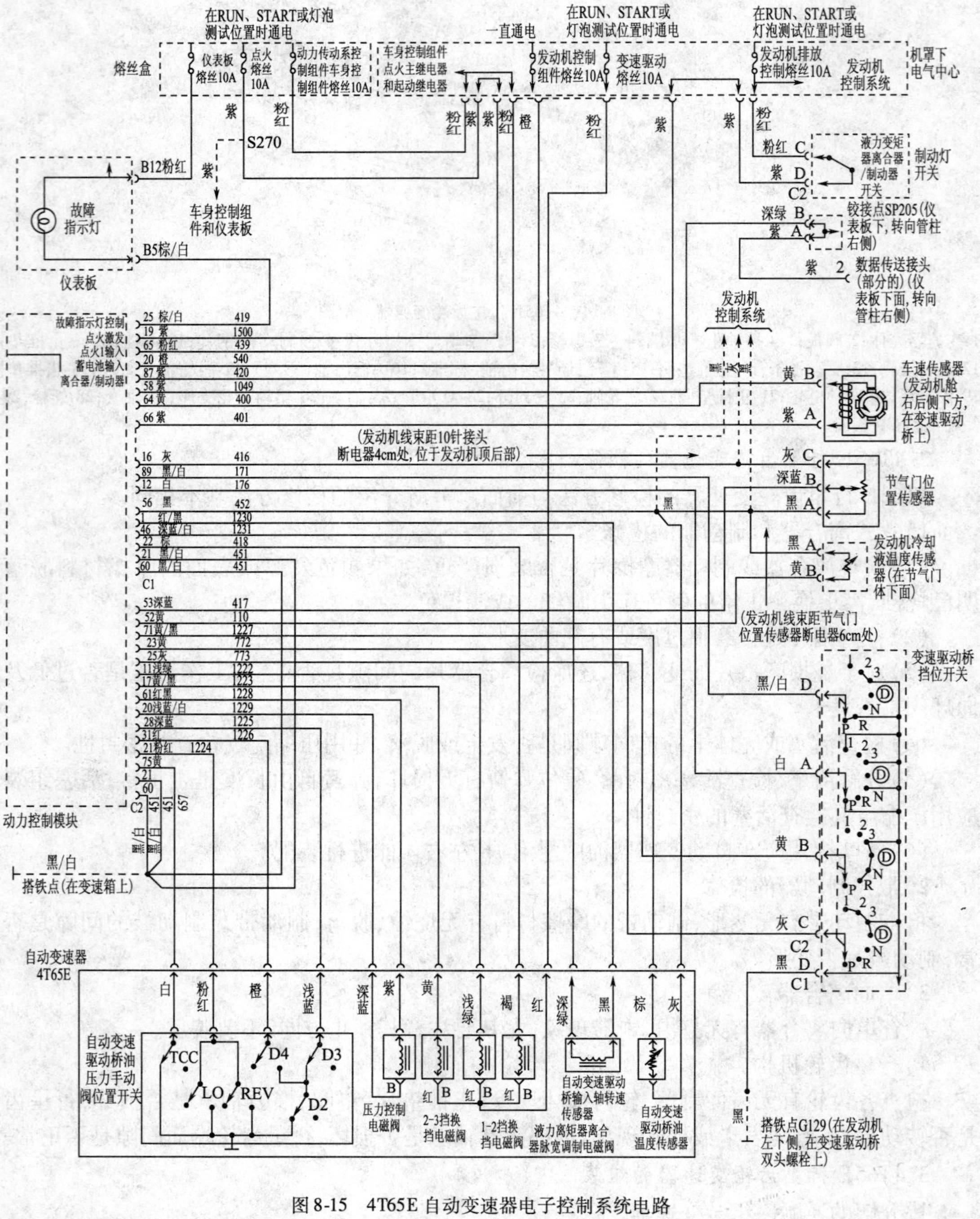

在RUN、START或灯泡测试位置时通电
一直通电
在RUN、START或灯泡测试位置时通电
在RUN、START或灯泡测试位置时通电
熔丝盒
仪表板熔丝10A
点火熔丝10A
动力传动系控制组件车身控制组件熔丝10A
车身控制组件点火主继电器和起动继电器
发动机控制组件熔丝10A
变速驱动熔丝10A
发动机排放控制熔丝10A
发动机控制系统
机罩下电气中心
S270
车身控制组件和仪表板
故障指示灯
仪表板
B12粉红
B5棕/白
液力变矩器离合器/制动器开关
制动灯开关
铰接点SP205(仪表板下,转向管柱右侧)
数据传送接头(部分的)(仪表板下面,转向管柱右侧)
发动机控制系统
车速传感器(发动机舱右后侧下方,在变速驱动桥上)
(发动机线束距10针接头断电器4cm处,位于发动机顶后部)
节气门位置传感器
发动机冷却液温度传感器(在节气门体下面)
(发动机线束距节气门位置传感器断电器6cm处)
变速驱动桥挡位开关
故障指示灯控制
点火激发
点火1输入
蓄电池输入
离合器/制动器
动力控制模块
黑/白
搭铁点(在变速箱上)
自动变速器4T65E
自动变速驱动桥油压力手动阀位置开关
TCC
LO
REV
D4
D3
D2
压力控制电磁阀
2-3挡换挡电磁阀
1-2挡换挡电磁阀
液力离矩器离合器脉宽调制电磁阀
自动变速驱动桥输入轴转速传感器
自动变速驱动桥油温度传感器
搭铁点G129(在发动机左下侧,在变速驱动桥双头螺栓上)

图 8-15 4T65E 自动变速器电子控制系统电路

8-16。自动变速器的控制单元接收各传感器和控制开关的信号，经过计算、分析和对比，按预先设定的程序控制各电磁阀的动作，进而使相关的液压控制元件和换挡执行元件工作，实现自动变速器的自动换挡和多功能控制。

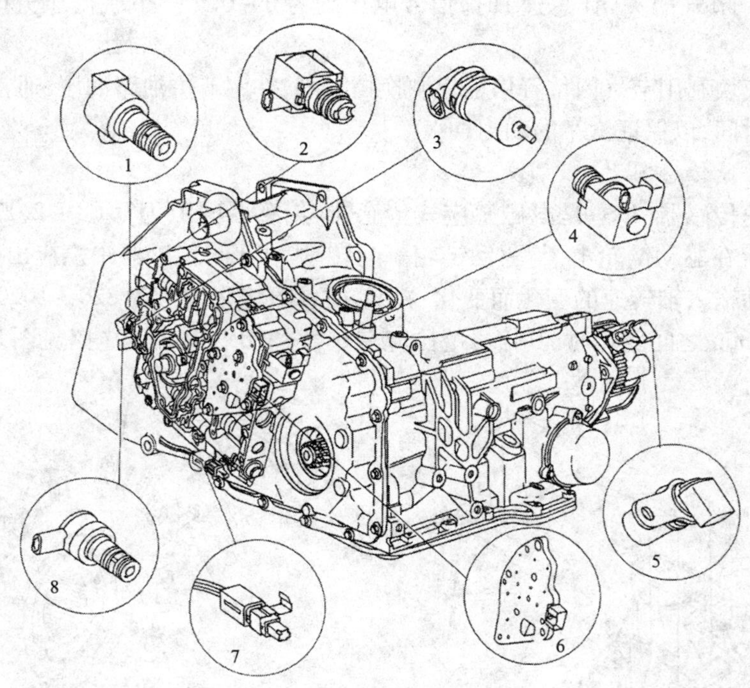

图8-16　4T65E自动变速器电子控制元件位置图

1-油压（PC）电磁阀；2-1—2挡/3—4挡换挡电磁阀；3-输入轴转速传感器（ISS）；4-2—3挡换挡电磁阀；5-车速传感器（VSS）；6-油液压力手动阀位置（TFP）开关；7-油液温度（TFP）传感器；8-锁止电磁阀

一、传感器

4T65E自动变速器的主要传感器有车速传感器（VSS）、节气门位置（TP）传感器、输入轴转速传感器（ISS）、油液温度（TFT）传感器等。

1.车速传感器

车速传感器（VSS）是电磁感应式传感器，为动力控制模块（PCM）提供车速信号，以控制主油路油压、变速器换挡模式和变矩器锁止离合器的工作。车速传感器安装在变速器壳体上，其信号盘是安装在差速器上的齿圈，传感器间隙为0.27～1.57mm，如图8-17所示。差速器壳体旋转时，在VSS传感器中感应出交流信号，信号频率和电压随车速的变化而变化。20℃时，车速传感器电阻值应为1650～2200Ω；当车轮转速在100～6000 r/min之间变化时，其信号电压应在0.5V～200V，其控制电路见图8-15。

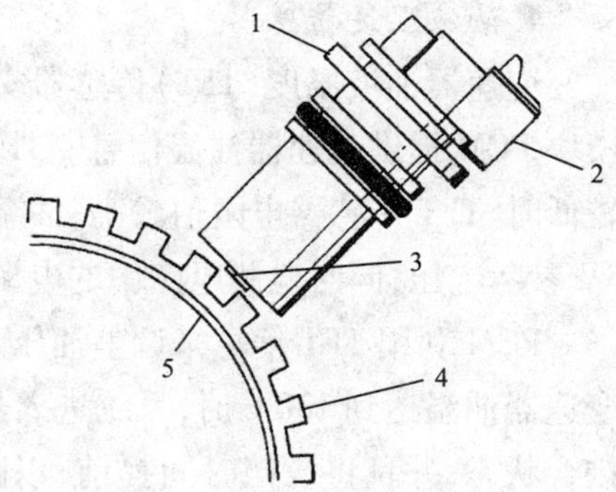

图8-17　车速传感器

1-车速传感器；2-连接器；3-磁性传感器；4-齿圈；5-差速器壳体

2. 节气门位置传感器

节气门位置传感器(TP)是一个可变电位计,安装在发动机节气门体上,如图 8-18 所示。动力控制模块 PCM 为电子 A 提供 5V 参考电压,端子 B 经 PCM 搭铁,端子 C 为 PCM 提供信号电压。节气门关闭(怠速)时,信号电压约为 0 ~0.7V,节气门全开时,信号电压应在 4V 以上。

动力控制模块利用节气门位置信号控制换挡时刻,并调节主油路油压;通常在急踩加速踏板时推迟换挡时间,以保证汽车的动力性。

3. 输入轴转速传感器

输入轴转速传感器(ISS)是电磁感应式传感器,传感器间隙为 0.08 ~2.12mm,如图 8-19 所示。齿圈固定在驱动链轮上,与驱动链轮一起转动,在 ISS 传感器中感应出交流信号,其信号频率和电压随输入轴转速的变化而变化。20℃时,ISS 电阻值应为 820 ~1020Ω,当链轮转速在 300 ~6000r/min 之间变化时,其信号电压应在 0.5 ~200V,其控制电路见图 8-15。

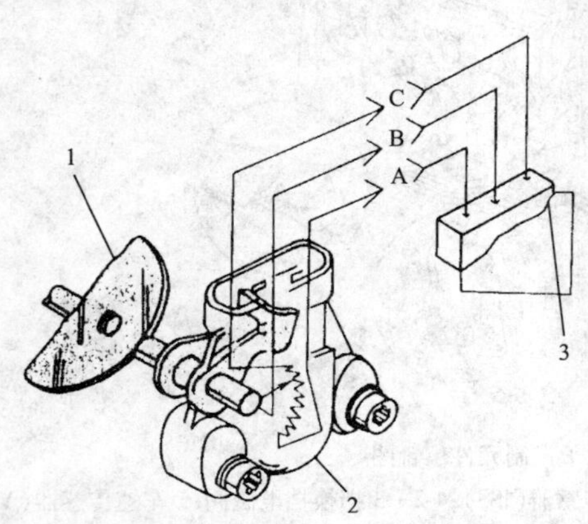

图 8-18　节气门位置传感器

1-节气门;2-节气门位置传感器;3-动力控制模块

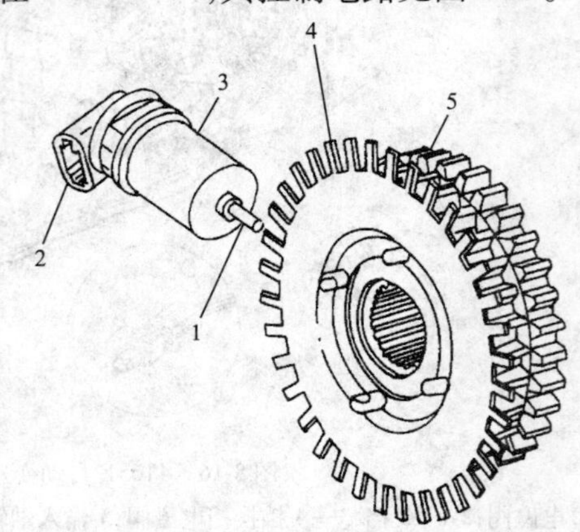

图 8-19　输入轴转速传感器

1-磁性传感器;2-连接器;3-输入轴转速传感器;4-齿圈;5-驱动链轮

动力控制模块(PCM)利用 ISS 信号来控制主油路油压、变速器换挡模式和变矩器锁止离合器的动作,ISS 信号也被用来计算实际的齿轮传动比及锁止离合器的滑动率。

4. 油液温度传感器

变速器油液温度(TFT)传感器安装在阀板上,是一个负温度系数的热敏电阻,为动力控制模块 PCM 提供变速器油温信息。TFT 传感器的电阻值随变速器油液温度的变化而变化,油温较低时,TFT 传感器电阻值较高;油温升高后,TFT 传感器电阻变小。PCM 为 TFT 传感器提供 5V 参考电压,同时检测电路中的电压降,其控制电路见图 8-20。

PCM 利用 TFT 信息来调整油压、控制换挡时刻和锁止离合器的工作。如果 PCM 检测到变速器油温达到 130℃时,系统进入热模式,在热模式下,锁止离合器在 3 挡和 4 挡时总处于接合状态,并且将换挡时间提前,以降低变速器温度;当 PCM 检测到变速器温度低于 120℃时,热模式解除。

除上述传感器信号外,动力控制模块还利用发动机转速信号和冷却液温度信号对自动变速器进行控制。

PCM接收发动机转速信号,并与变速器输入轴转速信号进行对比,以判断锁止离合器的打滑状态,进而调整锁止电磁阀的调制脉宽。

PCM根据发动机冷却液温度信号控制换挡时刻和锁止离合器的锁止时刻。当发动机温度较低时,换挡延迟,使发动机高速运转,以保证其动力性并尽快暖机;若发动机温度低于70℃,锁止离合器不能接合。

二、电磁阀

在4T65E自动变速器阀板上安装有2个换挡电磁阀、1个油压电磁阀和1个锁止电磁阀,在选挡杆锁止控制系统中设有选挡杆锁止电磁阀和驻车锁定电磁阀。

1. 换挡电磁阀

4T65E自动变速器设有2个开关式换挡电磁阀,分别为1—2/3—4换挡电磁阀和2—3换挡电磁阀,这两个电磁阀结构相同,都是常开电磁阀。在电磁阀断电(OFF)时,其控制的油道处于泄压状态;而在电磁阀通电(ON)时,油道建立油压,以控制换挡阀的动作。

动力控制模块(PCM)通过控制电磁阀的搭铁来控制电磁阀的工作状态,从而使自动变速器在不同的挡位工作,其控制电路见图8-15。20℃时换挡电磁阀的电阻值为19~24Ω,88℃电阻值为24~31Ω,其在不同挡位时的工作状态见表8-6。

2. 油压电磁阀

油压电磁阀(PC)用于调节主油路油压,使主油路油压随节气门开度和汽车挡位的变化而变化,即当节气门开度增大,或在低速挡和倒挡行驶时,因所传递的力矩较大,为防止离合器、制动器打滑,使主油路压力升高。

在4T65E自动变速器中,PC阀的输出油压控制转矩信号调节阀的位置,转矩信号调节阀输出的油压再控制压力调节阀的位置,而压力调节阀输出的油压就是变量叶片泵的反馈控制油压;反馈油压使叶片泵滑座与转子的偏心距发生改变,从而调节油泵的排量及输出压力——主油路油压。

PC阀是线性脉冲式电磁阀,20℃时,电阻值应为3~5Ω,88℃时,电阻值应为5~6Ω,其控制电路见图8-20。PCM以292.5Hz固定频率的方波信号驱动PC阀,占空比增大时,通过PC阀线圈的平均电流增大,使主油路油压减小;反之,主油路油压升高。而且PCM还检测并记忆PC阀故障,一旦PC阀出现故障,PCM给PC阀断电,此时PC阀电流为0,主油路油压保持在最高状态。

动力控制模块还通过控制主油路油压来控制换挡时间。PCM通过监视输入转速传感器和车速传感器信号来判断升高速挡的时间,通常换挡时间为0.25~0.65s,如果换挡时间大于标定时间,则PCM减少PC阀的电流,增加主油路油压和转矩信号压力,使换挡时间缩短,可以补偿因离合器或制动器磨损而导致的换挡迟滞。如果换挡时间小于标定值,则PCM增加PC阀的电流,以增加换挡时间。

3. 锁止电磁阀

锁止电磁阀是一个常闭渐进式电磁阀,用于控制变矩器锁止离合器的接合和分离,20℃

时，电阻值应为 10～12Ω，88℃时，电阻值应为 13～15Ω，其控制电路见图 8-21。PCM 通过改变占空比来控制锁止离合器接合和分离的速率，并且锁止离合器并没有完全锁死，使锁止离合器的工作平和柔顺。当 PCM 接收到制动信号时，使锁止离合器分离。

4. 选挡杆锁止电磁阀与驻车锁定电磁阀

选挡杆锁止电磁阀（BTSI）用来防止在没有踩下制动踏板时，选挡杆移出驻车挡。接通点火开关且未踩下制动踏板时，BTSI 电磁阀供电，选挡杆锁死；当踩下制动踏板时，BTSI 电磁阀断电，选挡杆释放。驻车锁定电磁阀与 BTSI 的控制相反，它在接通点火开关时释放选挡杆，断电后（关闭点火或蓄电池断开）将选挡杆锁死，其控制电路见图 8-20 和图 8-21。

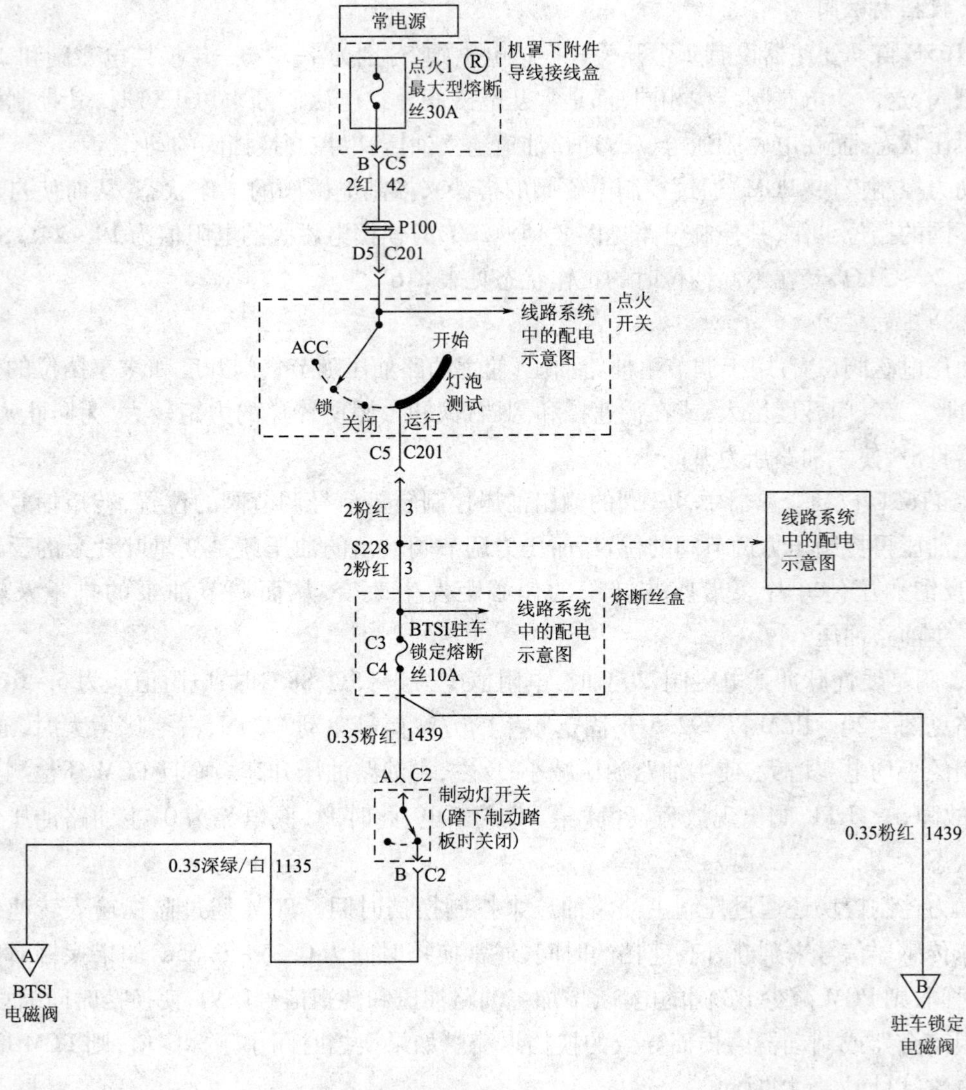

常电源
机罩下附件导线接线盒
点火1 Ⓡ 最大型熔断丝30A
B C5
2红 42
P100
D5 C201
点火开关
线路系统中的配电示意图
ACC
开始
锁
灯泡测试
关闭
运行
C5 C201
2粉红 3
S228
2粉红 3
线路系统中的配电示意图
熔断丝盒
线路系统中的配电示意图
C3
BTSI驻车锁定熔断丝10A
C4
0.35粉红 1439
A C2
制动灯开关（踏下制动踏板时关闭）
0.35深绿/白 1135
B C2
0.35粉红 1439
A
BTSI 电磁阀
B
驻车锁定电磁阀

图 8-20 选挡杆锁止电磁阀与驻车锁定电磁阀控制电路（一）

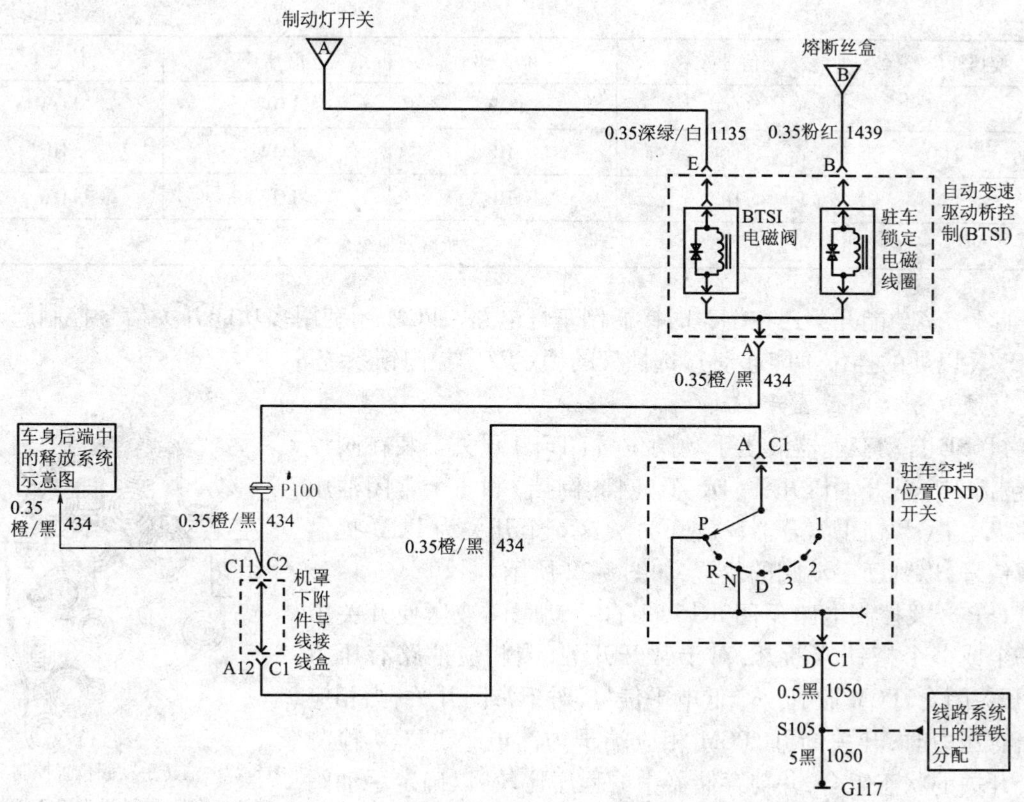

图8-21　选挡杆锁止电磁阀与驻车锁定电磁阀控制电路(二)

三、控制开关

1.多功能开关

4T65E自动变速器的多功能开关将空挡起动开关(P/N开关)和倒车灯开关组合为一体,安装在变速器手动杆的外部,为PCM提供开关逻辑信号,其控制电路见图8-15。PCM根据逻辑开关信号来确定换挡杆所处的位置,并在仪表板上显示相应的挡位。动力控制模块为A、B、C、P端子提供12V电压,当选挡杆位于不同的位置时,开关内部各信号线的搭铁状态发生改变,从而使信号线路接通或断开。如果某信号线路闭合搭铁,PCM相应端子收到一个低电压信号(LOW);如果某信号线路断开,PCM相应端子收到一个12V的高压信号(HI),PCM通过对A、B、C的电压信号和奇偶位P的有效组合,与存储在存储器中的挡位开关组合表进行比较,从而判断出选挡杆的实际位置。变速器挡位开关的逻辑关系见表8-7。

多功能开关的逻辑关系　　表8-7

换挡杆位置	信号A	信号B	信号C	信号P
P	LOW	HI	HI	LOW
R	LOW	LOW	HI	HI
N	HI	LOW	HI	LOW
D	HI	LOW	LOW	HI

续上表

换挡杆位置	信号 A	信号 B	信号 C	信号 P
3	LOW	LOW	LOW	LOW
2	LOW	HI	LOW	HI
1	HI	HI	LOW	LOW
无效	所有其他组合			

此外,多功能开关还在倒车时接通倒车灯电路。PCM 还利用多功能开关信号控制起动机(在 P/N 以外的挡位不能起动)、选挡杆的锁定及中控门锁系统等。

2. 液压手动阀位置开关

4T65E 自动变速器液压手动阀位置(TFP)开关安装在阀体上,包括 3 个常开油压开关(D_4、低速挡、倒挡)和 3 个常闭油压开关(D_3、D_2 和锁止离合器释放开关),这 6 个开关为 PCM 提供逻辑信号,以判断手动阀的位置,如图 8-22 所示。

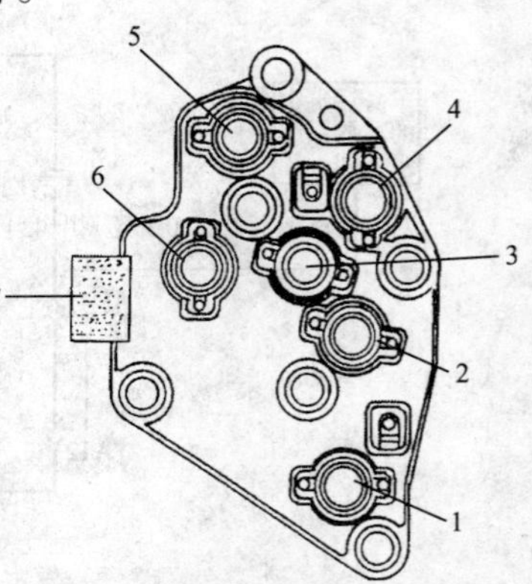

图 8-22 液压手动阀位置控制开关
1-锁止离合器控制开关;2-3 挡控制开关;3-4 挡控制开关;4-低速挡控制开关;5-倒挡控制开关;6-2 挡控制开关;7-开关连接器

TFP 开关控制电路见图 8-15,来自手动阀的液压使开关中的一个或多个搭铁或断开,对于常开开关,当相应油路有压力时,开关闭合,PCM 收到一个低电平信号;对于常闭开关,当相应油路有压力时,开关断开,PCM 相应端子为高电平。PCM 检测各个开关的状态组合,并与存储器中的程序比较,以确定手动阀的位置。TFP 开关的逻辑关系见表 8-8。

动力控制模块液压手动阀位置开关信号来控制主油路油压、锁止离合器的接合和分离及换挡电磁阀的工件。

TFP 开关的逻辑关系 表 8-8

挡位	信号 A	信号 B	信号 C
P/N	HI	LOW	HI
R	LOW	LOW	HI
4	HI	LOW	LOW
3	HI	HI	LOW
2	HI	HI	HI
1	LOW	HI	HI
无效	其他		

四、动力控制模块

动力控制模块(PCM)位于发动机空气滤清器壳下部,它将发动机控制模块(ECM)和变速器控制模块(TCM)合二为一,能够对发动机和变速器进行统一控制,取消了 ECM 和 TCM 之间的外部通信连线,提高了系统的精确性和可靠性。PCM 的控制功能如下:

1. 换挡控制

动力控制模块根据各传感器和开关信号控制两个换挡电磁阀动作,使自动变速器在最佳时刻进行换挡;并控制油压电磁阀调节主油路油压,进而控制换挡时间,以防止因换挡时间过短造成换挡冲击或因换挡时间过长造成换挡执行元件打滑。

2. 锁止离合器控制

动力控制模块根据汽车的工作状况确定变矩器锁止离合器是否工作,通过控制锁止电磁阀的占空比,将锁止离合器的滑转控制在规定的范围内,既防止了锁止离合器接合过快而产生冲击,又能防止锁止离合器因打滑而烧蚀。

3. 失效保护

当电子控制系统的某个元件或线路出现故障时,动力控制模块进入安全模式,实施失效保护。

(1)油压电磁阀断路。油压电磁阀断路后使主油路油压升至最高,防止离合器或制动带打滑。

(2)锁止电磁阀断路。锁止电磁阀断路后,锁止离合器不再接合。

(3)换挡电磁阀断路。当两个换挡电磁阀都断电时,变速器处于3挡,无论选挡杆处于任何前进挡位,变速器均以3挡起步、行驶;选挡杆位于"P、N、R"位时仍有效。

4. 自诊断

动力控制模块在工作过程中不停地检测各传感器和执行元件的工作状态,一旦发现故障,将相关的故障信息存储在控制模块内部的存储器中,同时通过仪表盘上的故障指示灯进行警示。维修人员可用专用故障检测仪 Tech 2 通过车辆的故障诊断接口读取故障码和有关数据,分析并判断故障部位所在。

4T65E 自动变速器连接器端子布置见图 8-23,各端子的作用见表 8-9。

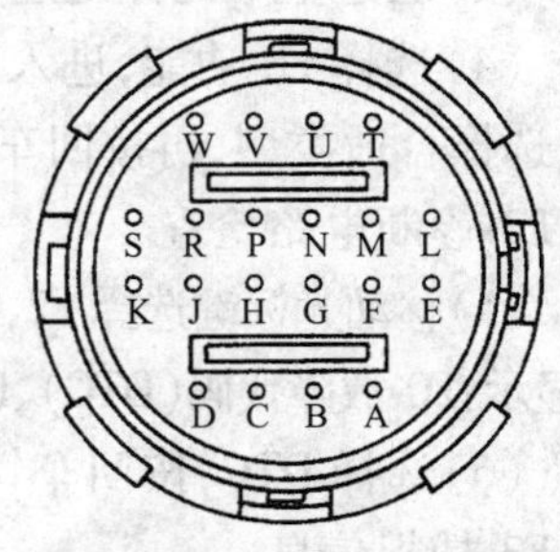

图 8-23 4T65E 自动变速器连接器端子布置图

4T65E 自动变速器连接器端子的作用 表 8-9

端子	导线颜色	电路编号	作用
A	浅绿	1222	1—2 挡换挡电磁阀
B	黄	1223	2—3 挡换挡电磁阀
C	紫	1228	油压电磁阀供电
D	浅蓝	1229	油压电磁阀搭铁
E	红	839	供电电路
F-K	—	—	未使用
L	棕	1227	油温传感器信号
M	灰	452	油温传感器搭铁
N	粉红	1224	油压开关信号 A
P	橙	1226	油压开关信号 C
R	深蓝	1225	油压开关信号 B
S	黑	1230	输入轴速度传感器信号
T	棕黄	418	锁止电磁阀控制
U	白	1804	锁止离合器释放开关输入
V	深绿	1231	输入轴速度传感器搭铁
W	—	—	未使用

五、4T65E 电子控制系统的检修

1. 故障码的读取方法

若 4T65E 自动变速器电子控制系统出现故障,通常 PCM 会记忆储存故障,并发出警示(故障指示灯亮),此时应首先读取故障码,并按故障码的提示进行检修。

4T65E 自动变速器利用专用故障检测仪 Tech 2 来读取或清除故障码,还可读取变速器的数据流。其操作步骤如下:

(1)接通电源,仪器进入自检状态,屏幕进行“SYSTEM INITIANLIZING(系统初始化)”约 4s;当仪器发出一声蜂鸣提示音后,屏幕将会显示仪器的版本信息。

(2)按回车键进入主菜单,屏幕显示:F0-诊断、F1-服务程序系统、F2-显示捕捉数据、F3-工具选项、F4-启用。

(3)通过上下光标键选中目标,按回车键确认。

(4)选择 F0 功能,进入车辆规格选项,通过移动光标键选择年款。按回车键,进入车辆系统,选择合适类型,再按回车键进入系统选择菜单,屏幕显示:F0-发动机动力、F1-车身、F2-底盘、F3-诊断电路检查。

(5)移动光标键选择 F2,按回车键进入底盘类型选项,选择变速器,按回车键,进入以下功能,屏幕显示:F0-故障代码(DTC)、F1-数据显示、F2-特殊功能、F3-捕捉、F4-I/M 信息、F5-ID 信息。

(6)选择 DTC,按回车键,进入诊断代码功能: F0-DTC 信息、F1-失败记录、F2-清除故障码、F3-捕捉信息。

(7)移动光标键选择 F0,按回车键确定,进入以下界面:F0-DTC 信息、F1-查阅故障码(特殊 DTC)、F2-清除故障码后记录、F3-诊断测试说明。

(8)移动光标键选择 F0,按回车键确定,显示故障代码。通过光标键翻页,或按 INFO 对应键,可提供有关帮助信息。

(9)返回“7”中,选择 F1,按回车键确定,进入故障查询界面,此时可通过故障代码的输入,查询所指代的故障,并提供有关帮助信息。

(10)返回到“6”中,选择 F2,按回车键确定,屏幕提示:真的要清除吗?(Y/N),按 Y 键清除,按 N 键取消。

(11)返回到“5”中,选择 F2,并选择“变速器”,可读取变速器数据流。

4T65E 自动变速器故障码见表 8-10。

上海别克 4T65E 自动变速器故障代码及故障原因 表 8-10

故障代码	故障原因	故障代码	故障原因
P0218	变速器油液温度过高	P0713	油温传感器电路信号过高
P0502	车速传感器电路信号过低	P0716	输入转速传感器电路间断
P0503	车速传感器电路间断	P0717	输入转速传感器电压信号过低
P0711	油温传感器电路间断/无电压	P0719	制动器开关电路电压过低
P0712	油温传感器电路信号过低	P0724	制动器开关电路电压过高

续上表

故障代码	故障原因	故障代码	故障原因
P0730	不正确的传动比	P0756	2—3 挡换挡电磁阀性能故障
P0741	锁止离合器接合滞后	P0758	2—3 挡换挡电磁阀电路故障
P0742	锁止离合器分离滞后	P1810	液压手动阀位置开关电路故障
P0748	油压电磁阀电路故障	P1811	最大适配和换挡滞后
P0751	1—2/3—4 挡换挡电磁阀性能故障	P1860	锁止电磁阀电路故障
P0753	1—2/3—4 挡换挡电磁阀电路故障	P1887	锁止离合器释放开关电路故障

2. 电子元件及线路的检修

(1)车速传感器。车速传感器(VSS)电路信号电压过低或间断,则给出故障代码 P0502 或 P0503,其诊断及检修流程见图 8-24。

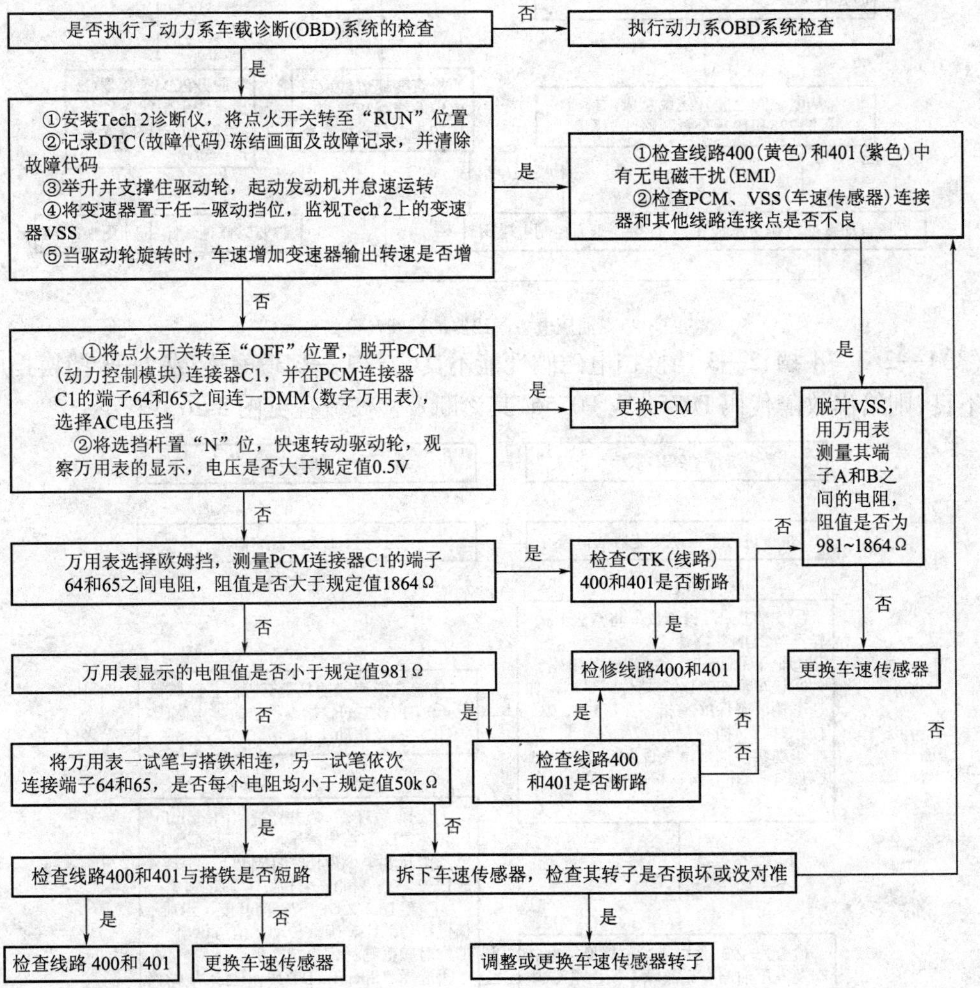

是否执行了动力系车载诊断(OBD)系统的检查 —否→ 执行动力系OBD系统检查

是

①安装Tech 2诊断仪，将点火开关转至“RUN”位置
②记录DTC(故障代码)冻结画面及故障记录，并清除故障代码
③举升并支撑住驱动轮，起动发动机并怠速运转
④将变速器置于任一驱动挡位，监视Tech 2上的变速器VSS
⑤当驱动轮旋转时，车速增加变速器输出转速是否增

是 → ①检查线路400(黄色)和401(紫色)中有无电磁干扰(EMI)
②检查PCM、VSS(车速传感器)连接器和其他线路连接点是否不良

是 → 脱开VSS，用万用表测量其端子A和B之间的电阻，阻值是否为981~1864 Ω

否 → 更换车速传感器

否

①将点火开关转至“OFF”位置，脱开PCM(动力控制模块)连接器C1，并在PCM连接器C1的端子64和65之间连一DMM(数字万用表)，选择AC电压挡
②将选挡杆置“N”位，快速转动驱动轮，观察万用表的显示，电压是否大于规定值0.5V

是 → 更换PCM

否

万用表选择欧姆挡，测量PCM连接器C1的端子64和65之间电阻，阻值是否大于规定值1864 Ω

是 → 检查CTK(线路)400和401是否断路

是 → 检修线路400和401

否

万用表显示的电阻值是否小于规定值981 Ω

是 → 检查线路400和401是否断路

是 → 检修线路400和401

否

否

将万用表一试笔与搭铁相连，另一试笔依次连接端子64和65，是否每个电阻均小于规定值50k Ω

是 → 检查线路400和401与搭铁是否短路

是 → 检查线路 400和 401

否 → 更换车速传感器

否 → 拆下车速传感器，检查其转子是否损坏或没对准

是 → 调整或更换车速传感器转子

否

图 8-24　车速传感器电路信号电压过低或间断的诊断及检修流程

(2)油压电磁阀。油压电磁阀线路不良则给出故障代码 P0748,其诊断及检修流程见图 8-25。

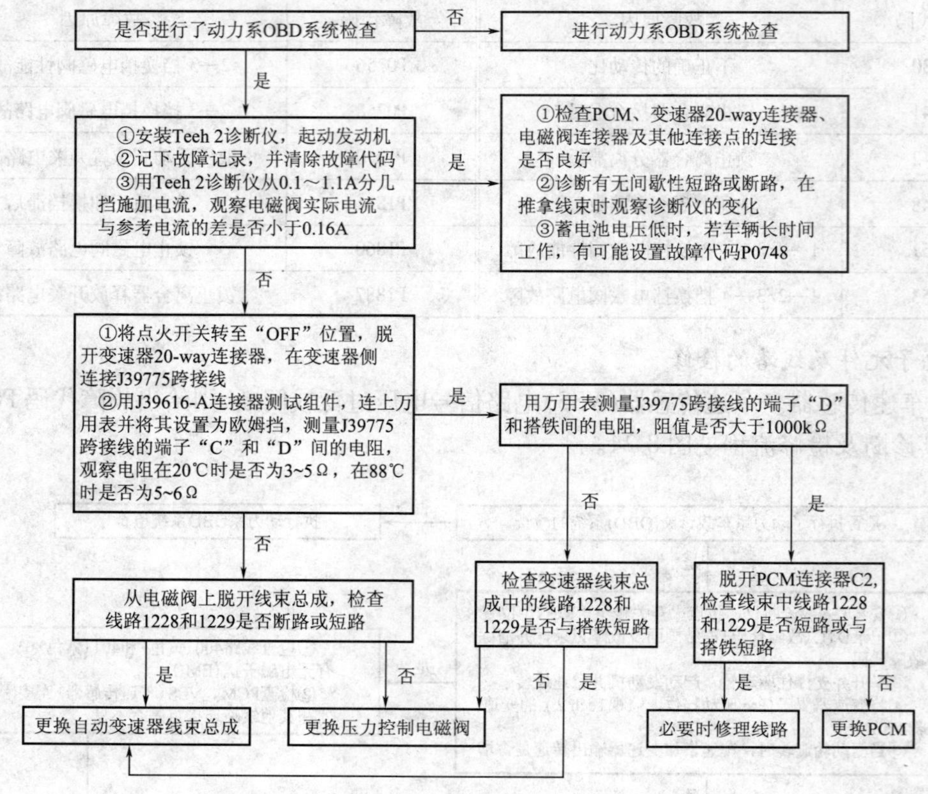

图 8-25　油压电磁阀线路的诊断及检修流程

(3)1—2/3—4 挡、2—3 挡换挡电磁阀性能不良。若 1—2/3—4 挡或 2—3 挡换挡电磁阀性能不良,则给出故障代码 P0751 或 P0756,其诊断及检修流程见图 8-26。

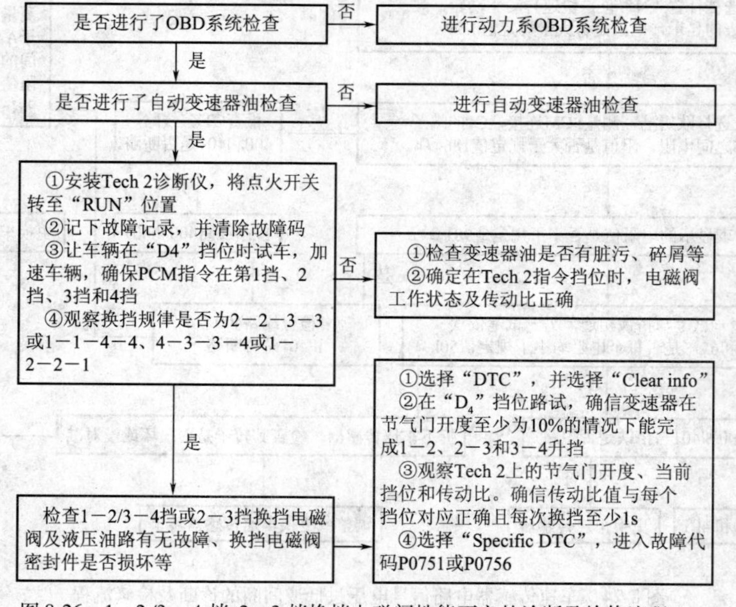

图 8-26　1—2/3—4 挡、2—3 挡换挡电磁阀性能不良的诊断及检修流程

(4)1—2/3—4 挡、2—3 挡换挡电磁阀、锁止电磁阀线路不良。若 1—2/3—4 挡或 2—3 挡换挡电磁阀或锁止电磁阀线路不良,则给出故障代码 P0753、P0758 或 P1860,其诊断及检修流程见图 8-27。

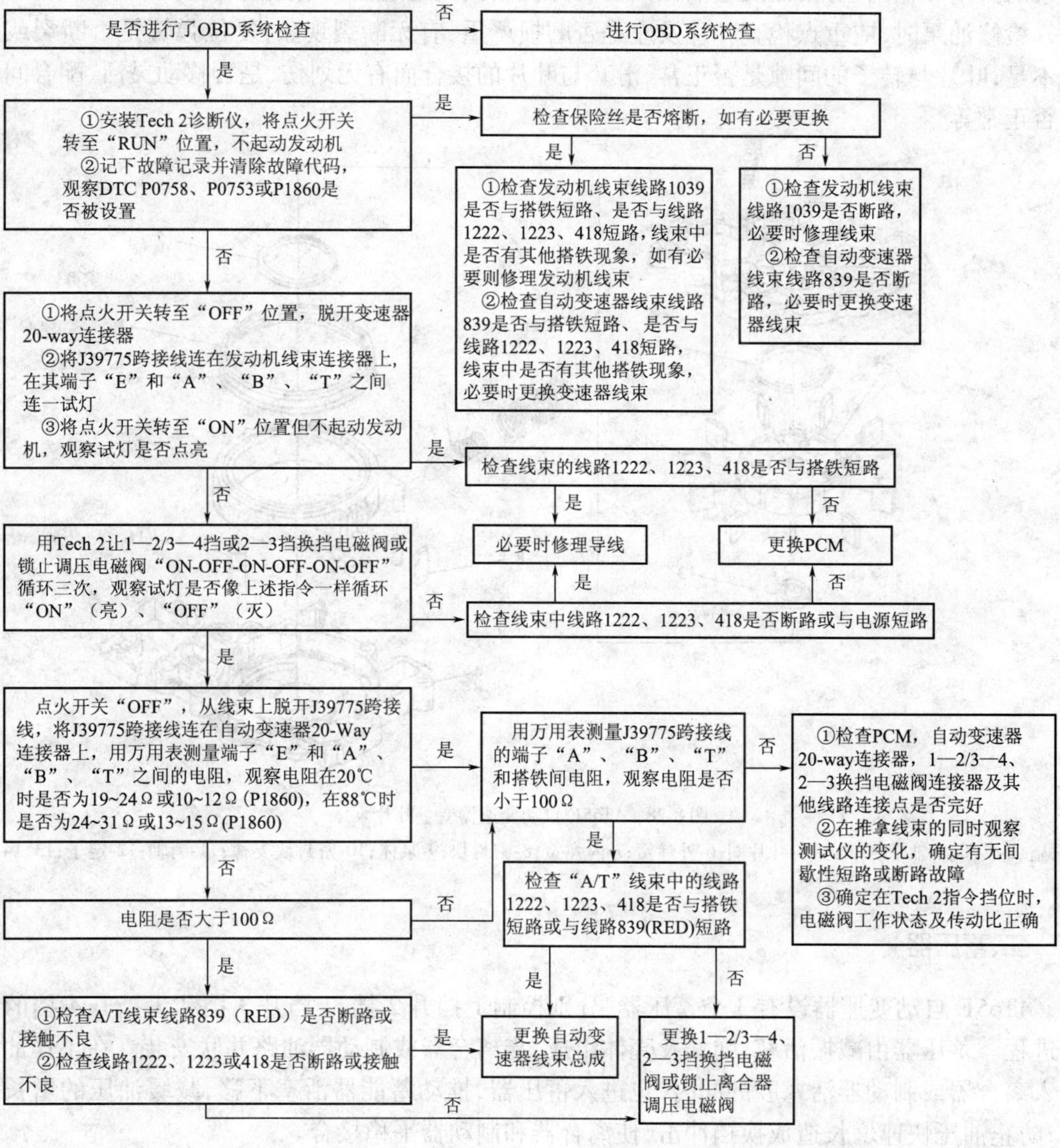

图 8-27　1—2/3—4 挡、2—3 挡换挡电磁阀、锁止电磁阀线路不良的诊断及检修流程

第四节　4T65E 自动变速器的液压控制系统

4T65E 自动变速器的液压控制系统主要由油泵、控制阀板、蓄压器、液面温控器等元件组成,在控制阀板内安装有各个油压调节阀。

一、油泵

4T65E 自动变速器采用变量叶片泵，其构造如图 8-28 所示。叶片泵利用反馈油压来调节油泵的排量和输出压力，而反馈油压则由动力控制模块通过油压电磁阀进行控制和调节。

检修油泵时，应重点检查叶片及座是否磨损严重、有无断裂现象，复位弹簧是否断裂或弹力不足，叶片与转子的间隙是否正常，滑套与叶片的接合面有无划伤、是否移动灵活、配合间隙是否正常等。

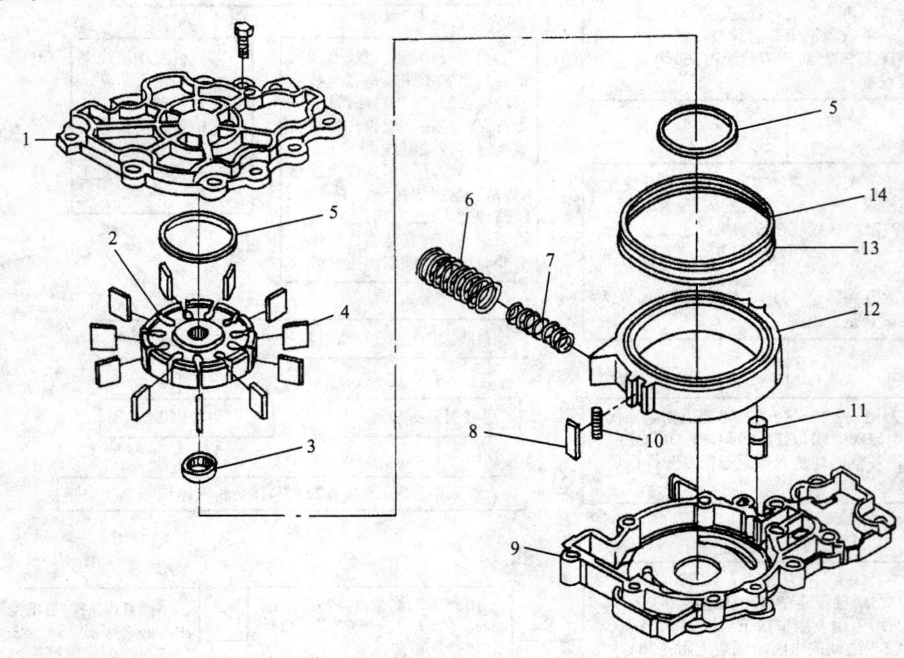

图 8-28　4T65E 自动变速器变量叶片泵

1-泵盖；2-转子；3-轴承；4-叶片；5-叶片圈；6-外弹簧；7-内弹簧；8-密封块；9-泵体；10-密封块支撑；11-销轴；12-定子；13、14-密封圈

二、蓄压器

4T65E 自动变速器设有 3 个蓄压器，分别控制 1 挡升 2 挡、2 挡升 3 挡和 3 挡升 4 挡的换挡进程。蓄压器由减振活塞、弹簧及壳体组成，与离合器或制动器油路并联安装。在工作油液进入离合器或制动器活塞腔的同时，也进入蓄压器，推动蓄能器活塞下移，减缓油压的增长速度，防止油压快速增长造成换挡冲击，使离合器和制动器平稳接合。

蓄压器油压受转矩油压（相当于节气门油压）的控制，而转矩油压由油压电磁阀 PC 调节，即蓄压器油压是由动力控制模块控制和调节的。

三、双金属片液面温控器

4T65E 自动变速器中装有双金属片液面温控器，以控制油底壳内油面的高度在冷态和热态时相对稳定。双金属片液面温控器装在壳体上，双金属片随着温度的变化而弯曲，低温时，对温控板施加较小的压力，允许更多油液进入油底壳；随着温度的上升，对温控板施加较大的压力，流入油底的油液减小，更多的油液保存在壳体的油槽内，使液面保持相对稳定，如图8-29所示。

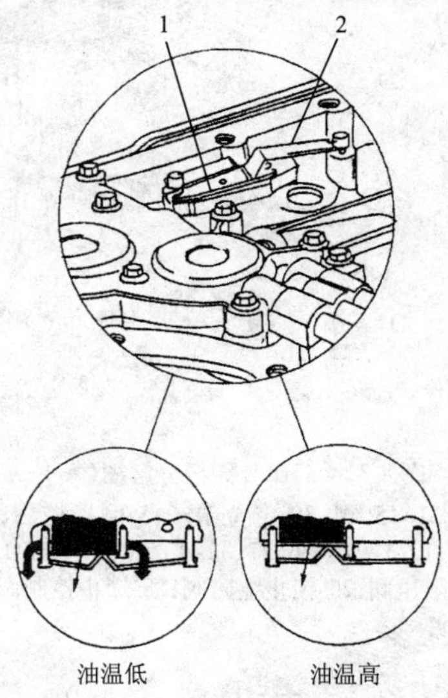

图8-29　4T65E双金属片液面温控器

1-温控板；2-温控器

四、控制阀板

4T65E自动变速器的阀板总成包括油泵、阀板和壳体，各电磁阀和油压调节阀都安装在阀板上，其安装位置和结构见图8-30～图8-33。

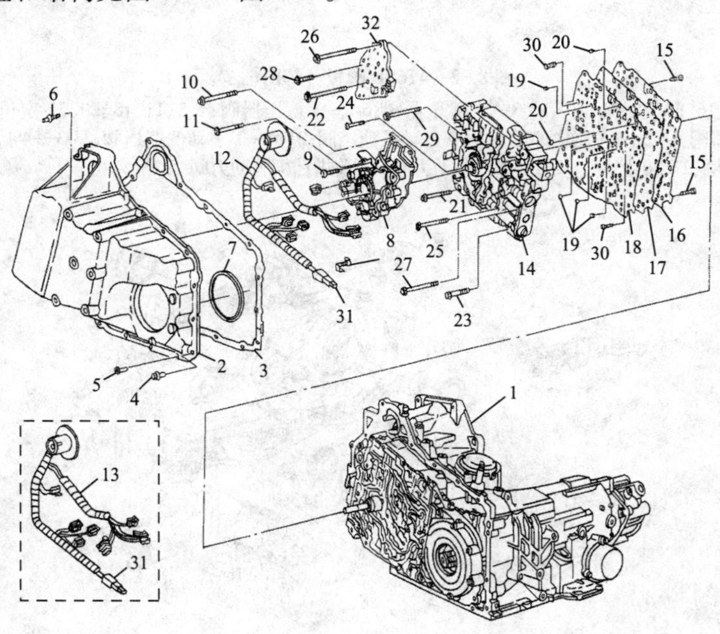

图8-30　4T65E阀板总成位置图

1-变速器壳体；2-壳体侧盖；3-衬垫；4、5-螺栓；6-双头螺栓；7-密封圈；8-油泵；9～11-螺栓；12、13-线束；14-阀板；15-螺栓；16、18-衬垫；17-隔板；19-单向球阀；20-单向阀；21～29-螺栓；30-密封垫；31-油温传感器；32-液压手动阀位置开关

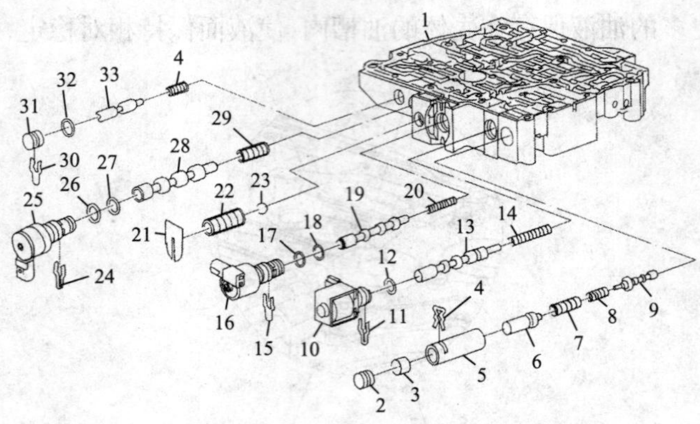

图 8-31　4T65E 阀板分解图(一)

1-控制阀板;2、31-孔塞;3-主油路增压阀;4、11、15、24、30-定位卡子;5-倒挡控制阀套;6-倒挡增压阀;7-外弹簧;8-内弹簧;9-压力调节阀;10-1—2/3—4 挡换挡电磁阀;12、17、18、26、27、32-O 形密封圈;13-1—2 挡换挡阀;14、20、22、29-弹簧;16-油压电磁阀;19-转矩油压调节阀;21-弹簧座;23-限压阀;25-锁止电磁阀;28-锁止控制阀;33-锁止调节阀

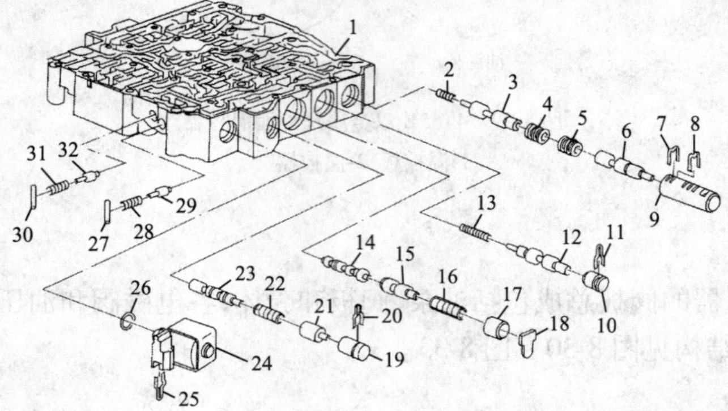

图 8-32　4T65E 阀板分解图(二)

1-控制阀板;2、4、5、13、16、22、28、31-弹簧;3-3—4 蓄压器阀;6-2—3 蓄压器阀;7、8、11、18、20、25-定位卡子;9-阀套;10、17、19-孔塞;12-1—2 蓄压器阀;14-2—3 挡换挡阀;15-3—2 手动低速挡阀;21-4—3 手动低速挡阀;23-3—4 挡换挡阀;24-2—3 挡换挡电磁阀;26-O 形密封圈;27、30-挡位销;29-倒挡伺服助力阀;32-前进挡伺服助力阀

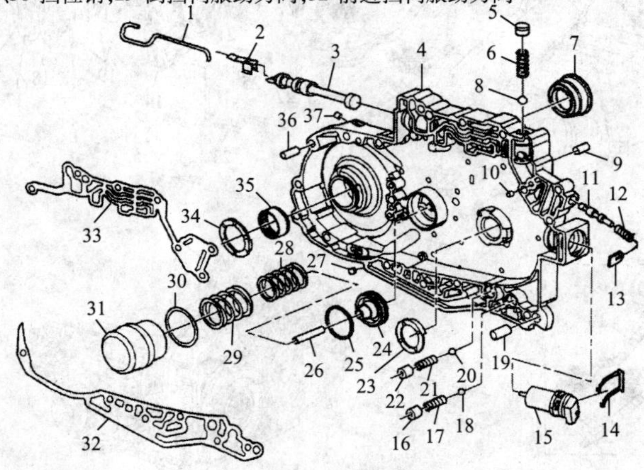

图 8-33　4T65E 阀壳体部件分解图(三)

1-手动阀连杆;2 手动阀夹子;3-手动阀;4-壳体盖;5、10、16、22、27、37-孔塞;6、12、17、21-弹簧;7-左传动轴油封;8、18、20-球阀;9、19、36-定位销;11-执行器进给极限阀;13-弹簧座;14-定位卡子;15-输入轴转速传感器;23-驱动链轮止推垫片;24-3—4 蓄压器活塞;25-活塞密封圈;26-3—4 蓄压器活塞销;28-3—4 蓄压器内弹簧;29-3—4 蓄压器外弹簧;30-O 形密封圈;31-3—4 蓄压器活塞缸;32、33-壳体垫;34-4 挡轴止推垫圈;35-轴承

1. 阀板中的主要控制阀和调节阀

(1)压力调节阀。压力调节阀根据转矩油压的大小调节油泵的反馈油压,进而调节油泵的输出油压。如果压力调节阀卡滞或弹簧性能下降将导致主油路油压异常。

(2)转矩油压调节阀。转矩油压调节阀受油压电磁阀(PC)控制,用来调节转矩信号油压。如果转矩油压调节阀卡滞将会造成主油压过高或过低。

(3)倒挡增压阀。来自手动阀"P"、"R"、"N"、"1"位的液压油作用到倒挡增压阀上,使主油路油压升高,即选挡杆位于"P"、"R"、"N"、"1"位时,由于倒挡增压阀的作用,增大了主油路油压。

(4)主油路增压阀。当节气门开度增大时,动力控制模块(PCM)根据节气门开度的变化,控制油压电磁阀使转矩油压增大,转矩油压作用到主油路增压阀,进而推动倒挡增压阀并压缩了压力调节阀弹簧,使主油路油压增大。

(5)执行器进给极限阀。当主油路压力油通过极限阀进入执行器进给油道时,极限阀控制油路并限制最大压力,并接通油压电磁阀及1—2/3—4挡换挡电磁阀油路。

(6)限压阀。限压阀控制系统的最高压力,当主油路油压大于1690~2480kPa时,限压阀打开泄压。

2. 阀板总成拆检注意事项

(1)在拆卸阀板总成时需注意螺栓拧松的顺序,安装时应注意拧紧顺序和力矩。拆装不当可能会造成阀体变形、滑阀发卡等故障。

(2)解体后将各个滑阀和弹簧按顺序排放。

(3)将阀体、隔板放到专门的清洗液中清洗,洗净后吹干。

(4)检查滑阀柱塞是否有划伤,并检查弹簧自由长度,组装时弹簧不能装错。

(5)检查单向球阀是否漏装、错装,阀座是否磨损。

(6)检查隔板衬垫是否损坏、滤网是否损坏或堵塞。通常阀板总成分解后,应更换衬垫、滤网和密封圈等易损件。

(7)检查泄油孔是否堵塞、油道是否有腐蚀、阀壳体有无变形等。

(8)将各零部件浸入或涂抹上ATF油再进行装配。

液压控制系统的单向球阀及油道的位置见图8-34~图8-43。

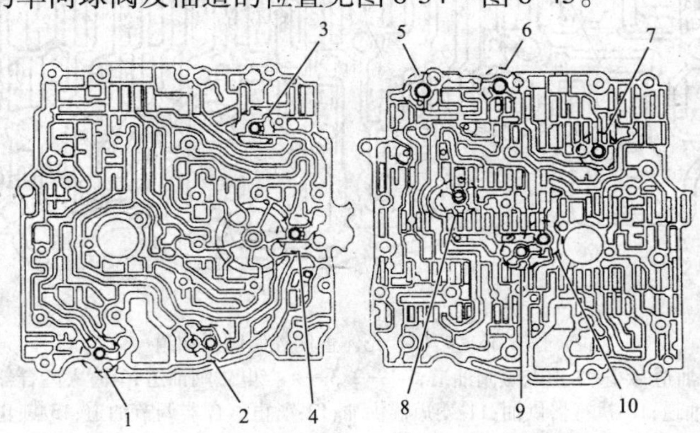

图8-34　4T65E单向球阀位置

1-TCC接合、释放;2-2级—2级离合器;3-输入离合器—PRN;4-3级离合器—L_o(低)/1级;5-倒挡—倒挡伺服(大型);6-D_4—伺服接合;7-低—低/1级;8-D_2—手动2—1伺服供油;9-3级—3级离合器;10-管路—低/1级齿轮

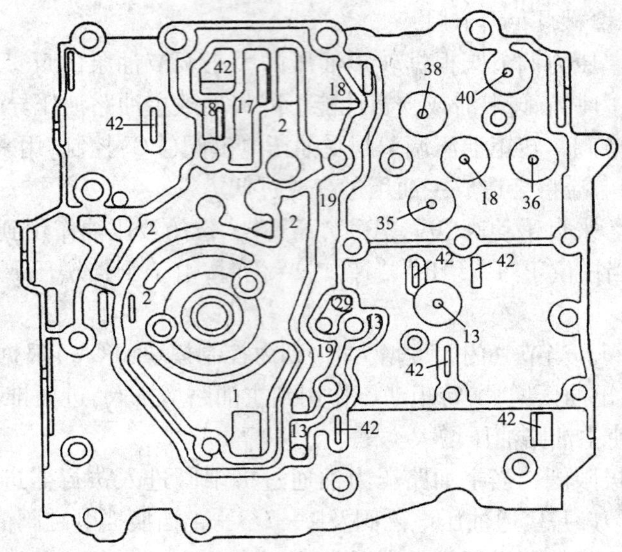

图 8-35　4T65E 油泵体侧控制阀板油道

1-吸入;2-主油道;13-锁止离合器分离;17-降低;18-D_4;19-前进挡伺服;29-3 挡泄油;35-D_3;36-D_2;38-低速挡;40-倒挡;42-泄油

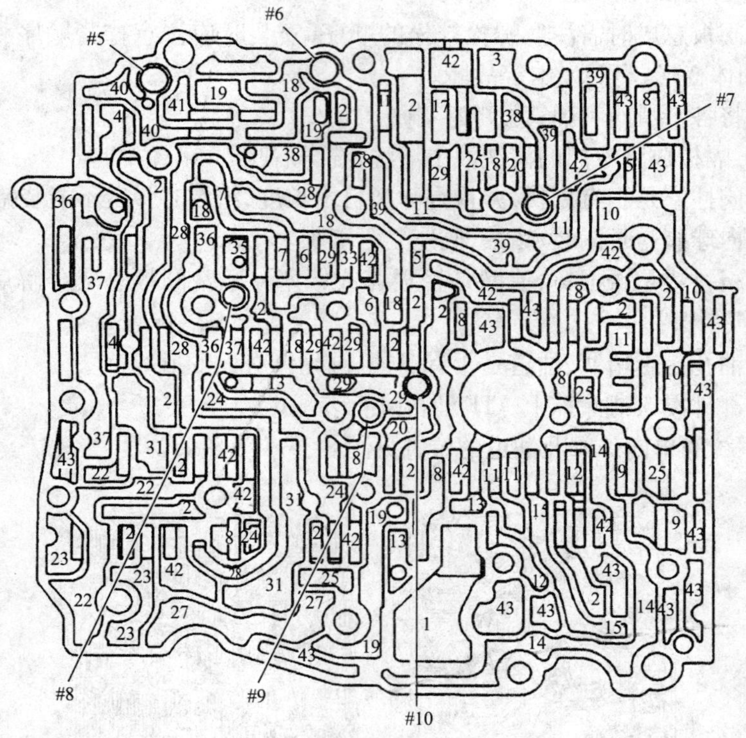

图 8-36　4T65E 壳体盖侧控制阀板油道

1-吸入;2-主油道;3-“PRN”油道;4-2—3 挡电磁阀油道;5-1—2/3—4 挡电磁阀油道;6-输入离合器供油;7-输入离合器油道;8-转矩油压;9-锁止电磁阀油道;10-执行器供油;11-变矩器供油;12-锁止离合器调节油道;13-锁止离合器分离;14-锁止离合器接合;15-散热器;17-降低;18-D_4;19-前进伺服;20-低速挡/1 挡;21-输入离合器供油;22-1—2 蓄压器;23-2—3 蓄压器;24-3—4 蓄压器;25-2 挡;27-2 挡离合器;28-2—3OFF;29-3 挡;31-3 挡离合器;33-4 挡制动器;35-D_3;36-D_2;37-手动 2—1 伺服;38-低速挡;39-低—1 挡;40-倒挡;41-倒挡伺服;42-泄油;43-铸造空隙;#5～—10-止回球阀

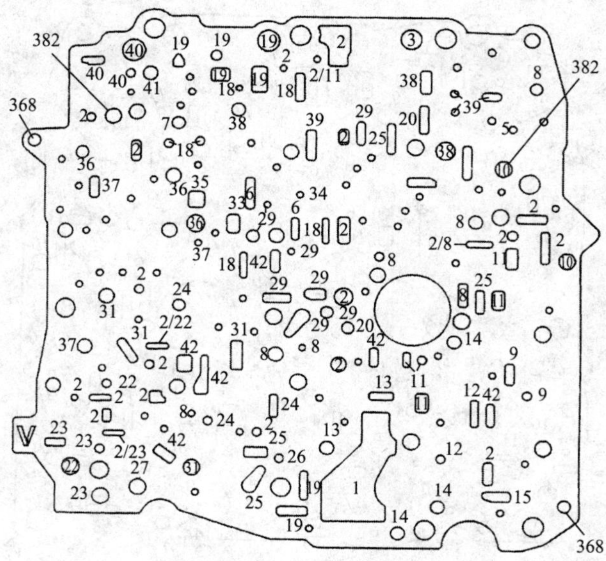

图8-37 4T65E阀板与隔板间的衬垫油道

1-吸入;2-主油道;2/8-主油路/转矩油压;2/11-主油路/变矩器供油;2/22-主油路/1—2 蓄压器;3-"PRN"油道;5-1—2/3—4挡电磁阀油道;6-输入离合器供油;7-输入离合器油道;8-转矩油压;9-锁止电磁阀油道;10-执行器供油;11-变矩器供油;12-锁止离合器调节油道;13-锁止离合器分离;14-锁止离合器接合;15-散热器;18-D_4;19-前进伺服;20-低速挡/1挡;22-1—2 蓄压器;23-2—3 蓄压器;24-3—4 蓄压器;25-2挡;26-2挡泄压;27-2挡离合器;29-3挡;31-3挡离合器;33-4挡制动器;34-4挡制动器泄油;35-D_3;36-D_2;37-手动2—1伺服;38-低速挡;39-低速/1挡;40-倒挡;41-倒挡伺服;42-泄油;368-螺栓孔;382-滤网

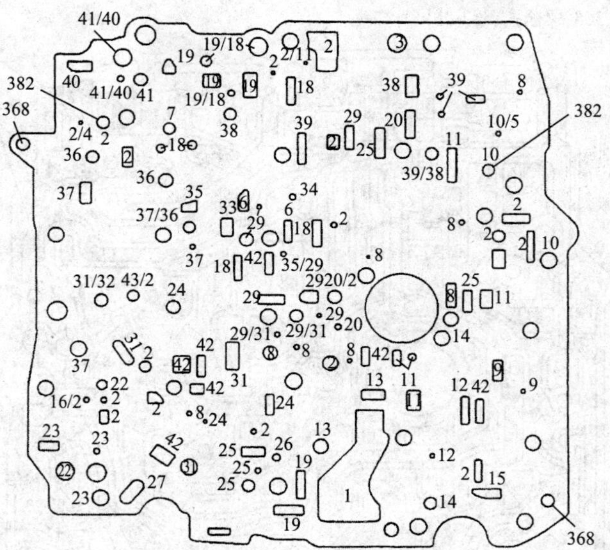

图8-38 4T65E控制阀隔板油道

1-吸入;2-主油道;2/4-主油路/2—3挡电磁阀;2/11-主油路/变矩器供油;3-"PRN"油道;6-输入离合器供油;7-输入离合器油道;8-转矩油压;9-锁止电磁阀油道;10-执行器供油;10/5-执行器供油/1—2/3—4挡电磁阀油道;11-变矩器供油;12-锁止离合器调节油道;13-锁止离合器分离;14-锁止离合器接合;15-散热器;16/2-润滑油道/主油道;18-D_4;19-前进伺服;20-低速挡/1挡;22-1—2 蓄压器;23-2—3 蓄压器;24-3—4 蓄压器;25-2挡;26-2挡泄压;27-2挡离合器;29-3挡;29/31-3挡/3挡离合器;30-3挡/泄油;31-3挡离合器;31/32-3挡离合器/3挡离合器/低—1挡;33-4挡制动器;34-4挡制动器泄油;35-D_3;35/29-D_3/3挡;36-D_2;37-手动2—1伺服;37/36-手动2—1伺服/ D_2;38-低速挡;39-低速/1挡;39/38-低速/1挡/低速挡;40-倒挡;41-倒挡伺服;41/40-倒挡伺服/倒挡;42-泄油;43/2-铸件空隙/主油道;368-螺栓孔;382-滤网

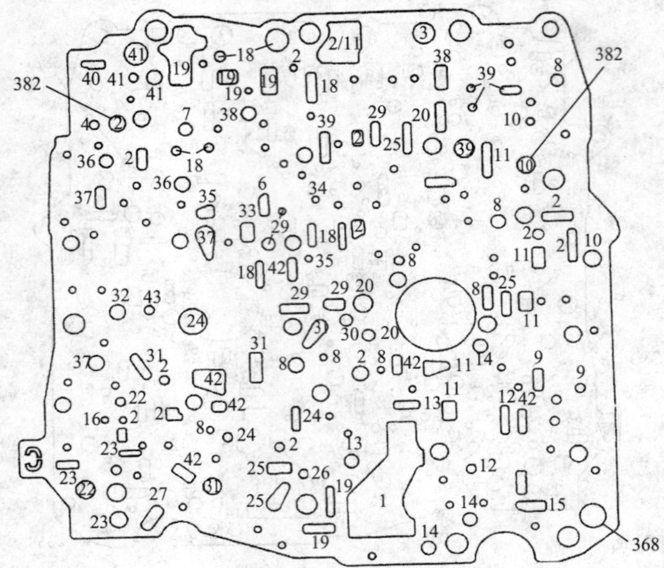

图 8-39　4T65E 隔板与壳体盖间的衬垫油道

1-吸入;2-主油道;2/11-主油路/变矩器供油;3-“PRN”油道;6-输入离合器供油;7-输入离合器油道;8-转矩油压;9-锁止电磁阀油道;10-执行器供油;10/5-执行器供油/1—2/3—4 挡电磁阀油道;11-变矩器供油;12-锁止离合器调节油道;13-锁止离合器分离;14-锁止离合器接合;15-散热器;16-润滑油道;18-D_4;19-前进伺服;20-低速挡/1 挡;22-1—2 蓄压器;23-2—3 蓄压器;24-3—4 蓄压器;25-2 挡;26-2 挡泄压;27-2 挡离合器;29-3 挡;30-3 挡/泄油;31-3 挡离合器; 32-3 挡离合器/低速/1 挡;33-4 挡制动器;34-4 挡制动器泄油;35-D_3;36-D_2;37-手动 2—1 伺服;38-低速挡;39-低速/1 挡;40-倒挡;41-倒挡伺服;42-泄油;43/2-铸件空隙/主油道;368-螺栓孔;382-滤网

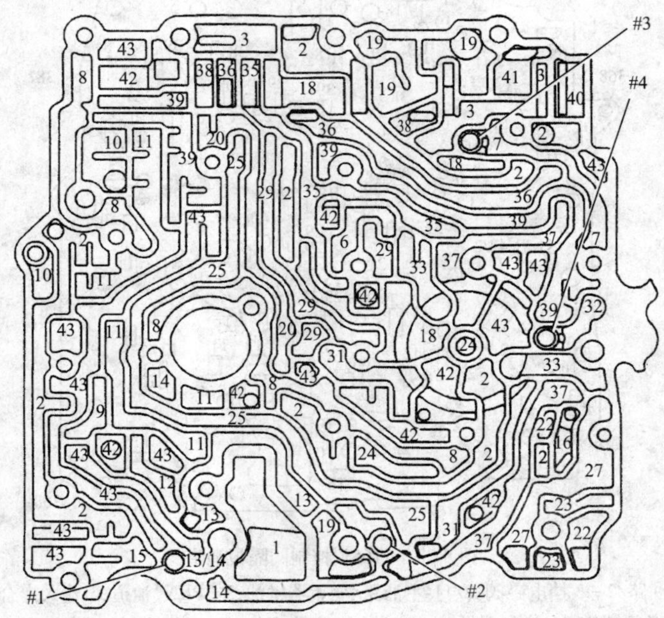

图 8-40　4T65E 控制阀侧壳体盖油道

1-吸入;2-主油道;3-“PRN”油道;6-输入离合器供油;7-输入离合器油道;8-转矩油压;9-锁止电磁阀油道;10-执行器供油;11-变矩器供油;12-锁止离合器调节油道;13-锁止离合器分离;13/14-锁止离合器分离/锁止离合器接合;14-锁止离合器接合;15-散热器;16-润滑油道;18-D_4;19-前进伺服;20-低速挡/1 挡;22-1—2 蓄压器;23-2—3 蓄压器;24-3—4 蓄压器;25-2 挡;27-2 挡离合器;29-3 挡;31-3 挡离合器; 32-3 挡离合器/低速/1 挡;33-4 挡制动器;35-D_3;36-D_2;37-手动 2—1 伺服;38-低速挡;39-低速/1 挡;40-倒挡;41-倒挡伺服;42-泄油;43-铸件空隙;#1 ~ —4-单向球阀

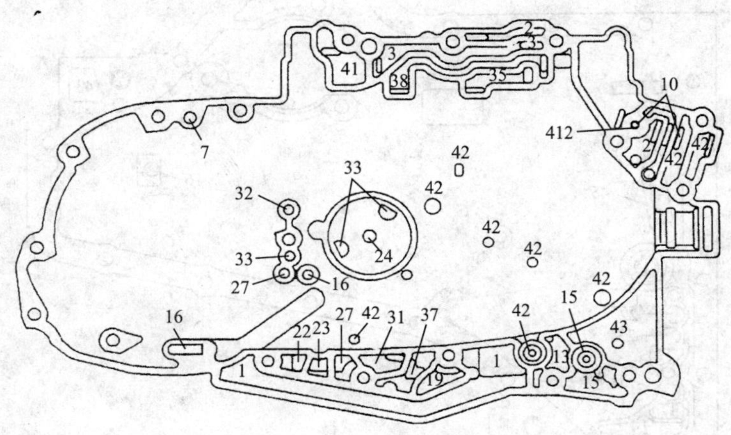

图8-41　4T65E控制阀侧壳体盖油道

1-吸入;2-主油道;3-"PRN"油道;7-输入离合器油道;10-执行器供油;13-锁止离合器分离;15-散热器;16-润滑油道;19-前进伺服;22-1—2蓄压器;23-2—3蓄压器;24-3—4蓄压器;27-2挡离合器;31-3挡离合器;32-3挡离合器/低速/1挡;33-4挡制动器;35-D_3;37-手动2—1伺服;38-低速挡;41-倒挡伺服;42-泄油;43-铸件空隙;412-孔杯塞

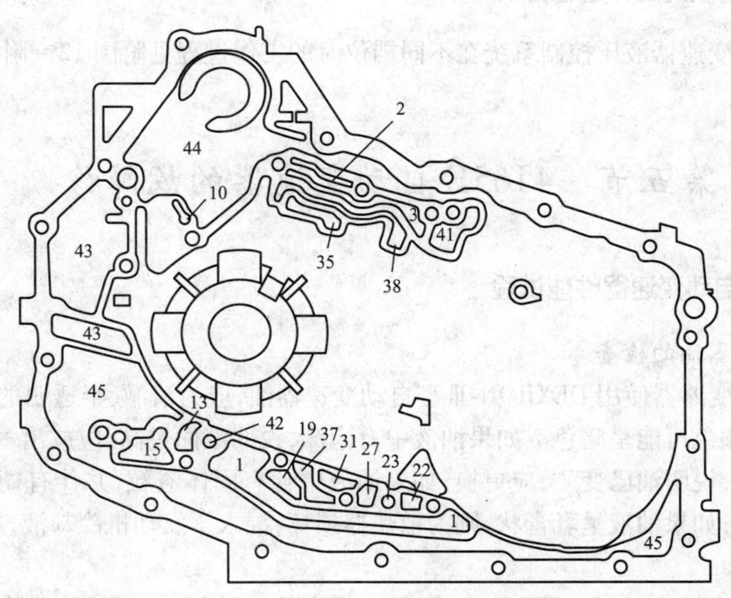

图8-42　4T65E壳体盖侧壳体油道

1-吸入;2-主油道;3-"PRN"油道;10-执行器供油;13-锁止离合器分离;15-散热器;19-前进伺服;22-1—2蓄压器;23-2—3蓄压器;27-2挡离合器;31-3挡离合器;35-D_3;37-手动2—1伺服;38-低速挡;41-倒挡伺服;42-泄油;43-铸件空隙;44-通风孔;45-热敏元件排放

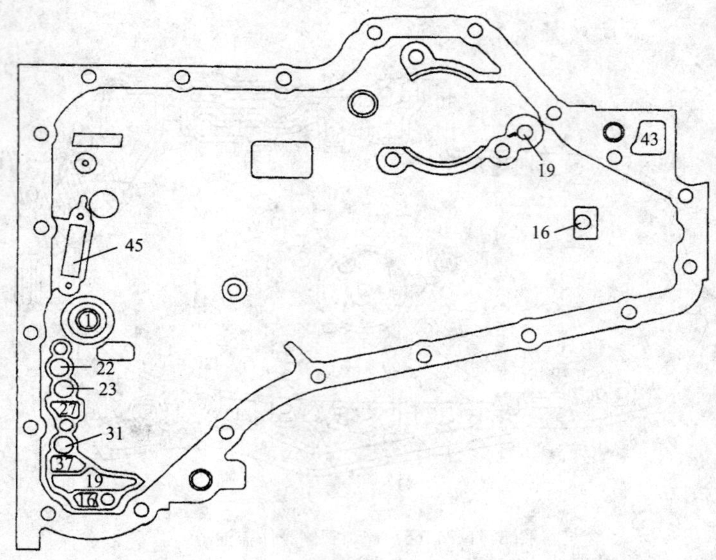

图 8-43　4T65E 底部壳体油道

1-吸入;16-润滑油道;19-前进伺服;22-1—2 蓄压器;23-2—3 蓄压器;27-2 挡离合器;31-3 挡离合器;37-手动 2—1 伺服;43-铸件空隙;45-热敏元件排放

五、液压控制系统工作过程分析

4T65E 自动变速器液压控制系统在不同挡位时的工作过程见附图 12 ~ 附图 20(见本书最后彩插)。

第五节　4T65E 自动变速器的故障诊断

一、4T65E 自动变速器性能试验

1. 自动变速器油的检查

4T65E 自动变速器使用 DEXRON-Ⅲ型自动变速器油,应为清澈、半透明的粉红色油液,正常使用时,油液颜色可能呈暗色。如果油液中有泡沫,说明液面过高,应放出多余的油液;如果颜色发黑且浑浊,说明油已变质,应更换;如果油液中含有固体渣粒,并伴有糊焦味,可能是变速器摩擦片烧蚀;如果油液呈乳膏状,则为散热器损坏,混入了发动机冷却液,应检修或更换散热器。

检查液面高度时应运行车辆 15min,使变速器油温达到 82 ~ 93℃,然后将车辆水平放置,拉紧驻车制动,踩住制动踏板,发动机怠速运转,将选挡杆分别置于各个挡位,最后拨入驻车位置,液位应在油尺 X 形区域的中心。

2. 失速试验

运行汽车,使变速器达到正常工作温度。拉紧驻车制动,将选挡杆置于“D”位,左脚踩住制动踏板,右脚将加速踏板踩到底,读取此时发动机的转速——失速转速。失速试验时间不能超过 5s,以免变速器油过热。做完一次试验,要让发动机怠速运转一会儿,等油温降低后再进

行其他挡位的失速试验。

正常情况下，失速转速在2200～2400r/min左右。如果失速转速过低，可能是发动机动力不足或变矩器内导轮单向离合器打滑；如果失速转速过高，说明变速器执行元件打滑，可能是油压过低、摩擦片或制动带烧损等。

3. 时滞试验

运行汽车，使自动变速器达到正常工作温度。发动机怠速运转，将选挡杆由“N”位拨到“D”或“R”位，记录汽车出现轻微振动时的迟滞时间。通常N—D迟滞时间约为1.0～1.2s，N—R迟滞时间约为1.2～1.5s。如果迟滞时间过长，可能是主油压过低、离合器或制动器自由间隙过大、摩擦片磨损过度、单向离合器工作不良等；如果迟滞时间过短，可能是主油压过高、离合器或制动器自由间隙过小等。

4. 油压试验

在4T65E自动变速器的测压孔上安装油压表，选挡杆置于“P”位，并使变速器达到正常工作温度。连接专用故障检测仪Tech 2，进入油压电磁阀控制测试，将油压电磁阀电流从0A上升至1A，每次增加0.1A；每次压力变化后，使压力稳定5s再从油压表读取压力数值。油压电磁阀电流与主油路油压的对应关系见表8-11。

PC阀电流与主油路油压的关系　　表8-11

电流值(A)	压力(MPa)	电流值(A)	压力(MPa)
0.02	1.17～1.31	0.60	0.90～1.00
0.10	1.14～1.28	0.70	0.76～0.90
0.20	1.10～1.24	0.80	0.62～0.79
0.30	1.07～1.21	0.90	0.45～0.62
0.40	1.02～1.16	0.98	0.38～0.45
0.50	0.97～1.10		

若自动变速器油压过高，可能是压力调压阀卡滞、油压电磁阀工作不良或油路堵塞等，通常是PCM检测到某些故障后，给油压电磁阀断电，使主油路油压最高且不可调。

造成4T65E自动变速器油压过低的原因较多，其主要原因为：

(1)自动变速器油面过低。

(2)双金属片液面温控器中双金属片销失调、双金属片安装错位。

(3)滤清器密封圈丢失或损坏。

(4)油泵磨损过度或损坏。

(5)油压电磁阀损坏或线路故障、阀芯卡滞或密封圈损坏。

(6)压力调节阀、转矩油压调节阀、执行器进给极限阀卡滞或损坏。

(7)限压阀损坏或弹簧弹力下降。

5. 道路试验

4T65E自动变速器道路试验的项目较多，主要是检查换挡车速、换挡品质、锁止离合器工作状况、手动低速挡工况等。

二、4T65E 自动变速器常见故障分析

1. 自动变速器打滑

当选挡杆位于"D"位时，踩下加速踏板，发动机转速迅速升高，但车速没有相应提高，其主要原因为：

(1)液面过低或变速器油严重变质。

(2)驱动链条断裂。

(3)主油路油压过低。

(4)手动连杆失调。

(5)低速挡制动带、前进挡制动带烧损打滑、活塞密封圈泄漏等。

(6)输入离合器密封圈损坏、单向球阀损坏或丢失、活塞漏油、摩擦片烧损打滑等。

(7)阀体故障，如3号单向球阀丢失。

(8)输入单向离合器打滑。

2. 无倒挡

导致自动变速器无倒挡的原因为：

(1)倒挡制动带活塞密封不良、制动带磨损严重或烧损。

(2)倒挡制动鼓损坏，或与倒挡制动鼓相连接的输入离合器壳及前排行星架键槽损坏。

3. 换挡时刻不正确

造成换挡时刻不正确的主要原因为：

(1)车速传感器信号失准。

(2)节气门位置传感器失调或信号不正常。

(3)动力控制模块程序匹配不当，或动力控制模块损坏。

4. 锁止离合器故障

锁止离合器故障包括接合不良、不能接合和不能分离。锁止离合器接合和分离速度过快、过慢、接合不平稳均为接合不良；在3挡或4挡锁止离合器工作过程中，无论动力控制模块如何调节锁止电磁阀的调制脉宽，发动机转速和变速器输入轴转速差均过大(正常情况最大值约为20～50r/min)，说明锁止离合器不能可靠接合；在1、2挡时或在踩下制动踏板后锁止离合器仍未分离(发动机转速和变速器输入轴转速相同)，则为锁止离合器不能分离。造成锁止离合器故障的主要原因为：

(1)锁止电磁阀卡滞、电磁线圈或线路损坏。

(2)锁止控制阀或锁止调节阀卡滞。

(3)驱动链轮支座上的涡轮轴轴套磨损或损坏。

(4)锁止离合器泄压球阀损坏。

(5)涡轮轴上的密封件损坏。

(6)阀体中的隔板和衬垫安装不当，油道堵塞。

(7)变矩器总成故障。

第六节　4T65E自动变速器故障实例

实例1:一辆装配4T65E自动变速器的上海别克轿车,选挡杆置于"P"或"N"位时,起动发动机,变速器出现异响。踩下制动踏板,将选挡杆从"P"位拨入"R"位或"D"位时,异响消失。运行车辆,当升到一定车速时,变速器异响又出现。

故障检查与分析:反复操作选挡杆,仔细辨别异响部位,发现自动变速器侧面异响比较明显。

选挡杆置于"P"或"N"位时,变矩器、链轮工作,而行星排空转,不传递动力,因此判断主减速器、差速器总成没有故障。

踩下制动踏板,将选挡杆从"P"位拨入"R"位或"D"位时,变矩器、链轮、行星排均不运转,此时异响消失,说明异响来自变矩器、链轮或行星排。根据经验判断,链轮、链条异响的可能性较大。

从异响部位分析,变速器侧面异响比较明显,行星排安装在油底壳上部,链轮在变速器侧面,因此确认为变速器链轮链条异响。

拆下并分解变速器,仔细检查驱动链轮、传动链和从动链轮,发现链条磨损较大,略显松旷。为慎重起见,又拆检了行星排,未发现异常情况。因此,更换驱动链轮、传动链和从动链轮,将变速器装复后试车,异响消失;运行车辆,并提高车速,异响不再出现,故障排除。

实例2:一辆装用4T65E自动变速器的别克轿车,行驶时出现换挡冲击,有时犯闯。

故障检查与分析:试车,变速器升挡时均有不同程度的换挡冲击,但变速器没有故障警示。

造成自动变速器换挡冲击的原因较多,主要有:变速器油型号不符合规定、油压过高、单向节流阀漏装、蓄压器活塞卡滞、油压调节电磁阀故障、换挡执行元件打滑、离合器或制动器间隙过大等。

检查变速器油,液面高度正常但颜色较深。变速器没有故障警示,其电子控制系统出现故障的概率较小;而检查其他部位,则需拆卸、分解自动变速器。根据维修4T65E自动变速器的经验,换挡冲击多是油压电磁阀引起的。因此,为避免盲目拆卸,简化操作过程,决定利用专用故障检测仪进行扫描,先排除电子控制系统的故障。

连接专用故障检测仪Tech 2,读取故障码,无码。安装油压表,进行动态检测。在检测油压电磁阀时发现,变速器换挡时油压过大。通过连接器端子检测,电磁阀阻值正常。随后,放出变速器油,拆下油底壳,发现油底壳内油泥较多。拆下油压电磁阀,并用外电源为其供电,发现油压电磁阀的阀芯动作不顺畅,有卡滞现象。因此确认,由于变速器油脏污,杂质进入油压电磁阀阀芯和阀套的配合面,造成电磁阀卡滞,导致换挡冲击。

清洗油底壳和散热器,更换变速器油,换装一个新的油压电磁阀,装复后重新检测油压,油压正常;试车,换挡冲击消失,故障排除。

实例3:一辆04款上海别克轿车,装用4T65E自动变速器,行驶时动力下降,且有换挡冲击。

故障检查与分析:试车检验,换挡冲击比较明显,低速时动力下降不明显,高速时感觉有打滑现象。试车之后,自动变速器油温度已达到正常工作温度82~93℃,在怠速状态下检查自

动变速器油，发现油位过高，且颜色清淡有泡沫。

自动变速器对其液面高度有严格的要求，若油面低于标准，油泵会吸入空气，导致油压降低，造成离合器或制动器打滑；若油面过高，则油液由于齿轮旋转零件的搅拌而产生大量泡沫，这些泡沫进入液压控制系统同样也会降低油压造成打滑，该车的故障可能就是油面过高引起的。释放过量油液到规定油位，再次试车，打滑现象消失，但仍存在换挡冲击。

再次询问车主，车主反映5天前刚换过油，换挡冲击是在换油后出现的，显然故障与自动变速器油有关。从表面看不出变速器油有什么异常，会不会型号错了？车主从后备箱拿出油桶，果然，4T65E应使用DEXRON Ⅲ型变速器油，而车主换用的却是Ford标准F型。

自动变速器油的型号不同，其摩擦系数就不同，一定要按规定型号更换自动变速器油，既不能错用，也不能混用。如果DEXRON型错用F型，将造成换挡冲击；而F型而错用DEXRON型，将造成离合器、制动器打滑。放出自动变速器油，并清洗油底壳和散热器，换用DEXRON Ⅲ型变速器油后运行试车，汽车行驶正常。

实例4：一辆03款装用4T65E自动变速器的别克君威轿车，行驶过程中故障指示灯亮，换挡时有冲击，且汽车加速抖动，踩制动踏板有时熄火。

故障检查与分析：故障指示灯亮，说明电子控制系统有故障。连接专用故障检测仪Tech 2，读取故障码。Tech 2给出2个故障码：P0742和P1811，P0742表示变矩器离合器分离滞后，P1811表示最大适配和换挡滞后。随后又利用Tech 2读取数据流，检测锁止电磁阀时发现，电磁阀脉冲达99%，踩下制动踏板车辆接近停止时，锁止电磁阀PWM仍达99%，造成制动时车辆窜动甚至熄火。正常情况下，锁止离合器的PWM一般不超过70%，一旦有制动信号，TCC立即释放，PWM变为0。

维修手册介绍，P1811是一个C类故障码，不会点亮故障灯。从使用和维修经验判断，故障码P1811出现后汽车常常会伴有换挡冲击，一般不出现加速发抖和踩制动熄火现象。而P0742是A类故障，会点亮故障灯（MIL），所以应重点检查锁止离合器的控制元件。

4T65E自动变速器锁止离合器的控制元件主要是锁止电磁阀和释放开关。拆下锁止电磁阀，检查其阻值和动作情况，均正常。而锁止离合器释放开关是液压手动阀位置开关（TFP）上的一个常闭开关，液压手动阀位置开关安装在阀体上，包括3个常开油液压力开关（D_4、低速挡、倒挡）和3个常闭油液压力开关（D_3、D_2和锁止离合器释放开关），这6个开关指示手动阀的位置，PCM利用开关信息来控制管路压力、锁止离合器的接合和分离及换挡电磁阀的工作。锁止离合器释放压力开关被用作诊断工具，来确认在动力控制模块发出指令使TCC关闭（OFF）时，TCC确实"OFF"。变矩器离合器释放开关是常闭开关，当锁止离合器处于分离状态时，锁止离合器释放油液压力将释放开关打开，PCM收到一个高电压。当锁止离合器指令处于关闭位置时，如果PCM检测到锁止离合器释放开关闭合，每个行程中关闭了至少6次且每次持续4s时，便设置故障码P0742，同时点亮故障指示灯，并在最大功率下指令TCC接通。

经过检查和分析，确定故障部位在液压手动阀位置开关。更换液压手动阀位置开关TFP后试车，故障排除。

实例5：一辆装用4T65E自动变速器的别克君威轿车，在山路行驶时变速器油底壳严重变形，但没有漏油，更换过油底壳和变速器油后不久，汽车起步无力，最高车速只能达到110km/h。

故障检查与分析：试车，故障现象与车主叙述基本一致，且故障指示灯不亮。

检查自动变速器油，液面高度正常，但油颜色发黑，且有焦煳味。将选挡杆挂入“D”位，利用怠速行车，感觉速度特慢；挂入“3、2、1”各个挡位，都有动力不足的感觉。连接故障检测仪Tech 2，没有故障码记录；在运行过程中读取数据流，换挡数据显示：1—2挡、2—3挡的换挡时间是0.03s，而且始终不变；油压电磁阀的参考电流和实际电流有时在0.60左右，比一般的电流偏低，说明主油路油压较高；变速器的机械传动比一直在1.0左右，说明变速器一直工作在3挡。

为进一步确认故障，将选挡杆拨入“1”位、“2”位，起动行车，机械传动比还是在1.0左右；上路试车，最高车速只能达到110km/h，而电子挡位可以正常切换，但Tech 2数据显示，其机械传动比均在1.0左右。因此判断，此车机械锁定在3挡，其电子控制系统没有故障，故障部位在自动变速器的液压控制系统或机械传动部分。

拆卸变速器并分解，变速器有较大的焦煳味，且油底壳中有黑色渣粒。检查各零部件，发现3挡离合器有烧片现象，分解后发现3挡离合器摩擦片已经烧焦，严重扭曲变形，且活塞处有金属碎末，出现严重卡滞，活塞已不能复位。

显然，变速器油底壳因撞击损坏后，细小的金属碎末进入3挡离合器活塞，造成活塞卡滞不能复位，3挡离合器摩擦片一直处于接合状态，使变速器一直工作在3挡。更换3挡离合器总成及变速器油滤清器，清洗阀板总成及相关零部件，装复试车，故障排除。

复习思考题

1. 4T65E自动变速器选挡杆设置“2”位和“1”位的作用是什么？
2. 4T65E自动变速器由哪几部分组成？
3. 4T65E自动变速器的液力变矩器是什么类型？
4. 4T65E自动变速器有哪些换挡执行元件？各自的作用是什么？
5. 画出4T65E自动变速器的传动简图，并分析各挡传动路线。
6. 为什么“D_1”和“2_1”挡不能利用发动机制动？
7. 选挡杆位于“1”位时是如何实现发动机制动功能的？
8. 4T65E电子控制系统的主要电子元件有哪些？有何作用？如何检测？
9. 4T65E的换挡执行元件如何进行检修？
10. 4T65E换挡迟滞的主要原因是什么？
11. 试分析造成4T65E自动变速器各种常见故障原因。

第九章　帕萨特 B5 轿车 01V 自动变速器的构造与检修

帕萨特 B5 轿车配备的 01V 自动变速器是德国大众公司开发的具有世界先进水平的 5 速自动变速器，主要由液力变矩器、行星齿轮变速器、液压控制系统、电子控制系统、换挡操纵机构等组成。01V 自动变速器分带 Tiptronic 和不带 Tiptronic 两种类型，其中带 Tiptronic 的变速器有两个运动通道，即自动控制换挡和手动控制换挡。当选挡杆在左边运动通道时，动态换挡程序 DSP 工作，可以换入 P、R、N、D、4、3、2 各个挡位；当选挡杆置于右边通道时，手动换挡程序工作，向前或向后推动操纵手柄，变速器将切换到高速挡或挂入低速挡，其选挡杆挡位布置见图 1-6b)，各挡位功能如下：

"P"——驻车锁止挡。驱动轮被机械锁止，只有在汽车静止时才可以换入驻车锁止挡。在换入和换出"P"位之前，必须按下选挡杆手柄上的锁止按钮；且在打开发动机点火开关并踏下制动踏板后才能换到"P"位。

"R"——倒挡。只有在汽车停车状态并且发动机在怠速转速时才可换入倒挡。在从位置"P"或"N"换到位置"R"时必须踏下制动踏板并且按下选挡杆手柄上的锁止按钮。当选挡杆位于"R"位时，如果发动机点火开关打开，倒车灯会亮。

"N"——空挡（怠速位置）。把选挡杆从"N"位换出时，若车速低于 5km/h 或在汽车停车状态且点火开关打开，应踏下制动踏板并按下选挡杆手柄上的锁止按钮。

"D"——正常驾驶挡位。自动变速器能根据发动机负荷和车速的变化自动换入高速挡或低速挡，在 5 个前进挡之间实现自动切换。

"4"——用于"丘陵"地带的行驶挡位。按下锁止按钮可以使选挡杆挂入该位置，自动变速器根据发动机负荷和车速的变化可以自动地在 1、2、3、4 挡之间切换，第 5 挡不能使用。当放开加速踏板时可以利用发动机的制动作用。

"3"——用于陡坡的行驶挡位。适用于长坡路行驶，自动变速器根据发动机负荷和车速在 1、2、3 挡之间自动切换，5 挡和 4 挡锁止，以避免换入不必要的高速挡，同时可以继续提高发动机的制动作用。

"2"——用于陡峭坡路的行驶挡位。要想换入这个挡位，必须按下选挡杆上的锁止按钮。汽车仅能在 1、2 挡行驶，3 挡、4 挡和 5 挡保持锁止，这样可以获得最大的发动机制动作用。在挡位"2"时巡航功能不能使用。

选挡杆切入"D"位置右边的缺口内则进入手动换挡程序，无论行驶中还是在停车时都可以进行切换。向前（+）轻推选挡杆则升挡，向后（-）推选挡杆则降挡。加速时，若发动机达到最高转速，变速器会立即自动切换到下一个较高的挡位，这种情况适用于 1、2、3、4 挡。如果选择降挡，只有在发动机不超速的前提下，变速器才会执行降挡动作。切入到手动换挡程序后，仪表上的显示将变为“54321”，且显示此时变速器的工作挡位。

第一节　01V 自动变速器传动分析

01V 自动变速器的行星齿轮变速器利用 3 个行星排形成 5 个前进挡，前两个行星排为拉维萘尔赫式行星齿轮机构，后行星排为一个单排行星齿轮机构。前排小太阳轮通过短行星轮与齿圈啮合，中排大太阳轮通过长行星轮与前排短行星轮啮合，再通过短行星轮与齿圈啮合，所以中排构成了双级行星齿轮传动；后排齿圈与前两排齿圈连为一体，后排行星架与输出轴相连，如图 9-1 所示。

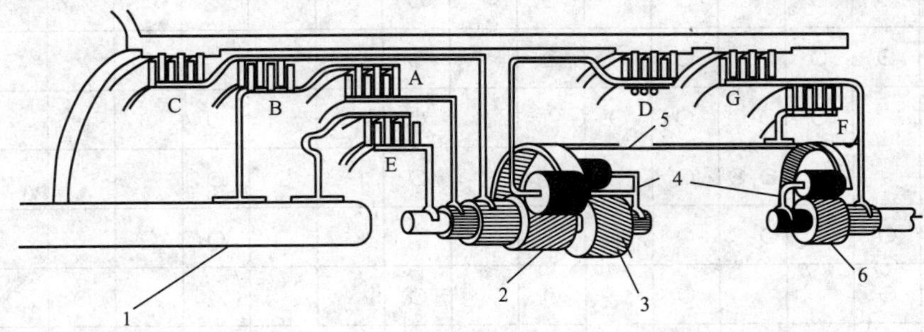

图 9-1　01V 行星齿轮变速器连接示意图

1-输入轴；2-小太阳轮；3-大太阳轮；4-行星架；5-齿圈；6-太阳轮；A-低速/直接挡离合器；B-低速挡离合器；C-制动器；D-倒挡制动器；E-高速挡离合器；F-中高速挡离合器；G-低速挡制动器

01V 行星齿轮变速器具有 8 个换挡执行元件，高速挡离合器 E 连接输入轴与前排和中排行星架，低速/直接挡离合器 A 连接输入轴和中排大太阳轮，倒挡离合器 B 连接输入轴和前排小太阳轮，中高速挡离合器 F 连接后排齿圈和后排太阳轮，制动器 C 固定前排小太阳轮，倒挡制动器 D 制动前排和中排行星架，低速挡制动器 G 制动后排太阳轮，单向离合器 H 使前排和中排行星架只能顺转，不能逆转。图 9-2 为 01V 自动变速器的传动简图，换挡执行元件在各挡位的工作情况见表 9-1。

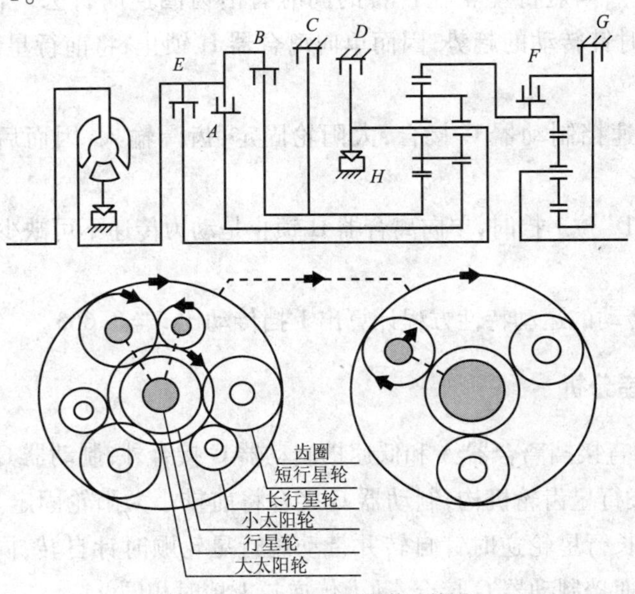

图 9-2　01V 自动变速器传动简图

01V 自动变速器换挡执行元件工作情况 表 9-1

	电磁阀							执行元件							
	换挡电磁阀			油压电磁阀				离合器				制动器			单向离合器
位置/挡位	N88	N89	N90	N91	N92	N93	N94	A	B	E	F	C	D	G	H
R = R 挡	○			○		○			○				○	○	
N = 空挡	○	○		○		○					○-			○-	
D,1 挡	○	○		○		○		○						○	○
D,2 挡	○	○		○	○	○		○				○		○	
D,3 挡		○	○-○	○	○			○			○	○			
D,4 挡			○-○	○				○		○	○				
D,5 挡	○		○-○	○	○					○	○	○			
2,1 挡	○			○		○		○					○	○	○
D,5 到 4 挡	○		○	○	○	○		(○)		○	○	(○)			

注:○为工作零件;○-○为不工作零件;(○)为根据汽车的运行状态决定是否工作的零件。

一、1 挡动力传递分析

1 挡时,低速/直接挡离合器 A 和低速挡制动器 G 接合,单向离合器 H 锁止。

对拉维萘尔赫式行星齿轮机构,离合器 A 接合,大太阳轮顺时针转动,驱动长行星轮逆时针自转并带动短行星轮顺时针自转;因齿圈通过后行星排与输出轴(驱动轮)相连,转速较低或为 0(起步时),则短行星轮在自转的同时有沿齿圈逆时针公转的趋势,即前排和中排行星架将产生逆时针转动的趋势,因而单向离合器 H 锁止,将前行星架固定,则齿圈同向减速输出。

对后行星排,低速挡制动器 G 接合,太阳轮固定,齿圈输入,因而后排行星架同向减速输出。

自动变速器在“D”位 1 挡时,单向离合器 H 锁止是动力传递不可缺少的条件,因此不能利用发动机制动。

可由行星齿轮传动的运动特性方程计算出 1 挡传动比 $i_1 = 3.665$。

二、2 挡动力传递分析

2 挡时,除低速/直接挡离合器 A 和低速挡制动器 G 接合外,制动器 C 也接合。

对拉维萘尔赫式行星齿轮机构,制动器 C 接合将前排小太阳轮固定。离合器 A 接合,大太阳轮顺时针转动,长行星轮逆时针自转并带动短行星轮顺时针自转,同时驱动齿圈同向转动。对后行星排,低速挡制动器 G 接合,动力传递与 1 挡时相同。

2 挡的传力元件与 1 挡基本相同,但由于其受限制(固定)的元件不同,其传动比也不相同。由运动特性方程可知,2 挡传动比 $i_2 = 1.999$。

"D"位 2 挡时,因没有单向离合器参与动力传递,可以利用发动机制动。

三、3 挡动力传递分析

3 挡时,低速/直接挡离合器 A 和制动器 C 仍然接合,中高速挡离合器 F 也接合。

因离合器 A 和制动器 C 接合,3 挡时拉维萘尔赫式行星齿轮机构的工作过程与 2 挡相同。对后行星排,离合器 F 接合,将齿圈与后排太阳轮连接在一起,后行星排形成直接传动。3 挡传动比 $i_3 = 1.407$。

"D"位 3 挡时,因没有单向离合器参与动力传递,也可以利用发动机制动。

四、4 挡动力传递分析

4 挡时,低速/直接挡离合器 A 和中高速挡离合器 F 接合,高速挡离合器 E 也接合。

离合器 A 接合,将大太阳轮与输入轴连接在一起;离合器 E 接合,将行星架与输入轴连接在一起,即拉维萘尔赫式行星齿轮机构中有两个元件被输入轴同时驱动,形成直接传动。因离合器 F 接合,后行星排依然形成直接传动。

由分析可知,4 挡为直接挡,其传动比 $i_4 = 1$。

五、5 挡动力传递分析

5 挡时,高速挡离合器 E 和中高速挡离合器 F 接合,制动器 C 也同时接合。

对拉维萘尔赫式行星齿轮机构,制动器 C 接合,小太阳轮固定。离合器 E 接合,输入轴驱动前排行星架顺时针转动,并带动短行星轮顺时针公转;因小太阳轮固定,短行星轮在公转的同时将进行顺时针自转,进而驱动齿圈同向增速转动。对后行星排,因离合器 F 接合,仍然形成直接传动。可见,5 挡为超速挡,其传动比 $i_5 = 0.724$。

六、倒挡动力传递分析

倒挡时,倒挡离合器 B、倒挡制动器 D、低速挡制动器 G 同时接合。

对拉维萘尔赫式行星齿轮机构,制动器 D 接合,行星架固定;离合器 B 接合,小太阳轮顺时针转动,并带动短行星轮逆时针转动,则齿圈反向减速转动。对后行星排,制动器 G 接合,后排太阳轮固定,则后排行星架也反向减速转动,实现倒挡。

倒挡传动比 $i_R = 4.096$。

第二节　01V 自动变速器电子控制系统

01V 自动变速器电子控制系统主要由控制单元、传感器、执行元件及各种控制开关等组成,如图 9-3 所示,其主要电子元件见图 9-4,控制电路见图 9-5。

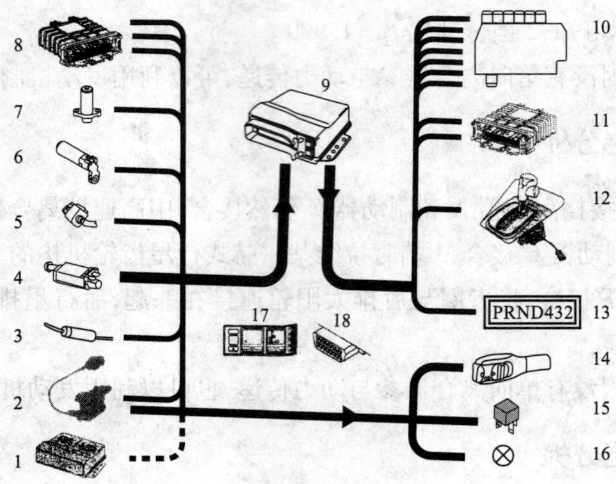

图 9-3　01V 自动变速器电控系统组成

1-ABS/ASR 控制单元;2-多功能开关 F125;3-变速器油温传感器;4-制动灯开关 F;5-强制降挡开关 F8;6-变速器转速传感器 G38;7-变速器输入转速传感器 G128;8-发动机控制单元(发动机转速、燃油消耗、节气门位置);9-自动变速器控制单元 J127;10-电磁阀 N88 ~ N94;11-发动机控制单元(发动机传动、高速/倒挡信号);12-变速器挡位锁止电磁阀;13-组合仪表板上的挡位显示传感器;14-车速调节装置 H;15-自动变速器继电器 J60;16-倒车灯 M16/17;17-空调;18-自诊断接口

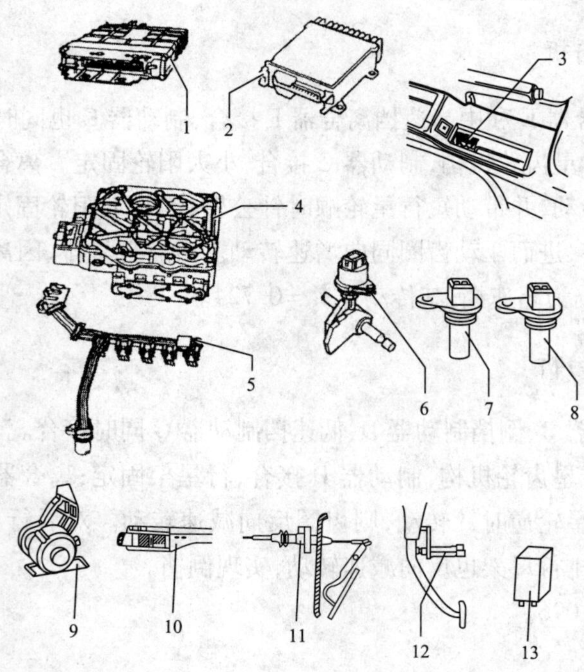

图 9-4　01V 自动变速器电子控制元件

1-自动变速器控制单元 J127;2-发动机控制单元;3-诊断接口;4-控制阀板;5-自动变速器油温传感器;6-多功能开关;7-变速器转速传感器;8-车速传感器;9-挡位锁止电磁阀;10-巡航控制开关;11-强制降挡开关;12-制动灯开关;13-起动机闭锁器和倒车灯继电器

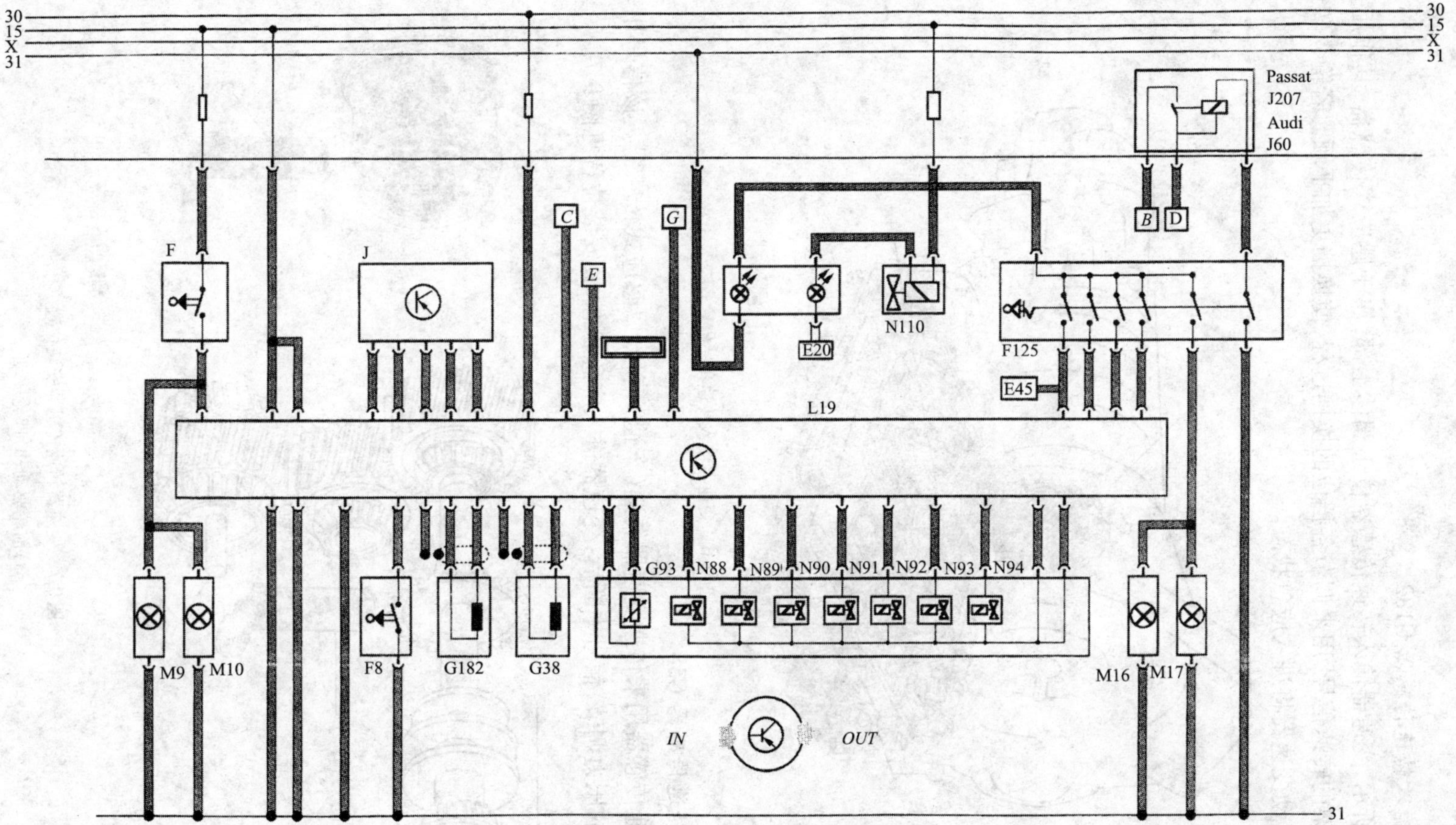

30
15
X
31
Passat
J207
Audi
J60
B
D
F
J
C
E
G
E20
N110
F125
E45
L19
G93
N88
N89
N90
N91
N92
N93
N94
M9
M10
F8
G182
G38
M16
M17
IN
OUT
31

图 9-5　01V 自动变速器控制电路

F-制动灯开关;F8-强制降挡开关;F125-多功能开关;G38-变速器转速传感器;G93-变速器油温传感器;G182-变速器输入转速传感器;J60-自动变速器继电器(起动锁止继电器);J207-自动变速器控制单元;E45-车速调节装置开关;L19-选挡杆照明灯;M9-左制动灯;M10-右制动灯;M16-左倒车灯;M17-右倒车灯;N88 ~ N94-电磁阀 1 ~ 电磁阀 7;N110-选挡杆锁止电磁阀

一、传感器

1. 变速器输入转速传感器 G182

如图 9-6 所示,变速器输入转速传感器位于阀体上部,属于感应式传感器,其作用是传递行星齿轮组支架的转速信号,用来调节各挡位的换挡过程,使换挡更加平顺。若输入转速传感器信号中断,自动变速器将进入应急状态。

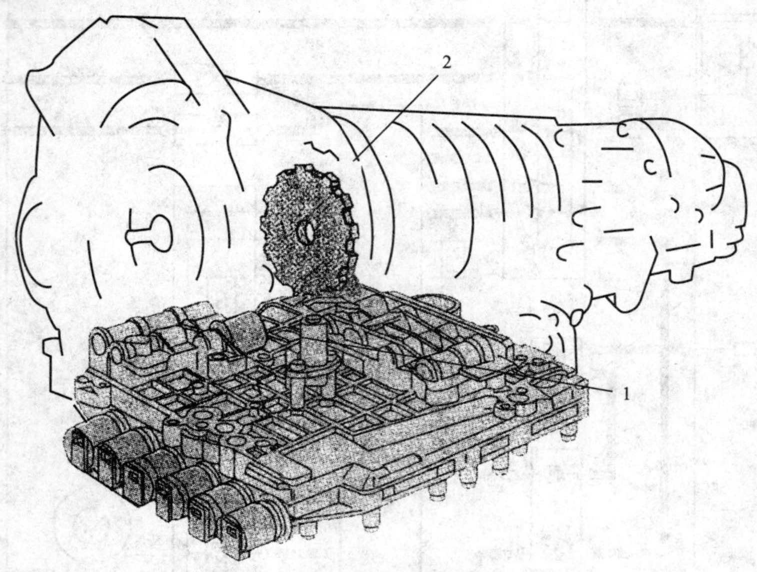

图 9-6 变速器输入转速传感器

2. 变速器转速传感器 G38

变速器转速传感器用来传递变速器转速(车速)信号,属感应式传感器。该信号用于挡位切换及换挡时的压力调节,信号中断后,变速器进入应急状态,其安装位置见图 9-7。

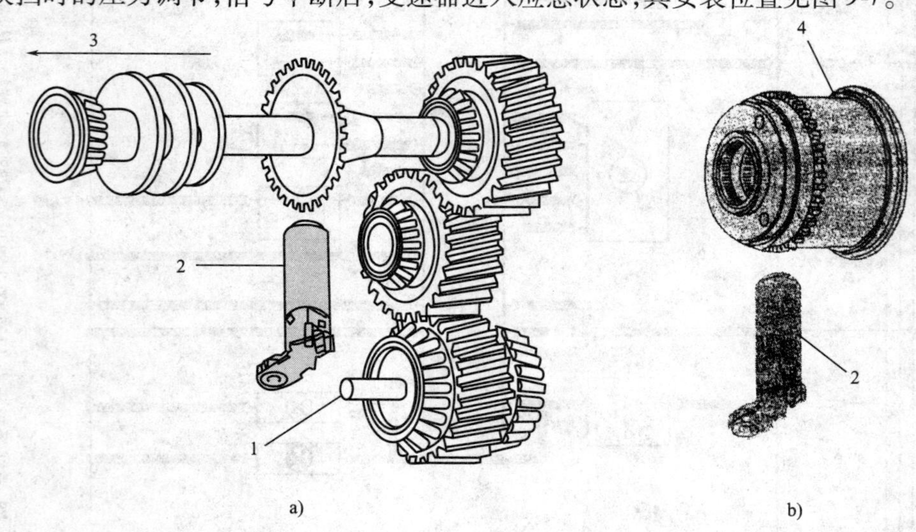

图 9-7 变速器转速传感器安装位置

a)前轮驱动;b)四轮驱动

1-来自变速器;2-转速传感器;3-接前桥差速器;4-差速器

3. 变速器油温传感器 G93

变速器油温传感器位于电磁阀线束的内部，用于监测变速器油的温度，防止变速器过热，如图 9-8 所示。

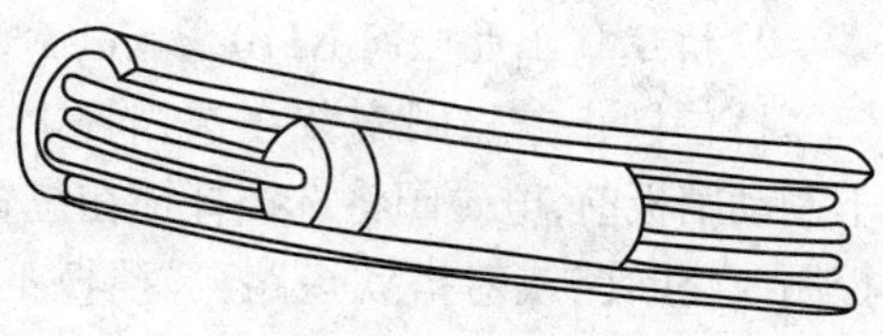
图 9-8　变速器油温传感器

当自动变速器油温度达到 120℃时，锁止离合器提前接合；若温度信号中断，锁止离合器不可控制，并处于接合状态。

除上述传感器为自动变速器控制单元提供信号外，发动机控制单元还为变速器控制单元提供发动机转速信号、燃油消耗信号和节气门位置信号等。发动机转速信号用来计算换挡压力，以保证换挡平顺；发动机控制单元接收来自发动机转速传感器 G28 的信号，并将该信号传给变速器控制单元，若此信号中断，控制单元则计算出一个替代值，但可能会产生换挡冲击。燃油消耗信号由发动机控制单元根据喷油时间计算出来，变速器控制单元根据燃油消耗信号计算出发动机当时的转矩，以确定换挡时刻；若该信号中断，控制单元根据节气门位置信号和发动机转速信号计算出一个替代值。节气门位置信号用于确定换挡时刻，发动机控制单元接收节气门电位计 G69 的有关发动机负荷的信号，并将该信号输送给变速器控制单元；若此信号中断，变速器将按一固定换挡程序换挡，DSP 失效。

二、执行元件

1. 电磁阀 N88 ~ N94

如图 9-9 所示，电磁阀 N88 ~ N94 安装在阀板上，这些电磁阀由变速器控制单元控制并将电信号转变成液压信号，以控制变速器内的离合器和制动器的动作。

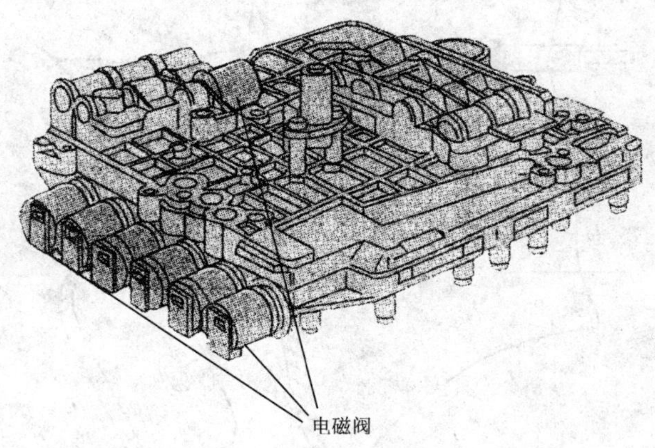

图 9-9　电磁阀 N88 ~ N94 安装位置

(1)电磁阀 N88 ~ N90 是开关式换挡电磁阀，根据变速器控制单元的信号来“关闭”或“打开”通往离合器或制动器的油路通道。

(2)电磁阀 N91 是一个调节阀，用于调节全部自动变速器的油量。

(3)电磁阀 N92 和 N93 是脉冲式调压电磁阀，在换挡过程中控制油液压力，使离合器和制动器工作柔合。

(4)电磁阀 N94 是锁止电磁阀，用于控制锁止离合器的接合与分离。若电磁阀 N94 导线断路，锁止离合器不能接合，但变速器仍可换挡。

2. 挡位锁止电磁阀 N110

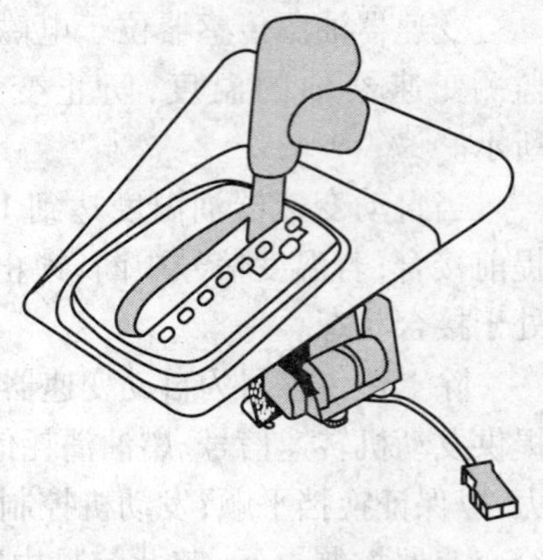

图 9-10 挡位锁止电磁阀安装位置

挡位锁止电磁阀安装在选挡杆上，如图 9-10 所示。踏下制动踏板前，电磁阀将选挡杆锁在位置“P”和“N”上。若控制线路断路或对搭铁短路，选挡杆不能移动；若对正极短路，不用踏下制动踏板，选挡杆可换入任一挡位。

三、控制开关

1. 强制降挡开关 F8

强制降挡开关的安装位置如图 9-11 所示，当加速踏板完全踩到底时，强制降挡开关接通，为了提高加速能力，变速器将自动降低一个挡位。如果当前是在 5 挡行车，则自动降低两挡，即直接从 5 挡降至 3 挡，又立即（几乎感觉不到）从 3 挡降至 2 挡。

自动变速器停留在低速挡的时间比往常稍长。如果加速踏板继续保持在强制降挡位置，空调将被关闭，以便全部功率都用来驱动车辆。

当强制降挡信号中断时，该信号被节气门位置信号所取代，节气门开度达 95% 时，控制单元即执行强制降挡程序。

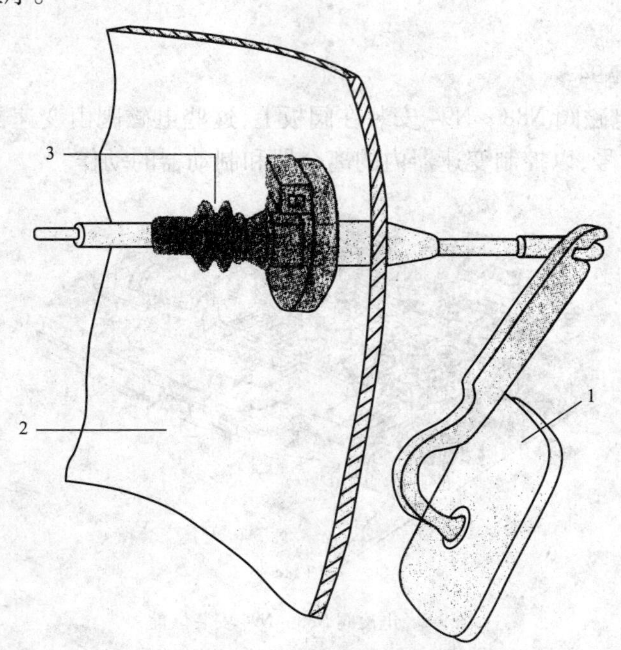

图 9-11 强制降挡开关安装位置

1-加速踏板；2-车身前板；3-强制降挡开关

2. 制动灯开关 F

制动灯开关位于制动踏板附近，传递“制动踏板踏下信号”。车辆停止时踩下制动踏板，选挡杆锁止解除；如果踩下制动踏板且汽车正在下坡，变速器将自动换入低速挡。

如果制动信号中断，控制单元则认为制动踏板已踏下，汽车在停止时，选挡杆可移动。

3. 多功能开关 F125

多功能开关安装在变速器壳体上,由选挡杆拉索直接控制,为变速器控制单元提供选挡杆位置信号。此外,车速调节装置、倒车灯和自动变速器继电器通过此开关供电。

四、电子控制单元的功能

1. 动态换挡程序

01V 自动变速器设有动态换挡程序 DSP,控制单元借助于动态换挡程序 DSP 通过特性曲线来确定换挡时刻,大约有 240 条不同的换挡曲线可供选择,因此能更好地满足不同的驾驶要求。

DSP 可以根据驾驶员踩下加速踏板的速度计算出换挡曲线,并根据加速踏板的位置和发动机转速决定换挡时刻,即使加速踏板在相同的位置,但车速不同时,自动变速器也可以根据不同的换挡曲线进行换挡。DSP 还可以在冷态时使发动机和触媒快速达到工作温度,并且能够根据路面的情况(上坡、下坡)来选择挡位。

2. 替代功能

如果某个传感器信号中断时,控制单元会用其他传感器信号作为替代信号。例如:当强制降挡开关信号中断时,自动变速器控制单元会利用节气门位置传感器信号作为替代信号,当节气门开度达到 95% 时,控制单元即执行强制降挡;当来自发动机的燃油消耗信号中断后,变速器控制单元根据节气门信号和车速信号计算出替代值。但有的替代功能会使换挡不良(发动机转速信号)或造成动态换挡程序不工作(节气门信号)。

3. 应急程序

当变速器控制单元不能产生替代信号时,变速器即进入应急状态(失效保护状态),此时变速器的所有电磁阀不受控制,变速器只有 4 挡和倒挡,液压系统油压达到最大,锁止离合器失去锁止功能。在这种情况下,当变速器的挡位指示灯全亮时,说明变速器控制单元工作正常,选挡杆锁止功能有效;若变速器的挡位指示灯全灭,说明变速器控制单元不能正常工作,选挡杆电磁阀锁止功能失效。

4. 自诊断功能

自动变速器控制单元有一个故障存储器。如果被监控的传感器或部件出现故障,那么该故障连同故障说明一起被存入故障存储器中。

第三节 01V 自动变速器的检修

一、液力变矩器的检修

1. 液力变矩器的检查

如图 9-12 所示,若油液从变矩器的接缝或焊缝中渗出,表示变矩器渗漏,应更换变矩器。用专用工具检查变矩器的端面跳动,若跳动超过 0.1mm 也应更换变矩器。

2. 变矩器的更换

如图 9-13 所示,变矩器损坏后可单独更换。旋下驱动盘与变矩器紧固螺母后,再分开发

动机和变速器,此时变矩器落在变速器一侧,应先用深度尺测量变矩器距变速器端面的深度A,然后再从变速器中取出变矩器。

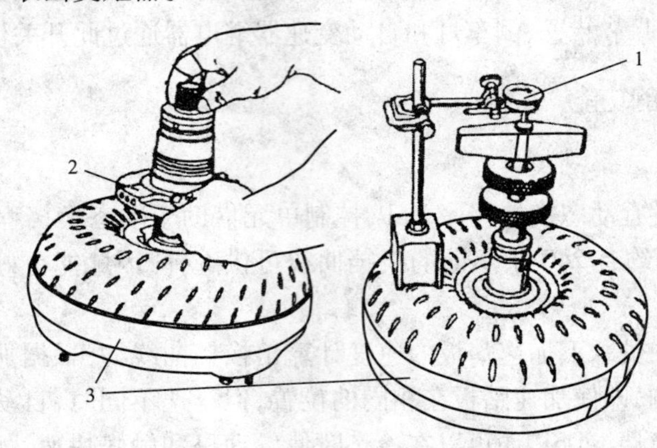

图 9-12　变矩器的外观检查

1-专用工具;2-百分表;3-变矩器

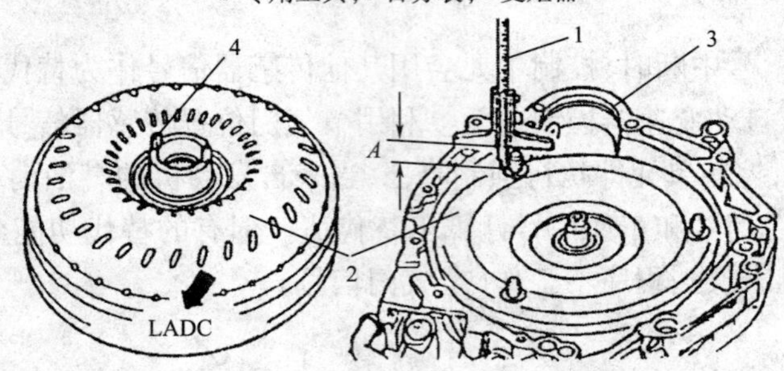

图 9-13　变矩器的更换

1-深度尺;2-变矩器;3-变速器;4-传动销

变矩器应先用汽油清洗干净,倒净汽油,再在变矩器中注入自动变速器油。将变矩器装入变速器时,应同时转动变矩器使其上的两个传动销落入自动变速器油泵内齿轮凹槽内,检查变矩器与变速器端面的距离 A,应与已测出的 A 值一致,至少应为 20mm。最后,旋紧变矩器与驱动盘紧固螺母。

3. 变矩器油封的更换

如图 9-14 所示,先用专用工具从变速器孔内拨出旧油封。安装时,将新油封的刃口朝向变速器,在唇缘之间涂上润滑脂,用专用工具压入变速器孔内,直至平齐为止,且保证油封垂直压入孔内。为防止泄漏,应在油封外圆涂上密封剂。

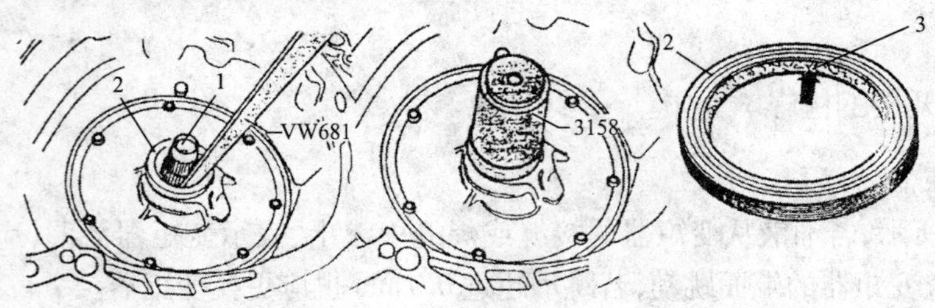

图 9-14　变矩器油封的更换

1-涡轮轴;2-油封;3-润滑脂

二、自动变速器液位的检查

检查自动变速器液面高度时,变速器不允许处于应急工作状态,车辆应处于水平位置,选挡杆位于“P”位置,发动机处于怠速状态,空调和暖风已切断。

ATF 液位随着温度的变化而变化。检查时,在诊断插头上连接 V. A. S5051 或 V. A. G1551,利用诊断仪读取 ATF 温度(诊断仪使用方法见前述内容),通过检查螺栓检查 ATF 液位。当 ATF 温度位于 45℃且有少许油液流出时,表示 ATF 液位正常。若液位过高,可排出多余的 ATF 油;若液面过低需要加油时,应使用专用加注器,旋下检查螺栓,用加注器从屏蔽盖开口加注,直到油从检查孔溢出为止。

三、换挡机构的检查

1. 检查选挡杆的锁止功能

点火锁转到驾驶位置(点火),踩住制动踏板,按住选挡杆上的键后,选挡杆应能顺利从“P”位移开。当选挡杆不在“P”位时,点火锁不能拉下,选挡杆打回到“P”位,此时点火锁必须无“卡滞”地打到拉出位置。拉出点火锁,此时按住选挡杆上的键且踩下制动踏板后,选挡杆不能从“P”位移开。

2. 检查换挡功能

将选挡杆置于“P”位点火,不要踩下制动踏板。选挡杆锁止电磁阀使选挡杆锁死,此时按住选挡杆上的键也不能使选挡杆从“P”位移开。踩下制动踏板,选挡杆锁死无效,此时可按住选挡杆上的键进行换挡,应没有卡滞感。选挡杆从“P”位按顺序慢慢换到“R、N、D、4、3、2”位,检查仪表板上的显示挡位和操作是否相符。选挡杆放在“N”位,接通点火开关,不踩制动踏板,选挡杆锁死,不能从“N”位移开。踩下制动踏板,选挡杆锁死无效,可以按住选挡杆上的键后移动选挡杆。选挡杆放在“D”位,接通点火开关,打开仪表灯,选挡杆从位置“D”进入 Tiptronic 通道后,换挡装置上显示的“D”消失,“+”和“-”符号变亮。起动发动机并怠速运转,拉紧驻车制动并踩下制动踏板,当选挡杆移入 Tiptronic 挡位后,仪表板上显示的挡位应从“PRND432”变为“54321”。

3. 检查 Tiptronic 开关(F189)

如图 9-15 所示,Tiptronic 开关集成在选挡杆护板的印制电路板上,护板位于换挡机构盖板内。此开关由 3 个霍尔传感器(A、B、C)组成,通过鱼鳞板横轴上的磁铁控制,A 为减挡键传感器,B 为 Tiptronic 识别传感器,C 为增挡键传感器。出现故障时,必须首先确定鱼鳞板横轴上的磁铁定位是否正确,必要时更换鱼鳞板。只有在检查完线路后,才允许更换集成印制板的选挡杆护板。对于带 Tiptronic 运动方向盘的车辆,还要检查方向盘上的键及其线路连接。

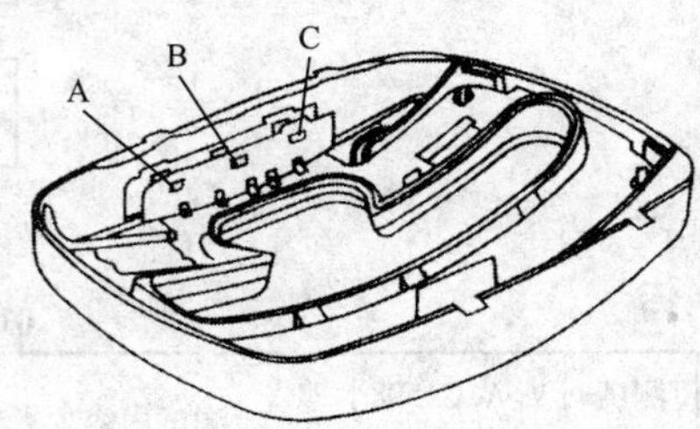

图 9-15 Tiptronic 开关(F189)的检查
A-减挡键传感器;B-Tiptronic 识别传感器油封;C-增挡键传感器

4. 检查和调整选挡杆拉线

将选挡杆推到位置“P”。升起车辆,用专用工具抬起选挡杆拉线,将选挡杆从“P”位移到“2”位,此时换挡机构和选挡杆拉线必须移动灵活,否则应更换选挡杆拉线或维修换挡机构。

调整时，从杠杆/换挡轴上松开选挡杆拉线，选挡杆移动到“P”位，杠杆/换挡轴也应移入“P”位，停车锁止装置必须切入，两个前轮不能朝同一方向转动，否则应松开支承架螺栓，朝杠杆/换挡轴方向拉选挡杆拉线。旋动螺栓，调整支承架 D 上的拉线位置，调整后，装上隔热板 C，拧紧支承架上的固定螺栓。

四、电子控制系统的诊断与检测

01V 自动变速器电子控制系统出现故障，可利用 V. A. G1551 进行诊断，诊断流程见图 9-16，其故障代码及检测结果分析参见表 6-3 和表 6-4；电气元件的检测见表 9-2。

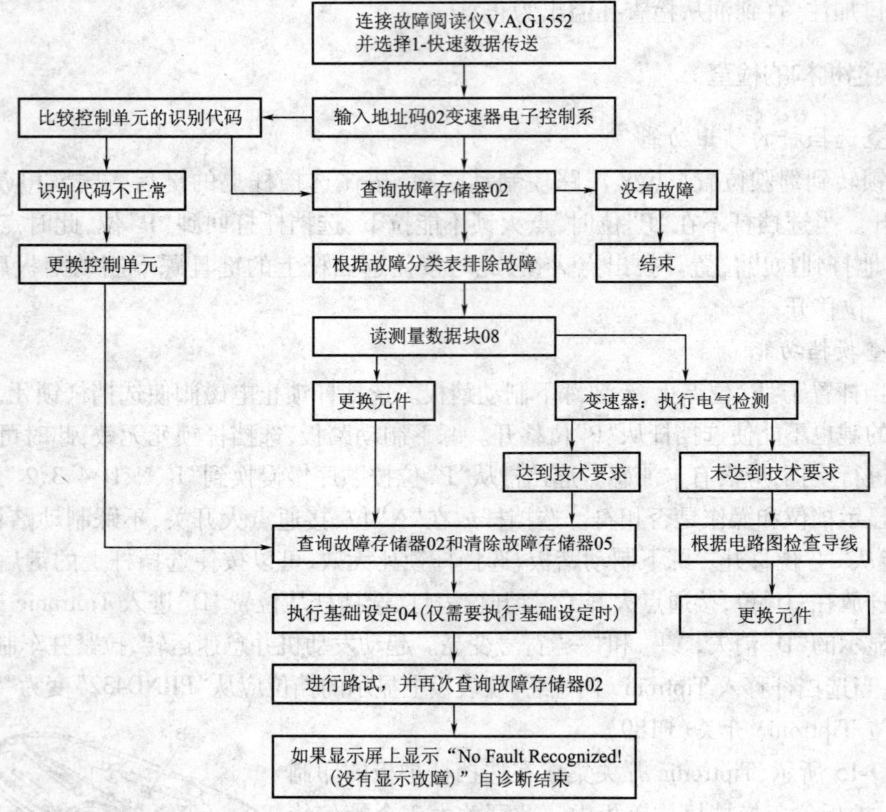

图 9-16　01V 自动变速器自诊断流程

01V 自动变速器电气元件的测试表　　表 9-2

测试步骤	V. A. G1598/18	测试内容	测试条件	额定值	排除故障
1	23 + 1	来自控制单元—J217—的供电电压	点火开关接通	约为蓄电池电压	根据电路图检查导线 检查从触点 1 至搭铁的导线 检查从触点 23 至接线柱 15 中央电子系统的导线
2	29 + 15	换挡杆锁止电磁阀—N110	点火开关接通 不踩制动踏板	约为蓄电池电压	根据电路图检查导线 更换换挡锁止电磁阀 维修换挡机械机构
			不踩制动踏板	0. 2V	

续上表

测试步骤	V. A. G1598/18	测试内容	测试条件	额定值	排除故障
3	15 +1	制动指示灯开关—F	点火开关接通 不踩制动踏板	0V	根据电路图检查导线 制动指示灯开关 F 调整制动指示开关
			踩下制动踏板	约为蓄电池电压	
4	55 +67	电磁阀 1—N88	关闭点火开关	55 ~65Ω	
	55 +1			无穷大	
5	54 +67	电磁阀 2—N89	关闭点火开关	55 ~65Ω	
	54 +1			无穷大	
6	9 +67	电磁阀 3—N90	关闭点火开关	55 ~65Ω	
	9 +1			无穷大	
7	47 +67	电磁阀 4—N91	关闭点火开关	55 ~65Ω	根据电路图检查导线 更换扁状导线或阀体 拆卸和安装阀体
	47 +1			无穷大	
8	56 +67	电磁阀 5—N92	关闭点火开关	55 ~65Ω	
	56 +1			无穷大	
9	58 +22	电磁阀 6—N93	关闭点火开关	4. 5 ~6. 5Ω	
	58 +1			无穷大	
	22 +1				
10	10 +67	电磁阀 6—N93	关闭点火开关	55 ~65Ω	
	10 +1			无穷大	
11	23 +29	换挡杆锁止电磁阀—N110	关闭点火开关	14 ~25Ω	根据电路图检查导线 更换换挡锁止电磁阀 维修换挡机械机构
12	1 +16	低挡开关—F8	关闭点火开关 不踩加速踏板	无穷大	根据电路图检查导线 调整或更换加速踏板拉线
			将加速踏板踩到底使低挡开关动作	小于 1. 5Ω	
13	6 +67	变速器油温传感器—93(ATF)	关闭点火开关 ATF 温度约 20℃ 约 60℃ 约 120℃	0. 247MΩ 48. 8 kΩ 7. 4 kΩ	根据电路图检查导线 更换扁状导线
14	20 +65	车速传感器—G68	最小	0. 8 kΩ	根据电路图检查导线 更换车速传感器
			最大	0. 9kΩ	
15	21 +66	变速器转速传感器—G38	关闭点火开关 最小	0. 8 kΩ	根据电路图检查导线 更换变速器转速传感器
			最大	0. 9kΩ	

五、01V 自动变速器故障实例

实例1：一辆装用01V 自动变速器的帕萨特 B5 轿车，换挡时有冲击，有时挂“D”位熄火；上路行驶时，发动机转速在3000r/min 时才开始换挡（正常情况下应在1000r/min 左右换挡），且车速始终小于80km/h。

故障检查与分析：通过检查判定，该车发动机正常，故障应在自动变速器部分。用专用故障检测仪 V. A. G1552 提取故障码，结果有两个故障码00660 和00281，00660 表示强制降挡开关有故障，00281 表示车速传感器有故障。为防止出现历史码或偶发性故障码，记录下故障码后，用 V. A. G1552 清除故障码，路试后重新提取故障码，此时00660 故障码消失，只出现00281，即车速传感器有故障或其线路断路。

该车有两个车速传感器，一个装在输出轴上，其产生的信号传输到发动机仪表（里程表）；另一个装在传动轴上，其信号传输到自动变速器控制单元。经检查，汽车仪表指示无故障，故断定仪表车速传感器工作正常，故障部位在车速传感器。该传感器为磁电式车速传感器，在静态下测试其电阻，其值约为860Ω，电压为5V，说明传感器在静态下正常。转动车轮，用示波器测试其信号波形（即输出信号），却无信号波形产生，显然，车速传感器不能产生信号电压。

拆下车速传感器，检查发现传感器感应头上黏附了一层较厚的油污，严重影响了传感器的工作性能，导致无信号输出。清除传感器上的油污，重新装入试车，自动变速器恢复正常。

实例2：一辆上海帕萨特 B5 轿车，装备有01V 自动变速器，出现升挡缓慢，换挡点滞后，换挡冲击大等现象，且在发动机转速较高时才能升挡。

故障检查与分析：首先检查自动变速器油，液位和品质都正常。试车感觉发动机动力不足，用故障检测仪 V. A. G1552 检测发动机部分，读出故障码00561，此故障码含义为混合气调整超过调整极限值。将故障码清除后，重新起动发动机再次读码，此故障码仍然存在。导致此故障的可能原因为燃油压力过低、空气流量计的信号失常、活性炭过滤器电磁阀卡死、到三元催化器的排气系统泄漏及喷油器积炭、堵塞等。经检测，燃油压力正常，进、排气系统无漏气现象，因此，对发动机节气门体进行清洗保养后，再次起动发动机读码，无故障码出现。读取发动机数据流，各项数据正常。再进行路试，故障仍然存在。

由此看来，虽然发动机存在故障，但该车的故障现象不是发动机故障造成的，其故障部位应在自动变速器。随后，用故障检测仪 V. A. G1552 检查自动变速器，但未出现故障代码。运行车辆，发现变速器的每个挡位都能正常工作，只是换挡点太迟，换挡冲击过大。用 V. A. G1552 读取数据流时发现，自动变速器油温显示异常。仪器显示在油温在153～165℃之间变化，明显高于正常值。触摸变速器油底壳，感觉温度并不高，没有过热。将车熄火静置，冷却散热后再次用 V. A. G1552 检测变速器油温，结果还是显示160℃左右，而此时变速器实际油温只有40℃左右。因此判断可能是自动变速器油温传感器出现了故障，当控制单元接收到高于148℃的油温信号时，将控制变速器自动切换至下一个较低的挡位，以免变速器过热。

拆下自动变速器油底壳并拆下扁状导线，将万用表检测油温传感器电阻。正常情况下，油温传感器阻值在 20℃时约为 0.247MΩ,60℃时约为 48.8kΩ,120℃时约为 7.4kΩ,而此传感器阻值始终为 1.8 MΩ,不随温度变化,因此确定油温传感器损坏。更换变速器扁状导线,试车,故障排除。

复习思考题

1. 01V 自动变速器选挡杆是如何布置的？各挡位的作用是什么？
2. 01V 自动变速器主要由哪几部分组成？
3. 01V 自动变速器行星齿轮机构有何特点？
4. 01V 自动变速器有哪些换挡执行元件？
5. 试分析 01V 自动变速器各挡动力传动路线。
6. 01V 自动变速器备有哪些电子元件？
7. 如何检修 01V 自动变速器的液力变矩器？
8. 怎样检查 01V 自动变速器的液面高度？
9. 怎样利用故障检测仪 V.A.G1552 对 01V 自动变速器进行检测？

第十章 飞度轿车无级变速器的构造与检修

目前轿车上广泛使用的变速器是由液力变矩器和行星齿轮变速机构组合而成的自动变速器,其仍存在许多不足之处:传动比不连续,只能实现分段范围内的无级变速;液力传动的效率较低,影响了整车的动力性能与燃料经济性;增加变速器的挡位数来扩大无级变速覆盖范围,就必须采用较多的执行元件来控制行星齿轮机构的动力传递路线,导致自动变速器零部件数量过多,结构复杂,保养和维护不便。因此,汽车行业早就开始研究其他新型变速技术,CVT技术就是其中最有前景的一种。

CVT(Continuously Variable Transmission)技术即无级变速技术,利用传动带与工作直径可变的主、从动轮相配合来传递动力,其具有如下特点:

(1)CVT可以在相当宽的范围内实现无级变速,从而获得传动系与发动机工况的最佳匹配,提高整车的燃油经济性,且操纵方便,乘坐舒适。

(2)CVT的无级变速特性能够获得后备功率最大的传动比,增强了汽车的爬坡能力和加速能力,因此CVT的动力性能明显优于普通机械变速器(MT)和自动变速器(AT)。

(3)CVT的速比工作范围宽,能够使发动机以最佳工况工作,从而改善了燃烧过程,降低了废气的排放量。

(4)CVT系统结构简单,零部件数目较少,一旦大规模生产,成本将低于AT。

(5)CVT对零部件特别是传动钢带的疲劳寿命要求特别高,而且CVT应用时间较短,维修技术和维修经验相对不足。

第一节 飞度轿车无级变速器的构造和工作原理

飞度CVT无级变速器是专门为小型车设计的,属于新一代钢带无级电控自动变速器,其结构紧凑、传动效率高,具有无级前进挡变速和二级倒挡变速功能,操纵简单,手/自一体选择模式可允许两个带轮之间进行高转矩传递,运转平稳。飞度CVT变速器还带有S挡(运动模式),既追求流畅感、低油耗,又提高了驾乘乐趣。

一、飞度轿车无级变速器的结构组成

飞度轿车无级变速器的结构如图10-1所示,装置总成与发动机直列布置,主要由变速器机械部分、电子控制系统和液压控制系统组成。

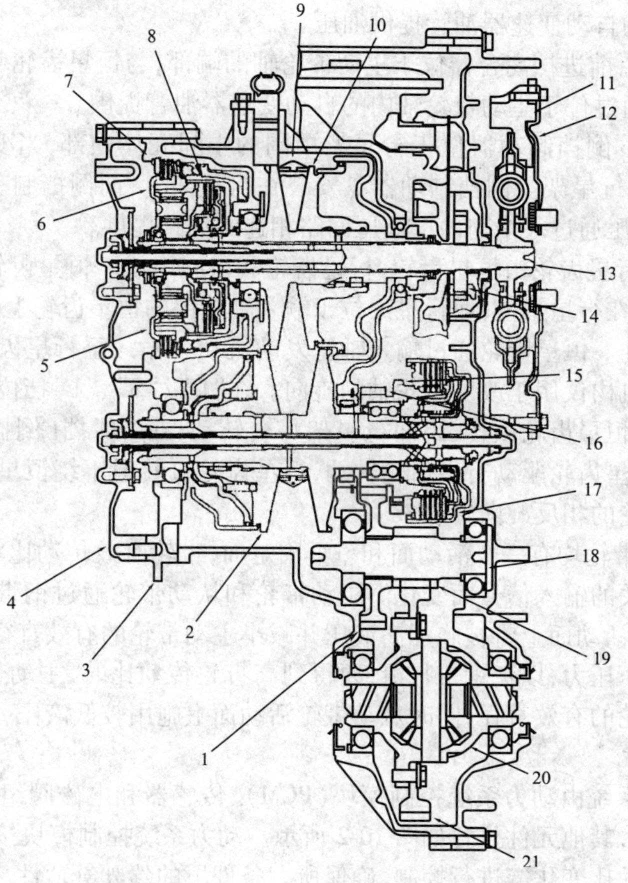

图 10-1　飞度轿车无级变速器的结构组成

1-中间轴从动带轮;2-从动带轮;3-中间壳体;4-端盖;5-行星齿轮;6-行星架;7-倒挡制动器;8-前进离合器;9-钢带;10-主动带轮;11-飞轮;12-驱动桥;13-输入轴;14-ATF 泵;15-驻车挡齿轮;16-中间轴主动齿轮;17-起步离合器;18-主减速器主动轴;19-主减速器主动齿轮;20-差速器;21-主减速器从动齿轮

1. 变速器机械部分

变速器内有四条平行轴:输入轴、主动带轮轴、从动带轮轴和主传动轴。输入轴和主动带轮轴与发动机曲轴呈直线布置,由恒星齿轮、行星齿轮及行星架构成。主动带轮轴和从动带轮轴均由带活动和固定两种轮面的带轮构成,两个带轮通过钢带连接;主动带轮轴包括主动带轮、倒挡制动器及前进离合器;从动带轮轴包括从动带轮、起步离合器以及与驻车齿轮一体的中间从动齿轮。主传动轴位于中间主动齿轮与主减速从动齿轮之间,由主减速器主动齿轮和中间从动齿轮组成。

(1)离合器/倒挡制动器:无级变速器通过液压离合器和制动器来接合和分离变速器齿轮。当离合器鼓和倒挡制动器的活塞腔受到液压作用时,离合器活塞和倒挡制动器活塞移动,将摩擦片和钢盘压紧在一起并锁定,使其不致打滑,动力通过已接合的离合器组件传递到离合器上轮毂定位的齿轮,然后通过啮合的齿圈传递到行星齿轮。相反,当离合器组件和倒挡制动器活塞腔解除液压作用时,活塞将松开摩擦片与钢盘,使其自由相对滑动,齿轮将在轴上独立旋转,不传递任何动力。

(2)起步离合器:位于从动带轮轴的端部,与中间主动齿轮啮合或分离。起步离合器通过位于从动带轮轴内的自动变速器油管提供油压。

(3)前进离合器:前进挡离合器位于主动带轮轴的端部,与恒星齿轮啮合或分离。前进离合器所需要的油压通过位于主动带轮轴内的自动变速器油管提供。

(4)倒挡制动器:倒挡制动器位于行星架周围的中间壳体内部,当变速器处于"R"挡位时,倒挡制动器锁定行星架。倒挡制动器盘安装在行星架上,而倒挡制动片安装在中间壳体上,倒挡制动器的油压通过一个与内部液压回路相连的油路提供。

(5)行星齿轮:行星齿轮由恒星齿轮、行星齿轮和齿圈组成。恒星齿轮通过花键与输入轴连接,行星齿轮安装在行星架上,而行星架位于输入轴端部的恒星齿轮上;齿圈位于行星架内,与前进离合器鼓相连。恒星齿轮通过输入轴将发动机动力输入至行星齿轮,行星架输出发动机动力。行星齿轮机构仅用于改变带轮轴的旋向。在"D"、"S"、"L"挡位(前进挡范围),行星齿轮不自转,也不绕恒星齿轮回转,因而行星架将会转动;在"R"挡(倒挡范围)时,倒挡制动器将行星架锁定,恒星齿轮驱动行星齿轮转动,行星齿轮自转但不绕恒星齿轮公转,行星齿轮驱动齿圈沿恒星齿轮的相反旋向转动。

(6)带轮:每只带轮均有一个活动面和一个固定面,带轮有效传动比将随接收到的来自汽车各种传感器和开关的输入信号而变化。主动带轮和从动带轮通过钢带连接,要得到低带轮传动比时,从动带轮活动面上将被施加高液压并减小主动带轮的有效直径,从动带轮的活动面上将受到较低的液压压力,以免钢带打滑;要得到高带轮传动比时,主动带轮的活动面上被施以高压并减从动带轮的有效直径,同时从动带轮活动面上施用较低液压,以免钢带打滑。

2. 电子控制系统

CVT 电子控制系统由动力系统控制模块(PCM)、传感器和电磁阀组成,PCM 位于仪表板下部、杂物箱的后面,其他元件位置如图 10-2 所示。动力系统控制模块接受各传感器信号,通过电磁阀对带轮传动比变化等进行控制,确保所有条件下的驾驶舒适性。

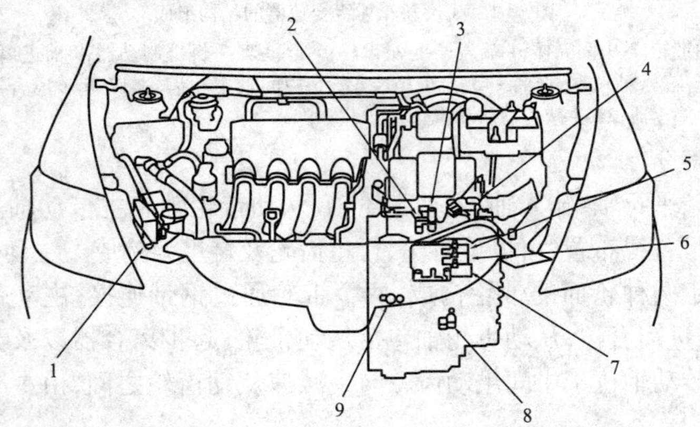

图 10-2　CVT 电子控制系统元件位置图

1-ABS 控制装置;2-CVT 转速传感器;3-CVT 从动带轮转速传感器;4-变速器挡位开关;5-CVT 主动带轮压力控制阀;6-CVT 从动带轮压力控制阀;7-CVT 起步离合器压力控制阀;8-CVT 主动带轮转速传感器;9-锁止装置电磁阀

3. 液压控制系统

液压控制系统主要由自动变速器油泵、阀体和控制油路组成。阀体包括主阀体、控制阀体及手动阀体等。油泵体用螺栓固定在主阀体上,主阀体用螺栓固定在飞轮壳上,控制阀体位于变速器箱体外部,手动阀体用螺栓固定在中间壳体上。

1)油泵

油泵为摆线式转子泵，由输入轴驱动，如图 10-3 所示。

2）控制阀体

控制阀体包括主动带轮压力控制阀、从动带轮压力控制阀、起步离合器压力控制阀、主动带轮控制阀及从动带轮控制阀等，如图 10-4 所示。

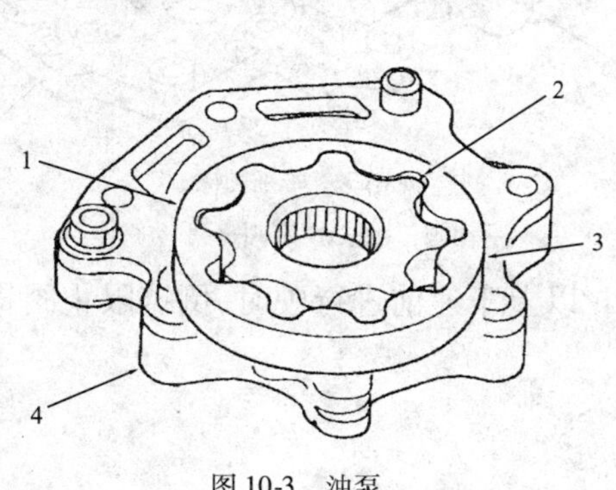

图 10-3　油泵

1-油泵总成；2-内转子；3-外转子；4-泵体

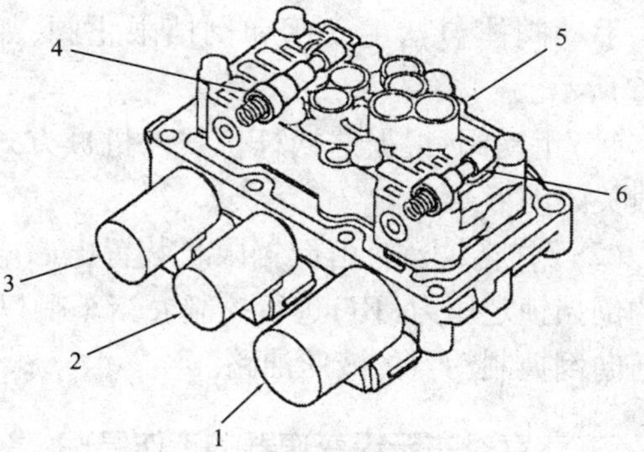

图 10-4　控制阀体

1-CVT 起步离合器压力控制阀；2-CVT 从动带轮压力控制阀；3-CVT 主动带轮压力控制阀；4-主动带轮控制阀；5-控制阀体；6-从动带轮控制阀

（1）主、从动轮压力控制阀：主、从动轮压力控制阀均由线性电磁阀和滑阀组成，并由动力系统控制模块控制，分别为主、从动带轮控制阀提供控制油压。

（2）起步离合器压力控制阀：起步离合器压力控制阀由线性电磁阀和滑阀组成，由 PCM 控制，为起步离合器提供油压，并根据节气门开度调节油压大小。

（3）主、从动带轮控制阀：主、从动带轮控制阀分别为主、从动带轮提供压力，并对主、从动带轮压力进行调节。

3）主阀体

主阀体包括 PH 调节阀、PH 控制换挡阀、离合器减压阀、换挡锁定阀、起步离合器蓄压阀、起步离合器换挡阀、起步离合器后备阀以及润滑控制阀等，如图 10-5 所示。

（1）PH 调节阀：用于保持自动变速器油泵所提供的液压，并向液压控制系统提供 PH 压力和润滑油压。PH 压力是由 PH 调节阀根据 PH 控制换挡阀提供的 PH 控制压力（PHC）进行调节的。

（2）PH 控制换挡阀：为 PH 调节阀提供 PH 控制压力，以便根据主动带轮控制压力和从动带轮控制压力对 PH 压力进行调节。

（3）离合器减压阀：接收来自 PH 调节阀的 PH 压力，并对离合器减压压力进行调节。

（4）换挡锁定阀：用于切换油液通道，当电气系统发生故障时将起步离合器控制从电子控制切换到液压控制。

（5）起步离合器蓄压阀：稳定起步离合器的油压。

（6）起步离合器换挡阀：当电子控制系统发生故障时，起步离合器换挡阀接受挡锁定压力，并将润滑压力旁路转换至起步离合器后备阀。

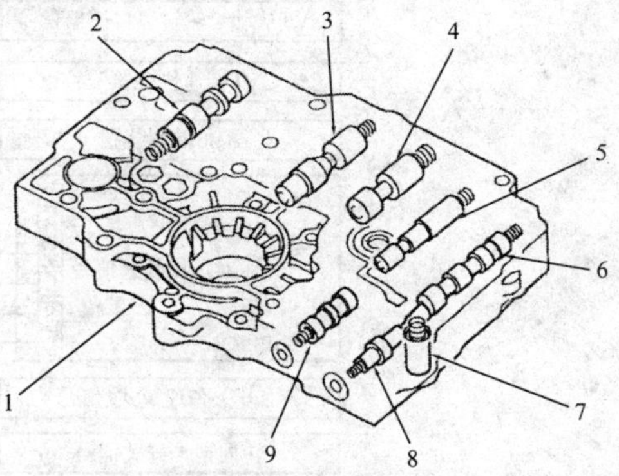

图 10-5　主阀体

1-主阀体；2-润滑阀；3-PH 调节阀；4-起步离合器换挡阀；5-离合器减压阀；6-换挡锁定阀；7-起步离合器蓄压阀；8-起步离合器后备阀；9-PH 控制换挡阀

(7)起步离合器后备阀:提供离合器控制压力,以便在电子控制系统故障时对起步离合器进行控制。

(8)润滑阀:用于稳定系统的润滑压力。

4)手动阀体

手动阀体包括主动阀和倒挡限止阀,如图10-6所示。

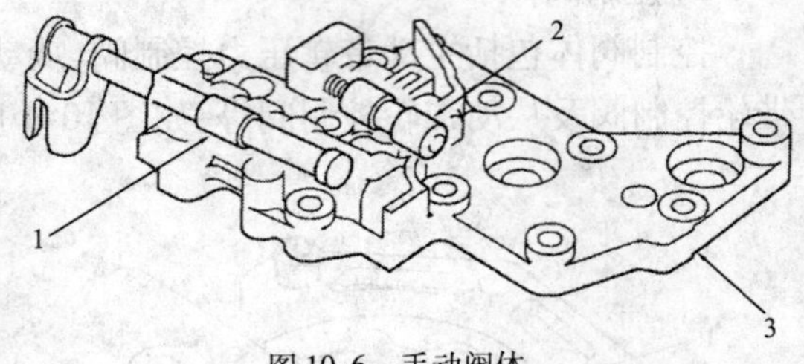

图10-6 手动阀体

1-手动阀;2-倒挡锁定阀;3-手动阀体

(1)手动阀:根据选挡杆位置以机械方式接通或关闭油液通道。

(2)倒挡限止阀:由倒挡限止装置电磁阀提供的倒挡锁定压力(RI)进行控制。当车辆以10km/h以上车速前进行驶时,倒挡限止阀将截止通向倒挡制动器的液压油路。

二、飞度轿车无级变速器的工作原理

1.电子控制系统的工作原理

动力系统控制模块(PCM)接收传感器、开关以及其他控制装置的输入信号,经过数据处理后,输出用于发动机控制系统和无级变速器控制系统的信号。无级变速器控制系统的控制功能包括换挡控制/带轮压力控制、7挡模式控制、起步离合器压力控制、倒挡锁止控制以及储存在动力系统控制模块内的坡道逻辑控制,并通过操纵电磁阀对变速器带轮传动比进行控制。电子控制系统工作原理框图如图10-7所示,其控制电路及PCM连接器端子布置见图10-8。

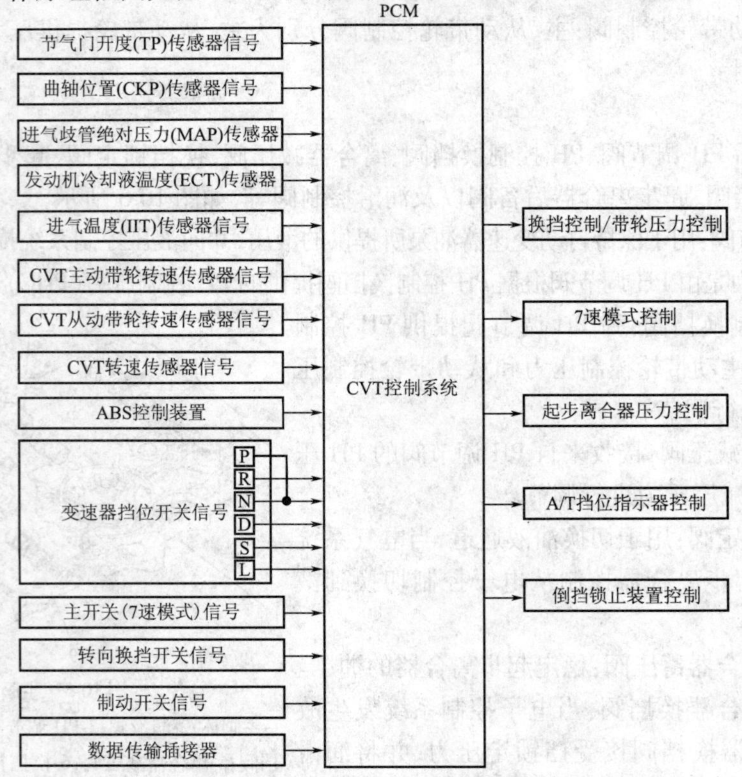

图10-7 电子控制系统工作原理框图

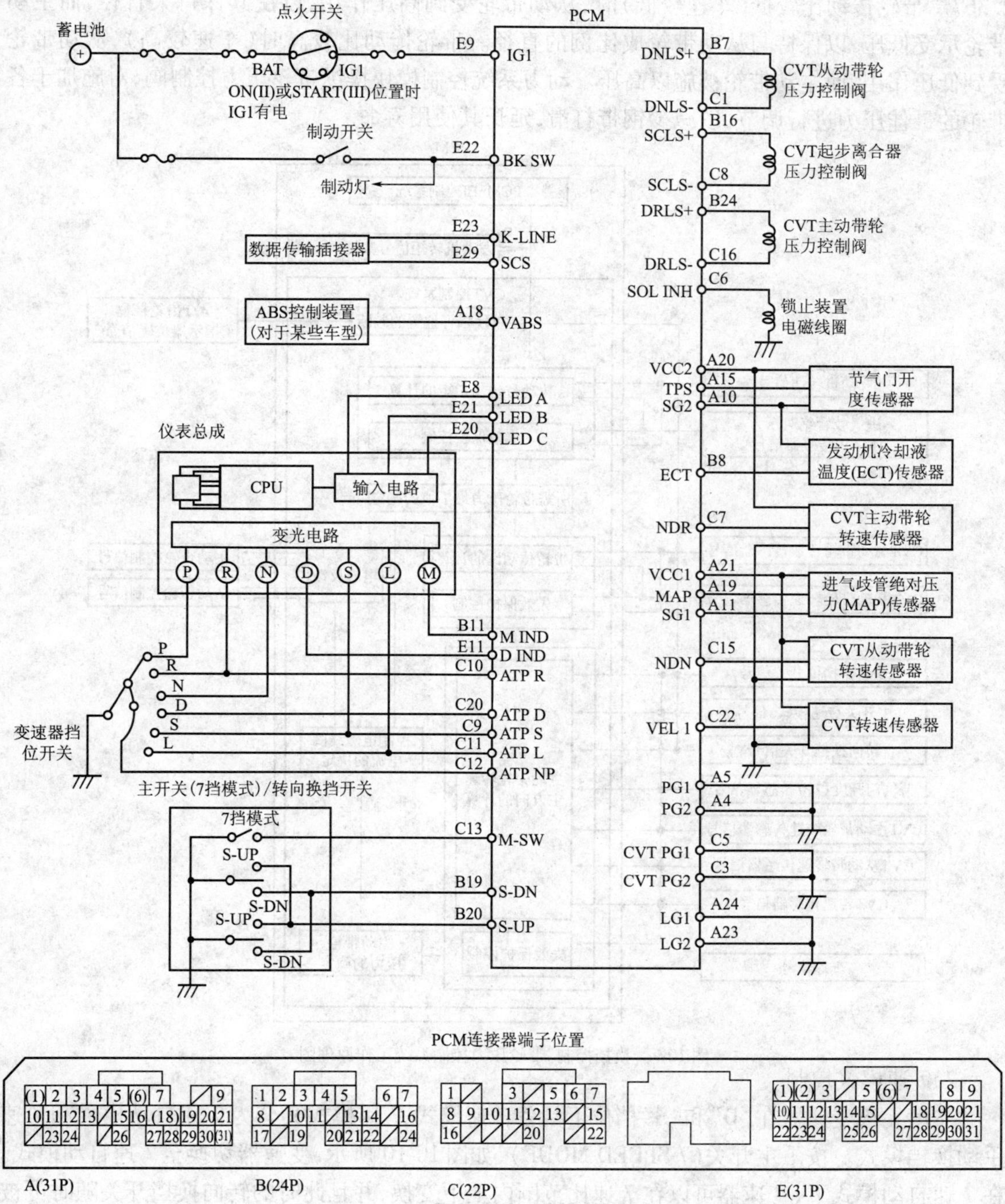

PCM连接器端子位置

A(31P) B(24P) C(22P) E(31P)

图 10-8 飞度无级变速器控制电路

1）换挡控制/带轮压力控制

如图 10-9 所示，动力系统控制模块将实际行驶条件与储存的行驶条件进行比较，进行换挡控制，并根据各种传感器和开关传来的信号即时确定一个主、从动带轮传动比。处于“D”和“S”挡位时，从动带轮通过连接钢带在 2. 367 ~ 0. 407 的传动比范围内以无级方式驱动从动带轮；在“R”挡位下，如果压下加速器，传动比被设定为 1. 326，如果松开加速器，则设定为

2.367。带轮传动比较低(车速较低)时,从动带轮受到高压作用,以使其保持大直径,而主动带轮承受低压,以保持与从动带轮成比例的直径。带轮传动比较高时(车速较高),从动带轮受到低压作用,而主动带轮被施以高压。动力系统控制模块操纵带轮压力控制阀,对施加于各带轮的最佳压力进行调节,以减少钢带打滑,延长其使用寿命。

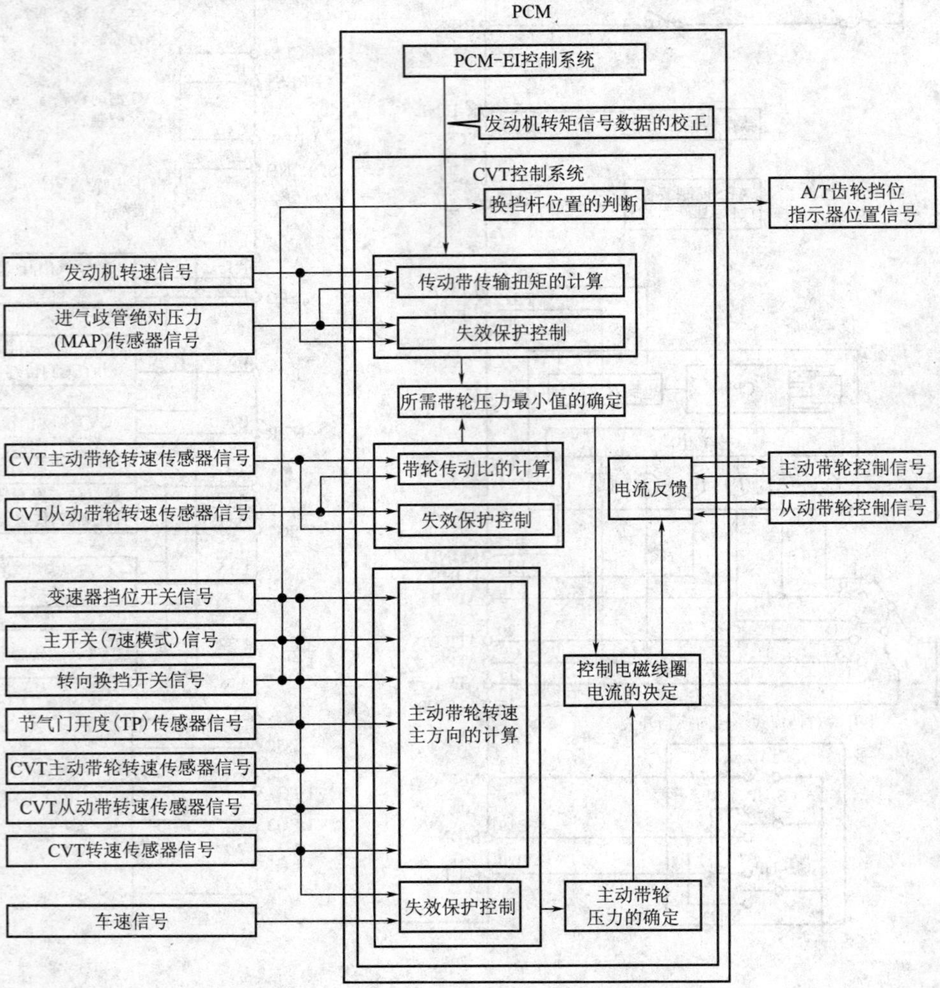

PCM
PCM-EI控制系统
发动机转矩信号数据的校正
CVT控制系统
换挡杆位置的判断
A/T齿轮挡位指示器位置信号
发动机转速信号
进气歧管绝对压力(MAP)传感器信号
传动带传输扭矩的计算
失效保护控制
所需带轮压力最小值的确定
CVT主动带轮转速传感器信号
CVT从动带轮转速传感器信号
带轮传动比的计算
失效保护控制
电流反馈
主动带轮控制信号
从动带轮控制信号
变速器挡位开关信号
主开关(7速模式)信号
转向换挡开关信号
节气门开度(TP)传感器信号
CVT主动带轮转速传感器信号
CVT从动带转速传感器信号
CVT转速传感器信号
车速信号
主动带轮转速主方向的计算
控制电磁线圈电流的决定
失效保护控制
主动带轮压力的确定

图10-9　换挡控制/带轮压力控制系统工作原理图

2)7速模式控制

飞度无级变速器在“D”和“S”挡位下具备7速模式,7速模式又分为7速自动模式和7速手动换挡模式。按下主开关(7 SPEED MODE),如图10-10所示,变速器切换至7速自动模式。在7速自动模式下,变速器可以在7速比范围内上下变换,并且此时的转向换挡开关随时可被激活,如果此开关被激活,则7速自动模式即被取消,并进入7速手动换挡模式。在7速手动换挡模式下,驾驶员可通过转向换挡开关以手动方式在7级速度范围内上下变换。按下主开关或将选挡杆移至其他挡位,即可取消7速模式。主开关和转向换挡开关安装在转向盘上,驾驶员可以按动开关进行模式和速度等级选择。

换挡指示器和M指示灯均设置在仪表总成内自动变速器挡位指示灯的旁边,在7速自动模式下,换挡指示器显示出当前所选速度等级数字,M指示灯不亮;在7速手动换挡模式下,M

指示灯亮，换挡指示器显示所选速度等级数字。

当车辆以“D”或“S”挡位行驶时，如果按下主开关将变速器切换至7速自动模式，则变速器将根据节气门开度和车速等信号，自动设定最佳速度等级。在某些以7级车速滑行的情况下，变速器将换入超速挡位。如果在“D”或“S”挡位下停车时被切换至7速自动模式，则变速器将换入第1速度等级，且车辆以第1级车速起步，换挡指示器显示速度等级数字。

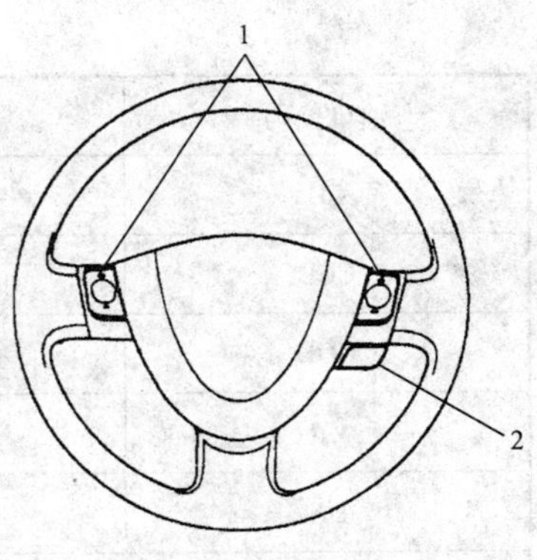

图10-10 主开关、换挡开关位置
1-主开关；2-换挡开关

当在7速自动模式下，按下转向换挡开关，变速器被切换至7速手动换挡模式，且M指示灯亮。按加号开关，变速器调速至下一高速度等级；按减号开关变速器则调低速，换挡指示器显示所选速度等级数字。当车辆减速停车时，变速器自动换入第2级车速，而非第1级；车辆停下后，按加号开关可将变速器换入第2级车速，并且车辆能够以第2级车速起步。

3）起步离合器压力控制

PCM接收各传感器及开关信号，控制起步离合器压力控制阀，调节起步离合器的压力，在“D、S、L、R”位时使汽车起步及慢行趋于平稳。

2. 液压控制系统的工作原理

发动机运转时变速器油泵即开始运转，自动变速器油泵入液压回路。从自动变速器油系统排出的油液流至PH调节阀，并形成PH压力，然后PH压力传送至带轮控制阀，最终至带轮。PCM操纵电磁阀进行液压控制，实现带轮传动变换及起步离合器的接合。图10-11为液压控制系统流程图，液压油口说明见表10-1。

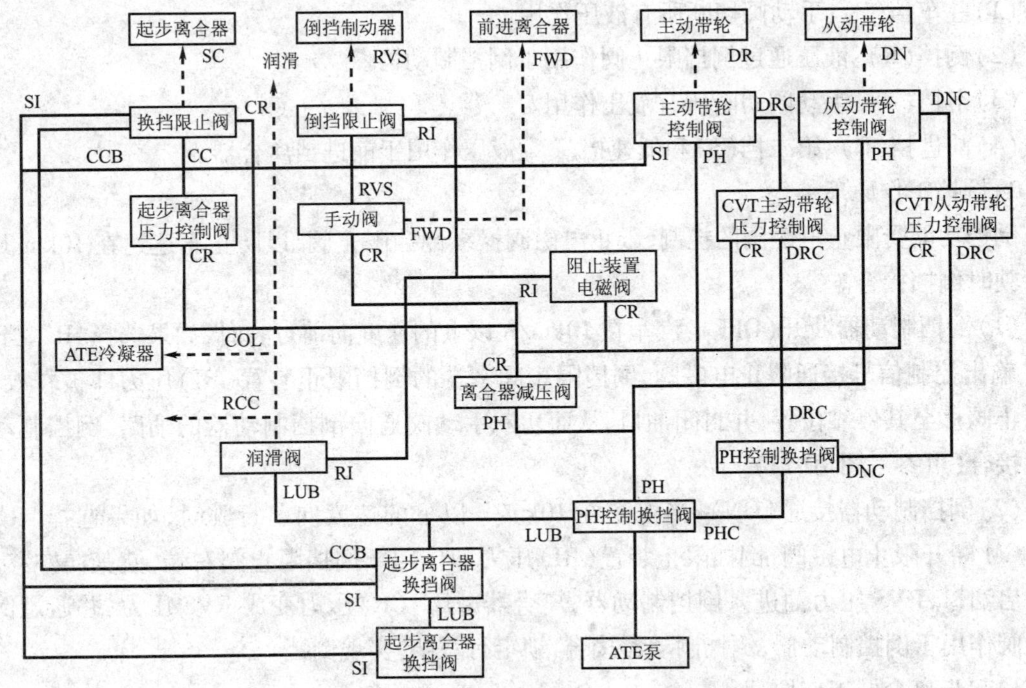

图10-11 液压控制流程图

液压油口代码及压力说明　表 10-1

油口代码	压力说明	油口代码	压力说明
CC	离合器控制	PH	高压
CCB	离合器控制 B	PHC	高压控制
COL	油冷却器	RCC	循环
CR	离合器减压	RI	倒挡限止装置
DN	从动带轮	RVS	倒挡制动器
DNC	从动带轮控制	RVS′	倒挡制动器
DR	主动带轮	SC	起步离合器
DRC	主动带轮控制	SI	换挡锁定装置
FWD	前进离合器	X	排气
LUB	润滑	HX	高位排气
LUB′	润滑	AX	排气
LUB″	润滑		

1)挡位工作原理

通过选挡杆可以将手动阀置于 6 种不同位置,而采用液压方式时只有 4 个。

(1)驻车挡(P):手动阀切断所有液压作用。

(2)倒挡(R):液压通过倒挡限止阀作用于倒挡制动器。

(3)空挡(N):手动阀切断所有液压作用。

(4)前进挡(D)、第二挡(S)和低速挡(L):液压作用于前进挡离合器。

2)倒挡工作原理

倒挡功能受限止电磁阀的控制,限止电磁阀操纵倒挡限止阀,以防止车速达在 10km/h 以上行驶时倒挡接合。

(1)倒挡制动器断开(OFF):汽车在 10km/h 以上的速度向前行驶时,如果选择"R" 挡位,PCM 输出控制信号接通限止电磁阀,倒挡限止阀右端的倒挡限止装置(RI)压力即被释放,倒挡限止阀移至其停靠位置,并封闭油口,从而切断手动阀通向倒挡制动器的油路,倒挡制动器不能接合(可参考图 10-12)。

(2)倒挡制动器接通(ON):当汽车在 10km/h 以下的速度向前行驶时,如果选择"R"挡位,PCM 断开限止电磁阀,倒挡限止装置(RI)压力即作用于倒挡限止阀右端,使其向左移动,并开启油口,RVS 压力油进入倒挡制动器;离合器减压(CR)压力变成 RVS 压力,并通过倒挡限止阀作用于倒挡制动器;倒挡制动器接合,锁定行星架,实现倒挡。

3)起步离合器工作原理

起步离合器受 PCM 控制,PCM 操纵起步离合器压力控制阀,向换挡限止阀提供离合器控制压力(CC)。CC 压力在换挡限止阀处形成起步离合器压力(SC),并作用于起步离合器使其接合,动力传递至主减速主动齿轮。起步离合器压力控制阀根据节气门开度调节压力的大小,在带挡停车时产生“蠕动”效果,或者在起步加速时增加压力。此外,它还可以在正常行驶条件下,提供充分的压力。而起步离合器蓄压阀可以稳定施加在起步离合器上的油液压力。

4)带轮工作原理

带轮传动比较低(车速较低)时,从动带轮受到高压作用,以使其保持大直径;而主动带轮承受低压,以保持与从动带轮成比例的直径。带轮传动比较高(车速较高)时,从动带轮受到低压作用,而主动带轮被施以高压。PCM 操纵带轮压力控制阀,对施加于各带轮的最佳压力进行调节,从而保证最低的压力供给和最高的传动效率。

(1)低速范围:来自离合器减压阀的离合器减压压力(CR)通向主动带轮压力控制阀和从动带轮压力控制阀,主动带轮压力控制阀将 CR 压力转为主动带轮控制压力(DRC),并将 DRC 压力提供给 PH 控制换挡阀和主动带轮控制阀。同样,从动带轮压力控制阀也将从动带轮控制压力(DNC)提供给 PH 控制换挡阀和从动带轮控制阀。PCM 对主动带轮压力控制阀和从动带轮压力控制阀进行控制,将 DNC 压力调节至高于 DRC 压力时,从动带轮受到的从动带轮压力(DN)要高于作用于主动带轮上的主动带轮压力(DR),此时具有低带轮传动比。

(2)高速范围:随着车速进一步提高,主、从动带轮压力控制阀使压力 DR 高于压力 DN,以便相应调节 DRC 和 DNC 压力;而主动带轮受到的压力高于从动带轮,主动带轮直径增加,形成高带轮传动比;此时液压保持不变并作用于前进挡离合器和起步离合器。

5)失效保护工作原理

无级变速器在电子控制系统出现故障时,可以仅凭借液压功能行驶。

(1)前进挡:当电子控制系统发生故障时,变速器将利用一条临时液压回路使车辆继续行驶。

在主动带轮压力控制阀处,超过默认值的主动带轮控制压力(DRC)将作用于换挡限止阀,使其移至左侧,来自离合器减压阀的离合器减压压力(CR)转换为换挡限止压力(SI);SI 作用于起步离合器换挡阀和起步离合器后备阀,并在起步离合器后备阀处转换成压力 CCB;CCB 压力在换挡限止阀处形成压力 SC,而 SC 将作用于起步离合器使其接合,将动力传递到主减速主动齿轮。来自离合器减压阀的压力通向主动带轮压力控制阀和从动带轮压力控制阀,二者均被设定至失效保护位置,可使油液通过并到达主、从动带轮控制阀,以便在固定的比率范围之内操纵主动带轮和从动带轮。而 FWD 压力作用于前进挡离合器,使前进挡离合器接合(前进挡离合器在失效保护状态时的工作原理与正常情况下相同)。失效保护状态时前进挡油路见图 10-12。

(2)倒挡:起步离合器和带轮的工作原理与前述相同,RVS 压力油通向倒挡限止阀和限止电磁阀,作用于倒挡制动器,实现倒挡。

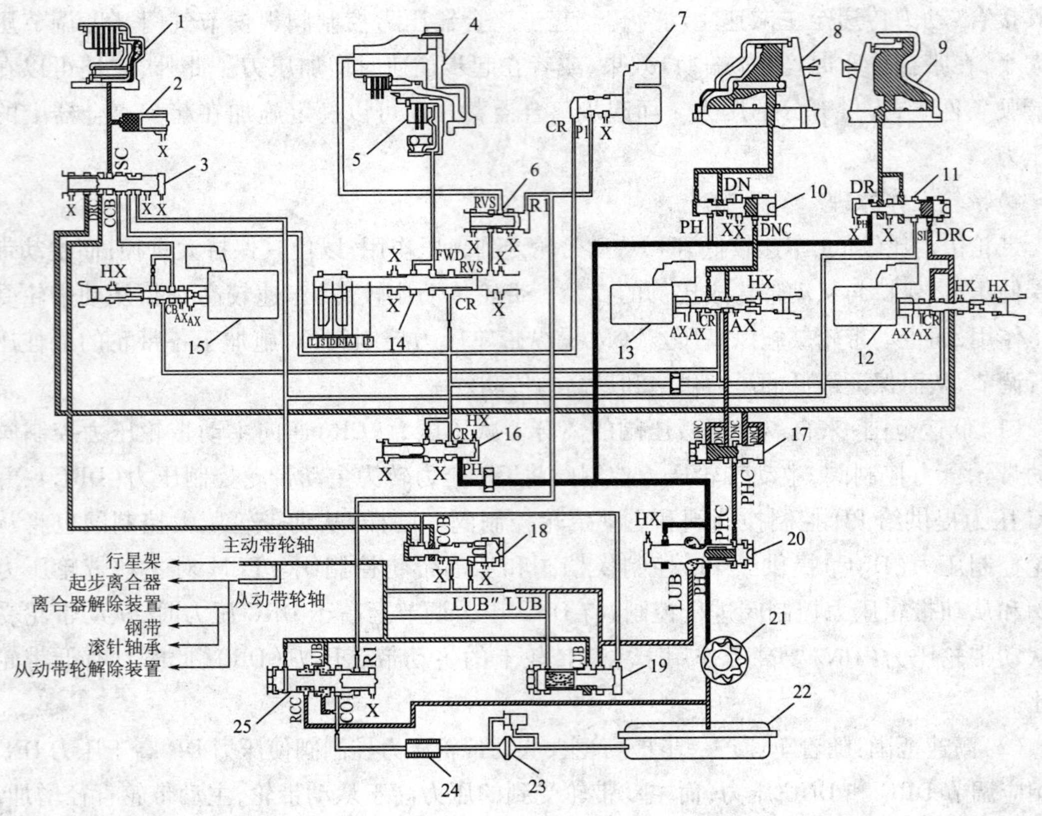

图 10-12　失效保护状态时前进挡油路图

1-起步离合器;2-起步离合器蓄压阀;3-换挡限止阀;4-倒挡制动器;5-前进离合器;6-倒挡限止阀;7-限止电磁阀;8-从动带轮;9-主动带轮;10-从动带轮控制阀;11-主动带轮控制阀;12-主动带轮压力控制阀;13-从动带轮压力控制阀;14-手控阀;15-起步离合器压力控制阀;16-离合器减压阀;17-PH 控制换挡阀;18-起步离合器后备阀;19-起步离合器换挡阀;20-PH 换挡阀;21-油泵;22-储油箱;23-ATF 滤清器;24-ATF 冷却器;25-润滑阀

三、飞度轿车动力传递路线

1.“P”挡位动力传递路线

“P”挡位时没有液压作用于起步离合器、前进离合器和倒挡制动器,动力不能传递至中间主动齿轮,且中间主动齿轮被与驻车齿轮联锁的驻车棘爪锁定。

2.“N”挡位动力传递路线

发动机飞轮驱动输入轴转动,由于无液压作用于前进离合器和倒挡制动器,动力没有传递给主动带轮轴,并且也没有液压作用在起步离合器上。

3.“D、S 和 L”挡位(前进挡范围)动力传递路线

在前进挡范围内,前进离合器、起步离合器接合,倒挡制动器分离。恒星齿轮驱动前进离合器,前进离合器驱动主动带轮轴,主动带轮轴又通过钢带驱动从动带轮轴。从动带轮轴通过起步离合器驱动中间主动齿轮,最终将动力传递到驱动轮,如图 10-13

所示。

4. 倒挡动力传递路线

倒挡时，前进离合器分离，倒挡制动器、起步离合器接合，行星架由倒挡制动器锁定。恒星齿轮驱动行星齿轮自转，行星齿轮驱动齿圈沿与恒星齿轮相反的方向旋转。齿圈通过前进离合器鼓驱动主动带轮轴，主动带轮轴通过连接钢带驱动从动带轮轴；从动带轮轴通过起步离合器驱动中间主动齿轮将动力输出，如图 10-14 所示。

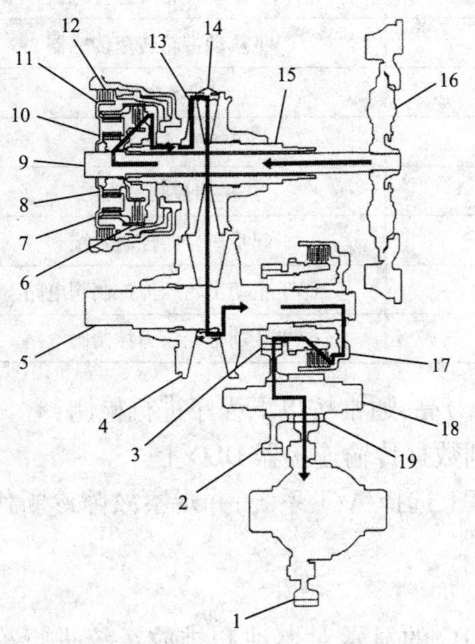

图 10-13　前进挡位动力传递路线

1-主减速器从动齿轮；2-中间轴从动齿轮；3-中间轴主动齿轮；4-从动带轮；5-从动带轮轴；6-前进离合器；7-齿圈；8-恒星齿轮；9-输入轴；10-行星齿轮；11-行星架；12-倒挡制动器；13-主动带轮；14-钢带；15-主动带轮轴；16-飞轮；17-起步离合器；18-主减速器主动轴；19-主减速器主动齿轮

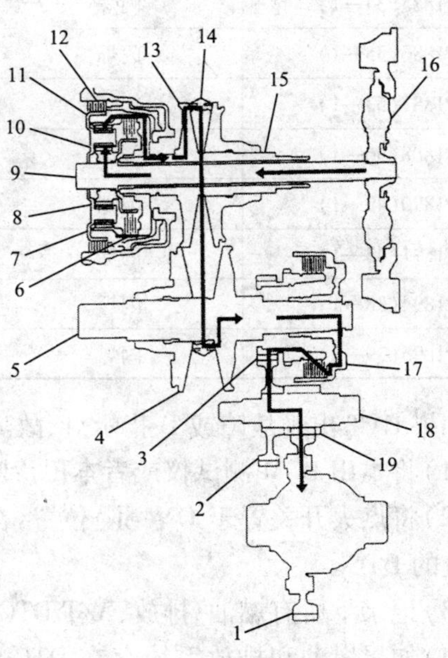

图 10-14　倒挡动力传递路线

1-主减速器从动齿轮；2-中间轴从动齿轮；3-中间轴主动齿轮；4-从动带轮；5-从动带轮轴；6-前进离合器；7-齿圈；8-恒星齿轮；9-输入轴；10-行星齿轮；11-行星架；12-倒挡制动器；13-主动带轮；14-钢带；15-主动带轮轴；16-飞轮；17-起步离合器；18-主减速器主动轴；19-主减速器主动齿轮

第二节　飞度轿车无级变速器的检测

一、故障检测程序

当动力系统控制模块检测到输入或输出系统出现异常时，仪表板总成上的“D”指示灯将闪烁，将数据传输连接器（位于驾驶席侧仪表板下方）连接到本田 PGM 测试仪或者本田诊断系统（HDS）上，当将点火开关置于 ON（Ⅱ）位置，数据传输连接器就会显示出故障代码 DTC，见表 10-2。

飞度轿车 CVT 故障代码　　表 10-2

故障代码	D 指示灯	故障指示灯	检测项目
P1705(5—1)	闪烁	ON	变速器挡位开关(对搭铁短路)
P1706(6—1)	OFF	ON	变速器挡位开关(断路)
P1879(32—1)	闪烁	ON	CVT 起步离合器压力控制阀
P1882(33—1)	闪烁	OFF	抑制器电磁线圈
P1885(34—1)	闪烁	OFF	CVT 主动带轮转速传感器
P1886(35—1)	闪烁	OFF	CVT 从动带轮转速传感器
P1887(53—1)	闪烁	ON	VABS 电路
P1888(36—1)	闪烁	ON	CVT 转速传感器
P1890(42—1)	闪烁	ON	换挡控制系统
P1891(43—1)	闪烁	ON	起步离合器控制系统
P1894(38—1)	闪烁	ON	CVT 主动带轮压力控制阀电路
P1895(39—1)	闪烁	OFF	CVT 从动带轮压力控制阀电路

如果 CVT 出现故障或 D 指示灯、故障指示灯(MIL)亮,通常按以下程序进行检测:

(1)将本田 PGM 测试仪或者本田诊断系统连接到数据传输连接器 DLC 上。

(2)将点火开关置于 ON(Ⅱ)位置,在测试仪屏幕上选择 A/T 系统,并观察故障诊断代码菜单上的 DTC。

(3)记录下所有燃油、排放、A/T DTC 及数据。

(4)如果燃油和排放系统存在 DTC,则应先按 DTC 的显示对燃油和排放系统进行检查(DTC P0700 除外,因为 DTC P0700 意味着有一个或多个 A/T 故障代码存在,而 PCM 燃油和排放电路没有任何故障)。

(5)在清除菜单上将 DTC 和数据清除。

(6)按与冻结数据相同的工况进行试车,行驶几分钟后,重新检查 DTC。如果 A/T 故障代码重新出现,则转到 DTC 故障检测索引。如果 DTC 消除,则表明电路中存在偶然故障,应检查电路中的所有连接端子,并全部紧固。

二、飞度无级变速器的测试

1. 路试

(1)将发动机热机到正常工作温度(散热器风扇转动)。

(2)踩下驻车制动器,并塞住两个后轮。起动发动机,踩下制动踏板,将挡位换至“D”位。踩下加速器踏板,然后突然释放。发动机不应熄火。

(3)“P”位测试:将汽车停在一个约 16°的斜坡上,拉紧驻车制动,将选挡杆置于“P”位,解除制动时车辆应不出现滑移。

(4)将本田 PGM 测试仪或 HDS 连接到数据传输连接器。

(5)按照表 10-3 所示位置在平坦路面上进行试车,检查发动机转速是否符合表 10-3 的要求。

节气门位置、车速、发动机转速对应表　　表 10-3

节气门位置传感器电压(V)	车速(km/h)	发动机转速(r/min)		
		D 位	S 位	L 位
0.75	40	1050 ~ 1450	1550 ~ 1950	2700 ~ 3300
	60		1900 ~ 2500	3400 ~ 4000
	100		2800 ~ 3400	4100 ~ 4700
2.0	40	2050 ~ 2650	2650 ~ 3250	3450 ~ 4050
	60	2200 ~ 2800	2850 ~ 3450	4050 ~ 4650
	100	2650 ~ 3250	3350 ~ 3950	4650 ~ 5250
4.5	40	4000 ~ 4600	4450 ~ 5050	4450 ~ 5050
	60	4300 ~ 4900	4800 ~ 5400	4800 ~ 5400
	100	4750 ~ 5350	5200 ~ 5800	5200 ~ 5800

2. 失速测试

(1)拉紧驻车制动,并塞住前轮。

(2)将转速表连接到发动机上,起动发动机,确认 A/C 开关置于“OFF”。

(3)在发动机达到正常工作温度后,将选挡杆置于“D”位。

(4)将制动踏板和加速踏板完全踩下,持续 6 ~ 8s,记录发动机转速。在提高发动机转速时,千万不要移动选挡杆。

(5)冷却 2min,然后在“S、L 和 R”位置重复测试。注意:一次失速测试千万不要超过 10s;安装 A/T 压力表后千万不要进行失速测试。

①“D、R”位失速转速,技术要求:2500r/min,维修极限:2350 ~ 2650r/min。

②“S、L”位失速转速,技术要求:3000r/min,维修极限:2800 ~ 3100r/min。

若前进挡和倒挡的失速转速均过高,可能是变速器液面过低、油泵性能下降、滤清器堵塞、PH 调节阀卡滞、前进离合器打滑、起步离合器出现故障等;若失速转速均过低,可能是发动机动力不足、起步离合器故障、带轮控制阀卡滞等。如果倒挡失速转速过高,可能是倒挡制动器打滑或起步离合器出现故障。

3. 压力测试

所需专用工具:A/T 机油压力表装置 07406-0020004 和 A/T 低压表 07406-0070001。

(1)确认变速器液面高度正常,举升车辆前部,并确保支撑可靠。

(2)拉紧驻车制动,并可靠地塞住后轮。

(3)拆除挡板,让前轮能够自由转动。

(4)发动机预热后,接上转速表。

(5)将专用工具(07406-0020004)连接到前进离合器

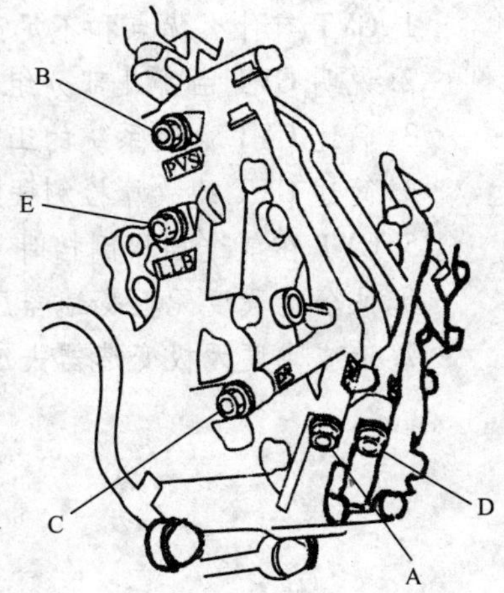

图 10-15　压力测试连接图

A-前进离合器压力检查孔;B-倒挡制动器检查孔;C-主动带轮压力检查孔;D-从动带轮压力检查孔;E-润滑压力检查孔

压力检查孔 A、倒挡制动器检查孔 B、主动带轮压力检查孔 C、从动带轮压力检查孔 D、润滑压力检查孔 E 上，如图 10-15 所示。

(6)起动发动机，测量 1700r/min 时各挡位油压。"D"位时前进离合器的压力为 1.44～1.71MPa，"R"位时倒挡制动器的压力为 1.44～1.71MPa，"N"位时主动带轮的压力为 0.31～0.58MPa，从动带轮的压力为 0.43～0.91MPa；2500r/min 时润滑压力为 0.27～0.40MPa。

若测量结果超出极限范围，其故障部位见表 10-4。

飞度无极变速器压力异常的故障部位 表 10-4

序号	故 障 现 象	故 障 部 位
1	无前进离合器压力或压力太低	前进离合器
2	无倒挡制动器压力或压力过低	倒挡制动器
3	无主动带轮压力或压力过低	油泵、PH 调节阀、主、从动带轮控制阀
4	主动带轮压力太高	PH 调节阀、主、从动带轮控制阀、主动带轮压力控制阀
5	无从动带轮压力或压力过低	油泵、PH 调节阀、主、从动带轮控制阀、从动带轮压力控制阀
6	从动带轮压力太高	PH 调节阀、主、从动带轮控制阀、从动带轮压力控制阀
7	无润滑压力或压力过低	油泵、润滑阀

4. 压力控制阀检测

分别断开 CVT 起步离合器压力控制阀、主动带轮压力控制阀、从动带轮压力控制阀、限止装置电磁阀连接器，测量各电磁阀的电阻。压力控制阀的电阻值应为 3.8～6.8Ω，限止装置电磁阀的电阻应为 11.7～21.0Ω。如果电阻超出标准规定，则更换控制阀体。

复习思考题

1. CVT 有什么优点和不足？
2. 说明 CVT 由哪几部分组成。
3. 简述 CVT 油液系统的工作原理。
4. 简述 CVT 的故障检测程序。
5. CVT 在前进挡和倒挡时是润滑进行动力传递的？
6. 试分析飞度无极变速器压力异常的故障原因和可能故障部位。
7. 造成飞度无极变速器失速转速过高、过低的原因是什么？

参考文献

[1] 尹万健.轿车自动变速器结构原理与检修[M].北京:人民交通出版社,2002.
[2] 王秀贞.汽车故障诊断与检测技术[M].西安:西安电子科技大学出版社,2007.
[3] 嵇伟.自动变速器故障诊断与检测[M].北京:机械工业出版社,2003.
[4] 夏天.奥迪 A6 轿车维修手册[M].北京:国防工业出版社,2003.
[5] 韦德高.上海帕萨特 B5 轿车构造维修手册[M].北京:中国物资出版社,2002.
[6] 王运朋.丰田汽车维修手册[M].广州:广东科技出版社,2000.
[7] 董震.奥迪 A6 轿车维修手册[M].北京:机械工业出版社,2003.
[8] 李东江.奥迪 A6 轿车维修手册[M].北京理工大学出版社,2003.
[9] 张春华.广州本田飞度轿车维修手册[M].北京:机械工业出版社,2005.
[10] 邵慧.丰田佳美 2.2/3.0 轿车维修手册[M].沈阳:辽宁科学技术出版社,1999.
[11] 付百学.上海别克轿车维修手册[M].哈尔滨:黑龙江科学技术出版社,2001.
[12] 曹利民. 别克君威轿车维修手册[M].北京:机械工业出版社,2004.
[13] 刘希恭.凌志 LS400 轿车维修手册[M].沈阳:辽宁科学技术出版社,2000.
[14] 徐维东.广州飞度轿车维修手册[M].北京:人民交通出版社,2004.
[15] 马东宵.汽车维修实训教程[M].北京:人民邮电出版社,2002.
[16] 全国汽车维修专项技能认证技术支持中心编写组.自动变速器[M].北京:教育科学出版社,2003.
[17] 中国机动车辆安全鉴定检测中心.帕萨特 B5 轿车维修手册[M].北京:机械工业出版社,2002.
[18] 戴冠军.日产轿车电控系统维修手册[M].北京:机械工业出版社,2003.
[19] 臧杰.轿车自动变速器检修培训教程[M].北京:机械工业出版社,2002.
[20] 古聿.上海帕萨特 B5 轿车结构与维修[M].哈尔滨:黑龙江科学技术出版社,2005.

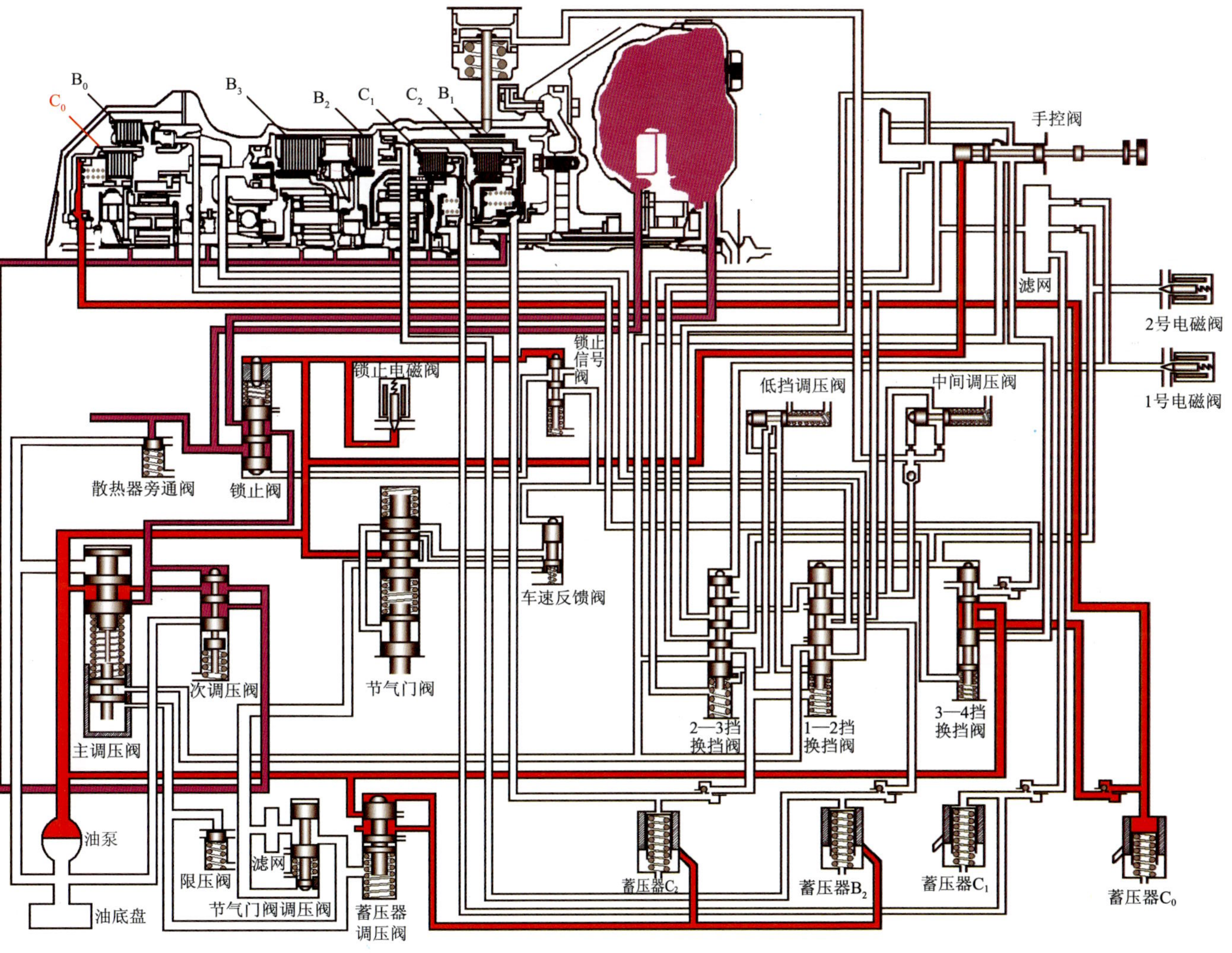

附图1　A140E 自动变速器“P”位和“N”位油路图

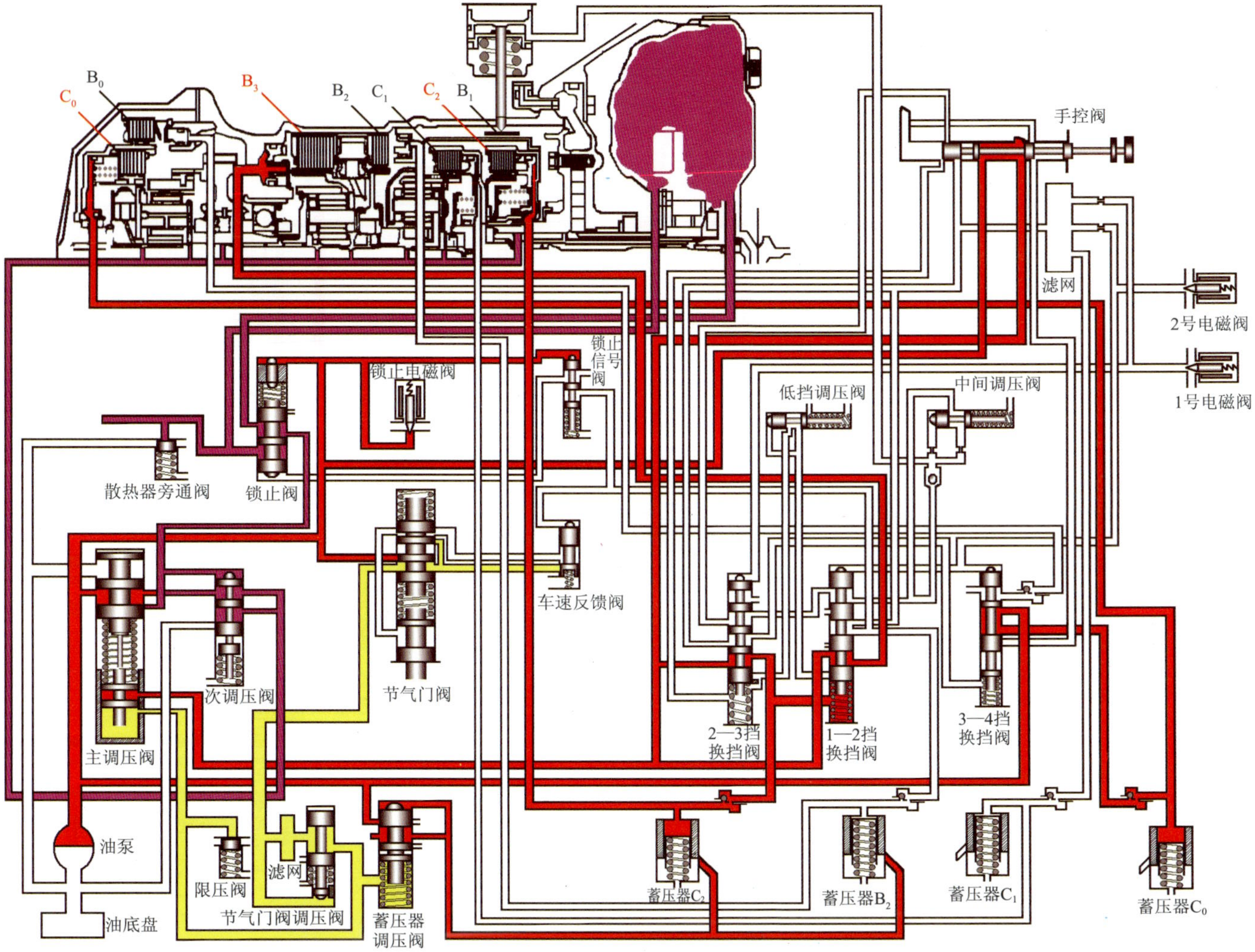

附图2　A140E 自动变速器“R”位油路图

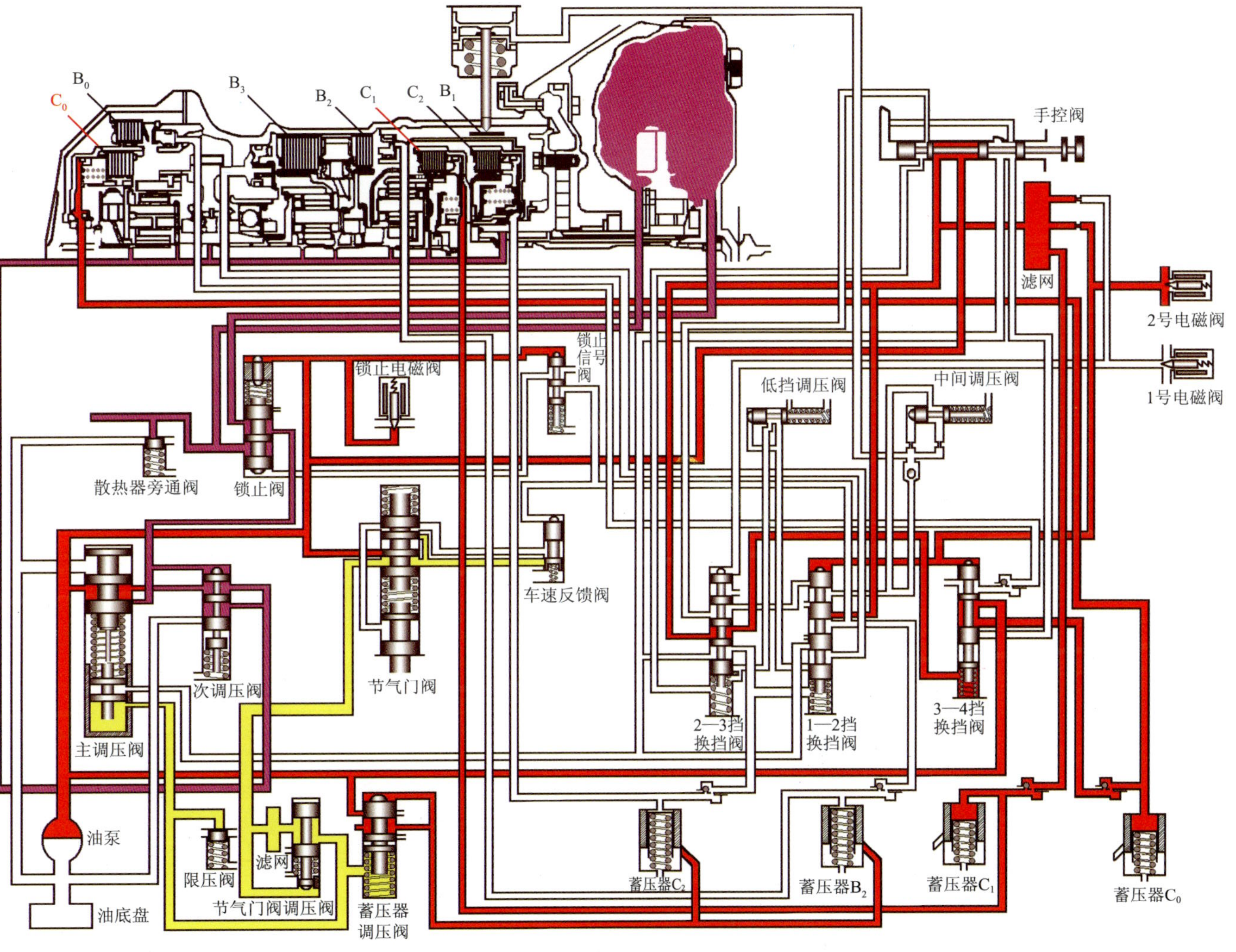

附图3　A140E 自动变速器“D_1”挡油路图

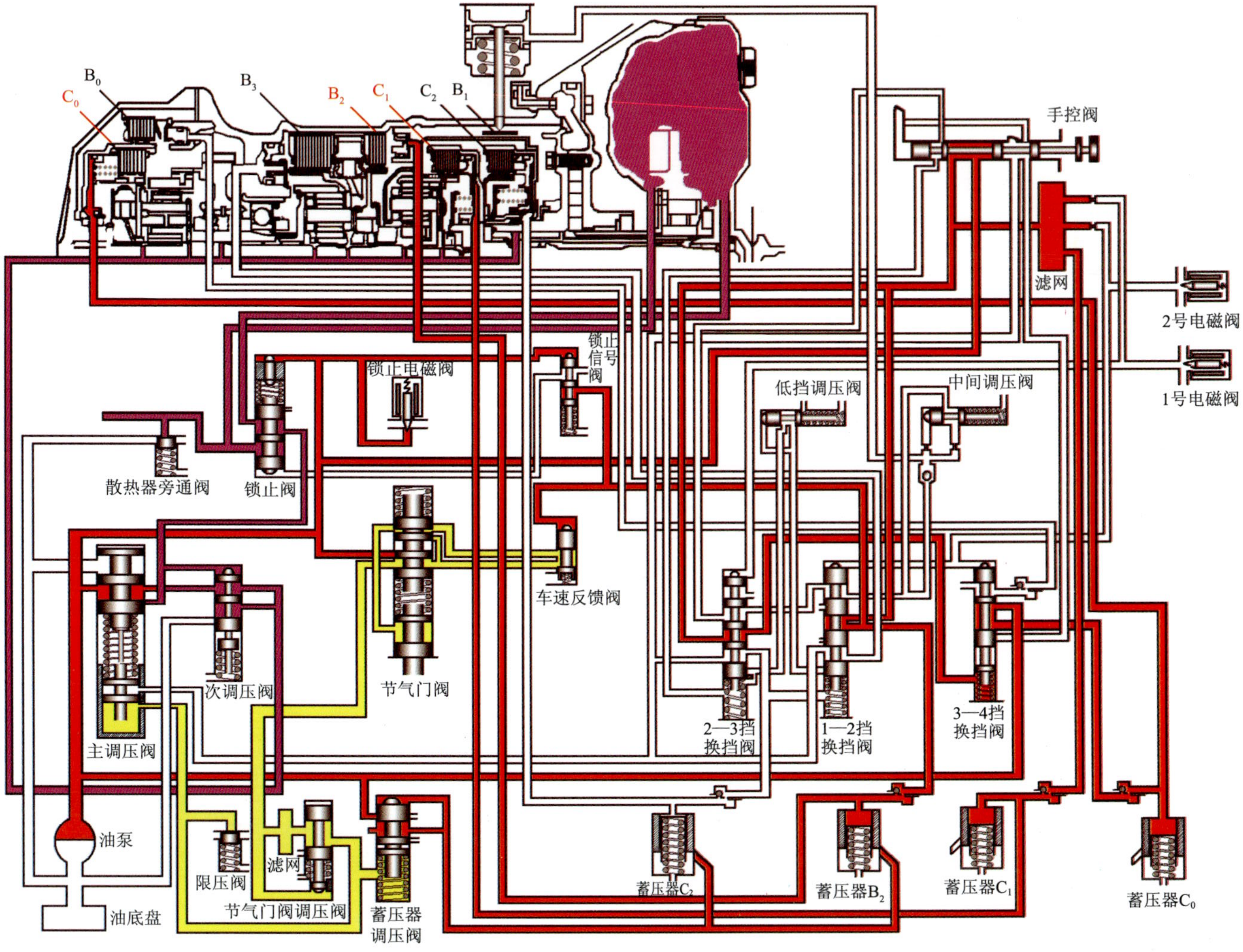

附图4　A140E 自动变速器“D_2”挡油路图

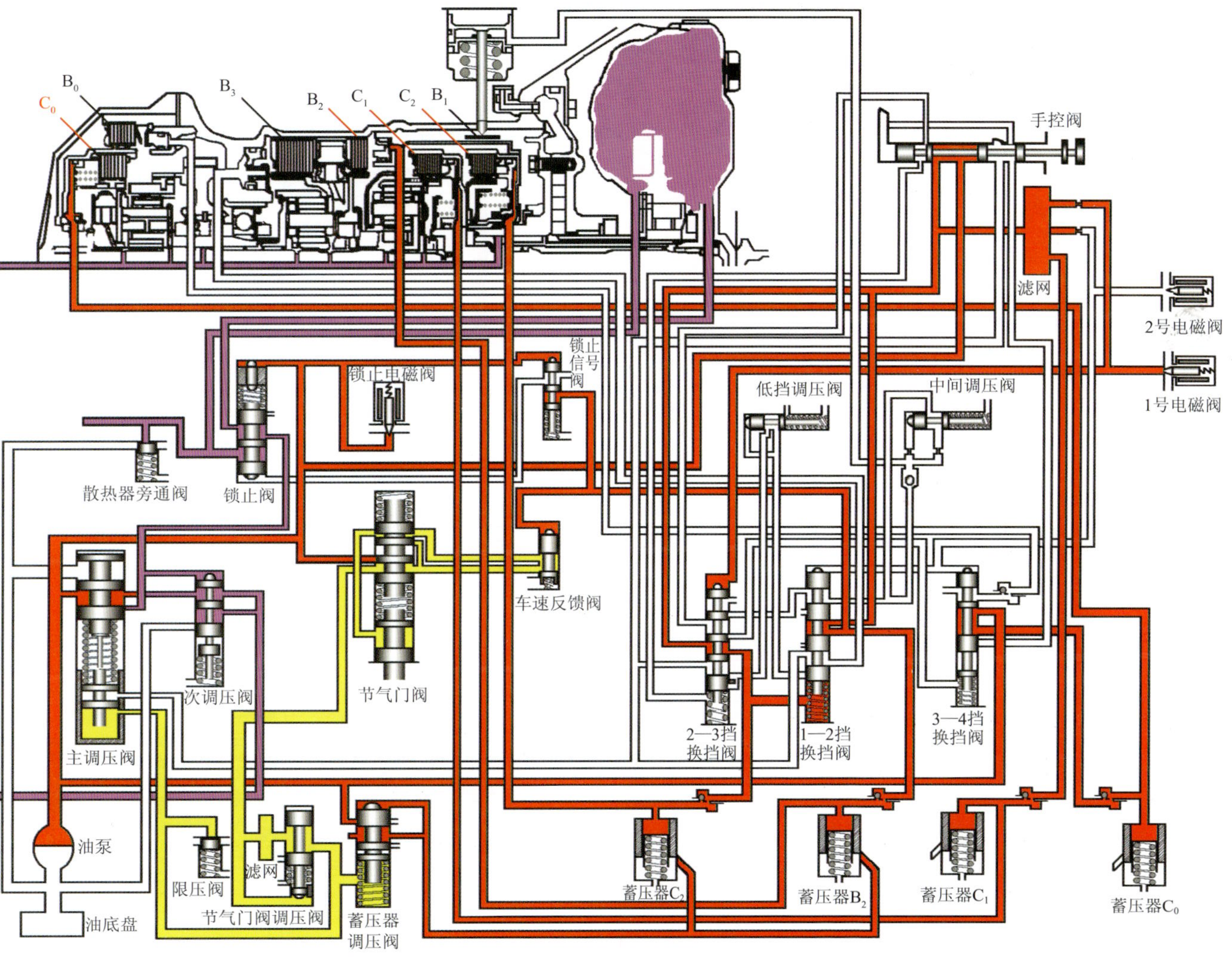

附图5　A140E 自动变速器“D_3”挡油路图

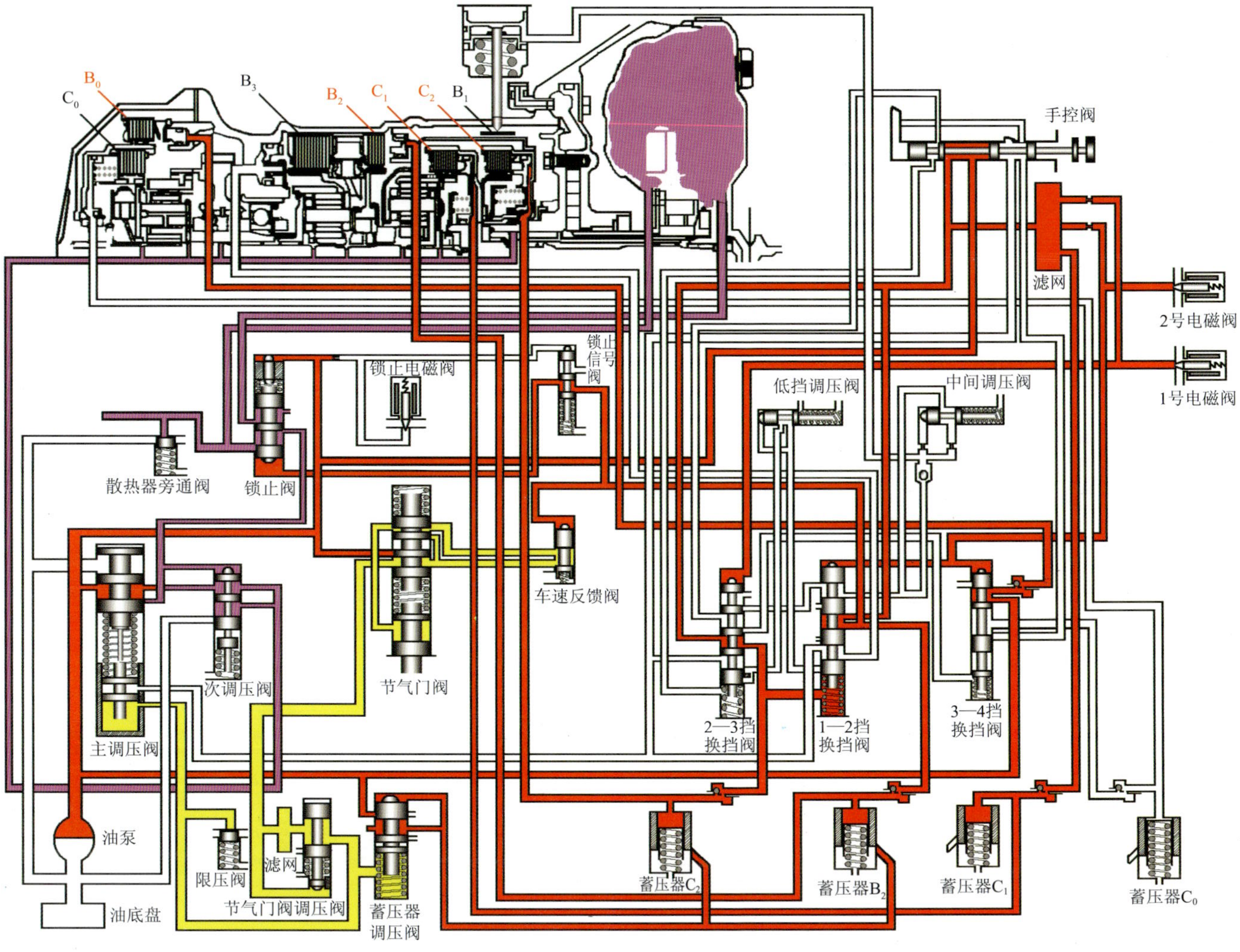

附图6　A140E 自动变速器“D_4”挡油路图

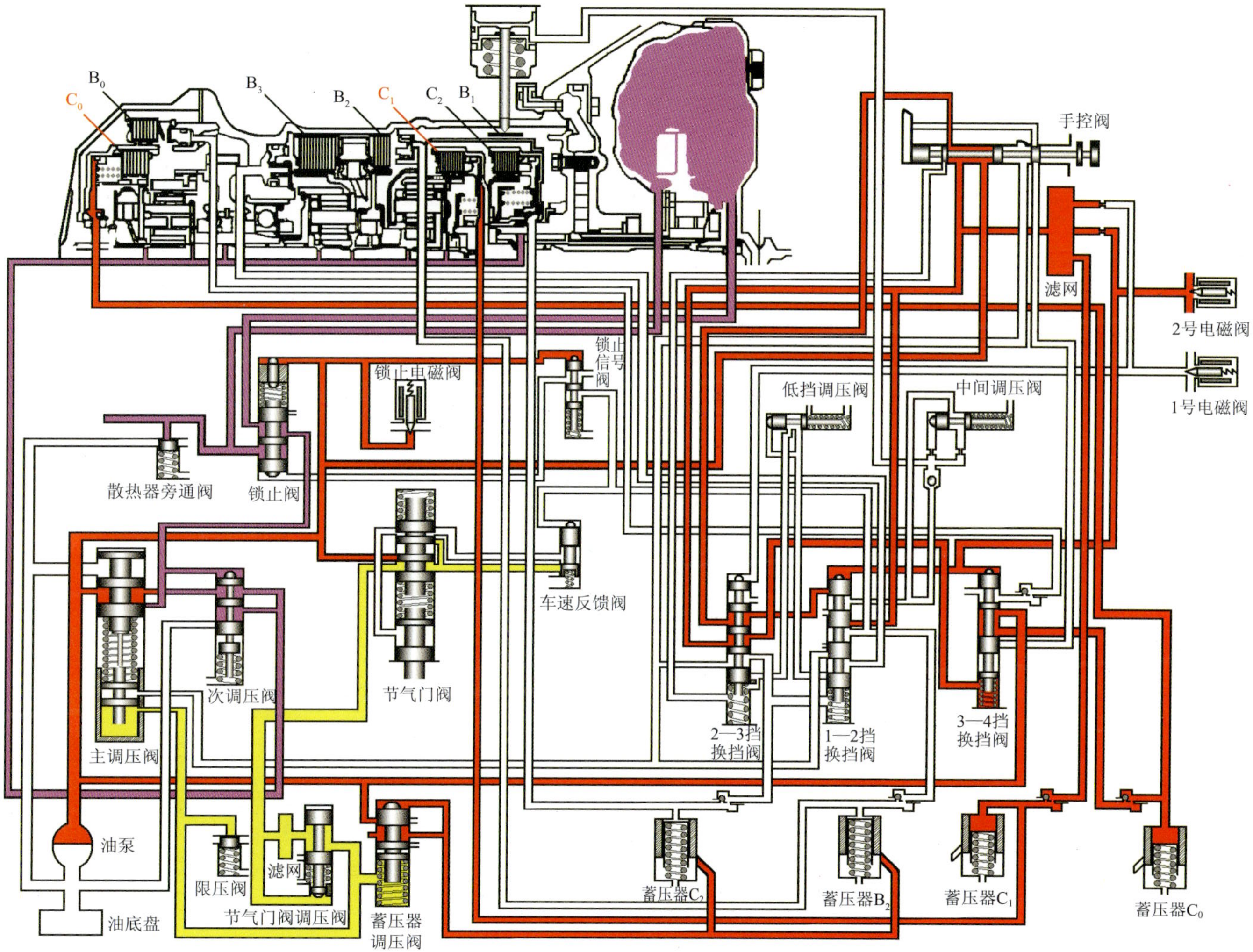

附图 7　A140E 自动变速器“2_1”挡油路图

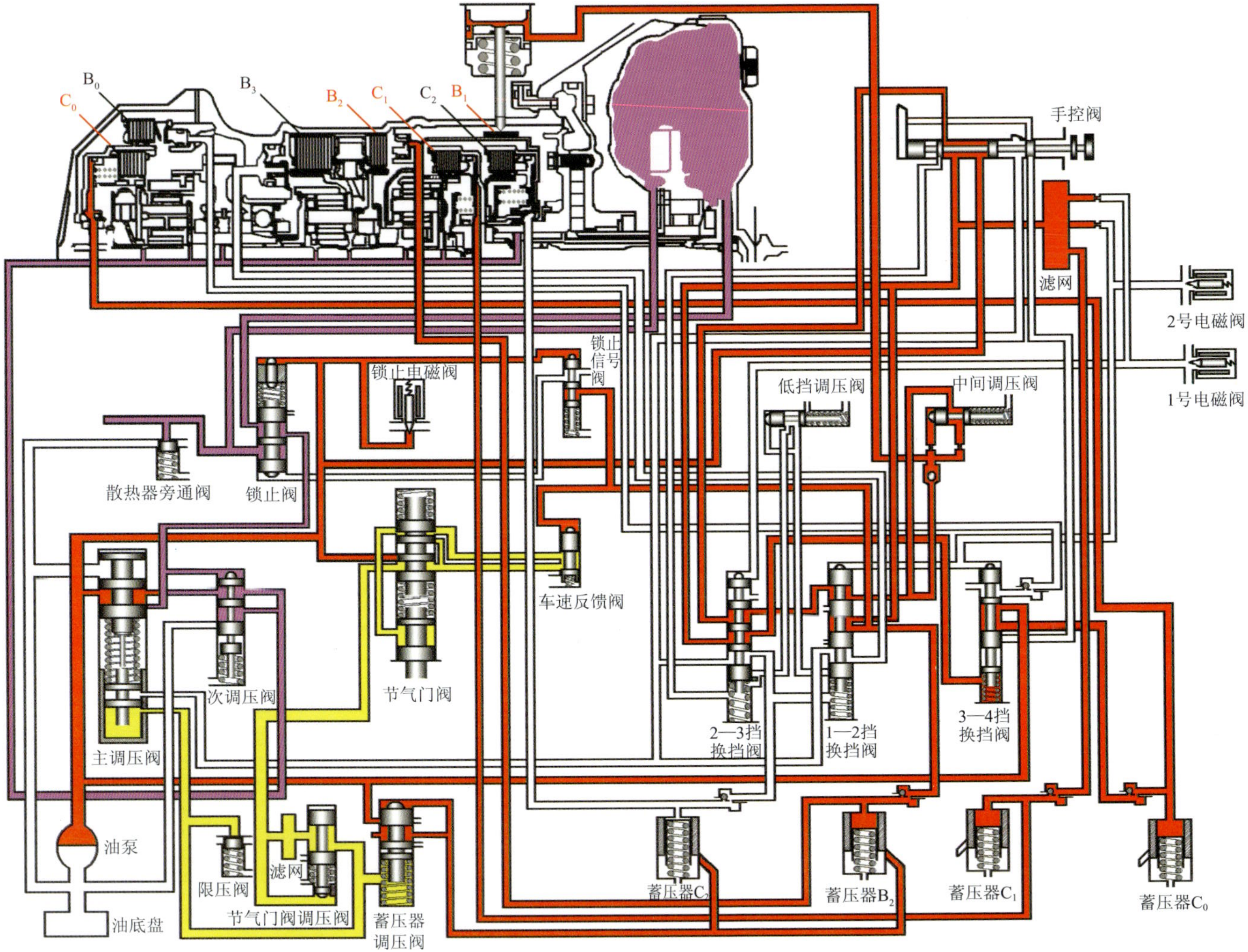

附图8　A140E 自动变速器“2_2”挡油路图

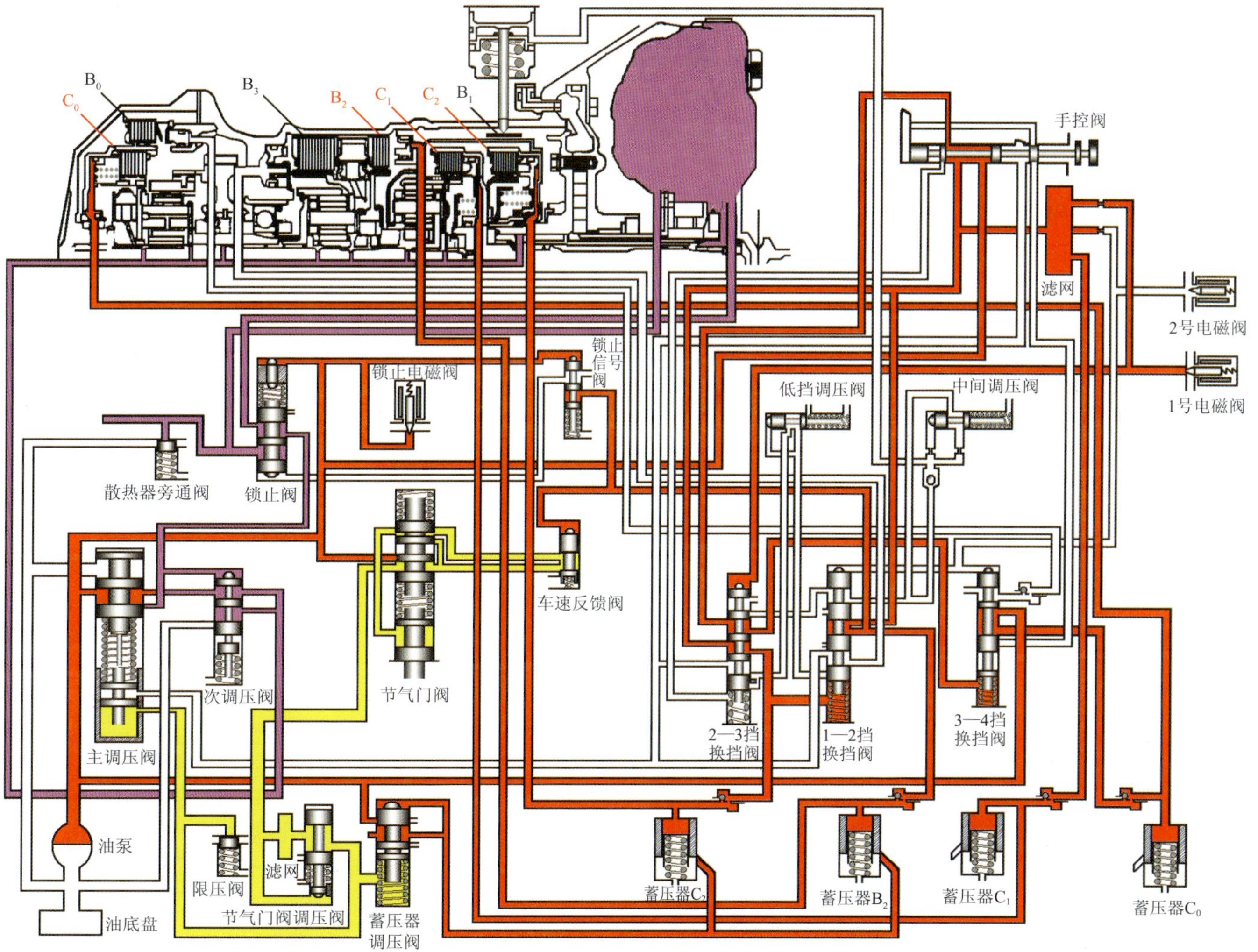

附图9　A140E 自动变速器“2_3”挡油路图

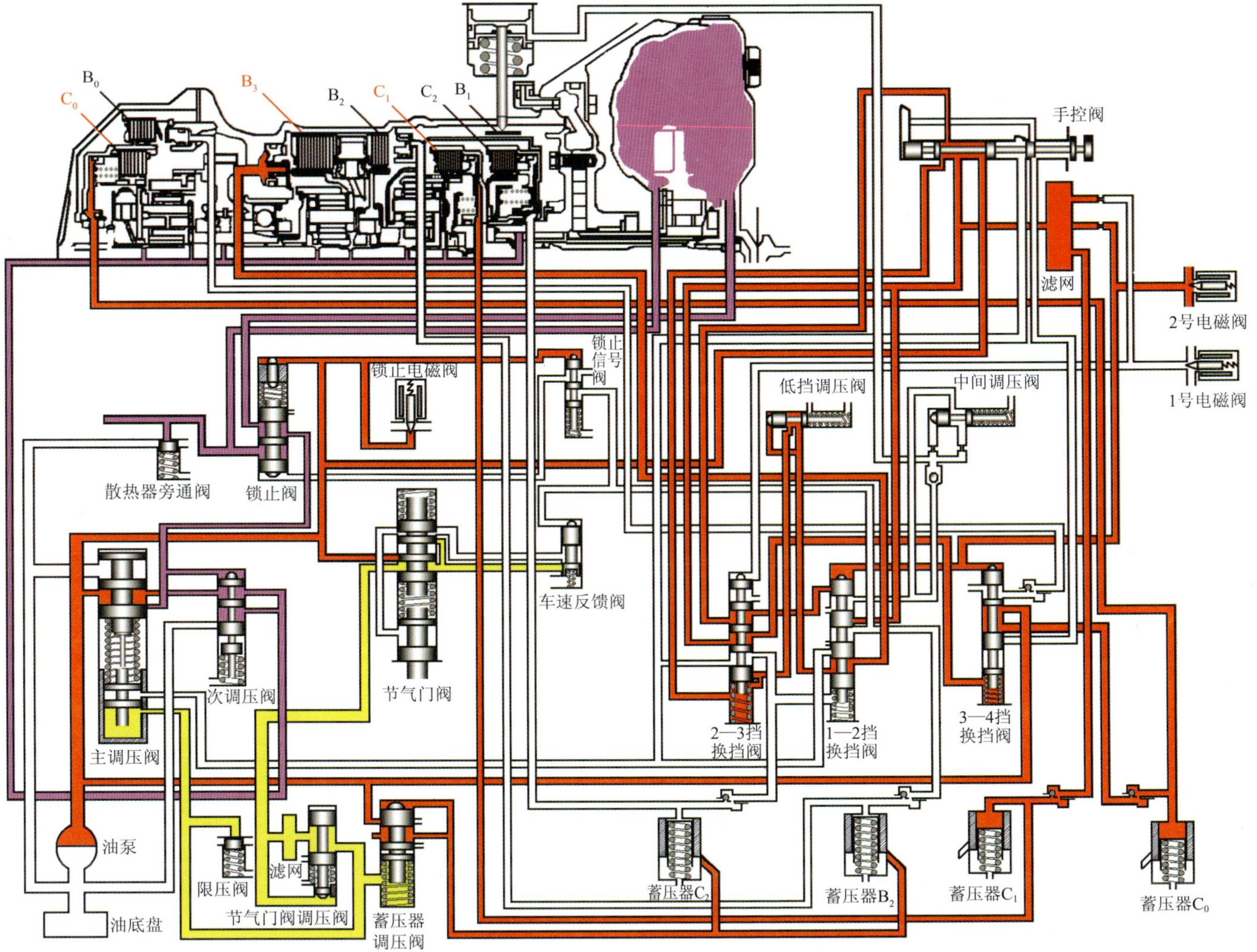

附图 10　A140E 自动变速器“L_1”挡油路图

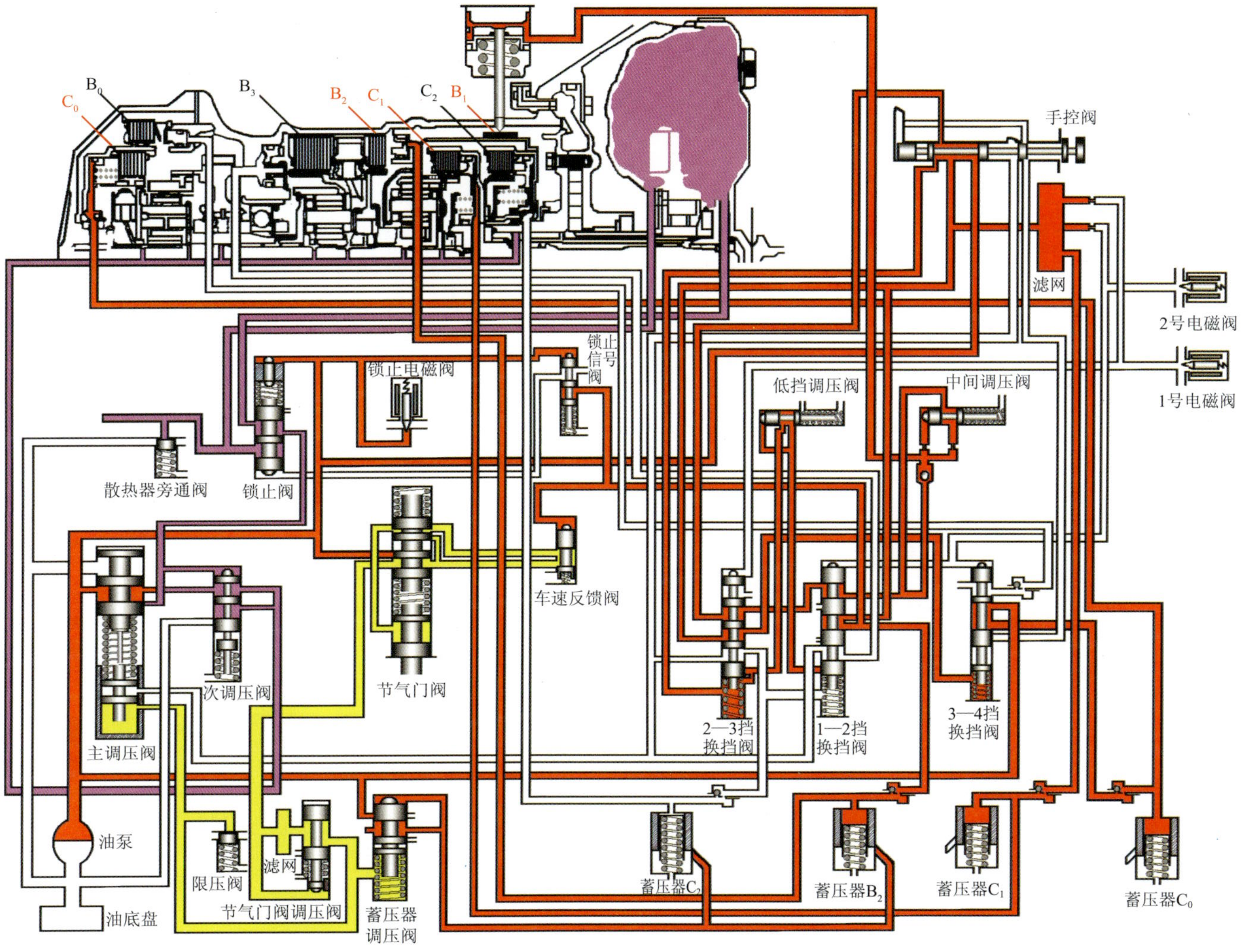

附图 11　A140E 自动变速器"L_2"挡油路图

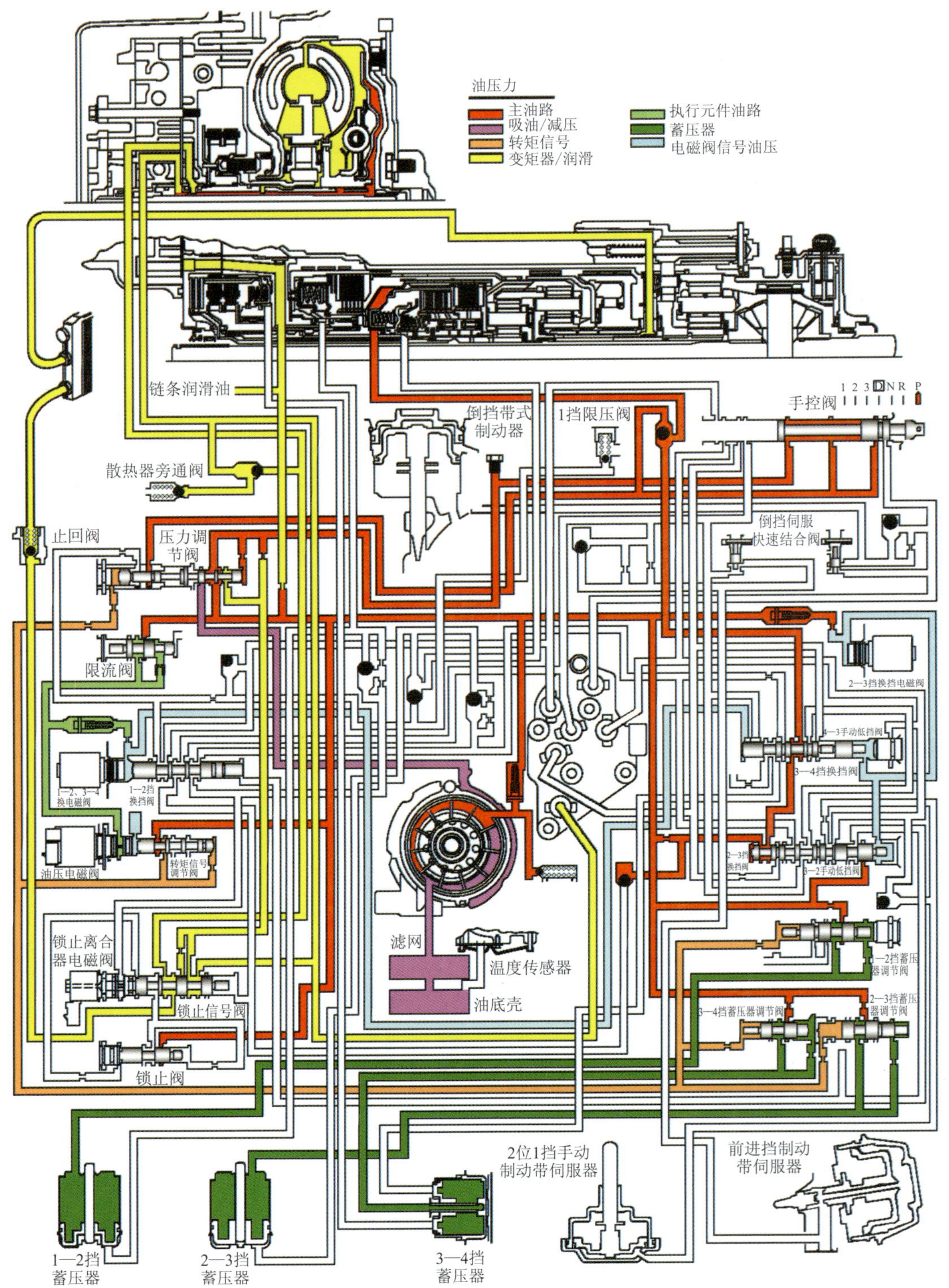

附图 12　4T65E 自动变速器“P”位油路图

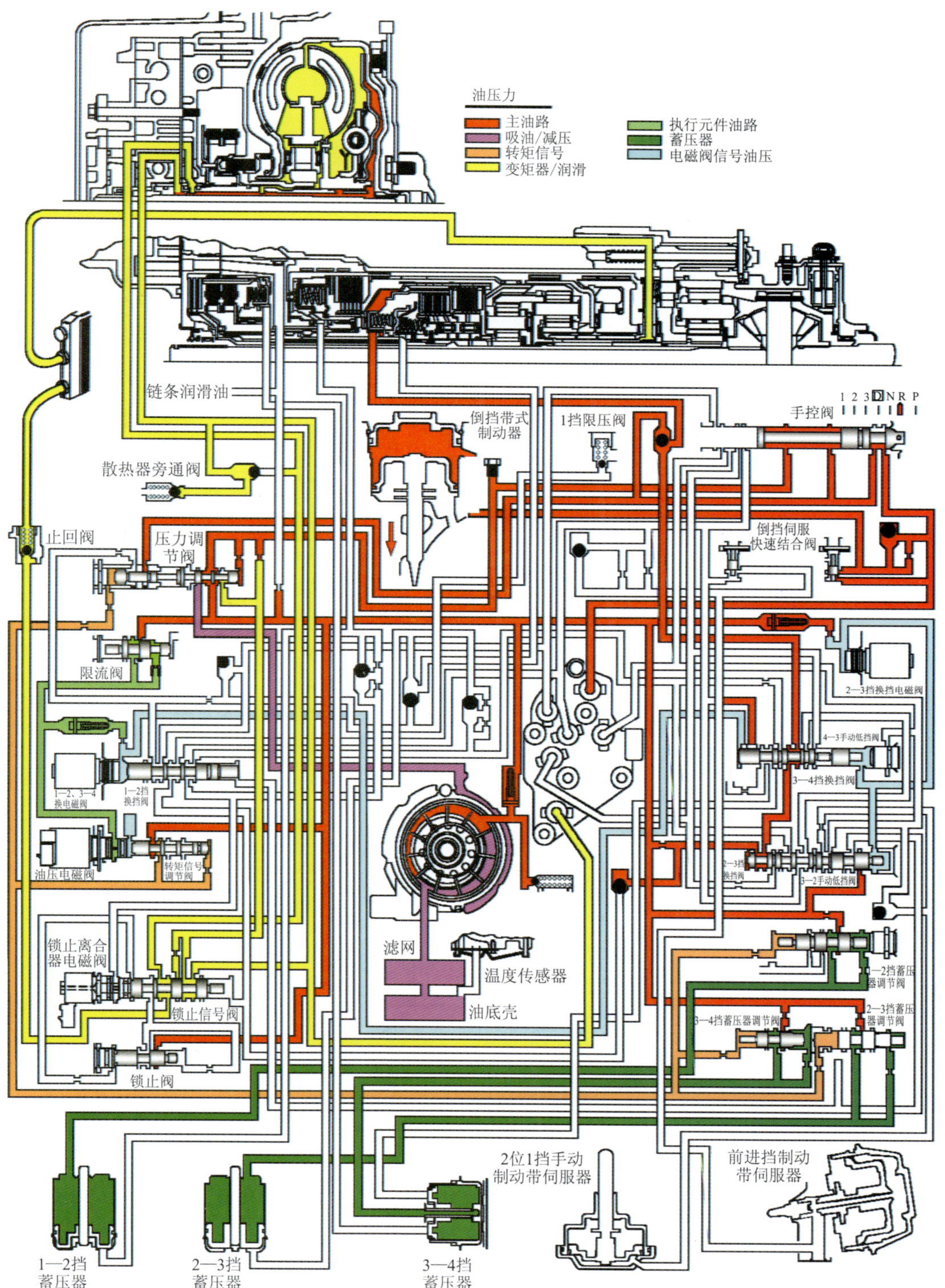

附图13　4T65E 自动变速器“R”位油路图

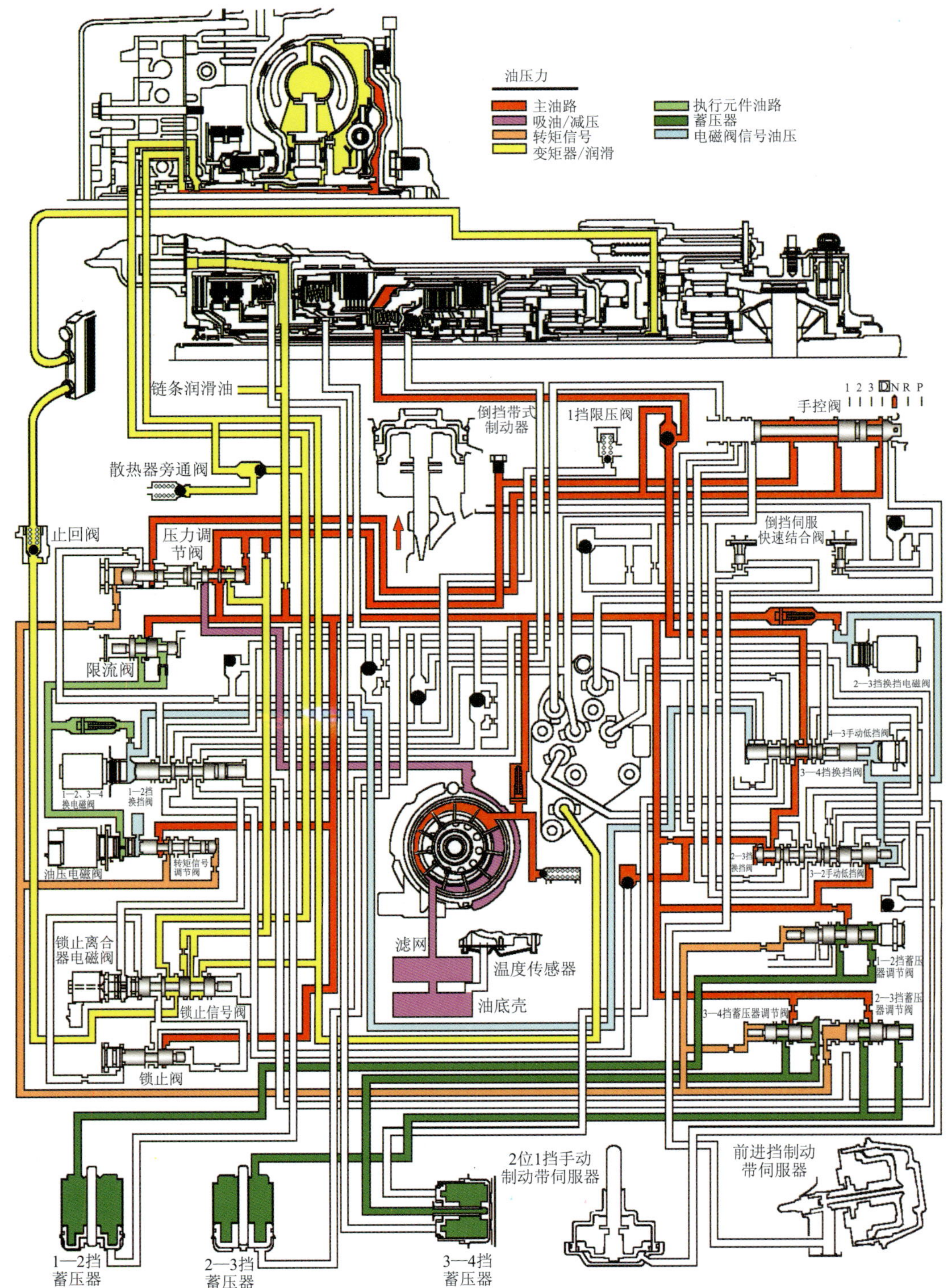

附图 14　4T65E 自动变速器“N”位油路图

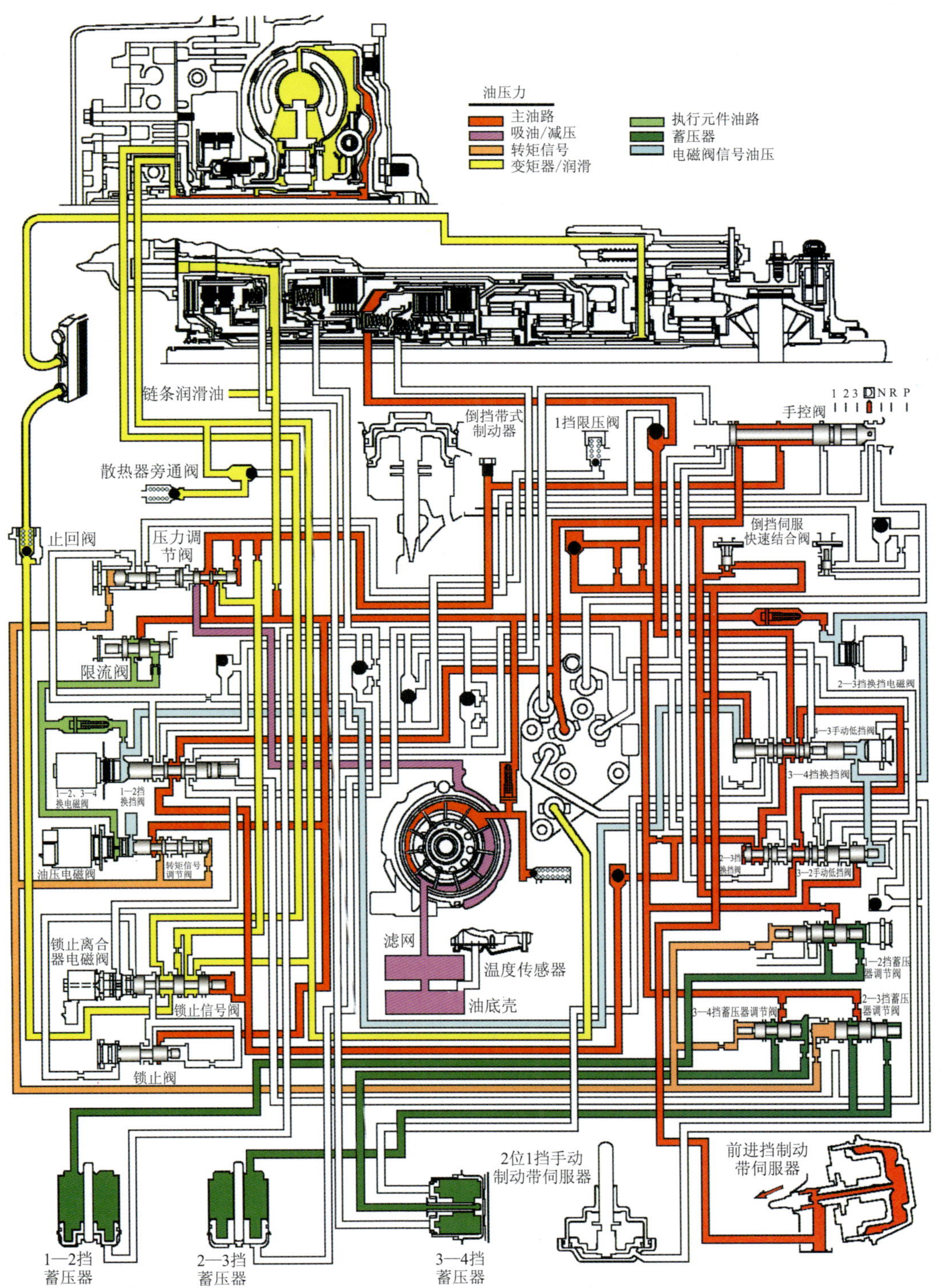

附图 15　4T65E 自动变速器“D_1”挡油路图

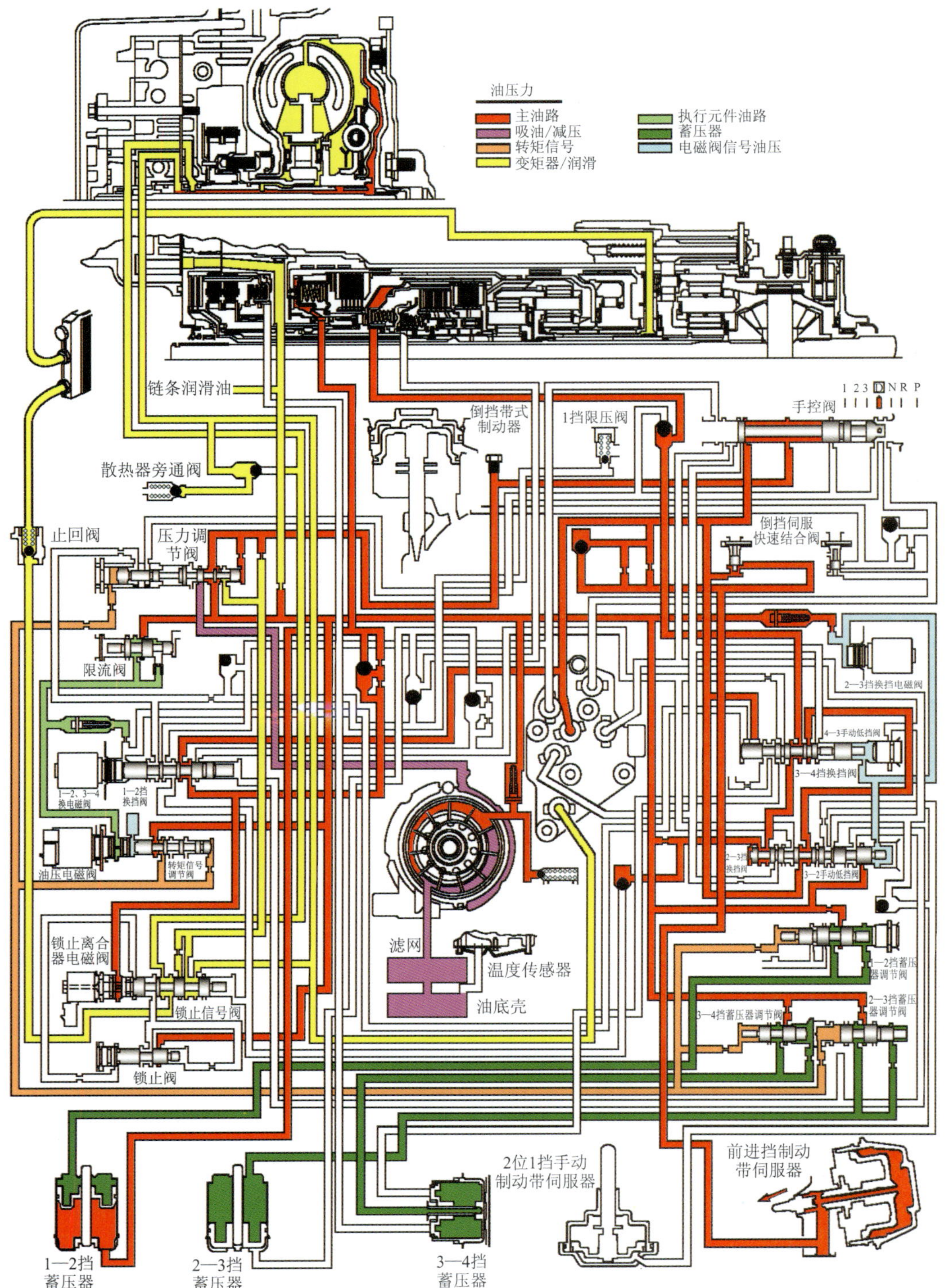

附图16　4T65E 自动变速器“D_2”挡油路图

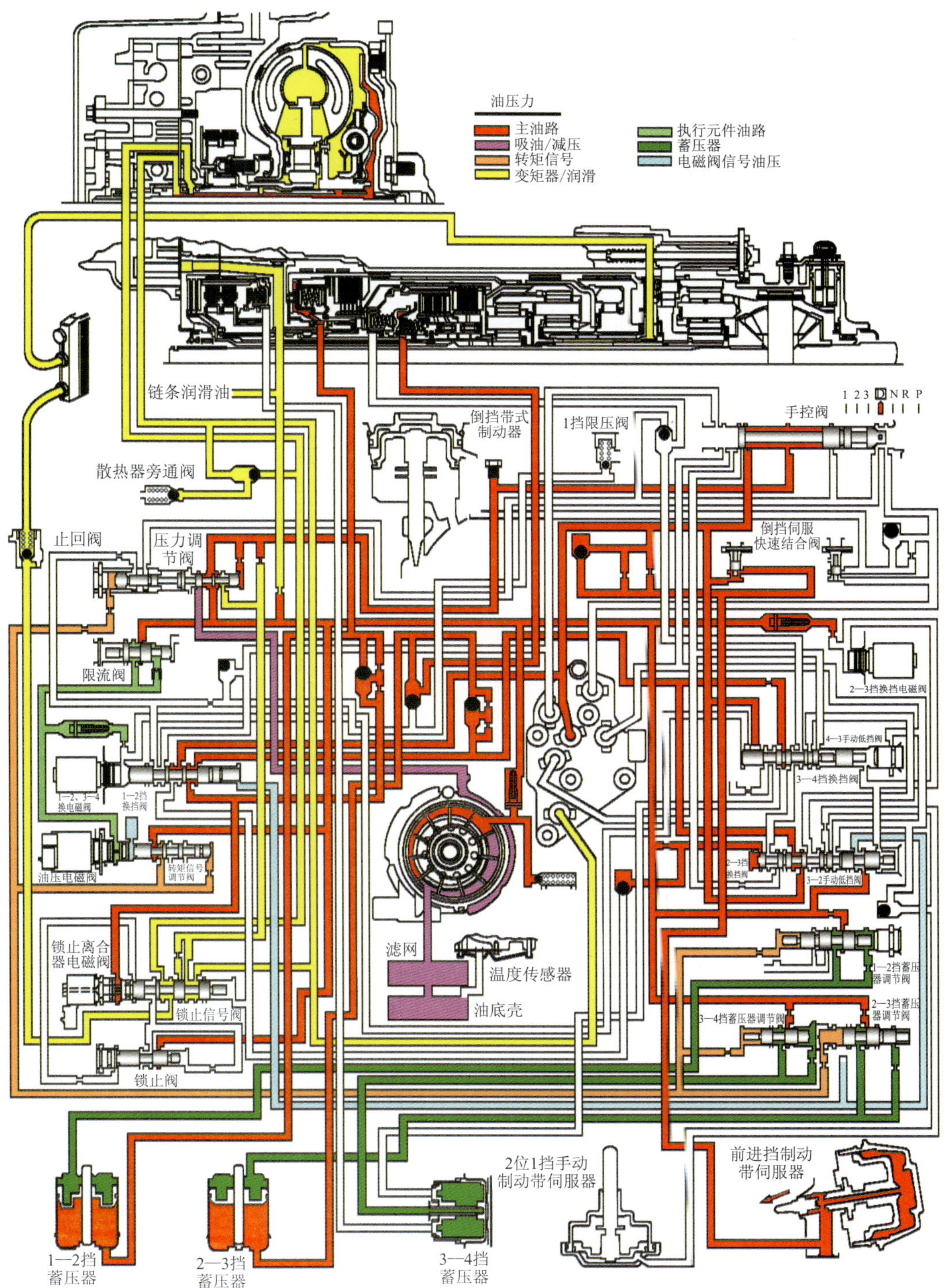

附图17　4T65E 自动变速器“D_3”挡油路图

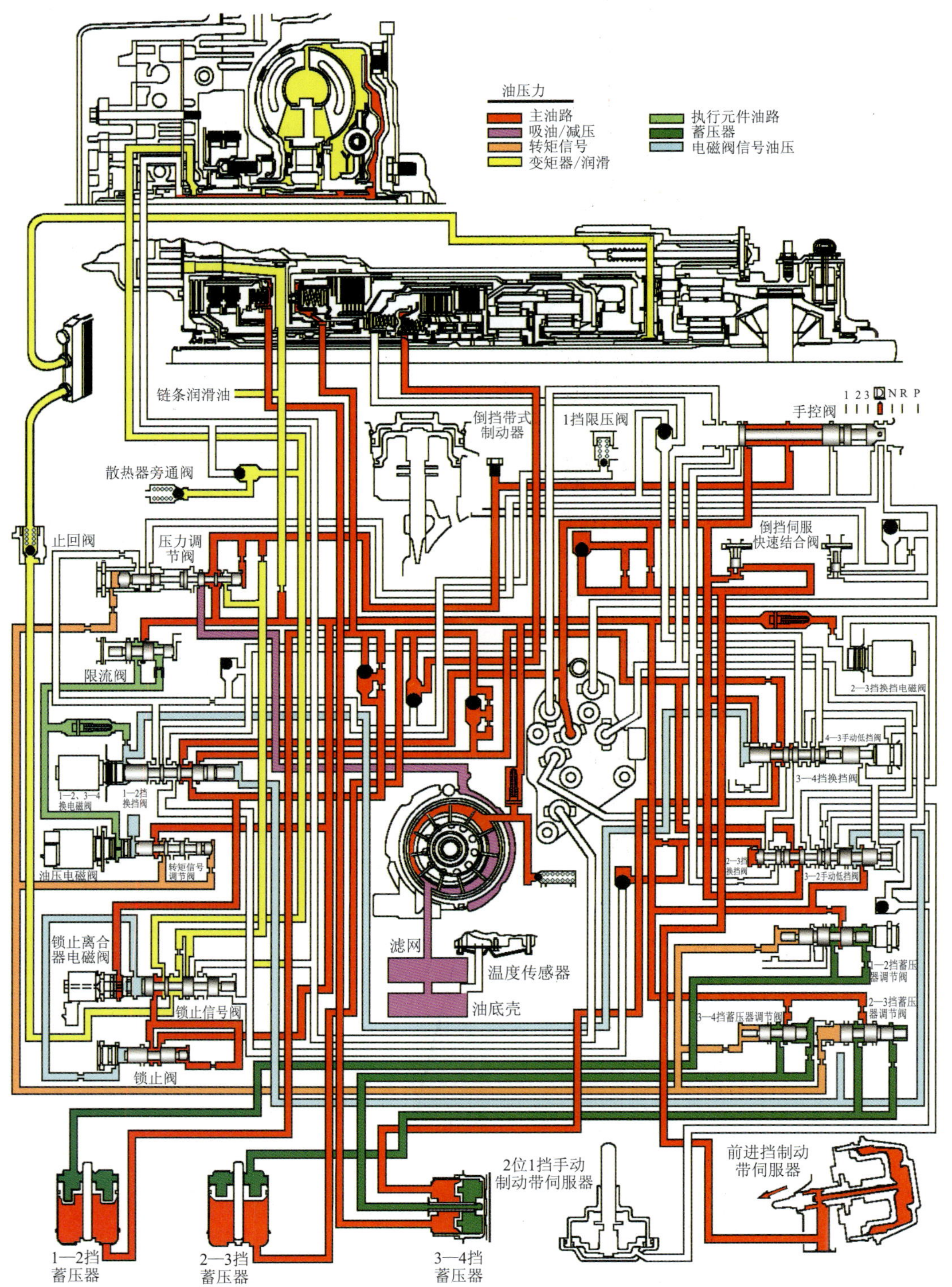

附图 18　4T65E 自动变速器“D_4”挡油路图

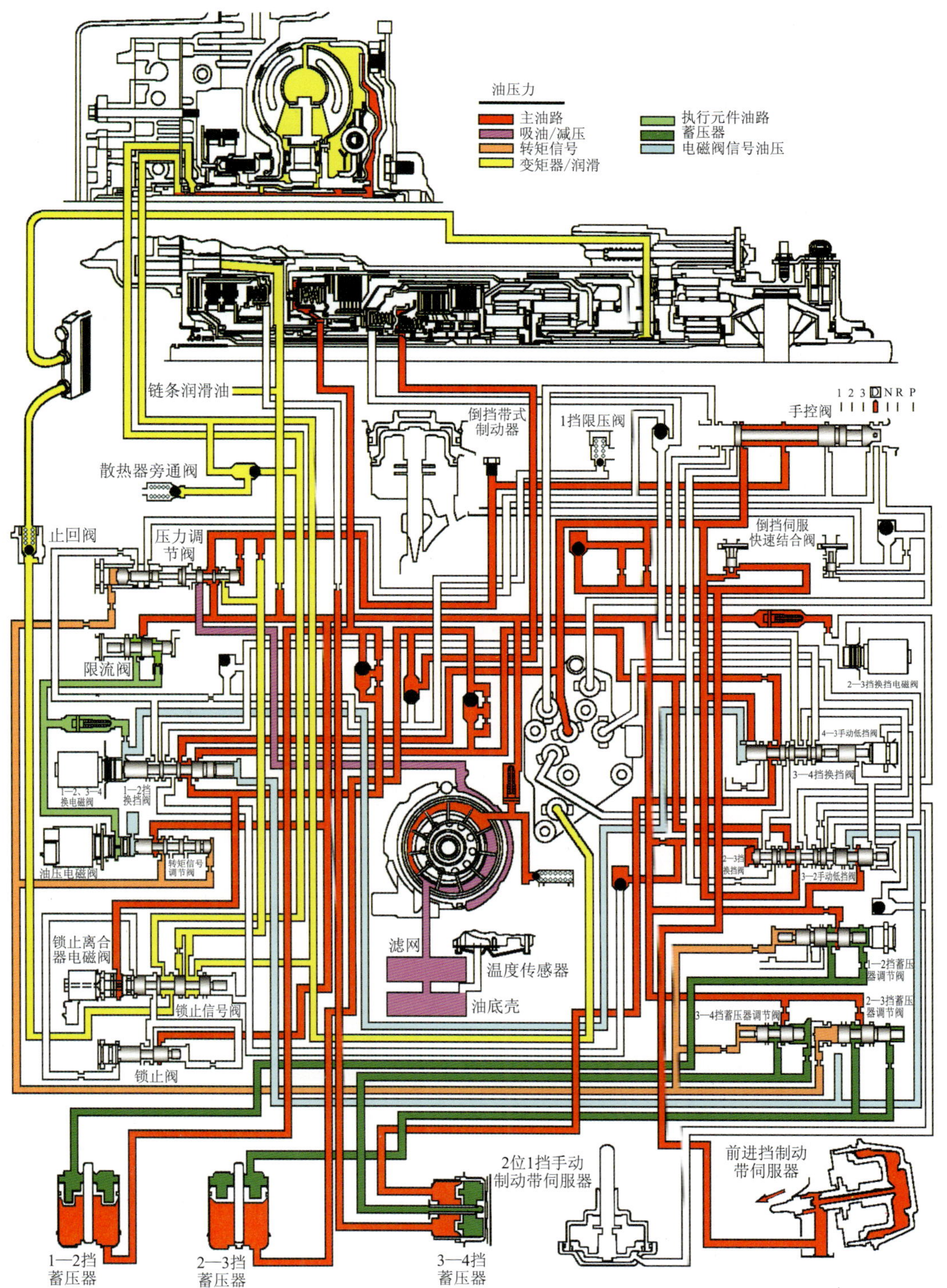

附图 19　4T65E 自动变速器“TCC OFF”油路图

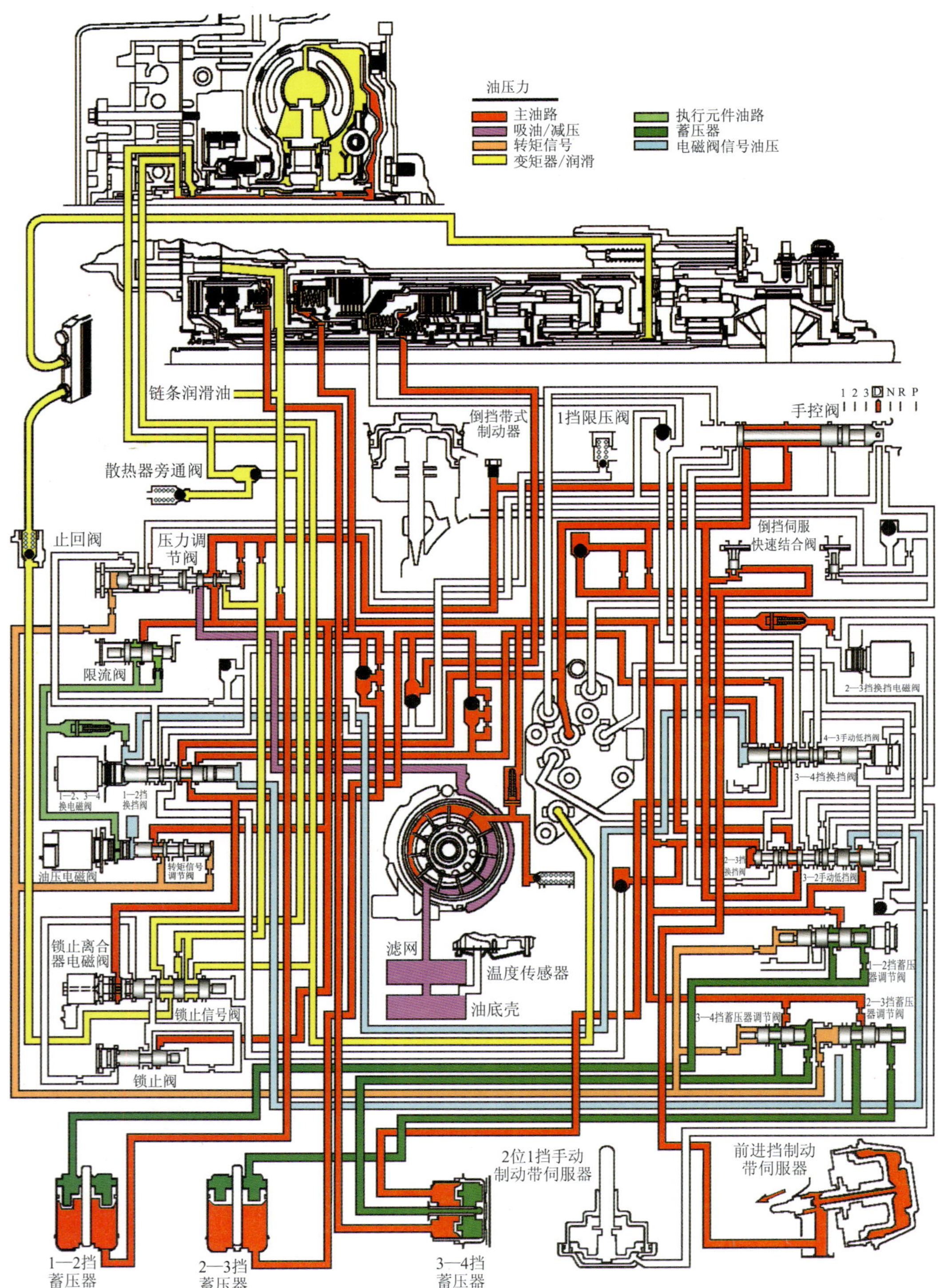

附图20　4T65E 自动变速器“TCC ON”油路图